Methoden und Modelle der deutschen,
französischen und amerikanischen
Sozialgeschichte als Herausforderung für die
Vergleichende Literaturwissenschaft

60

Internationale Forschungen zur Allgemeinen und Vergleichenden Literaturwissenschaft

herausgegeben von

Alberto Martino
(Universität Wien)

Redakteure:
Prof. Dr. Norbert Bachleitner. — Doz. Dr. Alfred Noe

Anschrift der Redaktion:
Institut für Vergleichende Literaturwissenschaft, Berggasse 11/5, A-1090 Wien

Methoden und Modelle der deutschen, französischen und amerikanischen Sozialgeschichte als Herausforderung für die Vergleichende Literaturwissenschaft

Ernst Grabovszki

Rodopi

Amsterdam – New York, NY 2002

Le papier sur lequel le présent ouvrage est imprimé remplit les prescriptions de "ISO 9706:1994, Information et documentation - Papier pour documents - Prescriptions pour la permanence".

The paper on which this book is printed meets the requirements of "ISO 9706:1994, Information and documentation - Paper for documents - Requirements for permanence".

ISBN: 90-420-1569-1

Printed in The Netherlands

Inhalt

Vorwort

> Doch das Paradies ist verriegelt und der Cherub hinter uns; wir müssen die Reise um die Welt machen, und sehen, ob es vielleicht von hinten irgendwo wieder offen ist.
>
> *Kleist*

Wer sich auf der spröden Oberfläche der Theorie bewegt, setzt sich dem Verdacht aus, ›solide‹ Forschung durch Spekulation ersetzen zu wollen oder sich an einem Diskurs zu beteiligen, der alles oder nichts bedeuten kann. Einer Theoriebedürftigkeit steht gleichzeitig auch eine bisweilen berechtigte Theorieverdrossenheit gegenüber, die sich darin begründet, daß die Kluft zwischen scheinbar sich selbst genügenden Theoriekomplexen und der praktischen Forschung, die jene Komplexe ihrer Selbstreferentialität wegen nicht umzusetzen vermag, markante Formen angenommen hat. Die Eigendynamik des theoretischen Diskurses, gleichsam losgelöst von den irdischen Bedürfnissen der Praxis, hat gewiß auch aus diesem Grund zu einer begründeten Skepsis geführt. Ist eine theoretische Erörterung der Sozialgeschichte der Literatur – noch dazu in den Zeiten der Postmoderne oder Post-Postmoderne – noch aktuell? Hat man sich von sozialhistorischen Theorieansätzen nicht schon längst verabschiedet, um neuen Trends gerecht zu werden? Das mag durchaus der Fall sein. Dennoch gilt es zu differenzieren: Auch die Sozialgeschichte der Literatur hat ihren ›Mode‹-Zenit bereits überschritten, nämlich als die sozialhistorisch orientierte Literaturgeschichtsschreibung innerhalb der Germanistik aufgrund der oft beanstandeten Vermittlung zwischen (Sozial-)Geschichte und Literatur in eine Sackgasse geführt hat.[1] Die diversen Projekte, die aufgrund dieses Forschungsinteresses entstanden sind, liegen nun abgeschlossen vor. Daneben gab und gibt es freilich ernsthaftere Bemühungen um eine theoretische Fundierung einer literaturwissenschaftlichen Sozialgeschichte. Als Beispiel seien hier nur die Projekte der Münchener Forschergruppe »Sozialgeschichte der deutschen Literatur 1770-1900« genannt, die 1988 den ›struktural-funktionalen Entwurf‹ *Zur theoretischen Grundlegung einer Sozialgeschichte der Literatur* in Anlehnung an die Systemtheorie Talcott

1 Vgl. Bernhard Jendricke: Sozialgeschichte der Literatur: Neuere Konzepte der Literaturgeschichte und Literaturtheorie. Zur Standortbestimmung des Untersuchungsmodells der Münchener Forschergruppe. In: Renate von Heydebrand/Dieter Pfau/Jörg Schönert: Zur theoretischen Grundlegung einer Sozialgeschichte der Literatur. Ein struktural-funktionaler Entwurf. Tübingen: Niemeyer 1988 (= Studien und Texte zur Sozialgeschichte der Literatur 21), S. 27-84. Hier S. 31. Siehe auch Nach der Sozialgeschichte. Konzepte für eine Literaturwissenschaft zwischen Historischer Anthropologie, Kulturgeschichte und Medientheorie. Hg. v. Martin Huber u. Gerhard Lauer. Tübingen: Niemeyer 2000.

Parsons vorgelegt hat.[2] Darüber hinaus läßt die mittlerweile Jahrzehnte überdauernde Existenz von Zeitschriften und Reihen wie *Internationales Archiv für Sozialgeschichte der deutschen Literatur*, *Studien und Texte zur Sozialgeschichte der Literatur*, *Annales. Économies – Sociétés – Civilisations*, *Journal of Social History* usw. die Lebendigkeit der Diskussion um die Sozialgeschichte (der Literatur) offenkundig werden.
Dabei sollte man nicht aus den Augen verlieren, daß sich die Sozialgeschichte innerhalb der Geschichtswissenschaft entwickelt hat, und keinesfalls eine Errungenschaft der Literaturwissenschaft ist. Das mag zwar selbstverständlich scheinen, doch man wird in den sozialhistorisch orientierten Literaturgeschichten der 1980er Jahre eine adäquate Theoriereflexion gelegentlich vermissen. Prinzipiell kann aber festgehalten werden, daß Ende der 1960er Jahre ein Bedürfnis nach theoretischer Diskussion entstanden ist, nicht zuletzt bedingt durch die Frage nach der gesellschaftlichen Relevanz der Literaturwissenschaft im allgemeinen, der Germanistik im besonderen, die sich noch dazu mit ihrer Rolle während der nationalsozialistischen Herrschaft und daraus erwachsenen personellen und institutionellen Kontinuitäten konfrontiert sah.

Demgegenüber steht die Schwierigkeit, mit Begriffen zu operieren, deren Inhalt und Bedetung keineswegs einem *common sense* entspringt, sondern Spielräume offenhält, die Mißverständnisse und Unschärfen zulassen. Der Begriff ›Sozialgeschichte‹ ist so ein Fall. Er ist sinn-voll und gleichzeitig sinn-entleert, unterliegt aber keinesfalls einer derartigen Inflation wie es gegenwärtig der Begriff ›Kultur‹ tut. Im Kontrast dazu steht das Begriffsfeld der ›Sozialgeschichte der Literatur‹, der, hat man einmal das Feld der Sozialgeschichte per se abgesteckt, nur allzu schattenhaft als eine oftmals beliebige Abwandlung der Sozialhistorie durch die Literaturwissenschaft geistert. Ist ein Unternehmen, das die Methoden der Sozialgeschichte mit der Betrachtung von Literatur zu verbinden trachtet, also von vorneherein »maßlos schwierig und maßlos hybride«, wie Jost Hermand seine Erfahrungen dem Verfasser gegenüber einmal beschrieben hat, wenn man nicht nur Klischees bedienen und in Oberflächlichkeiten verfallen möchte?

Der berüchtigte rote Faden, der sich durch diese Arbeit zieht, ist damit nur angedeutet. Er wird sich an die Frage knüpfen müssen, in welcher Weise sich die Vergleichende Literaturwissenschaft den sozialhistorischen Methoden stellen kann und soll. Auf den ersten Blick scheint sich die Situation für den Komparatisten noch um einiges zu komplizieren: Der programmatische Blick über die (nationalen) Grenzen fordert nicht nur die Differenzierung dieses Blicks auf zwei oder mehrere Kulturen – was immer man nun unter ›Kultur‹ verstehen möchte –, sondern auch die Kontextualisierung des (literarischen) Textes in jenen Kulturen und/oder Gesellschaften. Rein pragmatisch betrachtet steigert eine derart gefaßte komparatistische Betrachtungsweise den Arbeitsaufwand beträchtlich, möchte man nicht nur den Wechselbeziehungen zwischen den Literaturen, sondern auch den Wechselbeziehungen der Kulturen, in deren Kontext diese entstehen, gerecht werden. Doch Schwierigkeiten ergeben sich bereits bei den Versuchen, einzelne Kulturen gegeneinander abzugrenzen, den notwendigen Vergleichsrahmen zu definieren, ohne das Wesen der je betrachteten Kulturen zu verfälschen. Die Fragestellung läßt sich freilich ausdehnen: Welchen Hierarchisierungen von

2 Siehe Anmerkung 1.

Kulturen *muß sich der Komparatist im Vorfeld seiner Recherche bewußt werden*, wie ist ›Literatur‹ in welcher Gesellschaft funktionalisiert usw.? Die vorliegende Arbeit versucht also, die Relevanz sozialgeschichtlicher Methoden für die Vergleichende Literaturwissenschaft zu untersuchen und die sozialhistorischen Bedingungen der wissenschaftlichen Praxis offenzulegen, um nicht zuletzt die geschwundene Popularität einer Sozialgeschichte der Literatur und die Position der Komparatistik innerhalb der Kulturwissenschaften erklären zu helfen. Dabei rücken vor allem markante Konzepte und Modelle der Sozialgeschichte in den Mittelpunkt des Interesses: Oral History, Mentalitätsgeschichte, Historische Anthropologie, *histoire comparée* usw.

Das erste Kapitel soll einen Überblick über die Entwicklung der Sozialgeschichte in Deutschland, Frankreich und den Vereinigten Staaten schaffen, um zum einen die Sozialgeschichte innerhalb der Geschichtswissenschaft selbst vorzustellen und zum anderen deren methodischen Problemhorizonte anzudeuten.

Das zweite Kapitel widmet sich der vergleichenden Methode innerhalb der Geschichtswissenschaft und der Sozialgeschichte und soll zeigen, welche Rolle der Vergleich in Theorie und Praxis der Geschichtswissenschaft spielt. Dem soll die Anwendung des Vergleichs in der Komparatistik gegenübergestellt werden.

Das dritte Kapitel erörtert einige sozialgeschichtliche Forschungsbereiche und ihre mögliche Interdisziplinarität mit der Vergleichenden Literaturwissenschaft. Die Mentalitätsgeschichte etwa hat längst auch das Interesse der Literaturwissenschaft erregt. Hier soll versucht werden, die Grundlagen der Mentalitätsgeschichte für die komparatistische Imagologie fruchtbar zu machen. Breiterer Raum wird der Historischen Anthropologie eingeräumt, zumal ihre theoretischen Prämissen eine Reflexion über die historische Beschreibung, über eine ethnologisch orientierte Literaturinterpretation und schließlich eine wiederholte theoretische Grundlegung der komparatistischen Imagologie zulassen. Im Anschluß daran wird die Praxis des *New Historicism* vorgestellt, die zwar kein Modell der Geschichtswissenschaft darstellt, doch im wesentlichen als eine Praxis der Sozialgeschichte der Literatur aufgefaßt wird: Texte sollen im historischen Kontext ihrer Entstehung gelesen werden. Da sich der *New Historicism* weniger als ein theoretischer Entwurf als vielmehr eine ›Tätigkeit‹ versteht, sollen einige Interpretationen von Texten Shakespeares die Art und Weise dieser Textinterpretation erhellen. Der folgende Abschnitt widmet sich der Weltliteratur, die hier mit dem Begriff der Globalisierung konfrontiert wird, um schließlich einen Begriff von Weltliteratur zur fomulieren, der Literatur als ein vernetztes System von Textfertigung und -rezeption betrachtet. Als Grundlage dazu dienen Vilém Flussers Netzstrukturen, die er innerhalb seiner ›Kommunikologie‹ entwickelt hat.

Selbstverständlich können in dieser Arbeit nicht alle methodischen Berührungspunkte zwischen (Vergleichender) Literaturwissenschaft und Sozialgeschichte aufgearbeitet werden. Stattdessen wurde – gemäß eines Ausspruchs Horst Rüdigers – die »zweifelhafte Vollständigkeit« durch eine »Auswahl heuristisch fruchtbarer Gesichtspunkte«[3] ersetzt. Zudem wird man die Diskussion wichtiger sozialhistorisch orientier-

---

3 Horst Rüdiger: Grenzen und Aufgaben der Vergleichenden Literaturwissenschaft. Eine Einführung. In: Zur Theorie der Vergleichenden Literaturwissenschaft. Hg. v. Horst Rüdiger. Berlin/New York: de Gruyter 1971 (= Komparatistische Studien 1), S. 1-14. Hier S. 7. Siehe auch Arno

ter Untersuchungen, die innerhalb der Komparatistik entstanden sind, vermissen. Dies geschieht lediglich aus der Überlegung, diesen Arbeiten einen gesonderten Forschungsbericht[4] zu widmen, der insofern als Ergänzung zur vorliegenden Arbeit zu betrachten ist.

Der hier verfolgte Ansatz einer Sozialgeschichte der Literatur sieht sich nicht im Gefolge der besonders in der Bundesrepublik Deutschland gepflegten struktural-funktionalistischen und empirischen Ausrichtung, sondern versteht sich als ein Versuch, deutsche, französische und amerikanische Methoden und Modelle der Sozialgeschichte für eine sozialhistorisch orientierte Komparatistik nutzbar zu machen. Analogien zu den erwähnten Ansätzen mögen dabei durchaus entstehen. Ein sozialhistorischer Ansatz innerhalb der Vergleichenden Literaturwissenschaft kann letztlich auch dazu dienen, dem Trend der Marginalisierung der Geisteswissenschaften entgegenzuwirken und die Relevanz dieser Disziplin unter Beweis zu stellen. Gerade eben die vergleichenden Wissenschaften können angesichts der globalen politischen oder sozialen Veränderungsprozesse ihre Bedeutung aufgrund ihrer kontextualisierten Methoden unter Beweis stellen, was vor der Erfahrung der immer knapper werdenden finanziellen und personellen Ressourcen innerhalb der Geisteswissenschaften nicht unangebracht scheint. Dennoch ist die Komparatistik für einige bis heute eine fragile Wissenschaft geblieben, die nicht immer Anlaß zur Identifikation gibt. So mußte sich etwa Peter Brooks eingestehen: »Although I hold a Ph. D. in comparative literature, I have never been sure I derserved it, since I've never been sure what the field, or the discipline, is and never sure that I could really claim to be teaching it or working in it«[5]. Was die theoretische Grundlegung der Komparatistik anlangt, besteht für ein derart schwaches Selbsbewußtsein kein Anlaß mehr. Vielmehr soll diese Unsicherheit als eine Aufforderung verstanden werden, nicht nur den eigenen kulturellen Standort, sondern auch die Rolle, die die Vergleichende Literaturwissenschaft im Konzert der Geistes- und Kulturwissenschaften zu spielen imstande ist, stets zu prüfen.

Für Gespräche, Anregungen, Kritik und Hinweise danke ich Maurice Aymard, Daniel F. Chamberlain, Cary Henson, Jost Hermand, Klaus Heydemann, Janet Mackley, Don Mabry, Tom Saunders, Gregg Schoenfeld, Peter Schöttler, Victoria Smallman und Steven Tötösy de Zepetnek. Mein besonderer Dank gilt Alberto Martino, der die Entstehung dieser Arbeit mit Geduld und Zuversicht begleitet hat. Die vorliegende Arbeit wurde als Dissertation an der Geistes- und Kulturwissenschaftlichen Fakultät der Universität Wien eingereicht. Für die Druckfassung wurde sie geringfügig überarbeitet.

Kappler: Der literarische Vergleich. Beiträge zu einer Vorgeschichte der Komparatistik. Bern/Frankfurt/M.: Lang 1976 (= Europäische Hochschulschriften, Vergleichende Literaturwissenschaften 8), S. 34.

4 Der Forschungsbericht soll in der Zeitschrift *Internationales Archiv für Sozialgeschichte der deutschen Literatur* erscheinen.

5 Peter Brooks: Must We Apologize? In: Comparative Literature in the Age of Multiculturalism. Hg. v. Charles Bernheimer. Baltimore/London: Johns Hopkins University Press 1995, S. 97-106. Hier S. 97.

ERSTES KAPITEL

Zur Entwicklung der Sozialgeschichte in Deutschland, Frankreich und den Vereinigten Staaten

Diese Überblicksdarstellung erhebt weniger den Anspruch einer vollständigen Darstellung der Entwicklung der Sozialgeschichte – solches kann andernorts nachgelesen werden und würde für sich schon Thema einer gesonderten Arbeit abgeben –, vielmehr soll vorerst ein Verständnishorizont für die Beziehung zwischen Vergleichender Literaturwissenschaft und Sozialgeschichte entwickelt und die Topographie des Begegnungsfeldes zwischen diesen beiden Disziplinen nachgezeichnet werden. Dieser historische Rückblick dient auch dazu, die Wurzeln der diversen sozialgeschichtlichen Richtungen aufzudecken, um erstens ein Verständnis für gegenwärtige Tendenzen zu schaffen, zweitens ein diachrones Muster von erst aufzudeckenden Berührungspunkten zwischen Sozialgeschichte und Komparatistik zu entwerfen und drittens die Entwicklung der Begrifflichkeit innerhalb der Sozialgeschichte nachzuvollziehen, um so mit einem für die Zielsetzung dieser Arbeit adäquatem Begriffsinventar operieren zu können. Ein derartiger Überblick scheint vor allem insofern angebracht und notwendig, als der Begriff der Sozialgeschichte keine eindeutige Bestimmung zuläßt, vielmehr als Alibi für jede Art von Neuansatz in der Historiographie verwendet zu werden scheint. Jürgen Kocka bringt es auf den Punkt:

> Der Begriff der Sozialgeschichte schillert wie ein Chamäleon, und manchmal war er umkämpft wie eine Fahne. Nicht ohne Ironie schrieb Hans Rosenberg 1969, »daß in den letzten Jahren die sog. Sozialgeschichte für viele eine nebuloser Sammelname für alles [geworden sei], was in der Geschichtswissenschaft der Bundesrepublik als wünschenswert und fortschrittlich angesehen wird«. Anderen schien bald die Sozialgeschichte als »Einfallstor« der als »linksverdächtig« geltenden Soziologie in die Geschichtswissenschaft, und es gab Versuche, das Wort in Buchtiteln und Seminarbezeichnungen zu vermeiden, um nicht ideologisch in ein schiefes Bild zu geraten. »Wenn in irgendeinem Zweig der Geschichtswissenschaft eine genaue Bestimmung von Gegenstand und Methode fehlt, wenn es einen gibt, der zugleich ausufernd und unterprivilegiert, nebulös und fragmentiert ist, dann ist es die Sozialgeschichte.« So beschrieb 1977 Michele [sic] Perrot die französische Situation. Und der englische Sozialhistoriker Eric Hobsbawm nannte 1980 die Sozialgeschichte einen formlosen Container für alles: von der Geschichte der menschlichen Körperlichkeit bis zur Geschichte von Symbolen und Riten, für die Geschichte des Lebens aller Menschen, vom Bettler bis zum Kaiser.[1]

1 Jürgen Kocka: Einleitung. In: Sozialgeschichte im internationalen Überblick. Ergebnisse und Tendenzen der Forschung. Hg. v. Jürgen Kocka. Darmstadt: Wissenschaftliche Buchgesellschaft 1989, S. 1-18. Hier S. 1.

1. Deutschland

Die Entwicklung der Sozialgeschichte in Deutschland nimmt ihre Ausgangspunkte in der zweiten Hälfte des neunzehnten Jahrhunderts. Diese Zeitspanne wird von zwei Auseinandersetzungen innerhalb der Geschichtswissenschaft begrenzt:[2] einerseits der Streit zwischen Heinrich von Sybel und Ludwig von Ficker, der vor der aktuellen Frage der deutschen Einigung die Deutung der deutschen Geschichte des Mittelalters ausfocht, andererseits der Streit um Karl Lamprecht, welcher in Abgrenzung zur vorherrschenden politischen Geschichtsschreibung innerhalb einer sich entwickelnden Kulturgeschichte der Zustands- gegenüber der Ereignisgeschichte den Vorzug gab.[3] Die Geschichtsschreibung der althergebrachten Art,

> die vorherrschende Richtung der politischen Geschichtsschreibung, die auf den historischen Lehrstühlen fest etabliert war, über das Zentralorgan ihrer Wissenschaft, die Historische Zeitschrift, verfügte, die nur vom Staate aus dachte und ihn bewußt in die Mitte der historischen Forschung stellte und die sich selbst als die berufene Hüterin der wahren Historie verstand,[4]

konnte sich nur bedingt auf die neue Gesellschaftsordnung des neunzehnten Jahrhunderts einlassen und stand der gerade aktuellen ›sozialen Frage‹,[5] also dem durch die

---

2 Vgl. Gerhard Oestreich: Die Fachhistorie und die Anfänge der sozialgeschichtlichen Forschung in Deutschland. In: Historische Zeitschrift 208 (1969), S. 320-363. Hier S. 320f.

3 Vgl. ebenda, S. 341 und S. 346: »Karl Lamprecht erwarb sich durch sein vierbändiges Werk ›Deutsches Wirtschaftsleben im Mittelalter‹, das der noch nicht Dreißigjährige vorlegte, den Ruf eines bedeutenden Wirtschaftshistorikers. Er hatte hier die historisch-statistische Methode, die ›politische und soziale Meßkunst‹, wie sie einst Hildebrand genannt hatte, als erster auf die schwierigen ländlichen Verhältnisse angewandt und damit einen Markstein in der Geschichte ländlicher Wirtschaft und Verfassung aufgerichtet. [...] Sie [Lamprechts *Deutsche Geschichte*] erwuchs aus der Anschauung und Vorstellung, daß die Kultur eines Zeitraumes einen einheitlichen Charakter besitze, der alle Äußerungen dieses Zeitalters durchdringe. Lamprecht hatte diese Kulturzeitalter – der Begriff stammt von ihm – unter besonderer Berücksichtigung der wirtschaftlich-sozialen Verhältnisse in ungemeiner Breite und Fülle erfaßt. Lamprechts glücklicher Bildungsgang mit seiner Orientierung an Geschichte, Kunstgeschichte und Nationalökonomie ließ ihn vorzugsweise als zu solcher Leistung berufen erscheinen.« Oestreich schildert weiter, daß Lamprechts *Deutsche Geschichte* aufgrund von Flüchtigkeitsfehlern, vor allem aber ihres methodischen Ansatzes wegen durchweg negativ rezensiert wurde. Zu Lamprecht vgl. auch Giuseppe Cacciatore: Karl Lamprecht und die »Kulturgeschichte«. Nachdenken über die überlieferten Paradigmen der Theorie der Geschichte. In: Comparativ 1 (1992), S. 79-91; Luise Schorn-Schütte: Karl Lamprecht und die Internationale Geschichtswissenschaft an der Jahrhundertwende. In: Archiv für Kulturgeschichte 67 (1985), S. 417-464; Roger Chickering: Young Lamprecht. An Essay in Biography and Historiography. In: History and Theory 28 (1989), S. 198-214.

4 Gerhard Oestreich: Die Fachhistorie und die Anfänge der sozialgeschichtlichen Forschung in Deutschland, S. 326.

5 Ursprünglich im Plural gebraucht, werden die ›sozialen Fragen‹ bei Marx durch die Hervorhebung des industriellen Proletariats gegenüber anderen gesellschaftlichen Mißständen zur ›sozialen Frage‹. Erst als die Sozialgeschichte nicht mehr nur zeitgeschichtliche Forschungsthemen behandelt, wendet sie sich auch anderen, vorindustriellen ›sozialen Fragen‹ zu. Vgl. dazu Dietrich

industrielle Entwicklung hervorgerufenen Pauperismus, eher ratlos gegenüber. Diese sozialpolitischen Umstände bringen auch eine gewisse Dynamik in den – zumindest historiographischen – Wissenschaftsdiskurs, was sich in den nach französischem Vorbild entstehenden ›Gesellschaftswissenschaften‹[6] äußert. Dietrich Hilger warnt allerdings davor, Sozialgeschichte als die Geschichte der sozialen Frage mißzuverstehen: Die ›soziale Frage‹ sei nur ein Impuls für deren Entstehung gewesen, wenngleich in ihrer Frühzeit ein sozialkritisches Bewußtsein oft in die Forschung eingebracht wurde und sie vorrangig bis ins zwanzigste Jahrhundert Themen behandelte, die die ›schweigende Mehrheit‹ betrafen.[7] Man war bemüht, den von Leopold von Ranke geprägten Historismus und die idealistische Geschichtsschreibung, die ihr besonderes Augenmerk auf die politisch-staatliche Geschichte gelenkt hatte, entweder ganz aufzugeben oder ihre Fragestellung zumindest in einer Weise zu erweitern, die den neuen Problemen und Fragen einen entsprechenden Platz einzuräumen imstande war. Ranke eröffnete zwar der Geschichtswissenschaft einen neuen Blick für die kritische Auseinandersetzung mit historischen Quellen, beschränkte sich aber in der Auswahl und Bearbeitung auf solche Quellen, deren Reihung die Nacherzählung politischer und religiöser Ereignisse erlaubte.[8] Mit Hilfe der hermeneutischen Methode sollten die aus Primärquellen hervorgehenden Handlungsmotivationen jener Individuen erzählend rekonstruiert werden, die eine (noch als linear aufgefaßte) historische Veränderung bewirkten. Im Vordergrund standen für Ranke einerseits die Anwendung der kritischen Methode als Grundlage wissenschaftlicher Forschung, andererseits die Ausbildung und

---

Hilger: Zum Begriff und Gegenstand der Sozialgeschichte. In: Buch und Bibliothek 23 (1971), Heft 1, S. 17-26. Hier S. 18.

6 Vgl. Jürgen Kocka: Sozialgeschichte. Begriff – Entwicklung – Probleme. Göttingen: Vandenhoeck & Ruprecht ^{2}1986 (= Kleine Vandenhoeck-Reihe 1434), S. 55. Kocka weiter: »›Gesellschaft‹ bedeutete bald ein Doppeltes: zum einen jene ›Differenz‹ (Hegel) zwischen Individuum (oder anfangs auch noch: Familie) und Staat, die diesem als Gegenspieler gegenübertrat und als neu entdeckte, bewußtgewordene Sphäre Gegenstand einer besonderen Wissenschaft, der Gesellschaftswissenschaft (neben der Staatswissenschaft) sein sollte. Zum andern aber veranlaßte die Überzeugung von der entscheidenden Wirkungsmächtigkeit und Prägekraft dieser sozialen bzw. sozialökonomischen Sphäre wichtige Vertreter der neuen Richtung – Marx und Lorenz v. Stein zum Beispiel –, von jener Differenz her die Totalität der historischen Entwicklung zu interpretieren und ›Gesellschaft‹ als Synonym für Gesamtsystem zu verstehen; im Gegensatz und in Konkurrenz zum vorherrschenden geschichts- und staatswissenschaftlichen Paradigma wurde damit Geschichte als ›soziale Bewegung‹, als Gesellschaftsgeschichte gefaßt, die alle anderen geschichtlichen Teilbereiche (wie den sozialen Bereich im engeren Sinn, den Staat, die Ideen und andere) in sich schlösse und präge.« (S. 55f.)

7 Vgl. Dietrich Hilger: Zum Begriff und Gegenstand der Sozialgeschichte, S. 18. Vgl. auch Jürgen Kocka: Sozialgeschichte. Begriff – Entwicklung – Probleme, S. 60. Daß sich die Historiker der *nouvelle histoire* ebenfalls dieser Thematik widmen, ist mitunter mit der Vorbildwirkung der *Zeitschrift für Social- und Wirtschaftsgeschichte* und ihrer unmittelbaren Nachfolgerin, der *Vierteljahrschrift für Sozial- und Wirtschaftsgeschichte*, die als Vorbild für die *Annales d'histoire économique et sociale* diente, zu erklären.

8 Vgl. Georg G. Iggers: Neue Geschichtswissenschaft. Vom Historismus zur historischen Sozialwissenschaft. Ein internationaler Vergleich. München: dtv 1978, S. 27. Zur Quellenproblematik vgl. S. 27f.

Anwendung der Methoden der philologischen Kritik.[9] Der vor allem von Ranke geprägte Historismus hat seinen Ursprung im Universitätsmilieu des achtzehnten und neunzehnten Jahrhunderts bzw. in einer Umgebung des institutionalisierten und organisierten Forschens,[10] zumal die Entstehung der Geschichtswissenschaft in Deutschland an die Institution Universität gebunden war, die in der Zeit des erstarkenden Bürgertums noch in erster Linie als Ausbildungsstätte für Staatsbeamte diente.[11] Im Universitätsmilieu wird Historismus »einerseits als Weltanschauung, andererseits als Methode«[12] und Wissenschaftskonzeption verstanden:

> Als Weltanschauung bedeutet Historismus, daß die Wirklichkeit nur in ihrer historischen Entwicklung verstanden werden kann und daß deshalb jede Wissenschaft vom Menschen von der Geschichte ausgehen muß. [...] In Deutschland bedeutete der Begriff Historismus, wie er von Meinecke definiert worden ist, gleichzeitig eine Weltanschauung und eine Wissenschaftskonzeption, die im Gegensatz zum Hegelschen oder Marxschen Glauben an Gesetzmäßigkeiten in der Geschichte die spontanen, unberechenbaren Elemente der menschlichen Freiheit und Kreativität betonte.
> [...]
> Für den klassischen Historismus sind diese Betonung der Eigenständigkeit des historischen Denkens wie auch die Zuversicht, daß die historische Welt sinnvoll sei, die Geschichte daher den wichtigsten Schlüssel zur europäischen Bildung enthalte, von zentraler Bedeutung. Obwohl die theoretische Diskussion erst viel später erfolgt, bildet dieser Historismus die Grundlage der Wissenschaftskonzeption und der Wissenschaftspraxis der im frühen 19. Jahrhundert an der deutschen Universität entstehenden Geschichtswissenschaft.[13]

Doch mit der Zeit mußte sich dieses von Gerhard Oestreich so bezeichnete »exklusive historische Fachstudium«[14] methodische Mängel insofern eingestehen, als es sich auf die Textkritik und -edition beschränkt hatte bzw. der immanenten Textanalyse Annahmen hinzufügte, die nicht mehr innerhalb des Textkosmos, sondern nur mehr mit Hilfe eines diesen Kosmos umgebenden, somit außerhalb dessen liegenden gesellschaftlichen Rahmens gedeutet werden konnten.[15] Diese Art der historischen Forschung schien, zeitgenössischen Stimmen zufolge, den Blick für ihre wahren Aufgaben verloren zu haben. So galt es etwa, der industriellen Revolution historiographisch gerecht zu werden, und man sah sich gezwungen, die historische Betrachtungsweise um

---

9 Georg G. Iggers: Geschichtswissenschaft im 20. Jahrhundert. Ein kritischer Überblick im internationalen Zusammenhang. Göttingen: Vandenhoeck & Ruprecht 1993 (= Kleine Vandenhoeck-Reihe 1565), S. 22. Vgl. auch die weiteren Ausführungen Iggers' zur Rolle Leopold von Rankes.

10 Vgl. Georg G. Iggers: Neue Geschichtswissenschaft, S. 23.

11 Vgl. ebenda, S. 18. Leopold von Ranke war von 1825 bis 1833 Außerordentlicher, von 1834 bis 1871 Ordentlicher Professor an der Friedrich-Wilhelms-Universität Berlin. Vgl. dazu Wolfgang Weber: Priester der Klio. Historisch-sozialwissenschaftliche Studien zur Herkunft und Karriere deutscher Historiker und zur Geschichte der Geschichtswissenschaft 1800-1970. Frankfurt/M./Bern/New York: Lang 1984 (= Geschichte und ihre Hilfswissenschaften 216), S. 537.

12 Georg Iggers: Geschichtswissenschaft im 20. Jahrhundert, S. 18.

13 Ebenda, S. 18ff.

14 Gerhard Oestreich: Die Fachhistorie und die Anfänge der sozialgeschichtlichen Forschung in Deutschland, S. 322.

15 Georg Iggers: Neue Geschichtswissenschaft, S. 28.

soziale und wirtschaftliche Momente zu erweitern. Die Wirtschaftsgeschichte als Teildisziplin der Geschichtsforschung hat hier wohl ihren Ursprung.[16] In diesem Klima beginnt sich auch die breite Kluft zwischen Soziologie und Geschichtswissenschaft allmählich zu schmälern, wenngleich die Soziologie eher in die Rolle einer Hilfswissenschaft gedrängt wird, anstatt der Historiographie als gleichwertiger Disziplin beiseitezustehen.[17] Die Umrisse, die die deutsche Geschichtswissenschaft nun langsam annimmt, prägten nicht zuletzt auch die Geschichtswissenschaft anderer Nationen. Um diese die wirtschaftlichen und sozialhistorischen Gesichtspunkte einbeziehende Geschichtsschreibung begrifflich von der politischen Geschichtsschreibung abzugrenzen, wird sie mit dem Etikett ›Kulturgeschichte‹ versehen,[18] deren spezifischer Inhalt im Lauf der Auseinandersetzungen um Karl Lamprecht nicht mehr genau zu fassen war. Sozialgeschichte ist jedoch als ein Teilbereich einer »Kulturgeschichte im engeren Sinne«[19] aufzufassen:

> Neben geistes- und literaturgeschichtlichen Problemen behandelte diese Themen wie die Entwicklung der Werkzeuge und Genußmittel, der Brauchtümer und Alltagssitten bis hin zur Geschichte sozialer Klassen, meist in sehr narrativer, unsystematischer und oft auch quellenkritisch unvollkommener Form.[20]

Schon in den 1830er entstehen Geschichtswerke, die der Philosoph Friedrich Jodl als ›Kulturgeschichten‹ bezeichnet.[21] Jodl, eigentlich ein Befürworter der kulturgeschicht-

---

16 Der Begriff Wirtschaftsgeschichte wird bereits um 1850 fallweise verwendet. Darüber hinaus entwickeln die Schulen der Nationalökonomie ebenfalls um die Jahrhundertmitte eine wirtschaftshistorische Richtung. Vgl. Gerhard Oestreich: Fachhistorie, S. 323, Anmerkung 10 und S. 324.

17 Vgl. Ernst Bernheim: Lehrbuch der historischen Methode. Mit Nachweis der wichtigsten Quellen und Hülfsmittel zum Studium der Geschichte. Leipzig: Duncker & Humblot ²1894 [erstmals 1889], S. 79. Zur Differenz zwischen Soziologie und Geschichte nimmt Bernheim folgendermaßen Stellung: »die Sociologie ignoriert das Individuelle, vernachlässigt die psychischen Motive, die schöpferischen Leistungen; für die Geschichte sind das wesentliche Momente der Forschung und Erkenntnis«. Die französische Soziologie wiederum betrachte die Geschichtswissenschaft als eine soziologische Disziplin.

18 Vgl. dazu die Definition Ernst Bernheims: Kulturgeschichte sei »die Geschichte der Menschen in ihren Betätigungen als soziale Wesen zu allen Zeiten und an allen Orten im einheitlichen Zusammenhang der Entwicklung.« Zitiert nach Gerhard Oestreich: Die Fachhistorie und die Anfänge der sozialgeschichtlichen Forschung in Deutschland, S. 330.

19 Jürgen Kocka: Sozialgeschichte. Begriff – Entwicklung – Probleme, S. 62.

20 Ebenda, S. 60.

21 Vgl. Friedrich Jodl: Die Culturgeschichtschreibung ihre Entwickelung und ihr Problem. Halle: C. E. M. Pfeffer 1878. Jodl behandelt folgende Arbeiten: Ernst Wilhelm Gottlieb Wachsmuth: Europäische Sittengeschichte vom Ursprunge volksthümlicher Gestaltungen bis auf unsere Zeit. 5 Bde. (1831-39), Allgemeine Culturgeschichte. 3 Bde. (1850-52); Gustav Friedrich Klemm: Allgemeine Culturgeschichte der Menschheit. 10 Bde. (1843-52); G. F. Kolb: Geschichte der Menschheit und der Cultur, als Supplement zu allen Werken über Weltgeschichte (1843), bearbeitet und erweitert unter dem Titel Culturgeschichte der Menschheit mit besonderer Berücksichtigung von Regierungsform, Politik, Religion, Freiheits- und Wohlstandsentwickelung der Völker; eine allgemeine Weltgeschichte nach den Bedürfnissen der Jetztzeit. 2 Bde. (1869-70); Wilhelm Drumann: Grundriss der Culturgeschichte (1846); Hippolyte Roux-Ferrand: Histoire des progrès de la civilisation

lichen Richtung, fragt aber nach der »wissenschaftlichen Berechtigung«[22] der Kulturgeschichte, zu der ihm die von ihm erwähnten Werke offenbar keinen Anlaß geben. Kulturgeschichte faßt Jodl zuerst als die diachrone Schilderung einer »Reihe von Lebensformen und Arbeitsresultaten«[23]. In welchem Maß sich ›erzählende Universalgeschichte‹, ›schildernde Culturgeschichte‹ und Geschichtsphilosophie berühren, hänge letztlich ganz von der Individualität und Neigung des Forschers ab. Universal- und Kulturgeschichte seien schließlich aufgrund ihrer Präferenzen von Diachronie und Synchronie zu trennen, die Universalgeschichte gehe in erster Linie diachron, die Kulturgeschichte synchron und nur in zweiter Linie diachron vor. Kulturgeschichte bedeutet für Jodl nun die Sammlung »alles desjenigen, was wir über die Meinungen und das Wissen, die Lebensordnungen, Sitten und Zustände, die Fertigkeiten und die Arbeitsleistungen der verschiedenen Völker in verschiedenen Zeiten wissen«[24]. Der Historiker vereint hier bereits mentalitätsgeschichtliche und anthropologische Ansätze, freilich nicht mit den modernen methodischen Grundlagen. Dennoch kommt er zu dem Schluß, daß alle Kultur zwar durch eine Stabilität ihrer Ausdrucksformen zu kennzeichnen, darüber hinaus jedoch eine geschichtliche Entwicklung insofern festzustellen sei, als die Elemente der Kultur, gleichsam als Supplement zum Statischen, sehr wohl geschichtlicher Veränderung unterliegen und somit die Forderung erhebt, Synchronie und Diachronie in der Betrachtung der Kulturgeschichte zu verbinden. In einem vagen Vier-Punkte-Programm[25] umreißt Jodl nun die »Grundlinien für eine Bearbeitung der Culturgeschichte«:[26] 1. Der Kampf des Menschen mit der Natur; 2. Das Streben nach sozialer und politscher Organisation. Rechtszustand; 3. Die internationalen Beziehungen; 4. Das Streben nach dem Ideal. Die Faktoren dieses ›Strebens nach dem Idealen‹ bilden Religion, Recht und Sitte, Wissenschaft, Kunst. Nicht nur bei Jodl spielt die Kunst eine offensichtlich marginale Rolle. Ende der 1880er Jahre will etwa der politische Historiker Dietrich Schäfer die Kulturgeschichte gegenüber der Fachhistorie insofern ausspielen, als er die Geschichtswissenschaft als eine die historische

---

en Europe depuis l'ère chrêtienne jusqu'au XIXe siècle (1833-41); F. Laurent: Histoire du droit des gens et des relations internationales. 15 Bde. (1850ff.), ab Bd. 5 unter dem Titel Etudes sur l'humanité; Henry Thomas Buckle: Geschichte der Civilisation in England. 2 Bde. (1861/70); Fr. v. Hellwald: Die Culturgeschichte in ihrer natürlichen Entwickelung (1875); Otto Henne am Rhyn: Die Kulturgeschichte im Lichte des Fortschritts (1869). Zu Friedrich Jodl, der von 1895 bis 1914 an der Universität Wien lehrte, vgl. Wolfdietrich Schmied-Kowarzik: Vergessene Impulse der Wiener Philosophie um die Jahrhundertwende. Eine philosophiehistorische Skizze wider den *main stream* verdrängten Erinnerns. In: Die Wiener Jahrhundertwende. Einflüsse – Umwelt – Wirkungen. Hg. v. Jürgen Nautz u. Richard Vahrenkamp. Wien/Köln/Graz: Böhlau ²1996 (= Studien zur Politik und Verwaltung 46), S. 181-201.

22 Friedrich Jodl: Die Culturgeschichtschreibung ihre Entwickelung und ihr Problem, S. 95.

23 Ebenda, S. 98. Die ›erzählende Universalgeschichte‹ sei »unter dem Gesichtspunkt des Geschehens als eine Kette von Ereignissen«, die Geschichtsphilosophie »in Zusammenhang mit den letzten Fragen alles Wissens als einen integrierenden Theil der gesammten Weltentwicklung« zu betreiben.

24 Ebenda, S. 105.

25 Ebenda, S. 115ff.

26 Ebenda, S. 114.

Erforschung der kulturellen Äußerungen des Menschen (*Literatur*, *Kunst*, *Philosophie* etc.) dominierende darstellt, die die allgemeine Geschichtwissenschaft stütze und es offenbar nur dem (Fach-)Historiker gestattet sei, die »tausendfältige Wechselwirkung zwischen staatlicher Ordnung und den Äußerungen menschlichen Geisteslebens ständig im Auge zu behalten«[27]. Die Kulturgeschichte wurde also – offenbar nicht zu Unrecht – zur Hilfswissenschaft abgetan, denn diese von Jürgen Kocka in Anlehnung an Ernst Bernheim definierte ›Kulturgeschichte im weiteren Sinn‹, die eben auf eine synchrone und diachrone Betrachtungsweise und auf die Totalität der Historie abzielte, hatte wenig Erfolg – wohl auch dieses Anspruchs wegen und weil sie gegenüber der herrschenden Geschichtswissenschaft, vor allem in Hinblick auf die fortschreitende Verfeinerung der von Ranke und Niebuhr entwickelten historisch-kritischen Methode, kaum neue methodische Ansätze zu bieten imstande war.[28] Kulturgeschichte im allgemeinen erfreute sich jedoch trotz aller methodischer Schwächen in den 1890er Jahren einer großen akademischen Beliebtheit, wenngleich die Vorstellungen über den Inhalt kulturgeschichtlicher Forschung, wie bereits angedeutet, durchaus divergierten. Darüber hinaus wurde die Kulturgeschichte »nach der Jahrhundertwende durch kunst-, ideen- und geistesgeschichtliche Momente geprägt, zur Stil- und Geistesgeschichte umgebogen und so gewissermaßen domestiziert«[29]. Leichter hatten es da die Wirtschaftswissenschaften, denen man für das Verständnis der ›Haupt- und Staatsaktionen‹ größere Wichtigkeit zugestand und deren Pflege man an den Hochschulen empfahl. Wie Gerhard Oestreich zeigt, gab es schon in den 1890er Jahren an den deutschen Universitäten zahlreiche Lehrveranstaltungen »über die soziale Frage, über Sozialismus und soziale Vorgänge in der Geschichte«[30]. Kulturgeschichte wurde allerdings noch als Ideengeschichte gefaßt, die sich von der politischen Geschichte durch ihre Methode unterschied, indem sie analytisch und nicht synthetisch vorging: »Kulturgeschichte in ihrer reinsten Form ist Ideengeschichte [...]. Darum wählt sie auch gern die Methode der Analyse: sie führt Ereignisse auf Kräfte, Kräfte auf Ideen zurück«[31].

Ernst Bernheim faßt in seinem bis ins zwanzigste Jahrhundert vielgelesenen *Lehrbuch der historischen Methode* die Kulturgeschichte als »Specialisierte Geschichte« auf, genauer als »specialisiert in Bezug auf die qualitative Ausdehnung des Stoffes«[32]. Innerhalb dieser Einteilung stehen einander »Kulturgeschichte im engeren Sinne« und die »Politische oder bürgerliche Geschichte« gegenüber.[33] Mangels einer genauen

---

27 Gerhard Oestreich: Die Fachhistorie und die Anfänge der sozialgeschichtlichen Forschung in Deutschland, S. 327.

28 Vgl. Jürgen Kocka: Sozialgeschichte. Begriff – Entwicklung – Probleme, S. 61 u. 63f.

29 Ebenda, S. 62.

30 Gerhard Oestreich: Die Fachhistorie und die Anfänge der sozialgeschichtlichen Forschung in Deutschland, S. 332.

31 Eberhard Gothein: Die Aufgaben der Kulturgeschichte, S. 50. Zitiert nach Gerhard Oestreich: Die Fachhistorie und die Anfänge der sozialgeschichtlichen Forschung in Deutschland, S. 330.

32 Ernst Bernheim: Lehrbuch der historischen Methode, S. 42.

33 Ebenda, S. 42:

»B. Specialisierte Geschichte.

1. Specialisiert in Bezug auf die qualitative Ausdehnung des Stoffes:

Definition des Begriffes ›Kultur‹ grenzt Bernheim die Kulturgeschichte insofern von der politischen Geschichte ab, als jene nur »die nichtpolitischen Bethätigungen der Menschen als sociale Wesen«[34] behandeln solle.

Sozialgeschichte am Ende des neunzehnten Jahrhunderts umfaßte letztendlich folgendes: »Soziale Bildungen und Institutionen, soziale Prozesse und Beziehungen und die in ihnen wirkenden Kräfte waren letztlich das Objekt der frühen Sozialgeschichte, die zumeist mit der Wirtschafts- oder der Verfassungsgeschichte verbunden erscheint«[35]. Und als »Grundthemen der späteren Diskussion«[36] nennt Oestreich folgende: »Entwicklung, Typus, Massenerscheinungen, die Gegensatzpaare Zustand und Ereignis, generisches und Persönlichkeitsprinzip, gleichsam die Kernbegriffe der frühen Sozialgeschichte, wurden bereits benannt, aber nicht näher erörtert«[37]. Dieter Langewiesche faßt das Arbeitsgebiet der Sozialgeschichte im neunzehnten Jahrhundert als Historische Nationalökonomie, Kulturgeschichte und Landesgeschichte.[38]

Eine Öffnung in Richtung Sozialwissenschaften gelingt zuerst der deutschen Volkswirtschaftslehre, die aufgrund ihres romantischen Anspruchs nach einer ganzheitlichen Darstellung von politischem, kulturellem und wirtschaftlichem Leben strebt. Der Staat steht im Mittelpunkt ihres Interesses, sie bedient sich quellenkritischer Methoden und betrachtet die Wirtschaft ganz im Sinne des Historismus von einem streng historischen Standpunkt aus.[39] Die mehr und mehr an Bedeutung gewinnende Präsenz der Gegenwart im Blickfeld der Historiker läßt durch die soziale Frage eben auch das soziale Leben zu einem Problemfeld der Historiographie werden. Staat und Gesellschaft zu trennen fällt den Historikern dieser neuen Generation nicht mehr so leicht. Diese ›jüngere Generation‹ von sozialwissenschaftlich orientierten Historikern der 1890er Jahre charakterisiert Oestreich so:

> Ich möchte sie betrachten als eine zwar nicht sichtbar verbundene, in ihrem Wollen jedoch zusammengehörige Gruppe, die über Ranke hinausstrebt, das Problem einer den neuen Aufgaben

---

a) Kulturgeschichte im engeren Sinne: die Geschichte der Entwickelung der socialen Lebensformen und Arbeitsresultate, die vorwiegend aus der privaten Thätigkeit der Menschen hervorgehen.
b) Politische oder bürgerliche Geschichte: die Geschichte der Entwickelung der Staaten und des Staatslebens.«
Bernheim unterscheidet grundsätzlich zwischen »Allgemeiner Geschichte«, die neben der »Universal- oder Kulturgeschichte im weiteren Sinne, auch Weltgeschichte genannt« die »Allgemeine Staatengeschichte, auch Weltgeschichte und früher auch Universalgeschichte genannt« umfaßt, und der »Specialisierten Geschichte«.

34 Ebenda, S. 47.

35 Gerhard Oestreich: Die Fachhistorie und die Anfänge der sozialgeschichtlichen Forschung in Deutschland, S. 337f.

36 Ebenda, S. 329.

37 Ebenda, S. 329.

38 Dieter Langewiesche: Sozialgeschichte und Politische Geschichte. In: Sozialgeschichte in Deutschland. Entwicklungen und Perspektiven im internationalen Zusammenhang. Hg. v. Wolfgang Schieder u. Volker Sellin. Bd. 1: Die Sozialgeschichte innerhalb der Geschichtswissenschaft. Göttingen: Vandenhoeck & Ruprecht 1986 (= Kleine Vandenhoeck-Reihe 1517), S. 9-32. Hier S. 13.

39 Vgl. Georg G. Iggers: Geschichtswissenschaft im 20. Jahrhundert, S. 31.

angepaßten Begriffsbildung erfaßt und sich den Sozialwissenschaften gegenüber aufgeschlossen verhält. Sie bildet den sozialwissenschaftlichen Flügel in der Geschichtswissenschaft, der unter verschiedenem Etikett – der Kulturgeschichte, der Sozialgeschichte oder der vergleichenden Verfassungsgeschichte – das Neue verfolgt. [...] Dieser sozialwissenschaftliche Flügel der Historie wurde für kurze Zeit in den 90er Jahren in erster Linie von Karl Lamprecht, Kurt Breysig und Otto Hintze geführt.[40]

Daß Kurt Breysig Mitte der 1890er Jahre zuerst ein Kolleg, dann ein Buch mit dem Titel *Vergleichende Sozialgeschichte der neueren Zeit* plante,[41] läßt aufhorchen. Dieses Kolleg wurde aber nie gehalten, und auch das Buch ist nie erschienen. 1900/01 wird jedoch seine *Kulturgeschichte der Neuzeit* publiziert, in das sein Interesse für Sozialgeschichte und Soziologie sehr wohl eingeflossen ist. Auch sein späterer Versuch, an der Berliner Universität ein ›Seminar für vergleichende Geschichtsforschung‹ einzurichten, war nicht von Erfolg getragen.[42] Fest steht jedoch, daß Breysig schon früh einen historiographischen Ansatz zu pflegen suchte, dessen methodische Grundlage der Vergleich bilden sollte. Aber auch Breysig konnte sich gegenüber der Fachhistorie nicht durchsetzen. Lamprecht gelang es immerhin, einen Methodenstreit innerhalb der Historiographie zu entfachen, der in dem Spannungsverhältnis von politischer, deskriptiver und evolutionistischer Geschichtsschreibung begründet war.

Die frühere Polarität von politischer und Kulturgeschichte erscheint bei Lamprecht nun als Dichotomie von Personen- und Zustandsgeschichte. Zustände seien als die eigentlichen Impulse zur geschichtlichen Veränderung zu betrachten. Lamprechts Definition der Zustände lautet folgendermaßen: »1. die Summe des früher Gewordenen, das in ihnen fortlebt, und 2. die Summe des täglich Werdenden, das der Gesamtwille, der Gesamtintellekt und die Gesamtempfindung der Nation ihnen hinzubringe«[43]. Als Folge dieses eher kryptisch-universal anmutenden Konzepts fragt Lamprecht auch nach kollektivistischen Gesichtspunkten in der Geschichte, denen er gegenüber den individualistischen insofern den Vorzug gibt, als die Geschichte nur auf die »breiteste Geschichte der Zustände«[44] aufgebaut werden könne. Das eigentliche Ziel des Geschichtsverständnisses Lamprechts ist jedoch nicht eine Ausblendung der politischen Geschichte, sondern deren besseres Verständnis, zumal »der Staat [...] die wichtigste aller menschlichen Gemeinschaften [...] bleibe«[45]. Die Kritik, die in der Folge an Lamprecht und seinen Arbeiten vorgetragen wird und die offenkundig auch polemischer Natur zu sein scheint, richtet sich weniger gegen ein zu bekämpfendes Geschichtskonzept. Vielmehr werden Detailfragen, die Lamprecht unbeachtet ließ, Ungenauigkeiten und Fehler, die sein Bemühen um die Kultur- und Sozialgeschichte

40 Ebenda, S. 344.

41 Vgl. den Hinweis ebenda, S. 354, Anmerkung 91.

42 Vgl. Bernhard vom Brocke: Kurt Breysig. In: Deutsche Historiker. Hg. v. Hans-Ulrich Wehler. Bd. 5. Göttingen: Vandenhoeck & Ruprecht 1972 (= Kleine Vandenhoeck-Reihe 349/350/351), S. 95-116. Hier S. 98.

43 Gerhard Oestreich: Die Fachhistorie und die Anfänge der sozialgeschichtlichen Forschung in Deutschland, S. 350.

44 Zitiert nach ebenda, S. 350, Anmerkung 115.

45 Ebenda, S. 350.

erheblich beeinträchtigten, kritisiert.[46] Auch sein Versuch, die Methode der Quellenkritik der herrschenden naturwissenschaftlichen Wissenschaftsauffassung anzugleichen, sie also um die rational-kausale Methode zu erweitern, scheitert. Nach einem »wüsten Pamphlet«[47] Georg von Belows in der *Historischen Zeitschrift* 1898, das vernichtend über Lamprechts *Deutsche Geschichte* herzieht, ist die Diskussion um die Neuansätze, die Lamprecht zu initiieren trachtete, mehr oder minder beendet.[48] Die Bemühungen, sich von der staatspolitischen Geschichtsschreibung zu lösen, sind, zumindest bis nach der Jahrhundertwende, als gescheitert zu betrachten. Die Folgen dieser Entwicklung nicht nur für die Historiographie, sondern auch für ein offenbar spezifisch deutsches Geschichtsbewußtsein, hat Jürgen Kocka zusammengefaßt:

> Dies bedeutete die Einleitung eines fundamentalen Verdrängungsprozesses, in dem die deutsche Geschichtswissenschaft, je später, desto mehr, an Kraft zur Analyse der neueren und neuesten Geschichte und damit auch zur Deutung der Gegenwart einbüßte; es bedeutete weitgehenden Verzicht auf die Analyse anonymer Kräfte und Kollektive bei Festhalten an einem idealistischen und zunehmend ideologischen Freiheits-, Handlungs- und Persönlichkeitsbegriff; es bedeutete Abwehr der neuen Strömungen in den westlichen Sozialwissenschaften und nicht zuletzt im Sozialismus; politisch bedeutete es – bei vielen Variationen im einzelnen – das Votum für obrigkeitsstaatliche, sozialkonservative Positionen, gegen die Kräfte der Revolution und Reform, die auf weitergehende Liberalisierung und Demokratisierung von Staat und Gesellschaft drängten.[49]

In den 1960er Jahren wird Lamprecht ganz anders rezipiert. Schon Otto Hintze schätzt dessen Verbindung von historischer Wissenschaft und sozialpsychologischer Forschung als wesentlich für die Entwicklung innerhalb der Geisteswissenschaften, grenzt ihn gegenüber der einseitig ökonomisch orientierten Marxschen Schule ab, distanziert sich jedoch von der individualistischen und der kollektivistischen Methode.[50] Auch im Ausland erfährt Lamprecht noch in den 1910er Jahren Aufmerksamkeit und, sein Begriffsinventar macht dies ja offenkundig, fand seitens der Gruppe von Sozialhistorikern um die Zeitschrift *Annales d'histoire économique et sociale* besondere Beachtung. In Deutschland fristet die sozialhistorische Forschung innerhalb der Geschichtswissenschaft bis in die 1960er Jahre ein Schattendasein.[51] Grund dafür ist die offenbar bis ins zwanzigste Jahrhundert aufrecht erhaltene, von politischen Diealen geprägte Geschichtsauffassung, in der sozialgeschichtliche Entwicklungen insofern keine Rolle spielten, als sie das Rankesche, die Entwicklung des Staates und die diese Entwicklung beeinflussenden Individuen in den Vordergrund stellte und somit »die weiteren

---

46 Vgl. ebenda, S. 353.

47 Ebenda, S. 361.

48 Auch die unmittelbaren Schüler Lamprechts wenden sich bald wieder gängigen Geschichtskonzepten zu. Vgl. Wolfgang Weber: Priester der Klio, S. 241f.

49 Jürgen Kocka: Sozialgeschichte. Begriff – Entwicklung – Probleme, S. 57.

50 Vgl. ebenda, S. 360.

51 Gerhard Oestreich begründet die gehemmte Entwicklung der Sozialgeschichte in Deutschland mit der nach 1918 aufgrund des Kampfes gegen Versailles und der Kriegsschuldthese wieder verstärkt betriebenen diplomatisch-politischen Geschichtsschreibung und dem nach 1933 gegenüber der soziologisch orientierten Geschichtswissenschaft vorgebrachten Marxismusverdacht. Vgl. ebenda, S. 363.

Bereiche sozialer Geschichte für das Studium politischer Geschichte unerheblich [wurden]«[52].

Freilich darf diese Darstellung nicht über die Tatsache hinwegtäuschen, daß – wie schon angedeutet – sozialgeschichtliche Deutungen der Geschichte im neunzehnten Jahrhundert durchaus keine Seltenheit waren, ja daß sogar, wie Georg Iggers zurecht behauptet, selbst der »hermeneutische Ansatz [...] dennoch keinesfalls Sozialgeschichte ausschließen [mußte], denn seine Methoden konnten jederzeit auf alle Bereiche menschlicher Tätigkeit bezogen werden, und sie wurden auch tatsächlich so angewandt«[53]. Johann Gustav Droysen und Gustav Schmoller leisteten in diesem Sinn Pionierarbeit. Vor allem Schmoller gelang es, das methodische Defizit der Historischen Schule der Nationalökonomie zu verkleinern, »doch im großen und ganzen war die allgemeine deutsche Universitäts-Historie in immer deutlicherer Weise bis nach 1945 vor allem politische Geschichte mit geistes-, verfassungs- und rechtshistorischen Erweiterungen«[54].

Die weitere Entwicklung der Sozialgeschichte in Deutschland seit den 1930er Jahren läßt sich an die Namen Otto Brunner und Werner Conze knüpfen. Dietrich Hilger beschreibt eine gegenüber dem »auf soziale Klassen und Gruppen bezogenen Begriff der Sozialgeschichte«[55] neue Konzeption, die sich auf ihr Verhältnis zur Ideengeschichte gründet, keineswegs aber reine Ideen- oder Geistesgeschichte sein möchte, sondern »kraft ihres inneren Unterschiedes zur Ideengeschichte als deren kritisches Korrektiv wirken kann, oder eben dialektisch gesprochen: daß Sozialgeschichte bloße Ideengeschichte mit deren Einseitigkeiten in sich aufgehoben hat«[56].

Otto Brunner definiert Sozialgeschichte als »Darstellung der inneren Struktur historischer Gebilde«[57] und plaziert die Sozialgeschichte zum einen im Kontext der Sozialwissenschaften, und weist zum anderen darauf hin, daß die Sozialgeschichte den Begriff ›Gesellschaft‹ nicht für sich allein in Anspruch nehmen könne, wenn sie der Realität einer ›Gesellschaft‹ umfassend nahekommen möchte: »Die ältere Sozialstruktur läßt sich mit Begriffen wie Gesellschaft und Gemeinschaft, Klasse und Stand nicht allein erfassen, wir benötigen hier auch Begriffe wie Herrschaft und Genossenschaft, die primär der Rechts- und Verfassungsgeschichte angehören«[58]. Letzten Endes bleibt die Beschreibung des Objekts ›Gesellschaft‹ für Brunner ein interdisziplinäres Projekt:

> Die Wirklichkeit ist ganz anders. Diese historischen Fachwissenschaften haben einen ganz bestimmten ›Aspekt‹, sie durchleuchten von ihrem spezifischen Sinnzusammenhang her, der ›Wirtschaft‹ oder dem ›Recht‹, der ›Kunst‹ oder der ›Religion‹, ein sehr viel weiteres Gebiet. Sie über-

---

52 Georg G. Iggers: Neue Geschichtswissenschaft, S. 32.

53 Ebenda, S. 35.

54 Jürgen Kocka: Sozialgeschichte. Begriff – Entwicklung – Probleme, S. 57f.

55 Dietrich Hilger: Zum Begriff und Gegenstand der Sozialgeschichte, S. 19.

56 Ebenda, S. 19.

57 Otto Brunner: Sozialgeschichtliche Forschungsaufgaben, erörtert am Beispiel Niederösterreichs. In: Anzeiger der österreichischen Akademie der Wissenschaften, philosophisch-historische Klasse 85 (1948), S. 335-362. Hier S. 335.

58 Ebenda, S. 337.

schneiden sich schon untereinander weitgehend; keine Wirtschaftsgeschichte ist ohne rechtsgeschichtliche, keine Rechtsgeschichte ohne wirtschaftsgeschichtliche Grundlagen denkbar.[59]

Zudem plädiert Brunner nicht nur für eine historisch-kontextbezogene Untersuchung der Gesellschaft, sondern auch für eine kontextbezogene Berücksichtigung der Wissenschaft selbst: »Der Historiker hat also nicht nur seinen Begriffsapparat, sondern seine ganze Wissenschaft mitsamt den sie umgebenden Nachbarwissenschaften, ja, das gesamte Gefüge der modernen Wissenschaften überhaupt als etwas geschichtlich Gewordenes zu erkennen, das sich mit der Geschichte ständig verändert«[60].

Werner Conze, in seinem Forschungsprogramm von seinem Lehrer Hans Freyer geprägt,[61] schenkt nicht nur der deutschen Soziologie Aufmerksamkeit, sondern zeigt sich auch ausländischen Einflüssen offen.[62] Conze beschäftigt die Frage nach dem gesellschaftlichen Wandel seit dem achtzehnten Jahrhundert, nämlich der »Wandel der Familienstrukturen, die Veränderung der Wirtschaftsformen, das Aufkommen neuer Klassen und neuer Typen kollektiver Organisation«, was nicht zuletzt auch einen thematischen Umschwung in der Geschichtsschreibung bedeutete:

Diese Reklamierung des »Sozialen« in der Geschichte sprach nun auch den Arbeitern, Parteien und Familien eine Geschichte zu. Wie die deutsche Soziologie sich hauptsächlich mit der modernen Gesellschaft beschäftigte, so wurden sozialhistorische Methoden ebenso der modernen Gesellschaft zugeordnet, die damit gewissermaßen ein historisches Individuum eigener Art wurde.[63]

Die Strukturgeschichte verliert in den 1970er Jahren zugunsten eines geänderten Geschichtsbewußtseins und anderer Themenschwerpunkte wieder an Bedeutung. Nicht nur die von Lawrence Stone 1979 festgestellte Rückkehr zur Erzählung in der Geschichtswissenschaft,[64] sondern auch der Versuch eines neuen Kultur- und Gesellschaftsverständnisses ziehen eine neuerliche Umgestaltung der sozialwissenschaftlichen Methoden und Begriffe mit sich, verbunden mit Schlagwörtern wie ›Geschichtspessimismus‹ oder ›Krise der Geschichtswissenschaft‹.

Der Schwerpunkt [der Sozialgeschichtsschreibung] verlagerte sich von Strukturen und Prozessen auf Kulturen und Lebensweisen, ohne jedoch unbedingt die Verbindung zwischen den beiden

59 Ebenda, S. 338.

60 Otto Gerhard Oexle: Sozialgeschichte – Begriffsgeschichte – Wissenschaftsgeschichte. Anmerkungen zum Werk Otto Brunners. In: Vierteljahrschrift für Sozial- und Wirtschaftsgeschichte 71 (1984), S. 305-341. Hier S. 308.

61 Vgl. Thomas Mergel/Thomas Welskopp: Geschichtswissenschaft und Gesellschaftstheorie. In: Geschichte zwischen Kultur und Gesellschaft. Beiträge zur Theoriedebatte. Hg. v. Thomas Mergel u. Thomas Welskopp. München: C. H. Beck 1997 (= Beck'sche Reihe 1211), S. 9-35. Hier S. 15. Vgl. auch Hans Freyer: Soziologie und Geschichtswissenschaft. In: Geschichte in Wissenschaft und Unterricht 3 (1952), S. 14-20.

62 Vgl. Werner Conze: Social History. In: Journal of Social History 1 (1967/68), S. 7-16; Die Stellung der Sozialgeschichte in Forschung und Unterricht. In: Geschichte in Wissenschaft und Unterricht 3 (1952), S. 648-657.

63 Thomas Mergel/Thomas Welskopp: Geschichtswissenschaft und Gesellschaftstheorie, S. 15.

64 Lawrence Stone: The Revival of Narrative. In: Past and Present 85 (1979), S. 3-24.

Polen zu lösen. Eine Geschichtsschreibung, die sich stärker den existentiellen Erfahrungen durchschnittlicher Menschen widmet, benötigt alternative Methoden, die dem Verständnis dieser Welt näher kommen können, ohne daß sie damit in der Praxis den Anspruch auf Wissenschaftlichkeit aufgibt.[65]

Die Arbeitsbereiche der deutschen Geschichtswissenschaft verlagerten sich auf das Industriezeitalter, während sich die französischen ›Annales‹-Historiker mit der vorindustriellen Zeit, hauptsächlich dem Mittelalter, und ihren beständigen Strukturen und Mentalitäten auseinandersetzten, wohl auch aus Gründen der seriellen Quellenergiebigkeit. Die beginnende Aufarbeitung der Zeit des Nationalsozialismus ist einer der Gründe für diesen Themenumschwung, ein anderer der des ›Sonderwegs‹ Deutschlands im neunzehnten Jahrhundert während der Reichsgründung, »der sich von der als normativ betrachteten Entwicklung moderner Industriestaaten unterschied, in denen ökonomische und technische Modernisierung im Rahmen einer politischen Demokratisierung stattgefunden haben sollen, die in Deutschland blockiert wurde«[66].

Seit Beginn der 1970er Jahre lassen sich die Bemühungen um eine sozialgeschichtliche Geschichtsbetrachtung bzw. eine Verbindung zwischen Geschichte und Sozialwissenschaften unter dem Schlagwort ›Historische Sozialwissenschaft‹ zusammenfassen, zu deren Hauptvertretern Hans-Ulrich Wehler und Jürgen Kocka zu zählen sind. Dieser Begriff hat sich relativ rasch im Bewußtsein der Historiker festgesetzt, über seinen Inhalt jedoch herrschte Unsicherheit. Geschichtswissenschaft als historische Sozialwissenschaft zu bestimmen, bedeutet

> vor allem eine Annäherung an die systematischen und theoretischen Sozialwissenschaften, eine Öffnung für deren Fragestellungen und Methoden und eine entschiedene Betonung gesellschaftsgeschichtlicher Problemstellungen [...]. Negativ formuliert: wer sich für die Entwicklung einer historischen Sozialwissenschaft ausspricht, plädiert damit für eine klare Abgrenzung von dem herkömmlichen Verständnis der Geschichtswissenschaft als Geisteswissenschaft, als einer lediglich ›individualisierenden‹ und ›verstehenden‹ Wissenschaft. Der Begriff der ›historischen Sozialwissenschaft‹ hat insofern vielfach noch die Funktion eines ›Feldzeichens‹ für alle diejenigen, die eine an den Ansprüchen der Wissenschafts- und Gesellschaftstheorie orientierte Neubestimmung der Geschichtswissenschaft für dringend erforderlich halten. In diesem Sinne ist die ›Wandlung der Historie von einer verstehenden Geisteswissenschaft zu einer historischen Sozialwissenschaft‹ kürzlich von J. Rüsen in Anlehnung an Thomas Kuhn als Paradigmawechsel – als Änderung der ›disziplinären Matrix‹ – der Geschichtswissenschaft interpretiert worden.[67]

Winfried Schulze faßt Historische Sozialwissenschaft als die »Wissenschaft von der Veränderung des Menschen und seiner gesellschaftlichen Verhältnisse in der Zeit«,[68] definiert Veränderung jedoch nicht im Sinne eines »allgemeinen, gleichsam zeitlosen

---

65 Georg G. Iggers: Geschichtswissenschaft im 20. Jahrhundert, S. 54.

66 Ebenda, S. 55.

67 Reinhard Rürup: Zur Einführung. In: Historische Sozialwissenschaft. Beiträge zur Einführung in die Forschungspraxis. Hg. v. Reinhard Rürup. Göttingen: Vandenhoeck & Ruprecht 1977 (= Kleine Vandenhoeck-Reihe 1431), S. 5-15. Hier S. 5f.

68 Zitiert nach ebenda, S. 7.

Vorgang[s]«,[69] sondern sucht die Veränderung »in der historischen Zeit, unter je spezifischen Umständen«[70] zu erklären. Die Historische Sozialwissenschaft geht davon aus, »daß zwischen wissenschaftlicher Forschung und gesellschaftlicher Praxis ein enger Zusammenhang besteht«[71]. Die Interpretation der vergangenen und gegenwärtigen Geschichte wird vor der Folie einer zu erreichenden »vernünftig organisierten zukünftigen Gesellschaft«[72] vorgenommen. Die Entwicklung einer derartigen Geschichtsbetrachtung ist vor allem begünstigt durch die fortschreitende Interdisziplinarisierung, also der Entlehnung von Konzepten und Methoden ›benachbarter‹ Sozialwissenschaften wie Psychologie, Soziologie, Politologie etc. Daß diese Disziplinen nun nicht mehr als Hilfswissenschaften betrachtet werden, ist wohl ebenso Charakteristikum der Historischen Sozialwissenschaft, wenngleich natürlich von der Warte des Historikers die spezifisch geschichtswissenschaftlichen Prämissen im Interesse eines historisch relevanten Ergebnisses nicht zu vernachlässigen sind. Grundsätzlich spiegelt sich in diesem Verhältnis offenbar auch ein anderes Wissenschaftsselbstverständnis und -bewußtsein, das, betrachtet man die Diskussion um die Sozialgeschichte als Sektor- oder als Integrationswissenschaft, wie sie von Jürgen Kocka geführt wurde,[73] keine Selbstverständlichkeit sein dürfte. Eben dieses »Verhältnis zur historischen Zeit«[74] ist es, das der historischen Sozialwissenschaft gegenüber den Sozialwissenschaften ihre charakteristischen Konturen verleiht.

> Die Bestimmung der Geschichtswissenschaft als historische Sozialwissenschaft bedeutet keine Kapitulation der Geschichte vor soziologischen oder ökonomischen Theorieansprüchen, sie eröff-

---

69 Ebenda, S. 7.

70 Ebenda, S. 7.

71 Georg G. Iggers: Geschichtswissenschaft im 20. Jahrhundert, S. 57. Iggers weiter: »Die Historische Sozialwissenschaft geht dabei von zwei Konzeptionen aus, die in einer Weberschen Umdeutung des Marxschen Begriffs der Gesellschaftsformationen und der Auffassung eines einheitlichen abendländischen Geschichtsprozesses wurzeln. ›Gesellschaftsgeschichte‹ wird im weiten Sinne verstanden als die Geschichte sozialer, politischer, ökonomischer, aber auch soziokultureller und geistiger Phänomene. Das zentrale Thema ist die Erforschung und Darstellung von Prozessen und Strukturen gesellschaftlichen Wandels. ›So gesehen ist Gesellschaftsgeschichte über weite Strecken Sozialstrukturgeschichte‹. [H.-U. Wehler] Die politische Verantwortung beruht auf der Verpflichtung auf die Kategorien einer Kritischen Theorie im Sinne von Max Horkheimer oder Jürgen Habermas, ›die mit dem Interesse an einer vernünftig organisierten zukünftigen Gesellschaft die vergangene und gegenwärtige kritisch durchleuchtet‹. [H.-U. Wehler] Die Modernisierungsidee, wie sie von Wehler vertreten wird, enthält in der Verknüpfung mit der Kritischen Theorie den normativen Gedanken, der Wissenschaft mit politischen Werten verbindet, nämlich daß der Industrialisierung, als Hauptmoment der ökonomischen Modernisierung, ›mit ihrer permanenten technologischen Revolution, institutionellen Umformung und sozialen Veränderung eine Entwicklung in Richtung auf eine Gesellschaft rechtlich freier und politisch verantwortlicher, mündiger Staatsbürger‹ entspricht. Die Hauptaufgabe einer deutschen Gesellschaftsgeschichte ist es zu ergründen, warum diese Entwicklung in Deutschland anders als in Westeuropa und mit der Konsequenz 1933 stattfand.«

72 Georg G. Iggers: Geschichtswissenschaft im 20. Jahrhundert, S. 57.

73 Vgl. Jürgen Kocka: Sozialgeschichte. Begriff – Entwicklung – Probleme, Kap. II.

74 Reinhard Rürup: Zur Einführung, S. 8.

net der historischen Wissenschaft durch kritische Aneignung der Methoden und Ergebnisse anderer Sozialwissenschaften vielmehr eine neue Möglichkeit, zu einer Integrationswissenschaft auf höherer Ebene zu werden.[75]

Ein zweiter Unterschied, den Rürup nennt, ist der Verzicht der Historischen Sozialwissenschaft auf die Allgemeingültigkeit vieler sozialwissenschaftlicher Theorien aufgrund ihres zu bestimmenden historischen Rahmens.[76] Als drittes Charakteristikum schließlich wird der Anspruch auf die Darstellung des historischen Prozesses in seiner Gesamtheit angeführt und damit das Bemühen um einen Theorierahmen, der einem derartigen Anspruch auch gerecht zu werden imstande ist. Jürgen Kocka dazu:

> Eine, wenn auch nur vorläufige und perspektivische Vorstellung vom Ganzen ist Voraussetzung der angemessenen Erfassung von Teilbereichen und Einzelproblemen; deren Analyse bleibt unvollkommen und in der Gefahr der Verzerrung, solange ihr gegenseitiger Zusammenhang und ihr Stellenwert innerhalb des Gesamtsystems nicht bestimmt werden können. Gerade um zur Sinnverständigung und Aufklärung ihrer Gegenwart beizutragen, muß die Geschichtswissenschaft im Unterschied zu den meisten systematischen Sozialwissenschaften an dem Ziel festhalten, den spannungsreichen und sich wandelnden Zusammenhang diverser Phänomene nach Ursachen, Erscheinungsformen und Folgen zu erforschen und Teilgebiete und Teilprobleme nicht unter völliger Absehung vom Ganzen zu behandeln. Wollte sie sich ausschließlich auf die Untersuchung von Detailproblemen beschränken, dann würde das nicht nur deren Analyse unzuträglich sein, sondern auch die Befriedigung des bestehenden und legitimen Bedürfnisses nach historischer, gegenwartsbezogener Gesamtinterpretation wissenschaftlich nicht kontrollierter Ideologien und Mythen überlassen.[77]

Ein derartiges Programm wäre nun – mit Einschränkungen – von der marxistischen Geschichtswissenschaft als historischer Gesellschaftswissenschaft, von dem Konzept einer Gesellschaftsgeschichte, wie sie Eric Hobsbawm entwickelt hat,[78] oder im Rahmen der historischen Modernisierungstheorien zu leisten.[79]

> Der Vorteil dieser Theorien ist darin zu sehen, daß sie einen Zugang zur Beschäftigung mit dem Gesamtvorgang gesellschaftlicher Veränderungen insbesondere seit dem späten 18. Jahrhundert eröffnen und vergleichende Untersuchungen unterschiedlich entwickelter Gesellschaften ermöglichen; sie vermitteln eine Vorstellung von Richtung und Ziel der geschichtlichen Entwicklung, und sie stellen einen besonders engen Kontakt zu den Forschungsarbeiten der verschiedenen systematischen Sozialwissenschaften her. Andererseits handelt es sich überwiegend um sehr abstrakt-formale Theorien, die sich wertend am aktuellen Entwicklungsstand demokratisch-industriekapitalistischer Gesellschaften orientieren und für die Motorik des gesellschaftlichen Wandels keine befriedigende Erklärung anbieten. Gerade die Schwächen des modernisierungstheoretischen Ansatzes machen deutlich, daß eine historische Sozialwissenschaft, die sich von der marxistischen

75 Ebenda, S. 9.

76 Vgl. ebenda, S. 7.

77 Zitiert nach ebenda, S. 9f.

78 Vgl. Eric Hobsbawm: Von der Sozialgeschichte zur Geschichte der Gesellschaft. In: Hans-Ulrich Wehler (Hg.): Geschichte und Soziologie. Königstein/Ts.: Athenäum ^{2}1984 (= Athenäum-Taschenbücher 7247), S. 331-354.

79 Reinhard Rürup: Zur Einführung, S. 10f.

Wissenschaft positiv absetzen will, beträchtliche Leistungen im Bereich der gesamtgesellschaftlichen Entwicklungstheorien noch zu erbringen hat, wenn sie ihren eigenen Ansprüchen gerecht werden will.[80]

Eine derartige gesamtgeschichtliche Interpretation erlaubt auch eine Abgrenzung der Sozialgeschichte gegenüber anderen Teilbereichen der Geschichtswissenschaft wie Wirtschafts-, Staats- oder Kulturgeschichte und macht die Erfassung von Einzelproblemen und Teilbereichen erst möglich.[81]
Die Diskussion der Gegenwart läßt sich mit den Schlagworten ›Sozialgeschichte‹, ›Alltagsgeschichte‹, ›Mikro-Historie‹ und ›Kulturgeschichte‹ umreißen,[82] wobei Alltagsgeschichte auch als Sammelbegriff für einige Neuansätze in der Geschichtswissenschaft verstanden wird:

> Alltag stand für eine andere Themenwahl, für eine neue Methodik der Quellenanalyse, für die Abkoppelung von den ›big structures, large processes, huge comparisons‹, ja zum Teil für alternative Formen der Forschungs- und Publikationsorganisation, kurzum diente als praktische Sigle für eine andere Geschichtswissenschaft.[83]

Innerhalb dieser Konstellation entwickeln sich aber durchaus kontroversielle Richtungen, die sich auch anläßlich des Berliner Historikertages 1984, auf dem über alltagsgeschichtliche Forschung debattiert wird, und anläßlich des Hannoveraner Historikertages 1992, der bereits unter dem Motto ›Was kommt nach der Alltagsgeschichte?‹ stand, ausmachen lassen. Auf dem Berliner Historikertag gerieten vor allem die

---

80 Ebenda, S. 11.

81 Vgl. Jürgen Kocka: Sozialgeschichte. Begriff – Entwicklung – Probleme, S. 99. Kocka weiter: »Auch gesellschaftsgeschichtliche Untersuchungen werden schon aus arbeitsökonomischen Gründen Arbeitsschwerpunkte bilden und perspektivisch auswählen müssen, doch sind sie dadurch gekennzeichnet, daß sie im Prinzip die verschiedensten Wirklichkeitsbereiche einbeziehen – von den materiellen Bedingungen, von den Bevölkerungsverhältnissen, vom wirtschaftlichen Wachstum und Wandel über die sozialen Klassen, Gruppen und Schichten, Allianzen, Proteste und Konflikte, Sozialisationsprozesse, Verhaltensmuster und kollektiven Mentalitäten bis hin zu den politischen Institutionen und Willensbildungsprozessen sowie den Veränderungen im Bereich der Kunst, Religion und Wissenschaft. Ihrem Grundsatz entsprechend versuchen sie, die untersuchten Phänomene, welchem Wirklichkeitsbereich im engeren Sinne sie auch zugehören mögen, mit sozialen bzw. sozialökonomischen Faktoren in Verbindung zu setzen, und zwar in einer Weise, die von deren hervorragender Wirkungsmächtigkeit innerhalb der Gesamtgeschichte ausgeht. Die Behauptung einseitiger Kausalbeziehungen zwischen sozialökonomischen Faktoren einerseits und politischen, kulturellen und anderen Faktoren andererseits ist nicht Bestandteil dieses Ansatzes, der vielmehr die in der historischen Realität vorherrschenden multikausalen Beziehungen, Interdependenzen und gegenseitigen Beeinflussungen zwischen den verschiedenen Faktoren und Dimensionen in wechselndem Maße in Rechnung stellen kann und muß.«

82 So auch der Titel eines von Winfried Schulze herausgegebenen Buches: Sozialgeschichte, Alltagsgeschichte, Mikro-Historie. Eine Diskussion. Göttingen: Vandenhoeck & Ruprecht 1994 (= Kleine Vandenhoeck-Reihe 1569).

83 Winfried Schulze: Einleitung. In: ebenda, S. 6-18. Hier S. 11. Schulze bezieht sich in seinem Zitat auf Charles Tilly: Big Structures, Large Processes, Huge Comparisons. New York: Russel Sage Foundation 1984.

Fronten der an Max Weber orientierten makrohistorischen und der mikrohistorischen Forschungsrichtungen aneinander.

> Als kontroverse Punkte hielt das Protokoll den potentiellen Verlust an Gesamtgeschichte, den Vorwurf eines Neohistorismus an die Vertreter der Alltagsgeschichte, die Frage nach der Repräsentativität ihrer Ergebnisse und die Frage nach der Rolle der Alltagsgeschichte als Ergänzung oder Alternative zur herkömmlich betriebenen Geschichtswissenschaft fest.[84]

Nicht zuletzt machte die Berliner Tagung eine Spaltung innerhalb der sozialhistorischen Forschung augenscheinlich.

> Diese Spaltung wurde in den späten 80er Jahren noch stärker deutlich. Es blieb keineswegs bei den Unterschieden in der Themenwahl beider Richtungen – hier die vor allem an Klassen, Schichten und an gesamtgesellschaftlichem Wandel interessierte makrohistorische Sozialgeschichtsforschung, dort die am Alltagsleben der unteren Schichten interessierten ›Mikrohistoriker‹ –, in der Folgezeit ergaben sich auch erhebliche methodische Differenzierungen. Hatten Kritiker wie Jürgen Kocka im ersten Austausch den Alltagshistorikern ›ein wenig Weber-Lektüre‹ empfohlen, so konterte die andere Seite bald mit dem Hinweis auf die exemplarische Bedeutung des ›Kleinen‹ und nahm für sich in Anspruch, durch die Methodik einer der anthropologischen Forschung entlehnten ›dichten Beschreibung‹ jene begriffliche Vergewaltigung der historischen Welt zu vermeiden, die sie als Merkmal der bisherigen ›klassischen‹ Sozialgeschichtsforschung ausmachte. [...]
> Der Weg von der Makrohistorie zur Mikrohistorie wurde vor allem dann beschritten, wenn makrohistorische Fragestellungen und Methoden sich als nicht fähig erwiesen, bestimmte inhaltliche Probleme einer Lösung zuzuführen. In der quantitativen Demographiegeschichte etwa hat sich ein bemerkenswert rascher Themen- und Methodenwechsel hin zu qualitativen Fragestellungen ergeben, die den Rückgriff auf den einzelnen Menschen erforderlich machten. Doch dieser eher forschungsimmanente Vorgang wurde überlagert von einem mächtigen neuen Interesse am Verhalten des einzelnen Menschen in der Geschichte, einer Gegenbewegung zu den großen Strukturfragen, die auch ihre methodische Entsprechung fand.[85]

Mikrohistorie – der Begriff wurde 1979 von Carlo Ginzburg und Carlo Poni nach französischem Vorbild geprägt[86] – und Mentalitätsgeschichte scheinen in ihrer Arbeitsweise durchaus ähnlich oder sich einander zumindest zu ergänzen. Die Mentalitätsgeschichte hat ihr klassisches Forschungsgebiet des kollektiven Unbewußten erweitert

---

84 Winfried Schulze: Einleitung, S. 7.

85 Ebenda, S. 8.

86 Ebenda, S. 10. Schulze weiter: »Für die italienischen Historiker war das neue Interesse an mikroskopischen Studien auf dem Feld der Geschichte eine Reaktion auf das Zerbrechen von Fortschrittsgläubigkeit, eine Art der wissenschaftlichen Sublimierung des Rückzugs in das Private und persönlich Erlebte. Ginzburg/Poni suchten in der Geschichte das ›normale Außergewöhnliche‹, um damit angesichts der Deformation der normalen Überlieferung die verborgene Realität der historischen Lebenswelt gerade unterer Schichten erfassen zu können. Diese Mikrohistorie, ›science de vécu‹ im Sinne Lucien Febvres par excellence, schien für beide Autoren erhebliche methodische Zugewinne anzubieten: Zum einen biete sich die Möglichkeit des Zugriffs auf bislang nicht Zugängliches, zum anderen ermögliche sie die Erkenntnis der verborgenen Regeln dieser vergangenen Welt.«

bzw. überwunden und sich auch dem Individuum in der Geschichte zugewandt.[87] Beide historische Methoden bedienen sich dabei serieller Quellen, d. h. formal homogener Dokumente, die über einen langen Zeitraum in einer bestimmten Häufigkeit vorgefunden werden, wie etwa Testamente, Gerichts- und Prozeßakten, Verhör- und Untersuchungsprotokolle, Geburtsbücher etc. Die Kritik an der Mentalitätsgeschichte hatte vor allem die Interpretierbarkeit solcher serieller Quellen zum Inhalt. Anhand dieser Quellen suchte man das kollektive Verhalten, kollektive Einstellungen – etwa dem Tod gegenüber – festzumachen. Die direkte Umsetzbarkeit solcher Dokumente – hier von Verhörprotokollen – in eine derart klare Erkenntnis scheint Michel Vovelle zufolge nicht selbstverständlich zu sein, denn »was man in den Händen hält, ist nur der Repressions- oder Moralkodex einer Gesellschaft, die sich ihre Missetäter und Kriminellen schneidert und ihnen noch ihre Aussagen im Verhör in den Mund legt«[88]. Jene Verhöre und Geständnisse, um beim Beispiel zu bleiben, können eben auch erzwungen worden sein, und deren unkritische Interpretation kann somit das zu konstruierende oder konstruierte historische Bild verfälschen. Zwei Vorwürfe nennt Vovelle, die vor allem gegen die Quellenbetrachtung der Mentalitätengeschichte vorgebracht worden sind: Der erste bezieht sich auf die oberflächliche Lektüre der Quellen.[89] Ein zweiter, vor allem von Carlo Ginzburg und Roger Chartier formulierter Vorwurf ergibt sich aus dem ersten: Die serielle Geschichte liefere ein deformiertes Bild der historischen Wirklichkeit.

> In der Tat kann man sagen, daß die serielle Geschichte, der Triumph des gleitenden Mittelwerts, in einem bestimmten Sinn dazu neigt, nicht nur Unebenheiten, sondern jede plötzliche Veränderung abzuschwächen – und damit jeden noch so aufschlußreichen Ausdruck von Spannungen und Konflikten.
>
> Nach Ginzburgs Meinung kittet die serielle Geschichte nicht nur historische Brüche, sie ist auch ein Mittel, um Konflikte zu verhüllen und Differenzen zu beseitigen: sie verweist auf die mystifizierende Eintracht einer kollektiven Mentalität, die als allumfassende, globale begriffen wird, als Konsens, der von allen Spannungen, die er in Wirklichkeit in sich birgt, gereinigt ist. So verallgemeinert, ist das ein ungerechter Vorwurf: ohne ein Plädoyer in eigener Sache zu halten, möchte ich doch darauf hinweisen, daß meine Untersuchung der kollektiven Einstellungen in der Zeit des ›provenzalischen Barock‹, die sich an den Testamenten des 18. Jahrhunderts ablesen lassen, darauf nicht hinauswollte. Ganz im Gegenteil: ich habe mich darum bemüht, die Differenzen

---

87 Vgl. etwa Carlo Ginzburg: Der Käse und die Würmer. Die Welt eines Müllers um 1600. Berlin: Wagenbach 1983.

88 Michel Vovelle: Serielle Geschichte oder ›case studies‹: ein wirkliches oder nur ein Schein-Dilemma? In: Mentalitäten-Geschichte. Zur historischen Rekonstruktion geistiger Prozesse. Hg. v. Ulrich Raulff. Berlin: Wagenbach 1989, S. 114-126. Hier S. 118.

89 Ebenda, S. 119. Vovelle weiter: »So wirft man (J.-C. Schmidt) bestimmten Erhebungen über Grabmäler vor, sich nur an ihre äußeren Erkennungszeichen zu halten, das Objekt zu umkreisen, ohne wirklich in es einzudringen, letztlich die Analyse auf die (verkürzten) Fragestellungen der Wirtschafts- und Sozialgeschichte zurückzuführen. Ein derartiges Argument ließe sich auch gegen eine Reihe von früh gescheiterten Versuchen zu einer seriellen Analyse von Bildern erheben; es zeugt aber auch von Unkenntnis der jüngsten Forschungen auf diesem Gebiet (wie der Analyse der provenzalischen Votivbilder durch Bernhard Cousin).«

herauszuarbeiten und die Unterschiede in den sozialen Verhaltensweisen deutlich werden zu lassen.[90]

Eine für diesen Zusammenhang wichtige Kritik, die ebenfalls von Ginzburg und Chartier vorgetragen wurde, bezieht sich auf einen von François Furet herausgegebenen Sammelband mit dem Titel *Livre et société dans la France du XVIIIe siècle* (Paris 1970), einer kulturgeschichtliche Analyse des Buchhandels, dem jene Verzerrung der historischen Realität vorgeworfen wird:

> Diese Methode [die Analyse der seriellen Quellen] zielte auf die Verbreitung kultureller Modelle und ihrer Normen, stattdessen aber müßte man die Mechanismen der kulturellen Produktion am Zeitpunkt und Ort ihres wirklichen Geschehens untersuchen. Eine solche Untersuchung ließe sich nur als Fallstudie durchführen, als Untersuchung der Bekenntnisse des Einzelnen, die zwar außergewöhnlichere, aber auch direktere Zeugnisse wären. Der Übergang von einer globalen, makroskopischen Analyse, die nicht nur grob, sondern letztlich mystifizierend ist, zur mikroskopischen Untersuchung drängt sich als gleichsam erkenntnistheoretische Notwendigkeit auf.[91]

Derartige Fälle zeigen also die Überlegenheit der Mikro- gegenüber der Makrohistorie auf. Für Vovelle bedeutet die Mikrohistorie nicht zuletzt auch »die Rückkehr des Qualitativen«, das sich in einem »Verlangen nach größerer Authentizität, de[m] Wunsch, die Kultur endlich direkt, in einer Momentaufnahme einzufangen«,[92] ausdrückt. Diese Authentizität mögen mit Vorbehalt auch mündliche Dokumente zum Ausdruck bringen und zwar insofern, als »die Wahrheit *ausgesprochen wird*«[93]. Zu dieser Gruppe von Quellen zählen Lebensberichte in Form von Tagebüchern, Autobiographien, Tonbandaufzeichnungen, Gesprächsmitschnitte etc. Wie erwähnt versucht man in der Mikrohistorie u. a. vom Einzelschicksal in der Geschichte auf das Besondere und Typische zu schließen – keine Selbstverständlichkeit, zumal man auch den umgekehrten Effekt erreichen kann, nämlich die Darstellung des Kuriosen, des einmaligen Falles, der für sich steht, und keinerlei Aufschlüsse über eine allgemeine Entwicklung zuläßt.

> Ein merkwürdige Dilemma: entweder führt uns die Fallstudie zu einem allgemeineren Modell – dann gerät man, wie ich zum Beispiel, in die drollige Lage, jenes sehr schöne Testament, das E.-J. Leonard als aufschlußreichen Ausdruck reformierten Glaubens in Reinkultur zitierte, zu Hunderten bei Protestanten *und* Katholiken wiederzufinden –, oder sie stellt uns einen einmaligen Fall vor, eine Rebellion, die in einem Schrei endet – dem Schrei des Pierre Rivière von Michel Foucault.[94]

Freilich stößt man auch bei Einzeldarstellungen mitsamt ihrer Liebe zu den von der Strukturgeschichte verschütteten Details bald an Grenzen: Ihre Reihung fördert wiederum Stereotype zutage und macht die geistige Prägung und Struktur ihrer Sprache

---

90 Ebenda, S. 119.
91 Ebenda, S. 120.
92 Ebenda, S. 120.
93 Ebenda, S. 120. Hervorhebung im Original.
94 Ebenda, S. 123.

offenkundig. »Um zu ermessen, welchen Raum Stereotype und Rekurrenzen in diesen Berichten einnehmen, ist es bequemer, sie als Serie zu organisieren, wie man scherzhaft sagen kann, um den rhetorischen Füllseln, den Wiederholungen, dem sattsam Bekannten zu entgehen.«[95] Und auch der Intention der Mikrogeschichte, repräsentativ für eine große Entwicklung sein zu wollen, erteilt der Ethnologe Clifford Geertz zumindest für räumlich begrenzte Untersuchungen eine Absage. Er warnt vor der Annahme, daß Orte, an denen eine Untersuchung lokalisiert ist, das zu Untersuchende in irgendeiner Weise erklären können.[96] Dennoch erlauben sie das »Außergewöhnliche (und keineswegs Anekdotische) [...] – vermittels eines durch nichts zu ersetzenden Zeugnisses – einen flüchtigen Blick auf die historische Wahrheit«[97]. Genau an diesem Punkt scheinen sich nun Mentalitätsgeschichte und Mikrohistorie zu überschneiden bzw. sind hier zu differenzieren:

> die Fallstudie ist nicht die große Geschichte im bornierten Blick des Einzelnen, der in Waterloo auf dem Schlachtfeld herumirrt, ohne zu wissen, was geschieht; sie ist jedoch auch nicht die Bestätigung einer anderen Geschichte der Individuen, wo anscheinend überhaupt nichts passiert. Mit seiner tragischen starrsinnigen Hartnäckigkeit gibt Menocchio eine bessere Antwort als der Rabelais Lucien Febvres auf das Problem des Unglaubens im 16. Jahrhundert: Er gibt uns die Schlüssel an die Hand, ihn zu begreifen. Daniel Roches Held Ménétra, der zu seinem persönlichen Vergnügen schreibt, hilft mir, die Marseiller Sansculotten von innen zu verstehen, deren bewegte kollektive Geschichte während der Revolutionsjahre ich, Gruppe für Gruppe, mit den nüchternsten Methoden einer seriellen Analyse untersuche. Ebenso hat mir Joseph Sec geholfen zu verstehen, wie die Entfremdung der städtischen Bourgeoisien vom Christentum am Ende des 18. Jahrhunderts ›von innen‹ erlebt wurde.[98]

95 Ebenda, S. 122.

96 Vgl. Clifford Geertz: Dichte Beschreibung. Bemerkungen zu einer deutenden Theorie von Kultur. In: ders.: Dichte Beschreibung. Beiträge zum Verstehen kultureller Systeme. Frankfurt/M.: Suhrkamp ^{5}1997 (= stw 696), S. 7-43. Hier S. 32. Dazu Geertz weiter: »Man kann verschiedene Dinge an verschiedenen Orten untersuchen, und manche Dinge – z. B. die Frage, wie sich koloniale Herrschaft auf das traditionelle System moralischer Verhaltenserwartungen auswirkt – kann man am besten an begrenzten Örtlichkeiten untersuchen. Aber das macht den Ort nicht zu dem, was man gerade untersucht. In den entlegeneren Gegenden Marokkos und Indonesiens habe ich mich mit den gleichen Fragen herumgeschlagen, die anderen Sozialwissenschaftlern an zentraleren Schauplätzen Kopfzerbrechen bereitet haben – z. B. wie es kommt, daß sich die hartnäckigsten Forderungen der Menschheit nach Humanität in Form von Gruppenstolz zum Ausdruck bringen – und mit nahezu derselben Entschiedenheit. Man kann zwar eine Dimension hinzufügen – eine, die man heutzutage, wo die Sozialwissenschaften ihre Probleme im Ruck-Zuck-Verfahren stellen und lösen, nötiger hätte denn je; aber das ist auch alles. Es hat, wenn man sich mit der Ausbeutung der Massen befaßt, einen gewissen Wert, wenn man einmal einen javanischen Teilpächter gesehen hat, wie er in einem tropischen Regensturz die Erde umpflügt, oder einen marokkanischen Schneider, der beim Schein einer Zwanzig-Watt-Birne Kaftans bestickt. Aber die Vorstellung, man hätte damit das ganze Problem erfaßt (und so etwas wie eine moralisch höhere Stufe erreicht, von der herab man auf die ethisch Unterprivilegierten herabblicken könnte), ist eine Idee, die nur jemand hegen kann, der möglicherweise zu lange im Busch war.«

97 Ebenda, S. 124.

98 Ebenda, S. 124.

Die Mikrohistorie zeigt also neue Problemzonen in der strukturgeschichtlich orientierten Geschichtsforschung auf. Das Verdienst der Strukturgeschichte war es, »die großen Linien der Entwicklung zur Moderne definiert«[99] zu haben, jedoch ließ sie die ereignishaften Momente außer Acht, die die Strukturgeschichte beinflußten. Angesichts dieser Sachlage schien eine Fokussierung des historischen Blicks auf kleine gesellschaftliche Einheiten angebracht, die dem Erklärungsnotstand in einigen Bereichen Abhilfe verschaffen sollte, was – Kritikern zufolge – nur wenig gelungen sei bzw. einschlägige Arbeiten noch auf sich warten lassen.

Die Alltags- oder Erfahrungsgeschichte ist sicher keine Neuentwicklung der jüngsten Gegenwart, sondern Produkt der in den 1970er Jahren vorangegangenen Konsolidierung der Geschichtswissenschaft. Mit der Debatte um die Alltagsgeschichte scheint die deutsche Geschichtswissenschaft ihr Defizit in der internationalen Diskussion wieder wettgemacht zu haben.[100] Diese Trendwende bedeutet aber wiederum eine Distanzierung von der Sozialgeschichte, wie sie vor allem von der Bielefelder Gruppe geprägt wurde. Die Kritik an der hauptsächlich strukturgeschichtlich verfahrenden Sozialgeschichte betont die wieder zu beobachtende Stellung des Menschen in der Geschichte, der zunehmend aus dem Blickfeld der Historiker verschwunden war. Dementsprechend werden auch Themen und historiographische Praxis umgestaltet: Wie schon angedeutet, richtet die Alltagsgeschichte ihr Augenmerk auf den Menschen als Individuum, auf den »Menschen mit Namen und unterscheidbarer Geschichte«, auf den »identifizierbaren Menschen«,[101] nicht zuletzt mit der Intention, hinter dem Individuellen, dem Einzelfall, eine kulturelle, gesellschaftliche oder familiäre, überlokale oder religiöse Totalität erblicken zu wollen. Diese Intention deutet schon an, daß die Strukturgeschichte nicht ganz abgedrängt wird, sondern daß im Gegensatz zur Historischen Sozialwissenschaft vom Ereignis auf die Struktur geschlossen wird, daß dabei aber neue Spielarten und Qualitäten des Begriffs Ereignis eingeführt und verwendet werden, die mit der temporalen Linearität korrelieren. So spricht man etwa vom ›kleinen Ereignis‹,

> zum Beispiel der Streit des Predigers Martin Hornemann in dem Priegnitzdorf Legde 1645/46 mit dem Grundherrn Jacob von Saldern und der Gemeinde; dargestellt werden soll damit durchaus etwas Allgemeines, eine Struktur, die Verschärfung der gesellschaftlichen Spannungen und der desolate Zustand der Seelsorge im Gefolge des Dreißigjährigen Krieges. Zum anderen kulturelle Großereignisse wie die französische ›Sprachrevolution‹ um 1500 oder das Vordringen der Reformation in Südfrankreich, die die Einstellung breitester Schichten zur Wirklichkeit grundlegend veränderten.[102]

Ein dritter Gesichtspunkt der Alltagsgeschichte ist die Neubestimmung des Verhältnisses von Politik und Macht im Sinne Foucaults, daß Macht also nicht nur von Institutionen staatlicher, kirchlicher oder sonstiger Art, sondern auch im Zwischenmenschli-

99 Winfried Schulze: Einleitung, S. 10.

100 Vgl. Wolfgang Hardtwig: Alltagsgeschichte heute. Eine kritische Bilanz. In: Sozialgeschichte, Alltagsgeschichte, Mikro-Historie, S. 19-32. Hier S. 20.

101 Vgl. ebenda, S. 21.

102 Ebenda, S. 22.

chen ausgeübt wird.[103] Folge dieser neuen Sichtweise sind auch der »Abbau zuvor festgefügter Erklärungshierarchien«,[104] also die Konzentration auf durch das Erkenntnisinteresse vorgegebene Kategorien der Interpretation, und schließlich ein schon angesprochenes neues Zeitverständnis, das sich mit Begriffen wie ›Gleichzeitigkeit des Ungleichzeitigen‹ etc. plakativ umreißen läßt und von der französischen *nouvelle histoire* eigentlich schon vorformuliert war. In den Vordergrund tritt sogar ein »Interesse am Detail«,[105] das die Aufmerksamkeit auf die das historische Kontinuum nicht beeinflussenden Individuen oder Gruppen lenkt. Wie sich leicht vorstellen läßt, verlieren nun in einem derartigen Rahmen eingesessene Periodisierungsschemata ihre Gültigkeit, vor allem was die Schwellen Mittelalter – Neuzeit und die Epochenschwelle um 1800 betrifft. Mentalitätsgeschichtlich etwa lassen sich wiederum ganz andere Grenzmarken setzen als staatsgeschichtlich. Aus dem Gesagten ergibt sich bereits, daß die Alltags- oder Erfahrungsgeschichte ihre Interessensschwerpunkte in erster Linie auf mentalitätsgeschichtlicher Ebene bzw. auf der Ebene des kollektiven Bewußtseins sucht.

> Es geht dabei nicht nur um die Erfahrungen und Sinndeutungen selbst, sondern um diejenigen mentalen Prägungen und ihren Wandel, die diese Erfahrungen und Sinnentwürfe ordnen, sie in eine bestimmte Richtung weisen und integrieren. Dazu gehören Fragen wie: Welchen Stellenwert hat Erinnerung oder Zukunftsspekulation für die Ausbildung individueller oder kollektiver Identität, und welche Typen von Erinnerung werden bevorzugt? Wie wird in einer bestimmten Gruppe ›Schuld‹ oder ›Vergebung‹ verstanden, wie wandelt sich diese Vorstellung? Wie entsteht das moderne Gewissen, und was gibt es dazu für funktionale Äquivalente? Welches Bewußtsein von sich selbst als handelnden Personen entwickeln Frauen unter bestimmten Bedingungen ihrer Berufsarbeit? Diese Bewußtseinsprägungen leiten die Formen, in denen die Menschen sich ›ihre‹ Welt angeeignet – und dabei auch stets verändert haben. Sie entstehen nicht unabhängig von sozioöko-

---

103 Vgl. ebenda, S. 22. Hardtwig weiter: »So läßt sich etwa anhand einer alltäglichen Geschichte aus dem 16. Jahrhundert, dem Schicksal des siebzigjährigen Lienhart Seitz aus dem Dorf Holzheim bei Göppingen, der sich weigerte, am Abendmahl teilzunehmen, eine Vielzahl von Sozialbeziehungen analysieren, in denen Macht praktiziert bzw. erlebt wird. Eine solche alltägliche Geschichte erlaubt zum Beispiel genauere Aussagen zur Kirchenzucht, zu der Frage etwa, ob sie kirchlicher oder staatlicher Kontrolle unterliegt und inwieweit die Herrschaft direkt durchgreift gegenüber einem beliebigen Dorfbewohner, der durch das Sich-Fernhalten vom Ritual auffällig geworden ist. Deutlich wird daran, in welchem Ausmaß die staatlichen Behörden die Religion dazu benutzen, Gehorsam zu erzwingen und damit Einheitlichkeit und Geordnetheit der Untertanenschaft zu erzwingen. Dabei ergeben sich Hinweise darauf, inwieweit Gewalt als legitimes Mittel der Herrschaftsausübung verstanden wurde, inwieweit und von wem sie gerechtfertigt wurde [...] und wie sich die Auffassungen dazu wandelten. Deutlich wird dabei zum Beispiel auch die herrschaftliche Benutzung des Abendmahls als Instrument der Versöhnung und die Reaktion der Dorfbewohner darauf, die in dem hier referierten Fall eine solche Instrumentalisierung nicht akzeptierten. Aus der Art und der Handhabung solcher Konflikte ergeben sich Hinweise auf die unterschiedlichen Auffassungen von Spiritualität und ihrer Gefährdung auf der Ebene der Beherrschten und auf die Bandbreite der Interpretationsmöglichkeiten eines für jeden einzelnen zentralen Begriffs wie ›Gnade‹ zwischen religiös-spirituellem Verständnis im Sinne der Lutherschen Gnadenlehre und der ›Gnade‹, die ein weltliches Gericht walten läßt.« (S. 22f.)

104 Ebenda, S. 23.

105 Ebenda, S. 24.

nomischen Voraussetzungen, aber sie wirken durch die Orientierung und Bündelung der Wahrnehmungen und Sinngebungen auf diese zurück.[106]

Weitere Bemühungen gelten einem mehr oder weniger neutralen Kulturbegriff, der sich von einer Hochkultur ab- und einem »Ensemble von ›geistigen Vorstellungen und Praktiken, die für eine Gruppe von Menschen charakteristisch sind‹«,[107] zuwendet, was nicht zuletzt auch wieder den Anschluß an frühere Formen der Sozialgeschichte bedeutet, allerdings infolge der doch festzustellenden Unschärfe des Kulturbegriffs eine Pluralisierung der Fragestellungen und Methoden, eine »Dezentrierung der Perspektiven«[108] mit sich bringt. Trotzdem bemerkt Jürgen Kocka einen Aufschwung der Kulturgeschichte in der jüngsten Gegenwart nicht zuletzt als Folge einer Lockerung der Bindung von Sozial- und Wirtschaftsgeschichte und einer »kulturgeschichtlichen Erweiterung der Sozialgeschichte«,[109] die »z. B. als der Frage nach der kulturellen Einbettung langfristiger sozioökonomischer Transformationsprozesse oder als Beschäftigung mit nicht voll erfahrbaren kulturellen Strukturen im Rahmen der Historischen Anthropologie«[110] erfolgt. Als methodische Folge dieser Entwicklung bezeichnet Kocka die wachsende Bedeutung der Hermeneutik in der Erschließung der Quellen, wenngleich die Hermeneutik, anders als in den USA, in Deutschland auf eine fundiertere Tradition in der Geschichtswissenschaft zurückblicken kann.[111] Mit der neuen Wendung zur Kulturgeschichte vollzog sich vor allem in den USA neuerlich eine theoretische Debatte.

Die Stichworte sind ›Diskurs‹, ›linguistic turn‹, ›postmodernism‹, ›narrative‹, ›rhetoric‹, ›deconstruction‹, und ›gender‹. Nach den Sozialwissenschaften in den sechziger und siebziger Jahren und der Ethnologie/Anthropologie in den siebziger und achtziger Jahren sind nun die Literatur- und Kommunikationswissenschaften – daneben Philosophie, vor allem Sprachphilosophie – zum Hauptbezugsfeld geschichtstheoretischer Diskussion geworden.[112]

Die genannten Schlagworte deuten eine rhetorisch-erzähltechnische Orientierung der amerikanischen Geschichte als Folge der Erkenntnis an, daß Geschichte in jeder Form ihrer Darstellung den Regeln der (fiktionalen) Erzählung unterliege, also stets eine narrative Form sei.[113] Somit nimmt es nicht wunder, wenn sich in den USA gerade der *literary criticism* dieses Problems angenommen hat und die Geschichtsschreibung auf ihre rhetorischen, stilistischen oder poetischen Kriterien hin untersucht. Der *linguistic turn* bezeichnet darüber hinaus eine Lösung der Verbindung von Geschichte und

106 Ebenda, S. 25.

107 Ebenda, S. 25.

108 Ebenda, S. 26.

109 Jürgen Kocka: Perspektiven für die Sozialgeschichte der neunziger Jahre. In: Sozialgeschichte, Alltagsgeschichte, Mikro-Historie, S. 33-39. Hier S. 37.

110 Ebenda, S. 37.

111 Vgl. ebenda, S. 37.

112 Ebenda, S. 38.

113 Vgl. Roger Chartier: Zeit der Zweifel. Zum Verständnis gegenwärtiger Geschichtsschreibung. In: Neue Rundschau 105 (1994), Heft 1, S. 9-20. Hier S. 12ff.

Sozialwissenschaft, zumal die Bedeutung der Geschichte nicht außerhalb ihrer selbst gesucht wird, sondern innerhalb eines im Saussureschen Sinn geschlossenen Systems von Zeichen, als welches sich Sprache darstellt. Freilich schließt eine einzig auf den linguistischen Moment bedachte Geschichtsbetrachtung eine sozialhistorischen Orientierung nicht von vorneherein aus, wie etwa Marc Blochs Ansatz einer *histoire comparée* beweist, dessen Wurzeln u. a. auch in der Sprachwissenschaft zu suchen sind oder wie auch die Historische Diskursanalyse nahelegt. Selbst der Strukturalismus muß trotz seines immanenten Charakters nicht auf soziologische Momente verzichten.

Mittlerweile ist die Diskussion um die Alltagsgeschichte wieder abgeflaut, ihre Bedeutung darf mangels beeindruckender Ergebnisse auch (noch) nicht überschätzt werden. Vielmehr hat sich nach der Umbruchsituation in Europa nach 1989 für die Geschichtswissenschaft eine neue Aufgabe ergeben, die sehr von den politischen Konstellationen und ihrer sozialgeschichtlichen Relevanz bestimmt war. Die Politik als ein die Kultur, das Alltagsleben bestimmender Faktor tritt nun, ähnlich wie in den 1960er Jahren, wieder in den Vordergrund, allerdings mit dem Unterschied, daß

> die politische Sozialgeschichte der neunziger Jahre [...] vielmehr die kulturelle Dimension, das kulturelle und soziale Wissen, die Lebensformen und die Deutungen der Menschen als politikbedingende und politikbeeinflußte Momente ernst nehmen und überhaupt der Geschichte der Erfahrungen und Erwartungen viel Gewicht einräumen [wird] – ein dauerhaftes Ergebnis des letzten Jahrzehnts, teilweise auch ein produktives Ergebnis der alltagsgeschichtlichen Herausforderung.[114]

Derartige Vorzeichen bringen wiederum eine methodische Erweiterung bzw. Veränderung mit sich, etwa das Schwinden der Bedeutung der Mikro-Historie, zumal nun Zusammenhänge internationaler Natur gefragt sind:

> Es könnte also sein, daß *politische Sozialgeschichte* mit aufklärerischem Engagement und Interesse an großen Zusammenhängen neu an Boden gewinnt: gleichsam eine post-postmoderne Wendung. Die Sozialgeschichte des Nationalismus, die sozialgeschichtliche Analyse des Aufstiegs und des Niedergangs von Staaten, die Sozialgeschichte des Rechts, der Macht, auch der Demokratiegefährdung – das wären Themen in dieser Perspektive.[115]

Die Voraussage Kockas einer politischen Sozialgeschichte der 1990er Jahre scheint sich nicht erfüllt zu haben. Vor allem die Sozialgeschichte geriet im Zuge der postmodernen Theoriediskussion, dem ein fragmentarisches Geschichtsbild zugrunde liegt, mit ihren ›großen Antworten‹ mehr und mehr unter Beschuß.

Die jüngste Historikergeneration hat ihre Blickrichtung einer Kulturgeschichte zugewandt, die unter dem Etikett ›Neue Kulturgeschichte‹ firmiert.[116] Diese darf aufgrund ihres theoretischen Fundaments nicht als eine Fortsetzung der Kulturgeschichte

---

114 Jürgen Kocka: Perspektiven für die Sozialgeschichte der neunziger Jahre, S. 35.

115 Ebenda, S. 34. Hervorhebung im Original.

116 Vgl. dazu die Beiträge in Kulturgeschichte Heute. Hg. v. Wolfgang Hardtwig u. Hans-Ulrich Wehler. Göttingen: Vandenhoeck & Ruprecht 1996 (= Geschichte und Gesellschaft, Sonderheft 16); Reinhold Sieder: Sozialgeschichte auf dem Weg zu einer historischen Kulturwissenschaft? In: Geschichte und Gesellschaft 20 (1994), S. 445-468.

des neunzehnten Jahrhunderts betrachtet werden, sondern tritt gelegentlich in Gegensatz zur Historischen Sozialwissenschaft bzw. zur Sozialgeschichte überhaupt. Das angedeutete Mißtrauen der Kultur- gegenüber der Sozialgeschichte speist sich aus dem Gegensatz von postmoderner Theoriebildung und alten ›Metaerzählungen‹, die von einem umfassenden, zusammenhängenden Geschichtsbild ausgingen. Kennzeichen der postmodernen Befindlichkeit ist nicht zuletzt eine Interdisziplinarität, die bestimmten Disziplinen eine Vorrangstellung einräumt. Gegenwärtig scheint sich die Vorliebe für die Kulturanthropologie, die Ethnologie, die Linguistik oder »konstruktivistische Ansätze der Philosophie«[117] durchgesetzt zu haben. Die Soziologie als Leitwissenschaft für die Sozialgeschichte hat ihren Rang damit eingebüßt. Ziel der Vertreter der Neuen Kulturgeschichte ist jedoch nicht die Stillegung der Sozialgeschichte, sondern eine Neuorientierung. Die Neue Kulturgeschichte »präsentiert ›Kultur‹ als Gegenbegriff zu ›Gesellschaft‹ und ›Kulturwissenschaft‹ gegen ›Sozialwissenschaft‹«[118] und spricht sich damit für eine »umfassendere Auffassung von Wirklichkeit«[119] aus, als sie die Sozialgeschichte abzudecken imstande ist: Die Vorwürfe richten sich darüber hinaus gegen methodische Selbstbeschränkung, gegen die Konzentration auf die Geschichte der Industriellen Revolution (und damit auf eurozentrierte und neuzeitliche Themen), gegen den Glauben an eine Teleologie der Moderne, gegen die Betonung ökonomischer Bestandteile der Wirklichkeit, schließlich gegen die Konzentration auf Staat und Politik. Die Scheuklappen der Sozialgeschichte meint man nun mit einem Kulturbegriff ablegen zu können, der bisher zu wenig beachteten Lebensbereichen Aufmerksamkeit zollen soll: »Milieus, Lebenswelten, Subgesellschaften werden in den Blick genommen; die Klassentheorie wir einer Überprüfung unterzogen, Ideen, Mentalitäten, Religion kommen stärker zum Tragen«[120]. Dies legt den Eindruck nahe, daß die deutsche Sozialgeschichte – zumindest was die Auswahl ihrer Themen anlangt – das aufholen möchte, was die französische und amerikanische Sozialgeschichte schon geleistet haben (vgl. dazu die beiden folgenden Abschnitte dieses Kapitels). Nicht umsonst diskutiert Hans-Ulrich Wehler in einer seiner jüngeren Veröffentlichungen kulturgeschichtliche Konzepte von Pierre Bourdieu über Max Weber bis Erik Erikson und zieht eine Zwischenbilanz der Historischen Sozialwissenschaft:[121]

> Der theoretische und methodische Schwachpunkt der neueren Sozialgeschichte bestand von Anfang an darin, daß kulturelle Traditionen, »Weltbilder« und Sinnkonstruktionen, Religion, Weltdeutung und Perzeption der »Realität« durch die Akteure, Kollektivmentalität und Habitus in ihrer wirklichkeitsprägenden Kraft unterschätzt, im Forschungsprozeß an den Rand gedrängt oder

117 Thomas Mergel/Thomas Welskopp: Geschichtswissenschaft und Gesellschaftstheorie, S. 9.

118 Thomas Mergel: Kulturgeschichte – die neue »große Erzählung«? Wissenssoziologische Bemerkungen zur Konzeptualisierung sozialer Wirklichkeit in der Geschichtswissenschaft. In: Kulturgeschichte Heute, S. 41-77. Hier S. 41.

119 Ebenda, S. 41.

120 Ebenda, S. 58.

121 Hans-Ulrich Wehler: Die Herausforderung der Kulturgeschichte. München: C. H. Beck 1998 (= Beck'sche Reihe 1276). Zur Historischen Sozialwissenschaft vgl. Kap. VII (›Historische Sozialwissenschaft. Eine Zwischenbilanz nach dreißig Jahren‹).

sogar völlig übergangen wurden. Ihre Bedeutung wurde zwar abstrakt konzediert, forschungspragmatisch aber lange Zeit zu sehr vernachlässigt. [...]
Anderseits sind auffällige Lücken bestehen geblieben: Religion, Recht, Technik, Krieg, Internationale Beziehungen blieben an der Peripherie. Die Geschlechtergeschichte ist von feministischen Historikerinnen, nicht von der neueren Sozialgeschichte, unwiderruflich auf die Agenda gesetzt worden. Lange Jahre gab es in der Geschichte des Bürgertums, des Adels, der Bauern und Landarbeiter riesige Lücken. Auch die Zeit nach 1945 ist eklatant vernachlässigt worden. Der Sog der »Sonderweg«-These, die den »Zivilisationsbruch« zwischen 1933 und 1945 erklären wollte, hat unleugbar einen hohen Preis verlangt.[122]

Die Kulturgeschichte nimmt nun einerseits den von Clifford Geertz geprägten Kulturbegriff in den Dienst, der menschlichem Handeln Sinn und Bedeutung unterstellt und damit einen ›umfassenderen‹ Begriff von Wirklichkeit nahelegt: »›Kultur‹ ist daher keine ›Instanz‹, sondern ein ›Kontext‹, ein Rahmen, in dem Ereignisse, Verhaltensweisen oder Institutionen beschreibbar sind«[123]. Andererseits orientiert man sich an einem Begriff der Kultur, der mit ›Historischer Anthropologie‹ umrissen wird:

In der konkreten Arbeit werden demgemäß nicht so sehr ein anderer Blick auf die bekannte Realität als vielmehr andere, »fremde« Realitäten vorgeführt, die zwar nach unterschiedlichen Kriterien konstituiert sind, die aber »Kulturen« sind insofern, als Menschen in der Auseinandersetzung mit der Natur einen Begriff von sich selbst und ihren Objektivationen gewonnen haben; die über ausdifferenzierte Wertsysteme verfügen und einen Bestand an gesellschaftlichem Wissen; die aber mit dem herkömmlichen Gesellschaftsbegriff nicht verstanden werden können, weil er ihre spezifische Komplexität nicht erfaßt.[124]

Dies zieht nicht zuletzt ein verändertes Bewußtsein des Sozialhistorikers mit sich, der zum einen seinen kulturellen Standort und sein kulturelles Selbstverständnis zu reflektieren, und zum anderen ›fremde‹ Kulturen – ganz im ethnologischen Sinn – aus sich selbst heraus zu verstehen hat,[125] um diesen gerecht werden zu können. Daß sich aus dieser Perspektive ein vergleichender Ansatz aufdrängt, ist obendrein offensichtlich (zur Methode des Vergleichs siehe ZWEITES KAPITEL).

2. Frankreich

In Frankreich vollzieht sich nach der Wende vom neunzehnten zum zwanzigsten Jahrhundert der Übergang von einer im wesentlichen politisch bestimmten Geschichtsbetrachtung zu einer sozialgeschichtlichen Geschichtswissenschaft. Hier ist es vor allem die Gruppe um die 1929 nach dem Vorbild der deutschen *Vierteljahrschrift für Sozial- und Wirtschaftsgeschichte* gegründete Zeitschrift *Annales d'histoire économique et*

122 Ebenda, S. 145f.

123 Thomas Mergel: Kulturgeschichte – die neue »große Erzählung«?, S. 60.

124 Ebenda, S. 61.

125 Zur Problematik der Repräsentation fremder Kulturen vgl. etwa Kultur, soziale Praxis, Text. Die Krise der ethnographischen Repräsentation. Hg. v. Eberhard Berg u. Martin Fuchs. Frankfurt/M.: Suhrkamp 1995 (= stw 1051).

sociale,[126] die weniger auf theoretischer, sondern vielmehr auf praktischer Basis eine Sozialgeschichte entwirft, die sich in ihrer Konzeption mehr oder minder grundlegend von der deutschen Sozialgeschichte jener Zeit unterscheidet. Grund dafür sind unterschiedliche institutionelle und theoretische Voraussetzungen, die die methodischen und thematischen Schwerpunkte anders ausfallen lassen. Die ernsthafte Rezeption der *Annales*-Historiker beginnt in Deutschland daher erst Mitte der 1970er Jahre.[127] Bis dahin hatte die französische Sozialgeschichte in Deutschland Unbehagen ausgelöst, was vor allem auf ihre Betonung des Wirtschaftlichen, der Synthese in der Wissenschaft und ihre Forderung nach Teamarbeit zurückzuführen ist. Diese Programmpunkte verliehen der *nouvelle histoire* sogar die Anrüchigkeit des Kommunismus, womit sie für die deutsche Geschichtswissenschaft lange Zeit kein Thema sein konnte.[128]

Gemeinhin wird die Geschichte der *nouvelle histoire* in drei Phasen bzw. Generationen eingeteilt. Im ersten Abschnitt ihrer Entwicklung, die bis 1945 dauert,

---

126 Der Hinweis, von der Gruppe um die *Annales* nicht von einer Schule, sondern von einer losen Gruppe zu sprechen, findet sich nicht nur häufig in der Sekundärliteratur, sondern wird auch von den Beteiligten selbst festgestellt. Vgl. Georg G. Iggers: Geschichtswissenschaft im 20. Jahrhundert. Ein kritischer Überblick im internationalen Zusammenhang. Göttingen: Vandenhoeck & Ruprecht 1993 (= Kleine Vandenhoeck-Reihe 1565), S. 41; ders.: Die »Annales« und ihre Kritiker. Probleme moderner französischer Sozialgeschichte. In: Historische Zeitschrift 219 (1974), S. 578-608. Hier S. 579; Karl Erich Born: Neue Wege der Wirtschafts- und Sozialgeschichte in Frankreich: Die Historikergruppe der ›Annales‹. In: Saeculum 15 (1964), S. 298-309. Hier S. 298. Eine Einführung in die *nouvelle histoire* bietet Die Rückeroberung des historischen Denkens. Grundlagen der Neuen Geschichtswissenschaft. Hg. v. Jacques Le Goff, Roger Chartier, Jacques Revel. Frankfurt/M.: Fischer Taschenbuch Verlag 1994 (= Fischer Wissenschaft 12033). Zur französischen Geschichtswissenschaft des 19. Jahrhunderts vgl. Peter Stadler: Geschichtsschreibung und historisches Denken in Frankreich 1789-1871. Zürich: Berichthaus 1958.

127 Zur deutschen Rezeption der Annales-Historiker vgl. Peter Schöttler: Zur Geschichte der Annales-Rezeption in Deutschland (West). In: Alles Gewordene hat Geschichte. Die Schule der Annales in ihren Texten 1929-1992. Hg. v. Matthias Middell u. Steffen Sammler. Mit einem Essay von Peter Schöttler. Leipzig: Reclam 1994 (= Reclam-Bibliothek 1479), S. 40-60. Zur umgekehrten Rezeption vgl. Steffen Sammler: »Histoire nouvelle« und deutsche Geschichtswissenschaft. Der Einfluß deutscher Historiker auf die Herausbildung der Geschichtskonzeption von Marc Bloch. In: Karl Lamprecht weiterdenken. Universal- und Kulturgeschichte heute. Hg. v. Gerald Drosener. Leipzig: Leipziger Universitätsverlag 1993 (= Beiträge zur Universalgeschichte und vergleichenden Gesellschaftsforschung 3), S. 258-271 und in: Comparativ 1 (1992), S. 54-63; Allan Mitchell: German History in France after 1870. In: The Journal of Contemporary History 2 (1967), Heft 3, S. 81-100. Zur globalen Wirkung der *nouvelle histoire* vgl. Peter Burke: The *Annales* in Global Context. In: International Review of Social History 35 (1990), S. 421-432. Ein Vergleich zwischen französischer und deutscher Sozialgeschichte findet sich bei Georg G. Iggers: Geschichtswissenschaft in Deutschland und Frankreich 1830 bis 1918 und die Rolle der Sozialgeschichte. Ein Vergleich zwischen zwei Traditionen bürgerlicher Geschichtsschreibung. In: Bürgertum im 19. Jahrhundert. Deutschland im europäischen Vergleich. Bd. 3. Hg. v. Jürgen Kocka. München: Deutscher Taschenbuch Verlag 1988, S. 175-199.

128 Vgl. Michael Erbe: Zur neueren französischen Sozialgeschichtsforschung. Die Gruppe um die ›Annales‹. Darmstadt: Wissenschaftliche Buchgesellschaft 1979 (= Erträge der Forschung 110), S. 2f.

war sie eine kleine, radikale und subversive Gruppe, die einen Guerillakrieg gegen die traditionelle Geschichtsschreibung, gegen die politische Geschichte und die Ereignisgeschichte führte. Nach dem Zweiten Weltkrieg übernahmen die Rebellen die Macht im Historikerestablishment. Diese zweite Phase, in der die Bewegung wirklich eine »Schule« mit eigenen Begriffen (vor allem *structure* und *conjuncture*) und eigenen Methoden (vor allem der »seriellen Geschichte« über lange Zeiträume) war, wurde von Fernand Braudel dominiert.[129]

Ab 1968 – in der dritten Phase – sei die *nouvelle histoire*, so Burke, durch Zersplitterung gekennzeichnet und keine einheitliche Bewegung mehr.

Die Geschichte der *Annales* ist also gewissermaßen die Geschichte dreier Generationen. Sie illustriert auch den bekannten Kreislauf, nachdem die Rebellen von heute zum Establishment von morgen und ihrerseits das Objekt neuer Rebellen werden. Gleichwohl haben sich wesentliche Arbeitsschwerpunkte gehalten. Tatsächlich sind die Zeitschrift und die mit ihr verbundenen Personen das längste Beispiel einer fruchtbaren Zusammenarbeit von Geschichte und Sozialwissenschaften, das unser Jahrhundert zu bieten hat.[130]

Bereits im zeitlichen Vorfeld der Annales – Jacques Le Goff weist auf Voltaires *Nouvelles Considérations sur l'histoire* (1744) hin[131] – werden die Grundsteine für das neue Geschichtsverständnis, von dem Philosophen Henri Berr 1930 als *nouvelle histoire* bezeichnet,[132] gelegt. Berr bietet in seiner 1900 gegründeten Zeitschrift *Revue de synthèse historique* ein internationales Forum vor allem für die theoretische Diskussion, die sich im Lauf der Zeit um das Verhältnis von Geschichte und Soziologie dreht.[133] Émile Durkheim, Karl Lamprecht, Benedetto Croce und viele mehr bedienen das wachsende Bedürfnis nach theoretischer Auseinandersetzung. Der Nationalökonom und Soziologe François Simiand etwa berichtet in seinem 1903 veröffentlichten Artikel *Méthode historique et science sociale*[134] von der Kluft zwischen der modernen und der Geschichtswissenschaft eines Lacombe[135] oder Charles Seignobos und entwirft ein breiteres Konzept der Geschichtswissenschaft, das vor allem durch eine Kooperation mit den Sozialwissenschaften geprägt ist. Henri Berr, der anfänglich eine Synthese von Philosophie und Geschichte anstrebte, die Soziologie jedoch aus seinen Betrachtungen auszublenden beabsichtigte bzw. diese als Hilfswissenschaft betrachtete, formulierte ein Zwei-Phasen-Modell jener Synthese von Philosophie und

---

129 Peter Burke: Offene Geschichte. Die Schule der ›Annales‹. Berlin: Wagenbach 1991, S. 8.

130 Ebenda, S. 8f. Zum Verhältnis von Geschichtswissenschaft und Sozialwissenschaften vgl. auch Jacques Revel: Histoire et sciences sociales: les paradigmes des Annales? In: Annales. Économies – Sociétés – Civilisations 34 (1979), S. 1360-1376.

131 Vgl. Jacques Le Goff: Neue Geschichtswissenschaft. In: Die Rückeroberung des historischen Denkens, S. 11-61. Hier S. 26ff. Voltaire beklagt in seinem Essay die mangelnde Vermittlung von sozialgeschichtlichen Einsichten der Ereignisgeschichte.

132 Ebenda, S. 12.

133 Vgl. Paul Mantoux: Histoire et sociologie. In: Revue de synthèse historique 7 (1903), S. 121-140.

134 François Simiand: Méthode historique et science sociale. In: Revue de Synthèse Historique 6 (1903), S. 1-22. Deutsche Fassung in: Alles Gewordene hat Geschichte, S. 168-232.

135 In seiner Schrift *De l'histoire considerée comme science* (1894) übte Lacombe Kritik an der Ereignisgeschichte. Vgl. Michael Erbe: Zur neueren französischen Sozialgeschichtsforschung, S. 28.

Geschichte: Die erste Phase sollte eine Zusammenfassung des historischen Wissens aufgrund detailgetreuen Quellenstudiums umfassen, in der zweiten Phase sollte eine Einheit von Philosophie und Geschichte erreicht werden, um so zu einer ›synthetischen Geschichte‹ zu gelangen. Die bisherige Geschichtsphilosophie eines Vico (der keinen Einfluß auf die französische Geschichtsschreibung gehabt hat[136]), Comte oder Hegel tat Berr wegen ihrer Unwissenschaftlichkeit ab, da sie einer akuraten Geschichtsanalyse entbehrte: Wahrheit sei nicht mittels Philosophie, sondern mittels Geschichtswissenschaft zu erreichen.[137] Berrs Entwurf einer synthetischen Geschichtswissenschaft nimmt in gewisser Weise auch schon die Mentalitätsgeschichte insofern vorweg, als eine vergleichende Untersuchung der Gesellschaften in die Sozialpsychologie einmünden müsse und historische Synthese mit den historischen Einzelfakten zu einer Sozialgeschichte der Mentalitäten führen solle.[138]

Aus dem Kreis um die von Berr gegründete Zeitschrift stammen nicht zuletzt auch die Begründer der Zeitschrift *Annales*, Lucien Febvre, der zu den aktivsten Förderern Berrs zählte,[139] und Marc Bloch.[140] Febvres augenscheinlichste Leistung war die Ein-

136 Vgl. Jacques Le Goff: Neue Geschichtswissenschaft, S. 36.

137 Vgl. Martin Siegel: Henri Berr's ›Revue de Synthèse Historique‹. In: History and Theory 9 (1970), S. 322-334. Hier S. 322ff.

138 Vgl. Michael Erbe: Zur neueren französischen Sozialgeschichtsforschung, S. 33.

139 Vgl. ebenda, S. 328. Vgl. auch Lucien Febvre: De la Revue de synthèse aux Annales. In: Annales. Économies – Sociétés – Civilisations 7 (1952), Heft 3, S. 289-292.

140 Nach den überaus zahlreichen Veröffentlichungen *über* die Historiker der Annales, ihrem Werdegang und ihren historischen Grundsätzen schien es angebracht, Programm und Entstehung anhand ihrer eigenen Texte nachvollziehbar zu machen. So edierte Claudia Honegger 1984 einige zentrale Texte Marc Blochs, Lucien Febvres, Fernand Braudels und anderer Historiker (M. Bloch, F. Braudel, L. Febvre u. a. Schrift und Materie der Geschichte. Vorschläge zu einer systematischen Aneignung historischer Prozesse. Hg. v. Claudia Honegger. Frankfurt/M.: Suhrkamp 1984 [= edition suhrkamp 814]). Im Mittelpunkt dieser Textauswahl stehen methodologische Fragen (Fernand Braudel: Geschichte und Sozialwissenschaften. Die *longue durée*; François Furet: Die quantitative Geschichte und die Konstruktion der historischen Tatsache; Pierre Vilar: Marxistische Geschichte, eine Geschichte im Entstehen. Versuch eines Dialogs mit Althusser), ausgewählte Problemstellungen (Marc Bloch: Antritt und Siegeszug der Wassermühle; Pierre Goubert: Demographische Probleme im Beauvaisis des 17. Jahrhunderts; Emmanuel Le Roy Ladurie: Die Geschichte von Sonnenschein und Regenwetter; Marc Ferro: Der Film als ›Gegenanalyse‹ der Gesellschaft; Jean-Louis Flandrin: Späte Heirat und Sexualleben) und Beiträge zur Geschichte der Mentalitäten (Lucien Febvre: Sensibilität und Geschichte. Zugänge zum Gefühlsleben früherer Epochen; Jean-Pierre Vernant: Vom Mythos zur Vernunft. Die Entstehung des positiven Denkens im archaischen Griechenland; Robert Mandrou: Der europäische Barock. Pathetische Mentalität und soziale Umwälzung; Jacques Le Goff: Zeit der Kirche und Zeit des Händlers im Mittelalter; Georges Duby: Lignage, Adel und Rittertum im 12. Jahrhundert in der Gegend von Mâcon). 1988 widmete sich ein von Ulrich Raulff herausgegebener Band einer Auswahl von zentralen Schriften Lucien Febvres (Lucien Febvre: Das Gewissen des Historikers. Hg. u. aus dem Französischen v. Ulrich Raulff. Berlin: Wagenbach 1988), dem unter anderem auch der Verdienst zuzuschreiben ist, über die Biographie Febvres zu informieren, zumal bis in die Gegenwart keine Biographie existiert (Ulrich Raulff: Der streitbare Prälat. Lucien Febvre (1878-1956). In: Lucien Febvre: Das Gewissen des Historikers, S. 235-253. Zum Forschungsstand über Febvre vgl. auch Lutz Raphael: Die Erben von Bloch und Febvre. *Annales*-Geschichtsschreibung

beziehung der Geographie und der Psychologie in die Geschichte. Letztere sollte schließlich seinen Begriff von Mentalität in der Geschichte prägen. Marc Bloch sah die Aufgabe der Geschichtswissenschaft darin, »die immer nur partiell und zeitweise wirksamen Hauptfaktoren dieser Veränderung an bestimmten Orten zu bestimmten Zeiten zu erfassen«[141] und verband damit die Forderung, nach Wissenschaftlichkeit positivistischer Natur, verbunden mit der Intention, nicht nach den Fakten der Geschichte, sondern nach »Bedingungen und Zusammenhänge[n] historischer Entwicklungen«[142] zu fragen, also nicht das *savoir*, sondern das *comprendre* in den Vordergrund zu stellen. Das Individuum in der Geschichte rückt von den frühen Vertretern der *nouvelle histoire* bei Marc Bloch am meisten aus dem Blickfeld, was vor allem auf den Einfluß der Soziologie Émile Durkheims und der Zeitschrift *Année sociologique* zurückzuführen ist, die das kollektive Bewußtsein »als normsetzende Instanz für Gebräuche, Sitten und Rechtsverhältnisse«[143] betrachtet und damit auch für die Entwicklung der Mentalitätsgeschichte wichtige theoretische Grundlagen lieferte. Damit rückt Bloch sein Wissenschaftsprinzip in die Nähe der Soziologie, was zu dieser Zeit noch durch die Tatsache begünstigt ist, daß »die Durkheimsche Soziologie noch nicht den historischen Sinn verloren hatte«[144]. Später machte sich die Soziologie zum Bedauern der

---

und *nouvelle histoire* in Frankreich 1945-1980. Stuttgart: Klett-Cotta 1994, S. 29). Eine weitere Textsammlung wurde 1994 von Matthias Middell und Steffen Sammler herausgegeben (Alles Gewordene hat Geschichte. Die Schule der ANNALES in ihren Texten 1929-1992. Hg. v. Matthias Middell u. Steffen Sammler. Mit einem Essay von Peter Schöttler. Leipzig: Reclam 1994 [= Reclam-Bibliothek 1479]), der vor allem der Verdienst anzurechnen ist, daß sie heute oft nur mehr schwer zugängliche Beiträge versammelt und somit einige zentrale Abhandlungen wieder in Erinnerung ruft. Darüber hinaus ist noch auf ein Projekt des Pariser Verlags Fayard hinzuweisen, der sich bemüht, den Briefwechsel zwischen Marc Bloch und Lucien Febvre zu edieren (Marc Bloch, Lucien Febvre et les *Annales d'Histoire Économique et Sociale*. Correspondance. Tome premier: 1928-1933. Édition établie, présenté et annotée par Bertrand Müller. Paris: Fayard 1994), womit sowohl die Entstehung der Zeitschrift als auch zentraler Ideen gleichsam aus ureigenster Perspektive nachvollzogen werden kann. Schließlich soll noch auf die vielleicht ungewöhnliche Tatsache hingewiesen werden, daß – Lucien Febvre ausgenommen – eine doch beträchtliche Zahl von Biographien über französische Historiker bzw. autobiographischen Abrissen existiert (ohne den Anspruch auf Vollständigkeit zu erheben): Carole Fink: Marc Bloch. A Life in History. Cambridge: Cambridge University Press 1989; Fernand Braudel: Marc Bloch. In: ders.: Schriften zur Geschichte 2. Menschen und Zeitalter. Stuttgart: Klett-Cotta 1993, S. 359-364; Lucien Febvre: Marc Bloch. In: ders.: Das Gewissen des Historikers, S. 223-233; Giuliana Gemelli: Fernand Braudel. Paris: Éditions Odile Jacob 1995 [erstmals Venedig: Marsilio Editori 1990]; Pierre Chaunu/Georges Duby/Jacques Le Goff/Michelle Perrot: Leben mit der Geschichte. Vier Selbstbeschreibungen. Hg. v. Pierre Nora. Frankfurt/M.: S. Fischer 1989 [erstmals Paris: Gallimard 1987]).

141 Manfred Wüstemeyer: Die ›Annales‹: Grundsätze und Methoden ihrer ›neuen Geschichtswissenschaft‹. In: Vierteljahrschrift für Sozial- und Wirtschaftsgeschichte 54 (1967), Heft 1, S. 1-45. Hier S. 10.

142 Ebenda, S. 11.

143 Ebenda, S. 15.

144 Ebenda, S. 16.

Historiker keinen Begriff mehr von Zeit und Dauer »als Grundkategorie menschlichen Lebens«[145].

Tradition und wissenschaftlicher Fortschritt waren der *nouvelle histoire* ambivalent. Dies wird u. a. bei Marc Bloch deutlich, der »eine Übereinstimmung zwischen der philologischen und quellenkritischen Strenge eines Seignobos und der Vorliebe für die großen Probleme und die ›vertiefte‹ Analyse eines Durkheim zu finden«[146] suchte. Einerseits trachtet man nach einem neuen Geschichtsdiskurs, andererseits ging es auch um die »Rückeroberung solider überlieferter Einsichten«,[147] etwa der Geographie, die nun in die Reihen der Sozialwissenschaften als ›Humangeographie‹ nach einer Zeit der institutionell und wissenschaftsgeschichtlich bedingten Spezialisierung reintegriert wurde.[148]

> Deshalb hat die Kartographie für die ›nouvelle histoire‹ eine zentrale Bedeutung; sie produziert und gebraucht Karten nicht lediglich zur Orientierung oder Illustrierung, sondern vor allem als Mittel der Forschung oder der Erklärung. Karten helfen, die sich im Raum abspielenden ›langen Zeitabläufe‹ anschaulich zu machen, zu quantifizieren (durch Lokalisierung) und Hypothesen zu formulieren, die sich aus der Korrelation von Phänomenen ergeben, bei denen es zu Verschmelzungen oder Verwerfungen kommt. Die Geschichtswissenschaft stellt hier Fragen an eine Geographie, die dem Determinismus abgesagt hat.[149]

Traditionalistisch ist die *nouvelle histoire* insofern, als sie gewisse Aspekte des Positivismus – gegen den sie sich in ihrer Anfangszeit wendet – zu bewahren sucht. Gemeint ist damit ein neuartiges Quellenverständnis, welches nicht nur schriftliche Zeugnisse heranzieht, sondern auch orale, Bild- und Tondokumente, Statistiken etc. in die Forschung einbezieht. Diese von Le Goff als »dokumentarische Revolution« bezeichnete Entwicklung hält bis in die Gegenwart an. Ganz allgemein jedoch versteht sich die *nouvelle histoire* als eine Wissenschaft vom Menschen unter Einbindung sozialwissenschaftlicher Disziplinen wie Soziologie, Demographie, Anthropologie, Ethnologie, Ökologie, Semiologie, Futurologie etc., nicht zuletzt eine Folge eines neuen Wissenschaftsdiskurses, der diesen Einzelwissenschaften mehr Öffentlichkeit verheißt, die traditionelle Wissenschaft modernisiert und einzelne, bisher unabhängig voneinander existierende Disziplinen zusammenzuführen trachtet.[150] In diesem Sinn tritt die *nouvelle histoire* eben als Historische Demographie, Humangeographie, Historische Anthropologie, als Geschichte der Außenseiter, als Geschichte der Mentalitäten usw. hervor. Die Entwicklung der *nouvelle histoire* hat schließlich das Bild einiger dominie-

---

145 Ebenda, S. 16.

146 Carlo Ginzburg: Mentalität und Ereignis. Über die Methode bei Marc Bloch. In: ders.: Spurensicherungen. Über verborgene Geschichte, Kunst und soziales Gedächtnis. Berlin: Wagenbach 1983, S. 126-148. Hier S. 103.

147 Jacques Le Goff: Neue Geschichtswissenschaft, S. 12.

148 Vgl. Martin Siegel: Henri Berr's ›Revue de synthèse historique‹, S. 330.

149 Jacques Le Goff: Neue Geschichtswissenschaft, S. 13f.

150 Vgl. ebenda, S. 11f. Le Goff führt Bezeichnungen wie Historische Soziologie, Historische Demographie, Historische Anthropologie, Psycholinguistik, Ethnohistorie, soziale Mathematik, Psychophysiologie, Ethnopsychiatrie, Soziobiologie an.

render Wissenschaftsdisziplinen verändert bzw. bereichert. Die Wirtschaftsgeschichte etwa wurde durch die Technikgeschichte ergänzt, die Religionsgeschichte wurde von der Mentalitätsgeschichte und der Geschichte der Affekte abgelöst, die Rechtsgeschichte schließlich wurde durch die Sozialgeschichte ersetzt.[151]

Für die Entstehung der *nouvelle histoire* waren vor allem zwei genuin französische Entwicklungen entscheidend: 1. eine fundierte historische Tradition, 2. der im Gegensatz zu Deutschland ausbleibende und die Sozialgeschichte hemmende Einfluß der Geschichtsphilosophie und der Rechtshistorie.[152] Ein Spiegelbild der Entwicklung der *nouvelle histoire* bietet, neben den Veröffentlichungen ihrer Vertreter,[153] auch die Zeitschrift *Annales d'histoire économique et sociale*[154] – der Titel legt die von Lucien Febvre betonte Wichtigkeit der Verbindung von Sozial- und Wirtschaftsgeschichte nahe –, in deren ersten Nummer nicht nur die Beweggründe für ihre Gründung, sondern auch wesentliche Punkte des Geschichtsverständnisses der *Annales*-Gruppe mitformuliert wurden.[155] Die Ambitionen der Zeitschrift und ihrer Autoren waren von An-

151 Vgl. Carlo Ginzburg: Mentalität und Ereignis, S. 102.

152 Vgl. Jacques Le Goff: Neue Geschichtswissenschaft, S. 36.

153 Zu nennen sind vor allem Marc Bloch: La Société féodale. Paris 1939; Lucien Febvre: Le Problème de l'incroyance au XVIe siècle: la religion de Rabelais. Paris 1942; Fernand Braudel: La Méditerranée et le Monde méditerranéen à l'époque de Philippe II. Paris 1949.

154 Zur Geschichte der Zeitschrift vgl. Jacques Le Goff: Neue Geschichtswissenschaft, S. 17-26. 1946 wird die Zeitschrift aufgrund erweiterter Interessen in *Annales. Economies. Sociétés. Civilisations* umbenannt.

155 Vgl. A nos lecteurs. In: Annales d'histoire économique et sociale 1 (1929), S. 1-2. Dort heißt es u. a.: »Historiens l'un et l'autre, ayant fait sensiblement les mêmes expériences et tiré d'elles les mêmes conclusions, nous sommes, depuis longtemps, frappés des maux qu'engendre un divorce devenu traditionnel. Tandis qu'aux documents du passé les historiens appliquent leurs bonnes vieilles méthodes éprouvées, des hommes de plus en plus nombreux consacrent, non sans fièvre parfois, leur activité à l'étude des sociétés et des économies contemporaines: deux classes de travailleurs faites pour se comprendre et qui, à l'ordinaire, se côtoient sans se connaître. Ce n'est pas tout. Parmi les historiens eux-mêmes, comme parmi les enquêteurs que préoccupe le présent, bien d'autres cloisonnements encore: historiens de l'antiquité, médiévistes et »modernisants«; chercheurs voués à la description des sociétés dites »civilisées« (pour user d'un vieux terme dont le sens chaque jour se modifie davantage) ou attirés au contraire par celles qu'il faut bien, faute de meilleurs mots, qualifier soit de »primitives«, soit d'exotiques… Rien de mieux, bien entendu, si chacun, pratiquant une spécialisation légitime, cultivant laborieusement son propre jardin, s'efforçait néanmoins de suivre l'œuvre du voisin. Mais les murs sont si hauts que, bien souvent, ils bouchent la vue. Que de suggestions précieuses, cependant, sur la méthode et sur l'interprétation des faits, quels gains de culture, quels progrès dans l'intuition naîtraient, entre ces divers groupes, d'échanges intellectuels plus fréquents! L'evenir de l'histoire économique est à ce prix, et aussi la juste intelligence des faits qui demain seront l'histoire.
C'est contre ces schismes redoutables que nous entendons nous élever. Non pas à coup d'articles de méthode, de dissertations théoriques. Par l'exemple et par le fait. Réunis ici, des travailleurs d'origines et de spécialités différentes, mais tous animés d'un même esprit d'exacte impartialité, exposeront le résultat de leurs recherches sur des sujets de leur compétence et de leur choix. Il nous paraît impossible que d'un tel contact les intelligences averties ne tirent pas rapidement les leçons nécessaires. Notre entreprise est un acte de foi dans la vertu exemplaire du travail honnête, consciencieux et solidement armé.«

fang an ehrgeizig: Methodische Offenheit wie der Anspruch, die gesamte Weltgeschichte zu behandeln, prägten ihr Erscheinungsbild, ein Hinweis auf die Absicht, eine *histoire totale* betreiben zu wollen. Diese totale Geschichte sollte nicht nur den Menschen in der Geschichte erfassen, sondern dazu noch in all seinen Lebensumständen beschreiben. Das Objekt der Geschichte wird also nicht mehr isoliert, sondern kontextualisiert. Eine derartige Betrachtungsweise erforderte das Zusammenwirken mehrerer Sparten der *nouvelle histoire*:

> Die Klimageschichte, die historische Demographie und die Medizingeschichte, die historische Psychologie, die historische Anthropologie und die Geschichte der Mentalitäten, die vielfältigen Sparten der historischen Landeskunde, angefangen von der Wald- und der Agrargeschichte, bis hin zur Siedlungsgeschichte und regionalen Strukturgeschichte, schließlich die Technikgeschichte und die Erforschung der historischen Dimensionen der materiellen Lebensbedingungen, von den klassischen Themen der Lohn- und Preisgeschichte bis hin zur Geschichte der Ernährung. Alle diese Komplexe werden dabei nicht voneinander getrennt, sondern durchaus in Zusammenhang oder in Wechselwirkung zueinander gesehen [...].[156]

Schließlich umreißt Le Goff die zukünftigen Aufgaben der Neuen Geschichtswissenschaft in drei Punkten: Erstens soll »eine neue Konzeption des Dokuments«[157] zu einer kritischen Beobachtung und Beurteilung der historischen Quelle führen, nicht zuletzt aus der Einsicht heraus, daß es keine wertfreien Dokumente gibt:

> Man muß die Struktur des Dokuments auflösen, um die Bedingungen seiner Produktion erfassen zu können. Wer verfügte in einer Gesellschaft über die Produktion von Zeugnissen, die freiwillig oder unfreiwillig die Dokumente der Geschichtswissenschaft geworden sind? Das Begriffspaar ›Dokument/Monument‹, das Michel Foucault in *L'Archéologie du savoir* vorgeschlagen hat, kann helfen, nicht nur die Sprachen des Vergangenen, sondern auch sein Schweigen zu ergründen.[158]

Zweitens soll von einem Zeitbegriff ausgegangen werden, der mehrere quantitative Niveaus umfaßt:

> Auch hier geht es darum, zu klären, wer jeweils Macht über die Zeit, über ihr Maß und ihren Gebrauch hatte, also die Illusion einer einzigen, homogenen und linearen Zeit zu zerstören, um die verschiedenen Zeiten und Zeitrechnungen einer vergangenen Gesellschaft zu erschließen, nach dem Modell der Multiplizität der gesellschaftlichen Zeiten, das M. Halbwachs und G. Gurvitch entworfen haben. Was wir brauchen ist eine wissenschaftliche Chronologie, welche die historischen Phänomene nach der Dauer ihrer Wirksamkeit in der Geschichte datiert statt nach dem Zeitpunkt ihres Auftretens. Das gilt sowohl für materielle als auch für kulturelle Phänomene. So wie es eine Chronologie der Energiequellen (menschliche, tierische Antriebskraft, Dampf, Elektrizität, Erdöl usw.) gibt, so auch eine Chronologie der Glaubenshaltungen (das ›Fegefeuer‹ wurde in der christlichen Gesellschaft am Ende des 12. Jahrhunderts erfunden und ist seit dem Zweiten Vatikanischen Konzil erloschen).[159]

---

156 Michael Erbe: Zur neueren französischen Sozialgeschichtsforschung, S. 51.
157 Jacques Le Goff: Neue Geschichtswissenschaft, S. 49.
158 Ebenda, S. 49.
159 Ebenda, S. 50.

Und als dritte Aufgabe einer zukünftigen Geschichtswissenschaft – für unseren Zusammenhang wohl am interessantesten – führt Le Goff »die Herausbildung stichhaltiger komparativer Methoden«[160] an, Methoden,

> die es erlauben, das miteinander zu vergleichen, was tatsächlich vergleichbar ist, zum Beispiel unter dem Titel Feudalismus nicht Realitäten zu versammeln, die in Raum und Zeit weit voneinander entfernt sind und höchst unterschiedlichen historischen Systemen entstammen, etwa die angeblichen afrikanischen Feudalsysteme und die europäische Feudalherrschaft des 9. und 10. Jahrhunderts (die selbst in mehrere Phasen zu differenzieren wäre).
>
> Diesen Aufgaben gerecht zu werden, hat zur Bedingung, daß *alle* Dokumente, die eine Gesellschaft hinterlassen hat, in Betracht gezogen und ernstgenommen werden, insbesondere literarische und künstlerische Werke. Das verlangt, daß die Geschichtswissenschaft sich nicht länger einer wesentlichen Dimension der Geschichte verweigert, der des *Imaginären*, das heißt den Hervorbringungen der Einbildungskraft und den Grammatiken des Traums, die uns, wenn man ihre komplexen Beziehungen mit anderen historischen Ausdrucksformen entwirrt und offenlegt, tief ins Herz der Gesellschaften führen. Hier ist Zusammenarbeit mit der Literaturwissenschaft, der Kunstwissenschaft und der Linguistik (Gilbert Durand) unerläßlich.[161]

Schließlich zeichnet sich die französische Sozialgeschichte durch ein neues Verständnis von Zeit aus. Eine von Fernand Braudel[162] eingeführte Kategorie war jene der *longue durée*, nämlich die Einsicht, »daß die Triebkräfte der Geschichte in langen Zeitabläufen wirken und sich nur in ihnen erfassen lassen«,[163] daß es sozusagen eine Zeitenschichtung gibt, deren Ebenen durch ihre temporale Relation unterscheidbar und charakterisierbar werden.[164] Die *longue durée* ist innerhalb dieser Relation als eine ereignisübergreifende und strukturbildende Ebene zu betrachten. Man denke etwa an Alltagsereignisse, Katastrophen, Fußballspiele und stelle diesen die Entwicklung der Industrialisierung entgegen, um zu merken, wie sich erstere von der letzteren hinsichtlich ihrer zeitlichen Ausdehnung unterscheiden. An die Stelle des Ereignisses, eben des Punktuellen, tritt die die Ereignisse übergreifende Struktur. Der neue Zeitbegriff wurde »durch die neue ökonomische und soziale Geschichtsschreibung«[165] notwendig, welche zyklische Verläufe erforsche und darstelle. Darüber hinaus

> hat sich eine noch langatmigere Geschichtsschreibung herausgebildet, die Zeiträume von Jahrhunderten umfaßt: die Geschichte des langen, selbst des sehr langen Zeitablaufs (*longue durée*). Diese Formulierung, sei sie gut oder schlecht, ist mir vertraut geworden, um das Gegenteil dessen zu be-

---

160 Ebenda, S. 50.

161 Ebenda, S. 50f. Vgl. auch Pierre Abraham: Arts et sciences, témoins de l'histoire sociale. In: Annales d'histoire économique et sociale 3 (1931), S. 161-188; Michael Erbe: Die Kunstgeschichte aus der Sicht der »Annales«-Historie. In: Kunst und Alltagskultur. Hg. v. Jutta Held. Köln: Pahl-Rugenstein 1981 (= Kleine Bibliothek 238), S. 45-54.

162 Vgl. auch Fernand Braudel: Zum Begriff der Sozialgeschichte. In: ders.: Schriften zur Geschichte 1. Gesellschaften und Zeitstrukturen. Stuttgart: Klett-Cotta 1992, S. 167-182.

163 Jacques Le Goff: Neue Geschichtswissenschaft, S. 38.

164 Vgl. dazu auch die jüngste Publikation von Reinhart Koselleck: Zeitschichten. Frankfurt/M.: Suhrkamp 2000.

165 Fernand Braudel: Geschichte und Sozialwissenschaften. Die *longue durée*. In: M. Bloch/F. Braudel/L. Febvre u. a.: Schrift und Materie der Geschichte, S. 47-85.

zeichnen, was François Simiand, einer der ersten nach Paul Lacombe, Ereignisgeschichte (*histoire événementielle*) getauft hat. Diese Formulierungen bedeuten nicht viel; auf jeden Fall aber wird sich zwischen ihnen, zwischen dem einen Pol der Zeit und dem anderen, zwischen der Momentaufnahme und dem langen Zeitablauf, unsere Diskussion bewegen.[166]

Und weiter:

Ein Tag, ein Jahr konnten gestern als gute Maßstäbe einer politischen Geschichte erscheinen. Die Zeit war eine Summe von Tagen. Aber eine Preiskurve, eine demographische Progression, Gehaltsschwankungen, Veränderungen des Zinsfußes, Untersuchungen (mehr erträumt als ausgeführt) der Produktion, eine gedrängte Analyse der Zirkulation verlangen umfassendere Maßstäbe. Eine neue Welt historischer Darstellung erscheint: das »Rezitativ« der Konjunktur, des Zyklus (sogar des »Zwischenzyklus«), der uns zehn Jahre, ein Vierteljahrhundert und, als äußerstes Maß, das halbe Jahrhundert des klassischen Zyklus von Kondratieff zur Wahl läßt.[167]

Ein Begriff, der noch länger dauernde Zeiteinheiten erfaßt, ist jener der ›Struktur‹:

Unter *Struktur* verstehen die Beobachter des Sozialen ein Ordnungsgefüge, einen Zusammenhang, hinreichend feste Beziehungen zwischen Realität und sozialen Kollektivkräften. Für uns Historiker ist eine Struktur zweifellos ein Zusammenspiel, ein Gefüge, aber mehr noch eine Realität, die von der Zeit wenig abgenutzt und sehr lange fortbewegt wird. Manche langlebigen Strukturen werden zu stabilen Elementen einer unendlichen Kette von Generationen: Sie blockieren die Geschichte, stören – und bestimmen also – ihren Ablauf. Andere zerfallen wesentlich schneller. Aber alle sind gleichzeitig Stützen und Hindernisse. Hindernisse machen sich als Grenzen bemerkbar (als Eingrenzungen im mathematischen Sinne), die der Mensch mit seinen Erfahrungen kaum überschreiten kann. Man braucht nur daran zu denken, wie schwierig es war, gewisse geographische Rahmen, gewisse biologische Gegebenheiten, einige Grenzen der Produktivität, sogar manche geistigen Zwänge zu sprengen: Auch Denkverfassungen sind Gefängnisse der lange Zeitabläufe.[168]

Diesen neuen Zeitbegriff hat Fernand Braudel in seinem Buch über Philipp II. von Spanien anzuwenden versucht:[169]

Was ist nun das Besondere an diesem Buch? Es ist zweifellos das einzigartige Wagnis, in einem historischen Werk nicht Einzelpersönlichkeiten oder Menschengruppen, sondern einen bestimmten Raum in den Mittelpunkt gestellt zu haben. Die zweite Besonderheit ist die dreifache Schichtung der Zeitebenen, auf denen die »Handlung« des Buches abläuft. Die Konzeption dieser verschiedenen Zeitebenen macht die eigentliche Methode des Werkes aus.[170]

Die Differenzierung des historischen Kontinuums in drei Zeitebenen diente nicht zuletzt auch dazu, dem Anspruch einer *histoire totale* gerecht zu werden, eben »die Ge-

---

166 Ebenda, S. 50.

167 Ebenda, S. 53.

168 Ebenda, S. 55.

169 Fernand Braudel: La méditerranée et le monde méditerranéen à l'époque Philippe II. Paris: Colin 1949 [dt. Das Mittelmeer und die mediterrane Welt in der Epoche Philipps II. Frankfurt/M.: Suhrkamp 1990].

170 Michael Erbe: Zur neueren französischen Sozialgeschichtsforschung, S. 76.

schichte des Mittelmeerraums in der zweiten Hälfte des sechzehnten Jahrhunderts in ihrer Totalität zu erfassen und zugleich eine Synthese der verschiedenen historischen Schichten oder Zeitebenen herzustellen[,] aus der die Wechselwirkung zwischen Geohistorie, Sozialgeschichte im umfassenden Sinne und politischer Geschichte deutlich wird«[171]. Diese neue Kategorie hat die oben erwähnte Interdisziplinarität innerhalb der *nouvelle histoire* befördert und etwa die Anthropologie, »die fast ›unbewegte Gesellschaften‹ erforscht«,[172] mit der Historiographie zusammengeführt. Und auch die Mentalitätsgeschichte orientiert sich am Begriff der *longue durée*.
Bei den frühen Vertretern der *nouvelle histoire* herrschte jedoch keine derart differenzierte Auffassung von ›Zeit‹: Für Bloch ist die Zeit ein natürliches Phänomen, das »gelebt und erlebt wird und nicht gemessen«[173].

> Der Mensch entkommt niemals der Zeit, die als Oberfläche der ewigen Dauer ereignishafter Wechsel ist und dem menschlichen Bewußtsein die Fixpunkte der Erinnerung liefert. So hat die Geschichte es letzten Endes genaugenommen mit Bewußtseinsinhalten zu tun. Die Verbindungen, Verunreinigungen und Verwirrungen haben darum für sie dieselbe Realität wie für den Botaniker ein Blatt. [...] Diese psychologische Komponente ist für die Geschichtskonzeption der Hauptvertreter der ›Annales‹ gleichermaßen verbindlich geblieben, wenn sie sich auch bei LUCIEN FEBVRE und CHARLES MORAZÉ mehr im Sinne einer ›Zeitgeist‹-Forschung ausgedrückt hat.
> Ohne Unterschied wird von ihnen alles Lebendige, sich Entwickelnde, auf die beiden Koordinaten Zeit und Raum bezogen. Aber auch hier ist MARC BLOCH eigene Wege gegangen und hat sie für andere erschlossen: mit dem Prinzip der regressiven Methode in der Zeit und der komparativen im Raum.[174]

Bloch hat den Begriff *durée* analog zu dem Begriff der *temporalités* des Soziologen Georges Gurvitch geprägt und ihn lediglich als etwas Qualitatives, Intuitives verstanden,[175] während Fernand Braudel naturwissenschaftliche Maßstäbe an seinen Zeitbegriff anlegte. Die *durée* gibt schließlich mehrere quantitative Ebenen von Zeit wieder. Mit der Verlagerung des Interesses von der politischen Geschichte, in der in erster Linie Ereignisfolgen, kurze Zeitabläufe eine Rolle spielen, auf die Sozialgeschichte, »die ihr Augenmerk mehr auf Preiskurven, Lohnbewegungen, Produktionsentwicklungen, Kapitalbewegungen, Steueraufkommen, Bevölkerungsbewegungen und Verkehrslinien richtet, die ein viel weiteres Zeitmaß beansprucht, um Veränderungen feststellen zu können«,[176] wurde ein anderer Zeitbegriff notwendig, eben die *longue durée*. »Diese ›neue Zeit‹ folgt also vor allem den Spuren der Statistik.«[177] In Verbindung mit der ›Struktur‹ wird die *durée* erst ein leistungsfähiges Instrument der neuen Geschichts-

---

171 Ebenda, S. 77.
172 Jacques Le Goff: Neue Geschichtswissenschaft, S. 39.
173 Manfred Wüstemeyer: Die ›Annales‹, S. 16.
174 Ebenda, S. 17.
175 Vgl. ebenda, S. 32.
176 Ebenda, S. 33.
177 Ebenda, S. 33.

wissenschaft, denn »die ›structure‹ ist die geschichtliche Verkörperung der ›durée‹ in ihren verschiedenen Ausmaßen«.[178]

> Mit Hilfe von Strukturen lassen sich unter Ausschluß des Zufälligen, Beiläufigen und Konturierung des für wesentlich Gehaltenen historische Modelle gewinnen, die in vergleichender Geschichtsbetrachtung zu Systemen der Erklärung verbunden werden können. An ihnen müßte sich zeigen, welche Erscheinungen nicht ohne bestimmte andere auftauchen und aus dem Gesamtbild von parallel oder ungleichzeitig auftretenden Phänomenen eine Klärung regelmäßiger Beziehungen erreichen lassen.[179]

2.1 Mentalitätsgeschichte und Historische Anthropologie

> Wenn wir uns also von Anfang an auf die jüngsten Ergebnisse kritischer Studien unserer Nachbardisziplin, der Psychologie stützen – dann können wir, glaube ich, eine Reihe von Arbeiten in Angriff nehmen, die uns noch fehlen. Denn solange sie uns fehlen, wird es Geschichte im emphatischen Sinn nicht geben. Wir haben keine Geschichte der Liebe, keine Geschichte des Todes. Wir haben keine Geschichte der Barmherzigkeit, keine der Grausamkeit, keine der Freude. Dank Henri Berrs *Semaines de Synthèse* besitzen wir eine flüchtige Skizze zu einer Geschichte der Angst. Sie allein mag zur Genüge zeigen, von welcher Bedeutung solche Versuche sein können. [...] Ich fordere die Aufnahme einer breitangelegten kollektiven Untersuchung der fundamentalen menschlichen Gefühle und ihrer Ausdrucksweisen.[180]

Jene Geschichte der Sensibilitäten, die Lucien Febvre hier 1941 mit Nachdruck einfordert, rückte er sogleich in den Mittelpunkt des historischen Interesses: der Bereich der Sensibilitäten (*sensibilités*) sei schließlich die Grundlage für die Arbeit jedes Historikers (der Begriff Mentalität war zu dem Zeitpunkt noch nicht gefallen). Wie hatte Febvre zu dieser Einsicht gelangen können? Febvre versteht unter *sensibilité* »das *affektive Leben* und seine Ausdrucksformen«[181]. Grundlage des Affektiven sind wiederum Emotionen, die nicht nur neue Handlungsschemata konstituieren, sondern auch kraft ihres zwischenmenschlichen Charakters Einfluß auf das kollektive Verhalten einer Gruppe haben können. Die Untersuchung von überindividuellen Emotionen vermag demnach menschliches Handeln aus neuer Sicht zu erklären. Drei Hilfsmittel sollten diesem Forschungsprogramm förderlich sein: Wörterbücher und Lexika konnten die Darstellung gewisser »fundamentaler Existenzbedingungen der Menschen, die ein bestimmtes Vokabular gebildet haben«,[182] möglich machen, wenngleich die linguistische Aufbereitung des Problems dem kollektiven und systemischen Charakter von Affekten und Emotionen nicht gerecht zu werden imstande ist.

---

178 Ebenda, S. 34.

179 Ebenda, S. 35.

180 Lucien Febvre: Sensibilität und Geschichte. In: ders.: Das Gewissen des Historikers. Berlin: Wagenbach 1988, S. 91-107. Hier S. 105.

181 Ebenda, S. 92. Hervorhebung im Original.

182 Ebenda, S. 100.

Um ein mehr als klassisches Beispiel zu nehmen, läßt sich auf diese Weise etwa der bäuerliche Charakter aufzeigen, den die Worte einer Sprache wie das Lateinische bewahrt haben: so wurde die *Rivalität* nach den Streitigkeiten der Nachbarn um denselben Bewässerungskanal, *rivus*, benannt. Die Charakterisierung des vortrefflichen Mannes, *egregius*, wird mit dem Wert des Viehs verglichen, das man zur besonderen Pflege aus der Herde, *e grege*, nimmt. Das Schwache, *imbecillis*, ruft den Gedanken an eine Pflanze ohne Stütze, *bacillus*, hervor, und der Begriff der Freude, *laetitia*, bleibt eng mit dem des Düngers, *laetamen*, verbunden. Sobald es sich jedoch um einen ganzen Komplex von Gefühlen und deren veränderliche Nuancierungen handelt, nützt auch eine erneute Prüfung der einzelnen und fragmentarischen Entwicklungslinien wenig. Keine Wortschatzstudie erlaubt die Rekonstruktion der Gesamtentwicklung eines ganzen Systems von Gefühlen in einer bestimmten Gesellschaft zu einer bestimmten Zeit.[183]

Weiters ist die Ikonographie zu nennen: Febvre bezieht sich auf eine nicht genannte Arbeit von Emile Mâle, der im Zug einer Untersuchung der gotischen und spätgotischen bildenden Kunst gewisse »Nuancen des Gefühlsausdrucks«[184] mit dem Ziel der Darstellung einer Kunstgeschichte des religiösen Gefühls vom zwölften bis zum siebzehnten Jahrhundert zu datieren vermochte. Als dritte Hilfsquelle nennt Febvre schließlich die Literatur. Zum einen könne aus dem Korpus literarischer Werke einer historischen Epoche der je unterschiedliche und die einzelnen Epochen voneinander abgrenzende Grad der Emotionalität oder Sensibilität abgelesen werden, zum anderen richtet sie die Aufmerksamkeit des Historikers auf »die Art und Weise, mit der sie eine bestimmte Form von Gefühl erschafft und anschließend unter den Massen verbreitet«[185].

Febvres Aufruf macht nicht nur die thematische und methodische Erweiterung der neuen französischen Geschichtswissenschaft deutlich, sondern rückt einmal mehr ihre interdisziplinäre Ausrichtung in den Mittelpunkt. Darüber hinaus wurde die eindeutig kultur- und kunsthistorische Ausrichtung der Geschichte der Sensibilitäten deutlich, welche innerhalb der Mentalitätsgeschichte – wenn auch in abgeschwächter Form – erhalten blieb. Fluchtpunkt der Argumentation Febvres ist schließlich die Kooperation von Geschichtswissenschaft und Psychologie, deren Verhältnis Febvre an anderer Stelle beschrieben hat:

Denn das steht fest: die Bestandsaufnahme des geistigen Materials, über das die Menschen einer Epoche verfügen, zunächst im einzelnen, dann für die gesamte Epoche; die mit großer Gelehrsamkeit, aber auch mit viel Vorstellungskraft vorgenommene Rekonstruktion der Welt, jener ganz physischen, intellektuellen, moralischen Welt, in der jede der vorangegangenen Generationen sich bewegt hat; das Gespür dafür, wie einerseits Unzulänglichkeiten in der gedanklichen Erfassung gewisser Dinge, andererseits die Art von Technik, die einer bestimmten Gesellschaft jeweils zur Verfügung steht, notwendigerweise Lücken und Verzerrungen in den Vorstellungen, die sich die entsprechende Gemeinschaft von der Welt, vom Leben, von der Religion, von der Politik macht, auftreten lassen; die Einsicht, daß – nach einer Bemerkung von Henri Wallon – eine Welt, »wo der Mensch nichts besitzt als seine bloße Muskelkraft, um mit den Wesen, die sich ihm entgegenstellen, fertigzuwerden«, nicht dieselbe Welt sein kann wie die, wo der Mensch die Elektrizität seinen

183 Ebenda, S. 100.
184 Ebenda, S. 100.
185 Ebenda, S. 103.

Bedürfnissen untertan macht und, um diese Elektrizität zu erzeugen, sich die Kräfte der Natur untertan macht; das Wissen darum, mit einem Wort, daß »die Welt« sowenig ein Absolutes ist wie »der Geist« oder »das Individuum«, sondern daß sie sich mit den Erfindungen, mit den Zivilisationen, welche die Menschengesellschaften hervorbringen, unablässig verändern wird: dies zu erlangen, ist das oberste Ziel des Historikers, das er aber nicht als Einzelner erreichen wird, sondern nur dann, wenn er sich mit dem Psychologen verbündet.[186]

Eine weitere Kategorie, die zwar nicht explizite Erfindung Febvres und Blochs war, von beiden jedoch bis zu einem gewissen Grad differenziert wurde,[187] war jene der ›Mentalität‹. Georges Duby, Robert Mandrou und Jacques Le Goff widmeten ihr später besondere Aufmerksamkeit.[188] Neben den objektiven Faktoren in der Geschichte sollten auch emotionale Faktoren beschrieben werden können.

Mit diesem Gebiet haben die Historiker, so scheint es, ein Forschungsfeld eröffnet, dessen Grenzen nur mit großen Schwierigkeiten abzustecken sind. Das liegt vor allem an der Vieldeutigkeit des Begriffs ›Mentalität‹. Vielmehr hinterläßt die Sekundärliteratur den Eindruck einer Schausammlung von zwar adäquaten, den Kern der Sache jedoch nicht ganz treffenden Definitionen. Rolf Reichardt zufolge

haben die Mentalitäten ihren systematischen Ort zwischen Ideen und Verhalten, Doktrin und Stimmung, an der Verbindungsstelle von Individuellem und Kollektivem, Absichtlichem und Unwillkürlichem, Außergewönlichem und Durchschnittlichem. Sie sind mehr als eine Lebensgewohnheit, Sitte und Brauchtum und nicht nur eine bloße Widerspiegelung der sozio-ökonomischen Verhältnisse, sondern etwas Dynamisches, eine z. T. eigengesetzliche Kraft, eine Geisteshaltung, die ein Werturteil über bestimmte Dinge impliziert, ein Komplex affektiv geladener Erwartungs- und Verhaltensdispositionen, die sich nicht zuletzt in irrationalen Emotionen wie Frömmigkeit, Furcht, Mythen, Haß und Aggression äußern. Zur Mentalität gehört auch die geistig-kulturelle Infrastruktur einer Zeit, das, was Lucien Febvre ›outillage mental‹ genannt hat: Sprache, Vokabular, Redensarten, Zeit- und Raumvorstellungen, Grad und Verbreitung der Fähigkeit zu rechnen, zu lesen und zu schreiben. Mentalitäten sind wesentlicher Bestandteil sozio-kultureller Systeme. Sie sind weniger reflektiert, formloser, fließender, einfacher und beständiger als Ideologien, aber doch auch nicht völlig von diesen zu trennen; denn wie vereinfachte, schnell absorbierbare Elemente einer Religion, einer Ideologie zu Bestandteilen der Mentalität absinken können, so macht umgekehrt eine bestimmte Mentalität für eine entsprechende Ideologie empfänglich, ja kann diese als Selbstauslegung aus sich hervorbringen (Th. Geiger). Auch haben Mentalitäten ähnliche Funktionen wie Ideologien: sie sind ein Mittel der sozio-kulturellen Kontrolle, üben auf die Individuen einen gewissen Konformitätsdruck aus und bedingen ein deformiertes Bild der Wirklichkeit, dienen aber gerade dadurch der sozialen Integration und Stabilisierung, der Sinngebung und Lebensbewältigung.

Einhelligkeit herrscht insbesondere über drei Hauptcharakteristika der Mentalitäten. Sie sind zunächst und vor allem etwas Anonymes, Kollektives, jeweils typisch für eine bestimmte Gesell-

186 Lucien Febvre: Geschichte und Psychologie. In: ders.: Das Gewissen des Historikers. Berlin: Wagenbach 1988, S. 79-90. Hier S. 89. Erstmals u. d. T. La Psychologie et l'histoire in: Encyclopédie Française. Bd. 8. Paris 1938.

187 Vgl. dazu André Burguière: Der Begriff der ›Mentalitäten‹ bei Marc Bloch und Lucien Febvre: zwei Auffassungen, zwei Wege. In: Mentalitäten-Geschichte. Zur historischen Rekontruktion geistiger Prozesse. Hg. v. Ulrich Raulff. Berlin: Wagenbach 1989 (= Wagenbachs Taschenbücherei 152), S. 33-49.

188 Vgl. Jacques Le Goff: Neue Geschichtswissenschaft, S. 43f.

schaft, meist allerdings für eine soziale Gruppe oder Schicht, ohne sich jedoch völlig mit bestimmten ›Klassen‹ zu decken; in einer entwickelten Gesellschaft bestehen in der Regel mehrere, teilweise konkurrierende Mentalitäten nebeneinander. Zweitens ist eine Mentalität eine Struktur, ein Vorstellungssystem, dessen einzelne Teile sich wechselseitig bedingen und nur mit großen Folgen für das Ganze verändert werden können. Damit zusammen hängt drittens eine relative Dauerhaftigkeit und Stabilität: im Vergleich zum schnelleren Wechsel von Preisen, Löhnen, Grundbesitzverteilung, sozialer Schichtung usw. gehören die Mentalitäten zum immobilsten Bereich der Gesellschaftsgeschichte, zur Grundebene der ›longue durée‹ (Fernand Braudel); gegenüber einer oft einseitig auf die Veränderung fixierten Historie lenkt die ›Histoire des Mentalités‹ den Blick auf die Trägheit als einer fundamentalen geschichtsbildenden Kraft.[189]

Mentalitäten entziehen sich also offenbar dem Bewußtsein des historischen Subjekts durch ihre ein Kollektiv umspannende wie die Lebensdauer dieses Subjekts überschreitende Eigenschaft. Sie disponieren ein bestimmtes Verhalten des Subjekts innerhalb ihres zu charakterisierenden Rahmens und sind nur strukturgeschichtlich faßbar. Trotz dieser begrifflichen Amorphität (oder gerade deswegen – man rufe sich nur Reizwörter wie ›unbewußt‹ oder ›irrational‹ in Erinnerung) scheint die ›Mentalität‹ auf den ersten Blick psychoanalytische Verfahrensweisen geradezu herauszufordern. Derartige Verfahren sind in Frankreich, aber auch in Deutschland[190] bereits angewandt worden und haben, wie Reichhardt hinweist, weniger Aufschluß über das kollektive Unbewußte, sondern vielmehr über individuelle Biographienkomplexe gebracht,[191] wenngleich sich aus dieser Spannung zwischen individuellem und kollektivem Bewußtsein wiederum eine psychoanalytische bzw. sozialpsychologische Fragestellung ergibt, die von sozialgeschichtlicher Relevanz sein kann, sofern sie den anthropologischen Aspekt nicht außer Acht läßt. Eine Synthese zwischen Psychologie/Psychoanalyse und Geschichtswissenschaft liegt etwa auch der in den USA gepflegten *psychohistory* zugrunde. Ebenso weitläufig hat man die Aufgabengebiete der Mentalitätsgeschichte umrissen. Den weitesten Rahmen hat etwa Georges Duby abgesteckt:

> Das geistige Rüstzeug einer Zeit, die Erziehung und die Kindheit, die Kommunikationsstrukturen, die Geselligkeit, die Kultur, die Buch- und Lesergeschichte, die Glaubensvorstellungen, die Mythen und Symbole, die Höflichkeit, die Zeremonien und Rituale, die die Begegnungen zwischen Menschen steuern, das künstlerische Schaffen und seine Themen, die moralischen Regeln und Ideale und die philosophischen Ideen werden als mögliche Gegenstände der Mentalitätsgeschichte vorgestellt.[192]

Eine lohnende Synthese zwischen Mentalitätsgeschichte auf der einen und Sozial- und Wirtschaftsgeschichte auf der anderen Seite hat sich, Reichardt zufolge, erst dann er-

---

189 Rolf Reichardt: ›Histoire des Mentalités‹. Eine neue Dimension der Sozialgeschichte am Beispiel des französischen Ancien Régime. In: Internationales Archiv für Sozialgeschichte der deutschen Literatur 3 (1978), S. 130-166. Hier S. 131f.

190 Vgl. etwa Geschichte und Psychoanalyse. Hg. v. Hans-Ulrich Wehler. Köln: Kiepenheuer & Witsch 1971.

191 Vgl. Rolf Reichardt: ›Histoire des Mentalités‹, S. 133.

192 Annette Riecks: Französische Sozial- und Mentalitätsgeschichte. Ein Forschungsbericht. Altenberge: Telos 1989 (= Münsteraner Theologische Abhandlungen 2), S. 83

geben, als grundlegende Arbeiten auf diesem Gebiet vorlagen[193] und darüber hinaus eine methodische Absicherung insofern vorlag, als es der Mentalitätsgeschichte gelungen war, Methoden der *histoire sérielle* anzuwenden, d. h.

> zu sozial repräsentativen, massenhaft erhaltenen, sich über einen langen Zeitraum erstreckenden, formal jeweils gleichstrukturierten Quellenserien des ›vorstatischen Zeitalters‹ vorzustoßen, die gleichwohl quantitativ auswertbar sind und die empirische Ermittlung von langfristigen Veränderungen ermöglichen.[194]

Als Forschungsfelder der Mentalitätsgeschichte nennt Reichardt letztlich die Historische Demograpie, die Historische Religionssoziologie, die Sozialgeschichte der Bildung, die Buch- und Lesergeschichte, die Historische Soziolinguistik und die Historische Volkskunde, ohne jedoch den Anspruch auf Vollständigkeit zu erheben. Die Mentalitätsgeschichte hat also eine konzeptuelle Unschärfe hinterlassen, die die Aufnahme von Ergebnissen anderer Wissenschaftsdisziplinen zu begünstigen[195] und eher auf Integration als auf Segregation ausgerichtet schien.
Auch auf dem Gebiet der Historischen Anthropologie hat Frankreich zumindest bis in die 1980er Jahre die Vorreiterrolle übernommen.

> Die ›Geschichte‹ von Geburt, Krankheit und Tod, der Verhaltensweisen in den verschiedenen Lebensphasen sowie in den verschiedenen menschlichen Gruppen, von der Zweierbeziehung aufwärts, das Reagieren auf wirtschaftliche Veränderungen, alles dies ist – im Zusammenhang mit dem Geschehen des Alltagslebens – ebenso der Gegenstand der neueren französischen Sozialgeschichtsforschung wie die alle genannten Bereiche um- und übergreifende ›histoire de mentalités‹, in der die mannigfachen Aspekte der Entwicklung des Un- und Unterbewußten eine Rolle spielen.[196]

Das Verhältnis von Mentalitätsgeschichte und Historischer Anthropologie ist jeweils unterschiedlich beschrieben worden. Zum einen existiert die Auffassung, daß die gesamte *nouvelle histoire* als Historische Anthropologie zu betrachten sei, da sie den Menschen mit seinen elementaren Erfahrungen in den Mittelpunkt stellt. Zum anderen

---

193 Reichardt hebt vor allem Michel Vovelle: Piété baroque et déchristianisation en Provence au XVIIIe siècle. Les attitudes devant la mort d'après les clauses des testaments. Paris: Plon 1973 (= Civilisations et Mentalités) hervor, eine Arbeit, die anhand der Auswertung von 20.000 Testamenten die religiösen Einstellungen und Todesvorstellungen der Bewohner der Provence beschreibt. Vgl. Rolf Reichardt: ›Histoire des Mentalités‹, S. 147f. Als weitere wichtige Beispiele wären zu nennen: Robert Mandrou: Magistrats et sorciers en France au XVIIe siècle. Une analyse de psychologie historique. Paris: Plon 1968; Philippe Ariès: L'Homme devant la mort. Paris: Éditions du Seuil 1978 [dt. Geschichte des Todes. München: Deutscher Taschenbuch Verlag 1980]; Pierre Chaunu: La Mort à Paris aux XVIe, XVIIe, XVIIIe siécles. Paris 1978.

194 Rolf Reichardt: ›Histoire de Mentalités‹, S. 137.

195 Vgl. André Burguière: Historische Anthropologie. In: Die Rückeroberung des historischen Denkens, S. 62-102. Hier S. 96.

196 Michael Erbe: Historisch-anthropologische Fragestellungen der Annales-Schule. In: Historische Anthropologie. Der Mensch in der Geschichte. Hg. v. Hans Süssmuth. Göttingen: Vandenhoeck & Ruprecht 1984 (= Kleine Vandenhoeck-Reihe 1499), S. 19-31. Hier S. 19.

wird die Historische Anthropologie als ein abgrenzbarer Teilbereich der *nouvelle histoire* betrachtet. Die Mentalitätsgeschichte wiederum wird einerseits als ein Teilbereich der Historischen Anthropologie aufgefaßt, andererseits sei letztere als ein Untersuchungsschwerpunkt in die Mentalitätsgeschichte zu integrieren.[197] Eine genaue Abgrenzbarkeit scheint in der Praxis allerdings nicht so leicht möglich:

> Es scheint sinnvoll, den Terminus »historische Anthropologie« als Sammelbezeichnung für die vielfältigen Kontakte zwischen der Historie und den verschiedenen Wissenschaften vom Menschen, also nicht als Namen für eine neue Disziplin, aufzufassen. Dann wird mit diesem Terminus kein bestimmter Gegenstandsbereich, keine fest umrissene historische Disziplin bezeichnet, sondern eine historische Methode, [...] die die Epistemologie der *Annales* überhaupt kennzeichnet. [...] Der Ausdruck »historische Anthropologie« bezeichnet demnach die in historischer Perspektive durchgeführte Erforschung des menschlichen Kulturschaffens im weitesten Sinn mit je unterschiedlichen soziologischen, sozialpsychologischen und biologischen Schwerpunkten.[198]

Die Ursprünge der Historischen Anthropologie lassen sich, Burguière zufolge, bis zu Werken der französischen Aufklärung, »die ›tableau historique‹ oder ›Histoire naturelle‹ einer Provinz oder einer Nation hießen«,[199] zurückverfolgen. Diese von Burguière beschriebene Historische Anthropologie umfaßt Themenkomplexe wie Ernährungsgeschichte (Einfluß von Erntekrisen auf Nahrungsgewohnheiten, neue Nahrungsmittel, Eßgewohnheiten differenziert nach Regionen und sozialen Schichten etc.), Geschichte der körperlichen Konstitution (Körpergröße, Krankheiten etc.), Geschichte der menschlichen Gestik, Geschichte des menschlichen Verhaltens in einer bestimmten Gruppe, Sexualverhalten, Familie usw. Freilich sind dies nicht genuin anthropologische Themenkomplexe, man kann sie sich genauso von der Historischen Demographie, der Technikgeschichte oder der Institutionengeschichte behandelt vorstellen. Was also die Historische Anthropologie von den genannten Disziplinen unterscheidet, ist ihr methodischer Zugang: »Die Historische Anthropologie hat also keinen eigenen Forschungsgegenstand. Sie unterscheidet sich allein durch ihre Methodik. Sie untersucht jede Entwicklung im Kontext ihrer sozialen Resonanz und der Verhaltensweisen, die sie hervorbringt oder verändert«[200]. So betrachtet ist die *nouvelle histoire* a priori eben Historische Anthropologie, indem sie anthropologische Fragestellungen in ihr Themenspektrum aufgenommen hat. Schließlich hat sich die Historische Anthropologie auch mentalen Gegebenheiten zugewandt und untersucht konsequenterweise auch vergeistigte Aspekte der materiellen Lebenswelt. Daraus ergibt sich ein inhaltliches und methodologisches Überschneidungsfeld zwischen Mentalitätsgeschichte und Historischer Anthropologie. Robert Darnton etwa bezeichnet die *histoire des mentalités* schlicht als Kulturgeschichte, »denn es [dieses Genre] betrachtet unsere eigene Zivilisation in derselben Weise, wie Anthropologen fremde Kulturen studieren. Es ist

---

197 Vgl. Annette Riecks: Französische Sozial- und Mentalitätsgeschichte, S. 89.

198 Ebenda, S. 90f.

199 André Burguière: Historische Anthropologie, S. 65.

200 Ebenda, S. 73.

Geschichte nach ethnographischem Muster«[201]. Dies ist insofern richtig, als die gegenwärtige Kulturgeschichte »die Geschichte der Kultur auf unterer Ebene«[202] betrachtet und sich somit nicht nur mit der Kultur der Eliten auseinandersetzt. Dieses Interesse für das Marginale, das vermeintlich Zurückgedrängte oder das Populäre hat die Mentalitätsgeschichte in Deutschland in den Kontext der Alltagsgeschichte gerückt, die sich mit dem Alltag (im Gegensatz zum Festtag), mit Routine (im Gegensatz zu außergewöhnlichen Gesellschaftsbereichen), mit dem Leben der breiten Masse (im Gegensatz zu den Lebensbereichen von Menschen, die von Profiten leben), mit dem Ereignisbereich des täglichen Lebens (im Gegensatz zu ›Haupt- und Staatsaktionen‹), mit dem Privatleben (im Gegensatz zum öffentlichen oder Berufsleben), mit der Sphäre des ›natürlichen‹, spontanen, unreflektierten, ›wahren‹ Erlebens und Denkens (im Gegensatz zur Sphäre des reflektierten, künstlichen, unspontanen oder wissenschaftlichen Denkens), mit dem Alltagsbewußtsein als Inbegriff des ideologischen, naiven, falschen und undurchdachten Erlebens und Denkens (im Gegensatz zum richtigen, echten oder wahren Bewußtsein) befaßt.[203]

Zu einer umfassenderen Bestandsaufnahme der Mentalitätsgeschichte trug ein von Ulrich Raulff herausgegebener Sammelband bei,[204] der Beiträge von französischen, englischen und deutschen Historikern enthält, was nicht nur als ein Hinweis auf die zumindest europäische Rezeption der Mentalitätsgeschichte zu werten ist, sondern auch Hinweis darauf sein mag, wie diskutierbar und -würdig diese bis in die Gegenwart geblieben ist. Die schon angeklungene Bedeutungsvielfalt und Amorphität der Mentalitätsgeschichte sieht Raulff in deren Vereinnahmung durch verschiedenen Wissenschaftsdisziplinen begründet:

> Mentalitätengeschichte funktioniert nach Art eines *joint venture*, an dem die Psychologie, Kultur- und Ethnoanthropologie, Sozialgeschichte und zahlreiche andere Bindestrich-Geschichten partizipieren. Sie gehört zu jenen schräglaufenden Wissenschaften, die den Sockel des jeweils kulturell Selbstverständlichen, den Bestand dessen, womit eine jeweilige Gesellschaft stillschweigend ›rechnet‹, freizulegen suchen.[205]

---

201 Robert Darnton: Das große Katzenmassaker. Streifzüge durch die französische Kultur vor der Revolution. München: Hanser 1989, S. 11.

202 Ebenda, S. 11.

203 Walter Halik: »Der guote Gêrhart« Rudolfs von Ems als Quelle der Alltags- und Mentalitätsgeschichte. Wien: Dipl. Arbeit 1996, S. 23. Halik möchte dennoch Alltag und Mentalität(en) als »zwei Seiten eines Gegenstandes« betrachtet wissen: »Alltag umfaßt zunächst die gesamten äußeren Lebensbedingungen, also die Umwelt mit allen ihren Facetten: Raum, Klima und daraus resultierende wirtschaftliche Möglichkeiten. Dann die engere Lebenswelt des Menschen: Arbeit, Wohnen, Feste, Freizeit, Essen und Trinken, Spiel und Vergnügen, Kleidung u. ä., also Vieles [sic], das in Artefakten auf uns gekommen ist. Mentalität bezeichnet die inneren Vorgänge und nicht-materiellen Lebensäußerungen: Denken, Fühlen, Wahrnehmen, Rechtsempfinden« (S. 27).

204 Mentalitäten-Geschichte. Zur historischen Rekonstruktion geistiger Prozesse. Hg. v. Ulrich Raulff. Berlin: Wagenbach 1987 u. ö.

205 Ulrich Raulff: Vorwort Mentalitäten-Geschichte. In: Mentalitäten-Geschichte, S. 7-17. Hier S. 8f.

Zudem konstatiert Raulff eine Unsicherheit über die theoretische und methodische Grundlegung der Mentalitätsgeschichte durch »vage und problematische Definitionen dessen, was Mentalitäten seien und wo der eigentümliche Bereich des Mentalen anzusiedeln sei«[206]. Jene begriffliche und inhaltliche Weitläufigkeit ist der Mentalitätsgeschichte allerdings schon durch ihre Begründer Bloch und Febvre inhärent, zumal beide ein jeweils differentes Konzept der Mentalitätsgeschichte entworfen haben.[207] Zum einen mag man die Grenzen der Mentalitätsgeschichte »zwischen den zu einer bestimmten Sachkultur gehörigen Praktiken und Formen des Umgangswissens un den kategorialen Formen des Denkens, die als eine Art ›historisches Apriori‹ dem Denken selbst entzogen sind«[208] suchen, zum anderen diese Grenze um den Bereich der Gefühle, der Sensibilitäten, erweitern. In diesem Sinne faßt Raulff zusammen: »Mentalitäten umschreiben kognitive, ethische *und* affektive Dispositionen«[209].

Die begriffliche und gegenständliche Vielfalt der Mentalitätsgeschichte kommt besonders in dem Forschungsbericht von Annette Riecks zum Ausdruck. Aufgrund dieser Situation schlägt sie vor, die Entstehung der Mentalitätsgeschichte im systematischen Vergleich mit ähnlichen Forschungsrichtungen zu konfrontieren, allerdings mit dem Hinweis auf die Vorläufigkeit solcher Überlegungen.

Dem Dilemma der Unüberschaubarkeit und Konzeptlosigkeit, das man der Mentalitätsgeschichte bis in die Gegenwart vorwirft, versucht Frank-Michael Kuhlemann entgegenzuwirken.[210] Ziel seiner Darstellung ist es, »die Mentalität nicht als einen frei schwebenden, sondern als einen fest verankerten, die Welt der Ideen mit der des Sozialen verbindenden Begriff zu bestimmen«,[211] und den Mentalitätsbegriff insofern zu differenzieren, als er damit für eine sozialgeschichtliche Analyse geeignet erscheint. Darüber hinaus richten sich Kuhlemanns Einwände gegen die schon bei Riecks erwähnten fehlenden Abgrenzungen der Mentalitätsgeschichte zu ähnlichen Ansätzen wie ›Intellectual History‹, ›Psycho-Historie‹, ›Bewußtseinsgeschichte‹ oder ›Sozialgeschichte der Ideen‹, denen er mit einer »reflektierten Verwendung unterschiedlicher Begriffe auf unterschiedlichen Ebenen und in unterschiedlichen Zusammenhängen«[212] begegnen möchte. In diesem Sinn unterscheidet er zwischen einem ›funktionalen‹ und einem ›substantiellen‹ Mentalitätsbegriff sowie zwischen ›Makro-‹ und ›Mikromentalität‹. Eine weitere Differenzierung erlaubt die Erörterung von ›mentalen Paradigmen‹ und ›Mentalitätsthemen‹, von ›konzentrischen‹ und ›kollektiven‹ Mentalitätsstrukturen, schließlich des Zusammenhangs von ›mentalen Dispositionen‹ und ›sozialem Handeln‹. Ihren funktionalen bzw. formalen Charakter offenbaren

206 Ebenda, S. 9.

207 Vgl. dazu André Burguière: Der Begriff der ›Mentalitäten‹ bei Marc Bloch und Lucien Febvre: zwei Auffassungen, zwei Wege, S. 33-49.

208 Ulrich Raulff: Vorwort Mentalitäten-Geschichte. In: Mentalitäten-Geschichte, S. 9.

209 Ebenda, S. 10.

210 Frank-Michael Kuhlemann: Mentalitätsgeschichte. Theoretische und methodische Überlegungen am Beispiel der Religion im 19. und 20. Jahrhundert. In: Kulturgeschichte Heute. Hg. v. Wolfgang Hardtwig u. Hans-Ulrich Wehler. Göttingen: Vandenhoeck & Ruprecht 1996 (= Geschichte und Gesellschaft, Sonderheft 16), S. 182-211.

211 Ebenda, S. 207.

212 Ebenda, S. 183.

Mentalitäten in ihrer Dispositionsleistung »für die Organisation menschlicher Lebensführung und -orientierung«,[213] d. h. als ein »geistig-seelischer Mechanismus« schaffen sie eine zwar vorhandene aber nicht beschreibbare Orientierung, Strukturierung bzw. Disposition, die in der Folge wiederum eine bestimmte Lebenshaltung in einer gegebenen Lebenswelt darstellt. Unter substantiellen bzw. materialen Elementen von Mentalitäten versteht Kuhlemann deren Wesenhaftigkeit in Form von Ideen, Inhalten oder Ideologien, »Deutungen und Positionsbeschreibungen, kulturelle Muster, politische und weltanschauliche Einstellungen, bei denen die Grenzziehung zur Ideologie problematisch ist«[214]

> Diese Doppelstruktur des Mentalitätsbegriffs als formale Disposition und als substantiell zu bestimmende Einstellung gilt es in einer theoretischen Perspektive sauber zu differenzieren, bevor man die beiden Elemente in konkreten Untersuchungen als bestimmende Faktoren für menschliches Denken und Verhalten wieder zusammenführt. Die Trennung beider Strukturmomente bietet vor allem den analytischen Gewinn, in mentalitätsgeschichtlichen Untersuchungen zunächst nach der durch familiäre Erziehung und sekundäre Sozialisation, psychische und andere Umweltfaktoren bedingten Grundgestimmtheit oder seelischen Struktur von Individuen, mithin nach ihrer ›geistig-seelischen Disposition‹ zu fragen und sich erst danach auf die Suche nach konkreten Vorstellungen oder Einstellungen zu bestimmten Problembereichen zu begeben, also die durch bestimmte Inhalte und Überzeugungen geprägte Struktur einer bestimmten Mentalität zu eruieren.[215]

Die Differenzierung von Mentalitätsstrukturen, also die Unterscheidung von Total-, Makro- und Mikromentalitäten bezeichnet Abstufungen in der Komplexität von Mentalitäten. Totalmentalitäten meinen »mehr oder weniger von allen Zeitgenossen geteilte Einstellungen und Selbstverständlichkeiten«, die in der Struktur der Komplexitätshierarchie nächstliegenden Makromentalitäten bezeichnen etwa »nationale oder auch religiöse Unterschiede innerhalb einer Epoche«, während Partikular- oder Mikromentalitäten »auf einer unteren Ebene zusätzliche Differenzierungen [repräsentieren], im Protestantismus etwa eine lutherische oder reformierte, eine ›moderne‹ oder ›positive‹ Frömmigkeit«[216]. Als Vorteil einer derartigen Auffächerung beschreibt Kuhlemann die Möglichkeit der Integration einer (oder mehrerer) Partikularmentalitäten in einer übergeordneten Makromentalität bzw. – negativ gewendet – die Gelegenheit der Beschreibung eines Spannungsverhältnisses zwischen partikularer und Makromentalität, was somit eine genaue Beschreibung von Mentalitätswandel zulassen dürfte, zumal auf diese Weise die Gründe eines derartigen Wandels auf ihre differenzierten Ursachen rückführbar sind. Mentale Paradigmen wiederum bezeichnen gleichsam einen Brennpunkt von Mikromentalitäten, eine Struktur, die innerhalb einer Makromentalität bestimmenden Charakter gewinnen kann, ohne diese jedoch in ihrem Gesamtcharakter zu determinieren.

213 Ebenda, S. 186.
214 Ebenda, S. 187.
215 Ebenda, S. 187.
216 Ebenda, S. 193.

Der Sache nach sind mentale Paradigmen zunächst nichts anderes als Mikromentalitäten, die in einem historischen Prozeß aber so dominant werden, daß sie die Ausrichtung einer Makromentalität schließlich bestimmen und andere Mikromentalitäten deutlich an den Rand drängen. Ein religiöses Paradigma kann mithin für eine gewisse Zeit zum bestimmenden Muster einer Makromentalität werden. Es existiert, solange es in der Lage ist, eine Vielzahl von Erfahrungen ohne Plausibiliätsverlust konfliktfrei zu integrieren.[217]

Schließlich soll dem beinahe gänzlichen Fehlen einer theoretischen und methodischen Grundlegung der Mentalitätsgeschichte innerhalb der französischen Forschung durch eine Situierung der Mentalität in einer erst zu beschreibenden Lebenswelt entgegengewirkt werden, um somit nicht zuletzt auch kausale Beziehungen zwischen gesellschaftlichen und kulturellen Faktoren aufzeigen zu können. Dieser von Kuhlemann in Anlehnung an Theodor Geiger gefaßte Begriff der Lebenswelt, der dem der Mentalität nicht unähnlich ist,[218] soll nun die Verbindung zur Gesellschaft insofern schaffen, als man ihn als soziokulturelle Einheit fassen möge, deren interne Deutungs- und Kommunikationsprozesse als soziales Handeln zu begreifen sind. Als Vermittlungsinstanz zwischen Mentalität und Lebenswelt dient Kuhlemann der Aspekt des sozialen Handelns, denn »Mentalität hat in aller Regel etwas mit sozialem Handeln oder einem bestimmten Verhalten von Individuen und sozialen Gruppen zu tun«[219].

Während die Totalmentalitäten in ihrer Komplexität geographische oder gesellschaftliche Grenzziehungen nicht so einfach erscheinen lassen, eignen sich die Makromentalitäten aufgrund von Kuhlemanns Definition für eine Anbindung an die Vergleichende Literaturwissenschaft schon eher. Sie erlauben es nämlich, Mentalitäten mehr oder weniger genau auf einen nationalen Rahmen zu beziehen, und somit nationale Vergleichseinheiten zu schaffen. Auf diese Weise werden Mentalitäten vergleichbar. Ein Sample solcher Vergleichsergebnisse kann wiederum helfen, die Totalmentalitäten differenzierter darzustellen. Auch ein Mentalitätswandel kann auf diese Weise in

---

217 Ebenda, S. 197.

218 Kuhlemann bezieht sich auf Theodor Geiger: Die soziale Schichtung des deutschen Volkes. Stuttgart 1967; Ideologie und Wahrheit. Wien 1953. Der von Geiger ausgehende Lebensweltbegriff konstitutiert sich als »ein ›Reservoir von Selbstverständlichkeiten oder unerschütterten Überzeugungen‹, die von den an einem bestimmten ›Wissensvorrat‹ partizipierenden Individuen oder Gruppen für ›kooperative Deutungsprozesse‹ benutzt werden. Mit anderen Worten: Es gibt ›lebensweltliche Selbstverständlichkeiten‹, mit denen Menschen ›intuitiv vertraut‹ sind und die im allgemeinen nicht problematisiert werden, ja die – wie eine ›Haut‹ (Geiger) zum Körper gehört und diesen umschließt – unauflöslich mit einer Deutungskultur verbunden sind. In einer stärker systematischen Beschreibung läßt sich das kulturalistische Lebensweltkonzept in drei Punkten zusammenfassen: Für die Existenz einer Lebenswelt ist, erstens, die ›naive Vertrautheit mit einem problemlos gegebenen Hintergrund‹ konstitutiv. Die Lebenswelt zeichnet sich, zweitens, durch die ›Gültigkeit einer intersubjektiv geteilten (Vorstellungs)Welt‹ aus. Es ist schließlich von einem ›zugleich totalen und unbestimmten‹, einem ›eingrenzenden‹, aber auch ›porösen ... Charakter‹ der Lebenswelt auszugehen.« (Frank-Michael Kuhlemann: Mentalitätsgeschichte, S. 202). Der Ausdruck ›Lebenswelt‹ stamme von Edmund Husserl: Die Krisis der europäischen Wissenschaften und die transzendentale Phänomenologie. Eine Einleitung in die phänomenologische Philosophie. Den Haag 1954.

219 Frank-Michael Kuhlemann: Mentalitätsgeschichte, S. 208.

seiner historischen Tiefe aufgrund der potentiellen Wechselbeziehungen auf nationaler oder gesellschaftlicher Ebene gefaßt werden. Der Vorteil von Kuhlemanns hierarchischer Auffassung der Mentalitäten beruht also auf der Möglichkeit, mentale Dispositionen im Detail sichtbar werden zu lassen. Der Gedanke, daß Mentalitäten mit sozialem Handeln und einem Verhalten von Individuen und Gruppen zu tun haben, ist zwar nicht neu, wird aber durch die von Kuhlemann geschaffene Differenzierung forschungspraktisch relevanter.

3. Vereinigte Staaten

Ein Überblick über die amerikanischen Sozialgeschichte der letzten Jahrzehnte vermittelt den Eindruck der Disparatheit in thematischer, methodologischer und institutioneller Hinsicht.[220] Lynn Hunt führt diese Disparatheit auf das seit jeher gespaltene Verhältnis der Geschichtswissenschaft (nicht nur der amerikanischen) gegen theoretisches Denken zurück.[221] Den Aufstieg der Sozialgeschichte betrachtet sie als Folge der Annäherung von Soziologie und Geschichtswissenschaft in den 1960er Jahren. Doch auch die Sozialgeschichte konnte dem Los der Geschichtswissenschaft nicht entrinnen, »denn je mehr sich die Sozialgeschichte weiterentwickelte, desto weniger war sie einem bestimmten theoretischen Entwurf verbunden«. Die »Jagd auf eine neue Kategorie von Themen [...] führte [...], abgelöst von jedwedem theoretischen Leitprogramm, zu Fragmentierung und Vielfalt und nicht zum Aufbau einer neuen Gesellschaftstheorie (und noch nicht einmal zu einer klaren Überprüfung bereits existierender Theorien)«[222]. Abgesehen von diesen Schwächen betrachtet Hunt die Sozialgeschichte der Gegenwart als eine kulturgeschichtlich geprägte Disziplin, nicht zuletzt auch im Zusammenhang mit der für die Geschichtswissenschaft der 1970er Jahre immer wichtiger werdenden Anthropologie.

Die amerikanische Sozialgeschichte stellt sich tatsächlich als eine Geschichte von Themenkomplexen dar, deren herausragendsten und populärsten mit Schlagwörtern wie *women's history*, *ethnic history*, *family history, urban history* umrissen werden können. Bisher hat sich auch keine dominierende Schule im geographischen wie im geistigen Sinn entwickelt. Vielmehr ließ sich die amerikanische Sozialgeschichte von ausländischen Vorbildern, allen voran dem französischen und dem britischen, lange Zeit beeinflussen. Von einer Sozialgeschichte amerikanischer Prägung zu sprechen –

---

220 Vgl. Peter N. Stearns: Toward a Wider Vision: Trends in Social History. In: The Past Before Us. Contemporary Historical Writing in the United States. Hg. v. Michael Kammen. Ithaca/London: Cornell University Press 1980, S. 205-230. Siehe auch Michael Kammen: Introduction: The Historian's Vocation and the State of the Discipline in the United States. In: The Past Before Us, S. 19-46.

221 Vgl. Lynn Hunt: Geschichte jenseits von Gesellschaftstheorie. In: Geschichte schreiben in der Postmoderne. Beiträge zur aktuellen Diskussion. Hg. v. Christoph Conrad u. Martina Kessel. Stuttgart: Reclam 1994, S. 98-122. Hier S. 98.

222 Ebenda, S. 101.

wie dies etwa im Fall der französischen üblich ist – fällt demnach schwer.[223] Auf methodischer Ebene schien die Quantifizierung die unterschiedlichen Ansätze zu systematisieren.[224] Die angesprochene Disparatheit verhindert obendrein eine systematische Annäherung an die Sozialgeschichte, macht die Darstellung einer homogenen Methodik nicht gerade einfach und legt zudem auch eine soziohistorische Periodisierung der amerikanischen Geschichte, die sich somit mehr als ein Puzzle denn als einheitliches Bild darstellt, nicht gerade nahe. Dies hat gewiß auch mit der Rolle der Sozialgeschichte an amerikanischen Universitäten zu tun, deren Curricula sozialhistorische Inhalte lange Zeit entweder aussparten oder sich einseitig auf Themenkomplexe konzentrierten und somit jener Disparatheit Vorschub leisteten.

Die amerikanische Sozialgeschichte seit den 1960er Jahren läßt aber trotz ihrer Heterogenität ein auch die europäische Soziohistorie prägendes Bemühen erkennen, nämlich Geschichte »from the bottom up«[225] zu betreiben, also Bevölkerungsschichten in die Geschichtsbetrachtung einzubeziehen, die in den von den großen politischen Ereignissen und ›hochgestellten‹ Persönlichkeiten geprägten Geschichtsbüchern ausgespart worden waren. Nun war eine Geschichte der Sklaverei und der Rassenunterdrückung genauso opportun wie die Geschichte der Frauen, der Beziehung der Geschlechter unter- und zueinander, kurz der *ordinary people* und ihrem *everyday life*.[226] Gerade wegen dieser Ausrichtung auf das alltägliche Leben der Menschen hat sich die Sozialgeschichte in gewisser Weise popularisiert und ein Publikum für sich gewonnen, daß sonst mit historischer Forschung nur wenig anzufangen wußte.[227] Peter N. Stearns nennt vor allem drei Gründe, die die Entwicklung der Sozialgeschichte in Amerika befördert haben:[228] Zum einen wurden ausländische Geschichtskonzepte rezipiert. Allen voran ist die französische Sozialgeschichte auf breite Aufmerksamkeit gestoßen (»the *Annales* school in France, stressing total history, has had a pervasive impact,

---

223 Dazu Michael Kammen: »The intellectual curiosity and eager borrowing – from historians of other cultures as well as from other disciplines – characteristic of American historians in recent years have resulted in an eclecticism that contributes to the decentralization of the discipline here. There is no single, dominant, national »school« of historical thought in the United States. The result may be somewhat less »teamwork« than elsewhere; or possibly a duplication of effort on occasion; or even direct competition. On the other hand, the result may also be greater diversity and autonomy in the selection of topics for research and methods to be used. Nor can a small group of senior professors determine research or control the appointment of younger scholars to junior positions – certainly not to the extent that such groups do in other cultures«. (Introduction, S. 26)

224 Vgl. John Modell: Die »Neue Sozialgeschichte« in Amerika. In: Geschichte und Gesellschaft 1 (1975), S. 155-170.

225 Peter N. Stearns: Toward a Wider Vision: Trends in Social History, S. 213.

226 So auch der Titel eines Überblicks über Entwicklung und Themenschwerpunkte der amerikanischen Sozialgeschichte: Ordinary People and Everyday Life. Perspectives on the New Social History. Hg. v. James B. Gardner u. George Rollie Adams. Nashville: The American Association for State and Local History 1983.

227 Vgl. Peter N. Stearns: The New Social History. An Overview. In: Ordinary People and Everyday Life, S. 3-21. Hier S. 3

228 Vgl. Peter N. Stearns: The New Social History, S. 10.

particularly in the United States and in Eastern Europe«[229]), und aus Großbritannien erregte das Werk Edward P. Thompsons Interesse. Thompson hatte sich um die Geschichte der englischen Arbeiterklasse verdient gemacht[230] und diente somit als Vorbild für ähnliche Unternehmungen auf diesem Gebiet in den Vereinigten Staaten. Der zweite Grund für die relativ rasche und vielfältige Entwicklung der amerikanischen Sozialgeschichte war ihre sozialwissenschaftliche Orientierung. Vor allem die Soziologie konnte den Historikern neue Themenbereiche erschließen. Die intendierte Interdisziplinarität zwischen der Geschichtswissenschaft und den Sozialwissenschaften ging schließlich nicht ohne Probleme vonstatten:

> Historians and social scientists are separated by the fact that historians know too little social science and social scientists know too little history. This is an inevitable consequence of the departmental system in graduate and undergraduate schools and of the demand for intensive specialization. [...]
> Some historians complain of the simplistic and reductionist approaches to data by social scientists, and of their use of slick journalese to express only a limited grasp of complex problems. Conversely, some object to the tendency of social scientists to write abstractly in a jargon which the uninitiated, including historians, find difficult to grasp. There seems to be a difference between the professional climates of history and the social science disciplines. The latter are geared more intimately to business and government. There may be personality differences between historians and social scientists.[231]

Das Bestreben nach der Begegnung mit anderen Wissenschaften sei der amerikanischen Geschichtswissenschaft aber nicht gänzlich fremd gewesen. Die frühe amerikanische Historiographie hätte vor allem in der Theologie und der Philosophie konzeptuelle Partner gefunden, in der Mitte des neunzehnten Jahrhunderts waren schließlich die Philologie und die Naturwissenschaften federführend in der Auseinandersetzung mit Nachbardisziplinen.[232] Der Feststellung Stearns, daß gerade diese ›Bruderschaft‹ mit den Sozialwissenschaften die amerikanische von der europäischen Sozialgeschichte deutlich abgrenze, ist angesichts des Bemühens der französischen *Annales*-Historiker um eine Kooperation mit den Humanwissenschaften allerdings nicht zuzustimmen. Als dritter Punkt wird schließlich das politische Klima der 1960er Jahre in den Vereinigten Staaten ins Treffen gebracht, das für eine allmähliche Liberalisierung der Forschungsthemen und -methoden sorgte, den Universitäten neue Bildungsschichten öffnete und das Bild der Geschichte um jene zuvor ausgesparten Bevölkerungsschichten bereicherte. Schließlich geriet die Politikgeschichte auch infolge prekärer Entwicklungen in den USA (Vietnam-Krieg, Watergate-Skandal usw.) ins Hintertreffen.

---

229 Michael Kammen: Introduction, S. 26.

230 Vgl. Edward P. Thompson: The Making of the English Working Class. New York: Pantheon 1963.

231 Edward N. Saveth: The Conceptualization of American History. In: American History and the Social Sciences. Hg. v. Edward N. Saveth. New York: The Free Press of Glencoe 1964, S. 3-22. Hier S. 5.

232 Vgl. ebenda, S. 9. Zur Bedeutung der Sozialwissenschaften für die Geschichtswissenschaft siehe auch Shepard B. Clough: The Social Sciences in Historical Study in the United States. In: Mélanges en l'honneur de Fernand Braudel. Bd. 2. Toulouse: Privat 1973, S. 128-134.

3.1 Die ›alte‹ und die ›neue‹ Sozialgeschichte

Die von Stearns angedeutete Allianz der Geschichtswissenschaft mit den Sozialwissenschaften ist vor allem im Kontext der Anfang der 1960er Jahre wieder aktuellen *New History* zu sehen, deren Wurzeln bis zum Beginn des zwanzigsten Jahrhunderts zurückreichen.[233] Die für die 1960er Jahre angeführten Charakteristika der *New Social History* existierten in gleichsam abgeschwächter Form bereits etwa von 1900 bis 1930. Friedrich Jaeger führt die Revision der historischen Denkformen in den USA und in Europa auf einen »gesellschaftliche[n] Bedarf an kultureller Orientierung« zurück: »Das gemeinsame Ziel dieser vielfältigen epistemologischen Erneuerungsbewegungen war es, die Wissenschaft in ihrer lebenspraktischen Bedeutung neu zu begründen und im Orientierungshorizont der modernen Gesellschaft kulturell neu zu verankern.«[234] Die damit angestrebte »Einheit von Theorie und Praxis« charakterisiert sich Jaeger zufolge als »unmittelbar handlungs- und entscheidungsrelevante[s]« Instrument »gesellschaftlicher Problemlösung«:

> Im Gegensatz etwa zu Max Webers Theorie der kulturwissenschaftlichen Erkenntnis oder zur Wertphilosophie neukantianischen Zuschnitts ergibt sich die lebensweltliche Bedeutung der modernen Wissenschaften innerhalb des amerikanischen Pragmatismus jedoch nicht etwa aus den kulturellen Wertbeziehungen einer wert-, normen- und sinnschöpferisch verinnerlichten Subjektivität, sondern daraus, daß sich die wissenschaftliche Vernunft in den öffentlichen Diskursen von Politik, Gesellschaft, Ökonomie und Kultur als Begründungs- und Entscheidungsinstanz zur Geltung bringt, »social engineering« betreibt, »plans of social action« erarbeitet und schließlich die Prozesse der modernen Gesellschaft als einer Experimentiergemeinschaft mündiger Bürger reflektierend begleitet und intellektuell abstützt.[235]

Weiters und als Konsequenz daraus wird die »direkte Rückbindung aller Begriffe an die empirische Realität und die Anerkennung einer prinzipiellen Pluralität der in ihr wirksamen gesellschaftlichen Kräfte und Beziehungen« beschrieben.

> Die Abstraktheit solcher theoretischen Begriffe wie Staat, Recht, Verfassung, Eigentum wird aufgehoben, indem ständig auf die konkreten gesellschaftlichen und geschichtlichen Zusammenhänge reflektiert wird, in denen sie stehen. Das Recht wird so zu einem Kampf ums Recht und um rechtliche Definitionsmacht aus dem Horizont unterschiedlicher gesellschaftlicher Interessenlagen und ungleicher Durchsetzungschancen. Und das Eigentum etwa stellt keine abstrakte und unproblematische Grundlage der modernen Gesellschaft mehr dar, sondern ein aufgrund seiner prinzipiell ungleichen Verteilung höchst brisantes Mittel zur Durchsetzung von ökonomischen Interessen und politischer Macht.[236]

---

233 Vgl. Eberhard Demm: Neue Wege in der amerikanischen Geschichtswissenschaft. In: Saeculum 22 (1971), S. 342-376. Hier S. 342.

234 Friedrich Jaeger: New History. Historismuskritik und Sozialgeschichte in den USA zu Beginn des 20. Jahrhunderts. In: Historismus in den Kulturwissenschaften. Hg. v. Otto Gerhard Oexle u. Jörn Rüsen. Köln/Weimar/Wien: Böhlau 1996 (= Beiträge zur Geschichtskultur 12), S. 341-367. Hier S. 341f.

235 Ebenda, S. 343.

236 Ebenda, S. 344.

Schließlich kennzeichnet das pragmatische Denken »die Historisierung der gesellschaftlichen Wirklichkeit zur Permanenz eines kulturellen Fortschritts, der nun nicht mehr metaphysisch oder evolutionistisch zugesichert ist, sondern an konkretes Handeln und kulturelle Ideen gekoppelt wird«[237]. Die Namen, die mit diesen frühen Bemühungen um eine Ablösung überkommener Geschichtskonzepte in Verbindung zu bringen sind, sind Carl Lotus Becker, Charles Austin Beard und James Harvey Robinson.[238]
Die Sozialgeschichte der 1970er Jahre erweiterte aufgrund dieser Vorgaben konsequent ihre Themenbereiche.

> If it [social history] has not actually encircled its sibling disciplines, it has, at the very least, affected them profoundly. Some practitioners of urban and rural (or agricultural) history have recently changed their identification tags and now prefer to be called social historians. The central questions they are asking make that designation more appropriate. They want to expand our understanding of the impact of urbanization upon the growth of social and political consciousness. They want to know how people who migrated from rural to urban areas reconstructed their lives in the »urban villages« that they created within the cities.[239]

Genauso wurden aber die politische oder die Militärgeschichte in die Sozialgeschichte integriert. Für Samuel P. Hayes etwa ist die *New Social History* ein Produkt der Politikgeschichte, zumal die in den 1960er Jahren populären Untersuchungen des Wahlverhaltens der amerikanischen Bevölkerung nach Periodisierungen verlangten, die sich nicht an den Amtsperioden der Präsidenten orientierten, sondern den sozialen und öko-nomischen Entwicklungen des Landes gerecht werden sollten.[240]
Die *New Social History* ist letztlich aus mehreren Gründen als neu zu bezeichnen. Zum einen deckt sie immer neue Facetten der sozialen Vergangenheit auf, zum anderen findet sie eben aufgrund dieser Themenvielfalt nur langsam ihren Platz in der amerikanischen Geschichtswissenschaft. Schließlich ist ihre Nähe zu den Sozialwissenschaften im allgemeinen, zu quantitativen Methoden im besonderen ein deutlicher Hinweis für ihre Neuorientierung.[241] Die *New History* habe neben einer thematischen auch zu einer heuristischen und methodischen Erneuerung beigetragen:

---

237 Ebenda, S. 344.

238 Zu Becker und Beard vgl. Cushing Strout: The Pragmatic Revolt in American History. Carl Becker and Charles Beard. Westport: Greenwood Press 1980 [erstmals New Haven: Yale University Press 1958]. Eine Bibliographie von Beiträgen über Becker und Beard liefern John C. Rule/Ralph D. Handen: Bibliography of Works on Carl Lotus Becker and Charles Austin Beard, 1945-1963. In: History and Theory 5 (1966), Heft 3, S. 302-314. Eine kritische Einschätzung im Kontext der New History bietet Friedrich Jaeger: New History, S. 351ff.

239 Michael Kammen: Introduction, S. 34f.

240 Samuel P. Hayes: Politics and Social History. Towards a New Synthesis. In: Ordinary People and Everyday Life, S. 161-179.

241 Vgl. Peter N. Stearns: Trends in Social History, S. 211. Dazu Stearns weiter: »The new enthusiasm was not based on a conception of social history as a catch-all category for those subjects that other kinds of history left out. It was fueled, certainly, by the desire to deal historically with topics, such as the family, ordinarily left to sociology« (S. 212).

Das implizierte etwa den Versuch zu einer konsequent interdisziplinären Ausrichtung der Geschichtswissenschaft, der Neujustierung der geschichtlichen Basisfaktoren Politik, Wirtschaft und Gesellschaft in ihrem Verhältnis zueinander, die Erweiterung eines im wesentlichen auf Politik beschränkten Forschungsdesigns um solche Forschungsstrategien wie Sozial- und Wirtschaftsgeschichte, Strukturgeschichte, Frauengeschichte und Mentalitäts- bzw. Kulturgeschichte.[242]

Aufgrund ihrer thematischen Vorgaben hat die *New Social History* auch Methoden entwickeln können, die sie von der europäischen Sozialgeschichte unterscheidet bzw. von dieser im Zug der umgekehrten Rezeption aufgenommen und den amerikanischen Gegebenheiten angepaßt hat (und die auch von der Literaturwissenschaft nicht unbeachtet geblieben sind). Das Beispiel der *Oral History* soll daher im folgenden Abschnitt genauer betrachtet werden.

Die amerikanische Sozialgeschichte der 1990er Jahre sah sich im Spannungsfeld zwischen den Sozialwissenschaften und dem Poststrukturalismus.[243] Allerdings bereiteten Jacques Derridas Dekonstruktivismus und Michel Foucaults Auffassung des Diskurses einige Schwierigkeiten, wenngleich vor allem Foucault frischen Wind in die vom kontextlosen Dekonstruktivismus ermüdeten Debatten brachte, bis dann schließlich der Präsident der Modern Language Association, Hillis Miller, Ende der 1980er Jahre verkünden mußte: »The era of ›deconstruction‹ is over«[244]. Derrida, der die Aufmerksamkeit auf die Referenz von Wirklichkeit und Sprache gelenkt hatte, konnte somit ein Bewußtsein für den *linguistic turn* in der Geschichtswissenschaft schaffen, der die Aufmerksamkeit der Historiker auf die Tatsache lenkte, daß diese nicht ein Abbild der Wirklichkeit schufen, sondern einen *Text*, der diese Wirklichkeit lediglich selektiv rekonstruiert. Hayden White hatte Mitte der 1970er Jahre den Stein ins Rollen gebracht.[245] Im Rahmen der von ihm so genannten Metahistory,[246] die auch nach den Beziehungen der Geschichtswissenschaft zu anderen Wissenschaften fragt, wies er auf die Tatsache hin, daß historische Narrative ›verbale Fiktionen‹ seien und deshalb auch in das Aufgabenfeld der Literaturwissenschaft zu integrieren seien:

One of the marks of a good professional historian is the consistency with which he reminds his readers of the purely provisional nature of his characterizations of events, agents, and agencies found in the always incomplete historical record. Nor is it to say that literary theorists have *never* studied the structure of historical narratives as what they most manifestly are: verbal fictions, the

242 Friedrich Jaeger: New History, S. 345f.

243 Einen Überblick gibt Peter Jelavich: Poststrukturalismus und Sozialgeschichte – aus amerikanischer Perspektive. In: Geschichte und Gesellschaft 21 (1995), S. 259-289.

244 J. Hillis Miller: The Function of Literary Theory at the Present Time. In: The Future of Literary Theory. Hg. v. R. Cohen. New York 1989, S. 102-111. Hier S. 103. Vgl. auch Peter Jelavich: Poststrukturalismus und Sozialgeschichte, S. 267.

245 Vgl. Hayden White: The Historical Text As Literary Artifact. In: ders.: Tropics of Discourse. Essays in Cultural Criticism. Baltimore/London: The Johns Hopkins University Press 1978, S. 81-100 [erstmals in: Clio 3 (1974), Heft 3].

246 Vgl. Hayden White: Metahistory. Die historische Einbildungskraft im 19. Jahrhundert in Europa. Frankfurt/M.: Fischer Taschenbuch Verlag 1991.

contents of which are as much *invented* as *found* and the forms of which have more in common with their counterparts in literature than they have with those in the sciences.[247]

Eine solche Feststellung mußte den Anspruch der Historiographie auf objektive Darstellung des Gewesenen erschüttern. Doch das Gegenteil war beabsichtigt: Die Offenlegung der ›literarischen‹ Strukturen historiographischer Texte sollte die angestrebte Objektivität wieder herstellen oder zumindest ein Bewußtsein dafür schaffen, daß jede textuelle Rekonstruktion – davon ist ja nicht nur die Geschichtswissenschaft betroffen – eine Konstruktion der Wirklichkeit ist. Von einem Extrembeispiel berichtet der Historiker Ernst Hanisch:

> Wilhelm Treue, ein eher positivistisch arbeitender Wirtschaftshistoriker, hat sein letztes Buch über barocke Lebensläufe geschrieben. Eine der behandelten Personen hat nie gelebt. Der angeblich 1640 geborene Tuchmacher Friedrich Wegener aus Pritzwalk in der Ostprignitz ist eine Kunstfigur, eine Erfindung. Treue stand vor der Schwierigkeit, daß es zwar reichlich Material über die Arbeits- und Lebensverhältnisse der Handwerker im 17. Jahrhundert gibt, aber keine Autobiographie eines Handwerkers. Der Historiker half sich, indem er eine solche synthetische Person »erdichtete« und seinen hypothetischen Lebensweg nachstellte. Die Fiktion wird als solche offen dargestellt und als Kunstgriff der historischen Erzählung verwendet.[248]

Die schwierige Situation, mit der sich Treue konfrontiert sah, gibt weniger die Kapitulation der Geschichtswissenschaft vor ihren Darstellungsmethoden wieder, sondern ist vielmehr als ein Hinweis auf die Tatsache zu werten, daß die Beziehung zwischen literarischem und historiographischem Schreiben ja bereits in antiken Poetiken eine Rolle spielte, Literatur und Geschichtsschreibung somit nicht immer klar voneinander abzugrenzen waren (und sind). Noch 1902 hatte der Historiker Theodor Mommsen den Nobelpreis für Literatur für seine *Römische Geschichte* erhalten, und eine Subgattung wie der historische Roman legt eine unvoreingenommene Annäherung zwischen poetischer und historischer Aufarbeitung eines Themas nahe. Foucaults Diskursbegriff hingegen war an eine historische Zeit und an einen historischen Ort gebunden und eröffnete nach der geschichtslosen Durststrecke des Dekonstruktivismus wieder ein historische Perspektive, die nicht zuletzt vom literaturwissenschaftlichen Entwurf eines *New Historicism* wahrgenommen wurde (vgl. dazu DRITTES KAPITEL, Abschnitt 3). Peter Jelavich resümiert:

> Bisher hat allerdings kein Historiker eine ausschließlich Foucaultsche (geschweige denn Derridasche) Arbeit vorgelegt. Die Schriften des französischen Poststrukturalismus gelten allgemein als Grenzfälle – als extreme Beispiele, wie eine Welt vorzustellen sei, in der die Sprache oder konkret der Diskurs eine vorherrschende Funktion habe. Insbesondere Foucault hat Sozialhistoriker dazu angeregt zu untersuchen, wie sprachliche, diskursive oder ideelle Elemente dazu beitragen, soziale Strukturen, etwa Klassen oder Professionen, aber auch Nationalstaaten oder Kolonialreiche zu de-

247 Hayden White: The Historical Text As Literary Artifact, S. 82.

248 Vgl. Ernst Hanisch: Die linguistische Wende. Geschichtswissenschaft und Literatur. In: Kulturgeschichte Heute. Hg. v. Wolfgang Hardtwig u. Hans-Ulrich Wehler. Göttingen: Vandenhoeck & Ruprecht 1996, S. 212-230. Hier S. 216. Hanisch bezieht sich auf Wilhelm Treue: Eine Frau, drei Männer und eine Kunstfigur. Barocke Lebensläufe. München 1992.

finieren oder sogar zu schaffen. Seine Arbeiten haben Historiker außerdem dazu ermutigt, den Bereich des Sozialen neu zu bestimmen, indem Macht nicht nur als Macht des Staates oder eines ökonomischen Klasse gedacht wird, sondern als die Macht verschiedener und diffuser Gruppen, Körperschaften und Institutionen. Foucault verlieh darüber hinaus der Untersuchung von vorher »marginalen« oder »unwichtigen« Phänomenen Respektabilität, wie etwa der Körpersprache, der Sexualität und mentalen Zuständen und Einstellungen. Selbstverständlich haben schon die Anhänger der »Annales« solche Bereiche untersucht. Während diese jedoch die Phänomene nur einer »dritten Erklärungsebene« zuwiesen, glaubte Foucault, daß sie für die größeren Strukturen grundlegend seien, mit denen Sozialhistoriker sich traditionell beschäftigt haben.[249]

3.2 Oral History

Oral History, also die mündlich überlieferte Geschichte, ist als Methode wohl ein deutlicher Ausdruck für die Intention, den von der Geschichtsschreibung (oder der Gesellschaft im allgemeinen) vernachlässigten Bevölkerungsgruppen eine Stimme zu verleihen. Sie ist darüber hinaus von dem Bemühen getragen, durch die Einbeziehung auch nicht-schriftlicher Quellen ein umfassenderes und authentischeres Geschichtsbild zu entwerfen, als dies bis dahin geschehen war. Nicht zufällig also läßt sich der Aufschwung der *Oral History* in die 1960er Jahre zurückverfolgen. Etabliert hatte sich diese Richtung der historischen Rekonstruktion und Forschung aber bereits in den 1940er Jahren, allerdings mit anderen Schwerpunkten, was die Auswahl der Interviewpartner anlangte: »Prominente Politiker, führende Reformer, Generäle, Admiräle, Diplomaten und Journalisten waren die erste Zielgruppe – was zum Teil mit den Finanzierungsmöglichkeiten solcher Projekte aus öffentlichen und privaten Mitteln zusammenhing«[250].

Für eine literaturwissenschaftliche Fragestellung eignet sich ein Begriff von Oral History wie ihn Jan Vansina formuliert hat: »The expression ›oral tradition‹ applies both to a process and to its products. The products are oral messages, at least a generation old. The process is the transmission of such messages by word of mouth over time until the disappearance of the message«[251]. Forschungsgegenstände wie Sprichwörter, Redensarten, orale Literatur usw. haben die Oral History und die Literaturwissenschaft gemein. Hinsichtlich der Generierung solcher sprachlichen Produkte klassifiziert Vansina *news* (Information über etwas, das vor nicht langer Zeit passiert ist, und von dem die jeweiligen Rezipienten keine Ahnung haben), Mitteilungen als *expression of experience* (»This includes personal reminiscences, etiological commentaries on existing objects (iconatrophy), linguistic expressions (folk etymology), traditions (explanatory glosses), and literary expressions of experience such as occur in oral art«[252]) und schließlich *Oral History*: »The sources of oral historians are

249 Peter Jelavich: Poststrukturalismus und Sozialgeschichte, S. 273.

250 Barry A. Lanman/Donald A. Ritchie: Trends der Oral History in den Vereinigten Staaten. In: Oral History. Mündlich erfragte Geschichte. Acht Beiträge. Hg. v. Herwart Vorländer. Göttingen: Vandenhoeck & Ruprecht 1990 (= Kleine Vandenhoeck-Reihe 1552), S. 120-130. Hier S. 120.

251 Jan Vansina: Oral Tradition as History. London: Currey und Nairobi: Heinemann 1985, S. 3.

252 Ebenda, S. 7f.

reminiscences, hearsay, or eyewitness accounts about events and situations which are contemporary, that is, which occured during the lifetime of the informants«[253].
Aufgabe der 1966 gegründeten Oral History Association (Dickinson College, Carlisle, Pennsylvania) war es unter anderem, methodische Grundprinzipien zu entwerfen, die die Auswahl der Interviewpartner, die richtige Interviewführung und schließlich die Auswertung der Interviews wissenschaftlichen Prinzipien unterwerfen sollte.[254] Solche Prinzipien umfassen die Vorbereitung eines Interviews (Was ist der Gegenstand des Erinnerungs-Interviews? Welche Personen sollen befragt werden? Was sind die Schwerpunkte der Befragung?), die Kontaktphase (Suche nach geeigneten Interview-Partnern über die direkte Ansprache oder über Mittelspersonen, Entwicklung eines psychologisch bewußten Vorgehens beim Erstkontakt, Gesprächseinstieg, das Gespräch selbst, Planung weiterer Interviews), die Erhebungsunterlagen (Werkstatt-Tagebuch, in dem die verschiedensten Eindrücke festgehalten werden, System von Leitfragen, Art der und Umgang mit verschiedenen Aufzeichnungsmedien wie Kassettenrecorder, Foto- und Filmkameras), die Durchführung des Interviews (Ort, Vorgespräch, Führung eines Interview-Buches während des Gesprächs), und schließlich die Auswertung des Interview-Ergebnisses (Transkript, Videodokumentation).[255]
Mittlerweile wurden für die Oral History auch in Deutschland methodische Grundlagen formuliert,[256] die für eine literaturwissenschaftliche Verwendung ebenfalls Gebrauch finden können[257]. Im Mittelpunkt dieses Interesses stehen jeweils die verschiedenen Spielarten des Interviews, der (Leser-)Befragung oder der Umfrage im allgemeinen. Wie Jan Vansina betrachtet auch Hans Joachim Schröder das Interview »als elementare Manifestation sozialen Handelns« insofern, als »mindestens zwei Menschen an seiner Entstehung mitwirken«, das Interview ist somit »stets das Ergebnis einer interaktiven Begegnung«[258]. Schröders Interesse richtet sich weniger auf das Interview als einer Methode der systematischen Rekonstruktion historischer Vergangenheit, sondern auf die »Möglichkeiten, um das narrative Interview als Textsorte in den literaturwissenschaftlichen Gattungskanon einzufügen«[259]. Solche Möglichkeiten

253 Ebenda, S. 12.

254 Vgl. etwa die Oral History Evaluation Guidelines oder die Goals and Guidelines of the Oral History Association. In: Oral History Evaluation Guidelines. Denton, Texas 1980.

255 Dazu ausführlich Frieder Stöckle: Zum praktischen Umgang mit Oral History. In: Oral History. Mündlich erfragte Geschichte, S. 131-158.

256 Oral History. Mündlich erfragte Geschichte. Acht Beiträge. Hg. v. Herwart Vorländer. Göttingen: Vandenhoeck & Ruprecht 1990 (= Kleine Vandenhoeck-Reihe 1552).

257 Alphons Silbermann: Lesekultur und Umfragen. In: Internationales Archiv für Sozialgeschichte der deutschen Literatur 1 (1976), S. 231-241; Erich Schön: Die Leser erzählen lassen. Eine Methode der aktuellen Rezeptionsforschung. In: Internationales Archiv für Sozialgeschichte der deutschen Literatur 15 (1990), Heft 2, S. 193-201; Hans Joachim Schröder: Das narrative Interview – ein Desiderat in der Literaturwissenschaft. In: Internationales Archiv für Sozialgeschichte der deutschen Literatur 16 (1991), Heft 1, S. 94-109.

258 Hans Joachim Schröder: Das narrative Interview, S. 94.

259 Ebenda, S. 99.

bieten sich etwa im Kontext der Gebrauchsliteratur und als Interviewliteratur[260] als besonderer Form der Dokumentarliteratur. Letztere rückt aufgrund ihrer reduzierten Fiktionalität, die durch die (zumindest intendierte) Vermeidung der Umdeutung der textuellen Wirklichkeitsreferenz, der Teilnehmerrollen oder der situativen Bedingungen zustande kommt,[261] qualitativ in die Nähe der (sozial-)historischen Quelle[262]. Freilich steht hier die Authentizität der ›Quelle‹ infolge der durch die Transkription des Interviews entstehenden Manipulationen des Textes in Frage. Der von Schröder so bezeichnete »Ungenauigkeitsspielraum« kann angesichts der begrenzten Möglichkeiten, mündliche in schriftliche Sprache umzuwandeln (Sprechtempo, Betonungen, Mimik, Zögern, Stimmlage usw.), ein auffallend großer werden. In genau jenem Spielraum bewegen sich aber sowohl Dokumentar- als auch Interviewliteratur dann, wenn sie Ästhetizität auf Kosten von Authentizität bevorzugen, das Gespräch also formalen Kriterien unterwerfen, die seine bessere Lesbarkeit oder Aufführbarkeit gewährleisten sollen.

Die Literaturwissenschaft könne schließlich Disziplinen wie der Geschichtswissenschaft, der Soziologie, der Psychologie oder der Pädagogik bei der Auswertung von narrativen Interviews behilflich sein, »weil man ihr zutraut, bei der Interpretation der Vielfalt, der Komplexität, der Mehrschichtigkeit von Interviewaussagen einen hilfreichen Beitrag zu leisten«[263]. Eine derartige Begegnung zwischen den Wissenschaften habe aber trotz der oft beschworenen Interdisziplinarität noch nicht stattgefunden.

Erich Schön möchte das Interview als eine Methode der Rezeptionsforschung verstanden wissen: Leser sollen über ihre Lektüre berichten. Er differenziert das Gespräch in Intensivinterview (der Interviewer besteht auf »die interaktive Hervorbringung von interpretierbarem Material«[264]), offenes (der Interviewer besteht nicht auf die Hervorbringung von interpretierbaren Material), narratives (stärker standardisiert und narrativ strukturiert) und biographisches Interview (»Interesse an der Integration der literarischen Erfahrung in die gesamte Lebenswelt«[265]). Gerade im narrativen Interview ortet Schön die Möglichkeit, den Befrager dermaßen zu neutralisieren,

> daß das Erzählen eine zwingende Eigenmechanik entwickelt, die dazu führt, daß die Informanten aus Gestaltungszwängen Informationen geben, die sie als isolierte zurückhielten, und daraus, daß

---

260 »Allgemein gesprochen handelt es sich um eine Literatur, in der das aus qualitativen Interviews gewonnene Sprechmaterial auf eine Weise transkribiert und bearbeitet erscheint, daß Prosatexte entstehen, denen ein literarischer Rang zugemessen wird.« (Ebenda, S. 101)

261 Vgl. Jürgen Landwehr: Fiktion und Nichtfiktion. In: Literaturwissenschaft. Grundkurs 1. Hg. v. Helmut Brackert u. Jörn Stückrath. Reinbek: Rowohlt 1981, S. 380-404.

262 Zur Definition von historischen Quellen vgl. Karl Brunner: Einführung in den Umgang mit Geschichte. Wien: Literas 21991, S. 91ff. Schröder führt als Beispiel für die Interviewliteratur die *Bottroper Protokolle* von Erika Runge an (Bottroper Protokolle. Aufgezeichnet von Erika Runge. Vorwort von Martin Walser. Frankfurt/M.: Suhrkamp ^{11}1977 [= edition suhrkamp 271]).

263 Hans Joachim Schröder: Das narrative Interview, S. 100.

264 Erich Schön: Die Leser erzählen lassen, S. 193.

265 Ebenda, S. 193.

die Erzähler bei der von ihnen selbst vorgenommenen Rekonstruktion komplexer Zusammenhänge Sachverhalte und Details erinnern, die einer direkten, isolierten Frage unzugänglich sind.[266]

Aufgrund dieser Einbettung der Aussagen in den jeweiligen Lebenskontext der Befragten sei das Interview eine geeignete Methode, die Funktion von Literatur in einem gegebenen Umfeld zu beschreiben. In der von Schröder der Literaturwissenschaft zugewiesenen Aufgabe, Interviews einer Interpretation zu unterziehen, wittert Schön die Gefahr eines übersteigerten Subjektivismus, »letztlich der Nicht-Wissenschaftlichkeit: Das Material muß (hermeneutisch) interpretiert werden«[267]. Das sprachliche Konstrukt, sprich die Textsorte Interview, muß vom Interpreten also mehr oder minder unangetastet bleiben, um dessen Authentizität nicht zu gefährden. Vielmehr geht es darum, die kommunikative Situation zwischen Frager und Befragtem auf solche Weise zu ›deuten‹, daß deren Einfluß auf Form und Gehalt des narrativen Kontinuums des Befragten klar wird. Die literaturwissenschaftliche Tätigkeit bleibt auf diese Weise dem ›Text‹ vorgeschaltet. All den aufgezählten Variationen des literaturwissenschaftlichen Gebrauchs von Interviews fehlt allerdings die differenzierte Planung und das strukturierte Vorgehen bei den Befragungen, wie sie etwa durch die American Oral History Association vorgegeben wurden.[268] Der Kontext des ›Alltags‹ wurde zwar von den genannten Beiträgern aufgegriffen, doch eine Verbindung mit den methodischen Erkenntnissen der Alltagsgeschichte ist nicht zu bemerken. Nicht umsonst spricht Schön von den »unübersehbaren Faktoren des alltagsweltlichen Umfeldes«[269]. Der Lebenskontext der Interviewten und die damit in Zusammenhang stehende Rekonstruktion der Funktion von Literatur könnte damit einer strukturierteren Beschreibung beider Bereiche weichen.

266 Ebenda, S. 195.

267 Ebenda, S. 195.

268 Vgl. dazu die Evaluation Guidelines der Oral History Associaton (Dickinson College): http://www.dickinson.edu/organizations/oha/EvaluationGuidelines.html (15. November 2000).

269 Ebenda, S. 195, Anm. 4.

Zweites Kapitel

Die Methode des Vergleichs in Sozialgeschichte und Komparatistik

1. Der Vergleich in den Geisteswissenschaften

> Vergleichen spielt in den verschiedenen Kulturwissenschaften eine große Rolle, oft eine größere als in der Geschichtswissenschaft. In der Sprach- und Rechtswissenschaft, der Soziologie, Politikwissenschaft oder in der Ethnologie, selbst in der Literaturwissenschaft sind internationale Vergleiche zu Hause.[1]

Auch wenn in diesem Statement der Literaturwissenschaft nur eine marginale Rolle zukommt, macht es doch deutlich, daß die Methode des Vergleichs nicht nur auf die Literaturwissenschaft beschränkt bleibt, sondern sich als Methode in vielen Sozialwissenschaften durchgesetzt hat und anwenden läßt. Dieses breite Spektrum soll dem Literaturwissenschaftler, speziell dem Komparatisten, eine Aufforderung sein, sich mit der Methode des Vergleichs in anderen (Sozial-)Wissenschaften auseinanderzusetzen, denn bei genauerer Betrachtung ergibt sich ein recht komplexes und umfangreiches Bild einer Methodologie des Vergleichs. Der Komparatist wird innerhalb dieses Spannungsbogens, der sich aus der Anwendung der vergleichenden Methode durch verschiedene Sozialwissenschaften ergibt, zu einem breiteren Verständnis für die eigentliche Grundlage seiner Wissenschaft gelangen. Ein Rückblick in die Wissenschaftsgeschichte macht deutlich, daß vergleichende Ansätze schon in der Geschichtsbetrachtung der Antike gepflegt[2] und mindestens seit dem achtzehnten Jahrhundert intensiver diskutiert wurden.

Ein *Plädoyer für die komparativen Geisteswissenschaften* hielt etwa der Ethnologe Ernst Wilhelm Müller,[3] in dem er die methodische Problematik der vergleichenden Rechtswissenschaft, der vergleichenden Religionswissenschaft, der vergleichenden und allgemeinen Sprachwissenschaft, der vergleichenden Musikwissenschaft und schließlich der vergleichenden Literaturwissenschaft umreißt. Müller behandelt weiters die Spezifika der komparativen Wissenschaften gegenüber den allgemeinen und

1 Heinz-Gerhard Haupt/Jürgen Kocka: Historischer Vergleich: Methoden, Aufgaben, Probleme. Eine Einleitung. In: Geschichte und Vergleich. Ansätze und Ergebnisse international vergleichender Geschichtsschreibung. Frankfurt/New York: Campus 1996, S. 9-45. Hier S. 20.

2 Vgl. etwa Reinhold Bichler: Die theoretische Einschätzung des Vergleichens in der Geschichtswissenschaft. In: Vergleichende Geschichtswissenschaft. Methode, Ertrag und ihr Beitrag zur Universalgeschichte. Hg. v. Franz Hampl u. Ingomar Weiler. Darmstadt: Wissenschaftliche Buchgesellschaft 1978 (= Erträge der Forschung 88), S. 1-87. Hier S. 1.

3 Ernst Wilhelm Müller: Plädoyer für die komparativen Geisteswissenschaften. In: Paideuma 39 (1993), S. 7-23.

kommt zu dem Ergebnis, daß komparative Disziplinen einer direkten praktischen Verwendung entrückt seien, »auch die komparative Literaturwissenschaft eignet sich für den national- und fremdsprachlichen Unterricht nicht in erster Linie«,[4] womit Müller die Komparatistik offenbar implizit als eine didaktische Wissenschaft definiert, ein Selbstverständnis, das die Vergleichende Literaturwissenschaft nie ausschließlich besessen hat. Vielmehr müßte sich Müller auf ein interkulturell-didaktisches Fach wie ›Deutsch als Fremdsprache‹ beziehen, welches wiederum Anregungen aus der interkulturellen Germanistik empfängt. Andererseits ist dieser Hinweis Müllers nicht unbedacht beiseite zu legen. Ein Hauptproblem etwa der Auseinandersetzung amerikanischer Historiker mit der vergleichenden Methode Marc Blochs war es, ihre praktische Anwendbarkeit für die Historiographie abzuleiten, was allerdings kaum gelungen sein dürfte (siehe unten). Daß davon abgesehen viele Wissenschaften unter anderem vergleichend vorgehen, dieses aber nicht explizit aus ihrer Bezeichnung abzulesen ist, muß nicht eigens hervorgehoben werden. Die Ethnologie etwa, deren Forschungsgegenstand sich aus einer Vielzahl von v. a. außereuropäischen Ethnien zusammensetzt, sei, so Müller, von vorneherein vergleichenden Charakters.[5] Eine komparative Geisteswissenschaft definiert sich nach Müller durch ihre »Einbeziehung oder Nichteinbeziehung von Europa oder Außereuropa«[6] und ihre »Anwendung oder Nichtanwendung europäischer Kategorien«[7]. Tatsächlich spielt die Problematik einer eurozentristischen bzw. bisweilen sogar eurodogmatisch scheinenden Ausrichtung nicht nur für die Vergleichende Literaturwissenschaft eine Rolle. Vielmehr wird die Position des aus einer ›fortschrittlichen‹ Kultur stammenden Forschers, der im Vergleich zu Europa wirtschaftlich weniger entwickelte Gesellschaften untersucht, in Frage gestellt oder zumindest reflektiert.[8] Auf diese Situation des vergleichend vorgehenden Forschers soll noch zurückgekommen werden. Ein komparatistisch vorgehender Wissenschafter, egal ob er der Literaturwissenschaft oder einer anderen Disziplin zuzurechnen ist, sei mit folgenden Problemen konfrontiert:

1. Als ein nationale, kulturelle und politische Grenzen Überschreitender ist er genötigt, sich ein Verständnis für jenes über der Grenze liegende Kultursystem zu verschaffen. Als eine Voraussetzung für das Verständnis einer fremden Kultur führt Müller ihre vorherige Verfremdung im Sinne einer mehr philosophisch als methodologisch gefaßten Sentenz Paul Valérys an, die besagt, daß jede Sicht der Dinge, die nicht befremde, falsch sei. Etwas Wirkliches, das vertraut werde, könne nur an Wirklichkeit

4 Ebenda, S. 8.

5 Ebenda, S. 14. Vgl. auch Thomas Schweizer: Interkulturelle Vergleichsverfahren. In: Ethnologie. Einführung und Überblick. Hg. v. Hans Fischer. Berlin/Hamburg: Reimer ^{3}1992, S. 421-439.

6 Ernst Wilhelm Müller: Plädoyer für die komparativen Geisteswissenschaften, S. 15.

7 Ebenda, S. 15.

8 Vgl. dazu für die ›reflexive Ethnographie‹ etwa Martin Fuchs/Eberhard Berg: Phänomenologie der Differenz. Reflexionsstufen ethnographischer Repräsentation. In: Kultur, soziale Praxis, Text. Die Krise der ethnographischen Repräsentation. Hg. v. Eberhard Berg u. Martin Fuchs. Frankfurt/M.: Suhrkamp 1995 (= stw 1051), S. 11-108.

verlieren. »Philosophische Besinnung heißt, vom Vertrauten auf das Befremdende zurückzukommen, im Befremdenden sich dem Wirklichen zu stellen.«[9]
2. Das Betreiben einer vergleichenden Wissenschaft fordere vom Forscher ein umfangreiches Faktenwissen, zumal eine Gegenüberstellung von Vergleichsobjekten eben die Kenntnis aller dieser Vergleichsobjekte und ihres Kontextes erfordert. In diesem Zusammenhang hatte bereits im neunzehnten Jahrhundert der Psychologe Francis Galton einen zweistufigen Vergleich gefordert: Dem Vergleich zweier Objekte sollten zunächst Detailuntersuchungen über diese Objekte vorangehen, um deren Vergleichbarkeit zu prüfen. Monographische Analyse sollte also der vergleichenden, unter Umständen auch synthetisierenden Analyse vorangehen.[10]
3. muß ein geeignetes Begriffssystem geschaffen werden, »daß die Vergleichung ermöglicht, ohne dem kulturellen Unterschied Gewalt anzutun«,[11] was aber nicht nur im interkulturellen, sondern auch im interdisziplinären Sinn Schwierigkeiten hervorruft.[12]
Die Betonung nationaler Konzepte – und solche versucht ja gerade die ethnologisch orientierte Literaturwissenschaft zu überwinden – sieht Müller vor allem durch Vertreter der Literaturwissenschaft, auch von Dichtern, befördert: »Das läßt auf dogmatische Funktionen in Geschichte und Literaturwissenschaft schließen«[13]. Gerade jedoch die Komparatistik habe versucht, nationale Konzepte und Denkweisen zu überwinden. Zudem darf nicht vergessen werden, daß wie auch immer gefaßte Grenzen keine statischen Gebilde darstellen, sondern stets auch in ihrer Dynamik zu betrachten sind. Nationale Grenzen können sich ebenso verschieben wie kulturelle oder Bewußtseinsgrenzen. Somit sind angesichts einer komparatistischen Fragestellung die je aktuellen geographischen, kulturellen oder Bewußtseinsgrenzen in diesem Sinn zu definieren.
Müller schenkt der Ethnologie besondere Aufmerksamkeit und stellt diese gleichsam in den Brennpunkt anderer komparativer Wissenschaften, dabei für eine kulturell und ideologisch dezentristische Anschauungsweise plädierend.[14] In diesem Sinne bemüht sich auch eine ethnologisch orientierte Literaturwissenschaft »um eine Kritik ethnozentristischer Positionen durch eine Analyse kultureller Differenzen, wie sie über ihre erfahrungsnahe Repräsentation in Texten besonders greifbar werden«,[15] und versucht, durch die Überwindung rein nationalliterarischer Betrachtung Text-Kanonisierungen samt deren auf Hierarchien basierenden Kulturkontext in Frage zu stellen. Ihr weiter Horizont mache aus den komparativen antispezialistische Wissenschaften. »Meines Erachtens gilt das in beiden Richtungen: eine komparative Wissenschaft muß nicht nur

9 zit. nach Ernst Wilhelm Müller: Plädoyer für die komparativen Geisteswissenschaften, S. 10.

10 Vgl. Harald Kleinschmidt: Galtons Problem. Bemerkungen zur Theorie der transkulturell vergleichenden Geschichtsforschung. In: Zeitschrift für Geschichtswissenschaft 39 (1991), Heft 1, S. 5-22. Hier S. 6f.

11 Ernst Wilhelm Müller: Plädoyer für die komparativen Geisteswissenschaften, S. 10.

12 Vgl. Müller, der vom Problem der »Übertragung von fremden Terminologiesystemen in den komparativen Wissenschaften« (S. 10) spricht.

13 Ebenda, S. 13.

14 Ebenda, S. 19.

15 Doris Bachmann-Medick: Einleitung. In: Kultur als Text. Die anthropologische Wende in der Literaturwissenschaft. Hg. v. Doris Bachmann-Medick. Frankfurt/M.: Fischer Taschenbuch Verlag 1996, S. 7-64. Hier S. 16.

offen sein für kulturelle Leistungen verschiedener Ethnien, sondern auch für solche verschiedener Art, und nicht nur für die Leistungen, sondern auch für ihren Entstehungszusammenhang.«[16] Müllers Plädoyer läuft auf eine Verschmelzung der Ethnologie und anderer komparativer Geisteswissenschaften hinaus.

Überlegungen zur vergleichenden Methode in den Geisteswissenschaften hat auch Erich Rothacker angestellt.[17] Er läßt die Argumentation von Befürwortern und Gegnern der vergleichenden Methode aus diversen Wissenschaften Revue passieren und zeigt dabei die lange Tradition der vergleichenden Methode. Rothackers Einschätzung für die Verwendung der vergleichenden Methode in der Geschichtswissenschaft fällt freilich nicht positiv aus: Historische Ereignisse und Prozesse seien kraft ihrer Individualität unvergleichbar, und damit sei auch die reservierte Haltung der Historiker des neunzehnten Jahrhunderts dieser Methode gegenüber erklärbar. Daß der Stern der vergleichenden Methode im Zeitalter des Historismus sinken mußte, liegt auf der Hand. Eine Methode, die die Zusammenschau favorisierte, konnte im Kontext einer Lehre von der Individualität nur eine untergeordnete Rolle spielen. Die vergleichende Methode konnte nur in Form des ›individualisierenden Vergleichs‹ bestehen bleiben, der gewissermaßen ein Paradox darstellt: Er versucht, den Kontrast zwischen den Vergleichsobjekten derart augenscheinlich werden zu lassen, daß diese als unzusammenhängende Einheiten, eben als ›Individuen‹ im positivistischen Sinn gelten können. Damit löste der historische Positivismus den Widerspruch zwischen vergleichender Methode und der Lehre vom Individuum auf. Die Spielart des individualisierenden Vergleichs verfolgte zwei Ziele: »einmal die Herausbildung von historischen Individualitäten durch Abgrenzung von anderen oder Konfrontation mit anderen; und dann die Erarbeitung allgemeiner Begriffe durch vergleichende Zusammenschau ihrer einzelnen historisch-individuellen Erscheinungsformen«[18]. Schließlich leite aber – so Theodor Schieder – der individualisierende Vergleich zum ›synthetischen Vergleich‹ über, »indem die ›individuellen Totalitäten‹, von denen später Max Weber und Ernst Troeltsch sprechen sollten, sowohl in ihrer Besonderheit und Vereinzelung wie in ihrer Einheit als Totalitäten höherer Ordnung (›große Macht‹) dargestellt werden«[19]. Schieder gesteht dieser Methode allerdings nur die Kontrastierung, das Hervorkehren der Differenz, zu, bezeichnet sie dann dennoch als »zweifellos die interessanteste und ergiebigste Form der vergleichenden Historie«,[20] weil sie historische Individualitäten aufzudecken imstande sei »oder umgekehrt abstrakte Generalisierungen mit konkretem geschichtlichem Gehalt [...] erfüllen«[21] könne.

---

16 Ernst Wilhelm Müller: Plädoyer für die komparativen Geisteswissenschaften, S. 20.

17 Erich Rothacker: Die vergleichende Methode in den Geisteswissenschaften. In: Zeitschrift für vergleichende Rechtswissenschaft 60 (1957), S. 13-33.

18 Theodor Schieder: Möglichkeiten und Grenzen vergleichender Methoden in der Geschichtswissenschaft. In: ders.: Geschichte als Wissenschaft. Eine Einführung. München/Wien: Oldenbourg ^{2}1968, S. 195-219. Hier S. 207.

19 Ebenda, S. 209.

20 Ebenda, S. 210.

21 Ebenda, S. 211.

Grundsätzliche Überlegungen über den (historischen) Vergleich haben in jüngerer Zeit auch Jürgen Kocka und Heinz-Gerhard Haupt angestellt.[22] Ausgangspunkt ist folgendes Konzept:

> Geschichtswissenschaftliche Vergleiche sind dadurch gekennzeichnet, daß sie zwei oder mehrere historische Phänomene systematisch nach Ähnlichkeiten und Unterschieden untersuchen, um auf dieser Grundlage zu ihrer möglichst zuverlässigen Beschreibung und Erklärung wie zu weiterreichenden Aussagen über geschichtliche Handlungen, Erfahrungen, Prozesse und Strukturen zu gelangen.[23]

Solchermaßen hat schon Georg von Below unterschieden: »Von einem Gegenstand erhalten wir nur dadurch eine deutliche Vorstellung, daß wir ihn mit anderen vergleichen und uns vergegenwärtigen, was er mit ihnen gemein hat und wodurch er sich von ihnen unterscheidet«[24]. Ein solcher Vergleich hat also deduktiven Charakter und schließt die Diachronie nicht vollständig aus, wenngleich sie gewissermaßen als Appendix zur komparativen Phase einer Untersuchung dient. Vergleiche können also nicht nur transnational und transkulturell angelegt sein, sondern – und darauf kommt es an – Ähnlichkeiten und Unterschiede zweier oder mehrerer Vergleichsobjekte aufzeigen, denn »Vergleichen heißt mithin nicht Gleichsetzen«[25]. Desweiteren sei eine vergleichende Gegenüberstellung nicht mit beziehungsgeschichtlich ausgerichteten Arbeiten gleichzusetzen: »Diese fragen nicht notwendig nach Ähnlichkeiten und Unterschieden zwischen zwei Untersuchungseinheiten – etwa Frankreich und Deutschland –, sondern nach den Wechselwirkungen zwischen ihnen«[26]. Marc Bloch habe eben nicht eindeutig zwischen beziehungsgeschichtlicher und genuin vergleichender Methode getrennt.

Ausgehend von zwei Grundtypen des historischen Vergleichs beschreiben Haupt und Kocka methodische Funktionen, Verwendungs- und Eigenarten des Vergleichs in der Geschichtswissenschaft, um sich schließlich seinen Varianten, Ergebnissen und Perspektiven zuzuwenden. Als methodische Funktionen des Vergleichs, welche nicht nur für die Geschichtswissenschaft, sondern für jede komparative Wissenschaft gelten, beschreiben Haupt/Kocka eine heuristische, eine deskriptive, eine analytische und eine paradigmatische Funktion.[27] Die heuristische Funktion des Vergleichens erlaube es, »Probleme und Fragen zu identifizieren, die man ohne ihn [den Vergleich] nicht oder nur schwer erkennen oder stellen würde«[28]. Das bedeutet, daß etwa mit Hilfe von Analogieschlüssen auf historische Phänomene aufmerksam gemacht werden kann, die

---

22 Vgl. Heinz-Gerhard Haupt/Jürgen Kocka: Historischer Vergleich: Methoden, Aufgaben, Probleme. Eine Einleitung. In: Geschichte und Vergleich. Ansätze und Ergebnisse international vergleichender Geschichtsschreibung. Hg. v. Heinz-Gerhard Haupt u. Jürgen Kocka. Frankfurt/M./New York: Campus 1996, S. 9-46.

23 Ebenda, S. 9.

24 Zit. nach Erich Rothacker: Die vergleichende Methode in den Geisteswissenschaften, S. 17. Das Zitat stammt aus dem Jahr 1903.

25 Heinz-Gerhard Haupt/Jürgen Kocka: Historischer Vergleich, S. 9.

26 Ebenda, S. 10.

27 Vgl. ebenda, S. 12ff.

28 Ebenda, S. 12.

in zwei Gesellschaften zwar vorhanden, in der einen bisher jedoch unbemerkt geblieben sind. Die verschiedenen Elemente oder Aspekte des Phänomens können somit in beiden Gesellschaften zumindest hypothetisch als Ganzes beschrieben werden:[29]

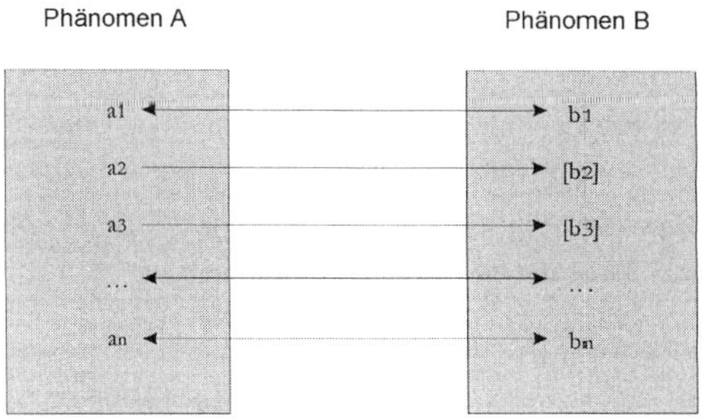

Die deskriptive Funktion des Vergleichs diene der Kontrastierung, der deutlichen Abgrenzung und Charakterisierung einzelner verglichener Phänomene. Als Beispiel wird die deutsche Arbeiterbewegung genannt, deren Eigenständigkeit vor allem dann augenscheinlich werde, wenn sie mit anderen Arbeiterbewegungen verglichen werde.[30] Das zugrundeliegende Vergleichsprinzip stellt praktisch die Umkehrung der heuristischen Funktion dar, denn die Charakteristika eines jeden Phänomens sind bekannt:

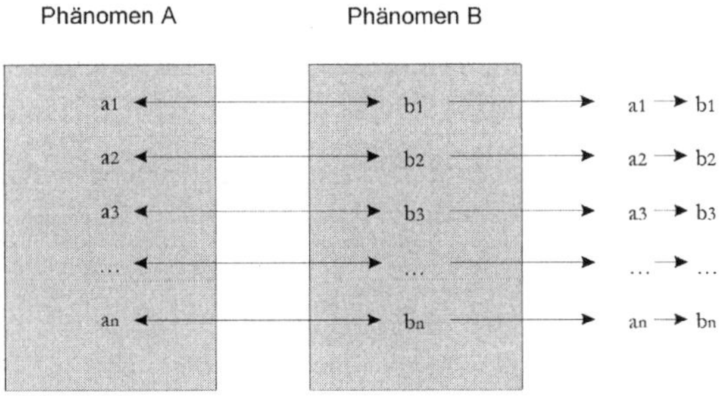

29 Dies freilich nicht ohne Gefahr, wie Thomas Schweizers Ausführungen zu den Methodenproblemen des interkulturellen Vergleichs zeigen: »(1) Zur interkulturell vergleichenden Untersuchung stehe eine Hypothese, die einen nomischen Zusammenhang zwischen den Merkmalen P und Q postuliert. (2) der Zusammenhang zwischen P und Q ist in Wirklichkeit nicht nomisch, sondern akzidentiell. (3) In mehreren Sozialsystemen findet oder fand Diffusion beider Merkmale P und Q statt. (4) Wenn in die Stichprobe viele dieser Sozialsysteme gelangen, zwischen denen P und Q diffundiert haben, wird die Zahl der bestätigenden Fälle erhöht. (5) Daraus folgt: Die Aussage über den nomischen Zusammenhang zwischen P und Q wird für wahr gehalten, obwohl zwischen P und Q nur ein akzidentieller Zusammenhang besteht. Die Auswahl durch Diffusion verbundener Fälle bewirkte eine fehlerhafte, scheinbare Bewährung.« (Thomas Schweizer: Methodenprobleme des interkulturellen Vergleichs. Probleme, Lösungsversuche, exemplarische Anwendungen. Köln/ Wien: Böhlau 1978 (= Kölner ethnologische Mitteilungen 6), S. 137. Vgl. dazu auch Harald Kleinschmidt: Galtons Problem, S. 11.)

30 Vgl. dazu etwa Europäische Arbeiterbewegungen im 19. Jahrhundert. Deutschland, Österreich, England und Frankreich im Vergleich. Hg. v. Jürgen Kocka. Göttingen: Vandenhoeck & Ruprecht 1983 (= Kleine Vandenhoeck-Reihe 1494); Christiane Eisenberg: The Comparative View in Labour History. Old and New Interpretations of the English and German Labour Movement Before 1914. In: International Review of Social History 34 (1989), S. 403-432.

Die analytische ist als eine Fortsetzung der deskriptiven Funktion zu betrachten. Historische Sachverhalte werden somit nicht lediglich in ihrer Abgrenzung zu anderen Sachverhalten konstatiert, sondern »[d]ie Feststellung einer nicht erwarteten Besonderheit durch Vergleich drängt vielmehr meistens zur Frage nach deren Entstehungs-, Verlaufs- und Ausprägungsbedingungen«[31].
Mit der paradigmatischen Funktion des Vergleichs rücken Haupt und Kocka schließlich den Forscher selbst in den Mittelpunkt: Durch den Blick über wie immer definierte Grenzen finde so etwas wie ›Entfremdung‹ oder besser ›Verfremdung‹ statt. Alternativen zu den beobachteten Sachverhalten bewirken eine Relativierung sowohl des wissenschaftlichen als auch des persönlichen Standorts.

> Gleichzeitig fordert der Vergleich zur Reflexion über den kulturellen Standort des vergleichenden Forschers und über die Kultur der eigenen Wissenschaftsdisziplinen auf. In dem Maße, in dem diese etwa dem nationalen Rahmen verpflichtet ist und das Fremde lediglich als eine Variation feststehender Entwicklungsmuster wahrnimmt, dürften ihre Grundannahmen durch eine geographische und inhaltliche Ausweitung des Vergleichsrahmens selber in Frage gestellt werden. So kann der Vergleich auch eine wichtige Funktion für die Standortbestimmung und Weiterentwicklung einzelner Wissenschaftsdisziplinen haben.[32]

Auf diesen wesentlichen Punkt, der von den Kritikern und Apologeten der vergleichenden Methode bisher kaum oder gar nicht bedacht worden ist, hat Michel Espagne hingewiesen: »Le problème principal tient à la position de l'observateur«[33]. Geht man davon aus, daß Vergleichen die Gegenüberstellung zweier Objekte bedeutet, um deren Unterschiede und Gemeinsamkeiten festzustellen, so ist es für die Qualität des Vergleichsergebnisses nicht unerheblich, in welcher Beziehung jener zu den Vergleichsobjekten steht, der den Vergleich durchführt. Dieses Problem ist beispielsweise in einer national orientierten Historiographie samt eventueller (guter oder schlechter) internationaler Beziehungen zwischen den verglichenen Nationen – ein Kontext, der hier mitbedacht werden muß – erst recht virulent, wie Henri Pirenne deutlich werden ließ, und was auch Espagne andeutet: »L'histoire du comparatisme en France depuis le début du XIXe siècle montre qu'il n'a jamais été question de se nier grâce au principe de comparaison, mais au contraire de défendre indirectement un point de vue national«[34]. Somit lassen sich folgende idealtypische Szenarien über den Standort des vergleichenden Subjekts klassifizieren:[35]

---

31 Heinz-Gerhard Haupt/Jürgen Kocka: Historischer Vergleich, S. 13.

32 Ebenda, S. 14f. Auch Harald Kleinschmidt weiß von »drei Ziele[n], an denen das Vergleichen in der Geschichtswissenschaft ausgerichtet war und ist«: 1. die Anwendung des ›Subsumtionsschlusses‹, d. h. die Rekonstruktion fehlender oder mangelhafter Quellen aus dem Kontext anderer Quellen, 2. der Analogieschluß und »3. Der intrakulturelle individualisierende Vergleich. Hierbei wird versucht, das Besondere eines Vergleichsobjekts durch Gegenüberstellung mit andern Vergleichsobjekten zu eruieren.« (Harald Kleinschmidt: Galtons Problem, S. 15f.)

33 Michel Espagne: Sur les limites du comparatisme en histoire culturelle. In: Genèses 4 (1994), S. 112-121. Hier S. 113.

34 Ebenda, S. 113.

35 A und B kennzeichnen die Vergleichsobjekte, S das vergleichende Subjekt.

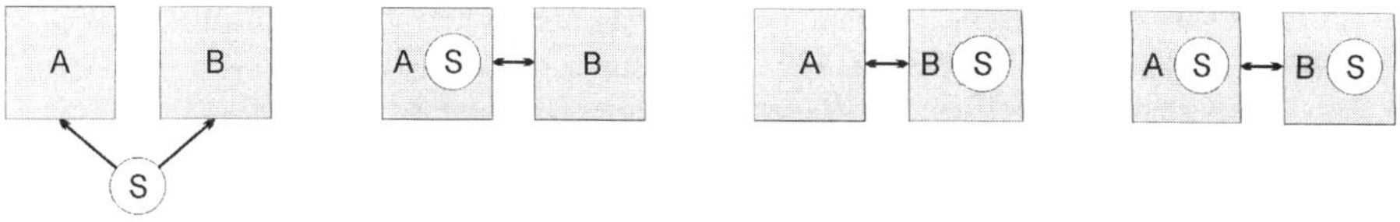

(a) objektiv (b1) einseitig-subjektiv (b2) einseitig-subjektiv (b3) hybrid-subjektiv

Die objektive Vergleichssituation (a) stellt gewissermaßen ein Idealszenario dar. Zwar ist im Fall eines Nationenvergleichs sehr wohl die national-geographische Trennung von Vergleichsobjekt A und B und vergleichendem Subjekt S möglich. Dennoch wird das Subjekt bereits von vorgefaßten Meinungen, Ideen oder Bildern von sowohl dem einen als auch dem anderen Vergleichsobjekt geleitet. Die Frage dabei ist, inwieweit das vergleichende Subjekt imstand ist, diese vorgefaßten Bilder und Meinungen in der Vergleichsarbeit aufzugeben, sofern diese überhaupt bewußt sind. Ein Vergleichsergebnis müßte schließlich in dieser Hinsicht überprüft werden. Im Fall von (b1) und (b2) gehört das vergleichende Subjekt einem kulturellen Kontext/einer Nation an, steht also derart im Mittelpunkt, daß ihre Zugehörigkeit zu ihrem jeweiligen Kontext einen objektiven Vergleich nicht möglich macht: »On ne fait souvent que comparer soi-même à l'autre«[36]. Hybrid-subjektiv (b3) bezeichnet schließlich eine Konstellation, in der das vergleichende Subjekt mit beiden aufeinander bezogenen Vergleichseinheiten angehören, denkbar etwa bei Autoren, die, bedingt durch ihre Biographie, zwei Nationen oder Kulturkreisen zuzurechnen sind, oder – in abgeschwächter Form – bei Autoren im Exil. Das Vergleichssubjekt hat nur in dieser Lage die Möglichkeit, den inneren Strukturen der Vergleichseinheiten gerecht zu werden und die bei Haupt/Kocka erwähnte Anforderung der Kenntnis der fremden Kultur zu erfüllen. Hier lohnt vor allem eine Kooperation mit der reflexiven Anthropologie, wie im DRITTEN KAPITEL, Abschnitt 2, dargestellt wird.

Weitere Gründe, weshalb nun die vergleichende Methode mit den Prinzipien der Geschichtswissenschaft wenn nicht im Widerspruch, dann aber in einem Spannungsverhältnis steht, haben Haupt und Kocka darzulegen versucht. Sie gehen von drei Prinzipien der Geschichtswissenschaft aus: 1. Historische Forschung und historische Aussagen müssen quellennah sein. Geschichte muß also den Anspruch auf Authentizität erfüllen. 2. Die Geschichtswissenschaft charakterisiert sich durch »ein besonderes Verhältnis zu Zeit«[37]. Sie beschreibt eine Entwicklung, einen »Wandel der Wirklichkeit in der Zeit«[38]. 3. Geschichtswissenschaft ist obendrein dem Kontext ihres Untersuchungsgegenstandes verpflichtet:

> Historiker gehen davon aus, daß einzelne Teile der Wirklichkeit nur sehr begrenzt außerhalb ihres Zusammenhangs mit anderen Teilen der Wirklichkeit begriffen werden können. Der perspektivische Blick auf das unterschiedlich interpretierte Ganze gehört zum Verständnis der Teile, ohne

36 Michel Espagne: Sur les limites du comparatisme en histoire culturelle, S. 113.

37 Heinz-Gerhard Haupt/Jürgen Kocka: Historischer Vergleich, S. 22.

38 Ebenda, S. 22.

deren Rekonstruktion umgekehrt keine zutreffende Vorstellung vom Ganzen möglich ist. Historische Befunde gewinnen ihren Sinn zu ihren Relationen im synchronen/diachronen Zusammenhang. Von daher sind dem Verfahren der Variablenisolierung und -verarbeitung in der Geschichtswissenschaft engere Grenzen gezogen als z. B. in der Nationalökonomie oder in der empirischen Sozialforschung.[39]

Das Spannungsverhältnis zwischen Geschichtswissenschaft und vergleichender Methode ergibt sich nun aus den folgenden Aspekten: Das Prinzip der Quellennähe oder Authentizität wird spätestens dann unterlaufen, wenn die Zahl der einbezogenen Vergleichsfälle wächst und ein Primärvergleich also nicht mehr möglich ist. Diese Situation kennt auch die Ethnologie im Fall des Kulturenvergleichs.[40] Der Vergleich laufe der Intention der Beschreibung des historischen Wandels zuwider, weil Vergleiche voraussetzen, »daß die Vergleichsgegenstände isoliert werden können, daß der Entwicklungszusammenhang gewissermaßen in einzelne Teile zerschnitten werden kann«[41]. Haupt und Kocka weiter:

Das Verhältnis von zwei oder mehr Vergleichseinheiten zueinander kann in der Regel nicht als Verhältnis von Stadien einer Entwicklung oder von Momenten eines wechselseitigen Bedingungsverhältnisses gedacht werden, sondern im Sinne von einander unabhängiger Fälle, die über generelle Fragen – nach Ähnlichkeiten oder Unterschieden in gewissen Hinsichten – in Beziehung zueinander gesetzt werden. Wer vergleicht, faßt seine Untersuchungsgegenstände zumindest nicht ausschließlich als Individualitäten, sondern eben als exemplarische Fälle eines Allgemeinen, die sich in gewissen Hinsichten ähneln oder gleichen und in anderen unterscheiden. Der Vergleich bricht Kontinuitäten und unterbricht den Fluß der Erzählung. Der Vergleich hat auch nicht notwendig etwas mit dem Wandel in der Zeit, sondern eben mit Ähnlichkeiten und Unterschieden zu tun.[42]

Dieser Standpunkt läuft der allgemeinen Apologie des Vergleichs zuwider, mag aber auch eine Erklärung für die spärliche Verwendung dieser Methode in der Geschichtswissenschaft sein. Daß aber gerade Ähnlichkeiten und Unterschiede in historischen Prozessen durch das Vergleichen sichtbar gemacht werden können, kann ebenfalls naheliegend sein, falls gewisse Voraussetzungen erfüllt sind, etwa die vorangehende Reflexion über Gleich- und Ungleichzeitigkeit historischer Prozesse, über deren verschiedene Voraussetzungen, mögliche Differenzen der politischen oder kulturellen Kontexte usw. Vielleicht kann eine methodische Diskussion gerade innerhalb eines prozeß- oder entwicklungsorientierten Kontextes den Umgang mit dieser Methode weiter präzisieren. Hans-Jürgen Puhle gibt ein Beispiel:

---

39 Ebenda, S. 22.

40 Vgl. Thomas Schweizer: Interkulturelle Vergleichsverfahren, S. 421-439. Schweizer zeigt, daß je größer die Vergleichseinheiten gefaßt werden, es umso schwieriger bzw. gar unmöglich ist, auf Primärdaten zurückzugreifen. Interkulturelle Vergleiche etwa stützen sich demzufolge hauptsächlich auf Sekundärdaten.

41 Heinz-Gerhard Haupt/Jürgen Kocka: Historischer Vergleich, S. 22.

42 Ebenda, S. 22f.

Ein vergleichendes Interesse an den Herrschaftsmechanismen, Klassengegensätzen, Repressions- und Integrationsinstrumenten in der vor- oder »proto«industriellen Gesellschaft Lancashires und des Bergischen Landes würde andere Zusammenhänge thematisieren und andere Erklärungsmuster stärker betonen als z. B. ein anders akzentuiertes Interesse, das ausginge von der Frage, warum Manchester nach 1770 industrialisiert hat und das damals etwa gleicherweise entwickelte Wuppertal noch nicht. Ähnlich ließe sich sehr unterschiedlich bei einem Vergleich zwischen Deutschland und den USA während der letzten hundert Jahre zum einen danach fragen, warum und mit welchen Wirkungen in beiden Fällen nach dem Übergang zur Hochindustrialisierung der Staatsinterventionismus zunimmt, das Ausgabenvolumen der öffentlichen Haushalte rapide wächst und die Verwaltungsfunktionen (wie in allen industriellen Flächenstaaten) zunehmend zentralisiert werden; zum anderen könnte man aber auch von der Frage ausgehen, warum bei einem in etwa gleichen Industrialisierungs- und Entwicklungsstand angesichts einer Krisenbedrohung von gleicher Dimension die eine Gesellschaft die demokratische Reform- und Stabilisierungspolitik des New Deal intiierte, während die andere ihr Heil in der nationalsozialistischen Diktatur suchte.

Im ersten Fall würden die Gemeinsamkeiten, die eher »systemischen« Entwicklungstendenzen stärker betont werden, im zweiten Fall die Unterschiede, die Entwicklungsdivergenzen, der deutsche »Sonderweg«. Beide Fragestellungen sind gleicherweise sinnvoll, nützlich und legitim und können einander ergänzen. Der theoretische Rahmen, die entsprechenden Ausgangshypothesen und die funktionellen Äquivalente des Vergleichs hängen jedoch wesentlich von den Prioritäten dieser Forschungsinteressen ab. Ein weiteres Beispiel: Die vergleichende Frage nach den sozialen Triebkräften, den auslösenden Momenten und dem Verlauf von Revolutionen erfordert einen anderen theoretischen Zugriff als eine vergleichende Untersuchung nachrevolutionärer Stabilisierungspolitik und der entsprechenden koalitions- und sozialpolitischen Rückversicherungen; letztere kann sogar das mögliche Spektrum vergleichbarer Fälle noch um zahlreiche Varianten reformistischer Politik (als in diesem Fall durchaus auch funktioneller Äquivalente) verbreitern.[43]

Als drittes Manko, das mit den obigen Ausführungen eng zusammenhängt, wird die (historische) Kontextlosigkeit des Vergleichs angeführt. Vergleiche entziehen historischen Phänomenen ihre »vielschichtige Totalität«[44].

Diese Notwendigkeit [der Selektion, Abstraktion und Lösung aus dem Kontext] wird vor allem beim Vergleich *vieler* Fälle sichtbar. Wer 20 Industrialisierungsprozesse oder die Sklaverei in 60 Ländern vergleicht, muß seine Vergleichsgegenstände unter weitgehender Abstraktion von ihrem synchronen und diachronen Kontext untersuchen. Dieses Verfahren stößt bei Historikern auf gewisse Vorbehalte. Das Problem wird geringer, entfällt jedoch nicht bei der Beschränkung auf zwei oder drei Vergleichsfälle. Vergleichen heißt immer auch: abstrahieren.[45]

Diese Kontextlosigkeit stellt sich aber nur dann vollständig ein, wenn die erwähnten Phänomene nicht eben auch als *historische* Produkte betrachtet werden. Es ist wenig

---

43 Hans-Jürgen Puhle: Theorien in der Praxis des vergleichenden Historikers. In: Theorie und Erzählung in der Geschichte. Hg. v. Jürgen Kocka u. Thomas Nipperdey. München: dtv 1979 (= Beiträge zur Historik 3), S. 119-136. Hier S. 129f. Zur Frage der Gleichzeitigkeit/Ungleichzeitigkeit schreibt Puhle (S. 128): »Da sich verschiedene Systeme und deren Sektoren aber nur selten gleichzeitig auf demselben Entwicklungsniveau befinden, wird der diachrone Vergleich eher die Regel als die Ausnahme sein und überwiegend eher Ungleichzeitiges verglichen werden, Gleichzeitiges dagegen (zugespitzt formuliert) allenfalls obwohl, aber nicht weil es Gleichzeitiges ist«.

44 Heinz-Gerhard Haupt/Jürgen Kocka: Historischer Vergleich, S. 23.

45 Ebenda, S. 23.

einsehbar, weshalb zumindest auf eine synchrone Sichtweise verzichtet werden muß, auch wenn historische Prozesse in abstrahierter Form dargestellt werden. Dieser Herausforderung müßte sich auch eine vergleichend vorgehende *histoire totale* stellen, die der Gefahr der Abstrahierung aufgrund ihrer verdichteten Diachronie in besonderer Weise ausgesetzt ist. Andere Widerstände gegen die vergleichende Methode liegen in der historiographischen Tradition begründet: Die Mikrohistorie, die ihr Äquivalent in der deutschen Alltagsgeschichte findet, mag zwar aus der Sicht der Historiker aufgrund ihrer Konzentration auf historische Einzelfälle für vergleichende Darstellungen nur wenig prädestiniert sein,[46] kann aber gerade wegen dieser Konzentration Ähnlichkeiten oder/und Unterschiede zwischen isolierten, von ihrem Kontext allerdings nicht gelösten, Einzelfällen beschreiben. Dies soll keinesfalls den Eindruck erwecken, daß vergleichende Methode und Geschichtswissenschaft einander ausschließen. Es wurde ganz im Gegenteil versucht, den Vergleich auf die genannten Prinzipien der historischen Forschung abzustimmen. Besonders der analytisch orientierten Geschichtswissenschaft kommt der Vergleich sehr entgegen, denn

> die Geschichtswissenschaft [ist] in ihren Verfahren immer gesichtspunktabhängig, selektiv und (re)konstruierend. Diese ihre Eigenarten werden im Vergleich nur besonders manifest. Historiker sind eigentlich immer darauf angewiesen, ihre Untersuchungseinheiten scharf zu definieren, um Mißverständnisse zu vermeiden und Klarheit zu erreichen. Im Vergleich wird ihnen dies besonders bewußt. Schon aus Gründen intellektueller Ehrlichkeit und maximaler Selbstaufklärung sind Historiker aufgefordert, die Wahl ihrer Begriffe und ihre Bezüge zu außerwissenschaftlichen Bedingungen und Folgen zu reflektieren. Der Vergleich verhilft dazu, weil er dazu zwingt.[47]

Zu den theoretischen Vorüberlegungen des geschichtswissenschaftlichen Vergleichs gehören demnach die Fragen nach den »angemessenen Vergleichseinheiten (Nationen, Regionen, Kulturen, Epochen, Krisensituationen, Institutionen)«[48] und der Sinnhaftigkeit der Gegenüberstellung historischer Phänomene. Die Resultate beschreiben selten die historischen Wirklichkeiten, sie *re*konstruieren also nicht, sondern konstruieren[49] und stellen somit mehrere Realitäten[50] einander gegenüber.

Bei der Betrachtung dieser Problemlage und den theoretischen Erörterungen fällt bereits auf, daß – wie auch Marc Bloch bemerkt hat[51] – der Vergleich innerhalb der Vergleichenden Literaturwissenschaft eine nach einigen Seiten beschnittene Methode darstellt und aufgrund bestimmter Charakteristika der Literatur bzw. der Literaturwissenschaft nicht in dieser Vielfalt und vielleicht auch nicht mit der Flexibilität angewandt wird, wie dies in der Geschichtswissenschaft der Fall ist (oder sein könnte).

46 Vgl. Sandrine Kott/Thierry Nadan: Pour une pratique de l'histoire sociale comparative. La France et l'Allemagne contemporains. In: Genèses 4 (1994), S. 103-111. Hier S. 106f.

47 Heinz-Gerhard Haupt/Jürgen Kocka: Historischer Vergleich, S. 24.

48 Ebenda, S. 24.

49 Ebenda, S. 25.

50 Zur Unterscheidung zwischen (vorhandener) ›Wirklichkeit‹ und (durch die Wissenschaft konstruierter) ›Realität‹ siehe Fritz Wallner: Acht Vorlesungen über den Konstruktiven Realismus. Wien: WUV – Universtitätsverlag [1990] (= Cognitive Science 1).

51 Vgl. Marc Bloch: Comparaison. In: Revue de synthèse historique (1930), S. 31-39.

Vergleichsarten wie der quantifizierende Vergleich, Vergleiche von Global- und Partikularstrukturen oder die Reflexion über Einheiten des Vergleichs tauchen innerhalb der komparatistischen Methodendiskussion kaum auf, wenngleich sie gerade in einer sozialhistorisch orientierten Komparatistik ihren Platz finden müßten.

2. Der historische Vergleich in Deutschland

Vergleichende Ansätze innerhalb der sozialgeschichtlich orientierten Geschichtswissenschaft lassen sich in Deutschland um die Wende vom neunzehnten zum zwanzigsten Jahrhundert ausmachen, zu einer Zeit, als die Sozialgeschichte noch nicht von Disziplinen wie Kultur-, Verfassungs- oder Wirtschaftsgeschichte abgegrenzt ist und die Sozialgeschichte noch mitten in ihrem Emanzipationsprozeß von der auf politischen Ereignissen und Daten basierenden Historiographie steht.[52] Solche Ansätze finden sich in der deutschen Geschichtswissenschaft jener Zeit freilich nur vereinzelt. Trotzdem zählt die vergleichende Methode inzwischen nicht nur in der französischen Geschichtswissenschaft zum Methodeninventar, sondern wird in einschlägigen Lehrbüchern als grundlegender Weg zur historischen Erkenntnis vorgestellt.[53] So unterscheidet etwa Karl Brunner zwischen dem direkten, dem funktionalen und dem Strukturvergleich.[54] Der direkte Vergleich stellt zwei gleiche Dinge, etwa Fundstücke, die an verschiedenen Orten entdeckt werden, gegenüber und betrachtet in erster Linie ihre äußeren Merkmale. Beim funktionalen Vergleich ist die direkte Beziehung der verglichenen Objekte aufgehoben, er soll die Funktion der Vergleichsobjekte aufzeigen und »Fragen an einen unbekannten Sachverhalt [...] stellen, die [...] nur von den Quellen zu beantworten sind«[55]. Als Erkenntnisziel wird die Symptomatik historischer Prozesse angestrebt:

> An bestimmten Entwicklungsstufen treten zu ganz verschiedenen Zeiten und an ganz verschiedenen Orten einander sehr ähnliche Verfassungen und Probleme auf. So unterscheidet sich die monarchische bzw. oligarchische Führungsspitze eines Volkes in Ruhe stark von der, wenn das gleiche Volk in Bewegung gerät. So kann man die Spannungen zwischen Zivilisationen, die im Grunde tribal (in Stämmen) organisiert sind, und staatlich strukturierten Hochkulturen beobachten in der Spätantike zwischen Römern und Barbaren und in der Zeitgeschichte etwa in Afrika.
> Hält man nun diese Prozesse gegeneinander, so nicht mit dem Ziel, irgendwelche geschichtliche Gesetze zu konstituieren, sondern zu lernen, die jeweiligen Symptome auf ihre Hintergründe zu befragen. Erst wenn man den modernen Imperialismus kennt, kommt man auf die Idee, hinter den alles in heroischen Licht zeigenden Quellen der Römer auch die Machtpolitik zu suchen. Umgekehrt wird in der Spätantike die Umwandlung der tribalen Gesellschaft deutlich, welche in den

52 Vgl. Gerhard Oestreich: Die Fachhistorie und die Anfänge der sozialgeschichtlichen Forschung in Deutschland. In: Historische Zeitschrift 208 (1969), S. 320-363. Hier S. 344.

53 So etwa in Karl Brunner: Einführung in den Umgang mit Geschichte. Wien: Literas ^{2}1991, S. 66ff.

54 Vgl. ebenda.

55 Ebenda, S. 68.

modernen afrikanischen Staaten unter der Oberfläche europäischer Zivilisation verborgen werden, aber die eigentlichen Herde der politischen Probleme bilden.[56]

Eine dritte Art der Gegenüberstellung geschichtlicher Phänomene bildet der Strukturvergleich, der aus diversen, ähnlich verlaufenden Abläufen (Revolutionen, Staatenbildung und -zerfall etc.) ein Modell einer Verlaufsstruktur erstellt, die gleichsam deren Verallgemeinerung darstellt, somit die historische Realität nicht beschreibt, sondern sie vielmehr charakterisiert:

> Für den Historiker ›gibt‹ es weder ›Revolution‹ noch ›Faschismus‹, sondern er faßt verschiedene Verlaufsstrukturen unter diese Modellbegriffe zusammen. Als Philosoph mag er sich darüber weitere Gedanken machen, als Historiker bleibt er Nominalist, der im Rahmen seiner wissenschaftlichen Methode nichts über das ›Wesen‹ seiner Begriffe aussagen kann. Daher ist es auch im Grunde mißverständlich, wenn er von ihnen Definitionen in der Form gibt: Feudalismus ist, wenn... oder: Unter Faschismus versteht man..., da man in diesen Sätzen Urteile über eine Sache und nicht, was sie eigentlich sind, Beschreibungen einer Aussageform, verstehen könnte.[57]

Als Beispiel für die Anwendung des Vergleichs in der deutschen Sozialgeschichte soll hier der Berliner Historiker Kurt Breysig dienen. Breysigs Stellung innerhalb des zeitgenössischen Wissenschaftsbetriebs war eher von Ablehnung bestimmt, die sich hauptsächlich in seinen Versuchen, die Ideen Karl Lamprechts fortzuführen, begründete. Auch in der gegenwärtigen Diskussion innerhalb der Geschichtswissenschaft scheint der Name Breysigs nur mehr historischen Wert zu besitzen, wenngleich in den 1960er Jahren gelegentlich auf ihn hingewiesen worden ist.[58] Schon jung habilitiert und zum Extraordinarius an der Universität Berlin ernannt, beginnt Breysig 1896 an einer Geschichte der Menschheit in vergleichender Perspektive zu arbeiten.[59] Noch im Zug

---

56 Ebenda, S. 68f.

57 Ebenda, S. 69f.

58 Etwa Joseph Vogt: Wege zum historischen Universum. Stuttgart: Kohlhammer 1961; Kurt Breysig: Aus meinen Tagen und Träumen. Memoiren, Aufzeichnungen, Briefe, Gespräche. Hg. v. Gertrud Breysig u. M. Landmann. Berlin: de Gruyter 1962; Heinrich von Srbik: Geist und Geschichte vom deutschen Humanismus bis zur Gegenwart. Bd. 2. München: Bruckmann 1951; Gertrud Breysig: Kurt Breysig. Heidelberg: Stiehm 1967; K. Fischer: Der historische Positivismus Kurt Breysigs (1866-1840). Rostock: phil. Diss. 1969.

59 vom Brocke unterscheidet drei Phasen im Schaffen Breysigs: »(1) In den Arbeiten zur brandenburgisch-preußischen Verfassungs-, Verwaltungs- und Finanzgeschichte von 1889 bis etwa 1896 steht er auf dem Boden der überlieferten nationalpolitisch engagierten, jedoch in Zusammenarbeit mit Schmoller wirtschafts- und sozialgeschichtlich ergänzten ›borussischen‹ Geschichtsschreibung. (2) Nach 1896 erfolgte während der Arbeit an der ›Kulturgeschichte der Neuzeit‹ unter der Last der Stoffmassen und angesichts des neuen Zieles einer vergleichenden Universalgeschichte im Zeichen des Positivismus der endgültige Schritt zu einer philosophisch-begrifflich gerichteten, aber empirisch arbeitenden Geschichtsschreibung und Geschichtslehre. Gleichzeitig wurde die Arbeit an einer geschichtlich begründeten Soziologie aufgenommen. (3) In der dritten Phase nach dem Weltkrieg verdrängten der Philosoph und Soziologe weitgehend den Historiker[.] Breysig führte die Menschheitsgeschichte fort und weitete sie zur Geschichte des Universums aus; zum anderen arbeitete er am weiteren Ausbau der Geschichtslehre, an einer umfassenden Gesellschaftslehre und an der methodologischen, philosophisch-psychologischen und soziologischen Fundamentierung

des Schäfer-Gothein-Streits zu Beginn der 1890er Jahre bekannte er sich zu einer Geschichtsschreibung, die politische, sozial- und wirtschaftshistorische und kulturgeschichtliche Aspekte vereinen sollte. Kurz nach der Auseinandersetzung zwischen Schäfer und Gothein nimmt Breysigs Interesse für die Soziologie immer konkretere Formen an. Die Forschungen zur Entwicklung des Ständetums in Deutschland, Frankreich und England unter wirtschaftlich-sozialen Vorzeichen resultieren in dem Plan einer vergleichenden europäischen Sozialgeschichte. Ergebnis dieser Überlegungen war die Aufsatzreihe *Über die soziale Entwicklung der führenden Völker Europas in der neueren und neuesten Zeit*. Aber erst in der auf fünf Bände angelegten, jedoch nur in zwei Bänden ausgearbeiteten *Kulturgeschichte der Neuzeit*[60] (1900) wird Breysigs »Theorie einer umfassenden, Gesellschaft und Staat einbeziehenden Sozialgeschichte«[61] deutlich. Der erste Band dieser Kulturgeschichte, eine methodologische Reflexion, beschreibt die »Aufgaben und Massstäbe einer allgemeinen Geschichtsschreibung«, so der Untertitel des Werks. Breysigs auch in anderen Werken[62] durchgehaltene Intention ist es, Universal- und nicht Nationalgeschichte zu schreiben. Universalgeschichte meint in diesem Fall nicht nur die Geschichte mehrerer Nationen, sondern auch die Einbeziehung von Wirtschafts- und Rechtsgeschichte, Wissenschafts- und Kunstgeschichte. Kulturgeschichte darf hier wohlgemerkt nur als die Formel ›Sozialgeschichte + Ideengeschichte‹ definiert werden. Zugleich ist Breysig darum bemüht, eine sozialhistorische Betrachtungsweise zu rechtfertigen. Im Mittelpunkt der Geschichtsschreibung soll der Mensch und seine soziale, institutionelle oder biologische Vernetzung stehen:

> Als das eigentliche Thema, das die Symphonie der Weltgeschichte wie eine ewige Melodie beherrscht, erscheint mir nicht das stetige Auf und Nieder der Staaten und das Erleben der Könige und Feldherrn, wie die Historiker dreier Jahrtausende nie müde wurden zu verkünden, und auch nicht der Wechsel der geistigen Bewegungen, sei es in der Wissenschaft, wie die Aufklärung und nach ihr Comte und Buckle meinten, sei es in Kunst oder Religion, wie unserer dem Mystisch-Unfaßbaren sich wieder zuneigenden Generationen scheinen will. Ich glaube vielmehr, daß nur das soziale oder wenn man will sittliche Verhalten der Menschen unter einander, auf seine letzte und allgemeinste Formel gebracht, den weig alten, immer neuen Stoff historischer Betrachtung darbieten kann, daß die Beziehungen, die den Einzelnen, d. h. jeden Menschen, mich den Schreiber, und dich, den Leser dieser Zeilen, so gut wie alle anderen Sterblichen, mit festen und lockern Banden umspannen und an den Nächsten fesseln, das wichtigste Problem der Historie sind. Denn diese Beziehungen schließen uns entweder zu ungreifbaren geistigen, oder zu sehr realen politischen oder wirthschaftlichen, immer aber zu unsäglich mächtigen Einigungen zusammen und sie beherrschen unser Leben von der Wiege bis zum Grabe in jedem Augenblick. Ich meine, Persönlichkeit

---

der Weltgeschichte«. (Bernhard vom Brocke: Kurt Breysig. In: Deutsche Historiker. Hg. v. Hans-Ulrich Wehler. Bd. 5. Göttingen: Vandenhoeck & Ruprecht 1972 (= Kleine Vandenhoeck-Reihe 349/350/351), S. 95-116. Hier S. 99.)

60 Kurt Breysig: Kulturgeschichte der Neuzeit. Vergleichende Entwicklungsgeschichte der führenden Völker Europas und ihre sozialen und geistigen Lebens. 2 Bde. Berlin: Bondi 1900.

61 Bernhard vom Brocke: Kurt Breysig, S. 101.

62 Der Stufenbau und die Gesetze der Weltgeschichte. Stuttgart/Berlin: J. G. Cotta'sche Buchhandlung Nachfolger ^{2}1927; Vom geschichtlichen Werden. Umrisse einer zukünftigen Geschichtslehre. 3 Bde. Stuttgart/Berlin: J. G. Cotta'sche Buchhandlung Nachfolger 1925-1928.

und Gemeinschaft in ihrem Verhältniß zu einander zu erkennen, die stets fließende Geschichte dieses Verhältnisses aufzudecken, das ist die Aufgabe.[63]

Damit geht Breysig mit den Prämissen der *nouvelle histoire* Frankreichs konform, vor allem wenn er bereits die psychologischen Momente innerhalb historischer Prozesse betont: »ich möchte das letzte Ziel aller Geistes- und Kulturwissenschaft, die Erforschung der menschlichen Seele nirgends aus den Augen verlieren«[64]. Das soll keineswegs heißen, daß der Staat aus Breysigs Auffassung von Geschichtsschreibung ausgeschlossen bleiben soll, ganz im Gegenteil: »Soziale Geschichte« umfaßt neben der Staats-, Gesellschafts-, Verfassungs- und Klassengeschichte auch die Geschichte des Rechts, der Wirtschaft, der Verwaltung und der internationalen Beziehungen[65] schlicht deswegen, weil der Staat als »das stärkste und mächtigste soziale Gebilde, das es giebt«[66] betrachtet wird. Die vergleichende Methode dient Breysig nicht hauptsächlich zur Wertung, sondern letztlich zur Gliederung der durch den universalhistorischen Ansatz gezwungenermaßen zu bewältigenden Stoffülle:

Immer und immer wieder ist das Hilfsmittel der Vergleichung angewandt, um die einzelnen Nationen und die einzelnen Reihen der politischen und wirthschaftlichen, der Rechts- und Klassengeschichte, der künstlerischen, wissenschaftlichen und religiösen Entwicklung und schließlich die soziale und geistige Kulturgeschichte jedes Zeitalters einheitlich beherrschen und zusammenfassen zu können.[67]

Auch ein seit jeher betontes Charakteristikum des Vergleichs spielt bei Breysig eine Rolle: die Suche nach Gemeinsamkeiten und Unterschieden zwischen Nationen, wobei sich der Historiker auf europäische Nationen beschränkt: »Denn was ein bestimmtes Volk charakterisiert und auszeichnet, ist oft eher durch solche Vergleichung zu erfahren, als durch eine noch so intime Vertiefung in seine Einzelgeschichte«[68]. Implizit dient der Vergleich auch zur Auseinandersetzung mit den Belangen der internationalen Beziehungen, das »Auf und Nieder ihres [der Staaten] Wetteiferns und ihrer Zusammenstöße«[69]. Schließlich empfiehlt Breysig den synchronen und diachronen Vergleich, um »zu weit ausgreifenden Gesammtanschauungen zu gelangen«[70] und in pragmatischer Hinsicht Vergangenheit und Zukunft in ein bisher nicht gekanntes Licht zu

63 Ebenda, S. VIII.

64 Ebenda, S. XI. An anderer Stelle heißt es dazu: »[...] denn über dieser an sich allerdings vorwiegend soziologischen Würdigung des historischen Prozesses erhebt sich noch eine andere, höhere, eine psychologische Anschauung, die als solche weit mehr der Geschichte des menschlichen Geistes als der der menschlichen Gesellschaft angehört. Denn was ist Geschichte anderes als Geschichte des Wollens und Fühlens, des Vorstellens und Denkens, also der geistigen Funktionen des Menschen.« (S. 31)

65 Vgl. ebenda, S. XXI und S. 16.

66 Ebenda, S. 10.

67 Ebenda, S. XII.

68 Ebenda, S. 41.

69 Ebenda, S. 15.

70 Ebenda, S. 38.

rücken.[71] Rudolf Vierhaus sieht jedoch noch 1989 die deutsche Geschichtswissenschaft vom internationalen Kulturvergleich deshalb abgeschnitten, weil der philologisch-historische Zugriff zu lange vorherrschend gewesen sei und für die Auseinandersetzung mit fremden Kulturen breitere interdisziplinäre Ansätze notwendig seien:

> Bei der Beschäftigung mit solchen Kulturen ist noch vor aller interdisziplinären Forschung eine solide disziplinäre Erforschung der Religion, des Rechts, der Politik etc. erforderlich – auch der Geschichte. Sie muß mit den entwickelten sozialgeschichtlichen Fragestellungen und Methoden durchgeführt werden, die bei der Erforschung der europäischen Geschichte erprobt sind. Dafür fehlen in unserem Lande manche Voraussetzungen: eine hinreichende personelle und finanzielle Ausstattung der Seminare und Institute, begründete Aussichten für den wissenschaftlichen Nachwuchs. Nicht zu übersehen ist die, verglichen mit den großen Kolonial- und Seefahrtsländern, geringere Erfahrung der deutschen Wissenschaft im überseeischen Ausland. Die beiden Weltkriege haben nicht nur Verbindungen unterbrochen, sondern auch zeitweilige Isolation bewirkt. Kein Wunder also, daß die gegenwärtige deutsche West-, Ost-, Südasien-Forschung und die Afrika-Forschung, zumal wenn es um die moderne Entwicklung in jenen Teilen der Welt geht, mit der ausländischen oft nicht mithalten kann.[72]

Theodor Schieder unterscheidet in seinem Beitrag *Möglichkeiten und Grenzen vergleichender Methoden in der Geschichtswissenschaft* zwischen analogisch-generalisierendem, paradigmatischem, individualisierendem und synthetischem Vergleich.[73] Für Schieder ist das Interesse an der vergleichenden Methode während der 1960er Jahre nichts anderes als ein neuer Anlauf, Universalgeschichte zu betreiben mit dem Ziel, eine auf gemeinsamen Entwicklungstypologien aufbauende Menschheitsgeschichte zu entwerfen:

> Noch sind die ins Ungemessene gewachsenen Stoffmassen nicht so gleichmäßig gesichtet und geordnet, daß sich der Versuch wagen ließe, die Kontinuität einer einheitlichen Menschheitsgeschichte historisch-empirisch nachzuweisen, innerhalb derer alles mit allem vergleichbar, weil alles allem verwandt ist. Von der Vorstellung einer Entwicklungsgeschichte, die überall in denselben Stadien abläuft, oder der Identität des Lebensprozesses von Hochkulturen sind wir trotz der gerade auf diesem Felde unternommenen Versuche doch in der geschichtswissenschaftlichen Einzelforschung noch weit entfernt. (S. 197)

Der vergleichenden Methode kommt dabei eine Vermittlungsrolle zwischen universalhistorischer Gesamt- und historischer Einzelforschung zu:

> Die vergleichende Methode ist also nicht Zweck an sich, wie es manchmal bei ihren Rechtfertigern erscheinen möchte, sondern sie dient einem Erkenntnisziel, nämlich der möglichst gleichmäßigen Durchdringung eines fast unübersehbar gewordenen historischen Stoffes im Dienste universalhistorischer Deutungen. Der heutige Ruf nach Vergleich ist daher in erster Linie ein Ruf nach grö-

---

71 In Breysigs Worten: »Gerade aus der wahrhaftigsten Vergleichung kann man nicht nur am ehesten die eigenen Schwächen und Irrungen für die Vergangenheit erkennen, sondern auch zu Gunsten der Zukunft erforschen, wie sie am besten zu heilen oder zu meiden sind.« (S. 47)

72 Rudolf Vierhaus: Traditionen vergleichender historischer Kulturwissenschaft in Deutschland. Bemerkungen und Fragen. In: Saeculum 40 (1989), S. 132-135. Hier S. 132f.

73 Siehe Anmerkung 18. Alle künftigen Zitate und Seitenangaben nach dieser Ausgabe.

ßerer Verallgemeinerung der historischen Begriffsbildung, nach Unterordnung eines in beängstigender Weise angewachsenen Besonderen unter ein Allgemeines. (S. 197f.)

Schieder unterscheidet zunächst zwischen dem analogischen und dem paradigmatischen Vergleich als den »Grundformen der historischen Vergleichsmethoden« (S. 200):

> Der paradigmatische Vergleich will das Gleiche bestätigen, das als allgemein geltendes Gesetz angenommen wird, der analogische setzt das Gleiche voraus, um von ihm auf Unbekanntes zu schließen. Auch bei ihm wird Gleichheit als allgemein geltende Norm vorausgesetzt. So kommt es, daß der analogische Vergleich oft ohne Übergang zum generalisierenden Vergleich wird, indem aus *einer* aufgefundenen Analogie, einer Analogie zwischen Einzelfällen, eine Analogie in *allen* Fällen gefolgert wird. (S. 200),

ordnet die Geschichtswissenschaft allerdings außerhalb der Entwicklung des analogischen (Schiller, Karl Lachmann, vergleichende Linguistik und vergleichende Rechtswissenschaft) und des paradigmatischen Vergleichs ein, wenngleich mit Ausnahmen zu rechnen ist, etwa Barthold Niebuhrs »Elemente eines analogischen Verfahrens, namentlich bei seiner These vom römischen Volksepos, [...] die er aus Livius herauslesen wollte« (S. 201). Die kritische Geschichtswissenschaft Deutschlands sei dem analogischen Vergleich, also »mit dem Mittel der Analogie bezeugte und überlieferte Quellen zu ersetzen oder zu ergänzen« (S. 201), immer schon mit Distanz begegnet, wenngleich sie im neunzehnten Jahrhundert stets empfohlen wurde. In einer kurzen Erörterung über Johann Gustav Droysens Applikation des analogischen Verfahrens in dessen *Grundriß der Historik* (1868) spricht Schieder vom ›immanenten Vergleich‹, »bei dem deduktiv aus dem Ganzen auf seine Teile geschlossen wird« (S. 202), diese Ganze jedoch als eine heterogene Vergleichseinheit aufgefaßt wird: »›Aus der Gesamtvorstellung, die man aus der Politik und Kriegführung Napoleons über seine Art zu handeln gewonnen hat, ergibt sich eine Wahrscheinlichkeit für die einzelnen zweifelhaften Fälle‹« (zit. nach Schieder, S. 202). Schieder zufolge sei Droysen insofern Anerkennung zu zollen, als sich dieser mit seiner »verfeinerte[n] Theorie des analogischen Verfahrens [...] stets von dem positivistischen Mißverständnis fernhält, daß es möglich sei, die Vergangenheit in ihrer Struktur als Wirklichkeit zu rekonstruieren.« (S. 202) Damit wird Droysen implizit zu einem Vorreiter einer Erkenntnisphilosophie, die auf der Unterscheidung zwischen seiender Wirklichkeit und (durch die Wissenschaft) konstruierter Realität beharrt.[74] Schieder faßt schließlich einige Grundregeln für die Anwendung vergleichender Methoden zusammen, die hier vollständig zitiert werden sollen:

> 1. In jedem Falle ist kritisch zu prüfen, welche Form des Vergleichs vom jeweiligen Erkenntnisziel her gesehen wünschbar ist und daher verwendet werden sollte. Die Analyse der Vergleichsmöglichkeiten ergab das Nebeneinander verschiedener Vergleichsformen, die wir als paradigmatisch, analogisch, generalisierend, individualisierend, synthetisch bezeichnet haben.

---

74 So etwa im Konstruktiven Realismus (siehe Anmerkung 50) oder in anderer Ausprägung im Radikalen Konstruktivismus.

2. Es scheint festzustehen, daß die heutigen wissenschaftlichen Fragestellungen in erster Linie den synthetischen Vergleich als eine Verbindung individualisierender und generalisierender Vergleichsmethoden erforderlich machen. Dies gilt selbst in gewissen Grenzen für die quantifizierende Form der Strukturgeschichte, deren Möglichkeiten sicher noch nicht ausgeschöpft sind.

3. Der synthetische Vergleich ermöglicht ein Verfahren der wissenschaftlichen Geschichtsschreibung, Einheiten höherer Ordnung, die unter Umständen erst durch dieses Verfahren selbst entdeckt werden können, aufzustellen.

4. Solche Einheiten höherer Ordnung können methodisch und logisch nicht identisch mit Idealtypen gesetzt werden, da sie durchaus als historisch real aufgefaßt werden. Indessen können aber auch Idealtypen als historische Begriffe durch synthetischen Vergleich angestrebt werden, in denen eine geraffte, stilisierte Wirklichkeit bezeichnet wird. Die Übergänge sind hier fließend.

5. Die vergleichende Methode hat sich in den Grenzen historisch vergleichbarer Größen zu halten und ist nicht unterschiedslos auf jedes historische Phänomen anwendbar, wenn nicht als tertium comparationis ein gemeinsamer geschichtlicher Bezugspunkt, eine Homogenität irgendwelcher Art gegeben ist. In Vergleich gesetzte historische Phänomene müssen in irgendeiner Weise verifizierbaren Sinneinheiten angehören, zu denen wir Kulturkreise, soziale Strukturen, Epochen, Staaten und Nationen, mit Vorbehalt auch morphologische Verwandtschaften im Sinne der Kulturlehrer Spenglers oder Toynbees rechnen können. Es spricht vieles dafür, daß auch gewisse für den geschichtlichen Prozeß in einer großen Zahl von Zeitaltern typische Verlaufsformen hier herangezogen werden können, wie das durch Jacob Burckhardt in den *Weltgeschichtlichen Betrachtungen* mit Erfolg geschehen ist. Bloße formalanalogische historische Erscheinungen dagegen, für die sich außer äußeren Ähnlichkeiten zum Beispiel eines historischen Ereigniskomplexes keine anderen Bezugspunkte finden lassen, gehören nicht hierher. Bei dem an sich so fruchtbaren Institutionsvergleich wird man besonders behutsam äußere Ähnlichkeiten und innere Strukturverwandtschaften unterscheiden und die vergleichende Methode auf diese zweiten einschränken müssen.

6. Es darf niemals übersehen werden, daß der Vergleich in der Geschichtswissenschaft keine neue Gattung, sondern nur eine Methode begründet, die neben andere methodische Untersuchungsweisen tritt. Am richtigen Ort und in der richtigen Weise angewandt, kann sie wesentlich dazu beitragen, die Erkenntnismöglichkeiten der Historie zu steigern und das Verfahren des Historikers zu verfeinern. In der vergleichenden Methode wird dem Historiker ein Werkzeug in die Hand gegeben, mit dem er in die Lage versetzt wird, die auf ihn eindrängende Masse der Quellen und Informationen, die unendlich vielen Standpunkte und Meinungen eines universal gewordenen Geschichtswissens unter höheren Gesichtspunkten zu ordnen. Verläßt er aber die gewiesenen Bahnen strenger Forschung, dann kann ihm leicht die Universalität der Geschichte zum trügerischen Phantom der beliebigen Vertauschbarkeit eines immer und überall Gleichen und damit zum Verlust der eigentlichen Substanz des Geschichtlichen werden. (S. 217ff.)

Wie Breysig zielt auch Schieder durch seine Bevorzugung des synthetisierenden Vergleichs auf eine universale Deutung der Geschichte ab. Die angesprochenen »Einheiten höherer Ordnung« abstrahieren daher vom Ereignis in der Geschichte und dienen vielmehr der Offenlegung von Strukturen. Wesentlich ist auch Schieders Hinweis auf die dem Vergleich vorangehende Auswahl der Vergleichsobjekte, die darum bemüht sein soll, nur solche Objekte einander gegenüberzustellen, die einen Vergleichsschluß erst zulassen. Damit läßt er den Spielraum für genetische und analoge Vergleiche, wie sie Bloch beschrieben hat, offen. Schließlich hat der Vergleich in diesem Fall auch eine der Erkenntnis vorgeschaltete Funktion: Er soll helfen, die Stoffmasse, mit der der Historiker konfrontiert ist, zu ordnen und zu strukturieren, womit eine klare Bestimmung und Definition von potentiell zu vergleichenden Objekten erreicht werden soll. Vom Brocke faßt folgendermaßen zusammen:

> Sozialgeschichte ist dabei weniger eine selbständige Disziplin im engeren Sinne, die ihren Gegenstand auf die Geschichte der Klassen, Stände, sozialen Gruppen einengt, orientiert am engeren Begriff der vom Staat abgehobenen bürgerlichen Wirtschafts-›Gesellschaft‹ des 19. Jahrhunderts, als vielmehr eine ›soziologische, eine spezifisch sozialgeschichtliche Betrachtungsweise‹ innerhalb der allgemeinen Geschichtswissenschaft, wie sie heute von O. Brunner und W. Conze gefordert wird.[75]

3. Der historische Vergleich in Frankreich

Die französische *nouvelle histoire* hat einen komparativen Ansatz geradezu programmatisch beansprucht.[76] So mag der Eindruck angebracht sein, daß in der französischen Geschichtswissenschaft die *histoire comparée* von größerer Bedeutung sei als etwa in Deutschland. Dies trifft für einige grundsätzliche Überlegungen, die in der Folge diskutiert werden sollen, durchaus zu. Vor allem Marc Bloch hat bereits in den 1920er Jahren versucht, die Historiker seiner und der folgenden Generationen von der Wichtigkeit und der Bedeutung der komparativen Methode in der Geschichtswissenschaft zu überzeugen. Rückblickend ist man dieser Aufforderung allerdings nur mit Zurückhaltung nachgekommen. Diese Zurückhaltung ist durch das seit jeher komplizierte Verhältnis von Soziologie und Geschichtswissenschaft begründet, das sich in seiner frühen Phase durchaus als Konkurrenzverhältnis beschreiben läßt. Der Vergleich, so die zeitgenössische Meinung, mache die Soziologie von der Geschichte nicht mehr unterscheidbar.[77] Nach dem Tod von Émile Durkheim im Jahr 1917 hat sich jenes Verhältnis zugunsten einer methodischen Öffnung der beiden Wissenschaften wiederum entspannt. Erst seit den 1970er Jahren ist die vergleichende Geschichtsschreibung wieder in das Bewußtsein der französischen Historiker gerückt, komparatistische Studien sind dennoch selten geblieben.[78]

---

75 Bernhard vom Brocke: Kurt Breysig, S. 101.

76 Vgl. Jacques Le Goff: Neue Geschichtswissenschaft. In: Die Rückeroberung des historischen Denkens. Grundlagen der Neuen Geschichtswissenschaft. Hg. v. Jacques Le Goff, Roger Chartier, Jacques Revel. Frankfurt/M.: Fischer Taschenbuch Verlag, S. 11-61. Hier S. 50.

77 Vgl. Maurice Aymard: Histoire et comparaison. In: Marc Bloch aujourd'hui. Histoire comparée & Sciences sociales. Hg. v. Hartmut Atsma u. André Burguière. Paris: Édition de l'École des hautes études en sciences sociales 1990 (= Recherches d'histoire et de sciences sociales 41), S. 271-278. Hier S. 271.

78 Vgl. Heinz-Gerhard Haupt: Eine schwierige Öffnung nach außen: Die international vergleichende Geschichtswissenschaft in Frankreich. In: Geschichte und Vergleich, S. 77-90. Hier S. 78.

3.1 Henri Pirenne

Wenngleich in diesem Kapitel in erster Linie von Marc Bloch die Rede sein soll, heißt das nicht, daß Bloch die vergleichende Methode in die französische Geschichtswissenschaft eingeführt hätte. Bereits der belgische Historiker Henri Pirenne trägt 1923 am Ve Congrès International des Sciences Historiques in Brüssel seine Vorstellungen über eine vergleichende Methode in der Geschichte vor.[79] Dieser Vortrag gerät aber vielmehr zu einem Plädoyer für die gänzlich veränderte Lage der Historiker nach dem Ersten Weltkrieg. Pirenne versucht offenbar die französischen Historiker vor jener Voreingenommenheit der eigenen Nation gegenüber und vor der politischen Parteiergreifung, die gerade für die deutschen Historiker jener Zeit, die die deutsche Kriegsschuld am Ersten Weltkrieg und die französischen Ansprüche auf die Rheingrenze bekämpften,[80] so charakteristisch war, zu warnen. Pirenne tritt für eine Historiographie ohne Vorurteile und für eine strenge Objektivität in der Beurteilung der Ereignisse ein, ja fordert dem Historiker sogar die Aufgabe seiner tiefsten Überzeugungen, seiner natürlichsten Gefühle ab: »La science n'a pas de patrie«[81]. Die Gesellschaft, die infolge des Krieges einen grundlegenden Wandel erfahren habe, fordere auch vom Historiker ein neues methodisches Instrumentarium. Dieser tiefe Eindruck der Kriegsereignisse, die sich bei Pirenne als nahezu traumatisch anlassen, hat letztlich auch bei seinen Zeitgenossen zu einer veränderten Sicht der Historiographie geführt. Ulrich Raulff spricht in seiner beeindruckenden Monographie über Marc Bloch vom Weltkrieg als einem Labor der Historie,[82] das die Wahrnehmung, das Verständnis von der Zeit und die »Organisation der Erkenntnis«[83] wesentlich mitbestimmte. Bloch war noch dazu voller Überzeugung als Soldat in den Ersten Weltkrieg gezogen und war aktiv in der Resistance tätig gewesen, bis er schließlich 1944 von der Gestapo ermordet wurde, konnte also gleichsam als unmittelbarer Zeuge all das miterleben, was sich dann auf seine Auffassung von Geschichte, ihrer Theorie und Methode auswirkte.

Der Weltkrieg, so Pirenne weiter, habe vor allem auch zwei Wissenschaften in unterschiedlicher Weise in seinen Dienst genommen: die Geschichtswissenschaft und die Chemie. Die Chemie als Naturwissenschaft lieferte die Grundlagen für neue Arten der Kriegsführung, die, im Labor hergestellt, zur Menschenvernichtung eingesetzt wurden. Die Geschichtsschreibung jedoch habe der Erste Weltkrieg mißbraucht. Man habe historische Realität in Vorwände verwandelt und sie zur Rechtfertigung der Kriegsereignisse benutzt. Pirenne möchte dazu anhalten, aus diesem Verhalten Schlüsse für die zukünftige historiographische Praxis zu ziehen. Freilich sei die Geschichte schon in

79 Henri Pirenne: De la méthode comparative en histoire. In: Compte rendu du Ve congrès international des sciences historiques. Hg. v. G. des Marez und F.-L. Ganshof. Brüssel 1923, S. 19-32.

80 Vgl. Gerhard A. Ritter: Neuere Sozialgeschichte in der Bundesrepublik Deutschland. In: Sozialgeschichte im internationalen Überblick. Ergebnisse und Tendenzen der Forschung. Hg. v. Jürgen Kocka. Darmstadt: Wissenschaftliche Buchgesellschaft 1989, S. 19-88. Hier S. 25.

81 Henri Pirenne: De la méthode comparative en histoire, S. 21.

82 Ulrich Raulff: Ein Historiker im 20. Jahrhundert: Marc Bloch. Frankfurt/M.: S. Fischer 1995. Vgl. Kap. 2.

83 Ebenda, S. 158.

früheren Zeiten für politische Zwecke mißbraucht worden, sie habe aber in seiner Gegenwart eine schwierigere Aufgabe zugewiesen bekommen: Es reiche nun nicht mehr, von Staatsmännern und Ereignissen zu handeln. Die Geschichte, also die Historiker, mußten all jene, die in den Krieg zogen, von dessen Notwendigkeit überzeugen, sie für diesen begeistern. Das setzte natürlich die Schaffung eines klaren Feindbildes voraus.

> elle [l'histoire] devait convaincre de la justice de leur [les diplomates] cause ces multitudes de citoyens qui votent et qui combattent. Il ne lui sufisait plus, comme jadis, d'interpréter des généalogies princières et de discuter des traités: elle devait soutenir le courage et la conviction des peuples en évoquant tout leur passé au profit de la guerre, en leur montrant dans leurs adversaires des ennemis naturels et héréditaires, en les dépeignant depuis les temps les plus reculés comme s'ils avaient toujours été aux prises, comme si la grandeur des uns entraînait nécessairement l'asservissement des autres, comme si, enfin, leur civilisation leur appartenait en propre, était la manifestation exclusive de leur génie, la création originale de leur esprit, et comme si son existence même était l'enjeu de la lutte.[84]

Ein solches Feindbild ist nun nicht nur aus einer recht gewagten Interpretation der Geschichte hervorgegangen, sondern man suchte auch durch die Anwendung der ›Rassentheorie‹, das Bild des Gegners weiter in negativer Weiser zu konstituieren. Die Rassentheorie erlaubte es, den Gegner moralisch, intellektuell und physisch zu diffamieren und daraus die Notwendigkeit des Krieges abzuleiten. Der Intention der Rassentheorie zur Vereinheitlichung und Abgrenzung gegenüber einem als minderwertig betrachteten Gegenüber setzt Pirenne eben die Verschiedenartigkeit der Völker entgegen, die sich schon in simplen sozialen Phänomenen, in ihrer strukturellen Entwicklung zeige.[85] Doch der Rassenbegriff habe sich, wenn auch nicht in diesem Ausmaß, im Bewußtsein der Historiker festgesetzt, deren Nationalitätsbegriff aufgrund dieses eingeschränkten Blicks weder einen Sinn für kulturelle Interdependenzen noch für jene zu Bedeutung gelangende Differenzierung der Zeit- und Epochenstrukturen in der Geschichte aufweisen kann. Pirennes Blick in die Geschichte ist geprägt von Kontrasten und Unterschiedlichkeiten, von Analogien und Gegensätzen. Seine beharrliche Ablehnung des Rassendenkens scheint implizit auch insofern auf die Wissenschaftstradition zu reagieren, als er sich mit diesem Begriff auch von der positivistischen Geschichtsauffassung zu distanzieren beabsichtigt. Als methodische Grundlage für die Erfassung jener angesprochenen Kontraste und Analogien biete sich die komparative Methode an, um die sich die vergleichende Ethnologie mit ihren Forschungen über ›primitive‹ Kulturen verdient gemacht habe, auf fortgeschrittene Gesellschaften aber nicht mehr anwendbar war. Eine andere Möglichkeit, die Diversität der nationalen Entwicklungen zu fassen, biete unter gewissen Umständen die Soziologie, die bisher allerdings nur Hypothesen geliefert habe, wenngleich auch fruchtbarer und nützlicher Natur. An eine methodische Verschmelzung von Geschichtswissenschaft und Soziologie glaubt Pirenne allerdings nicht. Gewiß mag die Soziologie die

84 Henri Pirenne: De la méthode comparative en histoire, S. 24.

85 Fernand Braudels Zeitproblematik scheint ansatzweise von Pirenne schon vorweggenommen zu sein: »Il en resulte, qu'à la même *date* les divers peuples appartiennent cependant à des *époques* différentes du développement général, parce que chez tous les temps ne s'est pas écoule, si l'on peut ainsi dire, avec la même vitesse.« (S. 26)

Historiographie um gewisse Sichtweisen und Standpunkte erweitern, eine methodologische Annäherung scheint jedoch schwierig. Um zu einem Verständnis der Ursprünglichkeit (*originalités*) und der nationalen Individualitäten (*individualités nationales*) zu gelangen, bliebe nur die Methode des Vergleichs, die zugleich auch wissenschaftliche Erkenntnis (*connaissance scientifique*) erlaube, welche von der Nationalgeschichte nicht zu erwarten sei, sondern lediglich von einer synthetisierenden Anschauung der Geschichte. Henri Berrs synthetisierender Wissenschaftsbegriff hinterließ auch bei Pirenne seine Spuren: Jede monographische Anschauung führe zu einer ungenügenden historischen Konstruktion. Die Untersuchung der Historie eines Volkes (einer Nation) könne, so Pirenne weiter, letztendlich nur dann fruchtbar ausfallen, wenn es im Ensemble mit anderen Völkern (Nationen) betrachtet und begriffen wird, die alte, individualistische und auch ethnozentristische Betrachtungsweise also aufgegeben werde. Wie der Naturwissenschaftler, dessen Objektbereich die gesamte Natur umfasse, müsse sich der Historiker mit der gesamten Geschichte auseinandersetzen, was eine Zusammenschau der Nationen und Völker nach sich zieht. Dieser Intention widerspreche allerdings die fortschreitende und einen derartigen Standpunkt nahezu verbietende Spezialisierung in den Wissenschaften, sofern sich nicht die Gesamtheit der Wissenschaft innerhalb des Teilbereichs widerspiegele. Von diesem universellen Ausgangspunkt sei die französische Geschichtsschreibung allerdings weit entfernt. Sie sei noch von jenem romantischen Geist geprägt, der dem lokalen Mikrokosmos gegenüber einer universellen Sicht den Vorrang gebe:

> D'Hérodote à Voltaire et à Herder, on connaît quantité de synthèses s'efforçant de représenter ou d'expliquer le passé de l'humanité tout entière. Il importe peu que le *Discours sur l'histoire universelle* ou l'*Essai sur les mœurs* s'inspirent d'idées bien différentes: sur l'objet même de l'histoire ils sont d'accord. Que le chrétien y reconnaisse les desseins de la Providence ou que le philosophe la soumette à son rationalisme, ils l'envisagent l'un et l'autre dans sa totalité, ou, pour mieux dire, dans son unité. A cette unité, le romantisme et le nationalisme du xixe siècle ont opposé la diversité. De même qu'ils ont poussé les artistes à rechercher la couleur locale, ils ont orienté les historiens vers l'étude des caractères particuliers qui différencient les peuples. L'histoire est devenue plus vivante, plus pittoresque, plus passionnante qu'elle ne l'avait jamais été. Elle est devenue en même temps plus riche et plus précise. La critique des sources a réalisé d'admirables progrès, des découvertes splendides ont révélé des civilisations inconnues, aucune des manifestations de l'activité sociale n'a été négligée, ni le droit, ni les mœurs, ni l'économie. C'est à juste titre que l'on a pu donner au siècle qui vient de finir le nom de siècle de l'histoire.[86]

In der ausschließlichen Beschäftigung mit der Nationalgeschichte wittert Pirenne schließlich den Verlust der wissenschaftlichen Objektivität (*l'objectivité scientifique*) und der Unparteilichkeit, die Rassen-, politischen und nationalen Vorurteilen das Wort redet. Dies könne durch die komparative Methode überwunden werden:

> Elle seule est capable de faire éviter à l'historien les pièges qui l'entourent, de lui permettre d'apprécier à leur juste valeur, à leur degré précis de vérité scientifique, les faits qu'il étudie. Par elle, et par elle seul, l'histoire peut devenir une science et s'affranchir des idoles du sentiment. Elle

---

86 Henri Pirenne: De la méthode comparative en histoire, S. 30.

le deviendra dans la mesure où elle adoptera pour l'histoire nationale le point de vue de l'histoire universelle. Dès lors, elle ne sera pas seulement plus exacte, elle sera aussi plus humaine. Le gain scientifique ira de pair avec le gain moral, et personne ne se plaindra si elle inspire un jour aux peuples, en leur montrant la solidarité de leurs destinées, un patriotisme plus fraternel, plus conscient et plus pur.[87]

Warum diesem Vortrag Henri Pirennes hier Aufmerksamkeit zukommt, obwohl er nicht explizit auf die vergleichende Methode in der Geschichte eingeht, sondern vielmehr die Folgen des Krieges für die Arbeit des Historikers zu erhellen versucht, ist insofern zu erklären, als Pirenne damit einen Aspekt der Historie anspricht, der sich auch in den folgenden Jahrzehnten in den methodologischen Bemerkungen unterschiedlichster nationaler Provenienz ständig wiederholt, nämlich den Aspekt der Humanität innerhalb und außerhalb jeder Wissenschaft. Bloch, das sei hier vorweggenommen, wollte seine Auffassung von vergleichender Geschichte in erster Linie in den Dienst der Völkerverständigung stellen. Nebenbei bemerkt, und dies ist gewiß offensichtlich geworden, bietet Pirennes Vortrag auch die Gelegenheit, auf ein »traditionelles Thema der Vergleichenden Literaturwissenschaft«[88] hinzuweisen, nämlich die Image- und Mirage-Forschung, also die Darstellung des »›Bild[es]‹ einer Nation oder eines Nationalcharakters im Spiegel der Literatur einer anderen Nation«[89]. In diesem Fall sind es eben die in bestimmtem Sinn bewußt oder unbewußt manipulierende Geschichtsschreibung und die pseudowissenschaftliche, bei derartigen Gelegenheiten immer aktuell werdende Rassentheorie, die zur *mirage*-Bildung, hier also zur Dehumanisierung und Humiliation eines Gegenübers, beitragen.
Pirenne, dem die nationalistischen, imperialistischen und militaristischen Entwicklungen der 1920er Jahre wenig Grund zum Optimismus gaben, arbeitete beständig und zielstrebig daran, Nationalgrenzen zumindest im Geist zu überwinden. Er war Mitglied von internationalen Organisationen, hielt Vorträge in Europa und den Vereinigten Staaten, förderte den internationalen Austausch von Studenten und Gelehrten und war schließlich wesentlich an der Organisation der ersten Konferenz des internationalen Kongresses der Geschichtswissenschaften nach dem Krieg, der vom 8.-15. April 1923 in Brüssel abgehalten wurde, beteiligt, ein Kongreß, der die Manifestation einer neuen internationalen Kooperation zwischen den Historikern werden sollte.[90] Auch Marc Bloch, Lucien Febvre und Louis Halphen nahmen an diesem Kongreß teil, wenn auch nur als Zuhörer.

87 Ebenda, S. 31f.

88 Horst Rüdiger: Grenzen und Aufgaben der Vergleichenden Literaturwissenschaft. In: Zur Theorie der Vergleichenden Literaturwissenschaft. Hg. v. Horst Rüdiger. Berlin/New York: de Gruyter 1971 (= Komparatistische Studien 1), S. 1-14. Hier S. 11.

89 Ebenda, S. 11.

90 Vgl. Bryce Lyon: Henri Pirenne. A Biographical and Intellectual Study. Gent: E. Story-Scientia 1974, S. 291ff. Lyon berichtet, daß von diesem neuen Zusammengehörigkeitsgefühl, das Pirenne erzeugen wollte, zuerst österreichische und deutsche Historiker aufgrund von alten Feindschaften und Vorurteilen Pirennes ausgeschlossen waren (vgl. S. 294).

3.2 Marc Bloch

Methodologisch ertragreicher als Henri Pirenne hat sich Marc Bloch mit dem Begriff *comparaison* und den Möglichkeiten, ihn für die Geschichtswissenschaft dienstbar zu machen, auseinandergesetzt.[91] Angeregt durch die französische Soziologie Émile Durkheims und den linguistischen Forschungen Antoine Meillets versuchte Bloch, die historiographischen Erkenntnismöglichkeiten durch den Vergleich sozialer Milieus und Strukturen zu erweitern.

Die Bedeutung der Soziologie Durkheims für die Historiographie der Annales ist vielerorts konstatiert worden,[92] zumal die Ende des neunzehnten Jahrhunderts entstehende Soziologie sowohl in Frankreich als auch in Deutschland eine vergleichende Sichtweise von Anfang an favorisierte.[93] Die vergleichende Soziologie konnte sich allerdings keinen Platz im Wissenschaftskanon sichern, weil sie »nicht Wissenschaft von *dem* Menschen [ist], sondern vom Menschen des industriellen Zeitalters. Da andere Gesellschaften nur selten in Betracht gezogen werden, fehlt die Möglichkeit des Vergleichs«[94]. Einen deutlicheren Bezugspunkt zu Durkheims Soziologie ortet Carlo Ginzburg in Blochs Präfiguration historischer durch psychische Tatsachen und bezieht sich dabei auf Durkheims Auffassung, daß soziale Gegebenheiten ein Produkt von Repräsentationen seien.[95] Bezugnahmen auf Durkheim finden sich bei Bloch allerdings häufiger als bei Febvre, wenngleich Bloch ihm Dogmatismus und simplifizierenden Determinismus vorwarf.[96]

Der Linguist Antoine Meillet (1866-1936), der sich Ferdinand de Saussure besonders verbunden fühlte, findet in den hier behandelten methodologischen Schriften Blochs häufig Erwähnung. Zum einen soll dadurch die vergleichende Arbeit Meillets innerhalb der Sprachwissenschaft als Vorbild für die Beschreibung einer komparativen Methode innerhalb der Geschichtswissenschaft dienen, zum anderen stellt Bloch Meillets Leistung immer wieder als ein für die Geschichtswissenschaft zu erreichendes Ideal auf, so etwa, als er einen der größten Erfolge innerhalb der Sprachwissenschaft

---

91 Marc Bloch: Comparaison. In: Revue de synthèse historique (1930), S. 31-39 (künftig im Text unter der Sigle C); Pour une histoire comparée des sociétés européennes. In: Revue de synthèse historique (1928), S. 15-50 (künftig im Text unter der Sigle HC). Der letztgenannte Beitrag ist in deutscher Übersetzung unter dem Titel *Für eine vergleichende Geschichtsbetrachtung der europäischen Gesellschaften* erschienen in: Alles Gewordene hat Geschichte. Die Schule der ANNALES in ihren Texten. Hg. v. Matthias Middell u. Steffen Sammler. Mit einem Essay von Peter Schöttler. Leipzig: Reclam 1994, S. 121-167.

92 Etwa bei Sabine Jöckel: »Nouvelle histoire« und Literaturwissenschaft. Die Geschichte ihrer Begegnung in der französischen Forschung. 2 Bde. Rheinfelden/Berlin: Schäuble ^{3}1993 (= Romanistik 44), S. 17-38.

93 Vgl. Heinz-Gerhard Haupt: Die international vergleichende Geschichtswissenschaft in Frankreich, S. 82.

94 Ernst Wilhelm Müller: Plädoyer für die komparativen Geisteswissenschaften, S. 10.

95 Vgl. Carlo Ginzburg: Mentalität und Ereignis. Über die Methode bei Marc Bloch. In: ders.: Spurensicherungen. Über verborgene Geschichte, Kunst und soziales Gedächtnis. Berlin: Wagenbach 1983, S. 126-148. Hier S. 105.

96 Vgl. Maurice Aymard: Histoire et comparaison, S. 271.

erwähnt, nämlich die Rekonstruktion des Indoeuropäischen mit Hilfe der vergleichenden Methode. Die Vorbildwirkung der Linguistik für die Geschichtswissenschaft hatte aber zu jenem Zeitpunkt schon ihre Tradition. Leopold von Ranke etwa gebrauchte die philologische Analyse um historische Dokumente zu interpretieren, »and ›comparative philology‹ was the precursor of ›comparative linguistics‹«[97]. Die wichtigste Aufgabe der vergleichenden Sprachwissenschaft sei es eben, Ursprünge und Besonderheiten der verschiedenen Sprachen zu ergründen. Meillet machte – und dieses Problem beschäftigte auch Bloch – den Erfolg der vergleichenden Methode von der Möglichkeit der Rekonstruktion eines gemeinsamen Ursprungs zweier (oder mehrerer) Sprachgruppen abhängig. Weiters war Meillet der Auffassung, daß die vergleichende Methode von der Arbitrarität der Zeichen abhing,[98] eine These, die von Bloch allerdings nicht untersucht wurde[99]. Schon aus dieser Tatsache folgt, daß Bloch Meillets Methode des Vergleichs nicht so konsequent übernommen hat, wie dies seine Ausführungen vermuten lassen.[100]
Meillet unterscheidet zwei prinzipielle Verwendungsweisen des Vergleichs: eine, um universale Gesetze, eine andere, um historische Merkmale beschreiben zu können:[101] »La comparaison est le seul instrument efficace dont dispose le linguiste pour faire l'histoire des langues. On observe les résultats des changements, non les changements eux-mêmes.«[102] Damit weist Meillet die vergleichende Methode als eine explizit historische Methode aus, die es schließlich ermöglicht und die imstande ist, eine Entwicklung beschreiben zu können. Schon Ferdinand de Saussure hat in seinen *Cours de linguistique général.* die gesellschaftliche Relevanz der Linguistik erkannt,[103] und auch Meillet charakterisiert Sprache einerseits als »institution sociale«, andererseits als »système où tout se tient«[104] und erweist sich somit als genuiner Vorläufer des Strukturalismus in der Sprachwissenschaft. Man vergleiche deswegen, um entweder universale Gesetze aus dem Vergleich abzuleiten, oder um historische Information zu erhalten. Diese beiden Arten des Vergleichs, jeder für sich legitim, unterscheiden sich jedoch grundsätzlich voneinander.[105] Die vergleichende Linguistik, so Bloch, sei mit Hilfe des Vergleichs zu den Wurzeln der Sprachen, im speziellen der europäischen, vorgedrungen.
Alette und Boyd H. Hill teilen die Auffassung, daß die innerhalb der Linguistik entwickelten vergleichenden Methoden für die Sozialwissenschaften anwendbar seien,

---

97 Alette Olin Hill/Boyd H. Hill Jr.: AHR Forum – Marc Bloch and Comparative History. In: The American Historical Review 85 (1980), S. 828-857. Hier S. 845.

98 Ebenda, S. 832.

99 Ebenda, S. 833f.

100 Ebenda, S. 834.

101 Vgl. Antoine Meillet: La méthode comparative en linguistique historique. Oslo: Aschehoug 1925, S. 1.

102 Ebenda, S. 11.

103 Vgl. Alette Olin Hill/Boyd H. Hill, Jr.: AHR Forum Marc Bloch and Comparative History, S. 828.

104 Vgl. Sprachwissenschaft des 19. Jahrhunderts. Hg. v. Helmut Christmann. Darmstadt: Wissenschaftliche Buchgesellschaft 1977 (= Erträge der Forschung 474), S. 334.

105 Vgl. Alette Olin Hill/Boyd H. Hill, Jr.: AHR Forum Marc Bloch and Comparative History, S. 829. Hill u. Hill beziehen sich auf Antoine Meillet: The Comparative Method in Historical Linguistics.

nicht, weil sich die zu untersuchenden Objekte zu sehr voneinander unterscheiden,[106] wenngleich sie dann sehr wohl Beispiele anführen, die eine derartige Verbindung nahelegen.[107] So hat etwa J. G. A. Pocock die Sprache als Produkt der Geschichte aufgefaßt:

> It needed only the step – which a historian should take instinctively – of viewing ›language‹ as a product of history and as possessing history of its own, to reach the point where it could be seen, first, that the exploration of language might yield historical results, might produce second-order statements about languages used which would be historical statements; second, that this activity could be considered a historical agent, helping to produce changes in linguistic consciousness and so in the history of language-use itself.[108]

Nicht zuletzt stellt Pocock eine prinzipielle Überlegung an, die den Historiker selbst als Produkt der Geschichte ausweist:

> Since the historian's mode of thinking, his assumptions, his problems, possibly even his logic, vary from tradition to tradition, period to period, and society to society, he must cease to be a *confrère* whose problems we share and become a phenomenon whose location and behaviour we study; and this study may be undertaken as a branch of comparative history.[109]

Nicht also nur die Produkte des Historikers sind historisch zu kontextualisieren, sondern auch der Historiker selbst samt seinen impliziten institutionellen und ideengeschichtlichen Verankerungen. Das Bewußtsein der historischen Distanz ist schließlich auch für jede Art der Textanalyse notwendig. Pocock definiert damit den New Historicism, der sich dem erwähnten Bewußtsein verpflichtet fühlt, implizit als eine vergleichende Forschungsrichtung in diesem Sinn. Alette und Boyd Hill fassen die Faszination der Historiker für die Linguistik folgendermaßen zusammen:

> What attracted historians to linguists was the apparent success of the latter in inventing formulae that would account for human behavior and in predicating sources that were sometimes later confirmed by the discovery of texts. For example, in his doctoral dissertation Saussure studied the vowel patterns of Proto-Indo-European, from which he postulated the existence of hitherto unexplained entities, which he called the *coefficients sonantiques*. These phonemes, which were

106 Vgl. Alette Olin Hill/Boyd H. Hill Jr.: AHR Forum – Marc Bloch and Comparative History, S. 838.

107 Genannt werden der im neunzehnten Jahrhundert lebende Rechtshistoriker Henry Sumner Maine, der, beeindruckt von den Arbeiten vergleichend verfahrender Philologen, die vergleichende Methode auch für seine Forschungen der antiken Rechtsgeschichte anwandte, weiters Claude Lévi-Strauss, der die Theorie der phonemischen Struktur bei Familienverhältnissen anwandte, schließlich Jacques Lacan, der zu dem Schluß gekommen war, daß die Struktur des Unbewußten der Sprachstruktur gleichkomme, und J. G. A. Pocock, der linguistische Problemstellungen zur Interpretation historischer Daten heranzog.

108 J. G. A. Pocock: Politics, Language, and Time: Essays on Political Thought and History. New York 1973, S. 12. Zitiert nach Alette Olin Hill/Boyd H. Hill Jr.: AHR Forum – Marc Bloch and Comparative History, S. 839.

109 J. G. A. Pocock: Review of ›History and Theory‹. In: Comparative Studies in Society and History 4 (1962), S. 535. Zitiert nach Alette Olin Hill/Boyd H. Hill Jr.: AHR Forum – Marc Bloch and Comparative History, S. 839.

barely perceptible in the extant remains of Indo-European, were later confirmed by the discovery of Hittite texts and their subsequent decipherment in 1915. Saussure ›had discovered, by a purely formal analysis, what are now known as the laryngeals of Indo-European.‹ A review of the history of various theories surrounding the laryngeals should convince historians that they should not assume that their own discipline is more complex than linguists, either in theory or in practice. Linguists, moreover, may claim that their theoretical statements have tended to be more congruent with their handling of the data than have those of comparative historians.[110]

Sie fassen darüber hinaus Blochs Gebrauch der Linguistik als ein nicht beendetes Experiment auf, vielmehr sehen sie Blochs Interesse für die Linguistik in den Kontext seiner interdisziplinären Bemühungen gestellt.[111]

Für Bloch umfaßt der Begriff des Vergleichs im wesentlichen die Gegenüberstellung der Gemeinsamkeiten und der Kontraste zweier Vergleichsobjekte im internationalen Rahmen (vgl. C, S. 32; HC, S. 17), deren Betrachtung in diesem Sinne jedoch auf eine methodologisch argumentierbare Basis gestellt werden müsse, um in der Folge eine *comparaison historique* definieren zu können. Dies soll nicht zuletzt durch eine Rückschau auf die Entwicklung der komparativen Methode erreicht werden. Ausgangspunkt hierbei bildet die Linguistik als Humanwissenschaft, zumal eine Gemeinschaft durch ihre Sprache von einer anderen abgrenzbar und somit vergleichbar wird. Der Begriff der Grenze tritt bei Bloch gleichsam metaphorisch in Form der Transnationalität als Abstraktion einer topographischen Nationalität auf (vgl. HC, S. 44). Das gesellschaftliche Leben samt seinen thematischen Abstufungen erfordere einen erst zu schaffenden geographischen Rahmen, »determiné non du dehors mais du dedans« (HC, S. 45). Die Zusammenschau bzw. Gleichsetzung von Nation und sozialer Realität – das darf hier schon vorweggenommen werden – ist für Bloch unmöglich. Neben der Linguistik habe sich die Ethnologie mit ihren Studien über sogenannte primitive Gesellschaften mit Erfolg der komparativen Methode bedient, nicht zuletzt finde die komparative Methode mittlerweile in immer komplexer werdenden menschlichen und sozialen Phänomenen Anwendung, sodaß Bloch einige Sozialwissenschaften geradezu von einer »philosophie comparée« (C, S. 33) beseelt sieht. Schließlich sei sogar eine Schule der *littérature comparée* entstanden: »Toute une école de littérature comparée est née, parfois, à dire vrai, au moins chez certains de ses représentants, mais non, certes, chez tous, un peu trop exclusivement disposées à réduire les recherches comparatives à l'étude des influences, qui n'en est qu'un aspect.« (C, S. 33) Damit hat Bloch bereits das methodologische Verhältnis zwischen französischer Sozialgeschichte und französischer Komparatistik definiert: Die verkürzte Methodik der Komparatistik konnte somit kaum positiv auf die Sozialhistorie wirken. Arbeiten (nicht nur) französischer Komparatisten wie *Histoire des relations littéraires entre la France et l'Allemagne* (1897) von Virgile Rossel, *Goethe en France* (1904) von Fernand Baldensperger oder *Heine in Frankreich* (1895) von Louis Paul Betz bestätigen sehr deutlich Blochs Eindruck, daß die französische Komparatistik einfluß- und stoffhistorisch orientiert arbeitete: »En même temps que la littérature

110 Alette Olin Hill/Boyd H. Hill Jr.: AHR Forum – Marc Bloch and Comparative History, S. 840.
111 Ebenda, S. 845.

comparée se définissait par l'étude des influences, elle couvrait le large domaine des thèmes et motifs (Stoffgeschichte), un domaine particulièrement exploré par les Allemands depuis 1850 environ.«[112] Paul van Tieghem hatte bereits 1920, also noch vor Bloch, die übermäßige Spezialisierung und Monographisierung der Literaturwissenschaft, im speziellen der Literaturgeschichte, bedauert,[113] und damit eine Kritik formuliert, die bis in die Gegenwart Gültigkeit behalten hat[114]. Seine Argumentation richtet sich vor allem gegen die wissenschaftliche Tradition der Biographie, der Konzentration auf *einen* Autor, auf *ein* Werk oder *eine idée*: »Mais cette analyse ne suffit pas. Elle doit aboutir à une première espèce de synthèse, qui rapproche les faits et les textes pour en tirer, par la ressemblance ou le contraste, des conclusions«[115]. Van Tieghems Bestreben liegt also in einer synthetisierenden Betrachtung von Texten, der Beschreibung ihrer Ähnlichkeiten und Unterschiede mit Hilfe des Vergleichs. Der Komparatist habe sich schließlich den folgenden Anforderungen zu stellen:

> Le comparatiste [...] est un savant qui a particulièrement étudié la région mitoyenne entre deux littératures, à des époques ou dans des genres déterminés; il s'est occupé de la diffusion à l'étranger des livres, des idées; il est attentif aux traductions, aux imitations, aux influences; il doit connaître les deux langues entre lesquelles se sont faits les échanges. Quelques-uns vont plus loin, et suivent entre trois nations ou davantage la fortune des idées, des formes ou des livres. Mais ils procèdent toujours par rapprochements binaires, vu la nature des problèmes qu'ils étudient. Leur méthode, d'ailleurs, est la même que celle de l'histoire littéraire d'une seule nation; seulement elle s'étend à des objets plus variés. Pour trouver la source d'une idée de Voltaire dans Bayle ou dans Pope, on procédera de la même façon; mais il est plus commode que dans le second cas le travail soit fait par un spécialiste des relations intellectuelles entre l'Angleterre et la France au XVIIIe siècle.[116]

Als »le genre aujourd'hui le plus cultivé de toute la littérature comparée« beschreibt van Tieghem die Rezeptions- und Wirkungsforschung:

> l'étude de la diffusion d'une littérature entière, d'une école, d'un ouvrage ou d'un écrivain, de sa réputation, de son influence, dans un pays étranger, en général ou à telle époque, dans un groupe d'écrivains, dans un écrivain, dans un ouvrage [...].[117]

Charles Dédéyan wiederholt diese Aufzählung fast vierzig Jahre später:

---

112 Pierre Brunel/Claude Pichois/André-Michel Rousseau: Qu'est-ce que la littérature comparée? Paris: Colin 1983, S. 22.

113 Vgl. Paul van Tieghem: La synthèse en histoire littéraire. Littérature comparée et littérature générale. In: Revue de synthèse historique 31 (1920), S. 1-27.

114 Etwa bei Gerald E. P. Gillespie: »We get views of single authors, quite narrowly focussed thematology based on a single culture, or the application of some preferred metanarrative to a rather small amount of material – in short, papers which cause genuine specialists to complain that comparatists offer nothing special of their own.« (Gerald E. P. Gillespie: The Example and Promise of Comparative Literature. In: ICLA Bulletin 17 (1997), Heft 1-2, S. 49-54. Hier S. 49f.)

115 Paul van Tieghem: La synthèse en histoire littéraire, S. 4.

116 Ebenda, S. 5f.

117 Ebenda, S. 8.

En effet, littérature comparée ne veut pas dire comparaison pure et simple; il s'agit de filiation, d'influence, d'intégration à de grands mouvements d'idées comme les thèmes littéraires. La comparaison peut bien venir, mais elle n'y est qu'un moyen et non un terme; elle n'est là que pour justifier un processus d'idées et de sentiments qui s'accordent ou se diversifient suivant le milieu et le moment.[118]

Blochs Konzept einer *comparaison historique* geht von der Gegenüberstellung zweier unterschiedlicher sozialer Systeme aus, ohne diesen Begriff zu definieren. Bloch bestimmt den Begriff der *méthode comparative* zuerst als »différence entre deux systèmes sociaux« (C, S. 33), ergänzend schließlich als die Erklärung der Ähnlichkeiten und der Unterschiede »qu'offrent des séries de nature analogue, empruntées à des milieux sociaux différents« (C, S. 34). Bloch scheint hier den historischen Prozeß in synchrone Schnitte aufteilen zu wollen. Zwar werden diese Schnitte in ihren sozialen Kontext eingebettet, jedoch nicht als Entwicklung beschrieben. Bloch bleibt also Antworten auf folgende Fragen schuldig: Ist der sozialhistorische Vergleich imstande, historische Entwicklungen zu beschreiben? Wie definieren sich soziale Systeme, und welche methodischen Probleme ergeben sich bei deren Gegenüberstellung? Welche Folgerungen ergeben sich aus der Beschreibung der Ähnlichkeiten und Unterschiede zweier oder mehrerer sozialer Systeme?

Der Beitrag *Pour une histoire comparée des sociétés européennes* aus dem Jahr 1928, ein in Oslo gehaltener Vortrag, ist Blochs ausführlichste Darstellung der vergleichenden Methode in der Geschichtswissenschaft und führt einige Problemstellungen, die in dem Artikel *Comparaison* nur angedeutet sind, ausführlicher aus. Es ist vielmehr noch als in dem zuletzt besprochenen Artikel der Versuch, die Historiker von einer Methode, vielmehr von einem Instrument, einem Hilfsmittel, zu überzeugen, das in den Sozialwissenschaften ertragreich angewandt wurde. Die komparative Methode solle die Detailforschung befördern, gleichzeitig aber nicht die Hoffnung erwecken, die Geschichtswissenschaft von Grund auf zu revolutionieren. Sie sei ein Instrument, das es dem Historiker erlaube, seine Hypothesen ständig zu überprüfen, seine Position immerzu in Frage zu stellen. Anhand einer Art Vergleichsreihe, also der fortwährenden Überprüfung des jeweils Erreichten, soll es gelingen, eine historische Erkenntnis zu Tage zu fördern bzw. eine vorhandene Erkenntnis zu revidieren. Vergleichen für den Historiker bedeute die Beschreibung zweier analoger Phänomene in einem oder mehreren unterschiedlichen sozialen Milieus. Die vergleichende Methode, die Bloch ausdrücklich als eine Technik verstand, sollte keineswegs anderen Techniken der historischen Forschung bevorzugt werden, ganz im Gegenteil, sie erfülle ihren wahren Wert erst im Einklang mit diesen. Nicht zuletzt bemühte sich Bloch, mit jenem Technikverständnis die vergleichende Geschichte von der doktrinären Methodologie der Soziologie des neunzehnten Jahrhunderts abzugrenzen.[119] Bloch ergründet zuerst Inhalt und Bedeutung des Begriffs Vergleich für die Geschichtswissenschaft:

118 Charles Dédéyan: La littérature comparée. In: Révue de l'Enseignement Supérieure (1959), Heft 1, S. 126-130. Hier S. 126.

119 Vgl. J. Ambrose Raftis: Marc Bloch's Comparative Method and the Rural History of Mediaeval England. In: Medieval Studies 24 (1962), S. 349-368. Hier S. 350.

> Qu'est-ce, tout d'abord, dans notre domaine, que comparer? Incontestablement ceci: faire choix, dans un ou plusieurs milieux sociaux différents, de deux ou plusieurs phénomènes qui paraissent, au premier coup d'œil, présenter entre eux certaines analogies, décrire les courbes de leurs évolutions, constater les ressemblances et les différences et, dans la mesure du possible, expliquer les unes et les autres. Donc deux conditions sont nécessaires pour qu'il y ait, historiquement parlant, comparaison: une certaine similitude entre les faits observés – cela va de soi – et une certaine dissemblance entre les milieux où il se sont produits. (HC, S. 16f.)

Bloch bettet sein Vergleichsobjekt in ein Netz von das Objekt umgebende Bedingungen. Seine Vergleichsobjekte werden also als determinierte Objekte beschrieben und nicht – wie bei van Tieghem angedeutet – kontextlos dargestellt. Diese Vorgehensweise findet sich bei van Tieghem nur implizit, wenn er die *fortune* von Vorstellungsweisen, literarischen Formen oder Werken zu rekonstruieren sucht. Dennoch schließt van Tieghem eine kontextualisierte Literaturbetrachtung keineswegs aus. Dies könnte einerseits auf ein breiteres Verständnis seines Literaturbegriffs zurückzuführen sein, andererseits eben auch auf die Ignoranz einer sozialhistorischen Darstellung, so daß er sich von einer solchen gar nicht zu distanzieren vermag. Wenn Dédéyan hingegen von einer *intégration* ideengeschichtlicher Epochen und von übereinstimmenden oder voneinander abweichenden Ideenprozessen abhängig von *milieu* und *moment* spricht, wird bereits ein gesteigertes Bewußtsein der Komparatistik für (sozial-)historische Entwicklungen augenscheinlich. Bloch präzisiert sogleich die Anwendung der vergleichenden Geschichtsbetrachtung als eine Staats- und Nationengrenzen überschreitende Methode, um schließlich zwischen zwei Arten des Vergleichs, die bezüglich ihrer methodischen Prinzipien und ihrer Ergebnisse unterschiedlicher Natur sind, zu unterscheiden.

> Premier cas: on choisit des sociétés séparées dans le temps et l'espace par des distances telles que les analogies, observées de part et d'autre, entre tel ou tel phénomène, ne peuvent de toute évidence, s'expliquer ni par des influences mutuelles, ni par aucune communauté d'origine. Par exemple (depuis l'époque déjà lointaine où le P. Lafitau, de la Société de Jésus, invitait ses lecteurs à comparer les »mœurs des sauvages américains« avec celles des »premiers temps«, c'est le type le plus répandu de ce genre de comparaison), on met en regard les civilisations méditerranéennes, hellénique, ou romaine, et les sociétés dites »primitives«, nos contemporaines. (HC, S. 17f.)

Die erste Anwendung also betrachtet zwei Gesellschaften, die durch Zeit und Raum getrennt sind, und deren Analogien nicht auf gegenseitigen Einfluß und gemeinsamen Ursprung zurückgeführt werden können. Diese Anwendung bietet die Möglichkeit, gewisse Dokumentationslücken zu schließen, indem etwa ein in einer Gesellschaft vorhandenes, bisher jedoch unverstandenes oder unzureichend dokumentiertes Phänomen durch ein in der anderen Gesellschaft analoges erklärt bzw. rekonstruiert wird, ein Verfahren, das Bloch aus der Linguistik Antoine Meillets bereits bekannt war und auch für die gegenwärtige Geschichtswissenschaft von Bedeutung ist.[120] Daneben begünstige die vergleichende Methode das Entstehen neuer Forschungsrichtungen, was insofern

120 Vgl. Karl Brunner: Einführung in den Umgang mit Geschichte. Wien: Literas ^{2}1991, S. 65ff.

nahelag, als der vergleichenden Methode auch gewissermaßen eine Metafunktion zugeschrieben wurde, die sie als eine Möglichkeit zur Prüfung historischer Methoden auswies: »Comparative history is first and foremost a critique of historical methodology«[121]. Bloch war davon überzeugt, daß die komparative Methode quasi den Urgrund aller kritischen Möglichkeiten des Historikers bildet. Die Vorzüge dieser Art des Vergleichs bzw. des Vergleichs überhaupt sieht Bloch in den folgenden Punkten: Zum einen löse der Vergleich bzw. ein Vergleichsergebnis im Betrachter eine Art Kulturschock, eine Verfremdung gegenüber seines eigenen kulturellen Kontextes aus und entgrenze sein Kulturverständnis in einer Weise, daß er mit einem deutlichen Gefühl des Unterschieds, mit einem Eindruck des Exotischen die Vergangenheit betrachte, laut Bloch die unabdingbare Voraussetzung »de toute saine intelligence du passé« (HC, S. 18). Auf diese Weise könne eine Erklärung für zwar überlieferte, bisher aber unverständlich gebliebene Erscheinungen geliefert werden. Bloch berichtet in diesem Zusammenhang über die Forschungen James Frazers über ein Ritual aus der Frühzeit des römischen Reiches, das sich am Ufer des Némi-Sees in der Nähe von Rom abgespielt hat: Wollte jemand Priester des Diana-Tempels werden, mußte er seinen Vorgänger töten. Das Verständnis für jenen Ritualmord hätte sich aus der Rekonstruktion seines ›psychologischen Milieus‹ ergeben, die jedoch mangels Quellen nicht möglich war. Der Ritus als solcher bestand fort, selbst nachdem die psychologische Motivation dazu verlorengegangen war. Frazer machte sich nun auf die Suche nach ähnlichen Riten bei ›barbarischen‹ Völkern, um nach ihren psychologischen Hintergründen zu fragen.

> »Si nous pouvons montrer qu'une coutume barbare, semblable à celle de Némi, a existé ailleurs; si nous pouvons déceler les motifs qui en ont amené l'institution, prouver que ces motifs ont exercé leur action largement, peut-être universellement, au sein des sociétés humaines, produisant dans des circonstances variées un grand nombre d'institutions spécifiquement différentes, mais génériquement pareilles; retrouver enfin les traces de leur travail jusque dans l'antiquité classique ... alors nour pourrons légitimement induire que ces mêmes motifs, à un âge lointain, donnèrent naissance au sacerdoce de Némi«. (HC, S. 18)[122]

Der Vergleich ist für den Historiker nicht zuletzt ein Hilfsmittel, in der richtigen Weise an sein Quellenmaterial heranzugehen, dieses erst einmal richtig zu interpretieren: »Un document est un témoin; comme la plupart des témoins il ne parle guère que lorsqu'on l'interroge. Le difficile est de dresser le questionnaire. C'est là où la comparaison apporte à ce perpetuel juge d'instruction qu'est l'historien le plus précieux secours«. (HC, S. 20) Blochs ständig wiederkehrende Überlegungen zur Problematik der historischen Quellen haben auch einen wissenschaftstheoretischen Hintergrund. Er war bestrebt, die Geschichtswissenschaft an die Methoden und ›Wahrheits‹kriterien der

---

121 J. Ambrose Raftis: Marc Bloch's Comparative History and the Rural History of Mediaeval England, S. 351.

122 Bloch zitiert aus James Frazer: The Golden Bough, 3e éd., t. I, p. 10. Die bibliographischen Angaben bleiben, wie ersichtlich, sehr spärlich. Dazu Hill und Hill: »What Frazer sought was a common human substratum or deep structure of mentality in the Chomskyian sense – in short, a universal trait with world-wide application«. (Alette Olin Hill/Boyd H. Hill, Jr.: AHR Forum Marc Bloch and Comparative History, S. 830f.)

Naturwissenschaften anzugleichen, was nicht zuletzt auch Blochs Wissenschaftsbild offenbart. Er geht aus von der Naturwissenschaft als einer Art Leitwissenschaft, weshalb die Definition der *faits historiques* beinahe einen naturwissenschaftlichen Charakter annimmt. Die *faits historiques*, die historischen Ereignisse also, sollen wissenschaftliche Erkenntnis liefern können. Mit Hilfe der Philologie und der *critique historique*, der kritischen Auswertung der Zeugnisse, soll ›historische Wahrheit‹ möglich werden.[123] Doch welche Quelle gibt die historische Wahrheit unbedarft wieder? Welche *Erzählung* ist nicht durch Phantasie, Übertreibung etc. seines Autors angereichert worden? Welches Dokument könnte schließlich nicht auch gefälscht sein? »Man muß die Erzählungen der Augenzeugen untersuchen und vergleichen und sich vergegenwärtigen, daß auch sie [...] ungenau sein können, weil sie unter den Einfluß gesteigerter Aufmerksamkeit, Affektivität usw. stehen.«[124] Vor allem der *linguistic turn* hat das Bewußtsein der Historiker nicht nur auf die textuelle bzw. ›literarische‹ Verfaßtheit der Historiographie, sondern auch auf ihre (Text-)Quellen gelenkt und gezeigt, daß Quellen durchaus auch ›literarisch‹, sprich die historische Wirklichkeit nicht unmittelbar darstellend, sein können. Bloch führt dazu ein Beispiel aus der eigenen Forschung zur Agrargeschichte an, um folgenden Sachverhalt darzulegen: Ein in einer Gesellschaft auftretendes Phänomen mag durch zureichende Quellenlage auf seine Ursachen zurückgeführt werden, auch seine Entwicklung ist durch eben jene vorhandenen Quellen leicht nachvollziehbar. Ein ähnliches Phänomen mag in einer benachbarten Gesellschaft zu beobachten sein. Ursachen und Entwicklung dieses Phänomens in eben jener anderen Gesellschaft mögen aber nicht so leicht nachvollziehbar sein, Ursache und Folge können somit nicht miteinander verknüpft werden. Bloch berichtet von einem Transformationsprozeß in der Agrargeschichte Englands vom sechzehnten bis zum neunzehnten Jahrhundert. Mit dem Phänomen der *enclosures* bezeichnet Bloch die Einhegung von Gemeindegütern und Feldern, die, ursprünglich Gemeingut einer Dorfgemeinschaft, plötzlich Objekt persönlicher Aneignung werden. Dieser Prozeß von Allgemeingut zu Individualbesitz spielte sich nicht umsonst vor dem Hintergrund englischer Kolonialexpansion und industrieller Revolution ab, habe bestimmte soziale Phänomene bewirkt und nicht zuletzt den Charakter der englischen Landschaft mitgeprägt, ein Umstand, der in Geschichtsbüchern über England gewiß nicht unerwähnt bleibe. Diese Entwicklung spielte sich also keineswegs im Verborgenen ab, oder hat sich dem Historiker späterer Zeit entzogen. Ähnliches trug sich in Frankreich zu, blieb jedoch von der Historiographie unbemerkt. Die französische Entwicklung jener Landschaftseinhegungen und ihres agrarhistorischen und gesellschaftlichen Motivationshintergrunds, die der englischen nicht gleichzusetzen ist, müßte Bloch zufolge nun mit Hilfe von Analogieschlüssen rekonstruierbar sein. Aus dem vorläufigen Unwissen soll Wissen entstehen, oder, sicherlich im Sinne Blochs, sollen Hypothesen formuliert werden, deren Wahrhaftigkeit durch ständiges Weiterfragen auf die Probe gestellt werden soll. Leider läßt es Bloch, wie in einigen späteren Beispielen

123 Vgl. Carlo Ginzburg: Mentalität und Ereignis, S. 100.

124 Ebenda, S. 100. Vgl. dazu auch Hayden White: The Historical Text As Literary Artifact. In: ders.: Tropics of Discourse. Essays in Cultural Criticism. Baltimore/London: The Johns Hopkins University Press 1978, S. 81-100.

auch, mit diesem Hinweis auf die Ähnlichkeit der Entwicklung in Frankreich und England bewenden, ohne eine mögliche Lösung anzubieten. Grund dafür mag Blochs Erkenntnis sein, daß diese Vorgehensweise, die ja analog zur Rekonstruktion des Indogermanischen mit Hilfe der vergleichenden Linguistik funktioniert, der Geschichtswissenschaft insofern kaum dienlich sein kann, als soziale Organisationsformen eine viel komplexere Natur aufweisen als sprachliche Phänomene, wenngleich der linguistische Strukturalismus annimmt, daß sich Institutionen wie Sprachen verhalten.[125] Die Auffassung von der Komplexität sozialer Organisationsformen scheint allerdings insofern nicht gerechtfertigt, als Bloch in einem Aufsatz über französische Agrargeschichte schreibt: »We must recognise that the facts of agrarian life are no tidier than those of language: just as there are always certain forms and usages which straddle dialect boundaries, so there are no geographical areas whose limits are exactly coterminous with one particular set of agrarian forms and techniques.«[126] Bloch weist schließlich auf einen Umstand hin, der dem Komparatisten, vielleicht weil er diesen für selbstverständlich hält, unbewußt bleibt. Die Wahrnehmung der Unterschiede nämlich stehe in der vergleichenden Methode an zweiter Stelle, an erster Stelle stehe ihre Entdeckung. Dies ist durchaus keine Selbstverständlichkeit. Aus der Entdeckung folgt das Problembewußtsein, aus der Wahrnehmung folgt die Interpretation. Diese Überlegung weist Bloch – unbewußt oder bewußt – gleichsam als einen sokratischen Maieutiker aus, der durch immerwährendes Fragen und Infragestellen der Erkenntnis seinem Untersuchungsgegenstand näherzurücken trachtet.[127] Einen weiteren Vorteil der vergleichenden Methode leitet Bloch aus diesen Überlegungen ab: Sie führe den Historiker auf die Ursachen und Ursprünge eines historischen Phänomens zurück, wieder ein deutliches Indiz für den Einfluß Antoine Meillets. Doch nicht nur dies. Die vergleichende Methode dient dem Historiker auch dazu, ihn von falschen Fährten abzubringen, seinen einmal eingeschlagenen Weg angesichts neuer Tatsachen zu korrigieren. Dies, so Bloch, sei der wertvollste Dienst, den die vergleichenden Methode dem Historiker zu leisten imstande sei (vgl. HC, S. 27). Diese typologische Methode gehe von einer grundlegenden Einheit des menschlichen Geistes aus, die allerdings von Bloch nicht begründet wird. Zu fragen wäre weiters, ob diese Form des gewissermaßen allumfassenden Vergleichs nicht bald der Beliebigkeit anheimfällt, alles mit jedem zu vergleichen, Ergebnisse aus Vergleichskonstellationen zu extrahieren, deren zu vergleichenden Elemente/Einheiten in keinerlei begründetem Zusammenhang stehen. Of-

125 Vgl. Alette Olin Hill/Boyd H. Hill Jr.: AHR Forum – Marc Bloch and Comparative History, S. 831.

126 Marc Bloch: Les Caractères originaux de l'histoire rurale française. Zitiert nach Alette Olin Hill/Boyd H. Hill Jr.: AHR Forum – Marc Bloch and Comparative History, S. 834. Dazu bemerken Hill u. Hill: »Whereas a morpheme may be a *smaller* unit than an institution, the complexity of interpretation is not necessarily less. Whoever peruses the various types of phonetic, analogic, and semantic change in Leonard Bloomfield's *Language* or the intricate formulae in Henry M. Hoenigswald's *Language Change and Linguistic Reconstruction* will not readily conclude that simplicity inheres in the study of ›linguistic affiliations‹«. (S. 834)

127 Vgl. dazu Helmut Krauch: Systemanalyse. In: Handlexikon der Wissenschaftstheorie. Hg. v. Helmut Seiffert u. Gerard Radnitzky. München: Deutscher Taschenbuch Verlag [2]1994, S. 338-344. Hier S. 343f.

fenbar wollte Bloch dieser Tatsache mit der Annahme einer Einheit des menschlichen Geistes entgegenwirken, den unter Umständen zur Willkür ausartenden Objektbereich des typologischen Vergleichs durch die Konstruktion von gesellschaftsumfassenden Archetypen sozialer Formen und Normen argumentativ absichern.

Die zweite Art des genetischen Vergleichs – Bloch verwendet diesen Begriff nicht – betrachtet benachbarte und zeitgleiche Gesellschaften, die einander ständig beeinflussen, oft gemeinsamen Ursprungs sind und deren Entwicklung eben wegen dieser sowohl geographischen wie auch kulturellen Nähe denselben Ursachen unterworfen sind. Bloch scheint dies die wissenschaftlich ertragreichere Art des Vergleichs zu sein, zumal sie eine strengere Klassifikation erlaube, die Hypothetik der Ergebnisse minimiere, Zusammenhänge kritischer untersuchbar mache und genauere Schlußfolgerungen zulasse.

> Mais il est une autre application du procédé de comparaison: étudier parallèlement des sociétés à la fois voisines et contemporaines, sans cesse influencées les unes par les autres, soumises dans leur développement, en raison précisément de leur proximité et de leur synchronisme, à l'action des mêmes grandes causes, et remontant, partiellement du moins, à une origine commune. (HC, S. 19)

Bloch schließlich favorisiert jene zweite genetische Vergleichmethode, deren Nützlichkeit und Verwendbarkeit er anhand von Fallbeispielen konkretisieren möchte. Fraglich bleibt jedoch, ob Bloch den vollen Umfang dieser Vergleichsmethode aus der Linguistik übernehmen wollte, denn dies würde etwa bedeuten, daß alle Gesellschaften mit einer ähnlichen Institution untersucht werden müßten, wenn Grund zur Annahme einer genetischen Verbindung zwischen ihnen besteht.[128] Grundlage und unablässiger Ausgangspunkt der Erkenntnis der *faits historiques*, die letztlich auch die Grundlage für den Vergleich bilden und nur aus den Dokumenten ablesbar seien, sei die schon angesprochene systematische Befragung jener Dokumente. Der Historiker trete gleich-

128 Vgl. Alette Olin Hill/Boyd H. Hill Jr.: AHR Forum – Marc Bloch and Comparative History, S. 837: »To be sure, neighboring societies would doubtless show cultural similarities, but it might be possible to find a society at some distance that had a similar institution – for example the *raja* of ancient India, the *rex* or ancient Rome, and the **rigs* of Celtic-speaking Europe. Since these words are cognate – that is, they derive from a single Proto-Indo-European root – comparing them as royal institutions would be plausible, even though, at the present time, the cultures that inherited these terms have spread apart and are no longer ›neighbouring‹ in the geographical sense. [...] Finally, in Bloch's own work there are cases in which he compared institutions in only two societies – for example, in his study of the *ministeriales* in France and England. It could be argued that in each of these works the greater part of the evidence was confined to two societies and, therefore, Bloch was indeed using ›all and only‹ the pertinent data. Most linguistic comparisons, however, involve a great many more groups, whether at the level of dialect or of language. One wonders if these fine works by Bloch – one an article, the other a book – did not perhaps set a precedent for his successors to confine their studies to two societies, rather than ›all and only‹.« Hill u. Hill beziehen sich auf den Artikel Un problème d'histoire comparée: la ministerialité en France et en Allemagne. In: Mélanges historiques. Bd. 1, S. 503-528, und auf das Buch *La société féodale*. Paris 1939/40.

sam als *juge d'instruction*[129] gemäß einer von Bloch oft verwendeten Metapher des Historikers als Untersuchungsrichter, der seine Zeugen nach gewissen Kriterien und einer gewissen Systematik zufolge befrage, auf. Die Art und Weise, nicht zuletzt auch die Richtigkeit der historischen Erkenntnis, hänge ganz davon ab, wie der Historiker den Dokumenten, den Quellen, gegenübertritt, in welcher Weise er sie befragt. Die Herausforderung für den Historiker beginnt also schon in diesem Stadium der Erstellung eines Fragenkatalogs, anhand dessen er – um bei der Metapher des Richters zu bleiben – seine Zeugen zum Sprechen bringt und den Fragenden mit den richtigen Informationen versorgt. Bloch zählt in einem anderen unveröffentlichten Beitrag[130] die drei Arten von Zeugnissen der Vergangenheit auf. Gemäß der Tatsache, daß der Historiker oft auf vermittelte, also indirekte Erkenntnis angewiesen ist, stehen einander indirekte und direkte Zeugen bzw. Dokumente gegenüber. Als dritte Gattung von Zeugnissen nennt Bloch die natürlichen Indizien.

> Zu unterscheiden gilt es [...] zwischen direkten und indirekten Zeugnissen. Die ersteren sind die Berichte von Personen, die dem Geschehen beigewohnt haben. Und hier greift er sein Beispiel auf, den Mord: »Ich bin Untersuchungsrichter. Ich meine zu wissen, daß bestimmte Personen im Augenblick des Mordes zugegen waren. Ich lade sie vor. Sie erzählen mir, was geschehen ist. Mein Schreiber nimmt ihre Erklärungen auf. Sie sind Zeugen; ihre Berichte bilden Zeugnisse im genauen Sinn des Wortes.« Sodann beschreibt er als Beispiel für ein indirektes Zeugnis einen Brief, aus dem sich Aufschluß über die Tatmotive gewinnen läßt. Dann kommt er zur dritten Gattung von Zeugnissen: »Endlich gibt es die natürlichen Indizien. Als Untersuchungsrichter werde ich nach den Werkzeugen der Tat suchen lassen, nach eventuellen Fingerabdrücken des Mörders usw. Und diese Objekte werden ebenfalls stumme, aber häufig unwiderlegbare Zeugen sein. Wir nennen sie Indizien.«[131]

Diese Metaphorik dient nicht nur dazu, dem Studenten der Geschichte die Arbeitsweise seiner Wissenschaft möglichst anschaulich und plastisch vor Augen zu führen, sondern weist auch ganz besonders auf die Notwendigkeit der historischen Kritik hin, die dem Forscher das Bewußtsein verleiht, daß Quellen, wie bereits erwähnt, nicht immer die Wahrheit über die Vergangenheit aussagen müssen, sondern ebenso gefälscht sein

129 »Der ›juge d'instruction‹, von dem er spricht, bezeichnet die 1808 mit dem *Code d'instruction criminelle* geschaffene Funktion eines Ermittlungsführers, der in einem Strafverfahren die Untersuchung leitet – nicht zu verwechseln mit dem Richter, der die Verhandlung leitet und das Urteil fällt [...]. Mit anderen Worten, der dem Polizeidetektiv nahestehende (und Zivilkleidung tragende) Untersuchungsrichter ›richtet‹ nicht, sondern er ermittelt. Er *forscht*, wenn man so will. Und genau darauf kommt es Bloch an. Er sucht eine Formel für die kritische, unbestechliche Forschung, die der Historiker betreibt, für eine Ermittlung sine ira, für eine Untersuchung ohne vorgefaßte Überzeugungen. Deshalb spricht er vom Untersuchungsrichter. Immer wieder, insgesamt drei Jahrzehnte lang, benutzt er dieses Bild.« In: Ulrich Raulff: Ein Historiker im 20. Jahrhundert, S. 184.

130 Marc Bloch: Introduction: Qu'est-ce que la diplomatie. Das Manuskript befindet sich in den Archives Nationales unter der Sigle AN XIX 3796, I, 1, 5. Siehe dazu Ulrich Raulff: Ein Historiker im 20. Jahrhundert, S. 187.

131 Ulrich Raulff: Ein Historiker im 20. Jahrhundert, S. 188.

können. In diesem Sinn hat sich die Historiographie auch derartigen Unwahrheiten bzw. Gerüchten zugewandt.[132]
Der augenfälligste Dienst, den die vergleichende Betrachtung – etwa zweier Gesellschaften – leisten kann, ist die Feststellung und Bestimmung der diversen Einflüsse der einen Gruppe auf andere. Maurice Aymard weist auf die Wichtigkeit des Zusammendenkens des Raum- und des Zeitbegriffs bei Marc Bloch für seine komparative Methode hin.[133] Damit kreiert Bloch gleichsam einen mehrdimensionalen Geschichtsbegriff, der sich von einer Auffassung der Historiographie als Linearität und Zusammenschau, wie sie im neunzehnten Jahrhundert praktiziert worden ist, unterscheidet und natürlich ganz und gar konform mit den Anschauungen der *nouvelle histoire* geht. Den Anspruch der Wissenschaftlichkeit sieht Aymard in dieser althergebrachten Art der Geschichtswissenschaft nicht vorhanden.[134]
Nicht zuletzt sollte die Methode des Vergleichs helfen, die Geschichtsschreibung als eine Wissenschaft auszuweisen. Vergleichen – so Durkheim – heiße immer auch erklären, und Erklärung (gemeint ist hier die Darstellung der Ursache und der Funktion eines sozialen Phänomens[135]) erst zeichne eine Wissenschaft aus. Dies diente nicht zuletzt der Positionsbestimmung der Historiographie neben der Soziologie.[136]

> L'histoire comparée est capable de nous réveler, entre les sociétés humaines, des interactions précédemment inconnues; quant à attendre d'elle que, mise en présence de sociétés jusqu'ici considérées comme dépourvues de tout lient de parenté, elle nour amène à découvrir, dans ces groupes, des fractions détachées, à une date ancienne, d'une société mère, auparavant insoupçonnée, ce serait entretenir un espoir destiné à être presque toujours deçu. (HC, S. 42)

Diese Einschränkung gesteht sich Bloch gegen Ende seiner Ausführungen zu. Es wäre somit falsch zu behaupten, daß Bloch als unumschränkter Apologet der vergleichenden Methode aufgetreten wäre. Gleich zu Anfang weist er ja lediglich auf die Funktion dieser Methode als eines Hilfsmittels hin, das das Repertoire des Forschers bereichern kann. Trotzdem ist sie offenbar imstande, gewohnte Arbeitsverfahren und Vorgehensweisen, Grundüberzeugungen und Denkmodelle des Historikers gehörig durcheinanderzuwirbeln. Denn so harmlos und unscheinbar geriert sich die vergleichende Me-

---

132 Vgl. Jean-Noël Kapferer: Gerüchte. Das älteste Massenmedium der Welt. Leipzig: Kiepenheuer 1996.

133 Maurice Aymard: Histoire et comparaison, S. 272.

134 Ebenda, S. 272.

135 Émile Durkheim: Die Regeln der soziologischen Methode. Frankfurt/M.: Suhrkamp 1984 (= stw 464), S. 181.

136 Matthias Middell: Die unendliche Geschichte. In: Alles Gewordene hat Geschichte, S. 7-39. Hier S. 27. Genauso argumentierte noch 1993 Hans-Ulrich Wehler: »Für die Überprüfung ihrer Fragen und Ergebnisse kann gerade die moderne Sozialgeschichte auf den Vergleich nicht verzichten. Er stellt die höchsten Ansprüche an das Theorie- und Methodenbewußtsein, an die intellektuelle und handwerkliche Kompetenz. Aber nur die komparative Untersuchung ermöglicht tendenziell eine so rigorose Überprüfung, daß sie als einziger Ersatz für das naturwissenschaftliche Experiment gelten kann.« (Hans Ulrich Wehler: Vorwort. In: ders.: Bibliographie zur neueren deutschen Sozialgeschichte. München: C. H. Beck 1993, S. 9-13. Hier S. 9)

thode nun auch nicht, wie Bloch dies möglicherweise am Anfang seines Aufsatzes vermitteln möchte. Es scheint, daß die vergleichende Methode nicht nur ergebnisorientiert ist, den Historiker also von Hypothese zu Hypothese und schließlich zu einem richtigen Resultat führt bzw. ein falsch erklärtes historisches Phänomen richtigzustellen imstande ist, sondern sie fordert offenkundig auch dazu auf, Entscheidungen zu treffen, die noch vor der Problembearbeitung liegen, also den richtigen Ausgangspunkt für eine Untersuchung zu schaffen. Bloch gibt dafür ein Beispiel:

> Aussi bien, l'enseignement le plus clair peut-être et le plus impérieux que nous donne l'histoire comparée, c'est qu'il serait temps, en verité, de songer à briser les compartiments topographiques désuets où nour prétendons enfermer les réalités sociales: ils ne sont par à la mesure du contenu que nous nous efforçons d'y presser. (HC, S. 44)

Gewiß mag diese Erkenntnis auch am Ende einer vergleichenden Untersuchung als beiläufiges Ergebnis zustande kommen, sie wird aber trotzdem als methodisches a priori in die nächste Arbeit des Forschers eingehen und somit die Eingrenzung des Vergleichsrahmens mitbestimmen. Doch bleiben wir bei der Schwierigkeit, die Bloch in den zitierten Sätzen andeutet. Er ist der Auffassung, daß ›soziale Realitäten‹ nicht mit geographischen Einheiten korrelieren müssen, Nationengrenzen also keinen geeigneten Rahmen für eine Untersuchung über rechtliche oder wirtschaftliche Institutionen der Vergangenheit abgeben (vgl. HC, S. 44). Man denke nur an Sprachgrenzen oder Kulturphänomene, deren Wirken keineswegs durch die Existenz einer Nationengrenze Abbruch getan werden kann. Bloch macht diesen Umstand greifbar:

> Étudier les villes françaises du moyen âge, au moment de la renaissance urbaine: c'est confondre dans une même vision deux objets hétérogènes presque en tout, sauf par le nom: les vieilles villes méditerranéennes, centres traditionnels de la vie du plat pays, *oppida* habités de tout temps par les puissants, seigneurs et »chevaliers«; les villes du reste de la France, peuplées surtout de marchands et recréés par eux. Ce dernier type urbain en revanche, par quel coup de ciseau, tout arbitraire, le séparer des types analogues de l'Allemagne rhénane? La seigneurie, dans la France médiévale: l'historien qui a commencé à l'étudier au nord de la Loire, ne se sent-il pas, lorsqu'il feuillette des textes languedociens, souvent beaucoup plus dépaysé que lorsque ses yeux se portent vers des documents hennuyers ou même mosellans? (HC, S. 45)

Blochs Resümee lautet schließlich:

> A chaque aspect de la vie sociale européenne, dans ses différents moments, il faudra, si l'on veut enfin sortir de l'artificiel, trouver son cadre géographique propre, déterminé non du dehors mais du dedans. Recherche malaisée, qui exigera beaucoup de prudence et d'infinis tâtonnements. Se refuser à l'envisager serait un aveu de paresse. (HC, S. 45)

Nach einer langen Reflexion über die vergleichende Methode stellt Bloch schließlich die Frage nach ihrer Bedeutung für die Praxis des Historikers. Wie kann und soll der Historiker mit ihr umgehen? Blochs Ton wird zunehmend bescheidener, zumal die institutionellen und praktischen Rahmenbedingungen der komparativen Methode nicht förderlich zu sein schienen. Eindringliches und kritisches Faktenstudium wird als Voraussetzung für die Anwendung der vergleichenden Methode formuliert. Wie der Historiker mit historischem Faktenmaterial umzugehen hat, hat Bloch an anderen Stellen ausführlich dargestellt. Zum einen werde die Anwendung der vergleichenden Methode stets auf einen kleinen Kreis von Historikern beschränkt bleiben, was nicht zuletzt auf ihre fehlende Verankerung in den Lehr- und Ausbildungsplänen den französischen Universitäten zurückzuführen sei.[137] Zum anderen seien vergleichende Arbeiten zum langsamen Voranschreiten verurteilt, zumal in vielen Bereichen zu wenige auf die Zusammenschau ausgerichtete Einzelanalysen vorhanden seien, die eine Synthese in vergleichender Hinsicht zulassen würden. »Pour un jour de synthèse il faut des années d'analyse« (HC, S. 46) hatte schon Fustel de Coulange 1875 formuliert und so die prekäre Situation des Komparatisten als Historiker verdeutlicht. Den institutionellen Hindernissen wie etwa schlecht funktionierender Fernleihverkehr der Bibliotheken stünden Hindernisse intellektueller Natur gegenüber: Die vergleichende Methode setze eben auch – wie bereits angedeutet – eine Änderung der Arbeitsgewohnheiten des Historikers voraus, gewiß auch der Denkgewohnheiten, der Bereitschaft und Fähigkeit, sich auf fremde Kulturen einlassen zu wollen und zu können, und diese, mit Ernst Wilhelm Müller weiterdenkend, zu verfremden. Und schließlich bezeichnet der Beitrag *Pour une histoire comparée des sociétés européennes* nicht zuletzt auch Blochs historiographisches Interesse Ende der 1920er Jahre, das vor allem durch die Beschäftigung mit Glaubensformen, Gefühlen und psychischen Tatsachen in der Geschichte geprägt war.[138]

Vergegenwärtigt man sich das Gesamtwerk Blochs, so wird man erstaunt eines feststellen: Bloch hat nie den Versuch unternommen, eine stringente Methodologie der vergleichenden Methode bzw. der vergleichenden Geschichtswissenschaft zu formulieren. Vielleicht war ihm an einer konzisen Zusammenfassung seiner Überlegungen auch

137 Bloch äußert sich dazu in einer Fußnote: »Je crois devoir ajouter ici une considération propre aux Universités françaises et que, pour cette raison, il n'eût guère été séant de développer, à Oslo. Notre enseignement supérieur est garotté par les programmes de licence et, beaucoup plus étroitement encore, dans les principales facultés, par les programmes d'agrégation, que le professeur reçoit tout faits des mains du jury. Ni les uns ni les autres ne se bornent, il est vrai, à l'histoire de France; ils comportent presque toujours des questions d'histoire étrangère; mais, pour des motifs d'ordre pratique, qui sont parfaitement légitimes, ils envisagent régulièrement chacune de ces questions dans un cadre national. En sorte que le professeur peut bien être amené à faire des leçons où à diriger des travaux sur les institutions anglaises ou allemandes par exemple; sous peine de négliger les intérêts, infiniment respectables, des étudiants qui lui sont confiés, il ne pourra que tout à fait exceptionnellement réserver une place dans son enseignement à certains problèmes qui exigent impérieusement aujourd'hui d'être traités selon la methode comparative: tels le régime seigneurial et vassalique dans l'Europe occidentale, le développement des sociétés urbaines, la révolution agricole. L'enseignement et le travail personnel étant, par la nature même des choses, intimement liés et ayant tout intérêt à se soutenir l'un l'autre, on sent combien cette situation est préjudiciable à nos études.« (HC, S. 46, Anm. 1)

138 Vgl. Carlo Ginzburg: Mentalität und Ereignis, S. 104. »Hier sieht man unter anderem, daß sich das Interesse vornehmlich Phänomenen wie dem der Mentalität und der kollektiven Affekte zuwendet, die sich an einem unsicheren und indirekten Quellenbestand festmachen und sich eng mit der bereits erwähnten Betonung des kritisch-philologischen Moments der Forschung (Quellenkritik) verbindet.« (S. 105)

gar nicht gelegen, zumal er in einigen agrarhistorischen und anderen Arbeiten seine Auffassung von der vergleichenden Methode stets praktisch und nicht theoretisch umzusetzen bemüht war.[139] In Auseinandersetzung mit Arbeiten englischer Historiker über die mittelalterliche Agrargeschichte läßt sich Blochs vergleichende Methodologie in drei Punkten zusammenfassen:

> 1) the student compares his particular field of area of investigation with a parallel field in another region, country or continent, or perhaps only with the same area at another point of time; 2) from this comparison new insights are obtained and new questions can be asked of the matter at hand; 3) with these questions in mind one looks again at his sources with the possibility of further use of these or other sources.[140]

Während 2) und 3) bereits als positive Folgen der komparativen Methode bekannt sind, präzisiert 1) noch genauer den Vergleichsrahmen insofern, als Bloch offenkundig in seinen agrarhistorischen Studien den Vergleich von Regionen bevorzugt. Ambrose Raftis schließlich faßt weiter zusammen: »The comparative methodology is therefore a three-pronged attack on the confines of categories, conclusions, and sources; it is an effort to overcome that inevitable positivistic tendency of scientific methodology to equate history with the conclusions ot its own discipline.«[141]

Die vergleichende Methode, die von Bloch so ausführlich und intensiv postuliert wurde, spielte allerdings für die kommenden Generationen von Historikern in Frankreich eine untergeordnete Rolle. Selbst in Blochs postum veröffentlichter *Apologie der Geschichte*[142] wird ihr kaum Aufmerksamkeit gewidmet, ein Anzeichen dafür, daß sie schon zur Zeit eines ihrer Befürworter nicht mehr ernsthaft weiterentwickelt wurde. Erst in den 1980er Jahren haben die Historiker der *Annales* erneut auf diesen frühen Programmpunkt hingewiesen und versuchen nun verstärkt, diese Methode in ihrer Forschung zu forcieren. Das Wiederaufleben einer alten, aber nicht vergessenen Grundforderung der *nouvelle histoire* mag nicht zuletzt damit begündet sein, daß Bloch bis heute nicht aus dem Bewußtsein der (französischen) Historiker verschwunden ist[143]

---

139 Vgl. J. Ambrose Raftis: Marc Bloch's Comparative Method and the Rural History of Mediaeval England, S. 351.

140 Ebenda, S. 355.

141 Ebenda, S. 356.

142 Apologie pour l'histoire ou Métier d'historien. Paris: Colin 1946 (dt. Apologie der Geschichte oder der Beruf des Historikers. Stuttgart: Klett-Cotta 1974).

143 Vgl. dazu etwa den 1990 veröffentlichten Sammelband Marc Bloch aujourd'hui. Histoire comparée et science sociales. Hg. v. Hartmut Atsma u. André Burguière. Paris: Édition de l'École des hautes études en sciences sociales 1990 (= Recherches d'histoire et de sciences sociales 41). Weiters erschien 1994 der erste Band der Korrespondenz zwischen Marc Bloch und Lucien Febvre: Marc Bloch/Lucien Febvre: Correspondance. Bd. 1: La naissance des ›Annales‹ 1928-1933. [Paris:] Fayard 1994. Und selbst im deutschsprachigen Raum hat Ulrich Raulff wie bereits erwähnt auf Bloch wieder aufmerksam gemacht. Siehe Ulrich Raulff: Ein Historiker im 20. Jahrhundert: Marc Bloch. Frankfurt/M.: S. Fischer 1995. In diesem Zusammenhang sind zu erwähnen: Marc Bloch. Historiker und Widerstandskämpfer. Hg. v. Peter Schöttler. Frankfurt/M./ New York: Campus 1999; Marc Bloch. Aus der Werkstatt des Historikers. Zur Theorie und Praxis der Geschichtswissenschaft. Hg. v. Peter Schöttler. Frankfurt/M./New York: Campus 2000.

und sowohl Person als auch Werk präsent geblieben sind. Doch die Auseinandersetzung mit Blochs Ansätzen zu einer vergleichenden Geschichtsforschung hat auch in ein gewisses Dilemma geführt, das nun eben auch für jenes Schweigen verantwortlich gemacht werden kann: Vor allem amerikanische Historiker hatten sich bemüht, Blochs Ausführungen in die Praxis umzusetzen, Bemühungen, die aber lediglich auf Interpretationen und Reinterpretationen von Blochs Programm hinausliefen. Dabei wurde eine neue Begrifflichkeit ins Spiel gebracht, die vom Kern der Problematik wegführte. Die Unsicherheit von Alette und Boyd H. Hill – sie haben ihr Augenmerk in erster Linie auf die Bedeutung der Linguistik für die vergleichende Methode Marc Blochs gelegt –, die in dem Statement »and again we are left uncertain as to what ›comparative history‹ and its connection to linguistics really consists of«[144] ihren Ausdruck fand, ist nicht nur symptomatisch für eben jenes Verhältnis zur Sprachwissenschaft, sondern trifft sehr gut die Stimmungslage jener, die die komparative Methode eben nicht mehr nur als ein Hilfsmittel für den Historiker gelten lassen wollten. Das soll weder heißen, daß es in den Vereinigten Staaten nicht gelungen ist, vergleichende Geschichtswissenschaft zu betreiben, noch daß der Vergleich innerhalb der Geschichtswissenschaft keine Rolle spielt. Lediglich die Auseinandersetzung mit Marc Bloch hat bis heute keine wirklichen Ergebnisse erzielen können.

3.3 Der Vergleich in der französischen Komparatistik (Marino, Etiemble)

Die Reflexion über die Sinnhaftigkeit, über Anwendungsmöglichkeiten oder Spielarten der vergleichenden Methode ist in der Geschichtswissenschaft wie auch in anderen Wissenschaften zu einem immer mehr eingelösten Desiderat geworden. Die vergleichende Literaturwissenschaft hingegen scheint dieser Methode, die immerhin ihre identitätsstiftende Grundlage darstellt, nicht immer jenes differenzierende Interesse entgegengebracht zu haben. So stellt etwa Adrian Marino ernüchternd fest: »*Littérature comparée:* terme peu heureux, sans doute, parce que [...] la comparaison reste, de toute évidence, un procédé secondaire, minoritaire, marginal«[145]. Marinos Anliegen ist es, eine Methode für die Komparatistik zu formulieren, die sich von den Methoden der allgemeinen Literaturwissenschaft abgrenzt, um eine ›autonome‹ Komparatistik zu begründen. Was er im Lager der allgemeinen Literaturwissenschaft vermißt, ist die Aufnahme des Vergleichs in deren Methodenkanon (vgl. S. 136). Eine indifferente Position der vergleichenden Methode gegenüber hatte bereits Jean-Marie Carré formuliert: »La littérature comparée n'est pas la comparaison littéraire«,[146] andere Vertreter der Disziplin bedauern den Verlust des ›Literarischen‹ zugunsten der Populär- oder Trivialliteratur: »La littérature comparée veut bien comparer, mais elle

144 Alette Olin Hill/Boyd H. Hill Jr.: AHR Forum – Marc Bloch and Comparative History, S. 839.

145 Adrian Marino: Comparatisme et théorie de la littérature. Paris: Presses universitaires de France 1988, S. 232. Alle folgenden Zitate und Seitenangaben nach dieser Ausgabe.

146 Zit. nach Pierre Brunel/Claude Pichois/André-Michel Rousseau: Qu'est-ce que la littérature comparée?, S. 9.

ne veut plus être littéraire«[147]. Warum dennoch die vergleichende mit den Methoden der allgemeinen Literaturwissenschaft arbeitet, wird damit erklärt, daß sich die Komparatistik mit allen Literaturen auseinandersetze, folglich auch alle Methoden anwenden könne oder müsse (vgl. S. 136). Marinos Neufassung der Komparatistik ist weniger kontextbezogen, sondern intendiert diese Revision durch den Rekurs auf die Bestimmung von Literatur: »Si les comparatistes ne situent pas au centre de leur approche l'objet littéraire, *la* littérature, et s'ils renoncent à la définir, ou l'absorbent dans des considérations savantes, mais qui répondent en fait à d'autres genres de questions, la solution n'est pas pour demain.« (S. 137) Damit ist weniger die Frage nach einer Definition von Literatur schlechthin gemeint, sondern bestenfalls nach deren »spécificité, la ›littérarité‹« (S. 140). Marinos Bedenken richten sich gegen eine unreflektierte Anwendung von Methoden, deren Objekt ursprünglich nicht die Literatur gewesen ist (Strukturalismus, Semiologie usw.), »mais dont la jonction avec *le* comparatisme – en admettant que cette discipline conserve encore des fondements théoriques, épistémologiques et culturels propres – rest encore à faire« (S. 137). Selbst die Theorie der Intertextualität erfasse nur einen Teilbereich der Vergleichenden Literaturwissenschaft und sei noch dazu dem Begriff ›Einfluß‹ gleichzusetzen: »C'est la même Jeannette autrement coifée« (S. 139). Er erteilt somit allen interdisziplinären Anstrengungen eine deutliche Absage, bis die Komparatistik nicht eine *théorie* entwickelt hat, deren Gegenstand deutlich umrissen die Literatur darstellt und die erst aufgrund dieses theoretischen Bewußtseins über interdisziplinäre Anregungen nachdenken kann. Marinos Neubestimmung der Komparatistik ist also keinesfalls progressiver Natur, sondern in gewissem Maß eine Rückkehr zum für ihn Wesentlichen, zu einer literaturbestimmten Methodologie. So nimmt es auch nicht wunder, wenn Forschungsbereiche, die man innerhalb der komparatistischen Programmatik als bislang etabliert bezeichnen konnte, bei Marino keinesfalls als Gegenstand der Vergleichenden Literaturwissenschaft aufgefaßt werden:

> [...] l'étude des »mythes«, des »images«, des »mentalités« ne concerne pas non plus directement, la théorie comparée de la littérature: ces phénomènes ne sont pas spécifiquement »littéraires«; souvent il leur manque l'expression textuelle même, liée à la lettre. En plus, la perspective de ces études reste toujours et intégralement historienne. (S. 140)

Das macht deutlich, daß sich Marinos Konzept sozialgeschichtlichen Fragen gegenüber kaum aufgeschlossen zeigt. Diese Distanz beruht jedoch – zumindest was Images und Mentalitäten betrifft – auf einer falschen Grundlage. Images sind bewußte oder unbewußte Abbildungen von Eigenschafts- und Vorstellungsparadigmen des Anderen in einem Medium, also auch in Texten. Was die Mentalitäten betrifft, muß nicht eigens wiederholt werden, daß diese u. a. anhand von (auch literarischen) Texten rekonstruiert wurden. Sowohl Images als auch Mentalitäten sind damit textuell repräsentierbar. Für Marino wird deswegen ein neues methodisches Paradigma notwendig, das sich aus der

147 Ebenda, S. 9.

Tradition der Komparatistik *und nicht aus interdisziplinären Seitenblicken*[148] *auf die* Methoden anderer Wissenschaften entwickeln solle. Den neuen Ansatz kennzeichnet eine quasi experimentelle Annäherungsweise an das zu untersuchende Objekt durch eine Hypothesenbildung, deren Argumentation sich Schritt für Schritt vorwärts tastet. Was Marc Bloch also für seine Auffassung des Vergleichs beanspruchte, scheint sich in den Worten Marinos zu wiederholen:

> La nouvelle approche se propose d'autre part, avant tout et le plus clairement possible, en tant qu'hypothèse heuristique, comme un instrument de travail exploratoire et opératoire. Celui-ci détermine des conclusions surétagés, corrigibles au fur et à mesure des progrès de la connaissance, chaque étape en légitimant la suivante. Les observations accidentelles déterminent des présupposés, vérifiés à leur tour par des observations de plus en plus orientées. Ainsi définies, toutes les théories ne sont que des hypothèses »ouvertes« par rapport aux faits, tandis que la méthode qui les définit se développe en même temps que l'activité méthodologique elle-même. C'est presque un »essai«, dans le sens étymologique du terme. (S. 144)

Dies impliziert auch eine »nouvelle attitude par rapport à la terminologie littéraire« (S. 146), die sich wiederum autonom, d. h. frei von Bedeutungsüberlappungen mit gewohnheitsmäßig interdisziplinären Begriffen entwickeln soll, was eine Reformulierung gängiger Begriffe mit sich bringt, die gerade vom komparatistischen Standpunkt aus fraglich scheinen müssen, denn, um ein Beispiel anzuführen,

> pourquoi adopte-t-on l'étiquette de »romantisme« pour un ensemble de phénomènes très variés, très complexes, répandus sur une assez longue période et disséminés un peu partout?; enfin, comment définir le »classicisme«, le »romantisme« ou le »symbolisme«, avant d'être parvenu à définir des concepts comme: »tendance«, »mouvement«, »période«, »courant« ou »époque«, dont la structure unificatrice, généralisatrice et catégorielle est si évidente? (S. 148)

Marino wirft der Literaturwissenschaft insofern (vielleicht auch unbewußten) Eurozentrismus vor, als diese mit Begriffen operiert, die im Kontext der europäischen Kultur zwar stimmig, auf die Kultur des Fernen Ostens beispielsweise jedoch nicht mehr übertragbar sind. Sein ›neues Paradigma‹ sucht seine Fundierung in einer »méthodologie de type hérmeneutique« (S. 152), zumal

> la littérature (universelle) doit être d'abord »construite« en tant que concept pour être ensuite interprétée et »entendue« dans sa totalité et ses parties; qu'il faut »comprendre« comment cette idée naît, se développe et fonctionne; quelles en sont les significations, et comment celles-ci peuvent être saisies, décrites et éclaircies, pour être correctement interprétées. Tel serait, en gros, le programme qui équivaudrait à une nouvelle »lecture« à la fois réceptive et productive de la littérature (universelle). Définir en détail le système de lecture plus pertinent dans son cas, c'est instituer une herméneutique comparatiste. (S. 152)

---

148 »ces travaux n'ont de sens et ne peuvent donner de résultats notables que dans deux circonstances: s'ils sont orientés, soit vers une théories générale des arts, débouchant sur une ›esthétique‹, soit vers l'examen différentiel de la nature de chaque art, de la littérature comme ›art‹, dans notre cas.« (S. 245)

Marinos Universalismusanspruch an die Literatur, der dem Begriff ›Weltliteratur‹ ebenso zuarbeitet, zielt auf eine summarische Bestimmung von Literatur und Theorie. *La littérature universelle* wird zwar als die Summe der Nationalliteraturen verstanden, allerdings nicht als die Summe nationaler Ideen und Begriffe von ›Literatur‹, da diese für sich genommen wieder nur fragmentarisch bleiben: »Elle consiste en une vocation d'ouverture à la communauté littéraire internationale; elle est la capacité d'intégrer la totalité des notes particulières ou nationales dans un concept de littérature universelle et dans une théorie littéraire unitaire« (S. 162). Das ständige Fragen nach dem Wesen des Universalen und Individuellen der Literatur erinnert nicht nur an die Debatte um die Universal- und Individualgeschichte im neunzehnten Jahrhundert, sondern auch an Earl Miners Versuch, eine komparative Poetik zu formulieren.[149] Die Bestimmung der *littérature universelle* endet schließlich in einem hermeneutischen Zirkel: Universale Literatur sei ohne Nationalliteratur nicht definierbar, Nationalliteratur nicht ohne die universale Literatur. Schließlich soll aber ein Programm für eine Literaturbetrachtung formuliert werden, das auf alle Literaturen anwendbar ist:

> tous les phénomènes littéraires envisagés sont réductibles aux mêmes systèmes d'analyse, partout applicables. Il ne reste qu'à transformer une pratique implicite généralisée en une méthode explicite, et à formuler à cet égard un programme bien défini. Que représentent, d'ailleurs, les grands ensembles littéraires (»asiatique«, »africain«, »latino-américain«, d'un emploi si fréquent de nos jours, etc.) sinon autant de formules universalistes, à réunir finalement dans un grand et unique *pool* littéraire? L'internalisation des rapports littéraires et l'unification de la conscience littéraire, on le constate de nouveau, ont pour résultat l'apparition du même postulat: il existe une littérature universelle unitaire. (S. 164f.)

Was Noam Chomsky mit der *transformational grammar* anstrebte, nämlich eine allen Sprachen zugrundeliegende Grammatik zu formulieren, versucht Marino anhand der Formulierung eines ›Universalen‹ der Literatur(en) darzustellen. Wie Breysig und Schieder abstrahiert auch Marino vom Einzelnen zum Allgemeinen. Was sind aber die Folgen dieser Abstraktion? Wenn es nun tatsächlich eine Art Tiefengrammatik des Literarischen gibt, wie ist diese beschreibbar? Eine Möglichkeit hat Earl Miner angedeutet, indem er eine komparative Poetik umrissen hat, die dramatische, lyrische und narrative Texte aus verschiedenen Kulturen betrachtet, und als Gemeinsames eben die Gestaltung von Texten nach dramatischen, lyrischen und narrativen Gesichtspunkten herausgestellt hat. Narrative Texte beispielsweise verfügen – über die Kultur- und Sprachgrenzen hinweg – über *sequence* und *plot*, über *narrative units* oder *points of view and attention*.[150]

Marinos Anliegen ist es offensichtlich, die traditionellen Pfade der Komparatistik zu verlassen (Kontakt-, Beziehungs- oder Einflußstudien), um diese durch eine Strukturanalyse literarischer Werke zu ersetzen, »la seule qui puisse offrir les éléments d'une comparaison« (S. 236). Die Zeiten, in denen die vergleichende Methode zur Beurteilung, Klassifizierung und Erklärung herangezogen wurde, seien endgültig vorbei.

149 Vgl. Earl Miner: Comparative Poetics. An Intercultural Essay on Theories of Literature. Princeton: Princeton University Press 1990.

150 Vgl. ebenda, Kap. 4.

Es gehe darum, den Vergleich zu rehabilitieren, trotz des Einspruchs von Etiemble. Marino möchte sich nicht so recht zwischen generalisierendem und individualisierendem Vergleich entscheiden, wenngleich er dem typologisch-generalisierenden den Vorzug gibt. Beide Vergleichsarten müßten aber bis zur letztmöglichen Konsequenz durchgeführt werden, um effektiv zu sein. »En fait, la comparaison n'est vraiment efficace que poussée à l'extrême dans les deux sens, soit vers la mise en relief de l'individualité irréductible des œuvres, soit vers l'unité foncière ou la définition globale des œuvres: analytique et ›particulariste‹ dans ce cas, synthétique et ›universaliste‹ dans l'autre.« (S. 242) Die literarische Komparatistik denkt zu wenig über das Vergleichen nach : »Qui compare quoi? Et comment?« (S. 234). Nicht umsonst stellt auch Miner in seinen *Comparative Poetics* die Frage: »What *is* literary comparison?«[151] und wagt sogar die These, daß das Vorgehen der Komparatisten oft gar nicht vergleichender Natur sei:

> Even years of acquaintance with our human waywardness fail to prepare one adequately for understanding that comparatists do not talk about comparison. A basic reason is no doubt that so much of what is called comparative study is not comparative at all. But given the name, and given the need to introduce students to the subject, it might be thought that there would be concern with comparison.[152]

Miners Hoffnungen, seine Studenten über das Wesen des Vergleichs unterweisen zu können, mußten mangels geeigneter Forschungsliteratur fehlschlagen.[153]

Marinos Entwurf ist auch als eine Replik auf René Etiembles Statement, daß der Vergleich sinnlos sei, zu lesen, zumal Marino versucht, eben dieser Methode wieder Sinn einzuhauchen: Etiemble, Nachfolger von Jean-Marie Carré am Lehrstuhl für Vergleichende Literaturwissenschaft an der Pariser Sorbonne, verfaßte vor Antritt seiner Lehrtätigkeit einen Essay, der seine Vorstellungen von Inhalt und Methode der Komparatistik darstellen sollte. Die unter dem Titel *Comparaison n'est pas raison. La crise de la littérature comparée*[154] zusammengefaßten Gedanken deuten schon die intendierte Abgrenzung von der orthodoxen französischen Komparatistik an. Etiemble entwirft »une autre conception« (S. 11) der Komparatistik, die nicht zuletzt ein Gegenentwurf zu Marius-François Guyards Frankozentrismus darstellen sollte.

> La première des tâches qui s'imposent donc aux comparatistes, désormais, c'est de renoncer à toute variété de chauvinisme et de provincialisme, de reconnaître enfin que la civilisation des hommes, où les valeurs s'échangent depuis des millénaires, ne peut être comprise, goûtée, sans

151 Ebenda, S. 21.

152 Ebenda, S. 20f.

153 Vgl. ebenda, S. 21, Anm. 7: »These considerations were borne in on me as I readied a graduate course, ›Introduction to Comparative Literature.‹ I could find nothing on literary comparison, whether by my own searches or in questions to colleagues. To my surprise, philosophers were equally dumb.«

154 René Etiemble: Comparaison n'est pas raison. La crise de la littérature comparée. Paris: Gallimard 1963 (= Les essais 109). Alle folgenden Zitate und Seitenangabe nach dieser Ausgabe.

> référence constante à des échanges, dont la complexité interdit à qui que ce soit d'ordonner notre discipline par rapport à une langue ou un pays, entre tous privilégiés. (S. 15)

Die komparatistische Praxis innerhalb des akademischen Betriebs Frankreichs zu Beginn der 1960er Jahre gibt Etiemble Anlaß für eine kritische Betrachtung des Status quo: zu rigoros seien die Spezialisierungen auf geographische Regionen und historische Abschnitte. Die Komparatistik gerät somit insofern in Widerspruch zu sich selbst, als sie ›Literatur‹ eben nicht als *littérature universelle* im Sinn Marinos betrachtet, sondern in einer kulturzentristischen Anschauung verharrt. Etiembles visionäre Vielfalt sollte sich auch auf institutioneller Ebene widerspiegeln: Es genüge nicht, Institute mit nur einem Professor und einigen wenigen Assistenten auszustatten, sondern man benötige etwa fünfzehn bis zwanzig Professoren, genausoviele Assistenten, die allesamt aufgrund ihrer verschiedenen Herkunft, ihrer verschiedenen Fähigkeiten und vor allem dahingehend rekrutiert werden sollen, um die Präsenz mehrerer Sprachfamilien an einem Institut sicherstellen zu können.

> L'institut dont je rêve comprendrait naturellement des hellénistes et des latinistes, mais aussi des sumérologues et des égyptologues, mais aussi des slavisants, des spécialistes du hindi et du bengali, des sinologues, des germanistes et des romanistes, mais aussi des sémitisants, des hommes versés dans les littératures finno-ougriennes, turco-mongoles, dravidiennes, et je n'oublie pas le japonais! (S. 29)

Damit sind auch die Sprachkenntnisse des Komparatisten (und literarischer Übersetzer) von neuem gefordert: Die Kenntnis europäischer müßte durch die Kenntnis außereuropäischer Sprachen ergänzt werden. Die wachsende Bedeutung der ehemals sozialistischen und anderer Länder des Ostens für die Programmatik und die Thematik der Vergleichenden Literaturwissenschaft macht deren Rezeption und die Kommunikation mit diesen notwendig. Auch wenn Etiembles Forderungen aus heutiger Sicht nicht mehr originell erscheinen, werden sie dennoch immer wieder vorgetragen, zuletzt etwa von Charles Bernheimer oder Steven Tötösy de Zepetnek.[155]

Wichtiger sind hier jedoch Etiembles Gedanken zum *objet*, den *méthodes* und *programmes* der Komparatistik. Hierbei geht es Etiemble zuerst darum, das Blockdenken zwischen amerikanischer und französischer Schule der Komparatistik zu beseitigen, gerade deswegen, weil diese beiden Nationen die komparatistische Forschung Mitte der 1960er Jahre nicht mehr für sich allein in Anspruch nehmen konnten. Er räumt der Komparatistik vielmehr mehrere Tendenzen ein, zweien davon bringt er nur wenig Sympathie entgegen: einer historischen und einer ästhetischen Richtung in der Vergleichenden Literaturwissenschaft. Die Historisten unter den Komparatisten orientierten sich an Lansons *Histoire de la littérature française* (1894), die aber – Etiemble zufolge – keine methodologische Grundlage für die Komparatistik sein könne, da

155 Vgl. Comparative Literature in the Age of Multiculturalism. Hg. v. Charles Bernheimer. Baltimore/London: The Johns Hopkins University Press 1995; Steven Tötösy de Zepetnek: Comparative Literature. Theory, Method, Application. Amsterdam/Atlanta, GA: Rodopi 1998 (= Textxet 18).

Lanson selbst im Vorwort seiner Literaturgeschichte betont, keine Anhaltspunkte für eine systematische Erforschung der Literatur zu liefern:

> alors que, dans l'esprit de Lanson, les recherches historiques, probes, précises, préludaient à l'étude littéraire, à la juoissance des œuvres (et garantissaient du même coup l'amateur contre la critique cavalière [...]), ces zélotes prétendirent borner aux travaux d'histoire ceux de littérature, fût-elle comparée. (S. 68)

Nicht zuletzt aus diesem *esprit* heraus hätte sich eine »orthodoxie à la française« (S. 69) entwickelt, die besagt, daß die Komparatistik nichts anderes als ein Zweig der Literaturgeschichte sei, eine Auffassung, die noch von Marius-François Guyard vertreten wurde. Die Reduktion der vergleichenden Methode auf die Feststellung lediglich von *rapports de fait* hält Etiemble (genauso wie Marc Bloch) für unzureichend.[156] Vordringliche Aufgabe der Komparatistik sei es, »de définir les mots qu'elle emploie, et d'abord, de se définir soi-même« (S. 73). Das Vokabular der Komparatistik soll nationenübergreifend und alle Bedeutungsschattierungen vermeidend angewendet werden können – ein Problem, auf das beinahe alle Theoretiker der vergleichenden Methode, egal in welcher Wissenschaft, hingewiesen haben. Etiembles Lösungsvorschlag besteht in der Schaffung eines Wörterbuchs

> qui [...] exposerait avec probité tous les sens qu'on trouve sous chaque mot; un *Vocabulaire* qui, sous *réalisme*, donnerait les diverses interprétations de ce concept, selon qu'il est employé par les critiques de la bourgeoisie conservatrice libérale au XIXe siècle, par ceux de la bourgeoisie libérale au XXe, par ceux qui réclament de Marx, ou par ceux qui obéissaient à Jdanov. [...] il nous aiderait à élaborer une littérature comparée qui, associant la méthode historique et l'esprit critique, les recherches d'archives et les explications de textes, la prudence du sociologue et l'audace du théoricien de l'ésthetique, fournirait enfin à notre discipline, d'un seul coup, un objet digne d'elle et des méthodes appropriées. (S. 77)

Etiembles Ausführungen sind noch ganz von der Unsicherheit geprägt, welche Themen und Methoden nun Gegenstand der Vergleichenden Literaturwissenschaft sein sollen: Stoffgeschichte ja oder nein, Imagologie ja oder nein, Literaturgeschichte aus komparatistischer Perspektive ja oder nein. Mit derlei Fragen muß sich die Komparatistik am Beginn des einundzwanzigsten Jahrhunderts wohl nicht mehr herumschlagen, wenngleich eine neue Positionsbestimmung im Kontext der Kulturwissenschaften (*Cultural Studies*) zu diskutieren wäre. Etiembles Vorstellung vom idealen Komparatisten ist gewissermaßen ein Kompromiß zwischen traditioneller Komparatistik und neuen Wegen, die diese Wissenschaft einschlagen könnte. Jeder Komparatist solle in einem auszuwählenden historischen und geographischen Rahmen die *rapports de fait* studieren,

---

156 Etiemble berichtet von einer Lehrveranstaltung in Montpellier über Begriffe und Themen der Vorromantik in Europa am Ende des achtzehnten Jahrhunderts. Zentrale Begriffe wie *nature*, *paysage-état d'âme*, *amour-passion*, *fatalité*, *sensibilité* usw. leitete er allerdings nicht aus europäischen, sondern aus Werken vorchristlicher chinesischer Autoren ab, was ihn zu dem Schluß bringt, »qu'il existe des formes, des genres, des invariants, bref que l'homme existe, et la littérature« (S. 71).

aber auch die Grenzen seiner Wissenschaft überschreiten können, d. h. sich etwa mit bildender Kunst oder Musik auseinandersetzen, also seine Agenden auch in der *culture générale* suchen. Darüber hinaus empfiehlt Etiemble die Betrachtung der Literatur auf sprachlicher und stilistischer Ebene, beides mit vergleichender Intention, die übernationale Auseinandersetzung mit den verschiedenen Spielarten der Metrik bzw. Prosodie, die vergleichende Forschung der *images poétiques* und schließlich die Auseinandersetzung mit Übersetzungen literarischer Werke (*l'art de la traduction*[157]). Eine Annäherung an den historischen Kontext eines Textes deutet Etiemble allerdings nicht an. Auf einen Nenner gebracht plädiert Etiemble für eine thematische Erweiterung der Komparatistik ohne jedoch auf die spezielle Methode, die dazu notwendig wäre, einzugehen. Die methodische Conclusio Etiembles stellt schließlich lediglich ein Zitat von L. A. Willoughby dar:

> Diese Uebersicht, so unvollkommen sie auch sein mag, zeigt klar, dass wir vergleichenden Wissenschaftler bisher eigentlich nur den Saum der Literatur berührt haben, dass wir uns um Probleme an ihrer Peripherie bemühten, um Quellen, Motive, Aufnahme, Geltung, also entweder um das Rohmaterial der Literatur oder um die im wesentlichen soziologische Erscheinung ihrer Wirkungen. So wertvoll nun auch solche Studien für unsere Kenntnis des geistigen Güteraustausches während der letzten Jahrhunderte sein mögen, so zeigen sie doch nur zu deutlich, wie beschränkt unsere Methoden sind. (zit. S. 113)

Etiembles Polemik ist aber dennoch keine Abrechnung mit der Vergleichenden Literaturwissenschaft, sondern im besten Fall eine Koketterie mit der oft beschworenen Krisensituation dieser Disziplin nach dem Zweiten Weltkrieg, gleichsam eine Apologie aus dem Negativen. Keinesfalls ist es dem streitbaren Komparatisten daran gelegen, den Abgesang der Komparatistik anzustimmen, zumal sich die französische Komparatistik mit Guyards *La littérature comparée* zu konstituieren begann und Etiemble nichts anderes tut, als Guyards Kurs zu korrigieren und zentrale Fragen der Komparatistik noch einmal aufzuwerfen. Daß diese Fragen bis heute Mittelpunkt der Methodendiskussion geblieben sind, ist keinesfalls als ein permanentes Krisensymptom zu werten, sondern zeugt ganz im Gegenteil von der Dynamik dieser jungen Wissenschaft, ohne die auch jede andere Disziplin ihre Lebenskraft verlieren würde. Etiembles Essay differenziert den Mythos einer quasi antipodischen *école française* und *école americaine* und tritt den Gegenbeweis mittels institutioneller Verschränkungen und Interdependenzen an, zumal dieses Blockdenken komparatistische Strömungen anderer Nationen und Kontinente ausklammert. Etiembles Hochschätzung für die japanische Komparatistik, die mit Marinos Plädoyer für einen Ost-West-Dialog ihre Fortsetzung findet, zeugt von seinem Bemühen um eine Dezentralisierung vermeintlicher komparatistischer ›Supermächte‹, somit für eine Pluralisierung und Demokratisie-

157 »A condition qu'elle aplique avec tact la méthode de l'explication de textes, l'étude comparée des traductions nous permet d'aller fort avant dans l'analyse de l'art du poète, d'isoler, dans chaque poème, ce qui participe à la prose et les dons ou les conquêtes de la poésie, de préciser quelles parts de cette poésie sont transmissibles, quelles perdues dans telle langue, sauvées dans telle autre. Il arrive que la traduction aide à comprendre l'original ou, plus belle que l'original, la trahisse.« (S. 96)

rung der internationalen Richtungen: »La littérature comparée se divise actuellement, dans le monde entier, et parfois se déchire, en plusieurs tendances« (S. 65).

4. Der historische Vergleich in den Vereinigten Staaten und die amerikanische Komparatistik

Ein vergleichender Ansatz in der Geschichtswissenschaft wurde in den Vereinigten Staaten v. a. durch die Entwicklung der *New History* begünstigt, deren Begründer und Vertreter für eine Zusammenarbeit zwischen Historikern und Sozialwissenschaftern plädierten.[158] Zum einen trachtete man, sozial- und wirtschaftsgeschichtlichen Fragen gegenüber politisch-institutionell orientierten Problemen größere Aufmerksamkeit entgegenzubringen. Zum anderen sollte die Erforschung des Gewesenen zu einem besseren Verständnis der Gegenwart beitragen. Schließlich geriet die Position des Historikers selbst ins Blickfeld, was zu dem Bewußtsein beitrug, daß Geschichtsschreibung keine objektiven, sondern stets interessengeleitete Ergebnisse liefere.[159] Auf diese gedankliche Vorarbeit, die vor allem an die Namen von Carl Becker und Charles Beard gebunden ist, konnte sich die wiederholte Erneuerungswelle innerhalb der Geschichtswissenschaft seit Ende der 1950er, Anfang der 1960er Jahre stützen. Seit diesem Zeitpunkt gelang es der Forschung, sich auch institutionell zu behaupten bzw. zu expandieren, so etwa durch die Expansion der amerikanischen Universitäten, die Neugründung von wissenschaftlichen Zeitschriften (z. B. *Comparative Studies in Society and History*), die Zusammenarbeit von Geschichtswissenschaftlern mit Wissenschaftlern anderer Fachdisziplinen, die wachsende Bedeutung von quantitativen Analysen und durch den Einfluß der europäischen Wissenschaften, die die Sozialwissenschaften und die Geschichte näher zueinander brachten.[160] Die vergleichende Methode wurde einerseits durch die Globalisierung der Gesellschaft, andererseits durch die Absicht sozialwissenschaftlich orientierter Historiker, auch außereuropäische Gesellschaften in ihren Fragestellungen zu berücksichtigen, besonders aktuell. »But the recognition that the world's societies are interconnected and that they change in patterned ways under common economic, military, and intellectual influences remains at the heart of current research; and it necessitates comparison while providing a vocabulary for it.«[161] Die Gründung der Zeitschrift *Comparative Studies in Society and History* schuf einem vergleichenden Ansatz innerhalb der Soziologie und Geschichtswissenschaft ein Forum. »Comparison as she [Sylvia Thrupp] envisioned it must build upon original research, archival evidence, specific instances, and careful attention to

---

158 Vgl. Eberhard Demm: Neue Wege in der amerikanischen Geschichtswissenschaft. In: Saeculum 22 (1971), S. 342-376. Hier S. 342. Der Terminus *New History* leitet sich ab von James Harvey Robinson: The New History. Essays Illustrating Modern Historical Outlook. New York 1911.

159 Vgl. Eberhard Demm: Neue Wege in der amerikanischen Geschichtswissenschaft, S. 343.

160 Vgl. Raymond Grew: On the Current State of Comparative Studies. In: Marc Bloch aujourd'hui, S. 323-336. Hier S. 323.

161 Ebenda, S. 324.

documents and data of every kind«[162] war die Vorstellung, die die Mediävistin Sylvia Thrupp von der vergleichenden Methode in der Geschichtswissenschaft entwickelte. Dennoch vermittelt auch ein Überlick über die in den *Comparative Studies in Society and History* erschienenen Artikel den Eindruck, daß die komparatistische Praxis weit hinter der Theoriebildung herhinkt. Die wachsende Spezialisierung der Wissenschaften förderte nicht unbedingt die Interdisziplinarität, was in den diversen Artikeln zum Ausdruck kommt. Der Rückzug auf die Beschreibung einer einzelnen Gesellschaft anstatt eines gesellschaftlichen Zusammenhangs ist somit auch auf die wissenschaftliche Infrastruktur zurückzuführen.[163] Der angestrebte Dialog zwischen den Wissenschaftern und ihren Disziplinen reduziert sich zum – wenngleich nicht unfruchtbaren – Monolog: »Comparative analysis has not won universal acceptance for any new laws of social development nor gained victory for any theory of society.«[164] Dennoch sieht Grew die Bedeutung der vergleichenden Methode für die gegenwärtige Lage der Sozialwissenschaften nicht pessimistisch, sondern spricht von drei Entwicklungen, die ihre Akzeptanz fördern:[165] 1. Die quantitative und qualitative Ausdehnung der Wissenschaft, die dem Forscher ein beträchtliches Maß an Wissen abverlangt, und der sich einer viel größeren Zahl von Fragen und Problemen gegenübersieht, als die möglicherweise noch vor einigen Jahrzehnten der Fall gewesen ist. Der Wissenschaftler sieht sich vor das Problem gestellt, aus einem großen Pool an Wissen zu schöpfen bzw. diesen Pool organisieren zu müssen. 2. Das Interesse der Sozialwissenschaften an der Geschichtwissenschaft sei gewachsen. 3. Das gestiegene Selbstbewußtsein der Sozialwissenschaften, das aus dem Einfluß der Anthropologie, der Philosophie und der Literaturwissenschaft stammt, habe die komparative Methode ebenso befördert. »We can be more confident that comparison will be widely used than that it will be used wisely or done well«[166] lautet das nicht ganz optimistische Resumee Grews. Wie vielerorts in der Vergleichenden Literaturwissenschaft wird auch die komparative Methode in der Geschichtswissenschaft von Grew als ein methodisches Vakuum aufgefaßt. Terminologie, Interessen und Konzepte habe man außerhalb ihrer selbst gesucht. Trotz dieser methodischen Unschärfen weiß Grew wiederum vier Punkte aufzuzählen, in welcher Weise die komparative Methode zur historischen Analyse beitragen kann.[167] Sie scheinen allesamt der Gedankenwelt Marc Blochs entnommen und sind somit Zeugnis der Präsenz des französischen Historikers innerhalb der historiographischen Theoriebildung in den Vereinigten Staaten: 1. Der Vergleich zwischen geographischen Einheiten oder über Zeit- und Epochengrenzen hinweg mag neue Fragen aufwerfen, die in anderem Zusammenhang nie in einer solchen Weise gestellt worden wären; 2. Die vergleichende Methode diene dazu, das zu untersuchende Problem schärfer abzugrenzen. Wie schon viele Historiker vor ihm betont auch Grew die Bedeutung der Vergleichseinheiten; 3. kann der Vergleich im Vorfeld einer Untersuchung zur Generierung der

162 Ebenda, S. 324.
163 Ebenda, S. 325.
164 Ebenda, S. 326.
165 Ebenda, S. 326ff.
166 Ebenda, S. 328.
167 Vgl. ebenda, S. 328ff.

Vergleichseinheiten eingesetzt werden; 4. erlaubt es der Vergleich, einmal aufgestellte Hypothesen oder gewonnene Ergebnisse einer Prüfung zu unterziehen.[168]

> Questions (stimulated by thinking comparatively) lead to further investigation in which historical problems are definded (through comparative analysis; the resolution of these problems depends upon appropriate methods (which comparative study may suggest), and the conclusions reached can then be tested (through systematic comparison) to determine their theoretical validity.[169]

Die Einstellung der amerikanischen Historiker bringt Raymond Grew auf den Punkt: »Admittedly, however, for many professional historians comparative study evokes the ambivalence of a good bourgeois toward the best wines: to appreciate them is a sign of good taste, but indulgence seems a little loose and wasteful«[170]. Was also für die französische und deutsche Geschichtswissenschaft gilt, kann ohne größere Abstriche auch für die amerikanische konstatiert werden, wenngleich Grew präzisiert, daß sich die amerikanischen Historiker weniger vor der vergleichenden Analyse scheuen, sondern vielmehr keine Antwort auf die Frage finden, was sie eigentlich vergleichen sollten bzw. wie Vergleichseinheiten definiert sein müssen.[171] Frühere Ansätze einer *comparative history* trugen sich mit der Absicht, aufgrund des kontrastiven Vergleichs die Einzigartigkeit der »American experience«, d. h. das Wesen des amerikanischen Staates und seiner Gesellschaft(en) herauszuarbeiten.[172] Carl N. Degler schloß daher Analogiestudien aus dem Forschungsfeld der *comparative history* aus (»It is only when the job of explaining differences is undertaken that comparative history begins«[173]), während Fritz Redlich die Grenzen der vergleichenden Methode nicht so eng zieht:

> In contrast the comparative method as a tool of synthesizing historical material promises to appeal to a vast majority of historians both of the historicistic and the positivistic variety, because it remains within the confines of established historical method, confines should certainly be upheld.

---

168 Genauso argumentiert Raymond Grew in The Comparative Weakness of American History. In: Journal of Interdisciplinary History 16 (1985), Heft 1, S. 87-101. Hier S. 96ff.

169 Raymond Grew: On the Current State of Comparative Studies, S. 330f.

170 Raymond Grew: The Case for Comparing Histories. In: The American Historical Review 85 (1980), S. 763-778. Hier S. 763.

171 Um nur ein Beispiel zu geben: »So great, then, is the need that ›comparative history‹ is often taken to mean comparison between nations, which has the paradoxical effect of reinforcing the tendency to consider nations the major unit of analysis. That, in turn, has discouraged comparison by those who prefer an equally intimate knowledge of at least two societies, two languages, two distinct traditions of record-keeping and interpretation. Few historians are willing to abandon the benefits of a specialization that has enormously expanded historical knowledge and sophistication. It is therefore important to stress that many of the benefits of comparison can result from studies in which all of the cases fall within a single nation but exemplify differences in time or space or social group or even in which the cases compared have not been investigated at equal depth. Comparative analysis, like the architect's compass, is no less useful a tool of design when the legs on which it stands are of unequal length.« (Ebenda, S. 767)

172 Vgl. Carl N. Degler: Comparative History. An Essay Review. In: Journal of Southern History 34 (1968), S. 425-430. Hier S. 425.

173 Ebenda, S. 426.

Comparison can be used both to stress the uniqueness of the historical process, which appeals to the dyed-in-the-wool historicist, and to find common traits in the unique historical events and sequences. Comparison in history covers a middle ground between overemphasis of uniqueness and sociological generalization which by necessity remains within the realms of forms: it can synthesize the substance of history.[174]

Dennoch muß Grew noch 1985 feststellen: »American historians seem to agree that comparative approaches have not taken root in American historiography«[175]. Als Gründe dafür führt er die Eigenschaft der USA als einer monolingualen (!) Staatengemeinschaft an, die dem Kontakt zu Nachbarstaaten und zu »very different traditions«[176] abträglich sei, die dominierende Stellung der USA in der Weltpolitik, die auffallende Kürze der amerikanischen Geschichte, »which narrows the range for international comparison«,[177] das Fehlen einer einheitlichen amerikanischen Kultur, »an established body of literature, philosophy, art, religion, and history«,[178] schließlich auf den akademischen Betrieb, der rasche Ergebnisse verlange und daher wenig Interesse an »monumental projects, mastery of multiple linguistic, paleographic, and methodological skills«[179] zeige.

Wie Adrian Marino versucht auch Earl Miner in seinen *Comparative Poetics*[180] Poetik als eine interkulturelle Kategorie zu definieren (»›Poetics‹ may be defined as conceptions of theories or systems of literature« [S. 4]), muß aber, ähnlich wie Marino, feststellen, daß

comparatists do not talk about comparison. A basic reason is no doubt that so much of what is called comparative study is not comparative at all. But given the name, and given the need to introduce students to the subject, it might be thought that there would be concern with comparison. What *is* literary comparison? What *are* the principles of adequacy in comparison? (S. 20f)

Miner intendiert eine Vergleichsmethode, die sich mit dem Aufdecken von Ähnlichkeiten und Analogien nicht zufriedengibt:

The nub of this problem is what elements constitute, or what procedure guarantees, *sufficient* comparibility. It is also clear that scale determines the nature, and certainly the results, of comparison. Donne and Jonson may make a sound comparison, because they were contemporaries, indeed friends, who often wrote in the same literary kinds and subkinds. Even that comparison

---

174 Fritz Redlich: Toward Comparative Historiography. Background and Problems. In: Kyklos 11 (1958), Heft 2, S. 362-389. Hier S. 379.

175 Raymond Grew: The Comparative Weakness of American History, S. 88. Vgl. auch die Reaktion auf Grews Ausführungen bei George M. Frederickson: Giving a Comparative Dimension to American History. Problems and Opportunities. In: Journal of Interdisciplinary History 16 (1985), S. 107-110.

176 Ebenda, S. 90.

177 Ebenda, S. 91.

178 Ebenda, S. 91.

179 Ebenda, S. 92.

180 Earl Miner: Comparative Poetics. An Intercultural Essay on Theories of Literature. Princeton: Princeton University Press 1990. Alle künftigen Zitate und Seitenangaben nach dieser Ausgabe.

could go wrong, however, by comparing the dramatic elements in Donne's lyrics with Jonson's plays. The differences are too great. (S. 21)

Abgesehen von der Tatsache, daß es Miner noch immer für notwendig hält, den intrakulturellen bzw. intralingualen Vergleich aus der Komparatistik auszuschließen, lenkt er die Aufmerksamkeit auf das *a priori* des Vergleichens, auf die notwendige Prüfung dessen, was überhaupt als vergleichbar angesehen werden darf oder soll. Offenkundig schließt er den Vergleich verschiedener Literaturgattungen aus der Programmatik der Komparatistik aus.[181] Die Kohärenz der Vergleichsobjekte scheint Bedingung: »The practical principle holds that comparison is feasible when presumptively or formally identical topics, conditions, or elements are identified.« (S. 22) Dies expliziert Miner im Zug einer Betrachtung westlicher und östlicher Poetik. Erstere läßt sich – abgeleitet von antiken Poetiken – als mimetisch, rezeptionsorientiert (Katharsis) und expressiv-affektiv beschreiben, letztere als produktionsorientiert und der Faktizität eher verpflichtet als der Fiktionalität. Diese Voraussetzungen sind also zu bemühen, wenn ein Vergleich zwischen westlicher und östlicher Literatur bzw. überhaupt zwischen Literaturen angestellt wird: wie sind die poetologischen Grundlagen und – mit diesen – die kulturell divergenten Begriffe und Auffassungen von ›Literatur‹ zu definieren, um beiden Kulturen gerecht werden zu können? Wie aus den Ausführungen in diesem Kapitel bereits ersichtlich geworden ist, ist dieses Postulat wesentlich für das Selbstverständnis des vergleichenden Subjekts wie für die vergleichende Methode im allgemeinen. Erst unter diesen Voraussetzungen tritt *sufficient comparibility* ein.

Im Jahr 1992 legte der amerikanische Komparatist Charles Bernheimer der American Comparative Literature Association (ACLA) einen *Report on Standards* vor, der, von einem Komitee unter seinem Vorsitz verfaßt, die institutionellen und ideellen Rahmenbedingungen des Faches Komparatistik an amerikanischen Universitäten zusammenfassen und kommentieren sollte. Schon in den 1960er Jahren hatte es sich die ACLA zur Aufgabe gemacht, jeweils in Zehnjahresabständen einen derartigen *Report* zu veröffentlichen.[182] 1965 lieferte Harry Levin den ersten, 1975 Tom Greene den

181 Warum sollen konstitutive Elemente unterschiedlicher Literaturgattungen vom Vergleich von vornherein ausgeschlossen werden? So kann etwa ein dramatischer Text durchaus mit Kategorien der Narratologie beschrieben werden, um seine Konturen gegenüber anderen Genres zu verstärken. Wie etwa Manfred Pfister feststellt, benutzen dramatische Texte ein Element der Figurenrede, deren Vielfalt man gemeinhin in Erzähltexten beschrieben hat, nämlich die direkte Rede. Für die antike Tragödie oder das epische Theater könnten weiters Überlegungen über Parallelen zu den von Franz K. Stanzel umrissenen Erzählsituationen oder den aus der englischen Erzähltheorie stammenden Begriff der *psycho-narration* angestellt werden. Zu denken wäre dabei vor allem an die Funktion des Chors als Kommentator des Geschehens und des Innenlebens der Handlungsfiguren. (Vgl. Manfred Pfister: Das Drama. Theorie und Analyse. München: Fink ^{5}1988, Kap. 1; Franz K. Stanzel: Die typischen Erzählsituationen im Roman. Wien/Stuttgart: Braumüller 1955; Franz K. Stanzel: Typische Formen des Romans. Göttingen: Vandenhoeck & Ruprecht 1964.) Übrigens findet sich bei Miner dennoch ein Kapitel über ›Lyric Joined with Drama and Narrative‹ (vgl. S. 97-119).

182 Vgl. dazu das Vorwort in: Comparative Literature in the Age of Multiculturalism. Hg. v. Charles Bernheimer. Baltimore/London: The Johns Hopkins University Press 1995.

zweiten Report, das dritte Papier soll derart enttäuschend gewesen sein, daß man von einer Veröffentlichung absah.[183] 1992 schließlich stellte Charles Bernheimer (University of Pennsylvania) seine Thesen anläßlich der Konferenz der Modern Language Association zur Diskussion. Um weiteren Debatten Vorschub zu leisten, wurden die drei *Reports*, drei unmittelbare Reaktionen auf Bernheimers Ausführungen und weitere dreizehn Stellungnahmen publiziert. Der Grund für die Aufmerksamkeit, die man dem aktuellen Report entgegengebrachte, lag nicht zuletzt in dessen Diversität und der deutlichen Abgrenzung von den früheren Berichten.[184] Bernheimers Intention war es, die Komparatistik als eine Kulturwissenschaft auszuweisen, die literarische Texte keiner immanenten Kritik unterzieht, sondern ihre Begründung in der historischen Kontextualisierung literarischer Texte sucht. Daß dabei nicht zuletzt auch sozialhistorische Modelle von Nutzen sein können, soll in der Folge diskutiert werden. Dazu ist gleichsam ein kontrastierender Blick auf den Levin- und den Greene-Report notwendig: Absicht von Levins Report war es,[185] angesichts des rapiden Anwachsens komparatistischer Einrichtungen an akademischen Institutionen in den USA, ein Minimum an Standards zu formulieren, »before our subject gets too thinly spread«[186]. Diese Minimalanforderungen betreffen 1. institutionelle, 2. personelle und 3. curriculare Bereiche: 1. die Institute sollen sowohl klassische als auch moderne Sprachen und Literaturen in ausgewogener Weise anbieten; die Bestände der jeweils verfügbaren Bibliotheken sollen mehrere Sprachen und Literaturen umfassen. 2. zumindest ein Mitglied des Lehrpersonals sollte über ein Doktorat aus Vergleichender Literaturwissenschaft verfügen. 3. je nach Studienfortschritt haben die Studenten unterschiedliche Anforderungen zu erfüllen: Beschäftigung mit zumindest zwei Literaturen jeweils in der Originalsprache; Schwerpunkt auf einer Literatur; Kenntnis der wichtigsten Werke westlicher Literatur von der Antike bis zur Gegenwart. Hauptaugenmerk des Reports liegt auf dem *undergraduate program,* dessen Qualität als Basis für den weiteren Studienverlauf betrachtet wird.

Thomas Greene konnte 1975 bereits von veränderten Bedingungen ausgehen: Die Zahl der Komparatistik-Institute hätte sich in den vergangenen Jahren nahezu verdoppelt, das Fach eine gewisse Popularität erlangt.

> When the Comparative Literature movement gathered strength in the U.S. during the two decades following World War II, it was dedicated to high goals. It wanted to stand, and in large parts did stand, for a new internationalism: for broader perspectives on works and authors, for a European

---

183 Vgl. ebenda, S. ix.

184 Dazu heißt es im Vorwort: »We agreed that we wanted to write a report that would stir up controversy, not one that would try to find a comfortable middle ground. We felt uneasy about being asked to establish ›standards‹ and decided to give more importance to our ideas about the intellectual mission of the discipline than to spelling requirements (in this spirit, the bylaws were amended at the last ACLA meeting to rename the report the Report on the State of the Discipline).« (S. x)

185 Das Komitee bestand aus A. Owen Aldridge, Chandler B. Beall, Haskell Block, Ralph Freedman, Horst Frenz, J. C. La Drière, Alain Renoir und René Wellek.

186 The Levin Report, 1965. Report on Professional Standards. In: Comparative Literature in the Age of Multiculturalism, S. 21-27. Hier S. 21.

> grasp of historical movements, for larger contexts in the tracking of motifs, themes, and types as well as larger understandings of genres and modes. It aimed also at the clarification of the great historical issues of literary criticism from a cosmopolitan vantage point. Within the academy, it wanted to bring together the respective European language departments in a new cooperation, reawakening them to the unity of their common endeavor, and embodying that unity in various ways, both customary and creative, which could mingle faculty and students across disciplinary boundaries.[187]

Darüber hinaus sei die Vergleichende Literaturwissenschaft bemüht gewesen, die Möglichkeiten eines interdisziplinären Austausches mit anderen Künsten und geisteswissenschaftlichen Disziplinen (Philosophie, Geschichte, Ideengeschichte, Linguistik, Musik, bildende Künste und folkloristische Kunstformen) auszuloten, ein Bemühen, das von Levin lediglich angedeutet worden war, von Greene wiederum nicht weiter präzisiert wird. Levin und Greene gemeinsam ist eine elitäre Auffassung von Vergleichender Literaturwissenschaft, die nur den begabtesten Studenten offenstehen sollte.

> It did not of course minimize the strenuous sweep of its aspirations, and it did not perceive itself to be available to all students or even all universities. It defined itself as a discipline appropriate only to institutions endowed with excellent libraries, with consistently strong foreign language departments, and with gifted students combining linguistic depth with literary aptitude. This vision of a fresh and central academic discipline was ambitious in the noblest sense. It remains our common inheritance.[188]

Greene hält sich mit seinen Ausführungen sehr an das Levin'sche Konzept: »The Levin Report is notable for its balance, its judgement, and its elegance, yet its authors did not hesitate to defend a certain elitism which they perceived to be inherent in the nature of their subject«[189]. Aber der ursprünglich angestrebte Elitismus wird angesichts der historischen Veränderungen von Greene in Frage gestellt.

Greene faßt die Veränderungen innerhalb des vergangenen Jahrzehnts in folgenden Punkten zusammen: ein rapides Ansteigen der komparatistischen Bildungseinrichtungen (an rund 150 Institutionen werden komparatistische Inhalte angeboten); ein Schwerpunkt auf *undergraduate teaching*; das Anwachsen von komparatistischen Programmen, deren Personal keinen Lehrenden mit einem Doktorat aus Vergleichender Literaturwissenschaft aufzuweisen hat, neben nicht vorhandener, aber notwendiger Bibliotheksbestände; das Anwachsen von Lehrveranstaltungen, in denen Literatur nicht im Original, sondern in (englischer) Übersetzung gelesen wird, »which [...] seems to establish an equation between ›World Literature‹ and ›Comparative Literature‹«[190]; der Aufstieg einer immer größer werdenden Zahl von Studenten in die *graduate school*; die sinkende Bedeutung der *language departments*, nicht zuletzt aufgrund der zahlreicher werdenden komparatistischen Lehrveranstaltungen; das

187 The Greene Report, 1975. A Report on Standards. In: Comparative Literature in the Age of Multiculturalism, S. 28-38. Hier S. 28.

188 Ebenda, S. 28.

189 Ebenda, S. 29.

190 Ebenda, S. 30.

Anwachsen interdisziplinärer Programme samt einem verstärkten Interesse für außereuropäische Literatur bis hin zu Literaturen nicht-schriftlicher Bevölkerungsgruppen und Ethnien. Und die gegenwärtige Diskussion um eine neue Weltliteratur voraussehend:

> A new vision of *global* literature is emerging, embracing all the verbal creativity during the history of our planet, a vision which will soon begin to make our comfortable European perspective parochial. Few Comparatists, few scholars anywhere, are prepared for the dizzying implications of this widening of horizons, but they cannot be ignored.[191]

Die Anforderungen, die Greene formuliert, lassen sich zusammenfassen: adäquates Personal, d. h. die Installierung von mindestestens einem Komparatisten an jedem Institut, »normally in positions of responsibility«[192]; eine intensive Kooperation zwischen komparatistischen und nationalphilologischen Instituten, etwa in Form eines *joint appointment*;[193] die Zahl der Studenten solle auf einem derartigen Niveau gehalten werden, daß einer guten Betreuung durch das Lehrpersonal nichts im Weg steht; auf dem *graduate level* sollen zumindest zwei Sprachen, im Dissertationsstadium vier Sprachen beherrscht werden, wovon eine Englisch, die zweite eine antike Sprache sein soll; darüber hinaus sollen dem *graduate student* philologische Kenntnisse vermittelt werden; schließlich erfordere ein Studium der Komparatistik umfangreiches historisches Wissen:

> Comparative Literature as a discipline rests unalterably on the knowledge of history. The student who wants to specialize in Twentieth Century literature needs to know just as much about the past as his fellow students, if he is truly to understand his chosen period. Arguably, he needs to know more, since the cultural inheritance of our century is in the nature of things richer than any earlier period's.[194]

Darüber hinaus seien folgende inhaltliche Schwerpunkte zu erfüllen:

> a course or series of courses in methodology and theory; a range of period courses which includes the remote as well as recent past; the opportunity to encounter various critical and scholarly approaches; the opportunity to work with various literary genres and sub-genres; the opportunity to study linguistics, philology, and esthetics.[195]

---

191 Ebenda, S. 30.

192 Ebenda, S. 32.

193 Die Qualität der komparatistischen wird sogar von der Qualität der nationalphilologischen Institute abhängig gemacht: »Any Comparative Literature program must depend heavily on its neighboring departments of national literatures, indeed on all the Humanities departments at its institution. Without a strong English department and strong foreign language teaching, Comparative Literature cannot itself be strong.« (S. 32) Mit dem allmählichen Verschwinden von fremdsprachigen Instituten verbindet Greene somit einen Standardverlust der Vergleichenden Literaturwissenschaft.

194 Ebenda, S. 34.

195 Ebenda, S. 34.

Auch den von Levin zur Diskussion gestellten interdisziplinären Ansatz begrüßt Greene, weiß aber vor den Gefahren der Interdisziplinarität zu warnen:

> As for the burgeoning of cross-disciplinary programs, we believe that Comparatists should welcome them. They have a salutary role to play in reorganizing our patterns of knowledge; we should be able to learn from them as well as contribute our own perspectives. But we must also be alert lest the crossing of disciplines involve a relaxing of discipline. Misty formulations, invisible comparisons, useless ingenuities, wobbly historiography plague all fields in the Humanities, including our own: cross-disciplinary programs are not immune from them. As participants, we need to muster the theoretical sophistication, the methodological rigor, the peculiar awareness of historical complexities our special training affords us.[196]

Die Zukunft der Vergleichenden Literaturwissenschaft sieht Greene auch von der Beschäftigung mit außereuroäischen Literaturen geprägt, wenngleich mit der Einschränkung, daß

> we are still lacking the concepts and tools that will permit us truly to study literature at the global level. These concepts and tools will gradually materialize. While waiting and searching for them, we must beware of ever again confusing ›world literature‹ with the literature of our inherited culture, however rich; conversely, while working toward global perspectives, we will still need the virtues of precision and integrity our inherited culture has taught us. It goes without saying that we cannot begin to absorb the wealth of exotic literatures before firmly possessing our own.[197]

Während Harry Levin und Thomas Greene also hauptsächlich institutionelle Voraussetzungen des Faches Vergleichende Literaturwissenschaft diskutiert haben, geht Charles Bernheimer auch auf inhaltliche und methodische Zielsetzungen ein und formuliert, von Levin und Greene gleichsam herausgefordert, eine Reihe von Neuansätzen, die sich ihm aufgrund der veränderten gesellschaftlichen und politischen Situation aufzwingen.[198] Unter der Überschrift *Renewing the Field* setzt Bernheimer zu einer Ausweitung des Vergleichs in der Komparatistik an:

> The space of comparison today involves comparisons between artistic productions usually studied by different disciplines; between various cultural constructions of those disciplines; between Western cultural traditions, both high and popular, and those of non-Western cultures; between the pre- and postcontact cultural productions of colonized peoples; between gender constructions defined as feminine and those defined as masculine, or between sexual orientations defined as straight and those defined as gay; between racial and ethnic modes of signifying; between hermeneutic articulations of meaning and materialist analyses of its modes of production and circulation; and much more. These ways of contextualizing literature in the expanded fields of discourse, culture, ideology, race, and gender are so different from the old models of literary study according to authors, nations, periods, and genres that the term ›literature‹ may no longer adequatly describe our object of study.[199]

---

196 Ebenda, S. 36.

197 Ebenda, S. 36.

198 The Bernheimer Report, 1993. Comparative Literature at the Turn of the Century. In: Comparative Literature in the Age of Multiculturalism, S. 39-48.

199 The Bernheimer Report, 1993, S. 42.

Die scheinbar postmoderne Auflösung in die Indifferenz der Objekte weist sich jedoch nur als eine in den meisten philologischen Fächern feststellbare Erweiterung des Untersuchungsrahmens auf. So betrachtet etwa die (amerikanische) Germanistik nicht mehr nur (literarische) Texte deutschsprachiger Autoren, sondern hat sich mittlerweile zur Mediendisziplin weiterentwickelt. Zudem ist zu bemerken, daß der von Bernheimer umrissene *space of comparison* eigentlich nur jene Punkte aufzählt, die im Mittelpunkt der literaturtheoretischen Diskussion der letzten Jahrzehnte gestanden haben. Bernheimers Vorschläge für das *graduate program* konkretisiert die angestrebte Objekterweiterung:
1. Literarische Texte – nicht mehr alleiniges Untersuchungsobjekt der Komparatistik – werden als eine diskursive Praxis unter vielen »in a complex, shifting, and often contradictory field of cultural production«[200] betrachtet. Diese inhaltliche Wendung wirkt sich auch auf die Komparatistik im Kontext anderer Geisteswissenschaften aus:

> This field challenges the very notion of interdisciplinarity, to the extent that the disciplines were historically constructed to parcel up the field of knowledge into manageable territories of professional expertise. Comparatists, known for their propensity to cross over between disciplines, now have expanded opportunities to theorize the nature of the boundaries to be crossed and to participate in their remapping.[201]

Trotz des diskurstheoretischen Ausgangspunktes, der die ›Texte‹ gleichsam demokratisiert, also keine ›hohe‹ oder ›niedere‹ Literatur bzw. ›Literatur‹ an sich kennt, sollen komparatistische Institute ihr Augenmerk auf »high-literary discourse«[202] richten. Daraus ergebe sich der Auftrag, den gesamten diskursiven Kontext zu untersuchen, in dem Texte entstehen und nach den Gründen der Entstehung eines Höhenkamms zu fragen. Die Produktion bzw. Entstehung von ›Literatur‹ könne dann der Produktion anderer diskursiver Systeme wie Musik, Philosophie, Geschichte oder Recht entgegengehalten werden. Die gänzliche Lösung von der literaturtheoretischen Tradition ist in Bernheimers Programm allerdings nicht vorgesehen, vielmehr geht es um eine ambivalente Haltung, die immanente mit neuen Methoden verbinden soll:

> Our recommendation to broaden the field of inquiry – already implemented by some programs and departments – does not mean that comparative study should abandon the close analysis of rhetorical, prosodic, and other formal features but that textually precise readings should take account as well of the ideological, cultural, and institutional contexts in which their meanings are produced. Likewise, the more traditional forms of interdisciplinary work, such as comparisons between the sister arts, should occur in a context of reflection on the privileged strategies of meaning making in each discipline, including its internal theoretical debates and the materiality of the medium it addresses.[203]

---

200 Ebenda, S. 42.
201 Ebenda, S. 42f.
202 Ebenda, S. 43.
203 Ebenda, S. 43.

2. Die Kenntnis von Fremdsprachen bleibe weiterhin die Basis und die *raison d'être* der Komparatistik. Studenten der Komparatistik sollen dazu angehalten werden, ihren linguistischen Horizont zu erweitern und zumindest eine außereuropäische Sprache zu erlernen. Die Sprachkenntnisse ermöglichen dem Komparatisten nicht nur die Lektüre einer Literatur im Original, sondern tragen auch bei zum Verständnis der »role of a native tongue in creating subjectivity, in establishing epistemological patterns, in imagining communal structures, in forming notions of a nationhood, and in articulating resistance and accommodation to political and cultural hegemony«.[204]
3. Damit zusammenhängend ist die Forcierung der literarischen Übersetzung »as a paradigm for larger problems of understanding and interpretation across different discursive traditions«.[205] Diese Gedanken werden vor allem von der ethnologisch orientierte Literaturwissenschaft formuliert, die die Übersetzung nicht mehr nur als die Übertragung eines Textes von einer Sprache in eine andere betrachtet, sondern auch auf den mit der Übersetzung verbundenen Transfer kultureller Symbolisierungen aufmerksam gemacht hat. Dazu Bernheimer in ähnlicher Formulierung:

> Comparative literature, it could be said, aims to explain both what is lost and what is gained in translations between the distinct value systems of different cultures, media, disciplines, and institutions. Moreover, the comparatist should accept the responsibility of locating the particular place and time at which he or she studies these practices: Where do I speak from, and from what tradition(s), or countertraditions? How do I translate Europe or South America or Africa into a North American Cultural reality, or, indeed North America into another cultural context?[206]

Der (kulturelle, ideologische etc.) Standort des Forschers ist auch für die theoretische Grundlegung des New Historicism nicht ohne Bedeutung geblieben. Dort wird v.a. das Problem der Beziehung der Vergangenheit zur Gegenwart erörtert.
4. Die Komparatistik solle die Bedingungen der Kanonformation untersuchen und an der Reformulierung des weltliterarischen Kanons mitwirken. Ebene jene Fragen hat auch die gegenwärtige Weltliteraturdiskussion aufgeworfen.
5. Institute der Komparatistik sollen eine aktive Rolle in der multikulturellen Rekontextualisierung der angloamerikanischen und europäischen Perspektive spielen und ihre Dominanz in Frage stellen. Der Blick des Literaturwissenschaftlers soll nicht ein Blick sein, der sich den Literaturen der Minoritäten verschließt, sondern gerade jene ›Ränder‹ betrachtet, die sonst ausgespart bleiben. Die multikulturelle Grundlegung der Komparatistik, die Bernheimer anstrebt, könne nicht zuletzt durch das interdisziplinäre Zusammenwirken von anthropologischen und ethnologischen Modellen befördert werden.

> In all contexts of its practice, multiculturalism should be approached not as a politically correct way of acquiring more or less picturesque information about others whom we don't really want to know but as a tool to promote significant reflection on cultural relations, translations, dialogue, and debate.

---

204 Ebenda, S. 43.
205 Ebenda, S. 44.
206 Ebenda, S. 44.

> Thus conceived, comparative literature has some affinities with work being done in the field of cultural studies. But we should be wary of identifying ourselves with that field, where most scholarship has tended to be monolingual and focused on issues in specific contemporary popular cultures.[207]

Vielleicht ist es bezeichnend für die theoretische Diskussion innerhalb der Vergleichenden Literaturwissenschaft, daß man diesen Anregungen bisher eher mit einiger Indifferenz begegnet ist und derartige Probleme eher von der interkulturellen Germanistik und einer sich entwickelnden ›ethnologischen Literaturwissenschaft‹ aufgegriffen worden sind.
6. Die Komparatistik solle den Vergleich zwischen Medien »from early manuscripts to television, hypertext, and virtual realities«[208] mit umfassen, zumal sich der materielle Gegenstand der Literaturwissenschaft, das Buch, im Zuge der Computer-Technologie und der rasanten Entwicklung der Kommunikation selbst verändert habe. Ein kulturwissenschaftliches Verständnis der Komparatistik erfordert vielmehr die Untersuchung der

> material possibilities of cultural expression, both phenomenal and discursive, in their different epistemological, economic, and political contexts. This wider focus involves studying not only the business of bookmaking but also the cultural place and function of reading and writing and the physical properties of newer communicative media.[209]

Dies ist insofern konsequent, als das Medium Buch als kulturelle Ausdrucksform wiederum eine mitteleuropäisches Charakteristikum darstellt und dazu neigt, Kulturen, die dieses Medium nicht verwenden, aus ihrem Untersuchungsspektrum auszublenden. Die amerikanische Geschichtswissenschaft hat diesem Mangel mittels der Oral History in den 1960er Jahren behoben. Alle genannten Ziele sollen durch einen Dialog in Forschung und Lehre zwischen Lehrenden und Studierenden verschiedener Disziplinen erreicht werden. Dies erfordere darüber hinaus eine explizit theoretische Annäherung an das Fach Vergleichende Literaturwissenschaft. Bernheimer empfiehlt die Unterweisung der Studenten in die Geschichte der Literaturtheorie.

Steven Tötösy de Zepetnek beschreibt in seinem 1998 erschienenen Kompendium die Komparatistik als ein interdisziplinäres, wenn auch fragmentiertes und pluralistisches Projekt:

> First, comparative literature means the knowledge of more than one national language and literature, and/or it means the knowledge and application of other disciplines in and for the study of literature and second, Comparative Literature has an ideology if inclusion of the Other, be that a marginal literature in its several meanings of marginality, a genre, various text types, etc. [...] Comparative Literature has intrinsically a content and form which facilitate the cross-cultural and interdisciplinary study of literature and it has a history that substantiated this content and form.[210]

---

207 Ebenda, S. 45.
208 Ebenda, S. 45.
209 Ebenda, S. 45.
210 Steven Tötösy de Zepetnek: Comparative Literature, S. 13.

Vor der Folie eines systemtheoretischen und empirischen Ansatzes formuliert Tötösy in Form eines Manifests seine »New Comparative Literature« und gibt im Anschluß daran Beispiele für seine Anwendungsmöglichkeiten. Auch er faßt die Komparatistik als eine kulturwissenschaftliche Disziplin insofern, als sie die Aufgabe und Möglichkeit biete, »to translate one culture into another by the exercise and love of dialogue between cultures«[211]. Tötösys »General Principles of Comparative Literature« umfassen die folgenden zehn Punkte: 1. Literatur- und kulturwissenschaftliche Forschung zeichne sich vor allem durch ihre klare methodische Fundierung aus, 2. durch ihre Bewegung und den Dialog zwischen den Kulturen, 3. habe sich der Komparatist noch vor seiner Auseinandersetzung mit Theorie und Methodologie mit mehreren Sprachen und wissenschaftlichen Disziplinen auseinanderzusetzen, 4. sei es das Interesse der Komparatistik, Literatur im Kontext anderer Künste und anderer geistes- und sozialwissenschaftlicher Disziplinen zu betrachten,[212] 5. die Anerkennung und das Studium einzelner Sprachen und Literaturen »in the context of the comparative conceptual approach and function«[213] mit einer Bevorzugung des Englischen als Sprache der wissenschaftlichen Kommunikation, 6. die Betrachtung von Literatur im Kontext von Kultur (»highbrow, popular, or any other type of literature«[214]), 7. die Pflege eines theoretischen, methodologischen als auch eines ideologischen und politischen Ansatzes der Einbeziehung (als Gegensatz zu Ausschließung): »This inclusion extends to all Other, all marginal, minority, and peripheral and it encompasses both form and substance«[215]), 8. die Aufmerksamkeit gegenüber und das Bestehen auf eine Methodologie der Interdisziplinarität

> with three main types of methodological precision: intra-disciplinarity (analysis and research within the disciplines of the humanities), multi-disciplinarity (analysis and research by one scholar employing any other discipline), and pluri-disciplinarity (analysis and research by team-work with participants from several disciplines).[216]

9. die Mißachtung des gegenwärtigen Trends der Globalisierung versus Lokalisierung: »Thus, the Ninth Principle represents the notion of working against the stream by promoting Comparative Literature as a global and inclusive discipline of international humanities with focus on literature«,[217] 10. schließlich die Frage nach dem Grund einer Vergleichenden Literaturwissenschaft und dem »vocational commitment of its practitioners«[218]. Der Grund für das Betreiben der Komparatistik sei vor allem im intel-

---

211 Ebenda, S. 15.

212 »The obstacle here is that the attention to other fields of expression and other disciplines of study results in the lack of a clearly definable, recognizable, single-focussed, and major theoretical and methodological framework of Comparative Literature«. (ebenda, S. 16)

213 Ebenda, S. 17.

214 Ebenda, S. 17.

215 Ebenda, S. 17.

216 Ebenda, S. 17f.

217 Ebenda, S. 18.

218 Ebenda, S. 18.

lektuellen und pädagogischen Wert zu suchen (Anerkennung des ›Anderen‹, Kenntnis von Fremdsprachen und Literaturen), den diese Disziplin zu bieten imstande sei. Tötösys Ziel ist es, aufgrund der brisanten Lage der Geisteswissenschaften nicht nur in Kanada (finanzielle Kürzungen, Schwierigkeiten ihrer Rechtfertigung, soziale Relevanz der Literaturwissenschaft) ein Modell der Komparatistik zu entwerfen, dessen Produkte sowohl methodischen Standards genügen als auch für eine breitere Öffentlichkeit rezipierbar sind und den Eindruck sozialer Relevanz vermitteln: »my argument is that it is the neglect and lack of rational, inclusive, methodologically precise attention in operationality and functionality that results in flaws which in turn create – over several turns and twists – the marginalization of the study of literature.«[219]

Tötösy sieht seinen Entwurf einer Vergleichenden Literaturwissenschaft in den Diskurs der Cultural Studies eingebettet. Die Cultural Studies stellen ganz im Sinn der postmodernen Theorie einen in sich verwobenen Diskurs an Disziplinen dar, deren Grenzen innerhalb dieses Makrodiskurses nicht mehr oder nur schwer auszumachen sind. Beklagt wird dabei oft die Marginalisierung der Literatur innerhalb der Cultural Studies, einem Prozeß, dem etwa Tötösy mit seinem Manifest einer New Comparative Literature gegenzusteuern trachtet. Diese Marginalisierung mag nicht zuletzt auch an der gegenüber anderen (Geistes-)Wissenschaften institutionell kleineren Rolle der Komparatistik – selbst in den USA – liegen. Ein weiterer Grund mag darin zu suchen sein, daß die Cultural Studies mit Bedacht auf die gesellschaftliche Relevanz ihrer Aussagen entwickelt wird, wodurch die (Vergleichende) Literaturwissenschaft, die dieser Aufforderung offenkundig nicht in dem gewünschten Maß nachkommt, ins Hintertreffen gerät, was sich aufgrund ihrer Programmatik allerdings leicht beheben ließe.[220]
Die vergleichende Methode ist also über die Disziplinen hinweg eine undifferenzierte Methode geblieben. Anforderungen an, Vorteile und Nachteile der Methode sind ebenfalls über die Disziplinengrenzen hinweg dieselben. Angesichts dieser Tatsache stellt sich für die Vergleichende Literaturwissenschaft die Frage, wie abgesichert die methodische Basis dieser Disziplin ist, wenn sie den Vergleich als ihre zentrale Methode ansieht. Dies muß nicht immer der Fall sein, besonders dann, wenn sich die Komparatistik als Teil der Allgemeinen Literaturwissenschaft betrachtet und folglich deren Methoden appliziert. Wie ebenfalls deutlich geworden ist, verwendet die Vergleichende Literaturwissenschaft nur einen Teil jener Vergleichsmöglichkeiten, die etwa innerhalb der Geschichtswissenschaft aufgezählt worden sind, wenngleich diese in der Praxis der Komparatistik sehr wohl impliziert sein können.[221] Für eine sozialhistorisch

---

219 Ebenda, S. 21. Siehe dazu meine Rezension in: Komparatistik. Jahrbuch der Deutschen Gesellschaft für Allgemeine und Vergleichende Literaturwissenschaft (1999/2000), S. 168-173.

220 Vgl. etwa die kritischen Anmerkungen zu den Cultural Studies bei Emily Apter: Comparative Exile. Competing Margins in the History of Comparative Literature. In: Comparative Literature in the Age of Multiculturalism, S. 86-96.

221 »die Skala der Realisationsmöglichkeiten ist jedoch breit: Bei dem Vergleichstext kann es sich um eine Übersetzung, Parodie oder Bearbeitung handeln; verschiedene Fassungen eines Textes können Grundlage eines Variantenvergleichs sein. Der Vergleich kann in Serien durchgeführt werden, z. B. als ›exercise in comparative stylistics‹, wenn ein Text mit mehreren Übersetzungen

orientierte Komparatistik stellt sich die Praxis des Vergleichens schwieriger dar, zumal historische Prozesse miteinander verglichen werden müssen. Die damit verbundenen Probleme hat Carl N. Degler expliziert. Genauer gesagt: Die Schwierigkeit liegt im *a priori* des Vergleichens, d. h. der sozialhistorisch vergleichende Forscher hat sich zu aller erst mit der Schaffung eines geeigneten Vergleichsrahmens und der Vergleichbarkeit seiner Objekte oder Prozesse zu versichern. Erst wenn deren Vergleichbarkeit gewährleistet ist, kann ein Vergleich durchgeführt werden. Ebenso augenscheinlich wurde, daß dem Vorgang und der Vorarbeit des Vergleichens in der wissenschaftlichen Diskussion eine unterschiedliche Bedeutung und Rolle zugeschrieben worden ist. Das Vergleichen wird zum einen als eine Methode betrachtet, zum anderen als ein ›Werkzeug‹, historische Phänomene zu erklären, und andererseits als ein Interpretationsverfahren, das »in methodischer Hinsicht keine selbständige Geltung besitzt«[222]. Volker Bischoff weiß somit die Möglichkeiten des Vergleichs innerhalb der Literaturwissenschaft zu differenzieren: zum einen den unilateralen Vergleich, »der einen Text auf der Folie eines zweiten Textes analysiert«,[223] zum anderen den bi- bzw. multilateralen Vergleich, »in dem zwei bzw. mehrere Texte wechselseitig analysiert werden«:[224]

> Der Ausgangspunkt beim unilateralen Vergleich ist der zu untersuchende Text als Bezugswerk auf der Grundebene; der zweite Text nimmt als Vergleichstext die Vergleichsebene ein, durch den die Eigenschaften des ersten Textes veranschaulichend hervorgehoben werden sollen. Die Voraussetzung für den unilateralen Vergleich ist die klare Einsicht in den Vergleichstext, die auf das Bezugswerk übertragen werden kann. [...] Ist die Einsicht in den Vergleichstext gegeben, so ist sie unabhängig vom Vergleich gewonnen worden. [...] Die Antworten zeigen, daß der literarische Vergleich auf ein Interpretations-Vorverständnis angewiesen ist, das außerhalb des Vergleichs liegt. [...] Die Kriterien der Vergleichbarkeit können nur aufgrund einer dem Vergleich vorausgegangenen Analyse der Vergleichstexte gewonnen werden.[225]

Damit ist für Bischoff auch der Grund bezeichnet, weshalb der Vergleich nicht als eine eigenen Methode angesehen werden kann,

> da er immer auf ein der vorausgegangenen Interpretation zugrunde liegendes Vorverständnis angewiesen ist. Hinzukommt, daß der Vergleich nur schwer eine Gesamtinterpretation der Texte zuläßt, da die Vergleichskategorien selektierend wirken. Auch kann der Vergleichsprozeß nicht deutlich machen, ob der Vergleich einen wesentlichen Aspekt der Texte umfaßt; es können sogar durch die Auswahl der Vergleichskategorien falsche Aussagen über die Texte getroffen werden, die dennoch eine völlig korrekte Gegenüberstellung zulassen.[226]

Eine interpretative Verwendung des Vergleichs könne, Bischoff zufolge, auch die Beziehung zwischen einem Text und seinem historischen Kontext bestimmen:

---

verglichen wird, oder als Kombination verschiedener Möglichkeiten«. (Volker Bischoff: Grenzen und Möglichkeiten des Vergleichs. In: Sprachkunst 5 (1974), S. 159-169. Hier S. 160.)

222 Ebenda, S. 159.

223 Ebenda, S. 161.

224 Ebenda, S. 161.

225 Ebenda, S. 161f.

226 Ebenda, S. 162.

> Trotz aller Problematik einer literarischen Evolutionstheorie ist eine Interpretation ohne wertendes und einordnendes Vergleichen nicht wünschenswert, da Text nicht in einem Vakuum existieren, sondern Teil eines historischen und literarischen Kontextes sind: Wert und Eigenart eines Textes werden erst durch den Vergleich deutlich.[227]

Abgesehen davon, daß Bischoff den Vergleich als keine eigenständige Interpretationsmethode betrachtet, hält er diesem sehr wohl praktischen und heuristischen Wert zugute: »Neben der textnahen Interpretation und der allgemeinen Motivation [liegt] die Hauptleistung des Vergleichs in der Bewußtmachung und Reflexion methodologischer Fragen«[228].

Weiters zeigt sich, daß der Vergleich stets in Zusammenhang mit seinen institutionellen Bedingungen und Voraussetzungen diskutiert worden ist. Das Vergleichen erfordere ein globaleres Bewußtsein des Forschers, andererseits aber auch materielle Bedingungen, die diesem Bewußtsein zuarbeiten (Bibliotheken, Institute, Forschungseinrichtungen usw.), was nicht zuletzt als ein Hinweis auf die enge Verschränkung wissenschaftlicher Praxis mit der Wissenschaftspolitik gewertet werden soll.

---

227 Ebenda, S. 165.

228 Ebenda, S. 166.

DRITTES KAPITEL

Aufgabenstellungen der Komparatistik im Spannungsfeld sozialgeschichtlicher Methoden

1. Mentalitätsgeschichte und Komparatistik

Trotz der amorphen Begrifflichkeit und des nicht eindeutig umrissenen Gegenstandsbereichs der Mentalitätsgeschichte kann diese sehr wohl mit literaturwissenschaftlichen Fragestellungen in Verbindung gebracht werden, spätestens dann, wenn man Literatur als ein Reservoir von affektiven Dispositionen, von bewußten oder unbewußten Erfahrungszusammenhängen begreift. Sicher in diesem Sinne zählt Georges Duby in seiner Bestimmung von Mentalitätsgeschichte[1] Bereiche wie Buch- und Lesergeschichte, Mythen und Symbole, Kommunikationsstrukturen oder das künstlerische Schaffen im allgemeinen und seine Themen als deren Gegenstand auf. Sabine Jöckel hat in ihrer Dissertation einerseits bereits über Schnittpunkte zwischen Literaturwissenschaft und Mentalitätsgeschichte berichtet,[2] andererseits über die Mentalitätsgeschichte als Konzept zur historischen/soziologischen Integration der Literatur referiert[3]. Als gemeinsames Terrain der Literaturwissenschaft und der Mentalitätsgeschichte sieht Jöckel die Psychologie, im speziellen die Individualpsychologie, den Hang der Literaturwissenschaft zum Psychologisieren allgemein, und schließlich die Verwendung psychoanalytischer Konzepte bzw. Konzepte der kollektiven Psychologie. Die Wurzeln einer psychologischen Literaturbetrachtung seien bereits in der Romantik zu finden, die Kunst und Literatur als ›Ausdruck‹ einer Volksseele, eines Kollektivbewußtseins bestimmt hat. Bereits Hippolyte Taine habe den Ursprung jeder Kunst in der menschlichen Psychologie gesucht, allerdings einen statischen und unhistorischen Begriff der Psychologie hervorgebracht. Auch der Soziologe Robert Escarpit und der Romanist Erich Köhler haben die Rolle der Psychologie in Verbindung mit der Literaturwissenschaft betont. Beiden jedoch mangele es an historischer Ausrichtung. Die Mentalitätsgeschichte nun sei geeignet, eine diachrone Betrachtung herauszufordern, denn »sie hat sich aus der Einsicht in die sozialen und geschichtlichen Wandlungen der psychischen Phänomene entwickelt; dadurch ruht sie auf der soliden Basis der

1 Georges Duby: L'histoire des mentalités. In: L'Histoire et ses méthodes. Hg. v. Charles Samaran. Paris: Gallimard 1961 (= Encyclopédie de la Pléiade 11), S. 937-966.

2 Vgl. Sabine Jöckel: ›Nouvelle histoire‹ und Literaturwissenschaft. Die Geschichte ihrer Begegnung in der französischen Forschung. 2 Bde. Rheinfelden/Berlin: Schäuble [3]1993 (= Romanistik 44), S. 218ff.

3 Ebenda, S. 230ff.

Verbindung von Soziologie, Psychologie und Geschichte«[4]. Als gemeinsame Gegenstände des Mentalitätshistorikers und des Literaturwissenschaftlers möchte Jöckel die Aufmersamkeit auf

> Sprache, Begriffe, ›outillage mental‹, auf das Empfindungsvermögen, auf die Gefühle – zum Beispiel Liebe, Mitleid, Grausamkeit, Freude, Angst –, auf Haltungen, Wertsysteme, Mythen, das kollektive Gedächtnis, auf Träume, Irrationales, ›imaginaire‹, Kultur, Kreativität und auf das Verhältnis von Vorstellungen und Wirklichkeit[5]

gelenkt wissen. Als Ergebnis einer derartigen Zusammenarbeit sieht Jöckel Erneuerungstendenzen in der Kultur- und Ideengeschichte und der Thematologie, in der quantitativen Buchgeschichte, in der Präzisierung von literaturwissenschaftlichen Begriffen wie ›Erwartungshorizont‹ oder ›vision du monde‹.

Der Sprache als »wesentliche Vermittlungsinstanz zwischen literarischem Werk und Gesellschaft«[6] kommt im Verhältnis von Mentalitätsgeschichte und Literaturwissenschaft eine besondere Stellung zu. Zum einen ist Sprache selbst als ein sozialer Faktor, ein *fait social*, zu beschreiben, andererseits wird Sprache gerade wegen dieser Eigenschaft etwa von Peter V. Zima auch für die Wesensbestimmung der Komparatistik berücksichtigt und so anhand von komparatistisch-linguistischen Problembereichen wie der literarischen Übersetzung oder allgemeinen Überlegungen v. a. zur Soziolinguistik, die die Komparatistik als eine Sozialwissenschaft erscheinen lassen, aufgefaßt.[7] Sprache – und somit Literatur – sind, wie bereits angedeutet, im historischen Sinne als ein Speicher von Affekten, Vorstellungen, Glaubenseinstellungen, Symbolen von außerliterarischen Realitäten zu werten, kurz, sind »Fundament und Instrument eines kollektiven Wissensbestandes. Sie ist deshalb kein formales System von Zeichen, sondern Teil der Kultur, Produkt und Bedingung der Gesellschaft«[8]. Eine derartige Einsicht wird für den Mentalitätshistoriker vor allem dann relevant, wenn er es mit Bedeutungsschattierungen einzelner Begriff in seinen Quellen zu tun hat, was, wie sich gezeigt hat, vor allem im Zuge einer Mentalitätsgeschichte der Einstellungen dem Tod gegenüber bei der Analyse von Testamenten und der Untersuchung von darin festgehaltenen sprachlichen Formeln, die Aufschluß über Glauben und Unglauben des Testamentverfassers geben können, von Interesse ist, die Mentalitätsgeschichte also auf eine Zusammenarbeit mit der Linguistik bzw. Soziolinguistik verweist.[9] Auf die Transformation der Textsorte Testament zur literarischen Gattung wurde ebenfalls hingewiesen.[10]

---

4 Ebenda, S. 219.

5 Ebenda, S. 219f.

6 Ebenda, S. 220.

7 Vgl. Peter V. Zima: Komparatistik. Einführung in die Vergleichende Literaturwissenschaft. Tübingen: Francke 1992 (= UTB 1705), Einleitung u. Kap. VI.

8 Sabine Jöckel: ›Nouvelle histoire‹ und Literaturwissenschaft, S. 220.

9 Vgl. dazu etwa Jean-Michel Thiriet: Methoden der Mentalitätsforschung in der französischen Sozialgeschichte. In: Ethnologia Europaea 11 (1979/80), Heft 2, S. 208-225.

10 Philippe Ariès: Die Geschichte des Todes. München: dtv ^{7}1995, S. 254ff.: »Im 14. und 15. Jahrhundert hat es [das Testament] seine bereits traditionellen Formen der poetischen Literatur geborgt und ist zur literarischen Gattung geworden, und die Dichter haben es, trotz seines konventionellen

Somit sei die Entwicklung der Sprache(n) für den *Mentalitätshistoriker* von herausragendem Interesse, zumal sich in sprachlichen Veränderungen auch Veränderungen der Mentalität artikuliere, so etwa in Schlagworten, Redensarten, Sprichwörtern und Topoi. Daß gerade derartige »entindividualisierte Zeugnisse der Vergangenheit«[11] die Brücke zwischen Mentalitätsgeschichte und Literaturwissenschaft schlagen können, wird angesichts von weiteren Textgattungen wie Sagen, Märchen oder Legenden deutlich, zumal es sich hierbei um Texte handelt, die keinem mit Eigennamen bezeichneten Autor im Sinn Foucaults zugeordnet werden können, sondern infolge der Dynamik der Überlieferung eine Schöpfung mit mehreren Urhebern darstellen. Selbst die Affekte können auf eine linguistische Untersuchungsbasis gebracht werden, zumal die Kollektivpsychologie darauf hingewiesen hat, daß eben auch die Affekte ein Sprachsystem darstellen bzw. wesentliches Element der kommunikativen Interaktion sind. Allerdings fügt sich in der Betrachtung der Literatur oder sonstiger Texte gewissermaßen eine Zwischenschicht in der Beobachtung und Beurteilung dieser Quelle ein, nämlich eine Brechung in der Übereinstimmung mit der Realiät insofern, als diese durch fiktionale Elemente, durch rhetorische Elemente verfremdet wird.[12] Wenig zielführend ist in diesem Zusammenhang eine Unterscheidung zwischen fiktionaler und nichtfiktionaler oder ›hoher‹ und Trivialliteratur, im Gegenteil. Die Wahrscheinlichkeit, daß gerade die massenhaft verbreitete Literatur kraft ihrer Quantität zur Schaffung von Mentalitäten beitragen kann, ist eher gegeben als bei ›hoher‹ Literatur mit geringerer Verbreitung. Darüber hinaus gilt es zu bedenken, daß die Trivialliteratur – sei es aus Kalkül, sei es unbewußt – zumeist mit überkommeneren, verbreiteteren Bildern und Vorstellungen arbeitet, was wiederum verläßlichere Rückschlüsse auf die historisch gegebene Bilder- und Vorstellungswelt zuläßt.[13]

Charakters, gewählt, um ihre Gefühle angesichts der Kürze des Lebens und der Gewißheit des Todes zum Ausdruck zu bringen – wie die Romanciers des 18. Jahrhunderts den Brief: sie haben sich für das spontanste aller Kommunikationsmittel ihrer Zeit entschieden, das der persönlichen Herzensäußerung am nächsten stand. Die Autoren des Mittelalters haben kein falsches Spiel getrieben, sie haben an der konventionellen Form des Testaments festgehalten und den notariell-förmlichen Stil respektiert; aber die Zwänge der Gewohnheit haben sie nicht gehindert, diese Testamente zu den persönlichsten und direktesten Gedichten ihrer Zeit zu machen, zum ersten halb spontanen, halb erzwungenen Bekenntnis des Menschen im Angesicht seines Todes und des Bildes seines Lebens, das ihm im Spiegel des Todes erschien: ein beunruhigendes Bild, zusammengesetzt aus Wünschen und Sehnsüchten, alten Gefühlen, Klagen und Hoffnungen.«

11 Peter J. Brenner: Reisen in die Neue Welt. Die Erfahrung Nordamerikas in deutschen Reise- und Auswandererberichten des 19. Jahrhunderts. Tübingen: Niemeyer 1991 (= Studien und Texte zur Sozialgeschichte der Literatur 35), S. 11.

12 Vgl. Frank-Michael Kuhlmann: Mentalitätsgeschichte. Theoretische Überlegungen am Beispiel der Religion im 19. und 20. Jahrhundert. In: Kulturgeschichte Heute. Hg. v. Hans-Ulrich Wehler u. Wolfgang Hardtwig. Göttingen: Vandenhoeck & Ruprecht 1996 (= Geschichte und Gesellschaft, Sonderheft 16), S. 182-211. Hier S. 192f.

13 Dazu die richtige Einschätzung Peter J. Brenners: »In der mentalitätsgeschichtlichen Forschungstradition haben sie [fiktionale Texte] keine dominierende Rolle gespielt, auch wenn sie gelegentlich für die Rekonstruktion bestimmter Teilbereiche von ›Mentalität‹ als unverzichtbar angesehen wurden. Das Problem des möglicherweise besonderen Status, den literarische Zeugnisse gegenüber

In ihren Überlegungen zu den Schnittpunkten zwischen Mentalitätsgeschichte und Literaturwissenschaft kommt Jöckel nun zu folgendem Ergebnis:

> Die Überschneidungen zwischen Literaturwissenschaft und ›histoire des mentalités‹ gründen sich nicht nur darauf, daß Literatur ›Mentalität‹ ausübt, sondern auch – eng damit verbunden – darauf, daß in dieser Perspektive wesentliche Funktionen der Literatur selbst deutlich werden. So ist die Literatur Teil des geistigen Rüstzeugs einer Epoche; sie trägt, in ihren traditionellen wie in ihren vorwärtsweisenden Elementen, zum Begreifen der Welt bei. Sie hat damit dieselbe Funktion wie der Mythos; sie ordnet, schafft und verändert die Welt, sie befriedigt rationale wie nichtrationale Bedürfnisse des Menschen.[14]

Peter J. Brenner betrachtet die Mentalitätsgeschichte als eine Möglichkeit, das sozialgeschichtliche Konzept der Literaturwissenschaft zu erweitern:

> Das ›Mentalitäts‹-Konzept der historiographischen Forschung nimmt die wesentlichen Momente dessen in sich auf, was berücksichtigt werden muß, wenn Texte als integrierende Teile von sozialen Handlungszusammenhängen begriffen werden sollen; und nicht zuletzt deshalb dürfte der Rekurs auf mentalitätsgeschichtliche Forschungen zur Zeit gerade in der Literaturwissenschaft wieder Konjunktur haben, da er geeignet erscheint, die Einseitigkeiten einer ästhetisierenden ebenso wie einer sozialgeschichtlich reduzierenden Literaturwissenschaft zu überwinden. Die Mentalitätsgeschichte scheint eine Vermittlungsmöglichkeit und einen Ausweg anzubieten aus ›der unglücklichen Alternative zwischen einer Geistesgeschichte, aus der die Gesellschaft ausgespart bleibt, und einer Sozialgeschichte, die das Denken ausklammert‹.[15]

Für die praktische Arbeit orientiert sich Brenner an den wesentlichsten Eigenschaften von ›Mentalität‹: Kollektivität, lange Dauer, prozeßhafter Wandel: »An diesen Vorgaben können mentalitätsgeschichtliche Untersuchungen ansetzen, indem sie das damit gegebene Raster methodisch konkretisieren und in ein konturiertes Forschungsprogramm umsetzen.«[16] Als ersten Ansatzpunkt zur Erforschung von »Mentalitäten als Gruppenphänomenen«[17] sieht Brenner den Berührungspunkt zwischen Individuum und seiner je spezifischen Umwelt, »die ihm die kulturellen Modelle seiner Gruppe vermittelt«[18]. Damit fallen jene »politischen und sozialen Institutionen«[19] ins Blickfeld, die individuelles Handeln steuern:

> Dieser Bereich – für den sich die traditionelle Mentalitätsgeschichtsschreibung kaum interessiert hat – umfaßt gesetzliche Regelungen und gesellschaftliche Normen ebenso wie die Einrichtungen des literarischen Lebens, in denen Texte entstehen und distribuiert werden oder auch die Organisa-

---

anderen Quellentypen haben, ist noch nicht abschließend diskutiert.« (Reisen in die Neue Welt, S. 12)

14 Sabine Jöckel: ›Nouvelle histoire‹ und Literaturwissenschaft, S. 222.

15 Peter J. Brenner: Reisen in die Neue Welt, S. 10f. Brenner zitiert Peter Burke: Stärken und Schwächen der Mentalitätsgeschichte. In: Mentalitäten-Geschichte. Zur historischen Rekonstruktion geistiger Prozesse. Hg. v. Ulrich Raulff. Berlin: Wagenbach 1989, S. 128.

16 Peter J. Brenner: Reisen in die Neue Welt, S. 22.

17 Ebenda, S. 22.

18 Ebenda, S. 22.

19 Ebenda, S. 23.

tionsformen von Reisen. Nicht zuletzt müssen auch individuelle Dispositionen und Interessen dabei im Einzelfall und soweit sie rekonstruierbar sind, berücksichtigt werden.[20]

Als Berührungspunkt zwischen Mentalitätsgeschichte und Imagologie beschreibt Brenner die Fremderfahrung in Reiseberichten.[21] Damit wird deutlich, daß Mentalitäten als ein *a priori* literarischer Produktion bewertet werden müssen – zumindest wenn man sie in Brenners Sinn auffaßt –, was im Sinn von Norbert Elias Folgen für Autor und Werk nach sich zieht: Elias beschreibt in der Einleitung zu seinem Werk *Die höfische Gesellschaft* drei Schwächen des historischen Zugangs: die Einzigartigkeit der Ereignisse, die Freiheit des Individuums und damit zusammenhängend die unbeeinflußte Entscheidungs- und Handlungsfreiheit, Konzentration auf herrscher- und machtzentrierte Individuen.[22] Aufgrund dieser Kritik und der Einsicht, daß die je vorhandene(n) Mentalität(en) die Wahrnehmung des Autors steuert (steuern), wird auch die Vorstellung vom Autor als originalem Schöpfer zunichte gemacht, dessen Werk nun als ein von zum Großteil unbewußten und kollektiven Einflußfaktoren beschrieben werden muß.

In einem der jüngsten Beiträge zur (potentiellen) Interdisziplinarität zwischen französischer Sozial- bzw. Mentalitätsgeschichte und Komparatistik ortet Yves Chevrel[23] die fehlende Kooperationsbereitschaft zwischen französischer Geschichts- und Literaturwissenschaft in der Abgeschlossenheit der Disziplinen gegeneinander, konstatiert aber dennoch mögliche und zum Teil auch schon beschrittene Wege der gegenseitigen Ergänzung. Im Bereich der Buchgeschichte weist Chevrel auf die Bedeutung der Typographie und der Übersetzung hin (letztere hat freilich auch über die Buchgeschichte hinausgehende Wichtigkeit):

> Des travaux récents [sur l'histoire du livre] comme ceux de McKenzie ont montré que des transformations typographiques pouvaient perturber et changer en profondeur la teneur même d'une œuvre, comme celle de Congreve (l'exemple est tout à fait parallèle à celui de *De Ciuitate Dei*). Or les comparatistes, amenés à suivre le trajet d'œuvres au travers des frontières, sont nécessairement attentifs non seulement aux transformations des textes qu'impose le passage d'une langue à une autre, mais aussi aux conditions matérielles de contact de ces œuvres avec des

20 Ebenda, S. 23.

21 Brenners Aufgabenstellung: »Die in Reiseberichten niedergelegte Erfahrung des Fremden ist in der Regel geprägt von der Mentalität, innerhalb derer sie wahrgenommen wird. Um Reiseberichte verstehen zu können, bedarf es also einer Rekonstruktion der Mentalitäten, die der Fremderfahrung zugrundeliegen. Erst dann kann sichtbar gemacht werden, nicht nur wie die Fremde wahrgenommen und beschrieben wird, sondern auch warum sie so und nicht anders aufgefaßt wird.« (S. 24)

22 Vgl. Roger Chartier: Gesellschaftliche Figuration und Habitus. Norbert Elias und *Die höfische Gesellschaft*. In: ders.: Die unvollendete Vergangenheit. Geschichte und die Macht der Weltauslegung. Frankfurt/Main: Fischer Taschenbuch Verlag 1992, S. 44-69. Hier S. 44.

23 Yves Chevrel: Littérature comparée et histoire des mentalités: Concurrence ou collaboration? In: Comparative Literature Now. Theories and Practice. La littérature comparée à l'heure actuelle. Théories et réalisations. Selected Papers/Contributions choisies du Congrès de l'Association Internationale de Littérature comparée, tenu à l'Université d'Alberta en 1994. Hg. v. Steven Tötösy de Zepetnek, Milan V. Dimic, Irene Sywenky. Paris: Champion 1999, S. 51-63.

mentalités avec lesquelles elles n'ont pas *a priori* autant de points communs qu'avec celle pour laquelle, et à l'intérieur de laquelle, elles on été créées.[24]

Chevrel erblickt schließlich auch die Rezeptionsgeschichte in neuem Licht: René Welleks Feststellung, daß kein methodologischer Unterschied zwischen einer Untersuchung über Shakespeare in Frankreich und Shakespeare im Großbritannien des achtzehnten Jahrhunderts bestehe, wird nun insofern korrigiert, als die »discours de médiation qui accompagnent cette œuvre«[25] zu beachten seien. Überschreitet ein Werk nationale oder kulturelle Grenzen, ist die Wahrscheinlichkeit groß, daß es auf vom Ursprungsland differente mentale Strukturen trifft.

Eine Synthese zwischen Mentalitätsgeschichte und (Vergleichender) Literaturwissenschaft hat schon einer ihrer Begründer, Lucien Febvre, in seinem Buch *Le problème de l'incroyance au 16e siècle* (1942) implizit nahegelegt. Febvre hat auch in anderen Beiträgen literarische Texte als eine mögliche Hilfsquelle für eine ›Geschichte der Sensibilitäten‹ beschrieben.[26] Die Bedeutung von Literatur als historischer Quelle speist sich vor allem aus dem Spannungsverhältnis von Emotion und Verstandestätigkeit. Febvre beschreibt die Verstandestätigkeit als ordnendes Instrument des emotionalen Chaos. Literatur als artikulierte Rede und Verstandestätigkeit sucht in gewisser Weise die Emotionen zu kontrollieren, indem sie sich deren Motive und Ursachen zu vergegenwärtigen trachtet: »Aus seinem Schmerz ein Gedicht oder einen Roman zu machen, war zweifellos für viele Künstler ein Mittel, ihre Gefühle zu betäuben«[27]. Wie bereits erwähnt, stellt sich die Literatur nicht nur als ein Speicher von Affekten und Emotionen dar, sondern wirkt ihrerseits als eine emotionale Quelle, die gesellschaftliches Handeln in gewissem Grad zu beeinflussen vermag. Febvre tut allerdings gut daran, die Literatur als Quellentypus zu differenzieren. Man kann einem Roman nicht denselben Realitätsgehalt zuschreiben wie etwa einer Urkunde. »Unter der Bedingung, daß man sich weder in der Ausdehnung noch in der realen Tiefe jener Gefühlswogen täuscht, die die Literaturgeschichte mit einer Art unerbittlicher Logik aufeinander folgen läßt, während sie sich in Wirklichkeit andauernd gegenseitig verdecken und entdecken.«[28] Trotz dieser Differenzierungen Febvres ist, wie auch Peter J. Brenner betont, das Verhältnis zwischen Literaturwissenschaft und Mentalitätsgeschichte bis in die Gegenwart gespannt geblieben. Der Grund

liegt im traditionellen Selbstverständnis der beiden Wissenschaften begründet. Die Untersuchungen der Mentalitätshistoriker richten sich *per definitionem* auf Kollektivphänomene, während die Literaturwissenschaft traditionsgemäß literarische Texte als singuläre Phänomene begreift, die sich gerade nicht einfach in kollektive Mentalitäten einordnen lassen. Die Literaturwissenschaft hat

24 Ebenda, S. 57. Chevrel bezieht sich auf D. F. McKenzie: La Bibliographie et la sociologie des textes. Paris: Cercle de la librairie 1991.

25 Ebenda, S. 58.

26 Vgl. Lucien Febvre: Sensibilität und Geschichte. In: ders.: Das Gewissen des Historikers. Hg. u. aus d. Französischen v. Ulrich Raulff. Berlin: Wagenbach 1988, S. 91-107.

27 Ebenda, S. 95.

28 Ebenda, S. 104.

sich deshalb bisher kaum darauf einlassen wollen, in vollem Ernst *Mentalitätsgeschichte* zu betreiben.[29]

Lediglich die germanistische Mediävistik betrachte Texte *nicht* als autonome Kunstwerke, was eine Annäherung zwischen Mediävistik und Mentalitägsgeschichte ermöglicht hat. Diesem Eindruck Brenners ist zuzustimmen, zumal die Altgermanistik Texte »in ihrer befremdlichen Stereotypie und Zeremonialität« als »Formationen ganz verschiedener Einflüsse, Vorstellungsbereiche, sozialer Haltungen« auffaßt und als »Schnittpunkte dessen, was man verschiedene ›Diskurse‹ nennt«,[30] bezeichnet hat. Eine solche Beziehung zu ihren Untersuchungsobjekten hat aber auch die neuere Literaturwissenschaft gewonnen, so daß die Altgermanistik wohl kaum noch die Kooperation mit der Mentalitätsgeschichte für sich allein beanspruchen kann. Zwar mag man der Betrachtung von literarischen Texten als Bestandteilen von umfassenderern Diskursen Kritik und Mißtrauen entgegenbringen, doch damit wird ein konkreter Forschungsansatz im Kontext der Historischen Diskursanalyse erst möglich.
Sollte die Mentalitätsgeschichte literarische Texte als direkte Quellen, d. h. als Dokumente betrachten, die einen unmittelbaren Aufschluß über die Wirklichkeit einer bestimmten Epoche geben sollen, geht sie in die Irre, und es ist der Mentalitätsgeschichte auch kein Geheimnis geblieben, daß sich das Verhältnis zwischen Text und Wirklichkeit als ein durch rhetorische und stilistische Mittel, durch die Vermengung von Fiktion und Faktizität (etwa im historischen Roman), durch Überstrukturierung und – verglichen mit Gebrauchstexten – durch ein differenzierteres Verhältnis zwischen Bezeichnetem und Bezeichnendem, gebrochenes Verhältnis darstellt. Vielmehr muß es der Mentalitätsgeschichte darum gehen, das jeweils historische Verhältnis zwischen Zeichen und Wirklichkeit, die Modi der Wirklichkeitsabwandlung in versprachlichten Strukturen oder Diskursen offenzulegen.

Kein Text, sei er noch so offenkundig dokumentarisch, noch so »objektiv« (z. B. die statistische Tabelle einer Verwaltung), unterhält eine durchsichtige Beziehung zur aufgefaßten Realität. Niemals kann sich der literarische oder dokumentarische Text als Text aufheben – d. h. als System, das nach Kategorien, Wahrnehmungs- und Geschmacksschemata und Funktionsregeln errichtet wurde, die in seinen Entstehungsbedingungen nachzuweisen sind. Die Beziehung des Texts zum Realen (vielleicht definierbar als das, was der Text als real setzt, indem er es als äußeren Bezugspunkt konstituiert) richtet sich nach diskursiven Modellen und geistigen Kategorien, die jeder Schreibsituation eigentümlich sind. Das veranlaßt zunächst, Fiktionen nicht als schlichte Dokumente, realistische Widerspiegelungen einer historischen Realität zu behandeln; statt dessen sollte man ihre Besonderheit als Texte betonen, die sich auf andere Texte beziehen, wobei ihre formalen Gestaltungsregeln anstreben, etwas anderes als eine Beschreibung hervorzubringen. Dies leitet über zu der Erwägung, daß auch »Dokumentarmaterial« Gestaltungsverfahren unterliegt, worin sich die Begriffe und Obsessionen der Produzenten niederschlagen und die speziellen Schreibregeln des betreffenden Textgenres ausprägen. Diese Denkkategorien und Schreibregeln müssen

29 Peter J. Brenner: Das Problem der Interpretation. Eine Einführung in die Grundlagen der Literaturwissenschaft. Tübingen: Niemeyer 1998 (= Konzepte der Sprach- und Literaturwissenschaft 58), S. 314.

30 Helmut Brackert/Stephan Fuchs-Jolie: Neuere Tendenzen der Altgermanistik. URL: http://www.rlb.de/~fh/Tagungsband-Germanistik/vortrag-brackert.html (7. September 1999).

aufgedeckt werden, bevor man sich um eine »positive« Lesart des Dokuments bemüht. Dann gewinnt das Reale eine neue Bedeutung: Real ist nämlich nicht (oder nicht nur) die Realität, auf die der Text zielt, sondern vielmehr die Art und Weise, wie der Text in der Geschichtlichkeit seiner Produktion und in seiner Schreibstrategie auf sie zielt.[31]

Auch Ursula Peters hat auf die ambivalente Rolle fiktionaler literarischer Texte im Kontext mentalitätsgeschichtlicher Forschung hingewiesen:

Im Ganzen gelten jedoch dichterische Texte als Sonderfälle. Sie bieten reichhaltige Informationen über programmatische Einsichten, sind aber gerade deshalb für eine Geschichte der ausgegrenzten Gruppen, der ausgeblendeten Vorstellungssysteme und verschwiegenen Reaktionen eine eher ungünstige Quellenbasis. [...] Eine *histoire des mentalités* würde mit ihrem Insistieren auf den gruppentypischen emotionalen Einstellungen, auf den Selbstinterpretationen und Verhaltensmustern genau diese für das Verständnis literarischer Produktion und Rezeption entscheidende psychische Zwischenschicht zwischen der gesellschaftlichen und literarischen Wirklichkeit in den Blick rücken.[32]

Eine methodische Schwäche einer mentalitätshistorisch orientierten Literaturwissenschaft liegt Peters zufolge darin begründet, daß das »System der emotionalen Dispositionen, Verhaltensnormen und Wirklichkeitsaneignung«[33] einer historischen Kontrolle insofern nicht standhalten könnte, als sich Mentalitäten außerliterarisch nicht dokumentierten lassen, sobald »die Rekonstruktion einer verborgenen Geschichte des Verdrängten«[34] in Angriff genommen wird. Dies mag für eine Auffassung von Mentalität als einen das Unbewußte des Affektiven betonenden Teil des sozialen Lebens zutreffen, erfaßt aber eben nur einen Teil der »geheimsten Befürchtungen und Hoffnungen« der Menschen, »ihre[r] emotionalen Einstellungen zu den grundlegenden Lebenssituationen wie Geburt, Krankheit, Sexualität und Tod«,[35] weil sich diese Lebenssituationen nicht auf das Unbewußte reduzieren lassen.

Bestimmte Textgattungen eignen sich als mentalitätshistorische Quellen aber doch. So hat etwa Peter J. Brenner die Ausgangslage für ein Zusammenspiel von komparatistischer Imagologie und der Textgattung des Reiseberichts unter günstige Vorzeichen gestellt und dabei auch die Mentalitätsgeschichte französischer Prägung in den

---

31 Roger Chartier: Geistesgeschichte oder histoire des mentalités?, S. 35f. Als symptomatisches Beispiel für das undifferenzierte Verhältnis zwischen Textbetrachtung und mentalitätshistorischer Forschung sei hier nur ein Beitrag genannt: Peter Segl: Der »Hexenhammer« – eine Quelle der Alltags- und Mentalitätengeschichte. In: Mentalität und Gesellschaft im Mittelalter. Gedenkschrift für Ernst Werner. Hg. v. Sabine Tanz. Frankfurt/M. u. a.: Lang 1993 (= Beiträge zur Mentalitätsgeschichte 2), S. 127-154.

32 Ursula Peters: Literaturgeschichte als Mentalitätsgeschichte? Überlegungen zur Problematik einer neueren Forschungsrichtung. In: Germanistik – Forschungsstand und Perspektiven. Vorträge des Deutschen Germanistentages 1984. 2. Teil: Ältere Deutsche Literatur. Neuere Deutsche Literatur. Hg. v. Georg Stötzel. Berlin/New York: de Gruyter 1985, S. 179-198. Hier S. 182f.

33 Ebenda, S. 185.

34 Ebenda, S. 185.

35 Ebenda, S. 180.

Vordergrund gerückt.[36] Überhaupt scheint der Reisebericht als Schnittpunkt zwischen komparatistischer Imagologie und Mentalitätsgeschichte eine Annäherung beider Forschungsbereiche sehr zu begünstigen. So können Reiseberichte »ganz einfach als Zeugnisse für die spezifische Denkungsart des Verfassers und indirekt für die Mentalität seines Heimatlandes«[37] betrachtet werden. Dies kann freilich auch für andere Gattungen zutreffen und bedarf daher der Präzisierung: Harbsmeier faßt Reisebeschreibungen »als eine Art unfreiwilliger kultureller Selbstdarstellung der Ausgangskultur«[38] auf. Unfreiwillig ist die Selbstdarstellung dann, wenn sie nicht funktionalisiert oder ideologisiert, also bewußt verzerrt wird. Als weitere mögliche Quellen für die Mentalitätsgeschichte betrachtet Harbsmeier freiwillige Bekenntnisse und unfreiwillige Geständnisse, beides »Typen der Selbstdarstellung«[39] und nicht mehr unbedingt dem Oberbegriff ›Reisebericht‹ zuordenbar:

> Die Bauern, Tagelöhner, Handwerker, Mägde, Knechte, Gesellen und anderen, von denen gesagt werden kann, daß sie zusammen das »gemeine Volk« ausmachen und die jedenfalls in den meisten Fällen die absolute Mehrheit der Schreibunkundigen bilden, kommen [...] in den Quellen recht selten zu Wort. Wenn sie es dennoch tun, dann meist in der Form von erzwungenen Geständnissen. Protokolle von Verhören und Prozessen jedweder Art sind daher oft die besten Quellen zum kulturellen Selbstverständnis dieser Gruppen, und die neuere historisch-anthropologische Forschung hat sich deshalb solcher Quellen besonders intensiv angenommen. Es ergibt sich ganz von selbst, daß beim Gebrauch auch dieser Quellen Vorsicht geboten ist. Geständnisse haben ihre eigene Funktion: sie können Tod oder Leben, jedenfalls aber Strafe oder Belohnung bedeuten und lassen schon allein deswegen nur in den glücklichsten Fällen [...] Rückschlüsse auf die Bewußtseinsformen und Denkweisen der jeweiligen Opfer zu. Die Fälle allerdings, in denen die Klienten überhaupt ausreden dürfen (und dabei auch noch zu Protokoll genommen worden sind), sind nur so selten, daß man diese Art Quellen nicht allein zum Erschließen frühneuzeitlicher Mentalitäten benutzen kann.[40]

Bleibt also nur noch der dritte Typus der Bekenntnisse, in denen die jeweiligen Verfasser »ihre Auffassungen vom Gang der Dinge, dem Sinn des Seins und ihren sozialen und kulturellen Verhältnissen«[41] darlegen. Doch auch die Verwendung dieser Quellen geht nicht ohne Einwände vonstatten: Sie seien – beschränkt man sich auf die frühe Neuzeit – die Produkte einer schreibkundigen Minderheit, die nicht unbedingt repräsentativ sein müsse. Dasselbe gelte auch für Reisebeschreibungen, in denen die an-

---

36 Vgl. Peter J. Brenner: Der Reisebericht in der deutschen Literatur. Ein Forschungsüberblick als Vorstudie zu einer Gattungsgeschichte. Tübingen: Niemeyer 1990 (= Internationales Archiv für Sozialgeschichte der deutschen Literatur, 2. Sonderheft).

37 Michael Harbsmeier: Reisebeschreibungen als mentalitätsgeschichtliche Quellen. Überlegungen zu einer historisch-anthropologischen Untersuchung frühneuzeitlicher deutscher Reisebeschreibungen. In: Reiseberichte als Quellen europäischer Kulturgeschichte. Aufgaben und Möglichkeiten der historischen Reiseforschung. Hg. v. Antoni Maczak u. Hans Jürgen Teuteberg. Wolfenbüttel: Herzog August Bibliothek 1982 (= Wolfenbütteler Forschungen 21), S. 1-31. Hier S. 1.

38 Ebenda, S. 1f.

39 Ebenda, S. 9.

40 Ebenda, S. 10.

41 Ebenda, S. 10.

alphabetische Mehrheit der Bevölkerung nur selten zu Wort kam. Darüber hinaus sei es der Textsorte der Bekenntnisse zueigen, daß sie »eben nicht von unbewußten kulturellen Selbstverständlichkeiten, sondern von bewußt gehandhabten moralischen Normen, Erfordernissen und Idealen bzw. deren Mißachtung ausgehen«[42]. Sie hätten weiters propagandistische und interventionistische Funktion und bilden somit lediglich das bewußte Selbstverständnis einer schreibkundigen Minderheit ab. Harbsmeier faßt schließlich zusammen:

> Das Studium von Reisebeschreibungen als unfreiwilligen Selbstdarstellungen erlaubt uns einen Einblick in die Sphäre des unbewußten und eben deshalb weit wirksameren, kulturellen Selbstverständnisses des Autors sowie seines – als Zuhörer oft schreibunkundigen – Publikums. Reisebeschreibungen kommen ohne Rekurs auf eine durch ein Netz von asymmetrischen Gegenvorstellungen motiviertes Wir-Gefühl nicht aus, das dem Verfasser und seinem Publikum gegenüber anderen, fremden und »exotischen« Weisen des Umgangs von Menschen miteinander und mit der Natur gemeinsam ist. Und dieses »Wir-Gefühl« ist wohlgemerkt unfreiwilliges Resultat der narrativen Struktur der Reisebeschreibungen als Gattung und entzieht sich damit bewußten Zugriffen von außen.[43]

Auf die mögliche Interdisziplinarität zwischen Mentalitätsgeschichte und Komparatistik im eben beschriebenen Sinn wird in Abschnitt 2 eingegangen werden. Um die historische Tragweite dieses Begegnungsfelds sichtbar werden zu lassen, soll im folgenden Lucien Febvres mentalitätshistorisch orientierte Studie über François Rabelais diskutiert werden.

1.1 Lucien Febvre über Rabelais' Unglauben

Als eines der frühen Werke, das den Begriff der Mentalität im Sinn der Programmatik der *nouvelle histoire* gebraucht, darf Lucien Febvres 1942 veröffentlichte Abhandlung über die Möglichkeit des Unglaubens im sechzehnten Jahrhundert gelten. *Le problème de l'incroyance au 16e siècle. La religion de Rabelais*[44] soll hier als ein möglicher Diskurs der Mentalitätsgeschichte im literaturwissenschaftlichen Kontext aufgefaßt werden. Febvre geht darin der Frage nach, wie sich der französische Autor François Rabelais in einem religiösen bzw. von kirchlichen Praktiken geprägten Umfeld und Alltag in seinen Werken *Gargantua* und *Pantagruel* als Atheist erweisen konnte – eine These, die die Forschung bis dahin vertreten hatte.[45] Ausgangspunkt von Febvres

---

42 Ebenda, S. 11.

43 Ebenda, S. 12.

44 Lucien Febvre: Le problème de l'incroyance au 16e siècle. La religion de Rabelais. Paris: Michel 1968 [erstmals 1942]. Alle folgenden Seitenangaben nach dieser Ausgabe.

45 Vgl. dazu Ulrich Raulff: Der streitbare Prälat. Lucien Febvre (1878-1956). In: Das Gewissen des Historikers, S. 235-251. Hier S. 248.

Fragestellung ist eine Einleitung zu *Pantagruel* von Abel Lefranc:[46] »*Elle me donna un choc* – d'où ce livre, ce livre qui voudrait poser, par réaction, les difficiles problèmes de l'incroyance« (S. 13).

In einem kurzen Überblick über Fragestellung und Methode seiner Untersuchung formuliert Febvre das Kernproblem nicht nur seiner Abhandlung, sondern wahrscheinlich jeder historischen Untersuchung – und nicht zuletzt stand und steht auch der New Historicism (vgl. DRITTES KAPITEL, Abschnitt 3) vor diesem Problem: »Mais relire ces textes avec des yeux de 1530 ou de 1540 – ces textes écrits par des hommes de 1530, de 1540, qui n'écrivaient point comme nous; ces textes pensés par des cerveaux de 1530, de 1540, qui ne pensaient point comme nous: voilà le difficile et, pour l'historien, l'important.« (S. 24) Die Schwierigkeit der historischen Rekonstruktion, hier nur implizit angedeutet, liegt also nicht nur in der Rekonstruktion der Fakten, sondern – als deren Voraussetzung – in der Rekonstruktion des ›geistigen Milieus‹, in dem diese Fakten eingebettet sind, und durch das sie zum Teil nicht unwesentlich determiniert sind. Febvre betrachtet den Autor der frühen Neuzeit als einen empfindsamen Beobachter der historischen Brüche und Befindlichkeiten seiner Zeit:

> Chacun de ses livres scande l'un des temps d'une évolution qu'il enregistre – et qu'il accélère. *Pantagruel*, 1532; *Gargantua*, 1534: deux manifestations du premier humanisme, de celui qui, se croyant servi par la première Réforme, la servait à son tour. Au *Tiers Livre*, tout change: le Rabelais de 1546 est un philosophe que le conflit des catéchismes irrite, mais n'intéresse plus directement. Et le Rabelais de 1552 un Gallican nationaliste: son *Quart Livre* sert la cause du roi de France contre Rome; (S. 25)

Febvres Vorgehensweise: zunächst die Einvernahme der Zeugen, »ceux des amis, des ennemis de Rabelais; ceux de Rabelais lui-même déposant par sa vie, à la fois, et par ses œuvres« (S. 28). Dem Historiker geht es aber nicht unbedingt darum, historische Wahrheiten ans Licht zu bringen, sondern vielmehr darum, die Fakten zu verstehen und die Möglichkeiten auszuloten, wie es zu solchen Fakten kommen konnte:

> En deux mots, dans la pratique de l'histoire religieuse, la méthode du *Est-il vrai que* ne mènerait-elle point à une impasse? Mais celle du *Est-il possible que* ne conduirait-elle pas, au contraire, l'historien à cette fin dernière de toute histoire: non point *Savoir*, en dépit des étymologies, mais *Comprendre*? Tel est l'esprit dans lequel nous allons reprendre la question, et d'abord examiner témoignages et témoins. (S. 29)

Febvres ›Zeugenbefragung‹ bringt deren widersprüchliche Urteile und Meinungen über Rabelais zutage, schließlich dessen Sympathien für die Reformation Luthers und Gedanken Erasmus', aber auch die Distanz zur Lehre Calvins. Den Mittelpunkt von Febvres Überlegungen bilden die Erörterungen der Möglichkeiten, der Voraussetzungen für eine bestimmte Geisteshaltung: »Wie ist es denn im 16. Jahrhundert *möglich*

---

46 Febvres Bibliographie zufolge ist die folgende Ausgabe gemeint: François Rabelais: Œuvres. Édition critique p. p. Lefranc, Boulenger, Clouzot, Dorveaux, Plattard et Sainéan. I et II, *Gargantua*, 1912-13; III et IV, *Pantagruel*, 1922; V, *le Tiers Livre*, 1931, 5 in-4° parus.

gewesen, Atheist zu sein?«[47]. Diesen Erörterungen schickt Febvre eine Darstellung der Rolle der christlichen Religion im privaten, beruflichen und öffentlichen Leben voraus und zeigt, daß der Glaube an Gott und die damit verbundenen Riten und Bräuche fester und geradezu unvermeidlicher Bestandteil des frühneuzeitlichen Alltags waren.

> Car aujourd'hui, on choisit. D'être chrétien ou non. Au XVIe siècle, point de choix. On était chrétien en fait. [...] Qu'on le voulût ou non, qu'on s'en rendît compte nettement ou non, on se trouvait plongé dès sa naissance dans un bain de christianisme, d'où on ne s'évadait même pas à la mort [...]. De la naissance à la mort, toute une chaîne de cérémonies, de traditions, de coutumes, de pratiques se tendait – qui toutes étant chrétiennes ou christianisées, liaient l'homme malgré lui, le tenaient captif même s'il se prétendait libre. (S. 308f.)

Wie war es nun möglich, innerhalb eines solch zwingenden und bestimmenden Umfelds Gegenstrategien oder Gedanken zu entwickeln, die diesen religiösen Kontext subvertieren, wo doch, wie Febvre feststellt, weder die Philosophie noch die Wissenschaften des sechzehnten Jahrhunderts Ideen bereitstellten, die Areligiosität erlaubt oder ermöglicht hätten. Febvre zieht folgenden Schluß aus diesem Sachverhalt: Gerade weil derartige Ideen bzw. ein dem christlichen Glaubenssystem in Bedeutung und Auswirkung gleichzusetzendes System nicht existierten, wären atheistische Aussagen ohne Folge geblieben. Die Ablehnung eines Systems bedeutet zumeist eine Ablehnung zugunsten eines anderen, aber eine Alternative existierte nicht.

> Rabelais négateur du Christianisme en 1532? Si Rabelais ne pouvait s'appuyer sur un tel faisceau de raisonnement et de constatations dûment faites (qu'elles soient d'ailleurs ou non susceptibles d'interprétations diverses) – Rabelais négateur en 1532, par libéralité gratuite de son esprit, c'est Rabelais dépourvu, dans sa pensée, de tout sens, de toute valeur, de toute portée historique et humaine. Et dès lors, rien à faire pour l'historien, qu'à passer l'éponge. A laisser là Rabelais. (S. 324)

Wie soll der Historiker einem derart widersprüchlichen Zeitalter Herr werden? Febvre beginnt nun mit der Erörterung dessen, was er als *outillage mental* bezeichnet (vgl. S. 328), um in Erfahrung zu bringen,

> quelle netteté, quelle pénétration, finalement quelle efficacité (à notre estime, s'entend) pouvait avoir la pensée d'hommes, de Français qui, pour spéculer, ne disposaient encore dans leur langue d'aucun de ces mots usuels qui reviennent d'eux-mêmes sous nos plumes dès lors que nous commençons à philosopher – et dont l'absence n'implique pas seulement gêne, mais vraiment déficience ou lacune de pensée. (S. 328)

Febvres Aufmerksamkeit gilt also zuerst dem Wortschatz jener Zeit, in der Rabelais gelebt hat:

> Ni *absolu*, ni *relatif*; ni *abstrait* ni *concret*; ni *confus* ni *complexe*; ni *adéquat*, que chérira Spinoza, mais en latin; ni *virtuel* qu'emploiera Chapelain, mais aux alentours de 1660; ni *insoluble*, *intentionnel*, *intrinsèque*, *inhérent*, *occulte*, *primitif*, *sensitif*, tous mots du XVIIIe siècle; ni

47 Ulrich Raulff: Der streitbare Prälat, S. 248. Hervorhebung im Original.

transcendantal, qui ornera vers 1698 les périodes de Bossuet: aucun de ces mots que je cite au hasard, d'après les dictionnaires et Brunot, n'appartient au vocabulaire des hommes du XVIe siècle; disons, pour fixer les idées, au plus riche de tous, au vocabulaire de Rabelais. (328f.)

Doch natürlich nicht nur Adjektiva, sondern auch bestimmte Nomen standen den Menschen um 1530 nicht zur Verfügung: *causalité*, *régularité*, *concept*, *critère*, *coordination*, *classification*, oder – in diesem Zusammenhang noch wichtiger – Vokabel wie *Théisme*, *Rationalisme*, *Matérialisme*, *Fatalisme*, *Déterminisme*, *Optimisme* oder *Pessimisme* (vgl. S. 329f.). In diesem Sinn weist sich Febvre beinah als Positivist im Sinn Wittgensteins aus, denn seine Aufzählung nicht vorhandener Begriffe im Wortschatz einer Epoche will ja nichts anderes zeigen, als daß worüber man nicht sprechen könne, man schweigen müsse.

Constatation grave: les mots qui s'offraient à ces hommes quand ils raisonnaient en français sur les sciences – ou quand ils raisonnaient tout court, ce n'étaient pas des mots faits pour le raisonnement, pour l'explication et la démonstration. Des mots savants. C'étaient ces mots de la langue de tous, de la langue courante, et vivante. (S. 331)

Der Schluß daraus ist, daß es aufgrund der sprachlichen Disposition nur bedingt möglich ist, Rabelais als einen Atheisten oder Freidenker zu bezeichnen.
Für Febvre ist Mentalität also wesentlich determiniert durch die Werkzeuge, die Mentalität transportieren, offenbar werden lassen und ermöglichen. Dies ist zuvorderst die Sprache, die mit der Mentalität einer jeweiligen historischen Epoche aber in einem Spannungsverhältnis steht, denn wie Febvre gezeigt hat, ist die Sprache ein oft unvollkommenes Werkzeug und nicht immer imstande, das Mentale ihrer Zeit und ihrer Benutzer vollständig und definitiv wiederzugeben. Damit bleibt der Thesaurus einer Epoche, bleiben die schriftlichen Zeugnisse stets nur ein unvollkommener Spiegel dessen, was jener Epoche an Hoffnungen, Ängsten, Befürchtungen, Einstellungen zueigen war. Roger Chartier hat darauf hingewiesen, daß freilich nicht nur die Sprache selbst, sondern auch ihre Verwendung eine weitere Differenzierung, nämlich auf gesellschaftlicher Ebene, notwendig macht:

Bei Febvre ist das geistige Werkzeug, mit dem Menschen einer Zeit umgehen können, als Vorrat an »Ideenmaterial« (um seinen Ausdruck zu verwenden) gedacht. Was die Mentalitäten gesellschaftlicher Gruppen vor allem unterscheidet, ist also die mehr oder weniger umfangreiche Nutzung der verfügbaren »Werkzeuge«. Die Klügsten setzen fast alle Wörter oder Begriffe ein, während die Unbedarften nur den geringsten Teil der geistigen Werkzeuge ihrer Zeit nutzen und so, verglichen mit den Zeitgenossen, ihre Denkmöglichkeiten begrenzen.[48]

Diese fehlende Präzision kann jedoch durch das Prinzip der Serialität und der Homogenität der Quellen bis zu einem gewissen Grad wieder wettgemacht werden. Die Voraussetzung der Homogenität und Serialität wird aber nur von bestimmten Text-

48 Roger Chartier: Geistesgeschichte oder *histoire des mentalités*? In: Geschichte denken. Neubestimmungen und Perspektiven moderner europäischer Geistesgeschichte. Hg. v. Dominick LaCapra u. Steven L. Kaplan. Frankfurt/M.: Fischer Taschenbuch Verlag 1988, S. 11-44. Hier S. 18.

sorten erfüllt. Durch welche Textsorte ist aber beispielsweise die Angst einer Epoche repräsentiert (eine Textsorte, die noch dazu das Prinzip der Serialität erfüllt), oder welche Rückschlüsse lassen sich auf das Glücksgefühl in einem Jahrhundert aufgrund welcher Textsorte machen? Darüber hinaus steht Chartiers Bemerkung im deutlichen Widerspruch zum Grundsatz der Mentalitätsgeschichte, auch (oder nur) ›populäre‹ Texte verwenden zu wollen, zumal das darin enthaltene Inventar an Bildern und mentalen Dispositionen die Gedanken- und Gefühlswelt der breiten Masse authentischer widerspiegele als die Texte der ›Klügsten‹ einer Epoche, einem Grundsatz, den er an anderer Stelle sehr wohl betont.[49]

Febvres Ansatz ist nicht ohne Kritik geblieben. Ulrich Raulff etwa bezeichnet die Gleichsetzung des *outillage mental* einer Epoche mit ihrem *outillage discursif* als eine »eigentümliche Lösung«[50] und resümiert:

> Während Febvre etwa an Blochs *Feudalgesellschaft* das Fehlen der Individuen beanstandet hatte, nahm er selbst immer wieder signifikante Einschränkungen der individuellen Autonomie vor. *Das Individuum ist stets nur das, was ihm seine Epoche und sein gesellschaftliches Milieu zu sein erlauben*, hatte er in der *Encyclopédie Française* geschrieben. Jetzt, in der Studie über Rabelais, fügte er – implizit – noch hinzu: »... und was ihm seine Ausdrucksmittel zu denken erlauben«. Man hat des öfteren und ganz richtig bemerkt, daß zwischen Febvres *Rabelais* und Foucaults *Ordnung der Dinge* eine gewisse Verwandtschaft besteht. Zwar liefert Foucaults Buch just die Abrechnung (in ›archäologischer‹ Form) mit jenem Humanismus, jenem Anthropozentrismus des modernen Denkens, auf dem Febvres sämtliche Schriften gründen. Unter der Oberfläche aber bestehen Gemeinsamkeiten der Machart und Herangehensweise. Beide Autoren gehen, der eine, um die geistige Welt des 16. Jahrhunderts, der andere um die *episteme* des klassischen Zeitalters zu beschreiben, von den jeweiligen diskursiven Möglichkeiten als dem *historischen Apriori* (Foucault) der Epoche aus; beide unterstellen nicht eine Fülle von denkbaren und sagbaren Dingen, sondern eher eine begrenzte Menge (*Knappheit der Aussagen*, wird es bei Foucault heißen); beide begreifen die sprachlichen Mittel einer Zeit im Sinne eines *Werkzeugs* oder *Rüstzeugs*, d. h. in einem technischen Sinne – was freilich nicht so neu ist, sondern sich bis zu Rousseau zurückverfolgen läßt.
> [...] Seine Methode im *Rabelais* mag insgesamt in eine Sackgasse weisen – als Versuch, einen Denker, Rabelais, und seine Ideen im Zusammenhang ihrer Zeit zu sehen, war diese Studie eine entscheidende Pioniertat. [...] Doch wie kaum eine andere ideengeschichtliche Studie vorher und wenige nachher demonstrierte Febvre die Notwendigkeit *kontextueller* Erhellung. Der Preis, den er für seine Rekonstruktion entrichtete, war derselbe, den auch Foucault später für seine Ausgrabung der klassischen *episteme* zu zahlen hatte: die konsequent historisch rekonstruierte Epoche – hier das theologische Denken des 16. Jahrhunderts, dort das klassische Tableau der Wissenschaften –, die nun in faszinierender Absolutheit dastand, wies keine erkennbaren Übergänge zur nächsten

49 In Abgrenzung zu Lucien Goldmann und dessen geistesgeschichtlich orientierter Untersuchung Der verborgene Gott. Studie über die tragische Weltanschauung in den ›Pensées‹ Pascals und im Theater Racines. Frankfurt/M.: Suhrkamp 1985, heißt es: »Ungeachtet ihrer historischen Geltung förderte diese Analyse eine wesentliche Idee zutage, die einem Grundpostulat der *histoire des mentalités* direkt widerspricht, nämlich daß die ›großen‹ Schriftsteller und Philosophen in ihren Hauptwerken das Bewußtsein ihrer gesellschaftlichen Gruppe am kohärentesten beschreiben; daß sie ›den höchsten Bewußtseinsstand der repräsentierten gesellschaftlichen Gruppe‹ erreichen.« (Ebenda, S. 24)

50 Ulrich Raulff: Der streitbare Prälat, S. 248.

> Epoche mehr auf. An die Stelle der relativ bequemen Evolutionsschemata traten theoretisch heikle Diskontinuitäten.[51]

Möchte man Febvre das Mißgeschick der historischen Diskontinuität nachsehen – ohnehin ein Problem, vor dem im Grund jede historische Monographie aufgrund der Erfordernisse dieser Textsorte steht –, so hat er gewiss auch einen Weg gewiesen, den die Mentalitätsgeschichte noch immer beschreitet: die Historische Diskursanalyse, die Bedeutungsgeschichte, fungieren heute noch als die wichtigsten und gewinnbringenden Partner der Mentalitätsgeschichte.

1.2 Zur Bedeutung der Mentalitätsgeschichte für die Literaturwissenschaft

1.2.1 Mentalitätsgeschichte und Historische Diskursanalyse

Auch wenn Febvre mit seiner Untersuchung in eine methodische Sackgasse geriet, lieferte er mit der Untersuchung des Wortschatzes einer historischen Epoche das Stichwort für einen möglichen Anknüpfungspunkt an die Literatur- bzw. Sprachwissenschaft. Konkret kann die Historische Diskursanalyse ein Element der *outillage mental*, die Sprache, in ihrer historischen Veränderung, gemeint ist hier vor allem die begriffshistorische Entwicklung, untersuchen. Da der Begriff Diskurs einer gewissen Inflation unterliegt, soll hier die folgende Definition verwendet werden:

> Unter Diskursen verstehen wir im forschungspraktischen Sinn virtuelle Textkorpora, deren Zusammensetzung durch im weitesten Sinne inhaltliche (bzw. semantische) Kriterien bestimmt wird. Zu einem Diskurs gehören alle Texte, die
> – sich mit einem als Forschungsgegenstand gewählten Gegenstand, Thema, Wissenskomplex oder Konzept befassen, untereinander semantische Beziehungen aufweisen und/oder in einem gemeinsamen Aussage-, Kommunikations-, Funktions- oder Zweckzusammenhang stehen,
> – den als Forschungsprogramm vorgegebenen Eingrenzungen in Hinblick auf Zeitraum/Zeitschnitte, Areal, Gesellschaftsausschnitt, Kommunkationsbereich, Texttypik und anderer Parameter genügen,
> – und durch explizite oder implizite (text- oder kontextsemantisch erschließbare) Verweisungen aufeinander Bezug nehmen bzw. einen intertextuellen Zusammenhang bilden.[52]

Als konkret faßbare Teilmengen eines Diskurses werden Textkorpora isoliert, die in inhaltlicher und semantischer Hinsicht den Diskurs repräsentieren.

---

51 Ebenda, S. 248f.

52 Dietrich Busse/Wolfgang Teubert: Ist Diskurs ein sprachwissenschaftliches Objekt? Zur Methodenfrage der historischen Semantik. In: Begriffsgeschichte und Diskursgeschichte. Methodenfragen und Forschungsergebnisse der historischen Semantik. Hg. v. Dietrich Busse, Fritz Hermanns u. Wolfgang Teubert. Opladen: Westdeutscher Verlag 1994, S. 10-28. Hier S. 14.

> Bei der Zusammenstellung des Korpus ist es sinnvoll, beispielsweise Redundanzen zu vermeiden und vornehmlich solche Texte aufzunehmen, die die Struktur und den Verlauf des Diskurses maßgeblich beeinflußt haben; das heißt aber auch, daß die Zusammenstellung des Korpus nicht unabhängig sein kann von einer zuvor erfolgten ersten Inaugenscheinnahme der Texte und einer – schon im Hinblick auf die Untersuchungsziele erfolgenden – Prüfung der Eignung der einzelnen Texte.[53]

Die Komparatistik kann im Zug einer solchen Diskursanalyse Textkorpora untersuchen, die literarischer Natur sind und den Diskurs mitformen, somit also einen Beitrag zur Historizität der *outillage mental* liefern. Dieser Beitrag wird für die Disziplin freilich charakteristischer, wenn der Forschungsgegenstand eine vergleichende Perspektive verlangt. Dabei scheint die Vergleichbarkeit von Textkorpora dann auf einer soliden Basis zu stehen, wenn es sich um inhaltlich und semantisch homogene und um historisch und kulturell parallele Korpora handelt (zur Sinnhaftigkeit des Vergleichens vgl. ZWEITES KAPITEL). Die Homogenität der Textkorpora darf jedoch aufgrund der Homogenität der potentiell zu vergleichenden Diskurse vorausgesetzt werden. Nicht unwesentlich ist der Hinweis, daß die Auswahl von Textkorpora auf Vorinterpretationen beruht. Das bedeutet für die Rekonstruktion von Mentalitätselementen, daß diese auf einem Paradigma von Interpretationen, also vermittelten Wirklichkeitspartikeln, besteht, die, um auf die Mentalitätselemente schließen zu können, in einem zweiten intertextuellen, die Paradigmen zusammenführenden Schritt, wiederum interpretiert werden. Das führt zum einen zu einem wahrhaften Prozeß der Re*konstruktion* der Mentalität, der zum anderen schon durch die Forschungspraxis eingeschränkt ist, wie Peter J. Brenner kritisch gegenüber Peter Dinzelbachers Themenauswahl in dessen *Europäischer Mentalitätsgeschichte* bemerkt:[54]

> Forschungspraktisch wird die Totalität des Mentalitätsbegriffs also wieder reduziert. Mentalitätsgeschichtliche Fragestellungen fragen nicht nach der ›Mentalität‹ als solcher, sondern immer in bezug auf bestimmte ihrer Erscheinungsformen in sozial, regional und historisch abgrenzbaren Bereichen, die sich aufeinander beziehen und miteinander vergleichen lassen.[55]

---

53 Ebenda, S. 14. Dazu ein Beispiel: »Als Beispiel kann etwa der ›Historikerstreit‹ genannt werden. Alle Beiträge dieser Auseinandersetzung bilden gemeinsam den Diskurs. Ein konkretes Korpus zum Historikerstreit enthält eine Auswahl der Texte, in denen explizit oder implizit dazu Stellung genommen wird, in denen auf Aussagen aus dem Streit zustimmend, ablehnend oder sonstwie Bezug genommen wird, oder in denen Elemente dieses Streits die semantische Ebene einzelner Wörter, Sätze oder Satzverknüpfungen ganz oder teilweise bestimmen.« (S. 14)

54 Vgl. Europäische Mentalitätsgeschichte. Hauptthemen in Einzeldarstellungen. Hg. v. Peter Dinzelbacher. Stuttgart: Kröner 1993 (= Kröners Taschenausgabe 469). Folgende Themen werden in dem Band behandelt: Individuum/Familie/Gesellschaft, Sexualität/Liebe, Religiosität, Körper und Seele, Krankheit, Lebensalter, Sterben/Tod, Ängste und Hoffnungen, Freude, Leid und Glück, Arbeit und Fest, Kommunikation, Das Fremde und das Eigene, Herrschaft, Recht, Natur/Umwelt, Raum, Zeit/Geschichte.

55 Peter J. Brenner: Das Problem der Interpretation, S. 314.

Die diskursorientierte Forschungspraxis hat Jean-Michel Thiriet in einem der wenigen praxisorientierten Beiträge zum Thema angedeutet.[56] Thiriet führt neben anderen Beispielen das Werk *La mort à Paris* (1978) von Pierre Chaunu an, der sich gemeinsam mit seinen Studenten die Aufgabe gestellt hatte, die Gläubigkeit der Pariser anhand von Testamenten zu beschreiben:

> Alle Studenten arbeiteten nach der gleichen Methode. Als Quellen dienten die Testamente, die in den Pariser Notariatsakten überliefert sind. Jeder Student untersuchte 100 bis 300 Testamente aus den Akten eines Notars, manchmal mit einem Nachlaßinventar. Insgesamt wurden etwas mehr als 8000 Testamente ausgewertet, das sind ungefähr 3% aller Pariser Testamente zwischen dem Ende des Mittelalters und der Revolution, 1% der Verstorbenen dieser Zeit. Die kleinen Leute bildeten 60% der Bevölkerung von Paris, aber man findet nur 20% Testamente aus dieser sozialen Schicht.
>
> Dennoch scheint die Stichprobe ausreichend, um Entwicklungen sicher aufzeigen zu können. [...] An jedes Testament sind die gleichen Fragen gestellt worden. Der Fragebogen umfaßt vier Seiten pro Testament.
>
> Seite 1: Archivsignatur der Quelle – Datum
> Typ des Testaments (selbstgeschrieben, von einem Notar geschrieben usw.)
> Name – Vorname
> Stand
> Beruf
> Geburt
> Unterschrift des Testators (›ja‹ oder ›nein‹, aber nie ›zittrig‹ usw.)
> Wohnung – Pfarrei
> Gesundheit (krank, nicht krank usw.)
> Gibt es Anspielungen auf Vater, Mutter, Frau, Schwester, Bruder und andere?
> Religiöse Formeln und letzter Wille
>
> Seite 2: Begräbnis (Wo? Zeremonie? Klauseln?)
> Heilige Messen für wen? Art der Messen (gesungen oder nicht)? Wieviele?
> Um welche Uhrzeit und an welchem Tag?
> In welcher Kirche? Welcher Kleriker? Wieviel Geld erhält der Priester?
>
> Seite 3: Religiöse Gaben oder Vermächtnisse?
> An wen? An Korporationen, an Spitäler, an arme Leute, an Kleriker?
> Klauseln? (Was und unter welcher Bedingung? Geldgabe? Naturaliengabe? Summe?)
>
> Seite 4: Weltliche Gaben und Vermächtnisse?
> An Knechte, Freunde, andere?
> (Hierzu der gleiche Fragenkatalog wie auf Seite 3)
> Testamentsvollstrecker?
> Erbe?
> Wieviel Prozent religiöse Gaben? Größe des Vermögens?[57]

Selten konnten in einem Testament Antworten auf alle Fragen gefunden werden. Die Problemstellung differenzierte sich darüber hinaus aufgrund von Sprach- und Konfessionsunterschieden:

---

56 Jean-Michel Thiriet: Methoden der Mentalitätsforschung in der französischen Sozialgeschichte. In: Ethnologia Europaea 11 (1979/80), Heft 2, S. 208-225.

57 Ebenda, S. 211.

Es gibt zwei Arten von Testamenten. Das gewöhnliche Testament ist ziemlich kurz, das feierliche Testament kann sehr lang sein. Von dieser Frage hängt das folgende ab.

Der erste Punkt der Auswertung ist der religiöse Gehalt des Testaments, die theologischen Formeln und Vorstellungen sowie die Anrufungen Gottes und der Heiligen. Hier benutzt Pierre Chaunu die Linguistik als Hilfe. Es wird jeweils eine Gruppe von Testamenten und in diesen typische Begriffe ausgezählt. Dabei wird z. B. gefragt: Wie oft taucht ein theologisches Wort, ein Ausdruck oder ein Thema auf?

Natürlich muß man diesen Fragebogen auf alle Testamente anwenden. Hierbei ergeben sich verschiedene Probleme. Im Elsaß etwa gibt es Sprachenprobleme, zudem verschiedene Konfessionen. In meiner eigenen Untersuchung über Italiener in Wien 1619-1740 hatte ich ebenfalls solche Probleme. Italienische, spanische, französische sowie lateinische und deutsche Formulierungen kommen dort vor – welche davon ist typisch? Sind sie wirklich vergleichbar?

[...] Eines ist sicher: Nach dem 18. Jahrhundert verliert das Testament seinen religiösen Aspekt fast vollständig, und man muß noch mehr andere Quellenarten heranziehen.[58]

Und schließlich zusammenfassend:

Die Geschichte der Mentalitäten ist in erster Linie die Geschichte der Benutzung von neuen Quellen oder zumindest von wenig bekannten Quellen. Ein Testament allein, ein Heiratsdispens allein haben fast keinen Sinn. Mit tausenden von Testamenten aber lassen sich Entwicklungen zeigen. Die Methoden der Mentalitätsforschung sind in Wirklichkeit aus der quantifizierenden klassischen Wirtschafts- und Sozialgeschichte in die Welt des ›troisième niveau‹ übernommen worden. Manche meinen, daß die Benutzung dieser Quellen erst den Anstoß zu neuen Forschungrichtungen gegeben hat. Wir haben schon gesehen, daß die Benutzung einer einzigen Quellenart zu partiellen und tendenziösen Ergebnissen führen kann. Es müssen auch andere Hintergrundquellen benutzt werden. Hierbei handelt es sich zwar nicht um wirklich unbekannte oder ganz ungenutzte Quellengruppen, aber neuartig war, daß sie als Grundlage quantifizierender Forschung dienten.[59]

Als weiteres Beispiel für die wohldurchdachte Befragung der Quellen sei ein Forschungsprojekt über Notariatsakten von Bernard Vogler angeführt. Voglers Fragebogen zu Testamenten aus dem Elsaß des achtzehnten Jahrhunderts umfaßte nicht weniger als 16 Seiten, von denen hier zwei Seiten wiedergegeben werden:

– 4 –

LE SORT DU CONJOINT

Numéro dossier
Code carte
Conception de la vie conjugale – Tonalité religieuse

- chrétienne	- pieuse	- paisible	- affectueuse
- Treue	- concorde	- autre :	

Qualité du conjoint

- Amour	- Affection	- Zèle
- Treue	- Aide	- Anmut

58 Ebenda, S. 212.
59 Ebenda, S. 213f.

- Sorgfalt - Ab-Aufwartung - Autre :
- Guttat - Freundschaft - Absence mention

Indice de tension ou de conflit

Durée de l'union

Mentions juridiques

- Douaire - Contrat de mariage
- Widem - Autre rel. au conjoint

* Conjoint légataire oui non

Pension annuelle oui non

* Conjoint héritier

Légitime Une part

Légitime après déduction de la dot

Héritier universel

" " avec indult

" " malgré collatéraux

Libre disposition du conjoint

* Conjoint usufruitier

Total Total même après remariage

Total sauf affaires personnelles

Partiel Refus de l'usufruit

Absence de mention

Jouissance d'une maison oui non - d'un logement oui non

Montant de l'usufruit

Limitation de l'usufruit

A la viduité A vie

Autre limitation dans le temps

Caution en cas de remariage

Cesse lors remariage à la majorité des enfants

Fournir aux enfants à leur majorité : - légitime
- moitié
- somme d'argent

Possibilité d'aliéner en cas de difficulté

Absence de mention

Divers

– 12 –

Mention de la dernière heure

Décès Absterben Sterbstündlein Abschied

Abzug Selig Ende Quitter ce monde Sommeil

Hinscheiden Chute Appel de Dieu Tödl. Hintritt

Payer dette de la nature Separation de l'âme avec le corps

Autre :

Attributs du corps :

Simple mention

Vertus humaines : négatives

imputées

Lieu de sépulture géographique

pas de mention A discrétion des héritiers

Eglise paroissiale Cimetère paroissial

Chapelle Couvent
Autre lieu précis :
Lieu de sépulture familial
A côté - du conjoint - du conjoint du 1er lit
- des ancêtres - d'un enfant
(caveau familial) - d'un ascendant
A côté d'une autre personne Non précisé
Funérailles
Honorables Selon la coutume Détail des pompes
Rite chrétien Selon son état (Stand) Simplicité
Rite catholique A l'amitié Aux frais des héritiers
Selon sa religion A discrétion Sans mention
Retour à la terre
Froide Consacrée
Notre mère à tous Sans précision
Dont corps est issu Pour un doux repos
Pas de mention
Fondation de messes

Fondation perpétuelle oui non
Nature de la fondation : messes en trois temps
le jour, le 7e et le 30e :
autre
Nombres de messes
A discrétion oui non
Lieu de célébration
Eglise Eglise du lieu d'origine
Couvent Chapelle
Autre :[60]

Die Auswahl der Begriffe für die ›Eigenschaften des Ehegatten‹ erfolgte nach der Lektüre einer Reihe von Testamenten: »Begriffe wie ›Sorgfalt‹, ›Treue‹, ›Guttat‹, ›Ab- und Aufwartung‹, ›Freundschaft‹ findet man eben sehr oft«[61]. Die zweite Fragebogenseite belegt die verwendeten Begriffe für die letzte Stunde. In den deutschsprachigen Testamenten seien die Ausdrücke ›Absterben‹, ›Abschied‹ und ›Abzug‹ am häufigsten verwendet worden.

> Zwar gibt es Übersetzungen ins Französische, aber sie sind nicht so einfach. Schließlich hat jede Sprache eine spezifische Ausdrucksweise. Aus diesem Grunde habe ich für Wien die welschen Testamente nur in der jeweiligen ›welschen‹ Sprache aufgenommen und ausgewertet. Dabei habe ich zahlreiche Verschiedenheiten zwischen Franzosen und Spaniern oder zwischen Italienern und Spaniern feststellen können. Im Elsaß gibt es, wie Vogler sagt, zwei Welten. Dies erfordert immer eine große Präzision der Fragen.[62]

60 Ebenda, S. 216f.
61 Ebenda, S. 215.
62 Ebenda, S. 215.

Dieser Hinweis Thiriets gibt nichts anderes als die komparatistische Problemstellung bei der Auswertung von mentalitätshistorischen Quellen wieder. Er zeigt einmal mehr die sprachliche Bedingtheit von ›Mentalität‹ und die Schwierigkeit, die im Medium Sprache vermittelte Mentalität gewissermaßen aus ihrer Sprachlichkeit, die historisch und geographisch zu differenzieren ist, herauszulösen. Somit ist eine Analyse von Mentalitäten an eine Voraussetzung gebunden, nämlich die vergleichende Untersuchung der Wortbedeutungen im historischen Kontext, die Überschneidungen und Abgrenzungen der Signifikanten in den verschiedenen Sprachen, was analog für nichtsprachliche Quellen gilt.

Einen handlungs- und diskurstheoretischen Ansatz verfolgt etwa auch Tânia Ünlüdag in ihrer Abhandlung über Traktate aus dem Wuppertal.[63] Ünlüdag geht aus von einem Zusammenhang von Sprache und Mentalität unter Berufung auf Wilhelm von Humboldts Ansicht, daß »in jeder Nationalsprache eine bestimmte ›Weltsicht‹ beschlossen«[64] sei und auf die empirisch orientierte Ethnolinguistik von Edward Sapir und Benjamin Whorf: »Mithin hat Sprache eine konstituierende Funktion für die Wirklichkeitsauffassung des Menschen und ist damit notwendig auf menschliche Praxis bezogen«[65]. Eine Annäherung zwischen Mentalitätsgeschichte und Literaturwissenschaft ortet sie zudem in einem kommunikationstheoretischen Ansatz, der das Zustandekommen von Erfahrung in vergangenen Gesellschaften ermöglicht:

> Des weiteren bedeutet das bisher Ausgeführte, daß, analog zu Illokution und Proposition als wesentlichen Ebenen des Sprechaktes, Traktate als fixierte Sprechakte einen (nicht expliziten) illokutiven Bestandteil haben, der festlegt, welchen Verwendungssinn die Aussagen der Texte – also die Propositionen – haben sollen. Dieser wird rekonstruiert, indem die Absichten der »Sprecher«, d. h. der Organisatoren der Schriftgesellschaften und der Produzenten von Traktaten und die Kommunikationssituation, d. h. die politische und gesellschaftliche Situation vom Ende des 18. bis in das zweite Drittel des 19. Jahrhunderts sowie die Auffassung von den »Hörern« – dem entstehenden Proletariat – thematisiert werden; die illokutive ist die »ideologische« Ebene der expliziten Selbstdarstellungen, Absichtserklärungen, Situations- und Adressatendefinitionen. Demzufolge können die Inhalte der Traktattexte selbst (als Propositionen) nur dann sinnvoll interpretiert werden, wenn zuvor diese illokutive Ebene angemessen berücksichtigt wurde.[66]

1.2.2 Mentalitätsgeschichte und komparatistische Imagologie

Gerade die komparatistische Imagologie – gemeinhin die Darstellung der Kultur eines Landes in der Literatur eines anderen, mittlerweile aber auch auf andere Medien aus-

---

63 Tânia Ünlüdag: Mentalität und Literatur. Zum Zusammenhang von bürgerlichen Weltbildern und christlicher Erziehungsliteratur im 19. Jahrhundert am Beispiel der Wuppertaler Traktate. Köln: Rheinland-Verlag 1993 (= Schriftenreihe des Vereins für Rheinische Kirchengeschichte 108).

64 Ebenda, S. 24.

65 Ebenda, S. 24.

66 Ebenda, S. 28f. Illokution und Proposition bezeichnen Bestandteile der Sprechakttheorie. Die Illokution »legt die Beziehung zwischen Sprecher und Hörer fest« (S. 27), bestimmt also, welche Funktion der Äußerung in der jeweiligen Kommunikationssituation zukommt (Bitte, Befehl, Warnung etc.); die Proposition drückt einen Sachverhalt aus.

dehnbar[67] – scheint durch ihre betont soziologische Ausrichtung den Versuch, mit Hilfe von sozialhistorischen Methoden die Image-Forschung herauszufordern. Die Behandlung dieses Teilbereichs der Komparatistik soll vor allem dazu dienen, den Kontext der Kulturgeschichte im allgemeinen zu betrachten. Der kulturgeschichtliche Vergleich ist in der Geschichtswissenschaft oder der Ethnologie problematisiert worden, somit ist er für diesen Themenbereich von Interesse. Die Erfahrung des Fremden und des Anderen, die die Komparatistik gemeinhin aus Texten abzuleiten versucht, wird im Zusammenhang mit der Historiographie oder im breiteren Rahmen der Kulturgeschichte ein größeres Betrachtungsspektrum verliehen.

Die frühe Image-Forschung war ebenso wie die komparatistischen Bemühungen in der (v. a. französischen) Geschichtswissenschaft von einem humanitären Auftrag getragen. Die Annäherung der Nationen untereinander, die Schaffung einer Basis der Völkerverständigung, die die Eindrücke des Ersten Weltkrieges nicht nur in den intellektuellen Bevölkerungsschichten aller beteiligten Länder hervorgerufen hatten, hatten unter diesen Vorzeichen freilich Vorrang vor jeder methodologischen Überlegung, was nicht heißen soll, daß diese ganz ausblieben. Trotzdem war die französische Komparatistik der 1920er Jahre – allen voran Fernand Baldensperger – bemüht, Toleranz zwischen den Ländern Europas zu schaffen und Vorurteile abzubauen.[68] Auf die damit implizierte Tatsache, daß sich der Image-Forscher bereits damit in die Gründe der Mentalitätsgeschichte, der Individualpsychologie oder der Ethnopsychologie begibt, hat Yves Chevrel hingewiesen,[69] und dies wird bei näherer Betrachtung des Gegenstandes auch offenkundig[70]. Zu fragen wäre nämlich, ob und wie sich ein Image als Mentalität konstituieren kann, wie beständig oder unbeständig es ungeachtet der realen Gegebenheiten in den Köpfen der Menschen (weiter)existiert. Der Zusammenhang zwischen Imagologie und Mentalitätsgeschichte ist vor allem dadurch begründet, daß beide Disziplinen in einer Sphäre des sozialen Handelns und Denkens verankert sind, die sowohl den Alltag als auch künstlerische Ausdrucksweisen und mediale Darstellung

---

67 Daniel-Henri Pageaux liefert eine für diesen Zusammenhang brauchbare Definition von *image*, das er »comme un ensemble d'idées sur l'étranger prises dans un processus de littérarisation, mais aussi de socialisation« beschreibt. Dazu heißt es weiter: »toute image procède d'une prise de conscience, si minime soit-elle, d'un Je par rapport à l'Autre, d'un Ici par rapport à un Ailleurs. L'image est donc le résultat d'un écart significatif entre deux réalités culturelles. Ou encore: l'image est la représentation d'un réalité culturelle étrangère au travers de laquelle l'individu ou le groupe qui l'ont élaborée (ou qui la partagent, ou qui la propagent) révèlent et traduisent l'espace idéologique dans lequel ils se situent. […] Etudier l'image c'est donc comprendre ce qui la construit, ce qui l'authentifie, ce qui la rend, le cas échéant, semblable à d'autres ou originale.« (Daniel-Henri Pageaux: Un perspective d'études en littérature comparée: l'imagerie culturelle. In: Synthesis 8 (1981), S. 169-185. Hier S. 170f.)

68 Vgl. Manfred Gsteiger: Zum Begriff und über das Studium der Literatur in vergleichender Sicht. In: Zur Theorie der Vergleichenden Literaturwissenschaft. Hg. v. Horst Rüdiger. Berlin/New York: de Gruyter 1971 (= Komparatistische Studien 1), S. 65-87. Hier S. 76.

69 Vgl. Yves Chevrel: La littérature comparée. Paris: Presses Universitaires de France ^{3}1995, S. 25.

70 Vgl. Manfred S. Fischer: Nationale Images als Gegenstand Vergleichender Literaturgeschichte. Untersuchungen zur Entstehung der komparatistischen Imagologie. Bonn: Bouvier 1981 (= Aachener Beiträge zur Komparatistik 6).

umfassen. Zudem stehe die komparatistische Imagologie an einem Scheideweg zwischen einer text- und einer sozialhistorischen Forschungsrichtung:

> Die zentrale Aufgabe der k[omparatistischen]. I[magologie]. wird es [...] sein, sich zwischen zwei Wissenschaftsrichtungen zu entscheiden, nämlich (a) zwischen einer im engeren Sinne lit.wissenschaftlichen und (b) einer mentalitätsgeschichtlich orientierten. Im ersten Fall geht es um den ›Primat der literar. und lit.wissenschaftlichen Spezifität‹ [...] der Bilder und innerliterar. Untersuchungen zum ›ästhetischen Potential‹ [...] von (nationalen) Images. In deren Zentrum stehen u. a. die Funktionen der bewußten oder unbewußten Setzung oder Unterdrückung (nationaler) Bilder und Stereotypen [...]. Eine Forderung an diese Forschungsrichtung ist die tatsächliche Umsetzung des extensiven Lit.begriffs als Gegenstandsfeld der Forschung, so daß neben fiktionalen Texten vermehrt auch andere Textsorten untersucht werden. So könnten z. B. durch die Analyse lit.wissenschaftlicher Texte wesentliche Ergänzungen zur Wissenschaftsgeschichte des 20. Jh.s entstehen, die sich in den letzten Jahren stark biographischen Aspekte gewidmet hat [...]. Die Alternative zu dieser Entwicklung der k[omparatistischen]. I[magologie]. besteht in einer mentalitätsgeschichtlich orientierten Bildforschung, die die literar. Bilder von anderen Ländern um ihres semantischen Gehaltes willen untersucht, um auf diese Weise letztlich einen Beitrag zu einer interdisziplinären Kulturgeschichte zu leisten. Dies ist aber nur sinnvoll, wenn sich die Komparatisten auf ihre lit.wissenschaftlichen Kompetenzen besinnen. Das bedeutet zunächst, daß sich die k[omparatistische] I[magologie], die Erkenntnisse des radikalen Konstruktivismus zu eigen macht und es zu ihrem Ziel erklärt, mittels der Analyse von Texten als sprachlicher Realitätskonstituierung Aufschluß über kollektive Wahrnehnmungsmuster und Vorstellungen historischer Gemeinschaften zu gewinnen. Interessante Aufschlüsse könnte diese Form der k[omparatistischen]. I[magologie]. beispielsweise zur Klärung der These vom literar. Ursprung von Stereotypen allg. beitragen [...]. Ein anderer lohnender Komplex betrifft die integrierende Funktion von textuellen Fremd- und Eigenbildern für die Ausbildung der kollektiven Identität sozialer Gruppen. Im Kontext der von Dyserinck postulierten ›politischen Tragweite‹ der k[omparatistischen]. I[magologie]. als ›einer europäischen Wissenschaft von der Lit.‹ stellt sich u. a. die Frage nach der Bedeutung nationaler Bilder und Stereotypen für Prozesse der Nationsbildung.[71]

Bei den weiteren Ausführungen wird davon ausgegangen, daß sich Images und ihre Spielarten hauptsächlich in Texten manifestieren. Dieser Ausgangspunkt, der freilich nicht immer eingehalten werden kann, birgt eine Gefahr in sich: Er rückt neuere kulturwissenschaftliche Ansätze aus dem Betrachtungsspektrum, die von einem erweiterten Textbegriff bzw. einem extensiven Literaturbegriff ausgehen, wie er etwa von Hugo Dyserinck und seinen Schülern zwar vorgeschlagen, in der Praxis jedoch wenig angewendet wurde.[72] Eine kulturwissenschaftliche Perspektive eröffnet sich dann, wenn der Bereich der Imagologie nicht nur an literarische Texte festgemacht wird, sondern als »ein generelles Phänomen der Humanwissenschaften«[73] betrachtet wird. Bilder und Zerrbilder finden sich gemeinhin nicht nur in literarischen Texten, sondern auch in

71 Michael Schwarze: Komparatistische Imagologie. In: Metzler Lexikon Literatur- und Kulturtheorie. Ansätze – Personen – Grundbegriffe. Hg. v. Ansgar Nünning. Stuttgart/Weimar: Metzler 1998, S. 232-234. Hier S. 233.

72 Vgl. Michael Schwarze: Komparatistische Imagologie, S. 233.

73 So etwa Thomas Bleicher: Imagologie zwischen Kulturwissenschaft und Literaturwissenschaft. In: Germanistentreffen Bundesrepublik Deutschland – Türkei: 25. 9.-29. 9. 1994. Dokumentation der Tagungsbeiträge. Bonn: DAAD 1995, S. 195-212. Hier S. 195.

anderen Medien. Eine vollständige Analyse des Bildes einer Nation müßte diese Medien also auch berücksichtigen, da sich dadurch nicht nur das in der Literatur festgeschriebene Bild differenziert, sondern auch der sozialen Realität gerechter zu werden imstande ist. Speziell Stereotypen sind ja u. a. durch soziale, wirtschaftliche, kulturelle, politisch-ideologische oder auch militärische Faktoren geprägt[74] und können demnach auch in diesen Kontexten, innerhalb derer sie sich nicht nur als sprachliche ›Texte‹ manifestieren, ›gelesen‹ werden.

Aus einer kulturwissenschaftlichen Perspektive verringert sich zudem auch der inhaltliche und methodische Abstand zur Mentalitätsgeschichte, so daß mögliche Bezugspunkte und Gemeinsamkeiten zwischen diesen beiden Subdisziplinen erörtert werden sollen. Folgende Fragen können das Verhältnis von Mentalitätsgeschichte und komparatistischer Imagologie aufhellen helfen:

1. Haben Images kollektiven bzw. strukturhaften Charakter?

Diese Frage setzt ein rezeptionsorientiertes Verständnis von Literatur voraus, daß sich also Bilder in der Vorstellung des Lesers manifestieren und keine textimmanente Erscheinung bleiben. Die Beantwortung dieser Frage zieht alle Register der Rezeptionsforschung: Kollektiven Charakter kann ein Image nur dann erlangen, wenn es eine bestimmte quantitative oder qualitative Verbreitung gefunden hat. Hier ist also der Bereich der Literaturdistribution gefordert: Welchen buchhändlerischen Erfolg hatte ein bestimmtes Werk? Auf welche Weise und in welcher Intensität erweitert bzw. bestätigt ein Text den Erwartungshorizont seiner Leser, wie hat er das Bildinventar einer Zeit, somit den Diskurs, beeinflusst usw.? Die Notwendigkeit der Kollektivität ergibt sich beispielsweise dann nicht, wenn die Image-Bildung einer kleinen (undemokratisch organisierten oder aufgrund von Machtkonstellation, Bildung usw. privilegierten) Gruppe vorbehalten bleibt und die (in dieser Situation dann meist bewußt geschaffenen) Bilder oder Zerrbilder Konsequenzen in den Handlungen der von jener Gruppe Dominierten haben.

Vordergründig kann also erst eine zahlenmäßig große Verbreitung eines Druckwerks ein Image zu einem kollektiven Bestand des menschlichen Wissens und Fühlens machen. Dies mag insofern vordergründig gedacht sein, als auch Werke, die in geringerem Maß verbreitet werden/worden sind, kollektiv relevant werden können. Denn schließlich ist ein Image ja nicht durch das Vorhandensein des Objekts Buch als gegeben zu betrachten, sondern existiert erst durch Rezeption. Die Frage nach quantitativer Verbreitung muß also auf die Rezipienten bezogen werden. Daß beispielsweise eine hohe Auflage eine ebenso hohe Zahl von Lesern bedeutet, muß nicht eigens betont werden, auch nicht, daß eine Sichtweise, die nicht diachron vorgeht, an der historischen Realität des literarischen Lebens vorbeigeht. Die Distribution von Büchern war stets an technische, organisatorische und gesetzliche Bedingungen gebunden, die durch den Fortschritt auf diesen Gebieten das Buch erst im zwanzigsten Jahrhundert zu einem Massenmedium gemacht haben. Schließlich gilt es noch zu betonen, daß Images

74 Vgl. Arnold Suppan: Einleitung. Identitäten und Stereotypen in multiethnischen europäischen Regionen. In: Das Bild vom Anderen. Identitäten, Mentalitäten, Mythen und Stereotypen in multiethnischen europäischen Regionen. Hg. v. Valeria Heuberger, Arnold Suppan, Elisabeth Vyslonzil. Frankfurt/M. u. a.: Lang 1998, S. 9-20. Hier S. 16f.

die Grenzen des literarischen Diskurses überschreiten und somit in anderen Medien und Kunstgattungen vorhanden sein können bzw. den umgekehrten Weg gehen können. Daraus ergibt sich, daß die Anwendung eines umfassenden Literaturbegriffs der sozialen Realität näher kommt, zumal gerade in der Trivialliteratur gleichsam stehende Bilder anzutreffen sind. Zum anderen ist darauf hingewiesen worden, daß ein kanonischer Literaturbegriff lediglich programmatische Einsichten vermitteln kann und damit ausgeblendeten Vorstellungssystemen nur in geringem Maß gerecht zu werden imstande ist. Die angedeutete Problematik kann gerade durch ein Zusammenwirken von (empirischer) Literatursoziologie und quantitativer Buchgeschichte in besonderer Weise erhellt werden. Bereiche wie Literaturproduktion oder -distribution, Wirkungsforschung oder quantitative Rezeptionsforschung sind hier gefordert.

Auch die Lesersoziologie kann in diesen Fragenkomplex integriert werden: Welche Leserschichten haben das betreffende Werk rezipiert? Haben die Leser eine Multiplikatorfunktion, die einer größeren Verbreitung eines Bildes entgegenkommt? Wie kritisch oder unkritisch übernehmen die Leser ein Bild oder Zerrbild in ihre Vorstellungswelt? Erlangt dieses Bild den Status einer halbbewußten bzw. unbewußten Vorstellung? Welche Bedingungen müssen erfüllt werden, damit ein Bild unbewußt wird?

Die literatursoziologische Wirkungsforschung kann helfen, viele dieser Fragen zu beantworten, wenngleich Alphons Silbermann dieser Methode noch Mängel eingesteht:

> Ebenso wie die Medienforschung sieht sich auch die Literatursoziologie bei Wirkungsanalysen mit zwei grundlegenden Problemen konfrontiert. Zum einen mangelt es derzeit noch an geeigneten Forschungstechniken, um das wesentliche Moment der *Dauer* einer Wirkung (kurz- oder langfristig) zu bestimmen. Zum anderen hat man es mit einer solchen Vielzahl von Einflußfaktoren zu tun, denen der Leser in der sozialen Wirklichkeit ausgesetzt ist, daß es so gut wie unmöglich ist, eine bestimmte Wirkung auf bestimmte, genau meßbare Kausalfaktoren zurückzuführen. Eben um dieser *Multikausalität* im Wirkungsprozeß willen ist es angebracht, anstelle von Wirkungen von *möglichen* Wirkungen zu sprechen. Unter diesen sind erwiesenermaßen denkbar: Neue Meinungs- bzw. Einstellungsbildung; Verstärkung vorhandener Meinungen bzw. Einstellungen; Intensitätsminderung bestehender Meinungen bzw. Einstellungen; Meinungs- bzw. Einstellungswandel; Wirkungslosigkeit.[75]

Die Rezeptionsforschung kann ebenfalls weiterhelfen: Wird ein Image in eine eventuell vorhandene Übersetzung eines Werkes mit übernommen? Wie reagiert die Literaturkritik auf ein Image bzw. reagiert sie überhaupt darauf und rückt es somit ins Bewußtsein? Setzt sie sich damit kritisch auseinander? Wird die Herausbildung eines Bildes durch außerliterarische Faktoren gesteuert, beeinflußt etc. (etwa durch Werbung, Verfilmungen, politische Bedingungen etc.)? Welchen Anteil haben literarische Moden an der Herausbildung von Images? Wie werden Images von anderen Schriftstellern rezipiert (kritisch oder unkritisch)? Wird ein Bild aus einem Medium in die Literatur übernommen oder umgekehrt und welche Folgen ergeben sich daraus?

2. Sind Images quantifizierbar?

Die Quantifizierbarkeit von Images wird durch ein möglichst umfassendes Verständnis von Imagologie erleichtert, zumal sich dadurch das Korpus der Quellen entscheidend

75 Alphons Silbermann: Einführung in die Literatursoziologie. München: Oldenbourg 1981, S. 55.

erhöht. Damit ist aber gleichzeitig ein Problem verbunden: Das so entstehende Quellenkorpus wird mit größter Wahrscheinlichkeit heterogene Quellen umfassen, die in formaler und inhaltlicher Hinsicht dem Anspruch der Mentalitätsgeschichte nach notwendiger Homogenität der Quellen nicht nachkommen kann. Das brächte darüber hinaus Probleme bei der Kontextualisierung der Signifikanten mit sich. Heterogenität wird erst durch die Beschränkung auf literarische Texte möglich, was wiederum eine gewisse Anzahl von Texten, in denen Bilder und Vorstellungen des Anderen gespeichert sind, voraussetzt. Die Homogentität der untersuchten Textkorpora kann etwa durch eine literarische Gattung, eine Textsorte gewährleistet werden: Der Briefroman als Gattung oder Briefe als Textsorte können etwa Auskunft über den bürgerlichen Wertekanon im achtzehnten Jahrhundert geben.[76]

3. Disponiert ein Image das Handeln des Menschen?

Diese Frage knüpft sich an eine weitere, nämlich ob Literatur generell zum (gesellschaftlichen) Handeln anstiftet bzw. ob sich Literatur in gesellschaftlichem Handeln auswirkt. Im Kontext der Mentalitätsgeschichte muß hier jedoch eine vorbewußte Handlungsdisposition gemeint sein, also ein Handeln, das etwa aufgrund eines zu einem historischen Zeitpunkt vorherrschenden Wertekanons hervorgerufen wird, der der spezifischen Handlung gleichsam vorgelagert ist und sie nicht unmittelbar bedingt. Darüber hinaus setzt eine solche Annahme die Rezeption von imageträchtiger Literatur in einer gewissen Quantität voraus: Wieviele Leser haben die relevanten Texte gelesen (einschließlich Multiplikatorfunktionen), wirkt das Image in der weiteren Rezeption (Literaturkritik, Übersetzungen) fort, verändert es sich aufgrund des neuen kulturellen Kontextes und aufgrund anderer schon vorhandener Images bzw. entsteht ein Spannungsverhältnis zwischen dem neuen und dem vorhandenen Image, indem eines der beiden korrigiert wird etc.? Die Analyse eines hinsichtlich seines geographischen Rahmens, seiner historischen Dauer, seines Angebots und seiner Nachfrage etc. zu definierenden literarischen Marktes könnte in diesem Zusammenhang den Erwerb von Literatur aufgrund vorherrschender Images klarlegen. Diese Frage klärt sich weiters, wenn die Funktionalisierung von Literatur zu einem gegebenen historischen Zeitpunkt und in einer gegebenen Gesellschaft in den Blick genommen wird. Orale Literatur Afrikas beispielsweise erfüllt weniger den Zweck geistreicher Kompensation des Alltags, sondern ist dort in den Alltag in Form von religiösen Formeln integriert. Eine Diskussion um die Autonomie der Kunst müßte in diesem Zusammenhang also unter anderen Vorzeichen geführt werden. Das bedeutet, daß Images in einem solchen Kontext als ›wirklichkeitsgetreuer‹ wahrgenommen würden. Die Frage nach der Disposition des Handelns schließt immer auch die Frage nach dem gesellschaftlichen Kontext und der Funktion in diesem Kontext ein. Weiters wäre festzustellen, inwieweit verschiedene Medien die in ihnen transportierten Bilder und Vorstellungen gegenseitig korrigieren können.

4. Gehört ein Image der *longue durée* an bzw. welche Beziehung zum historischen Prozeß läßt sich für ein Image klarlegen?

---

76 Vgl. etwa Angelika Linke: Sprachkultur und Bürgertum. Zur Mentalitätsgeschichte des 19. Jahrhunderts. Stuttgart/Weimar: Metzler 1996.

Diese Frage läßt sich dann bejahen, wenn ein Image intertextuell weiterwirkt und (unkritisch) den literarischen Diskurs durchwandert. So war etwa Germaine de Staëls Deutschlandbild in Frankreich aufgrund der Verbreitung von *De l'Allemagne*, der Bearbeitungen und Übersetzungen lange prägend. Diese Frage läßt sich jedoch am besten auf der Basis von empirisch erarbeitetem Quellenmaterial beantworten, also etwa anhand einer seriellen Reihe von gattungshomogenen Textsorten.

5. Gehorcht ein Image/Images dem Prinzip der Serialität?

Ein Image/Mirage kann in serieller Form nur an eine Gattung gebunden auftauchen, da ja literarische Bilder isoliert, also als sie selbst, nicht existieren, sondern immer an Texte gebunden sind. Dies läßt sich wieder einmal anhand von Reisebeschreibungen demonstrieren. Michael Harbsmeier hat, wie oben erwähnt, Reiseberichte als unfreiwillige kulturelle Selbstdarstellungen beschrieben. In der Weise, wie nun aus diskursiven Elementen in Testamenten etwa Rückschlüsse auf Glaubenseinstellungen gezogen werden können, kann nun aus einer »Serie von Texten verschiedener Verfasser derselben Ausgangskultur«[77] das kulturelle Selbstverständnis präzisiert werden:

> Vermutungen, die wir aufgrund der Analyse einzelner Texte hegen mögen, ließen sich bekräftigen oder entkräften; mit der Zahl der Texte und damit der beschriebenen fremden Kulturen nimmt auch das Bild der kulturellen Selbstverständlichkeiten, das sich aus ihrer Analyse ergeben kann, einen vollständigeren Charakter an; mit der Konzentration auf einen Verfasser entsteht leicht der Eindruck, daß es sich bei dem jeweiligen imaginären »wir« um eine nahtlose homogene kulturelle Größe handele. Eine Analyse einer Mehrzahl von Texten verschiedener Herkunft würde Differenzierungen zwischen den unterschiedlichen kulturellen Selbstverständlichkeiten, Erwartungen und Einstellungen verschiedener sozialer Gruppen desselben Sprachraums erlauben. Vielleicht ließen sich auch Entwicklungsmuster in einer diachronen Reihe ausmachen.[78]

Das Prinzip der Serialität der Textsorte wird hier insofern erfüllt, als die heranzuziehenden Reisebeschreibungen eine formal homogene Textsorte bilden (etwa aufgrund des Aufbaus Abreise – Aufenthalt – Heimkehr), in großer Menge und über einen großen Zeitraum vorhanden sind.

6. Welche bewußten und unbewußten Motivationen sind an der Entstehung eines Image beteiligt?

Ein Bild ist immer das Resultat eines Prozesses der Signifikation, der die Beziehungen zwischen Kulturen ebenso charakterisieren kann wie das Bild selbst. Die Rekonstruktion des Signifikationsprozesses kann Aufschluß sowohl über das Selbstverständnis der einen als auch eben vom Verständnis der anderen Kultur geben. Hier ist ein gravierender Unterschied zwischen Bild und Mentalität festzumachen: Die Entstehung von Mentalitäten ist nie bewußt motiviert. Werden Bilder hingegen bewußt erzeugt, etwa um aus ideologischen Gründen das Zerrbild des Anderen zu etablieren, kann an der Ökonomie ihres Einsatzes abgeschätzt werden, welche Bedeutung diesen Bildern zugemessen wird. Bilder können somit eine bewußte und eine unbewußte Komponente sowohl in ihrer Entstehung als auch in ihrer Verbreitung aufweisen, Mentalitäten hingegen nicht.

---

77 Michael Harbsmeier: Reisebeschreibungen als mentalitätsgeschichtliche Quellen, S. 8.

78 Ebenda, S. 8.

Der Fragenkomplex macht deutlich, daß die konstituierenden Eigenschaften von Mentalitäten und Bildern nicht vollständig übereinstimmen. Trotz dieser Divergenz wurde aber schon vor den Erneuerungsvorschlägen Michael Schwarzes die Kooperation zwischen Mentalitätsgeschichte und komparatistischer Imagologie in seinem Sinn angedeutet. Alexandru Dutu ortet eine solche Kooperation im Bereich der Einflußstudien:

> Or, l'étude comparée des littératures ne peut ignorer ce mécanisme des images mentales qui ont rapproché, souvent, les peuples éloignés ou ont créé des distances apparemment sidérales entre peuples voisins. L'étude des relations internationales offre un materiél documentaire de premier ordre aux recherches de littérature comparée, parce qu'il met en lumière comment se forme une attitude d'esprit, un courant d'opinion ou même un mythe dans une collective. D'ailleurs, les conclusions des analyses faites par les historiens des mentalités devraient pénétrer régulièrement dans le laboratoire des comparatistes, soit qu'elles se réfèrent aux états d'esprit dégagés des textes littéraires, soit qu'elles saisissent les images qui ont contrôlé, en réalité, ce qu'on appelle, d'après la formule classique, le destin des œuvres, les influences, l'accueil, etc. [...] Mais les relations les plus instructives sont celles entre images qui dirigent aussi bien le langage figuratif que la culture écrite, car elles peuvent tirer au clair les attitudes fondamentales d'un groupe ou d'une société face à l'héritage culturel, aux problèmes du présent, à la présence des autres.[79]

Die angedeuteten Möglichkeiten der Begegnung zwischen Mentalitätsgeschichte und komparatistischer Imagologie versprechen somit eine fruchtbringende Kooperation.

2. Historische Anthropologie und Komparatistik

Die Historische Anthropologie hat sich vor allem im Kontext der französischen Sozialgeschichte und deren Bestreben nach interdisziplinärer Kooperation mit den Sozialwissenschaften bewährt. Dem Bewußtsein der *nouvelle histoire* als einer Wissenschaft vom Menschen kam die Fragestellung der Historischen Anthropologie in besonderer Wiese entgegen, sodaß es im Lauf der Zeit sogar zu einer gegenseitigen Befruchtung der beiden Wissenschaften gekommen ist: »In der Tat erleben wir seit der Bildung der Schule der *Annales* nicht die Geburt, sondern die Wiedergeburt der Historischen Anthropologie«[80]. Jacques Le Goff hebt eine weitere Gemeinsamkeit zwischen Anthropologie und Neuer Geschichtswissenschaft hervor, nämlich deren differenzierten Zeitbegriff.

> Die Theorie der langen Zeitabläufe hat die Annäherung zwischen der Historie und jener Humanwissenschaft befördert, die ›fast unbewegte‹ Gesellschaften erforscht – der Ethnologie oder der Anthropologie, wie man heute lieber sagt. Daher rührt das wachsende Interesse für die Sitten und Bräuche, für das, was Marcel Mauss die »Körpertechniken« nannte: Ernährungspraktiken, Bekleidungsformen, Wohnverhältnisse usw. Hier treffen sich die Ethnologie und die Historiographie des

---

79 Alexandru Dutu: Modèles, images, comparaisons. In: Synthesis 3 (1976), S. 5-10. Hier S. 8f.

80 André Burguière: Historische Anthropologie. In: Die Rückeroberung des historischen Denkens. Grundlagen der Neuen Geschichtswissenschaft. Hg. v. Jacques Le Goff, Roger Chartier, Jacques Revel. Frankfurt/M.: Fischer Taschenbuch Verlag 1990, S. 62-102. Hier S. 62.

Alltags, wie François Furet und ich dargelegt haben, vorausgesetzt, es gelingt, Methoden zur Entschlüsselung von bislang mißachteten Textarten, Dokumenten, in denen das Gesicht der täglichen Lebenswelt erscheint, den »Ethnotexten«, zu entwickeln.[81]

Der Ethnologe Karl R. Wernhart beschreibt die Kooperation zwischen Anthropologie und Geschichtswissenschaft folgendermaßen:

Die gegenwärtige Annäherung von Anthropologie und Geschichte erfolgt in der doppelten Form einer »Historisierung der Anthropologie« wie einer »Anthropolisierung der Geschichte« [...]. Unter Historischer Anthropologie versteht LEPENIES [...] weniger eine neue Disziplin oder Disziplinenkombination als vielmehr eine Methode zur Beschreibung und Abgrenzung historischer Zeiträume. Heute besteht die »vorrangige Aufgabe der historischen Anthropologie darin, nicht wahllos die Historisierung als anthropologisch geltende Tatbestände zu beschreiben, sondern Prioritäten der Themenkomplexe zu begründen, die sie mit größter Aussicht auf Erfolg analysieren kann«. Eine Historische Anthropologie muß auf eine Theorie der »mittleren Reichweite« abzielen: »sie sollte die Historisierung biologienaher Tatbestände versuchen, d.h. von solche, die einerseits ›tief‹ genug verankert sind, um noch eine Art biologisches Substrat erkennen zu lassen, zum anderen aber zu ihrer vollen Entfaltung einer kulturellen Überformung, und das heißt eben auch einer historischen Auswicklung, einer Evolution, bedürfen ... Die historische Anthropologie fragt also nach der geschichtlichen Variabilität als ›konstant‹ erscheinender Verhaltensweisen...«. [...] Das Plädoyer LEPENIES' [...] geht dahin, eine Verknüpfung von historischer Anthropologie und historischer Wissenschaftsforschung zu erzielen, um damit einen neuen Impetus zu geben und die Weiterentwicklung der historischen Forschung mit Hilfe der Theorien der »mittleren Reichweite« im Sinne von »Epochenschwelle« möglich zu machen.[82]

Hans Süssmuth definiert die Aufgaben der Historischen Anthropologie auf folgende Weise:

Anthropologische Forschung versteht sich als interdisziplinäre Forschung und bezieht die historische Dimension ein. Insoweit begegnen sich anthropologische Forschung und Historische Anthropologie [...]. Historisch-anthropologische Forschung versteht den Menschen »als geschichtsbildenden Faktor«, der sich in verschiedenartigen Kulturen unterschiedlich oder vergleichbar objektiviert hat. Daseinsbewältigung des Menschen hat sich in allen Geschichtsepochen gleichartig ungleichartig vollzogen. In den unterschiedlichen Ausgestaltungen von Gesellschaften, staatlichen Institutionen, Wirtschaftssystemen, kulturellen Einrichtungen und Brauchtum, zeigt sich dic Vielfalt der Möglichkeiten der Daseinsbewältigung durch den Menschen. [...]

Historische Anthropologie hat mehrere Aufgaben: historisch überlagerte Formen menschlicher Kultur aufzuspüren, vielfältige Lebensäußerungen aufzudecken, sich ideologiekritisch gegen ste-

---

81 Jacques Le Goff: Neue Geschichtswissenschaft. In: Die Rückeroberung des Historischen Denkens, S. 11-61. Hier S. 39.

82 Karl R. Wernhart: Die Bedeutung des sozialwissenschaftlichen Ansatzes für Geschichtswissenschaft und Ethnohistorie. Eine wissenschaftsgeschichtliche Skizze. In: Ethnohistorie und Kulturgeschichte. Hg. v. Karl Wernhart. Wien/Köln: Böhlau 1986 (= Böhlau Studien-Bücher, Aspekte der Ethnologie 1), S. 237-259. Hier S. 244f. Wernhart zitiert aus Wolf Lepenies: Probleme einer historischen Anthropologie. In: Historische Sozialwissenschaft. Beiträge zur Einführung in die Forschungspraxis. Hg. v. Reinhard Rürup. Göttingen: Vandenhoeck & Ruprecht 1977, S. 126-159. Hier S. 138f.

reotype Vorstellungen von vorgegebenen und konstanten Merkmalen menschlicher Antriebe, Einstellungen und Verhaltensweisen abzugrenzen.[83]

Dennoch sei die Annäherung zwischen Historikern und Anthropologen nicht spannungsfrei verlaufen, was mit der thematischen Entwicklung der Anthropologie bzw. Ethnologie zusammenhängt. Die Anthropologie hätte ihr Blickfeld vor allem auf außereuropäische Bereiche konzentriert, die Volkskunde wiederum, »eine Ethnologie des armen Mannes«,[84] habe sich auf die entwickelten Gesellschaften konzentriert. Mit letzterer hätte die Geschichtswissenschaft den Kontakt gesucht und gefunden.

> Während die Anthropologie sie nach wie vor beargwöhnt, und zwar nicht erst seit dem Aufstieg des Strukturalismus. Das Denken der Wilden interessiert die Historiker mehr als das wilde Denken, trotz der Bedeutung, die das Werk von Claude Lévi-Strauss für eine ganze Generation von Historikern der Mythen besitzt.[85]

Ein weiterer Punkt, der für Spannungen sorgt, ist die freilich nicht bedingungslose Integration der Anthropologie in die Geschichtswissenschaft, worauf schon Claude Lévi-Strauss hingewiesen hat.[86] Für ihn befinden sich Ethnologie und Geschichte in einem beinah unüberwindbaren Gegensatz:

> Entweder hängen unsere Wissenschaften mit der diachronischen Dimension der Erscheinugen [sic], das heißt mit ihrer Ordnung in der Zeit, zusammen, dann sind sie unfähig, deren Geschichte zu schreiben, oder sie versuchen nach Art des Historikers zu arbeiten, und dann entgeht ihnen die Dimension der Zeit. Eine Vergangenheit wiederherstellen zu wollen, das Drama der Ethnologie in einem Falle, der Ethnographie im anderen, ist auf alle Fälle das Dilemma, in das ihre Entwicklung sie im Laufe der letzten fünfzig Jahre anscheinend allzu oft gestürzt hat.[87]

Lévi-Strauss' Betonung des geographischen Raumes als Betrachtungsrahmen der menschlichen Gesellschaft findet aber trotzdem seine Parallelen in der neuen französischen Sozialgeschichte, namentlich bei Fernand Braudel und dessen Untersuchung über den Mittelmeerraum des sechzehnten Jahrhunderts (*La Méditerranée et le Monde*

---

83 Hans Süssmuth: Geschichte und Anthropologie. Wege zur Erforschung des Menschen. In: Historische Anthropologie. Hg. v. Hans Süssmuth. Göttingen: Vandenhoeck & Ruprecht 1984 (= Kleine Vandenhoeck-Reihe 1499), S. 5-18. Hier S. 7f.

84 Ebenda, S. 40.

85 Ebenda, S. 40.

86 »Der Ethnologe hat Achtung vor der Geschichtswissenschaft, aber er räumt ihr keinen bevorzugten Platz ein. Er begreift sie als eine Forschung, die die seine ergänzt: Die eine entfaltet den Fächer der menschlichen Gesellschaft in der Zeit, die andere im Raum. Und der Unterschied ist weniger groß als es scheint, da der Historiker sich bemüht, das Bild verschwundener Gesellschaften so wiederherzustellen, wie sie in Augenblicken waren, während der Ethnograph sein Bestes tut, um die historischen Etappen zu konstruieren, die den heutigen Formen zeitlich vorausgegangen sind.« (Claude Lévi-Strauss: Das wilde Denken. Frankfurt/M.: Suhrkamp 1973, S. 294; zitiert nach Günther Brandtner: Strukturbegriff – Konzept der »longues Durées« – Ethnohistorie. In: Ethnohistorie und Kulturgeschichte, S. 229-235. Hier S. 230f.)

87 Claude Lévi-Strauss: Das wilde Denken, S. 13; zitiert nach Günther Brandtner: Strukturbegriff – Konzept der »longues Durées« – Ethnohistorie, S. 231f.

méditerranéen à l'époque de Philippe II, 1949 u. 1966). Günther Brandtner glaubt diesen Gegensatz mit Hilfe von Braudels Strukturbegriff überwinden zu können. Die *longue durée* stellt in Braudels Verständnis eine von drei ›Zeitschichten‹ dar, nämlich jene, die »Zeiträume von Jahrhunderten umfaßt: die Geschichte des langen, selbst des sehr langen Zeitablaufs [...].«,[88] und steht somit in Gegensatz zur *histoire événementielle*, der Ereignisgeschichte, die der *courte durée* verpflichtet ist. Da sich aber soziale Entwicklungen nur schwer mit Hilfe der Ereignisgeschichte beschreiben lassen, konzentrierte sich Braudel auf jene langsamen, kaum voranschreitenden Entwicklungen in der Geschichte, etwa auf Mentalitäten oder anderen strukturhaften Prozessen. Brandtner wittert nun einen Zusammenhang zwischen Braudels Konzept der *longue durée* und dem Phasenkonzept der Ethnohistorie[89] und plädiert für eine modifizierte Integration des Strukturbegriffs.

> Die tiefenpsychologische Dimension [des Strukturbegriffs] muß wegfallen; damit wird der Strukturbegriff *wenig* gewinnbringend für die Ethnohistorie, die ja ihrem Phasenkonzept nicht a priori eine Strukturiertheit zugrundelegt, sondern sie erst aufgrund der Quellenlage mit »Mitteln und Konzepten der Ethnologie« erarbeitet. Mit dem Aufgabenbereich, die Geschichte der Ethnien in Raum und zeit quellenkritisch zu rekonstruieren, um über gewisse Zeiträume Kulturkonstanz bzw. -wandel mit mehr oder minder großer Wahrscheinlichkeit darzulegen und nicht mit dem Anspruch Modelle bzw. Gesetze der ethnischen Entwicklung aufzustellen, ist ihre Stellung als historische Teildisziplin der Ethnologie klar umrissen.[90]

Dennoch muß sich auch Brandtner eingestehen:

> Das Konzept der »longues durées« mag zwar für Vergleichszwecke mit Ergebnissen der Ethnohistorie aufschlußreich sein, ist aber als solches in sie nicht integrierbar, weil der zugrunde gelegte Strukturbegriff wesentlich weiter gefaßt ist als der der Kulturkonstanz oder des Kulturwandels.[91]

Was Lévi-Strauss mit Braudel dennoch verbindet, ist nicht nur die gemeinsame Studienzeit in Sao Paulo und der gegenseitige intellektuelle Austausch,[92] sondern auch Braudels Betonung unbewußter Strukturen, die ihre Analogie in Lévi-Strauss'

---

88 Fernand Braudel: Geschichte und Sozialwissenschaften. Die *longue durée*. In: M. Bloch, F. Braudel, L. Febvre u.a.: Schrift und Materie der Geschichte. Vorschläge zur systematischen Aneignung historischer Prozesse. Hg. v. Claudia Honegger. Frankfurt/M.: Suhrkamp 1977 (= es 814), S. 47-85. Hier S. 50.

89 Wernhart definiert Ethnohistorie als »die adäquate Anwendung historischer Arbeitsweise in der Ethnologie«, die sich in besonderer Weise mit dem sozialwissenschaftlichen Ansatz der Geschichtswissenschaft auseinandersetzt. (Karl R. Wernhart: Die Bedeutung des sozialwissenschaftlichen Ansatzes für Geschichtswissenschaft und Ethnohistorie, S. 238)

90 Günther Brandtner: Strukturbegriff – Konzept der »longues Durées« – Ethnohistorie, S. 234.

91 Ebenda, S. 234.

92 Vgl. Giuliana Gemelli: Fernand Braudel. Paris: Éditions Odile Jacob 1995, S. 57. Gemelli betont die Wichtigkeit von Braudels neuer Umgebung für die Entwicklung seines Zeit- und Raumbegriffs: »Au Brésil, Braudel vit donc simultanément une expérience de rétrécissement du temps (plusieurs siècles coexistent dans le même présent) et de dilatation de l'espace«. (S. 57)

Unbewußten des Sozialen ihre Entsprechung findet.[93] Die Ethnohistorie – zumindest in ihrer von W. Hirschberg begründeten Wiener Ausprägung – sieht sich der historischen Sozialwissenschaft verpflichtet und betrachtet weiter die historische Einheit von Zeit und Raum als ihre Grundkomponente:

> Der sozialwissenschaftliche Ansatz in der Geschichtswissenschaft, ob in Frankreich, den Vereinigten Staaten oder Deutschland, zeigt uns, daß mit Hilfe des Strukturbegriffs und einer dynamisch aufgefaßten strukturierten Geschichte Abfolgen von kulturellen Manifestationen einer bestimmten an den Raum gebundenen Population oder Gruppe erarbeitet werden können.[94]

Trotzdem distanziert sich Wernhart vom Strukturalismus Lévi-Strauss' und Braudels: »Unser Strukturbegriff muß einfacher gefaßt werden, er muß die Raum- und Zeitbezogenheit berücksichtigen und sieht die Struktur als das Bezugssystem im Aufbau der integralen Gesamtheit eines Ethnos und dessen spezifischen kulturellen Manifestationen«[95]. Das Verhältnis zwischen Geschichte und Anthropologie verschärft sich zusehends auch durch die zunehmende Differenzierung der Wissenschaftsdisziplin Anthropologie. Teilbereiche wie Urban Anthropology, Economical Anthropology, Law-Anthropology, New Culture Anthropology, Cognitive Anthropology – Richtungen, die in den USA etabliert sind – scheinen einer interdisziplinären Entwicklung nicht gerade förderlich zu sein.

Die theoretische Diskussion innerhalb der deutschen Ethnologie erfuhr zu Beginn der 1980er Jahre eine Intensivierung, nachdem die Ethnologie ab den 1970er Jahren englische, amerikanische und französische Forschungen mit einer gesteigerten Aufmerksamkeit für die Probleme der Sozial- und Sprachwissenschaften rezipiert hatte (Sozialanthropologie und Strukturalismus).[96] Dabei hat sich die Linguistik vor allem für die Feldforschung als wichtige Hilfsdisziplin erwiesen.[97]

André Burguière verfolgt die Geschichte der Historischen Anthropologie bis ins achtzehnte Jahrhundert zurück und findet die programmatischen Vorgaben der *nouvelle histoire* bereits bei Le Grand d'Aussy in dessen dreibändiger *Histoire de la vie privée des français* (1782) vorformuliert.[98] Trotz dieser aus heutiger Sicht modernen Auffas-

---

93 Vgl. Karl R. Wernhart: Die Bedeutung des sozialwissenschaftlichen Ansatzes für Geschichtswissenschaft und Ethnohistorie, S. 242.

94 Ebenda, S. 239.

95 Zit. nach Alfred Kohler: Ethnohistorie und Geschichtswissenschaft – Zur neueren Theoriediskussion in der Ethnologie. In: Ethnohistorie und Kulturgeschichte. Hg. v. Karl R. Wernhart, S. 89 97. Hier S. 90., S. 96.

96 Vgl. ebenda, S. 90.

97 Vgl. Karl R. Wernhart: Die Quellengattungen der Ethnohistorie, S. 131-146. Hier S. 144. Wernhart führt dazu aus: »F. BOAS postuliert die Verbindung der Feldforschung mit der Linguistik: ein Anliegen, das heute von der Ethnoscience berücksichtigt wird. Diese Forschungsrichtung versucht durch den Umweg über die Sprache die Etic's (die gebundenen Merkmale) einer Kultur herauszuarbeiten, die einen Verhaltensunterschied in einer Gemeinschaft beinhalten. [...] Die Sprache wird als ein Aspekt der Gesamtkultur angesehen, und daher versucht man auf diesem Wege, die Kultur der Ethnien zu erfassen.« (S. 144)

98 Vgl. André Burguière: Historische Anthropologie, S. 62. Dazu Burguière: »Die Unternehmung Le Grand d'Aussys ist in dieser Hinsicht bezeichnend: Von einer Sozialgeschichte der Sitten der

sung von Geschichtsschreibung ist das Werk Le Grand d'Aussys singulär geblieben, was mit der zunehmenden Konzentration der Historiker auf die Geschichte des politischen Lebens zurückzuführen ist, die wiederum durch den erleichterten Zugang zu öffentlichen Quellen und Dokumenten befördert wurde.[99] Erst die romantische Historiographie greift anthropologische Themen wieder auf, so etwa Michelet:

> Indem er darstellt, welche Auswirkungen eine Mode wie das Kaffeetrinken auf die Sensibilität und das Verhalten der Eliten der französischen Gesellschaft im 18. Jahrhundert hatte, oder indem er die tragische Atmosphäre des Jahrhunderts Ludwigs XIV. mit seinen Versorgungskrisen und dem Elend des Volkes schildert, nähert er sich der historischen Realität auf einem ethnologischen Umweg.[100]

Insgesamt scheint sich die Historische Anthropologie in Frankreich am intensivsten durchgesetzt zu haben und kann mittlerweile auch in den angelsächsischen Ländern ihre Rolle behaupten, während die Diskussion in der Bundesrepublik Deutschland und in Österreich noch einiger Entwicklung bedarf.[101] Sowohl in Frankreich als auch in Großbritannien und den USA wurde bereits seit Anfang der 1960er Jahre das Verhältnis von Geschichte und Anthropologie ausgelotet.[102] Zwar tauchte zu dieser Zeit auch in der Bundesrepublik die Forderung nach der Berücksichtigung des Menschen in der Geschichte auf, doch diese stand unter dem Vorzeichen einer Anthropologisierung der Geschichte und war weniger auf die Entwicklung einer Historischen Anthropologie ausgerichtet.[103] Schließlich wurde die Historische Anthropologie in der Bundesrepublik in den 1960er und 1970er Jahren durch theoretische und gesellschaftsbezogene Diskussionen überschattet.

In Deutschland hat sich die Historische Anthropologie innerhalb der Geschichtswissenschaft folgendermaßen differenziert: in Historische Verhaltensforschung, Historische Sozialanthropologie und Ethnologische Sozialgeschichte.[104] Allgemein ausgedrückt begegnen einander Historische Anthropologie und Sozialgeschichte in Form

---

Franzosen, die er geplant hatte, konnte er nur den ersten Teil ausführen, eine »Geschichte der Ernährung« (in drei Bänden), die übrigens ungewöhnlich materialreich und modern konzipiert ist. Sie ist gleichzeitig eine Geschichte der Nahrungsmittel, der Ernährungstechniken und des Ernährungsverhaltens. Der Autor hat für sein Vorhaben eine thematische Gliederung gewählt, er orientiert sich also eher an Strukturen als an Ereignissen. Die Sittengeschichte manifestiert sich nicht in einer Kette pittoresker Attitüden und Konjunkturen, sondern in der ständigen Vermischung von überlieferten Verhaltensweisen (also dauerhaften Traditionen) mit sozialen Anpassungsleistungen oder Erfindungen.« (S. 63)

99 Vgl. ebenda, S. 63.

100 Ebenda, S. 67.

101 Im Jahr 1993 wurde das Graduiertenkolleg ›Historische Anthropologie‹ des Instituts für interdisziplinäre Forschung und Fortbildung der Universitäten Innsbruck, Klagenfurt und Wien (IFF) eingerichtet. Vgl. Gert Dressel: Historische Anthropologie, S. 1. Auch in der Bundesrepublik existieren mittlerweile mehrere Institute mit dem Forschungsschwerpunkt Historische Anthropologie (Stuttgart, Freiburg und Göttingen). Vgl. Hans Süssmuth: Geschichte und Anthropologie, S. 6.

102 Vgl. Hans Süssmuth: Geschichte und Anthropologie, S. 5f.

103 Ebenda, S. 6f.

104 Vgl. ebenda, S. 9.

von Historischer Sozialwissenschaft und Alltagsgeschichte, wenngleich eine konkrete Bezugsetzung infolge der erwähnten verschiedenen methodischen und theoretischen Ansätze schwerfällt. Trotzdem herrscht Einigkeit darüber, daß es das Ziel der Historischen Anthropologie sein müsse, »historisch bedingtes und sich wandelndes menschliches Verhalten mit seinen individuellen und kollektiven Ausformungen, in den interaktiven Bezügen zwischen Individuum und Gesellschaft zu erkennen«.[105] Im Zusammenhang mit der Alltagsgeschichte stellt sich jedoch die Frage nach den zu untersuchenden zeitlichen Rahmen, zumal von Seiten der Alltagsgeschichte gewiß keine makrohistorische Betrachtung zu erwarten ist.[106] Bedarf die Alltagsgeschichte also noch »einer theoretischen Reflexion [...], die das fruchtbare Interesse am Detail, am historisch Besonderen, mit der Makroebene des historisch Allgemeinen, des für eine Epoche oder längere Entwicklungen Typischen vermittelt«?[107] Doch eine »Vermittlung von Makro- und Mikroebene unter dem Aspekt der Geschichte gesellschaftlichen Verhaltens«[108] sei bereits in Theorie und Praxis vonstatten gegangen. Einen vielversprechenden Ansatz entdeckt Peukert etwa in Jürgen Habermas' Theorie des kommunikativen Handelns.[109]

Wie auch die Mentalitätsgeschichte charakterisiert sich die Historische Anthropologie durch einen bestimmten Umgang mit ihren Quellen. Diese werden nicht als ein getreues Abbild, sondern bestenfalls als Bezugspunkte für eine Rekonstruktion der historischen Wirklichkeit verstanden. Vor allem eine statistische Auswertung der Quellen hat Entwicklungstendenzen in der Geschichte offenbar werden lassen. Ziel ist also keineswegs das Sammeln und Referieren von Quellen, sondern es geht darum,

> die Mechanismen und die Logik aufzuschließen, die eine bestimmte Konjunktur – das, was man eine Epoche nennt – oder eine bestimmte Entwicklung erklären. Das Verfahren läßt sich auch auf

105 Ebenda, S. 13.

106 Vgl. Detlev Peukert: Neuere Alltagsgeschichte und Anthropologie. In: Historische Anthropologie. Hg. v. Hans Süssmuth. Göttingen: Vandenhoeck & Ruprecht 1984 (= Kleine Vandenhoeck-Reihe 1499), S. 57-72. Hier S. 57.

107 Vgl. ebenda, S. 58.

108 Ebenda, S. 58.

109 Vgl. ebenda, S. 61: »Sein Modell konkurrierender und konfligierender systemischer *und* lebensweltlicher Logiken in der modernen Gesellschaft erlaubt einen differenzierten analytischen Zugriff, eine theoretisch ausgefächerte Mehrdimensionalität gerade bei der Analyse alltäglicher Handlungen und Vorstellungen. Es bietet zudem ein Entwicklungskonzept, in dem sich sowohl dominante, globale Trends wie auch Widerständigkeiten und Gegenläufigkeiten gegen diese thematisieren lassen. Nicht zuletzt erlaubt es die Konzepte von Modernisierungsprozeß und Fortschritt zu entkoppeln und sie in der historischen Analyse je nach Situation als partiell deckungsgleich, aber auch als gegensätzlich zu beschreiben. Ein solches offenes analytisches Modell kann daher sowohl Fortschritte des Modernisierungsprozesses wie die Erweiterung von Lebenschancen, die Verbreitung rationaler Kommunikationsformen und von rationalen Konfliktaustragungsweisen thematisieren, als auch solche pathologischen Prozesse wie die der zunehmenden Bürokratisierung, der sozialen Disziplinierung und der Zerstörung lebensweltlicher Sinnzusammenhänge.«

qualitative oder literarische Quellen anwenden, denn es folgt dem systematischen Interesse für das, was von den herrschenden Diskursen verdeckt oder vernachlässigt wird.[110]

Wernhart unterscheidet sechs Quellengattungen für die ethnohistorische Forschungsrichtung: »1. schriftliche Quellen, 2. bildliche Quellen, 3. kartographische Quellen, 4. Oraltraditionen, 5. Realien (ethnographisches Museumsmaterial, Monumente und Ethnographica) und schließlich 6. Feldforschungsberichte«[111]. Für unseren Zusammenhang sind naturgemäß vor allem die schriftlichen Quellen und die sogenannten Oraltraditionen von Interesse. Zu den schriftlichen Quellen zählt Wernhart »unter anderem veröffentlichte Reisebeschreibungen, Tagebücher, Bordbücher, Landeskunden, bisweilen auch Kosmographien, Monographien und Briefe«,[112] als zumindest ebenso bedeutend haben sich orale Quellen für die Ethnologie erwiesen:

> Wie die Kulturhistorie Oraltraditionen unter Voraussetzung der Konstanz als historische Aussagen wertete, so würdigt die Ethnohistorie die mündliche Überlieferung als Quelle eines im ständigen Akkulturations- und Assimilationsprozeß befindlichen Ethnos. Diese Quellengattung nimmt trotz ihres diffizilen unplastischen Gehabens eine bedeutende Stellung in der Heuristik ein. Viele Nachrichten wurden jahrhundertelang nur mündlich tradiert und stehen erst durch die Aufzeichnungen des Feldforschers als Quellen der Wissenschaft zur Verfügung. [...] Das wahrhaft charakteristische Merkmal der Oraltradition ist die Übermittlung durch das gesprochene Wort. Beim Tradieren können Ungenauigkeiten auftreten, die unter anderem durch mnemotechnische Hilfsmittel von dem Rezensenten selbst beseitigt werden. Vor allem aber muß hier die Quellenkritik einsetzen, um die Überlieferung in ihrem möglichst reinen unverfälschten Zustand zu erhalten. [...] Erst die Erkenntnis der Wortbedeutung sowie der Inhaltsbedeutung des Textes eines Zeugnisses machen es möglich, zu einem genauen Verständnis seiner Gesamtbedeutung zu gelangen. Für diese Interpretation

---

110 Ebenda, S. 71. Spätestens hier ist eine Klärung der Begriffe notwendig: Die *Völkerkunde* – der Begriff wird um 1770 in Deutschland geprägt und wird zugleich auch als Oberbegriff zur vergleichenden Ethnologie und der beschreibenden Ethnologie verwendet – befaßt sich mit fremden Völkern, während sich die *Volkskunde* mit dem eigenen Volk beschäftigt. Als Synonym für *Völkerkunde* diente seit jeher der Begriff *Ethnographie*, dem Begriff *Geographie* (Erdkunde) nachgebildet. *Ethnographie* wird in den diversen nationalen Prägungen dieses Faches auch unterschiedlich definiert: In Frankreich des neunzehnten Jahrhunderts umfaßte der Begriff das gesamte Fach der Völkerkunde, in Deutschland wiederum nur die beschreibende Richtung. Gemeinhin wird *Völkerkunde* jedoch mit *Ethnologie* übersetzt. Die *Anthropologie* wiederum definiert sich als eine Wissenschaft vom Menschen und im Kontrast zur Theologie. Ihr Gegenstand ist der Mensch in seiner physischen und geistigen Erscheinung. Die amerikanische *Anthropology* hat ihr Untersuchungsfeld weiter gefaßt: Sie befaßt sich sowohl mit Völkern, mit Kultur und dem Körper, wenngleich dieses Fach in die Zweige *Cultural Anthropology* und *Physical Anthropology* aufgeteilt wurde. Überschneidungen in den einzelnen Disziplinen sind angesichts fehlender konkreter Abgrenzungen naheliegend. Vgl. dazu Hans Fischer: Was ist Ethnologie? In: Ethnologie. Einführung und Überblick. Hg. v. Hans Fischer. Berlin/Hamburg: Reimer [3]1992, S. 3-22. Hier S. 6ff.

111 Karl R. Wernhart: Die Quellengattungen der Ethnohistorie, S. 133. Wernhart möchte darüber hinaus die Unterscheidung von Primär- und Sekundärquellen durch die Begriffe »authentische zeitgenössische Quellen« und »abgeleitete Quellen« ersetzt wissen.

112 Ebenda, S. 134.

ist die Kenntnis der Sprache der zu untersuchenden Ethnien unumgänglich. Der informative Inhalt variiert entsprechend der Typen der Tradition.[113]

Als wichtigste Quellen für den Ethnologen nennt Adam Jones »mündliche Aussagen (im Feld oder im Gespräch mit Fachleuten), beobachtetes Verhalten, materielle Gegenstände, audiovisuelle Quellen (Zeichnungen, Karten, Filme, Photographien, Tonbänder usw.) und schriftliche Zeugnisse«[114].

Die Ethnologie selbst definiert sich bereits implizit als eine komparative Wissenschaft:

> Ethnologie beginnt dann, wenn Unterschiede in der Lebensweise menschlicher Gruppen wahrgenommen werden. Lebten alle Menschen auf die selbe Art und Weise, lebten sie nicht auf verschiedene Völker verteilt, es gäbe keine Ethnologie. Nicht um individuelle Unterschiede geht es also, sondern um Unterschiede zwischen menschlichen Gemeinschaften. Diese allen Angehörigen einer solchen Gemeinschaft gleiche Lebensweise – die sie von anderen Gemeinschaften unterscheidet – nennen wir »Kultur«.[115]

Die Intention, Unterschiede zwischen Völkern oder ›Kulturen‹ festzumachen, setze wiederum ein Gemeinsames voraus, denn »nur wenn ich Menschen als prinzipiell gleich anerkenne, sind Unterschiede etwas zu Erklärendes«.[116] Gleichzeitig erlaubt Fischer nun auch eine Charakterisierung der Unterschiede, die in den nationalen Spielarten der Sozialgeschichte keineswegs problematisiert worden ist. Fischer geht von der Hypothese aus, daß »die Unterschiede wirklich *erlernt* und *tradiert* sind (und nicht vielleicht veranlagt). [...] Die Geschichte der Ethnologie ist die Geschichte von Versuchen, die Frage der Verschiedenheit zu beantworten: als umweltbedingt oder durch unterschiedliches historisches Schicksal.«[117]

Bleibt noch die Frage der Beziehung zwischen Ethnologie und Kunst: Kunst ist sowohl Forschungsgegenstand als auch Ethnologie selbst. Die Definition des Begriffes Kunst ist wie für jeden anderen Kulturwissenschaftler auch ein beinahe endloses Unterfangen.[118] Benzing fokusiert die ethnologische Kunstbetrachtung auf folgende Aspekte: den historischen (Kunstgeschichte), die Funktionalität und gesellschaftliche Bedingtheit von Kunst, den Aspekt individueller Gestaltung und Wirkung. Naheliegend ist dabei eine Kooperation mit der Kunstgeschichte, der Kunstsoziologie und der Kunstpsychologie. Nach Benzing steht die Kunstethnologie vor der Aufgabe, »die

---

113 Ebenda, S. 140f.

114 Adam Jones: Quellen und Quellenkritik in der Ethnologie. In: Ethnologie. Einführung und Überblick. Hg. v. Hans Fischer. Berlin/Hamburg: Reimer ^{3}1992, S. 101-115. Hier S. 104.

115 Hans Fischer: Was ist Ethnologie?, S. 3f.

116 Ebenda, S. 4.

117 Ebenda, S. 4. Nicht unwesentlich ist der Hinweis Fischers, daß die Ende des 18. Jahrhunderts entstehende ›Völkerkunde‹ »wenig mit Kolonialismus, um so mehr mit Ideen der Toleranz und der Vernunft zu tun« hat und ihre Entstehung zeitlich weiters mit »den großen Entdeckungsfahrten des 18. Jahrhunderts« (S. 6f.) zusammenfällt.

118 Vgl. Brigitta Benzing: Kunstethnologie. In: Ethnologie. Einführung und Überblick. Hg. v. Hans Fischer. Berlin/Hamburg: Reimer ^{3}1992, S. 265-279. Hier S. 265ff.

Sicht erweitern zu helfen in Richtung auf einen umfassenden Kunstvergleich, der die ›nicht-okzidentalen‹ Gesellschaften einbezieht, und auch für diese die historischen, sozialen und psychischen Bedingungen aufzeigt«[119]. In der Kunstethnologie spielt die Literatur jedoch nur eine marginale Rolle, zumal sich die Kunstethnologie als eine Ethnologie der Bildenden Künste versteht.[120] Literatur im erweiterten Sinn spielt in der Ethnologie in Form von Oralliteratur eine Rolle. Der Mythos als Ausprägung von Oralliteratur steht dabei im Mittelpunkt.[121]

Die Verbindung von Sozialgeschichte und Komparatistik ist nun auf folgende Weise hergestellt: Die Historische Anthropologie ist als Teildisziplin der (französischen) Sozialgeschichte zu sehen,[122] insofern ist sie hier von Interesse. Innerhalb der Historischen Anthropologie wiederum wird vor allem die Ethnologie bzw. die Ethnohistorie unsere Aufmerksamkeit in Anspruch nehmen müssen. Zudem wird davon ausgegangen, daß die Probleme der Ethnologie auch die der Komparatistik sind, nicht nur weil seitens beider Wissenschaften ein Bezug zu den Textwissenschaften gegeben ist, sondern weil sich beide, wie erwähnt, einer wie immer auch definierten vergleichenden Methode bedienen und beide sich mit dem ›Fremden‹ auseinandersetzen. Die Ausführungen sollen schließlich zu einer interdisziplinären Zusammenschau von Ethnologie und Komparatistik dienen. Eine komparatistische Position ist gerade in einer ethnologischen Problemstellung insofern unerläßlich und naheliegend, als die Ethnologie von vornherein mehrere Gesellschaften bzw. Kulturen untersucht, also inter- bzw. transkulturell betrachtet, eine Position, die auch historisch problematisiert werden kann.[123] Gerade also eine methodische Betrachtung der Historischen Anthropologie erlaubt aufgrund der Erkenntnisinteressen dieser Wissenschaft eine geradezu ideale Zusammenschau von Sozialgeschichte und Komparatistik.

119 Ebenda, S. 269.

120 Vgl. ebenda, S. 265.

121 Zum Begriff ›Mythos‹ vgl. Benzing: »Dabei war das Verständnis dessen, was Mythos sei, bis hin zu den Funktionalisten und Strukturalisten, stark durch die Bedeutung des Mythos in der antiken europäischen Vorstellungswelt geprägt. In der Ethnologie haben die Kulturhistoriker [...] den Mythos als wesentlichen Teil der Weltauffassung begriffen, die Funktionalisten (z. B. Malinowski) verstanden ihn eher als Regulierung menschlicher Handlungen, und die Strukturalisten (z. B. Lévi-Strauss) suchen darin die Universalien logischer Denkoperationen.« (S. 277)

122 Eine Gleichsetzung von Historischer Anthropologie und Sozialgeschichte in der Bundesrepublik Deutschland ist ohne weiteres nicht möglich. Hier wird die Sozialgeschichte eher als Kontext für die Historische Anthropologie bzw. als ihr Wegbereiter betrachtet. Darüber hinaus enthalten sozialgeschichtliche Forschungen »in aller Regeln allenfalls eine implizite und nur im Ausnahmefall eine explizite anthropologische Ausrichtung«. (Hans Süssmuth: Geschichte und Anthropologie, S. 9.)

123 Vgl. etwa Jürgen Osterhammel: Transkulturell vergleichende Geschichtswissenschaft. In: Geschichte und Vergleich. Ansätze und Ergebnisse international vergleichender Geschichtswissenschaft. Hg. v. Heinz-Gerhard Haupt u. Jürgen Kocka. Frankfurt/M./New York: Campus 1996, S. 271-313.

2.1 Das Verfahren der *dichten Beschreibung*

Für eine sozialhistorisch orientierte Literaturwissenschaft – im speziellen für eine Sozialgeschichte der Literaturen – ist die Anthropologie/Ethnologie nicht nur durch ihre Erkenntnisinteressen von Belang. Auch in methodologischer Hinsicht hat die Ethnologie kraft ihres Interesses an narrativen Strukturen die Brücke zur Literaturwissenschaft geschlagen, das sich mit dem mittlerweile etwas verbrauchten Slogan ›Welt als Text‹ umreißen läßt. Am Anfang dieser Entwicklung steht ein richtungsweisender Artikel des Volkskundlers Clifford Geertz, welcher die Problematik des Verstehens kultureller Systeme behandelt[124] und in weiterem Sinne jede sprachliche Darstellung eines gesellschaftlichen Sachverhalts in das Zentrum des Blickfeldes rückt. Geertz' Bestreben ist es, »einen engeren, präziseren und [...] theoretisch tragfähigeren Kulturbegriff«[125] auszuarbeiten. Für ihn stellt sich Kultur folgendermaßen dar:

> Der Kulturbegriff, den ich vertrete [...], ist wesentlich ein semiotischer. Ich meine mit Max Weber, daß der Mensch ein Wesen ist, das in selbstgesponnene Bedeutungsgewebe verstrickt ist, wobei ich Kultur als dieses Gewebe ansehe. Ihre Untersuchung ist daher keine experimentelle Wissenschaft, die nach Gesetzen sucht, sondern eine interpretierende, die nach Bedeutungen sucht. Mir geht es um Erläuterungen, um das Deuten gesellschaftlicher Ausdrucksformen, die zunächst rätselhaft scheinen.[126]

Geertz problematisiert in seinem Beitrag die Textgattung der ethnographischen Erzählung, die freilich keine fiktionale, sondern eine faktische Textgattung ist bzw. sein sollte. Es geht um die Erfassung von Wirklichkeit und die Frage, wieviel Interpretation und Auslegung des Geschehenen und Erlebten in die Darstellung bereits mit eingeflossen sind und das Untersuchte also offenbar verfrüht einer Hermeneutik verpflichtet wurde. Denn zunächst geht es dem Ethnographen vor allem einmal darum, sein zu Untersuchendes ›wirklichkeitsgetreu‹ wiederzugeben.

> Ethnographie betreiben gleicht dem Versuch, ein Manuskript zu lesen (im Sinne von »eine Lesart entwickeln«), das fremdartig, verblaßt, unvollständig, voll von Widersprüchen, fragwürdigen Ver-

---

124 Clifford Geertz: Dichte Beschreibung. Beiträge zum Verstehen kultureller Systeme. Frankfurt/M.: Suhrkamp [5]1997 (= stw 696).

125 Clifford Geertz: Dichte Beschreibung. Bemerkungen zu einer deutenden Theorie von Kultur. In: ders.: Dichte Beschreibung, S. 7-43. Hier S. 8.

126 Ebenda, S. 9. Die amerikanischen *cultural studies* haben seit dem Zweiten Weltkrieg wesentlich zur Formulierung eines semiotischen Kulturbegriffs beigetragen, sodaß hier nicht der Eindruck vermittelt werden soll, daß Geertz der Urheber eines semiotischen Kulturbegriffs sei, vielmehr scheint er diese Anregungen aufgenommen zu haben. Vgl. Doris Bachmann-Medick: Einleitung. In: Kultur als Text. Die anthropologische Wende in der Literaturwissenschaft. Hg. v. Doris Bachmann-Medick. Frankfurt/M.: Fischer Taschenbuch Verlag 1996, S. 7-64. Hier S. 16. Dazu Bachmann-Medicks Paraphrasierung: »Kultur ist eine eigene Praxis der Signifikation, die Bedeutung produziert; Kultur ist das jeweils ›selbstgesponnene Bedeutungsgewebe‹, in dem die Menschen ihre Handlungen ständig in Zeichen übersetzen«.

besserungen und tendenziösen Kommentaren ist, aber nicht in konventionellen Lautzeichen, sondern in vergänglichen Beispielen geformten Verhaltens geschrieben ist.[127]

Doch damit ist nur die halbe ethnographische Arbeit getan: »Entscheidend ist vielmehr die besonderes geistige Anstrengung, die hinter allem steht, das komplizierte intellektuelle Wagnis der ›dichten Beschreibung‹, um einen Ausdruck von Gilbert Ryle zu verwenden«,[128] ja für Geertz ist die gesamte Ethnographie ›dichte Beschreibung‹ (*thick description*).[129] Geertz' Kritik speist sich auch aus dem *linguistic turn* und ist zudem eine Reaktion auf die innerhalb der Ethnologie beschworenen ›Krise der Repräsentation‹: »Zum Problem ist heute geworden, wie der Text die ihm vorausgehende originäre Erfahrung repräsentiert«[130].
Was ist nun unter ›dichter Beschreibung‹ zu verstehen? Dichte Beschreibung ist demnach »das Herausarbeiten von Bedeutungsstrukturen [...] und das Bestimmen ihrer gesellschaftlichen Grundlage und Tragweite«,[131] also eine strukturale und sozial-hermeneutische Analyse. Kultur »als ineinandergreifende Systeme auslegbarer Zeichen«[132] fungiert als Kontext für »gesellschaftliche Ereignisse, Verhaltensweisen, Institutionen oder Prozesse«,[133] indem diese ›dicht‹ beschreibbar seien. Ethnologische Texte wiederum stehen zu ihrem Objekt in keiner direkten Beziehung, denn sie sind »selbst Interpretationen und obendrein solche zweiter und dritter Ordnung. (Nur ein ›Eingeborener‹ liefert Informationen erster Ordnung – es ist *seine* Kultur.)«[134]. Geertz rückt ethnologische Texte in die Nähe der Fiktion »und zwar in dem Sinn, daß sie ›etwas Gemachtes‹ sind, ›etwas Hergestelltes‹«[135]. Damit beendet Geertz schließlich auch den »anthropologischen Mythos, bloße Fakten und Augenzeugenschaft allein könnten den Eindruck von Authentizität garantieren«.[136]

Der Versuch, die gegenseitige Abhängigkeit eines Berbers, eines jüdischen Kaufmanns und eines französischen Soldaten im Marokko des Jahres 1912 aus der Sicht der Handelnden zu beschreiben, ist ganz eindeutig ein imaginativer Vorgang und gar nicht so sehr verschieden vom Aufbau ähnlicher Beschreibungen, beispielsweise der gegenseitigen Beziehungen zwischen einem französi-

---

127 Ebenda, S. 15.

128 Ebenda, S. 10.

129 Vgl. ebenda, S. 15.

130 Christoph Jamme: Gibt es eine Wissenschaft des Fremden? In: Neue Zürcher Zeitung, Nr. 123, 31. 05./01. 06. 1997, S. 54. ›Repräsentation‹ ist hier vor allem als ›Darstellung‹, ›Vorstellung‹, ›Vergegenwärtigung‹ oder ›Vergegenständlichung‹ zu verstehen. Vgl. dazu Vorwort. In: Kultur, soziale Praxis, Text. Die Krise der ethnographischen Repräsentation. Hg. v. Eberhard Berg u. Martin Fuchs. Frankfurt/M.: Suhrkamp [2]1995 (= stw 1051), S. 7-10. Hier S. 9.

131 Ebenda, S. 15.

132 Ebenda, S. 21.

133 Ebenda, S. 21.

134 Ebenda, S. 22f. Damit sind die im ZWEITEN KAPITEL beschriebenen (hybrid-subjektiven) Vergleichssituationen aus ethnologischer Sicht bezeichnet, mit ein Hinweis darauf, wie erhellend die Interdisziplinarität zwischen Vergleichender Literaturwissenschaft und Ethnographie sein kann.

135 Ebenda, S. 23.

136 Doris Bachmann-Medick: »Writing Culture« – ein Diskurs zwischen Ethnologie und Literaturwissenschaft. In: kea 4 (1992), S. 1-20. Hier S. 12.

schen Provinzdoktor, seiner törichten, untreuen Frau und ihrem nichtsnutzigen Liebhaber im Frankreich des neunzehnten Jahrhunderts. Im letztgenannten Fall werden die Handelnden so dargestellt als hätten sie nie existiert, und die Ereignisse so, als hätten sie sich nie ereignet, wohingegen sie im ersten Fall als wirkliche oder wirklich stattgehabte dargestellt werden. Der Unterschied ist von ziemlicher Wichtigkeit – eben genau jener, den Madame Bovary nicht begreifen konnte. Die Wichtigkeit liegt jedoch nicht in der Tatsache, daß ihre Geschichte geschaffen, während die von Cohen nur aufgezeichnet wurde. Die Bedingungen und der Zweck ihrer Entstehung (von der Art und Weise und der Qualität dieser Schöpfung ganz abgesehen) machen den Unterschied aus. Aber die eine Geschichte ist genauso *fictio* – ›etwas Gemachtes‹ – wie die andere.[137]

Geertz trennt die unmittelbare Beziehung von Wirklichkeit und Text, eben weil ein Text die Wirklichkeit nicht *re*konstruiert, sondern konstruiert. Betrachtet man Wirklichkeit weniger pathetisch als eine Anhäufung (sozialer) Diskurse, so wird dem Ethnologen – wie jedem anderen Forscher, der ›Wirklichkeit‹ beschreibt – immer nur ein Teil dieses Diskurses offenbar, nämlich »jener begrenzte Teil, den unsere Informanten uns näherbringen können«[138]. Als Voraussetzung für eine Interpretation von Kultur betrachtet Geertz eine unabstrakte Theoriebildung mit dem Ziel, nicht die Materialität einer Kultur zu erfassen, sondern die »Gedankenwelt der von uns untersuchten Subjekte«[139] zu erschließen, dem Ethnologen also quasi einen Dialog mit seinen Untersuchungsobjekten führen zu lassen. Dieser Gedanke taucht in besonderer Deutlichkeit im amerikanischen New Historicism auf. Die Kulturtheorie ist insofern untheoretisch oder der Praxis – also der dichten Beschreibung – und weniger der theoretischen Auseinandersetzung verpflichtet, die den angesprochenen Dialog nun nicht erlaubt als »die Allgemeinheit, die sie möglicherweise erreicht, [...] sich der Genauigkeit ihrer Einzelbeschreibungen, nicht dem Höhenflug ihrer Abstraktionen [verdankt]«[140]. Überhaupt ist es Geertz kein Anliegen, eine »allgemeine Theorie der Interpretation von Kultur«[141] zu fassen, weil sich ethnologische ›Erkenntnis‹ immer im Wechselspiel zwischen Theorie und Praxis ergebe, ja daß die Theoriebildung in der Ethnologie den Zweck erfülle, dichte Beschreibung erst einmal zu ermöglichen.[142] Wohl auch aus diesem Grund sind nur bestimmte Textsorten für die Wiedergabe ethnologischer Untersuchungen geeignet, so etwa der Essay. Was die Kulturtheorie von anderen Theorien – Geertz meint hier vor allem klinische Theorien – unterscheidet, ist weiters ihr nicht-präjudizierender Charakter. Aus dem Zusammenspiel von Theorie und Praxis (dichter Beschreibung) erwächst dem Ethnologen die folgende Aufgabe:

Sie besteht darin, Vorstellungsstrukturen, die die Handlungen unserer Subjekte bestimmen – das »Gesagte« des sozialen Diskurses –, aufzudecken und zum anderen ein analytisches Begriffssystem zu entwickeln, das geeignet ist, die typischen Eigenschaften dieser Strukturen (das, was sie zu

137 Clifford Geertz: Dichte Beschreibung, S. 23.
138 Ebenda, S. 29.
139 Ebenda, S. 35.
140 Ebenda, S. 35.
141 Ebenda, S. 37.
142 Vgl. ebenda, S. 37.

dem macht, was sie sind) gegenüber anderen Determinanten menschlichen Verhaltens herauszustellen. Die Aufgabe der Theorie in der Ethnographie besteht darin, ein Vokabular bereitzustellen, in dem das Wissen, das das symbolische Handeln über sich selbst, d.h. über die Rolle der Kultur im menschlichen Leben hat, ausgedrückt werden kann. [...] Das Ziel dabei ist es, aus einzelnen, aber sehr dichten Tatsachen weitreichende Schlußfolgerungen zu ziehen und vermöge einer präzisen Charakterisierung dieser Tatsachen in ihrem jeweiligen Kontext zu generellen Einschätzungen der Rolle von Kultur im Gefüge des kollektiven Lebens zu gelangen.[143]

Theorie in der Ethnologie dient also in erster Linie der Klassifizierung und Bereitstellung einer Nomenklatur. Daß ›Text‹ nicht als Text im linguistischen Sinn verstanden werden kann, ist aus den bisherigen Ausführungen ersichtlich. Es ist wohl richtiger, Kultur als ein Text-Analogon aufzufassen, deren vorausgesetzte Bedeutungsstrukturen zu rekonstruieren sind.[144] Wie Lenk hinweist, findet sich der Gedanke, daß soziale Handlungen wie Texte zu lesen seien, bereits bei Paul Ricœur und auch in Hans-Georg Gadamers *Wahrheit und Methode*.[145]

Auch in anderen Beiträgen geht es Geertz darum zu zeigen, daß Ethnographie nicht objektiv sein kann und versucht zu beschreiben, wie sehr fiktionale Elemente in die Texte des Ethnographen einfließen. Was einen ethnographischen Text zuvorderst ausmacht, ist seine Nähe zum Untersuchungsobjekt, daß er – bzw. sein Autor – »eine andere Lebensform wirklich durchdrungen«[146] hat. Was einen ethnographischen Text in die Nähe der Literatur rückt, ist Geertz zufolge die Autorschaft an diesem Text, die er im Sinne Michel Foucaults definiert.

Foucault unterscheidet in seinem Text, vielleicht etwas zu scharf, zwei Diskursbereiche: den einen, darunter ganz besonders literarische Prosa (aber Geschichte, Biographie, Philosophie und Lyrik ebenso), in dem das, was er als »Autor-Funktion« bezeichnet, jedenfalls im Augenblick einigermaßen stark bleibt; und den anderen, darunter besonders die Naturwissenschaften (aber auch Privatbriefe, Verträge, politische Attacken), in dem das größtenteils nicht der Fall ist.[147]

Diese Autorschaft verleiht dem ethnographischen Text gleichsam eine literarische Autorität insofern, als dieser »aus keiner Korrektur zugänglichen Behauptungen besteht«[148]. Wie ein literarischer Text bestünde auch ein ethnographischer aus unwiederholbaren, kein zweites Mal zugänglichen Erfahrungen, womit das Beschriebene – zu-

143 Ebenda, S. 39f. Gemeint sind Begriffe wie ›Integration‹, ›Rationalisierung‹, ›Symbol‹, ›Ideologie‹, ›Ethos‹, ›Revolution‹, ›Identität‹, ›Metapher‹, ›Struktur‹, ›Ritual‹, ›Weltanschauung‹, ›Funktion‹, ›Heiliges‹, ›Kultur‹ etc. (vgl. S. 40).

144 Vgl. Carsten Lenk: Kultur als Text. Überlegungen zu einer Interpretationsfigur. In: Literaturwissenschaft – Kulturwissenschaft. Positionen Themen Perspektiven. Opladen: Westdeutscher Verlag 1996 (= wv studium 171), S. 116-128. Hier S. 118.

145 Vgl. ebenda, S. 118 u. 120.

146 Clifford Geertz: Dort sein. Die Anthropologie und die literarische Szene. In: ders.: Die künstlichen Wilden. Der Anthropologe als Schriftsteller. Frankfurt/M.: Fischer Taschenbuch Verlag 1993, S. 9-30. Hier S. 14.

147 Ebenda, S. 16. Vgl. auch Michel Foucault: Was ist ein Autor? In: ders.: Schriften zur Literatur. Frankfurt/M.: Fischer Taschenbuch Verlag 1993, S. 7-31.

148 Ebenda, S. 14.

mindest großteils – seine empirische Überprüfbarkeit verliert. Die Überprüfbarkeit liegt nun nicht in der Objektivität des Untersuchten, sondern in der Subjektivität des ethnographischen Textes.

> Wie kritisches Bewußtsein für Erzählliteratur und Lyrik am besten aus einer phantasievollen Beschäftigung mit ihnen selbst hervorgeht und nicht aus in sie hineingetragenen Vorstellungen von dem, was sie sein sollten, so sollte die Kritik des anthropologischen Schreibens (das in strengem Sinne keines von beidem ist und in weitem Sinne beides) aus einer ähnlichen Beschäftigung mit *diesem Schreiben* heraufwachsen, nicht aus vorgefaßten Ansichten darüber, wie es aussehen muß, um als Wissenschaft gelten zu können.[149]

Geertz' Anliegen, kulturelle Systeme mittels ›dichter Beschreibung‹ zu verstehen bzw. zu beschreiben, findet ihre Analogie in der französischen Sozialgeschichte: »Jede Dimension [der sozialen Wirklichkeit] hat eine eigene Geschichte und steht gleichzeitig in Verbindung mit den anderen; erst aus dieser Konstellation geht die Bewegung der Gesamtgesellschaft hervor«[150]. Geertz stellt auch bereits die Frage nach der Kontextualisierung literarischer bzw. ethnographischer Texte:

> Zu den Anfängen der Entwicklung einer interpretativen Kulturanthropologie gehört Clifford Geertz' Auseinandersetzung mit dem Literaturwissenschaftler Lionel Trilling eben über diese Frage, wie historisch entfernte literarische Texte (z. B. von Jane Austen) bzw. kulturell entfernte fremde Gesellschaften (z.B. balinesische Lebensweisen und Vorstellungswelten) unter gänzlich andersartigen Rezeptionsbedingungen überhaupt verstanden werden können. In beiden Fällen – dies ist die methodisch und hermeneutisch weiterführende Einsicht – schwindet das Vertrauen auf ein Verstehen im Sinne empathischer Horizontverschmelzung: »Was wird aus dem Verstehen, wenn das *Einfühlen* entfällt?« fragt Clifford Geertz.[151]

Gemeint ist hier freilich nicht die Unterstellung einer »Erfahrung des Menschlichen« ganz im Sinne Wilhelm Diltheys, welche die Nachbildung und den Genuß eines Werkes für »jedes fühlende Herz« ermöglicht,[152] sondern vielmehr der indirekte Zugang zu Texten über eine Reihe von »Bedeutungsschichten«, die sich im Zug der historischen Rezeption der Texte angesammelt haben. Somit sind Texte nicht nur synchron aus der aktuellen Lebenswelt des Rezipienten zu deuten, sondern mitsamt ihren historisch bedingten und im »Austausch mit jeweils veränderten sozialen Kontexten«[153] hervorgerufenen Bedeutungen. Auch die interkulturelle Germanistik hat sich dieser Problematik ausgesetzt und als Antwort darauf eine ›komplementäre Hermeneutik‹ formuliert,[154] die den Textinterpreten gleichsam seines kulturellen Standortes neutralisiert, also dem Text seinen sozialen Kontext beläßt und ihm gleichsam eine dekolonialistische Deu-

149 Ebenda, S. 15.

150 André Burguière: Historische Anthropologie, S. 69.

151 Vgl. Doris Bachmann-Medick: Einleitung, S. 22f. Hervorhebung von mir.

152 Wilhelm Dilthey: Das Erlebnis und die Dichtung. Lessing – Goethe – Novalis – Hölderlin. Göttingen: Vandenhoeck & Ruprecht [16]1985 (= Kleine Vandenhoeck-Reihe 1191), S. 132.

153 Doris Bachmann-Medick: Einleitung, S. 23.

154 Vgl. Alois Wierlacher: Das Fremde und das Eigene. München 1985; Alois Wierlacher/D. Krusche: Hermeneutik der Fremde. München 1990.

tung widerfahren läßt, anstatt ihn vom eigenen kulturellen Standort des Interpreten aus verstehen zu wollen. Der Zugang zu Texten ist demnach niemals direkt, sondern stets vermittelt, vor allem auch dann, wenn Texte selbst als »Deutungsinstanzen«[155] betrachtet werden. Texte sind für den Literaturwissenschaftler also nicht direkt zugänglich, sondern er hat die zwischen ihm und dem Text liegenden historisch bedingten Deutungs- bzw. Umdeutungsprozesse mit zu berücksichtigen. Noch vor der Textinterpretation stellt sich also die Frage, »wie sich in der Textsymbolik der jeweilige *soziale* Prozeß der Bedeutungskonstituierung niederschlägt«[156].

Geertz' Problem des ethnographischen Textes als literarische (also fiktionale) Form soll vorerst auf zwei Ebenen betrachtet werden: auf einer rhetorischen und einer semantisch-hermeneutischen. Die erste Ebene kann rasch abgehandelt werden. Wie jeder Text ist auch der ethnographische nach bestimmten rhetorischen Mustern aufgebaut. Literarische Texte zeichnen sich in der Regel dadurch aus, daß sie solche Muster überdurchschnittlich oft gebrauchen. Wird nun Literatur an der Quantität des Einsatzes rhetorischer Muster gemessen, müßte eine statistische Untersuchung des Einsatzes rhetorischer Muster bei ethnographischen Texten eine Tendenz zum literarischen oder zum Gebrauchstext offenlegen. Die Lektüre solcher Texte wird vielfach ahnen lassen, daß literarische Mittel eingesetzt werden (Reflexion, Figurenrede, Autorbericht, Erzählsituation, erlebte Rede etc.). Aber auch Zeitungsberichte können solche Elemente aufweisen, können aber nicht den Anspruch auf Fiktionalität oder Literarizität erheben. Auf der rhetorischen Ebenen scheitert also die Lokalisierung des ethnographischen Textes im literarischen oder nicht-literarischen Bereich schlicht an der Unbegrenzbarkeit des Literaturbegriffs selbst. Ethnotexte können Literatur sein, müssen aber nicht. Sie können das eine, aber auch das andere sein, abhängig von dem Kontext in dem sie präsentiert und rezipiert werden (etwa in einer ethnologischen Publikation oder einer literarischen Anthologie). Eine hermeneutisch-semantische Betrachtung könnte diesem Problem Abhilfe schaffen. Literarische Texte sind interpretierbar, weil sie, wie jede künstlerische Ausdrucksform, nicht auf eine verbindliche Aussage rückgeführt werden können. Sie sind mehrdeutig und werden folglich verschieden ausgelegt und verstanden. Gerade ein solches Schicksal sollte idealerweise einem wissenschaftlichen Text erspart bleiben, denn er sollte das, was er beschreiben und ausdrücken möchte, möglichst in *ein*deutiger Weise tun. Je mehr Spielraum er für Interpretation und Mehrdeutigkeit erlaubt, umso unbedeutender wird seine Funktion für die Diskussion eines wissenschaftlichen Teilbereiches. Auch ethnographische Texte sollten möglichst wenig Interpretationsspielraum offerieren, ausgenommen etwa der Tatsache, daß sie in einem nichtwissenschaftlichen Kontext (etwa, wie erwähnt, in einer literarischen Anthologie) präsentiert und gelesen werden. Weiters stellt die Ethnographie keine fiktionale Textgattung dar. Aufgrund ihrer formalen Besonderheiten müßte sie der Epik zugezählt werden, doch weder sind die dargestellten Figuren und Handlungen noch der Text in seiner Darstellungsweise fiktional, sondern bestenfalls *fiktoid*. Fiktoid, so soll hier definiert werden, sind solche Texte, die gewisse Merkmale literarischer Texte aufweisen

155 Doris Bachmann-Medick: Einleitung, S. 23.
156 Ebenda, S. 23.

(Erzählsituation, Raum-Zeit-Strukturen, diverse Formen der Figurenrede etc.), auf die jedoch keine der als Fiktion definierten Merkmale zutreffen: die intendierte Rede über einen nicht der Realität der Sprecher und Hörer angehörenden Gegenstand, das Agieren des Sprechers in einer Rolle und Umdeutung der jeweiligen Situation.[157]

Ein in diesem Zusammenhang oft zitierter Beitrag ist jener über den balinesischen Hahnenkampf von Clifford Geertz,[158] ein klassisches Beispiel für »diejenigen Instanzen und sozialen Praktiken [...], welche die Leitvorstellungen, kulturspezifischen Klassifikationen und Strategien der Erfahrung innerhalb einer Gesellschaft ausbilden«,[159] im konkreten »als eines aussagekräftigen Schaustücks für die Inszenierung und Symbolisierung der Gefühle und sozialen Spannungen, die aus der Hierarchie der balinesischen Gesellschaft heraus entstehen, dort aber nicht anschaubar und handhabbar werden«[160]. *Deep Play* ist der Bericht einer Feldforschung, die Ende der 1950er Jahre in Bali durchgeführt worden war und die Bedeutung des Hahnenkampfs für die Bevölkerung eines Dorfes auf dieser Insel untersucht. Diese Kämpfe waren illegal und wurden halböffentlich durchgeführt. Geertz geht es darum zu zeigen, daß ein Hahnenkampf nicht lediglich zum Vergnügen der Zuschauer durchgeführt wird, sondern darüber hinaus eine identitätsstiftende oder identitätsstörende Funktion vor allem für die männlichen Zuschauer hat, die bei Geertz beinahe ironisch mit sexuellen Anspielungen unterstrichen wird: »Keinem, der einige Zeit auf Bali verbracht hat, entgeht die tiefgehende psychologische Identifikation der Männer mit ihren Hähnen [cocks]«[161]. Das reizende Wortspiel (cock = Hahn, Schwanz) macht darauf aufmerksam, daß äußerlicher Status auch sexueller Status bedeuten kann. Diese Statusformen können schließlich noch durch die Höhe der Wetteinsätze in Form von Geld zusätzlich betont werden, wohl das wesentlichste Charakteristikum eines ›deep play‹. Dieselben Argumente lassen sich – mit einigen argumentativen Abstrichen und Zusätzen – auch auf einen (mitteleuropäischen) Boxkampf oder ein Tennisspiel übertragen. Genauso wie beim Hahnenkampf lassen sich einem Boxkampf Themen wie »Tod, Männlichkeit, Wut, Stolz, Verlust, Gnade oder Glück«[162] zuordnen. Genauso hat der Boxkampf für die Zuseher keine realen Auswirkungen mit Ausnahme momentaner sozialer Rückschläge in

157 Vgl. Jürgen Landwehr: Fiktion und Nichtfiktion. In: Literaturwissenschaft. Grundkurs 1. Hg. v. Helmut Brackert u. Jörn Stückrath. Reinbek: Rowohlt 1981, S. 380-404. Hier S. 386. Sehr deutlich bei Landwehr: »Nichtfiktionen sind alle Sprachhandlungen, in denen über wirkliche, als wirklich angenommene oder zu verwirklichende Gegenstände und Sachverhalte gehandelt wird und die Teilnehmer nach eigener wie nach Auffassung der anderern Beteiligten ›als sie selbst‹ agieren, also keine angenommenen, willkürlich gesetzten Rollen einnehmen, sondern in Übereinstimmung mit ihrer ›Person‹ und sozialen Stellung kommunizieren, das heißt in den ihnen ›angemessenen‹ Rollen, und die Situation real gegeben ist und keine willkürlichen Umdeutungen vorgenommen werden.« (S. 386)

158 Clifford Geertz: »Deep play«. Bemerkungen zum balinesischen Hahnenkampf. In: ders.: Dichte Beschreibung, S. 202-260.

159 Doris Bachmann-Medick: ›Writing Culture‹ – ein Diskurs zwischen Ethnologie und Literatuwissenschaft, S. 6.

160 Ebenda, S. 6.

161 Clifford Geertz: »Deep play«, S. 209.

162 Ebenda, S. 246.

Form von Statusverlust etc. Die Eigenschaft einer »formalisierte[n] Simulation von Statusspannungen«[163] kommt einem Boxkampf noch viel eher zu als einem Kampf zwischen Hähnen, man denke nur an einen Kampf zwischen einem Schwarzen und einem Weißen, die viel mehr noch als Hähne soziale oder Statusspannungen zu verkörpern imstande sind. Freilich wäre noch zu fragen, ob ein Boxkampf für ein mitteleuropäisches Publikum dieselbe Funktion erfüllt, wie der Hahnenkampf für ein balinesisches. Das Fehlen zeitlicher Gerichtetheit, direkte Kopf-gegen-Kopf-Aggressivität, der offenkundige Widerspruch zwischen Verhalten im Boxring und im ›wirklichen Leben‹ sind Kennzeichen, die unseres Erachtens sowohl für den balinesischen Hahnenkampf als auch für den Boxkampf zu veranschlagen sind. Geertz überzeugt auch nicht davon, *warum* Kultur nun eigentlich als Text zu betrachten sei und welche Folgen diese Betrachtungsweise hätte. Zu fragen bleibt auch, ob die ethnologische Auffassung von ›Text‹ mit linguistischen Definitionen überhaupt vereinbar und lösbar ist, zumal die Geertz'sche Textauffassung zu stark metaphorisch gebraucht und geprägt ist. Kein Wunder also, daß Geertz am Ende seines Beitrags eher resignierend sein Ausgangsargument wiederholt, nämlich daß »Gesellschaften [...] wie Menschenleben ihre eigene Interpretation in sich [bergen]; man muß nur lernen, den Zugang zu ihnen zu gewinnen«[164]. Ein solches Fazit sagt weder etwas über die behandelten Gesellschaften noch über die Funktion der Interpretation noch über »Kultur als Text« aus. Auch der Hinweis, daß diese Problematik erst »noch systematisch erforscht«[165] werden müsse, wird hier nicht weiterhelfen.

> Die Behandlung des Hahnenkampfs als Text würde in unserem Falle bedeuten, eines seiner Merkmale (meiner Meinung nach sein zentrales Merkmal) herauszuarbeiten, das, wenn man in ihm bloß ein Ritual oder einen Zeitvertreib sähe – was sich als nächste Alternative anböte –, leicht verborgen bliebe: der Einsatz von Emotionen für kognitive Zwecke. Der Hahnenkampf spricht in einem Vokabular von Empfindungen: der Kitzel des Risikos, die Verzweiflung über den Verlust, die Freude des Triumphes. Doch er sagt nicht einfach, daß ein Risiko erregend, ein Verlust niederschmetternd und ein Triumph befriedigend sei – banale Tautologien des Affektes –, sondern daß es die solchermaßen exemplifizierten Emotionen sind, auf denen sich die Gesellschaft aufbaut und mit deren Hilfe sie ihre Individuen zusammenhält. Wenn ein Balinese Hahnenkämpfe besucht und an ihnen mitwirkt, bedeutet das für ihn eine Art Gefühlsschulung. Er lernt dort, wie das Ethos seiner Kultur und sein privates Empfinden (zumindest bestimmte Aspekte davon) aussehen, wenn sie in einem kollektiven Text ausbuchstabiert werden; weiterhin, daß beide nahe genug beieinander liegen, um in der Symbolik eines einzigen solchen Textes artikuliert werden zu können; und schließlich (und das ist das Beunruhigende daran), daß der Text, dem diese Enthüllungen zu verdanken sind, daraus besteht, daß ein Hühnervieh ohne Sinn und Verstand ein anderes in Fetzen hackt.[166]

Was der Ethnologe nun aus der Beobachtung des balinesischen Hahnenkampfs erfährt, ist die spezielle Erscheinungsform von Gewalt innerhalb der balinesischen Kultur und Gesellschaft – doch nicht nur das. Der Hahnenkampf offenbart dem Ethnologen »fast

163 Ebenda, S. 247.

164 Ebenda, S. 260.

165 Ebenda, S. 254.

166 Ebenda, S. 254.

alle Erfahrungsebenen der Balinesen«,[167] angefangen von tierischer Wildheit, männlichem Narzißmus, Wettspielen, Statusrivalitäten, Massenerregung bis hin zu Blutopfern.[168] Was nun den balinesischen Hahnenkampf mit dem (mitteleuropäischen) Theater verbindet, ist seine Funktion für die Zuschauer:

> Wenn wir uns [...] eine Vorstellung von *Macbeth* ansehen, um zu erfahren, wie sich ein Mann fühlt, der ein Königreich gewonnen, aber seine Seele verloren hat, so gehen die Balinesen zu Hahnenkämpfen, um zu erfahren, wie sich ein Mann, der normalerweise gesetzt, reserviert, fast zwanghaft mit sich selbst beschäftigt, eine Art geistiger Autokosmos ist, dann fühlt, wenn er – angegriffen, gequält, herausgefordert, beleidigt und dadurch zu äußerster Wut getrieben – einen völligen Triumph oder eine völlige Niederlage erlebt hat.[169]

Sicherlich ist auch darin Geertz recht zu geben, daß der balinesische Hahnenkampf im Sinne der aristotelischen Poetik nicht die Faktizitäten, sondern die Möglichkeiten menschlichen Lebens aufzeigt. Dennoch muß man wiederum feststellen, daß die Form des Hahnenkampfs gegen den bereits erwähnten Boxkampf austauschbar ist, damit also die Exotik von Geertz' Argumentation verloren zu gehen scheint, denn die Erfahrung der Balinesen ist offenkundig auch die unsere. Zum einen darf nicht von der Tatsache abgelenkt werden, daß der Hahnenkampf kein charakteristisches Phänomen der balinesischen Gesellschaft war und ist, sondern global auftritt, wenn auch mit eventuell anderen Auswirkungen und Motivationen für alle Beteiligten. Ein Vergleich zwischen den Hahnenkämpfen diverser Nationen könnte die Ergebnisse Geertz' durchaus differenzieren. Zum anderen lassen sich auch weniger exotische Beispiele für die Funktionalisierung von Ritualen finden. So hat etwa Christian Bromberger in Anlehnung an Geertz den Fußball als Weltsicht und als Ritual beschrieben[170] und dabei festgestellt, daß der Fußballsport die Fähigkeit besitze, die Grundwerte moderner Gesellschaften darzustellen, oder etwa »errungenen Status mit anfänglichem Status«[171] zu vergleichen. Die Identifikation erfolge zumeist über einen Spieler, der aufgrund gewisser Eigenschaften (Hautfarbe, Emigrant, Stratege/Stürmer etc.) ausgewählt wird. Vermutlich treffen die Gedanken Geertz' für den Sport im allgemeinen zu, so daß die balinesische Gesellschaft damit nur bedingt spezifiziert werden kann.

Geertz' Beitrag wird auch von Vincent Crapanzano einer kritischen Lektüre unterzogen.[172] Crapanzano möchte »einige der Mittel untersuchen, mit denen der Ethnograph versucht, seine Botschaft überzeugend zu vermitteln«[173]. Eines der Hauptprobleme, das Crapanzano beschreibt, liegt in der kulturellen und subjektiven Entfernung

---

167 Ebenda, S. 255.

168 Vgl. ebenda, S. 255.

169 Ebenda, S. 255.

170 Christian Bromberger: Fußball als Weltsicht und als Ritual. In: Ritualtheorien. Ein einführendes Handbuch. Hg. v. Andréa Belliger u. David J. Krieger. Opladen: Westdeutscher Verlag 1998, S. 285-301.

171 Ebenda, S. 287.

172 Vincent Crapanzano: Das Dilemma des Hermes. Die verschleierte Unterwanderung der ethnographischen Beschreibung. In: Kultur als Text, S. 161-193.

173 Ebenda, S. 163.

zwischen Geertz und den Balinesen. Unausgesprochen läßt er Geertz als einen Kolonisator erscheinen, der mit mangelnder Einfühlungsgabe und mangelndem Wissen über die Details balinesischer Kultur ein verzerrtes Bild dessen wiedergibt, was tatsächlich von Bedeutung für die Balinesen ist. Dies hängt mit der Perspektive zusammen, aus der der Text ›erzählt‹ wird.

> Trotz seiner hermeneutischen Prätentionen gibt es in »Deep play« in Wirklichkeit kein Verstehen der »Eingeborenen«. Es gibt lediglich das konstruierte Verstehen einer konstruierten Perspektive konstruierter »Eingeborener«. Geertz erbringt keinerlei spezifizierbare Beweise für seine Zuschreibungen von Intentionen, für seine Behauptungen über ihre Subjektivität und für seine Aussagen über ihr Erleben. Seine Konstruktionen von Konstruktionen von Konstruktionen erweisen sich als bloße Projektionen oder zumindest als Vermischungen seiner eigenen Perspektive und Subjektivität mit denjenigen der Einheimischen, oder genauer: der konstruierten Einheimischen.[174]

Aus dieser Differenz zwischen dem Ethnographen und seinem Untersuchungsobjekt ergeben sich auch die weiteren Argumente Crapanzanos. Zum einen wirft er Geertz vor, nur sich selbst und seine Frau als Individuen beschrieben zu haben, die Balinesen jedoch in ihren alltäglichen Eigenarten über die Maßen zu generalisieren. Dies zeigt sich nicht zuletzt am Einsatz rhetorischer Kunstgriffe – etwa dem Wechsel des Pronomens von Ich/Wir (wobei interessant zu wissen wäre, ob dies von Geertz bewußt eingesetzt wurde) – aufgrund dessen ein Dialog mit dem Leser aufgebaut wird, die Balinesen aus diesem Dialog jedoch ausgeschlossen bleiben: »*Sie* bleiben Figuren aus Pappe«[175]. Dazu kommt noch, daß Geertz »eigene Deutung und die Deutungen der von ihm beschriebenen Balinesen durchgehend vermengt«,[176] daß also Geertz' Feststellung, daß der Hahnenkampf für die Balinesen etwa die selbe Funktion erfülle, wie für einen mitteleuropäischen Zuschauer eine Theatervorführung, als

> *König Lear* und *Schuld und Sühne* kulturell und linguistisch als Tradödie bzw. Roman ausgezeichnet sind, als Repräsentationen einer bestimmten Ordnung, als Fiktionen, die in einer bestimmten Wiese gelesen – ja, gelesen – werden sollen. An keiner Stelle erbringt er jedoch einen Beleg dafür, daß der Hahnenkampf für seine Balinesen selbst in derselben Weise ausgezeichnet sei. [...] Hahnenkämpfe sind für die Balinesen mit Sicherheit Hahnenkämpfe – und nicht etwa Bilder, Fiktionen, Modelle und Metaphern. Sie sind nicht als solche ausgezeichnet, können aber als solche von einem Fremden gelesen werden [...].[177]

---

174 Ebenda, S. 185. Oder an anderer Stelle: »Nie gibt es eine Ich/Du-Beziehung, einen Dialog, zwei Menschen, die zusammen denselben Text lesen und ihn von Angesicht zu Angesicht besprechen, sondern nur eine Ich/sie-Beziehung« (S. 186).

175 Ebenda, S. 181.

176 Ebenda, S. 182.

177 Ebenda, S. 184. Den gleichsam umgekehrten Weg wie Geertz ging Phyllis Gorfain in ihrer *Hamlet*-Interpretation (Spiel und die Unsicherheit des Wissens in Shakespeares ›Hamlet‹. In: Kultur als Text, S. 67-97): »Ähnlich wie Geertz in bezug auf die Balinesen geschildert hat, wie sich der Hahnenkampf als ihr *Macbeth* lesen ließe, möchte ich für die Anthropologen zeigen, wie *Hamlet* als ihr balinesischer Hahnenkampf gelesen werden könnte« (S. 68). Auf diese Interpretation wird hier nicht eingegangen, weil sie kaum zu überzeugen vermag. Das Problem von Fiktionalität und

2.1.1 ›Wirklichkeit‹ und ›Realität‹: Fritz Wallners Konzept des ›Konstruktiven Realismus‹ als Kritik der *dichten Beschreibung*

Hinter der schwerwiegenden Problematik des Verhältnisses zwischen ethnographischer Beschreibung und ihrer dargestellten Wirklichkeit, die Geertz in ihrer Tragweite gar nicht ausführt, steckt unübersehbar eine sprachphilosophische Fragestellung, die freilich nicht nur die Ethnologie angeht, nämlich die, wie Wirklichkeit erfahrbar wird. Gerade an dieser Stelle müßte eine Diskussion über die Möglichkeit wissenschaftlicher Erkenntnis einsetzen, wie sie vor einigen Jahren etwa Fritz Wallner mit seinen Ausführungen zu dem von ihm so genannten ›Konstruktiven Realismus‹ begonnen hat.[178] Angeregt durch die Ideen Ludwig Wittgensteins und durch Erfahrungen aus der interdisziplinären Praxis[179] wendet sich der Konstruktive Realismus zum einen gegen den »auf ontologischen Fiktionen beruhende[n] Fächerkanon«,[180] zum anderen überschreitet er die methodologischen Grenzen der Einzeldisziplinen, um diese Methodologien auf ihre Stringenz zu prüfen:

> Er [der Konstruktive Realismus] betrachtet methodologische Vorschriften als Handlungsanweisungen und kritisiert deshalb einzelwissenschaftliche Methodologien im Horizont von Handlunstheorien [sic]. [...] Der Konstruktive Realismus ist [...] strikt interdisziplinär angelegt, doch seine Interdisziplinarität ist nicht ontologisch, sondern methodologisch motiviert.[181]

Die jeweilige methodologische Leistungsfähigkeit wird mit dem Verfahren der Verfremdung überprüft.

> Damit ist eine Vielzahl von Strategien gemeint. Sie alle haben gemein, daß ein Aussagensystem in einen fremden Kontext gestellt wird und aus diesem Kontext heraus beurteilt wird. Mangels metatheoretischer Normierungen kann dieses Verfahren nicht planweise erfolgen, sondern stellt eine Art von Spielen mit Kontexten dar. Die mehrfache Veränderung des Kontextes ermöglicht eine Reihe von verschiedenen perspektivischen Strukturansichten eines Aussagensystems; vor allem aber werden durch die Beachtung jener Kontexte, in welchen das Aussagensystem unsinnig wird, die impliziten Voraussetzungen dieses Aussagensystems, sein jeweiliges Tacit Knowledge, bemerkt. Man denke z. B. an den Fall der Artificial Intelligence, der in einem humanwissenschaftlichen Kontext verfremdet wird. Spätestens in diesem neuen Kontext wird die Insuffizienz der in der Informatik meist unreflektiert angewandten Methoden der (mathematischen) Logik, kognitive Pro-

---

Faktizität, auf das ihre Argumente letzten Endes hinauslaufen, kann in jeder Einführung in die Literaturwissenschaft nachgelesen werden.

178 Vgl. u. a. Fritz Wallner: Acht Vorlesungen über den Konstruktiven Realismus. Wien: WUV – Universitätsverlag [1990] (= Cognitive Science 1); Fritz Wallner: Konstruktion der Realität. Von Wittgenstein zum Konstruktiven Realismus. Wien: WUV Universitätsverlag 1992 (= Cognitive Science 3); Fritz Wallner: Constructive Realism. Aspects of a New Epistemological Movement. Wien: Braumüller 1994 (= Philosophica 11); Fritz G. Wallner: How to Deal with Science If You Care for Other Cultures. Constructive Realism in the Intercultural World. Edited and with an Essay by Diethard Leopold. Wien: Braumüller 1997 (= Philosophica 15).

179 Fritz Wallner: Konstruktiver Realismus – Konzepte und Ziele. In: Konstruktion der Realität, S. 92-100. Hier S. 92.

180 Ebenda, S. 98.

181 Ebenda, S. 94f.

zesse zu repräsentieren, deutlich. Die Konsequenzen, die aus solchen Einsichten gezogen werden, können zweifach sein: entweder verwerfen die Wissenschaftler aus dem ursprünglichen Kontext die Verfremdung als inadäquat oder sie beginnen nach neuen Ansätzen zu suchen. Eine ähnliche Funktion kann die quantitative Textanalyse haben. [...]

Eine besondere Weise der Verfremdung stellt die Anwendung von Methodensystemen einer Wissenschaft auf eine ganz anders geartete Disziplin dar. Wir denken hier zum Beispiel an die Anwendung hermeneutischer Verfahrensweisen auf die Naturwissenschaften. So begrenzt z. B. die Gestaltwahrnehmung in der Biologie die Anwendung quantitativer Verfahren.[182]

Verfremdung wiederum ist als eine Form der Interdisziplinarität zu betrachten (»verfremdende Interdisziplinarität«).[183] Ziel ist es, »die Verbindlichkeit spezieller Methoden in einer Wissenschaft«[184] zu reflektieren.

Dieses Verfahren der verfremdenden Interdisziplinarität dient dazu, demjenigen, der im Wissenschaftsbetrieb steht wie auch demjenigen, der mit der Wissenschaft in engem Kontakt steht, Einsicht in die Sinnhaftigkeit dessen, was geschieht, zu vermitteln. Es dient nicht dazu, allgemeingültige Erklärungen hervorzubringen [...].[185]

Ein weiteres für unsere Argumentation wesentliches Charakteristikum des Konstruktiven Realismus besteht in der Unterscheidung zwischen ›Wirklichkeit‹ und ›Realität‹:

Unter »Wirklichkeit« verstehe ich die Welt, mit der wir leben, welche also allen unseren Lebens- und Erkenntnisprozessen *vorausgesetzt* ist. Unter »Realität« verstehe ich die Welt, die wir durch unsere Erkenntnisprozesse *konstruieren*.[186]

Als eine Realität in diesem Sinn kann die Wissenschaft an sich angesehen werden, im weiteren jede Ethnographie, die versucht, ein bestimmtes Segment einer Wirklichkeit zu beschreiben.[187]

Das Bestreben Wallners, durch Kontextverfremdung quasi hinter die methodologischen Kulissen der Wissenschaften zu blicken, deckt sich zum Teil mit den Intentionen der reflexiven Ethnographie, einer Ethnographie also, die sich über ihr eigenes methodisches Vorgehen, ihre Voraussetzungen, bewußt zu werden trachtet. Diese ›Auto-Ethnographie‹ überschreitet eben nicht jene Grenze, die den Konstruktiven Realismus ausmacht, nämlich den transdisziplinären Dialog über die Grenzen der Einzeldiszipli-

182 Ebenda, S. 94f.

183 Vgl. Fritz Wallner: Acht Vorlesungen über den Konstruktiven Realismus, S. 35.

184 Ebenda, S. 35.

185 Ebenda, S. 37.

186 Ebenda, S. 96.

187 Dazu Wallner: »Vor diesem Horizont habe ich mich entschlossen, die Erkenntnistheorie so zu betreiben, daß die Praxis der wissenschaftlichen Arbeit nicht vernachlässigt wird, daß ich also nicht behaupte, daß die Wissenschaft die Welt beschreibt, sondern annehme, der Wissenschaftler konstruiert die Welt. D. h. wenn sich z. B. Physiker einen Vorgang in der Nebelkammer ansehen, so beobachten sie keinen Aspekt der Wirklichkeit: vielmehr zerlegen sie die Wirklichkeit so, daß etwas entsteht, was unter normalen Bedingungen nicht gesehen wird.« (Ebenda, S. 13)

nen hinweg mit dem Ziel, deren Erklärungssysteme besser zu verstehen. Wallner hat schließlich auch die disziplinären mit den kulturellen Grenzen analogisiert:

> Interculturality is much more important than interdisciplinarity, because interdisciplinarity is always covered, at least in Europe and in the USA, by the same conception of science, because all participants are stemming from the same cultural context. Therefore, it is important to look at and to go to other cultures, and so reach an understanding of what one actually does in one's own culture.[188]

Ein solches Verständnis für die eigene Wissenschaft und für die eigene Kultur könne schließlich nur durch Kontrast und Differenz geschaffen werden:

> *If we cancelled, or if we reduced the differences between cultures, we would, therefore, reduce the possibilities of understanding.* [...] We must give up the idea that one culture is leading, and that other cultures must be accommodated to that one. We must give up the idea, that one culture is primitive, and that the other culture is a highly elaborated one. And we must give up the idea of the necessity of ways of unification, unification of all the cultures of the world. We have to avoid the desire to make all cultures equal. We should stress and underline the difference between cultures. Because, when there is a world (or worlds) of a lot of different cultures, we are, to a high degree, able to strangify and so understand our own concepts and our own culture and world. *If one has only one culture, one is almost not able to understand what one does.* If, however, we have different cultures, then we will be able to understand our activities and structures.[189]

Verfremdung im Sinn des Konstruktiven Realismus setzt also eine antikolonialistischen Standpunkt voraus, indem das Andere als die Bedingung für ein Verstehen des Eigenen aufgefaßt wird. Wallners Konzept von Realität und Wirklichkeit läuft schließlich auch dem postmodernen Textverständnis zuwider, zumal dieses eine Wirklichkeit außerhalb des Textes nicht kennen möchte. Eine Anbindung der Ethnologie an den postmodernen Diskurs scheint aufgrund der empirischen Rückbindung dieser Wissenschaft ohnehin schwer möglich. Die Voraussetzungen der Erkenntnis werden als Folge einer breiteren Wendung zur Selbstreflexion der Wissenschaften reflektiert: »Wissenschaft erscheint jetzt wie die anderen Bereiche des sozialen Lebens auch als kulturelles Artefakt, die apriorische Privilegierung und kontextunabhängige Geltung wissenschaftlicher Erkenntnis wird bestritten«[190].
Geertz' Verfahren der dichten Beschreibung steht und fällt an seiner nicht reflektierten Auffassung von Wirklichkeit. Betrachtet man Wirklichkeit als die Summe wahrnehmbarer Tatbestände – darauf laufen nämlich sowohl dichte Beschreibung als auch *histoire totale* hinaus –, so ist deren Darstellung theoretisch möglich, vorausgesetzt, der Forscher erkennt jeden einzelnen Tatbestand. Aber selbst dann wird er bestimmte Tatbestände auswählen, nämlich jene, die für seinen Untersuchungszweck relevant sind. Die Intention der Untersuchung hat also bereits seine Auffassung von Wirklich-

188 Fritz G. Wallner: How to Deal with Science If You Care for Other Cultures, S. 60.
189 Ebenda, S. 60. Hervorhebungen im Original.
190 Martin Fuchs/Eberhard Berg: Phänomenologie der Differenz. Reflexionsstufen ethnographischer Repräsentation. In: Kultur, soziale Praxis, Text, S. 11-108. Hier S. 16.

keit vorstrukturiert, folglich reduziert. Hätte Geertz sein Augenmerk bereits auf die Voraussetzungen und Voranahmen seiner Untersuchung gelenkt, hätte er erkennen müssen, daß dichte Beschreibung von vorneherein unmöglich ist und bestenfalls als eine ambitionierte Annäherung an die Wirklichkeit zu betrachten wäre. Ähnlich verhält es sich mit den Intentionen einer *histoire totale*, die sich ebenso, trotz der Dichte ihrer Darstellung, auf einen Ausschnitt der Wirklichkeit beschränken muß.
Leitet man den Wirklichkeitsbegriff Geertz' aus seiner Kulturdefinition ab – und Kultur wird wohl als ein Teil einer umfassenderen Wirklichkeit zu verstehen sein – so stellt sich bereits diese als vermittelt dar, nämlich als eine Aneinanderreihung gesellschaftlicher Ausdrucksformen. Schon hier ist kein direkter Zugang zur Wirklichkeit mehr gegeben, da die Ausdrucksformen diese bereits symbolisieren oder deutungshaft wiedergeben, also konstruieren. Geertz kann es also bestenfalls um die Deutung bzw. die dichte Beschreibung von Konstruktionen gehen. Und selbst die Vermutung, daß ein Eingeborener Informationen erster Ordnung liefere, ist unter diesen Umständen falsch. Warum sollte ein Eingeborener seine Wirklichkeit nicht ebenfalls interpretiert bzw. symbolisiert wiedergeben, sie also bewußt oder unbewußt mit Hilfe seiner Satzsysteme oder mit Hilfe kultureigener Textstrukturen, seien sie nun fiktional oder nicht, zu einer Information zweiter oder dritter Ordnung machen? Schließlich ist die Frage zu stellen, ob ›Wissenschaft‹ überhaupt imstande ist, Wirklichkeit unmittelbar zu beschreiben, zumal der Konstruktive Realismus davon ausgeht, daß die Wissenschaft Wirklichkeit konstruiert. Worüber der Ethnologe – und nicht nur er – nicht sprechen kann, darüber muß er eben *nicht* schweigen.

Einen Ansatz der Verfremdung, der zwar den Prämissen Wallner nicht in allen Punkten nachkommt, unseren Zwecken hier jedoch zu genügen imstande ist, hat wiederum Victor Turner beschrieben.[191] Die Verfremdung bestand darin, daß Turner Ethnographien in ein anderes Medium – in das des Theaters – übertragen hat, um Schwächen der Ethnologie offenzulegen. Diese mediale Transformation wird vor allem auch damit begründet, daß Turner handlungsstrukturelle Zusammenhänge zwischen dem Fiktionsraum Theater und dem außerhalb dieses die Fiktion konstituierenden Rahmens ortet. Sein Begriff des ›sozialen Dramas‹ zeigt deutliche Parallelen zur literarischen Gattung ›Drama‹:

> Ich bin der Auffassung, daß die Form des sozialen Dramas auf allen Ebenen der Sozialorganisation, vom Staat bis zur Familie, zu finden ist. Ein soziales Drama beginnt, wenn der friedliche Verlauf des geordneten, normengeleiteten sozialen Lebens durch den *Bruch* einer die wichtigsten Beziehungen kontrollierenden Regel unterbrochen wird. Dieser Regelbruch führt entweder rasch oder allmählich zur *Krise*, die, wenn sie nicht im Keim erstickt wird, die Gemeinschaft in einander bekämpfende Splittergruppen und Koalitionen aufspalten kann. Um das zu verhindern, setzen diejenigen, die sich selbst für die legitimsten oder maßgeblichsten Repräsentanten der Gemeinschaft halten oder von dem anderen dafür gehalten werden, *Bewältigungs*mechanismen in Gang. Krisenbewältigung umfaßt gewöhnlich ritualisiertes Handeln – wobei dies ein rechtliches (in formellen oder informellen Gerichtssitzungen), religiöses (im Sinne des Glaubens an das ausgleichende

191 Victor Turner: Dramatisches Ritual – Rituelles Drama. Performative und reflexive Ethnologie. In: ders.: Vom Ritual zum Theater. Der Ernst des menschlichen Spiels. Frankfurt/M.: Fischer Taschenbuch Verlag 1995, S. 140-160.

Handeln mächtiger übernatürlicher Wesen; oft umfaßt es dann ein Opfer) oder militärisches (zum Beispiel trägt man eine Fehde aus, geht auch die Kopfjagd oder führt einen organisierten Krieg) Handeln sein kann. Auch wenn die Situation nicht *zur Krise eskaliert* (die, solange keine radikale, manchmal sich revolutionärer Mittel bedienende Umstrukturierung der sozialen Beziehungen erfolgt, örtlich begrenzt bleiben kann), kommt die nächste Phase des sozialen Dramas ins Spiel, die alternative Problemlösungen umfaßt. Die eine Lösung besteht in der *Versöhnung* der streitenden Parteien infolge juristischer, ritueller oder militärischer Prozesse; die andere in der *allgemeinen Anerkennung des nicht behebbaren Bruchs*, auf die gewöhnlich die räumliche Trennung der Parteien folgt. Da soziale Dramen das normale, alltägliche Rollenspiel aufheben, unterbrechen sie den Fluß des sozialen Lebens und zwingen eine Gruppe, sich mit dem eigenen Verhalten in Bezug zu den eigenen Werten zu befassen, manchmal auch den Wert dieser Werte in Frage zu stellen. Mit anderen Worten, Dramen setzen reflexive Prozesse ebenso in Gang, wie sie diese einschließen, und bringen kulturelle Rahmen hervor, in denen Reflexivität einen legitimen Ort haben kann.[192]

Den Begriff des ›sozialen Dramas‹ hat Turner an anderer Stelle genauer umrissen[193] und dabei festgestellt, »daß ein soziales Drama in seiner von mir analysierten Form ziemlich genau Aristoteles' Beschreibung der Tragödie in der *Poetik* entspricht«[194]. Damit beschreibt Turner eine Verlaufsform, die sowohl soziale Prozesse als auch kulturelle Darstellungsformen zu charakterisieren imstande ist: »Das Leben ist ebenso sehr eine Nachahmung der Kunst wie umgekehrt«[195]. Vielmehr noch findet sich hier der klassische Ausgangspunkt der Sozialgeschichte der Literatur verwirklicht, nämlich die Verschränkung von sozialem Leben und literarischem Text:

Wenn man, wie die Kinder in der Ndembu-Gesellschaft, unzählige Geschichte über Yala, Mwaku und Lweji Ankonde gehört hat, weiß man alles über »Eröffnungsmotive« (»als der König betrunken und hilflos war, schlugen und verhöhnten ihn seine Söhne«), »Übergangsmotive« (»seine Tochter fand ihn dem Tode nahe und tröstete und pflegte ihn«) und »Schlußmotive« (»der König gab das *lunaku*-Armband seiner Tochter und schloß seine Söhne von der königlichen Nachfolge aus«). Wenn dieselben Ndembu später als Erwachsene einen Bruch herbeiführen oder einer Partei der Störung des sozialen Friedens bezichtigen wollen, verfügen sie sowohl über einen Bezugsrahmen für die »Eröffnung« eines sozialen Dramas als auch über ein Repertoire an »Übergangs-« und »Schlußmotiven« zur Kanalisierung der folgenden Auseinandersetzungen. So, wie die Geschichte selbst wichtige Aussagen über Familienbeziehungen und Spannungen zwischen Geschlechts- und Altersrollen mache und eine emische, in Metaphern gekleidete Generalisierung zu sein scheint, die die Projektion zahlloser, aus diesen strukturellen Spannungen erwachsenen sozialen Dramen umfaßt, so wirkt sie in einem Rückkoppelungsprozeß auf den sozialen Prozeß zurück, indem sie ihn mit einer Rhetorik und einer Darstellungsform ausstattet und ihm Bedeutung verleiht. Einige Gattungen, vor allem das Epos, dienen wichtigen politischen Führern [...] so umfassender Gruppen wie der Kirche oder des Staats als Handlungsparadigmen. Sie beeinflussen ihren Stil, ihre Richtung, zwingen ihnen in großen öffentlichen Krisen manchmal unbewußt eine bestimmte Verhaltensweise auf und bestimmen so ihr Leben.[196]

192 Ebenda, S. 144f. Hervorhebungen im Original.

193 Victor Turner: Soziale Dramen und Geschichten über sie. In: Vom Ritual zum Theater, S. 95-139.

194 Ebenda, S. 114.

195 Ebenda, S. 114.

196 Ebenda, S. 114f. Als Beispiel für ein soziales Drama nennt Turner die Watergate-Affäre um US-Präsident Richard Nixon.

An diesen Ansatz soll die Frage geknüpft werden, ob das Theater den Wirklichkeitsbezug ethnographischer Texte erhellen kann. Turners Absicht ist es, den Rezipienten von Ethnographien »in das motivationale Gewebe der Kultur einzubinden«,[197] um die Distanz zwischen dem Text und dem Rezipienten aufzuheben und das von Geertz für verloren geglaubte ›Einfühlen‹ zu ermöglichen. Der Rezipient wechselt also seine Rolle. Er wandelt sich vom mehr oder weniger passiv Aufnehmenden zum Agierenden, zum Einfühlenden. Aber auch der ›Stoff‹ selbst unterliegt einer Transformation: »Ethnographien als Theaterstücke *aufführen* heißt dann, uns ethnographische Daten in ihrer ganzen Fülle von Handlungsbedeutungen vor Augen führen«[198].
Turners Idee war es, den Ritus der Namensvererbung der Ndembu mit Hilfe von Schauspielern auf die Bühne zu bringen.[199] Einmal mehr stellte sich die Frage, wie ein westlicher Schauspieler Elemente einer Kultur darstellen sollte, die er zwar während der Proben kennengelernt hatte, bis dahin aber nicht Teil seines Alltags gewesen waren. Schließlich wurde der Ritus mit westlichen Requisiten zur Aufführung gebracht:

> Als Ersatz für den *muyombu*-Baum fand ich einen Bürstenstiel. Für das rituelle »weiße« Bier, das Trankopfer, mußte eine Tasse Wasser genügen. Es gab zwar keine weiße Tonerde, mit der man die Teilnehmer des Rituals bestreicht, ich fand aber etwas reines, weißes Salz, das ich anfeuchtete. Und mit einem scharfen Küchenmesser konnten wir das Ende des Bürstenstiels einschneiden, wie Schrein-Bäume der Ndembu geschält werden, damit sie das weiße Holz unter der Rinde freigeben (eine Operation, die symbolisch auf die mit Reinigung gleichzusetzende Beschneidung verweist).[200]

---

197 Victor Turner: Dramatisches Ritual – Rituelles Drama. Performative und reflexive Ethnologie. In: ders.: Vom Ritual zum Theater, S. 140-160. Hier S. 141.

198 Ebenda, S. 141. Hervorhebungen im Original.

199 »Dieses Ritual, ›Vererbung des Namens‹ (*Kuswanika ijina*), war ein emotionales Ereignis, denn es markierte das vorübergehende Ende eines Machtkampfs zwischen dem stigmatisierten Kandidaten für das Amt des Oberhaupts, Sandombu, und Mukanza, dem erfolgreichen Kandidaten, und seinen unmittelbaren matrilinearen Verwandten. Ein Jahr vor Beginn des Dramas hatte Sandombu aufgrund öffentlichen Drucks das Dorf verlassen müssen. Man hatte behauptet, er habe Nyamuwaha, eine Kusine mütterlicherseits, die er ›Mutter‹ nannte, eine sehr beliebte alte Dame und die Schwester Mukanzas, durch Zauberei getötet. Sandombu hatte, als er beschuldigt wurde, Tränen vergossen (selbst seine früheren Feinde gaben das zu), war aber ins Exil gegangen. Als die Zeit dahinging, erinnerten sich einige Dorfbewohner daran, wie er ihnen als Vorarbeiter geholfen hatte, bezahlte Arbeit beim öffentlichen Straßenbau zu finden, und wie er Gäste immer großzügig mit Speisen und Bier bewirtet hatte. Als im Dorf eine Krankheit ausbrach und zur selben Zeit viele von Nyamuwaha träumten, war ein guter Vorwand gegeben, ihn zurückzuholen. Die Befragung des Orakels ergab, daß die Auseinandersetzungen im Dorf Nyamuwahas Schatten gestört hatten. Zu ihrer Versöhnung sollte ein Setzling des *muyombu*-Baums – einer Baumart, die der Erinnerung des Lineage-Toten diente – für sie gepflanzt werden. Man lud Sandombu ein, das Pflanzritual auszuführen. Für sein Verhalten im vorangegangenen Jahr zahlte er dem Dorf außerdem eine Ziege als Kompensation. Das Ritual markierte seine Wiederaufnahme ins Dorf, obwohl es, formal gesehen, um die Vererbung von Nyamuwahas Namen an deren älteste Tochter, Manyosa [...], ging.« (Ebenda, S. 149f.)

200 Ebenda, S. 150.

Die Verfremdung Turners liegt nun zum einen in der Verwendung westlicher Requisiten mangels originaler (etwa: »dann banden Edie und ich allen Teilnehmern weiße Stoffstreifen um die Stirn, und ich vergoß ein weiteres, aus weißem Bier bestehendes Trankopfer am Fuße des Schrein-Baums« [S. 151]). Bei den Mitwirkenden, so Turner, habe trotz der unauthentischen Requisiten die Aufführung durchaus ›echt‹ gewirkt. Das Ritual habe ihnen darüber hinaus die Gefühlsstruktur des sozialen Dramas als auch »das tiefempfundene ›Zusammengehörigkeitsgefühl‹ der Dorfbewohner« (S. 152) vermittelt. Mit einem Wort dient das Ritual der Einfühlung, einer für den künstlerischen Prozeß nicht unwesentlichen Vorarbeit für die Bewältigung einer Rolle. Die viel deutlichere Funktion der Verfremdung liegt schließlich nicht in der Kontextualisierung materieller, sondern inhaltlicher Aspekte:

> Um den Frauen in der Gruppe eine persönliche Vorstellung von den Werten zu vermitteln, die die Ndembu mit matrilinearer Abstammung verbinden, las meine Frau ihnen einen Text vor, den sie selbst über das Mädchenpubertätsritual der Ndembu verfaßt hatte. Ich hatte dieses Ritual in meinem Buch *The Drums of Affliction* [...] relativ trocken beschrieben, wie es bei ethnologischen Berichten konventionellerweise üblich ist. Ihr Bericht erwuchs jedoch aus der Partizipation an einer intersubjektiven Welt der an dieser komplexen rituellen Sequenz teilnehmenden Frauen und vermittelte sehr lebendig die Gefühle und Wünsche der Frauen, die in diesem – in einer matrilinearen Gesellschaft vollführten – Übergangsritus zum Ausdruck kommen. Um die affektive Dimension, die dieser Text enthüllte, einzufangen, probierten die Frauen der Theater-Sektion des Workshops eine neue Inszenierungstechnik aus. Sie begannen eine Probe mit einem Ballett, bildeten einen Kreis und schufen so mit ihren Körpern eine Art Rahmen, in dem die dann folgende politische Aktion der Männer stattfinden konnte. Auf diese Weise wollten sie zeigen, daß die Handlung innerhalb eines matrilinearen soziokulturellen Raumes weiterging.
>
> Doch diese Idee funktionierte nicht – die ihr versteckt zugrundeliegende zeitgenössische feministische Ideologie verfälschte den soziokulturellen Prozeß der Ndembu, für den solche Vorstellung schlichtweg irrelevant waren. Für die Auseinandersetzung der Ndembu waren nicht so sehr matrilineare Strukturen der Erbfolge, Amtsnachfolge und sozialen Plazierung in Lineages als vielmehr der Wille, der Ehrgeiz und die politischen Ziele einzelner entscheidend. Die matrilinearen Strukturen beeinflußten zwar die Taktiken, die die von ihrem Willen nach zeitweiliger Macht beherrschten politischen Kandidaten anwandten, doch die politische Macht befand sich überwiegend in den Händen der Männer. Ein sich an der Ethnographie orientierender Text sollte sich deshalb nicht auf matrilineare Annahmen, sondern auf den Machtkampf konzentrieren.
>
> [...]
>
> Der Versuch, den weiblichen Rahmen der Ndembu-Gesellschaft in den Vordergrund zu rücken, lenkte deshalb die Aufmerksamkeit von der Tatsache ab, daß diese besonderen Dramen im wesentlichen politische Machtkämpfe der Männer waren – selbst wenn sie im Sinne matrilinearer Abstammung ausgefochten wurden. (S. 153ff.)

Hier entsteht also zum ersten Mal ein Konflikt zwischen performativer (der Aufführung) und konstruierter Realität (die der Ethnographie zugrunde liegenden Geschehnisse). Die bezeichneten und dargestellten Sozialstrukturen decken einander nicht mehr. Das Darzustellende, das Dargestellte oder der Text selbst werden schließlich in Frage gestellt. Tatsächlich wurden derartige Zweifel von einigen Schauspielern auch geäußert.

Die Ethnographie wird nun auf zwei Ebenen der Performanz bezogen, wodurch sie selbst in Frage gestellt wird: eine natürliche, ursprüngliche und eine sekundäre, vermittelte Ebene. Dies zeigt aber nicht nur die Unterschiede zwischen amerikanischer und Ndembu-Gesellschaft umso deutlicher, sondern kann auch für den Autor der Ethnographien methodologische Schlüsse zulassen: Die angesprochene verfrühte Hermeneutisierung eines Textes mag durch die Bewußtwerdung der Unterschiede und – darauf folgend – das bewußte Für-sich-Lassen der Ndembu-Strukturen vermieden werden. Das Wechselspiel oder die gegenseitige Befruchtung von Ethnographie und Theater sollte, Turner zufolge, schließlich in einer Art hermeneutischem Zirkel enden:

> Wie konnte man eine Ethnographie in ein Theaterstück umschreiben, *dann* das Stück spielen, *dann* darüber nachdenken, *dann* zum genaueren Verständnis wieder zur Ethnographie zurückgehen, *dann* ein neues Stück schreiben, *dann* dieses wieder spielen? Dieses interpretative Kreisen zwischen Daten, Praxis, Theorie und mehr Daten – eine Art hermeneutisches Katharinenrad, wenn man so will – liefert eine gnadenlose Kritik der Ethnographie. Nichts ist besser dazu geeignet, Unglaubwürdigkeiten in von westlichen Forschern veröffentlichten Berichten aufzuspüren und in der ethnographischen Geschichten unbehandelte oder ungelöste Fragen zu stellen, als wenn man die Rolle eines Angehörigen einer anderen Kultur in einer für diese Kultur typischen Krisensituation spielt. (S. 155f.)

Dieses Spiel mit Kontexten könnte noch fortgesetzt werden, um die Ethnographie noch weiter zu problematisieren.

Wie bereits angedeutet, würde es sich lohnen, etwa in Europa die Funktion von Hahnenkämpfen für die Zuschauer zu erfahren, um schließlich durch einen Vergleich Aspekte der balinesischen Gesellschaften konturierter in Erfahrung zu bringen. Hier dominiert mehr die kontrastive Fähigkeit der komparativen Methode als die Verfremdung im Sinn Wallners, liefert uns aber auch den nicht unwesentlichen Hinweis, daß jeder Vergleich auch Verfremdung und Abstraktion vom eigenen Standort bedeuten muß. Geertz' *dichte Beschreibung* scheint in ihrer Grundhaltung nichts anderes zu sein als eine Variante (oder ein Fortschritt?) von Bronislaw Malinowskis ethnographischem Realismus, dessen Ziel es ist, »eine Lebensform als ganze mit Hilfe ausgiebiger und detaillierter Beschreibung ›realer‹ alltäglicher Ereignisse und Situationen zu schildern, die dem jeweiligen Autor aus eigener unmittelbarer Anschauung zugänglich sind«[201].

2.2 Zur ›anthropologischen Wende‹ in der Literaturwissenschaft

Die Ausführungen Geertz' und seiner Nachfolger fielen innerhalb der literaturwissenschaftlichen Methodendiskussion auf fruchtbaren Boden, sodaß zuletzt sogar von einer

201 Martin Berg/Eberhard Fuchs: Phänomenologie der Differenz, S. 39. Gewissermaßen also eine synchrone Alltagsgeschichte. Interessant wäre eine Prüfung der Voraussetzungen der Hinwendungen zum Alltag nicht nur in der Geschichtswissenschaft. Zu Leben, Werk und Wirkung Malinowskis siehe den knappen Abriß bei Karl-Heinz Kohl: Bronislaw Kaspar Malinowski (1884-1942). In: Klassiker der Kulturanthropologie. Von Montaigne bis Margaret Mead. Hg. v. Wolfgang Marschall. München: C. H. Beck 1990, S. 227-247.

anthropologischen Wende in der Literaturwissenschaft die Rede gewesen ist,[202] die Ausgangspunkt für eine ethnologische Interpretation literarischer Werke war und freilich auch Anregungen aus anderen Bereichen der Sozialwissenschaften übernommen hat. Dieser Ansatz ist jedoch nur Teil einer umfassenderen Fragestellung zur Neubestimmung inter- und transdisziplinärer Arbeit und wird innerhalb der sogenannten *Writing Culture*-Debatte[203] diskutiert. Dabei kommt es zu einer gegenseitigen Annäherung zwischen Ethnologie und Literaturwissenschaft, zumal die Ethnologie ihr Augenmerk zusehends auf die textuelle Verfaßtheit ihrer Hervorbringungen, die Literaturwissenschaft auf die Analyse von Symbolen und Ritualen richtet.[204] Die damit einhergehende Horizontverschmelzung von Sozial-, Human- und Naturwissenschaften läßt aus dieser Sicht die Grenzen zwischen diesen Wissenschaften aufbrechen:

> Wenn philosophische Untersuchungen im Gewand von literarischen Essays erscheinen, wenn wissenschaftliche Abhandlungen wie Schöne Literatur, Bekenntnisse oder Reiseberichte aussehen, wenn Ethnographien als Romane auftreten und umgekehrt, dann kommt stets eine Sichtweise ins Spiel, die mit Analogien und Metaphern arbeitet (z. B. Drama-, Spiel-, Textmetapher), ohne daß damit der wissenschaftliche Erklärungsanspruch aufgegeben würde. Im Vordergrund steht hier das Prinzip der »interpretive explanation«, der Erklärung kultureller Selbstauslegungen ausgehend von lokalen Fallstudien, im Unterschied zur Erklärung von Ursache-Wirkungs-Zusammenhängen im Kontext großer, allgemeiner Theorien.[205]

Als ein weiteres Feld der gegenseitigen Befruchtung von Ethnologie und Literaturwissenschaft nennt Bachmann-Medick

> die sog. »Anthropologie der Erfahrung«, die sich als Teil der interpretativen-performativen Anthropologie versteht. Sie erforscht die kulturelle Ausdruckssphäre unter dem Aspekt »objektivierter« Erfahrungen und richtet sich dabei auf diejenigen Strategien und Techniken, mit denen individuelle Erlebnisse mitteilbar werden, sich dadurch zu kulturellen Erfahrungen ausprägen und als solche »zirkulieren«. In Abwendung vom ethnographischen Realismus wird hier betont, daß man erst dann Zugang zu einer fremden Kultur erhält, wenn man den *reflexiven* Status der kulturellen Darstellungsmedien (Karneval, Ritual, Kunst, Theater, Spiel) selbst herausarbeitet.[206]

Die Rezeption der Ethnologie durch die Geschichtswissenschaft wurde durch deren ›linguistische Wende‹ ebenfalls stark begünstigt. Die Annäherung zwischen Anthropologie und Literaturwissenschaft erfolgte zuerst seitens der Anthropologie, als diese in den 1960er und 1970er Jahren begann – gemeint ist hier vor allem die Kulturanthropologie –, sich auf ihre interpretative Richtung zu konzentrieren und

202 Vgl. Kultur als Text. Die anthropologische Wende in der Literaturwissenschaft. Hg. v. Doris Bachmann-Medick. Frankfurt/M.: Fischer Taschenbuch Verlag 1996. Dazu Bachmann-Medick: »Anthropologische ›Wende‹ bedeutet das Aufgreifen neuer methodischer Impulse, die zur Entdeckung ethnographischer Dimensionen in literarischen Texten selbst ebenso führen wie zu einem kritischen Überdenken traditioneller Interpretationskategorien und Kanonbildungen.« (S. 10)

203 Vgl. Writing Culture. The Poetics and Politics of Ethnography. Hg. v. J. Clifford u. G. E. Marcus. Berkeley 1986. Siehe auch Doris Bachmann-Medick: »Writing Culture«, S. 1-20.

204 Vgl. ebenda, S. 3.

205 Ebenda, S. 4.

206 Doris Bachmann-Medick: »Writing Culture«, S. 11.

logie –, sich auf ihre interpretative Richtung zu konzentrieren und weiters in ihrer Erforschung fremder Kulturen auch hermeneutisch vorzugehen.[207] Das Zusammenwirken von Historischer Anthropologie und Literaturwissenschaft ist freilich nicht mehr neu. Bisher hatte sich die Literaturwissenschaft allerdings auf die ›klassischen‹ Themen der Historischen Anthropologie wie Geschlechterrollen, Ernährung oder Körperlichkeit konzentriert.[208]

Doch nicht nur neue Wege der Textbetrachtung wurden und werden beschritten, sondern auch Forschungsparadigmen der Komparatistik in ein neues Licht gerückt. So erlaubt eine Literaturwissenschaft aus ethnologischem Blickwinkel mit den methodischen Vorgaben einer ›Kultur als Text‹ ausgestattet eine differenziertere Behandlung der Imagologie, darin wiederum der Fremdheitsforschung, läßt den Begriff der Weltliteratur hinter der Folie von Multikulturalismus, Migration und Nation neue Bedeutungsebenen erklimmen und erweitert auch die Übersetzungsforschung um die Frage von Möglichkeiten und Bedingungen der Transgression kultureller Grenzen. Nicht zuletzt wird auch der von Lothar Jordan als konstitutiv für jede komparatistische Forschung bezeichnete Begriff der Grenze problematisiert.[209]

Im Zentrum dieser Betrachtungen, die an die Diskussion der Historischen Anthropologie anschließt,[210] steht die metaphorische Wendung einer ›Kultur als Text‹. Texte sind lesbar, folglich müssen gemäß dieser Vorgabe auch ganze Kulturen und das soziale Leben ›lesbar‹ werden. Das Objekt der Lektüre wird aber nicht in ein Abstraktum verwandelt, sondern Kulturen werden durchaus als Zeichensysteme verstanden, die Bedeutung entwickeln, somit also lesbar und beschreibbar, ja sogar interpretierbar sind. ›Schreiben‹ und ›Beschreiben‹ rücken im Zug dieser Debatte einmal mehr in den Mittelpunkt des Interesses und rühren an den Grundbedingungen jedes Zustandekommens von wissenschaftlicher Erkenntnis. Eine Kooperation von Linguistik, Literaturwissenschaft, Ethnologie und Sozialgeschichte ist aus dieser Perspektive unumgänglich.[211] Nach Berg und Fuchs ist diese Wendung weniger metaphorisch aufzufassen, sondern schien die Ethnologie aus einer Einbahnstraße herausführen zu können:

> Durch die Verbindung mit Hermeneutik etc. schienen alte Probleme dieses stets in seiner Identität prekären Faches – die Beziehung zum jeweils Anderen, die politisch-ethische Frage der Aneignung

---

207 Vgl. Doris Bachmann-Medick: Einleitung, S. 22.

208 Vgl. Historische Anthropologie und Literatur. Romanistische Beiträge zu einem neuen Paradigma der Literaturwissenschaft. Hg. v. Rudolf Behrens u. Roland Galle. Würzburg: Königshausen & Neumann 1995.

209 Lothar Jordan: Welche Grenzen? Reflexionen zu einem konstitutiven Element komparatistischer Forschung. In: Komparatistik. Mitteilungen 1996 (Deutsche Gesellschaft für Allgemeine und Vergleichende Literaturwissenschaft), S. 70-85.

210 Vgl. Doris Bachmann-Medick: Einleitung, S. 15.

211 Auch Bachmann-Medick weist darauf hin, daß »Kultur [...] ein Bereich [ist], der – ähnlich wie ein Text – zu verschiedenen Lesarten aufruft. Die Aufmerksamkeit richtet sich auf die interpretierenden Bedeutungsverdichtungen der kulturellen Darstellungsformen selbst sowie auf die rhetorischen Strategien bei der Darstellung von Kulturen«. (S. 10) Vgl. auch Lesbarkeit der Kultur. Literaturwissenschaften zwischen Kulturtechnik und Ethnographie. Hg. v. Gerhard Neumann u. Sigrid Wiegel. München: Fink 2000.

und Destruktion des Fremden, Objektivismus und Enteignung von Subjektivität... – auf neue Art als Fragen der Vertextlichung formulierbar. Umgekehrt wurden ethnologische Fragen und ethnologische Interpretation »nicht-westlicher« Kulturen dank dieser neu gefundenen Sprache über den Kreis weniger Phänomenologen hinaus auch Nicht-Ethnologen leichter vermittelbar, waren doch die Interpretationen des Fremden jetzt in ein Idiom gekleidet, das vertraut war und sie der klassischen Auslegungsweise der europäischen Geisteswissenschaften, die mit Texten arbeiten, anglich.[212]

Spätestens seit Malinowski und der Auseinandersetzung mit seinem Werk[213] wird die Stellung des Feldforschers, seine Beziehung zum und Darstellung des Anderen diskutiert. Seiner Darstellung etwa hat man vorgeworfen, sein Objekt »durch Distanzierung, Kontextualisierung, Eingrenzung«,[214] also durch eine perspektivische Verschiebung einer »Betonung der innergesellschaftlichen Kontexualität«[215] und die Betrachtung der anderen Gesellschaft als eine in sich geschlossene Wirklichkeit zu beschreiben. Zwar wurden durch seine Arbeiten die ›Eingeborenen‹ erst zum Thema und die Feldforschung zum geeigneten Mittel der Ethnologie, doch bleibt eher der Eindruck des kolonialistischen Blickwinkels insofern, als die ›Eingeborenen‹ nie selbst zu Wort kommen und der Feldforscher sich als Sprecher der anderen Gesellschaft betrachtet.[216] Dies allein schon bewirkt ein ungleiches Verhältnis zwischen Beobachter und Beobachteten, das noch durch die Annahme, daß nur der Ethnograph die beobachtete Gesellschaft kraft seiner Perspektive von außen, durch seine persönliche Involviertheit und durch die Kenntnis einer subjektiven wie einer objektiven Seite verstärkt wird.
Doris Bachmann-Medicks Programm einer Literaturwissenschaft in kulturwissenschaftlicher Absicht[217] kommt der komparatistischen Programmatik in zentralen Punkten entgegen, sodaß eine Erweiterung ihrer Ausführungen vom Standpunkt eines Komparatisten einer solchen kulturwissenschaftlichen Literaturwissenschaft nur Vorschub leisten kann. Darüber hinaus kann dadurch die Beziehung von Komparatistik und Sozialgeschichte über das bisher Gesagte hinaus konkretisiert werden. Daß dabei nicht mehr nur Texte im Sinne von literarischen Gattungen im Zentrum der Betrachtung stehen sollen, ist eine Tendenz, die sich auch in der theoretischen Diskussion innerhalb der amerikanischen Komparatistik bereits Gehör verschafft hat. So hat etwa Charles Bernheimer in seinem der American Comparative Literature Association präsentierten *Bernheimer Report, 1993* mit dem Titel *Comparative Literature at the Turn of the Century* eine Erweiterung des komparatistischen Forschungsfeldes vorgeschlagen. Sein ambitioniertes Programm (siehe ZWEITES KAPITEL) soll hier noch einmal zitiert werden:

212 Martin Berg/Eberhard Fuchs: Phänomenologie der Differenz, S. 19f.

213 Als Hauptwerk sei genannt *Argonauts of the Western Pacific. An Account of Native Enterprise and Adventure in the Archipelagoes of Melanesian New-Guinea.* London: Routledge and Kegan Paul 1922.

214 Martin Berg/Eberhard Fuchs: Phänomenologie der Differenz, S. 35.

215 Ebenda, S. 34.

216 Vgl. ebenda, S. 36f.

217 Vgl. Doris Bachmann-Medick: Einleitung. In: Kultur als Text, S. 7-64.

The space of comparison today involves comparison between artistic productions usually studied by different disciplines; between various cultural constructions of those disciplines; between Western cultural traditions, both high and popular, and those of non-Western cultures; between the pre- and postcontact cultural productions of colonized peoples; between gender constructions defined as feminine and those defined as masculine, or between sexual orientations defined as straight and those defined as gay; between racial and ethnic modes of signifying; between hermeneutic articulations of meaning and materialist analyses of its modes of production and circulation; and much more. These ways of contextualizing literature in the expanded fields of discourse, culture, ideology, race, and gender are so different from the old models of literary study according to authors, nations, periods, and genres that the term »literature« may no longer adequatly describe our object of study.[218]

Bei Bachmann-Medick wird Kultur als die Summe von Texten, sprich sozialen und künstlerischen Diskursen, aufgefaßt: »Kultur ist [...] eine Konstellation von Texten, die – über das geschriebene oder gesprochene Wort hinaus – auch in Ritualen, Theater, Gebärden, Festen usw. verkörpert sind«[219]. Literarische Texte wiederum sind »Medien kultureller Selbstauslegung, deren Horizont die Auseinandersetzung mit Fremdheit bildet«[220].

Worum geht es nun der anthropologischen Literaturwissenschaft? Es geht um die methodische Grundlegung der Interpretation ethnographischer Forschungen, um die Frage kultureller Fremdheitserfahrung und nicht zuletzt und vor allem um die Interpretation literarischer Texte, »um kritisch zu beleuchten, wie kulturelle Ereignisse und Vorgänge mit Textspuren und textuellen Strategien verknüpft sind«[221]. Die von Bernheimer intendierte Neuorientierung der Komparatistik wird auch von Bachmann-Medick für eine ethnographisch orientierte Literaturwissenschaft als notwendig betrachtet. Die »Kompetenzen philologischer Textinterpretation«[222] sieht Bachmann-Medick durch die folgenden Entwicklungen überfordert: In einer Welt, deren gesellschaftliche, politische und nicht zuletzt auch künstlerische Entwicklung von Schlagwörtern wie Globalisierung, Demokratisierung und Dekolonisation geprägt ist,[223] also kurz gesagt die globale, mediale, gesellschaftliche, wirtschaftliche Vernetzung, der bessere Zugang zur Bildung für breitere Bevölkerungsschichten und die Auflösung von Macht- und Abhängigkeitsstrukturen machen für die Darstellung kultureller Interdependenzen

218 Charles Bernheimer: The Bernheimer Report, 1993. Comparative Studies at the Turn of the Century. In: Comparative Literature in the Age of Multiculturalism. Hg. v. Charles Bernheimer. Baltimore/London: The Johns Hopkins University Press 1995, S. 39-48. Hier S. 41f.

219 Doris Bachmann-Medick: Einleitung, S. 10.

220 Ebenda, S. 9.

221 Ebenda, S. 8. In Abgrenzung zu einer »ethnisch, sozial und geschlechtsspezifisch indifferenten« (S. 14) literarischen Anthropologie definiert Bachmann-Medick weiter: »Eine ethnologisch orientierte Literaturanthropologie dagegen untersucht, wie literarische Texte an umfassenderen Vorgängen der Symbolisierung teilhaben, die ausdrücklich an kulturelle Praktiken sozialer Gruppen, an ethnische und geschlechtsspezifische Differenzen und politische Machtgefüge rückverwiesen sind«. (S. 15)

222 Ebenda, S. 8.

223 Vgl. Mary Louise Pratt: Comparative Literature and Global Citizenship. In: Comparative Literature in the Age of Multiculturalism, S. 58-65. Hier S. 59.

oder für Kulturbeschreibungen im allgemeinen die Betrachtung mehrerer oder aller kultureller Praktiken notwendig, eben die Miteinbeziehung von Literatur, Film, Medien oder Texten als »Träger kultureller Darstellung und Codierung, wie sie für Prozesse des Kulturentransfers entscheidend sind«[224]

> Durch sie werden Traditionen und Überzeugungssysteme, Schlüsselsymbole und -praktiken sowie Fremd- und Selbstbilder ausgebildet und für die praktische interkulturelle Auseinandersetzung geradezu aufbereitet bzw. hierfür strategisch einsetzbar gemacht. Die Probleme der »Textualisierung« von Kulturen sind in diesem weltweiten Medienzusammenhang freilich nicht nur solche des Literaturenkontakts, sondern vielmehr auch solche der Steuerung durch Medientechnologie, der Überlagerung und Deplazierung kultureller Text- und Symbolisierungstraditionen sowie der Durchsetzungskraft und Autorität von Texten im Gefüge der kulturellen und politischen Hierarchie.[225]

Den Stichworten der ›Textualisierung von Kulturen‹ oder der ›Ausbildung von Fremd- und Selbstbildern‹ kann schließlich auch eine ethnologisch orientierte Übersetzungsforschung gerecht werden. Das Problem, daß durch mangelhafte Übersetzung leicht ein *mirage* entstehen kann, ist bereits in der Vorgeschichte der Komparatistik bewußt und bekannt[226] und macht deutlich, daß das Feld der Übersetzung nicht nur auf einer rein linguistischen Ebene beschrieben werden kann oder soll, sondern durchaus auf die soziale, kulturelle oder auch politische Welt wirkt bzw. diese auf die Übersetzung rückzuwirken imstande sind.

Für die Komparatistik ergibt sich die zusätzliche Perspektive der literarischen oder physischen Mediation.[227] Mediation bedeutet nicht nur die Beschreibung einer Fixation, sondern eines dynamischen Prozesses, der eine Veränderung von Perspektiven, Einstellungen, Erfahrungen und dergleichen bewirkt, sich – um mit Freud zu sprechen – etwas ›Unheimliches‹ ›heimlich‹ zu machen. Das Unheimliche ist ein Prozeß eines Wechsels von Gewohntem zu Ungewohntem, das schließlich wieder gewohnt werden soll.

Zunächst ist nach den Medien der Vermittlung zu fragen. In diesem Fall kommt die mittlerweile sehr differenzierte Vermittlung von Bildern dem erweiterten Textverständnis der ethnologisch orientierten Literaturwissenschaft bzw. der amerikanischen Komparatistik im Sinne Bernheimers nahe: ›Texte‹ als Medien kultureller Wahrnehmung sind eben nicht mehr nur auf das Medium Buch beschränkt, sondern sind auch in Form von Fotografien, Nachrichtensendungen, mündlichen Mitteilungen, Werbung usf. zu verstehen, nicht zuletzt um ein umfassenderes – sprich realeres – Bild des

---

224 Doris Bachmann-Medick: Einleitung, S. 8.

225 Ebenda, S. 8.

226 So etwa bei Johann Elias Schlegel in seiner *Vergleichung Shakespeares und Gryphs*. Vgl. Arno Kappler: Der literarische Vergleich. Beiträge zu einer Vorgeschichte der Komparatistik. Bern/ Frankfurt/M.: Lang 1976 (= Europäische Hochschulschriften, Vergleichende Literaturwissenschaft 8), S. 174ff.

227 Vgl. Thomas Bleicher: Interkulturelle Mediation. Zur Kooperation zwischen Komparatistik und interkultureller Germanistik bei der Entwicklung einer interdisziplinären Fremdheitsforschung. In: Kulturthema Fremdheit, S. 333-354.

Fremden beschreiben zu können. In welchem Ausmaß man sich hier den Intentionen einer *histoire totale* oder einer *dichten Beschreibung* annähert, bliebe zu diskutieren. Ebenso findet das Bestreben, das Eigenverstehen durch das Fremdverstehen zu erweitern, bereits seine Analogie in der der vergleichenden Methode noch vor der Institutionalisierung der Komparatistik zugesprochenen Fähigkeit, die Nationen zu mehr Toleranz untereinander zu erziehen. Damit erweist sich das Vergleichen auch als eine reflexive Methode im wahrsten Sinn des Wortes, die den eigenen angesichts des fremden Standpunkts zu differenzieren vermag.

Im Zusammenhang mit der Feststellung, daß es keine Dritte Welt, sondern nur eine Welt gebe, und wenn ein lateinamerikanischer Roman in Delhi erscheine, er durch komplexe Vermittlungsprozesse »in den Metropolen ausgewählt, übersetzt, veröffentlicht, rezensiert, erklärt und in das überbordende Archiv der ›Dritte-Welt-Literatur‹ eingeordnet worden«[228] sei, hat der indische Literaturwissenschaftler Aijaz Ahmad die Stichworte für eine kritische Durchleuchtung dieses »Proze[ss][es] der globalen Zirkulation kultureller Produkte und Texte«[229] geliefert:

> die Übersetzungsindustrie in ihrer Abhängigkeit von den Kultur- und Literaturstandards der Metropolen, die bereits die Entstehung der »Originaltexte« prägt, auf sie zurückwirkt und ihre Verbreitung auf dem literarischen Weltmarkt selektiv steuert. Solche Übersetzungprozesse *vor* der im engeren Sinne sprachlichen Übersetzung verweisen die Weltliteraturdebatte stärker denn je in einen politischen Horizont.[230]

Die ethnologische Übersetzungsforschung geht zudem davon aus, daß Übersetzungen »keine kulturellen ›Originale‹ zur Grundlage«[231] haben, da »diese durch die internationalen Verflechtungen und durch deren rhetorische Brechungen immer schon repräsentiert und ›übersetzt‹ sind«.[232] Dies impliziert nicht zuletzt auch, daß nicht nur Texte in ihrer sprachlichen Realisierung Gegenstand der Forschung werden, sondern auch deren kultureller Kontext. Daraus ergibt sich die Aufgabenstellung, »*vor* der Literaturübersetzung im engeren Sinne anzusetzen und auf den Bedingungsrahmen der interkulturellen Übersetztheit und Ungleichheit zwischen kulturellem Zentrum und Peripherie, zwischen westlichen und nichtwestlichen Kulturen zurückzugehen«.[233]

Für die Komparatistik ergeben sich dadurch die folgenden Aufgabenstellungen: ein Überdenken des Modells der Nationalliteraturen aufgrund der Existenz einer Literatur der ›Dritten Welt‹, sich überschneidender Kulturen oder Migrationsbewegungen; die Beobachtung des sozialen bzw. kulturellen Kontexts eines ›Textes‹; der Vergleich kultureller Symbolisierungen, die in ›Texten‹ stattfinden, um Qualität und Quantität und Symbolisierungsgrad festzustellen; der Vergleich kulturenübergreifender Formen der (Selbst-)Darstellung. Weiters hat das Problem der Übersetzung nicht nur in der Kom-

228 Doris Bachmann-Medick: Multikultur oder kulturelle Differenzen? Neue Konzepte von Weltliteratur und Übersetzung in postkolonialer Perspektive, S. 267.

229 Ebenda, S. 267.

230 Ebenda, S. 267.

231 Ebenda, S. 269.

232 Ebenda, S. 269.

233 Ebenda, S. 269.

paratistik, sondern auch in der Ethnologie ihren Platz gefunden. Dort ist die – wörtlich verstandene – Über-Setzung als ein Problem der Hermeneutik zu betrachten, zumal »jedes Verstehen [...] ein Prozess [...] der Übersetzung [...] eines Symbolsystems in ein anderes«[234] bedeutet und damit an die Fremdheitsforschung anschließt bzw. ihr sinnvollerweise zu ergänzen ist. Übersetzung in diesem Sinn bedeutet nicht nur »bloße Sprachübertragung«,[235] sondern die Berücksichtigung des »kulturellen, ja kulturpolitischen Bedingungsrahmen[s] als einen *vor* jeglicher sprachlichen Übersetzung wirksamen Horizont«[236]. Bachmann-Medick spricht daher von einer »Übersetzung *von* und *zwischen* den Kulturen«[237]. Schon hier wird deutlich, daß sich eine so gefaßte Übersetzungsforschung mit den Agenden der Fremdheitsforschung überschneidet. Gerade auch die Kenntnis der anderen Kultur macht die sprachlich-hermeneutische Distanz offenbar, die eine gegenseitige Vermittlung erschwert,[238] bzw. hohe Anforderungen an den Vermittler stellt, diese Distanz so gering wie möglich zu machen.

2.2.1 Beispiele ethnologisch orientierter Textinterpretation

Man wird sich nicht lange bemühen müssen, um auf dem Gebiet der Literatur Entsprechungen zum ethnographischen Text zu finden. Seit jeher bilden Reiseberichte die literarische Analogie zum Ethnotext. Manche literarische Texte können sich in ihrer annähernd dichten Beschreibung und in ihrer Intention, sich dem Fremden – im positiven Sinne – auszuliefern und es darzustellen, mit wissenschaftlich motivierten ethnographischen Erzählungen durchaus messen. Als Beispiel für literarische Texte mit einem unausgesprochen ethnographischen Anspruch soll ein kurzer Text von Hans Christoph Buch dienen, der nicht zuletzt auch vor der Folie der innerhalb der interkulturellen Germanistik geführten Diskussion um den Fremdheitsbegriff betrachtet werden soll. Zuvor jedoch werden die Ausführungen auf einen Forschungsaspekt der Ethnologie konzentriert, nämlich auf die Ritualforschung.

234 Christoph Jamme: Gibt es eine Wissenschaft des Fremden?, S. 54.

235 Doris Bachmann-Medick: Einleitung. Übersetzung als Repräsentation fremder Kulturen. In: Übersetzung als Repräsentation fremder Kulturen. Hg. v. Doris Bachmann-Medick. Berlin: Schmidt 1997 (= Göttinger Beiträge zur internationalen Übersetzungsforschung 12), S. 1-18. Hier S. 1.

236 Ebenda, S. 1.

237 Ebenda, S. 1.

238 »Je vertrauter die Fremde wird, je mehr man in der Lage ist, die Bedeutung von Handlungsweisen, Riten, materiellen und sprachlichen Symbolen auszuloten, desto schwieriger wird ihre Übersetzung, desto problematischer gestaltet sich die Suche nach angemessenen Ausdrucksformen und Darstellungsmodi.« (Birgitt Röttger-Rössler: Die Wortlosigkeit der Ethnologen: zum Problem der Übersetzung zwischen den Kulturen am Beispiel indonesischer Gefühlstermini. In: Übersetzung als Repräsentation fremder Kulturen, S. 199-213. Hier S. 199.

2.2.1.1 Der Ritualbegriff Victor Turners

Zunächst ist zu klären, was unter Symbolisierung zu verstehen ist und wie sie vonstatten geht. Ausgegangen wird hier von Victor Turners (wenn auch nicht ausgereifter) vergleichender Symbologie,[239] um somit den komparatistischen Intentionen am nächsten zu kommen. Turner charakterisiert die Aufgaben der vergleichenden Symbologie auf folgende Weise:

> Die vergleichende Symbologie befaßt sich weniger mit den *technischen* Aspekten der Linguistik, als mit den verschiedenen Formen nichtverbaler Symbole im Ritual und in der Kunst, obwohl alle kulturellen Sprachen zugegebenermaßen wichtige linguistische Komponenten, Relais oder »Signifikate« aufweisen. Sie interessiert sich jedoch für die Beziehungen zwischen Symbolen und den ihnen von Benutzern, Interpreten oder Exegeten zugeordneten Begriffen, Gefühlen, Werten, Vorstellungen usw.: kurz, sie hat *semantische* Dimensionen, sie untersucht Bedeutung in der Sprache und im Kontext. Ihre Daten entstammen *kulturellen Gattungen* oder *Subsystemen* der Ausdruckskultur, die sowohl orale als auch schriftliche Formen einschließen und zu denen man sowohl *Aktivitäten*, die verbale und nichtverbale symbolische Handlungen kombinieren wie Rituale und Dramen, als auch *narrative* Formen wie Mythen, Epen, Balladen, Romane und ideologische Systeme rechnen kann. Ebenfalls dazu gehören nichtverbale Ausdrucksformen wie mimische Darstellung, Skulptur, Malerei, Musik, Ballet und Architektur. Und vieles andere mehr.[240]

Symbole spielen nicht nur innerhalb sozialer Prozesse eine Rolle, »in denen Gruppen sich inneren Veränderungen [...] und ihrer äußeren [...] Umwelt anpassen«,[241] sondern »auch in nachindustriellen Gesellschaften in den der ›kulturellen Unterhaltung‹ dienenden Gattungen Dichtung, Drama und Malerei«.[242] Turners Methodologie beruht nicht zuletzt auf der Kontextualisierung des Symbols im sozialen und historischen Zusammenhang:

> Symbole sind sowohl als sinnlich wahrnehmbare Signale (*signifiants*) wie auch als ›Bedeutungs-‹Träger (*signifiés*) ganz wesentlich an der vielfältigen Variabilität der lebendigen, sich bewußt, emotional und willentlich verhaltenden Menschen beteiligt, die diese Symbole nicht nur zur Ordnung des von ihnen bewohnten Universums verwenden, sondern auch dazu, kreativ Nutzen aus der Unordnung zu ziehen, indem sie diese in bestimmten Fällen beseitigen oder reduzieren und frühere axiomatische Prinzipien, die das Verständnis und die Handhabung gegenwärtiger Probleme behindern, in Frage stellen. Rabelais zum Beispiel wandte sich, indem er das ungesittete und obszöne Verhalten Gargantuas und Pantagruels beschrieb, gegen die Geordnetheit der theologischen und philosophischen Scholastik – paradoxerweise war das Ergebnis eine heftige Attacke auf den Obskurantismus. Wenn wir moderne Denker, die Symbole auf logische Operatoren reduzieren und die impliziten syntaxähnlichen Regeln unterwerfen, zu ernst nehmen, werden wir blind für das kreative oder innovative Potential der für menschliches Handeln wesentlichen Symbole. Symbole können zu solchem Handeln ›anleiten‹ und in situationsbedingt variierenden Kombinationen die Richtung dieses Handelns bestimmen, indem sie Ziele und Mittel mit Gefühlen und Wünschen an-

239 Vgl. insbesondere Victor Turner: Das Liminale und das Liminoide in Spiel, »Fluß« und Ritual. Ein Essay zur vergleichenden Symbologie. In: ders.: Vom Ritual zum Theater, S. 28-94.

240 Ebenda, S. 29f. Hervorhebungen im Original.

241 Ebenda, S. 30.

242 Ebenda, S. 31.

reichern. Die vergleichende Symbologie versucht, dieses ›Ludische‹ oder Spielerische zu erhalten, die Symbole gewissermaßen in Bewegung einzufangen und mit ihren Form- und Bedeutungsmöglichkeiten zu ›spielen‹, indem sie die Symbole in den konkreten, historischen Verwendungszusammenhängen der sozial handelnden, reagierenden, verhandelnden und interagierenden ›lebendigen Menschen‹ untersucht. Selbst wenn die symbolische eine *Inversion* der pragmatischen Wirklichkeit darstellt, belibt sie doch immer in enger Verbindung zu ihr, beeinflußt sie und wird von ihr beeinflußt, liefert der positiven Figur den negativen Hintergrund, grenzt auf diese Weise beide voneinander ab und gewinnt dem ›Kosmos‹ ein neues Territorium hinzu.[243]

Um symbolische Gattungen untersuchen zu können, beruft sich Turner auf Arnold van Genneps Werk *Übergangsriten* (1909), in denen dieser drei Phasen des Übergangsritus unterscheidet: Trennung, Schwelle bzw. Umwandlung und Angliederung.[244] Die Trennung bezeichnet die »Loslösung der rituellen Subjekte (Novizen, Kandidaten, Neophyten oder ›Initianden‹) von ihrem früheren sozialen Status«[245]. Die Schwellen- oder Umwandlungsphase (liminale Phase) bedeutet für das Individuum im Ritual »eine Art sozialen Zwischenstadiums, das wenige der Merkmale [...] der vorangegangenen oder der folgenden profanen sozialen Positionen oder kulturellen Daseinsformen aufweist«[246]. Die Angliederung oder Inkorporation schließlich »umfaßt symbolische Phänomene und Handlungen, die die Rückkehr der rituellen Subjekte in die Gesellschaft zu ihren neuen, relativ stabilen und genau definierten Positionen darstellen«,[247] etwa die Verleihung eines akademischen Titels, der im Zug eines feststehenden ›Rituals‹ verliehen wird.[248]
Das Ritual in Verbindung mit performativen Kunstgattungen ist ebenfalls ein weites Feld der Diskussion geworden.[249] Am naheliegendsten und fruchtbarsten erwies sich die Erörterung des Zusammenhangs von Ritual und Theater.[250] So hat etwa Richard Schechner darauf hingewiesen, daß dem Ritual, der dramatischen Kunst sowie sozialen Interaktionen immer der gleiche Prozeß zugrundeliegt.[251] Die für die Literaturwissen-

---

243 Ebenda, S. 32f.

244 Vgl. ebenda, S. 34.

245 Ebenda, S. 35.

246 Ebenda, S. 35.

247 Ebenda, S. 35.

248 Dieses Initiationsritual wird etwa in August Strindbergs *Traumspiel* durch religiös-liturgische Riten verfremdet. Vgl. Doris Bachmann-Medick: Kulturelle Spielräume. Drama und Theater im Licht ethnologischer Ritualforschung. In: Kultur als Text, S. 98-121. Hier S. 108.

249 Vgl. Ritualtheorien. Ein einführendes Handbuch. Hg. v. Andréa Belliger u. David J. Krieger. Opladen/Wiesbaden: Westdeutscher Verlag 1998.

250 Vgl. Ronald L. Grimes: Beginnings in Ritual Studies. Columbia/South Carolina 1982; Victor Turner: The Anthropology of Performance. New York 1987; ders.: Das Ritual. Struktur und Anti-Struktur. Frankfurt/M.: Campus 1989; Richard Schechner: Performance Theory. New York/London 1988; ders.: The Future of Ritual. London/New York 1993; ders.: Theater-Anthropologie. Spiel und Ritual im Kulturvergleich. Reinbek: Rowohlt 1990.

251 David J. Krieger/Andréa Belliger: Einführung. In: Ritualtheorien, S. 7-33. Hier S. 13. Vgl. auch Richard Schechner: Ritual und Theater. Rekonstruktion von Verhalten. In: Ritualtheorien, S. 415-434.

schaft vorerst geeignetste Ritualtheorie hat Victor Turner entwickelt,[252] vor allem weil sie den Vorteil besitze, »den sozialen Grundlagen des Rituals vollumfänglich Rechnung zu tragen«[253].
In der theoretischen Diskussion um das Ritual herrscht größtenteils Übereinstimmung darüber, daß »durch Handeln in Form von Ritualen«[254] Identität auf persönlicher, sozialer und kultureller Ebene gestiftet wird und dieses Handeln zur Selbsterkenntnis gesellschaftlicher Gruppen beiträgt.[255] Auch Turner hebt in seiner Definition den performativen Charakter des Rituals hervor, indem er es als »eine kunstvolle *Darbietung* (performance) oder *Darstellung* und nicht hauptsächlich Regeln oder liturgische Anweisungen«[256] beschreibt. Diese Regeln oder Anweisungen, so Turner weiter, bestimmen nicht allein die ›Handlung‹ eines Rituals, sondern erlauben es vielmehr, daß innerhalb dieser Grenzen »etwas neues entstehen [kann]. Die Darstellung verändert sich selbst«[257]. In Anlehnung an Arthur van Gennep bestimmt Turner Rituale weiters als Ereignisse, »die den Übergang von einem Zustand in einen anderen oder von einer kosmischen bzw. sozialen Welt in eine andere begleiten«[258]. Für diese Trennungsriten verwendet van Gennep die Begriffe »präliminal«, »liminal« und »post-liminal«. Rituale markieren demzufolge immer einen Übergang, das Ende von etwas Altem und den Beginn von etwas Neuem. Wichtig ist bei Turner schließlich der soziale Kontext, weil Rituale hinsichtlich ihrer Beschaffenheit und gesellschaftlichen Zuordenbarkeit in vor- und nachindustrielle Rituale unterschieden werden müssen. Gesellschaften und ihre Symbolsysteme, die vor und solche, die nach der industriellen Revolution entstandenen Kulturen angehören, sind aufgrund der differierenden expressiven Kultur dieser Gesellschaften voneinander zu trennen. Turner führt diese Differenz auf die verschiedenen Funktionen von Arbeit, Spiel und Muße zurück: »Die Art und Weise, wie wir jedes einzelne oder eine Kombination dieser Wörter interpretieren, kann das, was wir über die in den hier zu behandelnden Gesellschaftstypen vorkommenden symbolischen Manipulationsformen oder Gattungen denken, ganz wesentlich beeinflussen.«[259] Vorindustrielle Gesellschaften seien demnach durch ihre ›Beziehung‹ zur Arbeit gekennzeichnet, die zum einen eine mythisch-religiöse, zum anderen eine profane Bedeutung annehmen konnte: Arbeit als Dienst für oder an den Göttern und Arbeit als Arbeit per se (etwa agrarische Arbeit). Kennzeichnend ist weiters, daß diese innerhalb eines Ritualzyklus vollzogene Arbeit von der gesamten Gemeinschaft verrichtet wird und nie-

252 Dieser Auffassung ist auch Richard F. Hardin: Ritual und Literaturwissenschaft. In: Ritualtheorien, S. 339-363. Hier S. 340.

253 Ebenda, S. 340. Vgl. die anderen Definitionen von ›Ritual‹ in dem Band Ritualtheorien.

254 Krieger/Belliger, Einführung, S. 30.

255 »Kulturelle Reproduktion, die Bildung von Gruppensolidarität und die Konstruktion von sozialer und persönlicher Identität erfordern allem Anschein nach repräsentative Darstellungen in Form von performativen Handlungen, die ganz allgemein unter dem Begriff ›Ritual‹ oder ›Ritualisierung‹ fallen.« (Ebenda, S. 30)

256 Victor Turner: Soziale Dramen und Geschichten über sie, S. 126.

257 Ebenda, S. 126.

258 Arthur van Gennep: Übergangsriten, S. 13. Zitiert nach Turner: Soziale Dramen und Geschichten über sie, S. 127.

259 Victor Turner: Das Liminale und das Liminoide in Spiel, »Fluß« und Ritual, S. 44.

mand ausgeschlossen bleibt. Was diesen Begriff vom industriellen Begriff der Arbeit unterscheide, sei zudem die ›Vollmacht‹ der Gemeinschaft und ihrer Mitglieder, »unter bestimmten kulturell determinierten Bedingungen von Zeit zu Zeit neue Elemente in den sozialen ererbten Bestand ritueller Bräuche einzuführen«[260]. Diese ludischen Aspekte seien vor allem den Schwellenphasen des Rituals zuzuordnen.

> Diese spielerischen Aspekte schließen Scherzbeziehungen, Sakralspiele wie die Ballspiele der alten Maya und modernen Cherokee, Rätsel, Scheinordale, heiliges Narrentum und Clownerie, Trickstergeschichten, die man in Schwellenzeiten und an Schwellenorten, in rituellen Kontexten oder außerhalb erzählt, und eine Unmenge anderer Formen ein.[261]

Wesentlich ist, daß diese ludischen Aspekte mit der ›Arbeit‹ der Gruppe gleichsam eine Einheit bilden.

> Im Zwillingsritual – *Wubwang'u* – der Ndembu zum Beispiel [...] beschimpfen sich an einer Stelle Männer und Frauen auf sexuell äußerst anzügliche und ausgelassene Weise. Ein großer Teil dieser Beschimpfungen geht, obwohl vieles auch stilisiert ist, auf die persönliche Erfindungsgabe der einzelnen Teilnehmer zurück. Nichtsdestoweniger steht dieses ludische Verhalten im Dienst des eigentlichen Ziels des Rituals – gesunde, aber *nicht zuviele* Nachkommen auf einmal zu zeugen. Viel ist gut, aber zuviel ein dummer Scherz. Das Scherzen zwischen Männern und Frauen sorgt deshalb für angemessene und verhindert unangemessene Fruchtbarkeit. Scherzen macht Spaß, ist aber auch eine soziale Sanktion. Selbst beim Scherzen muß die »goldene Mitte« gewahrt werden – ein ethisches Prinzip »zyklischer, repetitiver Gesellschaften«, die noch nicht von innovativen Ideen und technischen Veränderungen aus dem Gleichgewicht geworfen sind.[262]

Erst im Zug der Industrialisierung erfolgte eine Trennung von Arbeit und Muße (»ein Begriff, der das Spiel *sui generis* einschließt, aber weiter gefaßt ist«[263]), die schließlich auch Auswirkungen auf »alle symbolischen Ausdrucksformen – vom Ritual über die Spiele bis hin zur Literatur«[264] gehabt habe. Muße definiert Turner als »Nicht-Arbeit, eine Phase der Anti-Arbeit im Leben eines Menschen, der auch arbeitet«,[265] und betont damit wiederum die enge Bindung beider Begriffe: das eine ist ohne das andere nicht möglich.[266]

---

260 Ebenda, S. 47.

261 Ebenda, S. 47f.

262 Ebenda, S. 48f.

263 Ebenda, S. 47.

264 Ebenda, S. 52.

265 Ebenda, S. 54.

266 »Nach Dumazedier entsteht Muße unter zwei Bedingungen: 1. Gesellschaftliche Tätigkeiten unterliegen nicht mehr den für alle gültigen rituellen Pflichten. Einige Tätigkeiten, Arbeit und Muße eingeschlossen, fallen nun in den Bereich *individueller Entscheidung*. 2. Die Arbeit, mit der man seinen Lebensunterhalt verdient, wird »von anderen Tätigkeiten getrennt: ihre Grenzen sind nicht mehr ›natürlicher‹, sondern willkürlicher Art – tatsächlich wird sie so genau organisiert, daß man sie sowohl theoretisch als auch praktisch leicht von der Freizeit unterscheiden kann««. (Ebenda, S. 54)

Muße ist hauptsächlich ein städtisches Phänomen. Wenn daher das Mußekonzept in bäuerliche Gesellschaften einzudringen beginnt, so deshalb, weil die Landarbeit dabei ist, eine industrielle, ›rationalisierte‹ Organisationsform anzunehmen, und die urbanen Werte der Industrialisierung langsam das Landleben durchdringen. Dasselbe gilt heute auch für die Dritte Welt sowie für das bäuerliche Hinterland der seit langem industrialisierten Gesellschaften.[267]

Diese Zeit der Anti-Arbeit ist in Industriegesellschaften sehr markant als ›Freizeit‹ ausgeformt, die sich von der Arbeitszeit vor allem durch ihren ausgeprägten Freiheitscharakter auszeichnet.[268] Im Unterschied zu tribalen Gesellschaften dominiert in diesen Phasen der Freiheit das Ludische und Experimentelle: vom Fußball bis zum Glücksspiel. Wesentlich ist, daß diese von der Arbeit getrennten Tätigkeiten stets freiwillig unternommen werden. Aufgrund dieser positiven Eigenschaft »setzt [Freizeit] potentiell – individuelle oder kollektive – kreative Kräfte sowohl der Kritik als auch der Bestätigung dominanter sozialstruktureller Werte frei«[269]. Einige der in diesen Zeiten sich vermehrt habenden »symbolischen Gattungen des Unterhaltungs- wie des Bildungstyps«[270] hat Turner als ›liminale Phänomene‹ bezeichnet, indem er Muße als »eine Zwischenphase, die weder das eine noch das andere ist, als einen Bereich zwischen zwei Arbeitsperioden oder zwischen beruflicher, familiärer und bürgerlicher Tätigkeit«[271] auffaßt.

Die verschiedenen Gattungen industrieller Muße wie Theater, Dichtung, Literatur, Ballett, Film, Sport, Rockmusik, Klassische Musik, Kunst, Pop Art usw. spielen ebenso mit den Faktoren der Kultur, ordnen sie ebenso zu zufälligen, grotesken, unwahrscheinlichen, schockierenden, gewöhnlich experimentellen Kombinationen an, wie wenn Stammesangehörige Masken anfertigen, sich selbst als Monsterwesen verkleiden, disparate rituelle Symbole vereinigen oder die profane Realität in Mythen und Märchen umkehren oder parodieren. Sie tun das aber auf sehr viel kompliziertere Weise, als das in der Schwellenphase von tribalen Initiationsriten der Fall ist, indem sie sich in spezialisierte Gattungen des Kunst- und Unterhaltungssektors, der Massen-, Pop-, Volks-, Hoch-, Gegen-, Untergrund- usw. Kultur (im Gegensatz zu den relativ begrenzten symbolischen Gattungen der »Stammes«-Gesellschaft) aufspalten. Und innerhalb dieser Gattungen haben die Autoren, Dichter, Dramatiker, Maler, Bildhauer, Komponisten, Musiker, Schauspieler, Komödianten, Folksänger, Rockmusiker, die »Macher« im allgemeinen sehr viel Spielraum, nicht nur »verrückte« Formen, sondern auch, und das nicht eben selten, direkte, gleichnishafte oder Aesopsche Modelle zu entwickeln, die dem *Status quo* entweder insgesamt oder teilweise äußerst kritisch gegenüberstehen.[272]

267 Ebenda, S. 55.

268 »1. Freizeit bedeutet *Freiheit von* einer ganzen Menge institutioneller, aus den Grundformen sozialer, besonders technologischer und bürokratischer Organisation resultierender Verpflichtungen. 2. Für jeden einzelnen bedeutet Freizeit *Freiheit von* den erzwungenen, geregelten Fabrik- und Bürozeiten und die Möglichkeit, die natürlichen, biologischen Rhythmen wiederzuerlangen und zu genießen«. (Ebenda, S. 55)

269 Ebenda, S. 56.

270 Ebenda, S. 60.

271 Ebenda, S. 60.

272 Ebenda, S. 61.

Als Pendant zu Stammesmythen und -ritualen möchte Turner die Kunstwerke insofern betrachten, als sie die politische oder soziale Ordnung einerseits legitimieren können – Turner bezeichnet sie daher als liminal, pseudo-liminal oder post-liminal – diese andererseits (allerdings nicht konsequent) auch zu unterwandern vermögen.

> Zum Beispiel ist die Satire eine konservative Gattung, weil sie *pseudo-liminal* ist. Sie deckt zwar Laster, Torheiten, Dummheiten oder Mißbräuche auf, greift sie an oder verspottet sie, doch ist gewöhnlich der normative Strukturrahmen offiziell verkündeter Werte ihr Beurteilungskriterium. Aus diesem Grund weisen satirische Werke wie die von Swift, Castlereagh oder Evelyn Waugh oft die Form eines »Umkehrungsrituals« auf: sie geben zu verstehen, daß Unordnung kein ständiger Ersatz für Ordnung ist.[273]

Die Liminalität von Literatur liegt eben darin, daß sie Potentialitäten offeriert, daß sie die normativen oder normierenden sozialen und/oder politischen Kräfte in der Vorstellungskraft stillegt und so ein Bewußtsein für ein ›So könnte es sein‹ schafft. Als Analogien von Liminalität in der Literatur – oder, um mit Turner zu sprechen, »in den Mußegattungen komplexer Gesellschaften«[274] – können »›Extremsituationen‹ wie Folter, Mord, Krieg, Selbstmord, Krankenhaustragödien, Hinrichtungen usw.«[275] gelten. Ganz allgemein und nicht nur auf die Literatur bezogen nennt Turner diese »Befreiung der kognitiven, affektiven, volitionalen, kreativen usw. Fähigkeiten des Menschen von den normativen Zwängen«[276] ›Anti-Struktur‹.

Turners Unterscheidung von ›liminal‹ und ›liminoid‹ beruht ebenfalls auf der Unterscheidung von vor- und nachindustrieller Gesellschaft. Wie schon angedeutet sind tribale Riten und die darin vollzogenen Handlungen und Symbole durch ihren Pflichtcharakter für die Novizen gekennzeichnet. Das Liminale ist durch die Pflicht, das Liminoide durch Freiwilligkeit gekennzeichnet.[277] Diese Unterscheidung ist besonders dann bedeutenswert, wenn vorindustrielle literarische Ausdrucksformen wie das im vierzehnten Jahrhundert entstandene Nô-Theater in dieser Hinsicht untersucht werden.[278]

In den folgenden Interpretationsansätzen sollen nun jene von Turner und Gennep beschriebenen Übergangsriten thematisiert werden.

---

273 Ebenda, S. 62.

274 Ebenda, S. 73.

275 Ebenda, S. 73.

276 Ebenda, S. 68.

277 »[...] niemand *muß*, wie das in Stammesritualen der Fall ist, in Umkehrung des normalen Verhaltens handeln; einige, nicht *alle*, *Leute wollen* sich während des Karnevals anders als sonst verhalten. Hinzu kommt, daß man beim Karneval ganz nach *Belieben* mitmachen *oder* nicht mitmachen, aktive auftreten oder nur zuschauen kann. Karneval ist eine Form des Freizeitvergnügens, kein obligatorisches Ritual, ist von Arbeit geschiedenes Spiel, nicht Spiel und Arbeit als binäres System der ›ernsten‹ kollektiven Anstrengung des Menschen zugleich.« (Ebenda, S. 66)

278 Vgl. Victor Turner: Soziale Dramen und Geschichten über sie, S. 138.

2.2.1.2 Nô-Theater, *Jedermann*, *Macbeth*

Als Beispiele für eine ethnologisch orientierte Literaturinterpretation sollen einige Stücke aus dem Korpus des japanischen Nô-Theaters, Hugo von Hofmannsthals *Jedermann* und William Shakespeares *Macbeth* herangezogen werden.

Das japanische Nô-Theater kann als Paradigma für eine Mischung aus (im östlichen Sinn) religiöser und säkularisierter Theaterform dienen, deren »stark formalisierte und wiederholbare Verhaltensabfolgen«[279] kraft ihrer durch die Überlieferung reduzierte Symbolisierung gerade jene Bedeutungsaufladung erfahren hat, die von der ethnologisch orientierten Literaturwissenschaft zu oft ausschließlich auf Dramen europäischer Autoren angewandt worden ist. Performative Textgattungen, in unserem Fall Theaterstücke, geben zudem die Gelegenheit, den ›Text‹ nicht als fixiertes Ganzes, sondern als Prozeß von Bedeutungskonstitution zu beschreiben. Einer solchen performativen Anthropologie hat sich u. a. Victor Turner gewidmet. Ein Blick auf einige Nô-Stücke erlaubt zudem eine komparatistisch angelegte Analyse »sozialer und dramatisch-theatralischer Handlungsmuster«,[280] welcher ein Ritualverständnis zugrundegelegt ist, »das an der kulturellen Aussagekraft ritueller Vorgänge festhält und ausgehend von ›Schlüsselszenarien‹ interkulturell vergleichbare Inszenierungs- und Handlungssequenzen herausarbeitet«[281]. Mit besonderer Deutlichkeit können an den meisten Nô-Spielen Liminalitätserfahrungen beschrieben werden, wie erwähnt ein zentrales Kennzeichen von Ritualen. Grenzüberschreitungen (Geburt, Taufe, Pubertät, Hochzeit, Tod usw.) sind in den meisten Kulturen mit bestimmten Ritualen verbunden. Die dieser Liminalität ausgesetzten »Schwellenpersonen«[282] sind

> meist räumlich abgesondert, an einen anderen, heiligen Ort versetzt, verkleidet oder maskiert und der paradoxen Verfassung ausgeliefert, daß sie sich gleichzeitig als tot und lebendig, als Tier und Mensch, als Mann und Frau empfinden können. Kennzeichnend für solche Liminalitätserfahrung ist die Konfrontation mit übermenschlichen Kräften, mit Mythen, Dämonen, Göttern, mit Hexerei, Magie, Wiederkunft der Toten, Geistererscheinungen [...], mit Monstern und überdimensionierten Körperteilen. Diese Konfrontation erzeugt nicht nur Angst und Entfremdung. Sie zwingt den Novizen/Initianden auch zur Auseinandersetzung mit seiner kulturspezifischen Symbolwelt.[283]

Die Erfahrung der Liminalität wird im Nô-Drama vor allem durch dessen Eigenschaft als Ich-Drama bestärkt, zumal die meisten Nô-Stücke um eine Hauptfigur (*shite*) und deren Konflikt zentriert sind:[284] »Die Hauptfiguren der Nô-Stücke sind Geister, arme

279 Doris Bachmann-Medick: Kulturelle Spielräume. Drama und Theater im Licht ethnologischer Ritualforschung, S. 100.

280 Ebenda, S. 101.

281 Ebenda, S. 101.

282 Ebenda, S. 103.

283 Ebenda, S. 103.

284 Vgl. Sang-Kyong Lee: Nô und europäisches Theater. Eine Untersuchung der Auswirkungen des Nô auf Gestaltung und Inszenierung des zeitgenössischen europäischen Dramas. Frankfurt/M./Bern/ New York: Lang 1983 (= Europäische Hochschulschriften 18), S. 37. Die folgenden Ausführungen über das Nô-Theater sind der Arbeit Lees entnommen.

Seelen, die keine Ruhe haben, und Frauen im Wahnsinn, während in den Nebenrollen meistens realistisch dargestellte einfache Bürger auftreten«[285]. Als Vermittler zwischen Bühnengeschehen und Publikum tritt eine Nebenfigur (*waki*) auf, die darüber hinaus die Funktion eines Kommentators erfüllt. Während der *shite* in Versen rezitiert, spricht der *waki* in einfacher Prosa. Turner zufolge sind solche Novizen, also Subjekte in der Schwellenphase, deshalb oft mit »Geistern, Göttern oder Ahnen einerseits, mit Tieren und Vögeln andererseits«[286] gleichgesetzt, weil sie »keine Recht über andere haben«[287] und von strukturellen Verpflichtungen befreit seien, »außerdem bringt sie das in enge Verbindung zu nichtsozialen oder asozialen Lebens- und Todeskräften«[288]. Seine Stoffe und Motive gewinnt das Nô-Spiel aus Chroniken des japanischen Mittelalters, aus Novellensammlungen und Romanen, aus Sammlungen japanischer Lyrik und schließlich aus der chinesischen Mythologie und Geschichte.[289] Es ist oft darauf hingewiesen worden, daß aus der alleinigen Lektüre eines Nô-Stückes nur sehr bedingt dessen gesamte Wirkung auf den Zuschauer erfahren werden kann, wie dies bei der dramatischen Literatur im allgemeinen der Fall ist.[290] Ein Nô-Abend setzt sich zumeist aus fünf Spielen zusammen: 1. Götter-Nô, 2. Nô der Krieger und Helden, 3. Spiel der Frauen, 4. Nô der Rasenden und schließlich 5. Nô der Geister, Dämonen und der Unterwelt.[291] Dieser Ablauf entspricht dem dramaturgischen Aufbau eines Nô-Spiels (Einleitung – Entwicklung – Höhepunkt), sodaß dem Geister-Nô im Gefüge dieser Struktur wohl die meiste Aufmerksamkeit zuteil wird. Als eine Theaterform des japanischen Adels im vierzehnten Jahrhundert war das Nô Bestandteil höfischer Zeremonien und festlicher Anlässe, etwa Mannbarkeitsriten, Hochzeiten oder

285 Ebenda, S. 38.

286 Victor Turner: Das Liminale und das Liminoide in Spiel, »Fluß« und Ritual, S. 39

287 Ebenda, S. 39.

288 Ebenda, S. 39.

289 Vgl. Peter Weber-Schäfer: Nachwort. In: Vierundzwanzig Nô-Spiele. Ausgewählt und aus dem Japanischen übertragen von Peter Weber-Schäfer. Frankfurt/M.: Insel [2]1986, S. 209-221. Hier S. 216f.

290 So etwa bei Ezra Pound und Ernest Fenollosa: »Im Nô haben wir eine Kunstform vor uns, die vom Gott-Tanz her angelegt ist, auf irgendeine lokale Legende oder Geistererscheinung zurückgeht oder auf Heldentaten aus Geschichte und Sage beruht; eine Kunst feierlicher Gebärden, in einer Einheit von Tanz, Gesang und Darstellung, die nicht mimetisch ist. Es ist natürlich unmöglich, auf dem Papier eine rechte Vorstellung vom Ineinander all der Faktoren dieser Kunst zu geben. Man kann nur dem Wortlaut der Texte nachspüren und sagen, daß die Worte gesprochen, in singendem Tonfall rezitiert oder gesungen werden zu den traditionellen, durchlaufenden Figuren und Farben, und daß sie für sich allein noch nicht das volle Nô ausmachen. Dennoch, trotz aller Schwierigkeiten der Wiedergabe, finde ich diese Texte wunderbar, und sie werden durchaus einleuchtend, wenn man – wie ein Freund es ausdrückt – ›sie die ganze Zeit so liest, wie man einer Melodie folgen würde‹.« (Ezra Pound/Ernest Fenollosa: Das klassische Nô-Theater Japans. In: Ezra Pound/Ernest Fenollosa/Serge Eisenstein: Nô – Vom Genius Japans. Hg. u. kommentiert v. Eva Hesse. Zürich: Arche 1963, S. 25-44. Hier S. 28f.)

291 Vgl. Peter Weber-Schäfer: Nachwort, S. 214ff. Die im 15. Jahrhundert entstandene kunsttheoretische Schrift *Kadensho* (›Vom Überliefern der Blüte‹) von Seami Motokiyo (1363-1443) gibt folgende Abfolge vor: 1. Götter-Nô, 2. Nô der Krieger, 3. Nô der Frauen, 4. Nô der Geister, 5. Moralspiel und fakultativ 6. ein Fest-Spiel. (Vgl. Ezra Pound/Ernest Fenollosa: Das klassische Nô-Theater Japans, S. 38ff.)

Totenämtern.[292] *Im Gegensatz zum westlichen Drama handelt das Nô keine ›Probleme‹* ab, sondern fokusiert Lebensentwürfe als solche:

> Ich meine, eine Nô-Vorstellung mit ihren fünf oder sechs Spielen stellt eine Besinnung auf das Ganze des Lebens dar. Nirgends wird – wie etwa in ›Hamlet‹ – eine einzelne Situation oder ein besonderes Problem herausgestellt und abgehandelt. Eine Nô-Abend repräsentiert – oder symbolisiert – einen vollständigen Abriß des Lebens in seiner Wiederkehr.
> Die Stücke für sich behandeln vorwiegend wohlvertraute Handlungsphasen, ganz analog dem griechischen Drama, in dem wir z. B. den uns schon bekannten Ödipus in einer uns schon bekannten mißlichen Lebenslage finden.[293]

Im folgenden sollen die Ansätze der ethnologisch orientierten Literaturwissenschaft anhand eines Vergleichs einiger Nô-Stücke mit einem Werk geprüft werden, dessen Thematik sich mit einem »Element, das dem Nô seine Wirkung gibt: die Theophanie, das Erscheinen des Überweltlichen in der Welt«[294] deckt, nämlich Hugo von Hofmannsthals *Jedermann* (1911).[295] Tatsächlich geht das Grundmotiv des *Jedermann* auf eine buddhistische Parabel zurück.[296]
Gerade *Jedermann* ist zu einem Vergleich über den kulturell differenten Umgang mit einer Schwellensituation (Leben – Tod) geeignet. Darüber hinaus kann das Verhalten einer Schwellenperson (Jedermann), die noch dazu die Hauptperson des Stückes ist, in besonderer Weise beobachtet werden. Jedermann befindet sich unmittelbar nach der Konfrontation mit dem Tod, aber auch schon angedeuteterweise davor, in einem Zustand der Liminalität in höchster Weise, und zwar insofern, als der Tod für ihn »den Gipfel der Unsicherheit, den Einbruch des Chaos in den Kosmos, der Unordnung in die Ordnung«[297] bedeutet. Freilich verhält es sich für den Zuschauer umgekehrt: Er erlebt das Leben Jedermanns als Chaos und Unordnung im Sinn christlicher Wertvorstellungen, der Tod schafft Ordnung in diesem Sinn, nämlich die Bekehrung Jedermanns. Dies entspricht der von van Gennep so bezeichneten Trennungsphase, welche durch die »symbolische Umkehrung sozialer Eigenschaften«[298] gekennzeichnet ist. Auch bei

---

292 Vgl. Ezra Pound/Ernest Fenollosa: Das klassische Nô-Theater Japans, S. 37.

293 Ebenda, S. 42.

294 Peter Weber-Schäfer: Nachwort, S. 210.

295 Hugo von Hofmannsthal: Jedermann. Das Spiel vom Sterben des reichen Mannes. In: ders.: Gesammelte Werke in zehn Einzelbänden. Bd. 4: Dramen III 1893-1927. Hg. v. Bernd Schoeller in Beratung mit Rudolf Hirsch. Frankfurt/M.: S. Fischer 1979, S. 9-72.

296 Vgl. Heinz Rölleke: Hugo von Hofmannsthal. Jedermann. Erläuterungen und Dokumente. Stuttgart: Reclam 1996, S. 24. Verwendet hat Hofmannsthal aber nur die folgenden Quellen (S. 27): Everyman. A Morality Play. with an Introduction and Notes. 23rd Edition. London 1906; Hans Sachs: Ein comedie von dem reichen sterbenden menschen, der Hecastus genannt. In: Hans Sachs' Werke. Tl. 2. Hg. v. Bernhard Arnold. Berlin/Stuttgart [1884] (= Deutsche National-Litteratur 21); Karl Goedeke: Every-Man, Homulus und Hekastus. Hannover 1865, S. 113-128; Don Pedro Calderón de la Barca: Balthasars Nachtmahl. In: Geistliche Schauspiele von Don Pedro Calderón de la Barca. Übers. v. Joseph von Eichendorff. Bd. 2. Stuttgart/Tübingen 1865, S. 291-346.

297 Victor Turner: Das Liminale und das Liminoide in Spiel, »Fluß« und Ritual, S. 72.

298 Ebenda, S. 38. Turner berichtet etwa von tribalen Initiationsriten, während der die Novizen isoliert von ihrer Gemeinschaft im Busch leben müssen, ihres Namens und ihrer Kleidung beraubt

Jedermann tritt dieser Gegensatz zwischen ihm und den Wertvorstellungen seiner sozialen Umgebung deutlich zutage. Er unterläßt die Gebote der Nächsten- und Mutterliebe und befindet sich in einer ausgeprägten Abseitsstellung, die sich keinesfalls als ausweglos anläßt. Eben jene melancholischen Momente der geistigen Abwesenheit sind es, die dem Zuschauer noch einen Keim des Guten im Kleid des unberührbaren Egoisten vermuten lassen.

Für Jedermann bedeutet die Konfrontation mit dem Tod ein Innehalten, ein Prüfen der eigenen moralischen Befindlichkeit, ein Abrücken von bisher gelebten und im Handeln vollzogenen Überzeugungen, um diese von einer entrückten Position aus zu prüfen. Hervorgerufen wird die Liminalität allerdings nur bedingt von Jedermann selbst. Wie erwähnt erfährt er schon vor seiner Begegnung mit dem Tod Anwandlungen von Melancholie, die ihn für Momente seiner Überzeugungsparadigmen entrücken. Doch erst als er tatsächlich mit dem Tod in Berührung kommt, wird der Umschwung der Gefühle folgenreich eingeleitet.

Dennoch bleibt bei Hofmannsthal ein wesentliches Moment der Liminalität ausgespart: Turner spricht im Zusammenhang mit dem »Übergang von einem sozialen Status zum anderen«[299] auch von einem Raumwechsel, »einer geographischen Ortsveränderung«,[300] die sich in ihrer säkularisierten Form etwa als Pilgerreise ausnehmen kann. Eben jene Pilgerreise, die zwar einmal angesprochen,[301] jedoch nie ausgeführt wird, hätte den Prozeß der Bekehrung auch in darstellerischer Weise noch verstärken können. Zwar kann der Übergang vom Leben zum Tod als ein derartiger räumlicher Wechsel gedeutet werden, allerdings hat der Protagonist dann nicht mehr die Gelegenheit, jene durch die liminale Situation hervorgerufene Statusveränderung, hier also die Bekehrung zu christlichen Grundsätzen, gleichsam auszuleben. Jedermann erfährt also die von van Gennep so bezeichnete Phase der Angliederung oder Inkorporation[302] nur mehr unvollständig.

Ähnlich wie in Hofmannsthals Stück verhält es sich in dem Nô-Spiel *Ukai* (›Der Kormoranfischer‹). Den religiösen Hintergrund des Stückes bildet freilich nicht die christliche Glaubenslehre, sondern der Buddhismus, insbesondere die Regel, daß jedes Töten von Lebewesen als Sünde zu betrachten ist. In diesem Sinn wird der Kormoranfischer zum Sünder. Die Vergebung seiner Sünde kann sich der Fischer nur von zwei Mönchen erwarten, die sich auf einer Pilgerfahrt befinden (die beiden Mönchen nehmen die Rolle des *waki* bzw. *wakitsure* ein, der Kormoranfischer die Rolle des *shite* im ersten Teil des Stückes). Vergebung für den vom Alter geplagten Fischer kann also nur

»und mit gewöhnlicher Erde bestrichen [werden], so daß man sie nicht von den Tieren unterscheiden kann«. (S. 38)

299 Ebenda, S. 36.

300 Ebenda, S. 36.

301 »GOTT

Geh du zu Jedermann und zeig in meinem Namen ihm an:
Er muß eine Pilgerschaft antreten
Mit dieser Stund und heutigem Tag,
Der er sich nicht entziehen mag.« (S. 12)

302 Vgl. ebenda, S. 35.

aus dem Reich der Geister und Götter kommen. Daß die beiden Mönche keineswegs irdischen Ursprungs sind, wird nicht nur durch die Subgattung des Dämonenspiels, sondern auch an einer Stelle im Text angedeutet:

1. Mönch:	Wir sind Mönche auf Pilgerfahrt. Wir haben im Dorf um Nachtlager gebeten, doch man sagte uns, das sei nicht erlaubt. Deshalb haben wir uns hier im Tempel niedergelassen.
Fischer:	Ja, das stimmt. Niemand im Dorf kann Euch aufnehmen.[303]

Die durch die Mönche eingeleitete Liminalität, die in einem Monolog des Fischers schon angedeutet ist (»In alter Zeit, so hörte ich, / Tauschten Liebesschwüre im Mondlicht / Der Kuhhirt und die Weberin. / Jetzt strahlen die als Sterne droben.« [S. 184]) vermag es nun aufgrund ihrer Potentialität, die sich durch die Begegnung mit der Geisterwelt offenbart, die einst begangene Sünde zu reuen. Die Vergegenwärtigung seiner sündhaften Tat wird noch dazu darstellerisch abgehoben (»Der Fischer steht auf und begleitet von hier an die Erzählung pantomimisch« [S. 187], lautet die Anweisung im Nebentext). Gleichsam ritualistisch versuchen die Mönche, die Erlösung des Fischers im zweiten Teil des Stückes herbeizuführen.

Wartegesang

Die Mönche: Auf den Sandbänken sammeln wir Kiesel,
Auf den Sankbänken sammeln wir Kiesel.
Wir schreiben das Buch vom Guten Gesetz:
Ein Zeichen auf jedem Kiesel,
Und werfen sie zurück in die Wellen.
Vielleicht, daß durch unser Gebet
Emporgetrieben wird der Schatten
Zum Land der Seligkeiten. (S. 188)

Wie für Jedermann hat sich auch für den Fischer die Vereinigung von irdischer und christlicher bzw. buddhistischer Glaubenslehre vollzogen:

Chor: Nur durch die Kraft der einen Lehre
Kann der Sünder, der im Höllenschlund versank,
Emporgetragen werden ins Reich der Seligkeiten
Und die Frucht der Erleuchtung genießen;
Das ist die Wundermacht des Buches. (S. 189)

Das Telos des – in Weber-Schäfers Worten – »Erscheinens des Überweltlichen in der Welt« ist in beiden Stücken gleich: in den genannten Nô-Spielen dient die Erscheinung der Geister der Konfrontation mit der Vergangenheit, der Bewußtmachung bereits durchlebter Biographien und begangener Fehler und Irrtümer. In *Jedermann*, der in der Tradition christlicher Mysterienspiele steht und damit ihre Strukturelemente verwen-

---

303 Saemon Goro: Der Kormoranfischer. Neu bearbeitet von Seami Motokiyo. In: Vierundzwanzig Nô-Spiele, S. 185.

det, erscheinen die äußersten Machtinstanzen christlichen Glaubens, Gott und Tod und Teufel, als Hervorbringer christlicher Reue und Bußbereitschaft.

Auch das Stück *Shokun* (›Die Schöne und der Barbar‹), ebenfalls dem Nô der Geister und Dämonen zuzurechnen, behandelt die Differenz von früherem und gegenwärtigem Leben. Das Stück geht auf die chinesische Legende der Hofdame Wang Shao-dschün zurück, die davon erzählt, daß der Kaiser Yüan einem Hunnenkönig eine seiner Hofdamen überlassen sollte. Der Kaiser beauftragte einen Maler, Porträts seiner dreitausend Hofdamen zu malen, damit der König eine Auswahl treffen könnte. Der Maler wurde jedoch – mit Ausnahme von Shao-dschün – von den Hofdamen bestochen, sie schöner zu malen als sie tatsächlich waren. Shao-dschüns Bild fiel deshalb abstoßend häßlich aus. Schließlich stirbt sie einsam und verlassen in der Fremde als Gattin des Hunnenkönigs, weil der Kaiser diesem nur die häßlichste seiner Hofdamen gönnen wollte. Auch in diesem Stück tritt wiederum ein Reisender (*waki*) auf, der die Zuschauer in die Legende einweiht. Das Vergehen von Wang Shao-dschün bestand nun darin, den Maler eben nicht bestochen zu haben (»*Vater*: So ward sie hoch erhoben über alle, / Doch keiner kann der Strafe je entgehen / für Unrecht aus vergangenem Leben.«[304]) Die Reise der Hofdame ins Land der Hunnen bewirkt schließlich die Entstehung eines Rituals:

Vater: Die Beamten des Gefolges ließen,
Den Weg der Reise zu verkürzen,
Musik ertönen und Gesang.
Beide: Seit jener Zeit ist es der Brauch,
Daß man die Laute schlägt zu Pferde.[305]

Das Ritual entsteht hier aus der Isolierung eines einem historischen Ereignis zugeordneten Elements und erfährt damit eine Symbolisierung.
Wang Shao-dschün ist aber nicht völlig der heimatlichen Welt entrückt. In Form einer Weide, die gepflanzt wurde, nachdem sie ins Land der Hunnen gezogen war, wird ihrer gedacht. Sie ist es auch, die den Geist der Hofdame noch einmal erscheinen läßt (»Die Weide hier ist ein Andenken an Shao-dschün. Wir wollen den Spiegel davor halten, vielleicht, daß uns ihr Bild erscheint«[306]). Wang Shao-dschüns Erscheinen in Form eines Geistes hebt die Endgültigkeit der Situation, sie für immer verloren zu haben, für einige Momente auf. Es läßt sie teilhaben an der Welt der Lebenden wie auch der Toten und hält ihr damit eine Option für ihr weiteres Leben offen, wenngleich diese natürlich nicht eingelöst werden kann. Für den Hunnenkönig, der ebenfalls als Geist erscheint, wird der Spiegel ein Objekt der Erkenntnis, nämlich daß auch er dem Alter und schließlich dem Tod anheimgefallen ist:[307]

304 Unbekannter Verfasser: Die Schöne und der Barbar. In: Vierundzwanzig Nô-Spiele, S. 175-182. Hier S. 176.

305 Ebenda, S. 176.

306 Ebenda, S. 179.

307 Der Spiegel ist hier u. a. auch ein Requisit »des Totenreiches, / Der Schuld und Sünde spiegelt« (ebenda, S. 181), also ein Mittel zur Erzeugung von Potentialität, die darin besteht, daß den irdischen Menschen für einige Momente die Hoffnung zuteil wird, daß der Geist wieder ins Leben

Chor: Schmachvolle Gestalt!
Wenn ich in den Spiegel blicke,
Sei's im Stehen, sei's im Sitzen,
Sehe einen Dämon ich,
Sehe keinen Menschen.
Bin ich es? Bin ichs nicht?
Ja, ich bin es.
Schrecklicher Anblick! O Schande!
So spricht er und geht.
Der Geist des Hunnenkönigs verschwindet.[308]

Nur Wang Shao-dschün hat ihre Schönheit, die den Farben der dunklen Weide entspricht, behalten. Es ist in dieser Situation nicht entschieden, ob Wang Shao-dschün dem Reich der Toten oder dem Reich der Lebenden zuzuzählen sein wird.
Neben dem Spiegel ist die Maske ein weiteres kulturenübergreifendes Requisit. Sie wird in der antiken Tragödie, im Nô- und im europäischen Theater verwendet. Ihr Einsatz auf der Bühne geht auf ritualistische Traditionen früher Kulturen zurück. Sie ist beispielsweise Schutzmaske, aber auch magische Maske, »die auf ihren Träger Kraft und Eigenschaften der dargestellten Dämonen überträgt«[309]. Vor allem die magische Maske, so Lesky, sei von großer Bedeutung, da erst sie eine Verwandlung ermögliche. Wie in der Antike lag auch in Japan die Symbolkraft der Maske sowohl im darstellerischen Bereich als auch außerhalb des Theaters. Im Nô dient die Maske dazu, Alltagsleben und Kunstwelt zu trennen und stellt an den Schauspieler die Anforderung, die durch die Maske entfallende Mimik durch seine »aus dem innersten kommende Darstellungskunst zu aktivieren«[310]. Die Maske bleibt schließlich dem *shite* vorenthalten. Die Tradition des Nô kennt Masken mit verschiedenen Ausdrucksarten, so etwa Dämonenmasken mit furchterregenden oder Frauenmasken mit ebenmäßigen Gesichtszügen.[311]

> Die Nô-Masken sind nicht nur rituelle Instrumente der Verwandlung, sondern auch Verkörperung der Geisteswelt, von der diese Theaterform geprägt ist. Deshalb drücken sie, abgesehen von manchen Dämonenmasken, an sich kein bestimmtes Gefühl aus, weder Freude noch Traurigkeit noch Zorn, sind aber so kunstreich angefertigt, daß sie durch geschickten Gebrauch sogar Feinheiten der verschiedenen Gefühlslagen anzudeuten vermögen.[312]

Schließlich geben die verschiedenen Arten, die Maske zu tragen, Auskunft über das Innenleben des Protagonisten.

---

zurückkehren könnte. Dieser befindet sich also in einer Art Schwellenphase und ist sowohl von nicht-irdischen wie von seiner irdischen Bestimmung losgelöst.

308 Ebenda, S. 181.

309 Albin Lesky: Die griechische Tragödie. Stuttgart: Kröner [5]1984 (= Kröners Taschenausgabe 143), S. 47.

310 Sang-Kyong Lee: Nô und europäisches Theater, S. 65.

311 Vgl. Nô – Gewänder und Masken des japanischen Theaters. Katalog zur Ausstellung. Hg. v. Klaus J. Brandt. Stuttgart 1993, S. 18f.

312 Sang-Kyong Lee: Nô und europäisches Theater, S. 66.

> Schiebt man die Maske ein wenig nach unten, stellt man Trauer dar (kumorasu); um Freude auszudrücken, hebt man sie ein wenig nach oben (terasu). In dem Stück Izutsu z.B. schaut der Nochi-jite – er stellt in diesem Stück eine Frau dar – in die Tiefe des Brunnens hinein und sieht dort das Gesicht des ehemaligen Geliebten widergespiegelt, in den Moment wandelt sich plötzlich die bis dahin lachend scheinende Maske durch die veränderte Stellung und scheint Erregung auszudrücken.[313]

Schließlich ist die Maske auch das Medium eines Übergangsritus innerhalb dem ein junger Mann – das Nô ist ein reines Männertheater – »in die Welt der Erwachsenen und des Nô«[314] aufgenommen wird. Er probt zuerst die heilige Maske des alten Mannes und darf erst mit fortschreitendem Alter neue Rollen und somit auch neue Masken tragen. Ein Vergleich des Gebrauchs von Masken im Theater verschiedener Kulturen läßt schließlich Rückschlüsse auf den Grad der Symbolisierung sozialer Handlungen oder Emotionen, die kulturenübergreifenden Gemeinsamkeiten solcher Symbolisierungen und ihrer Bedeutungen und nicht zuletzt auf die Verschiedenartigkeit der symbolischen Transformation sozialer Bedeutungsinhalte zu.
Im formalisierten Aufbau des *mugen-Nô* (ein Wandermönch auf Pilgerschaft trifft auf einen unscheinbaren Menschen, der ihm seine Vergangenheit offenbart. Er verschwindet im zweiten Teil des Stückes, um als Geist, Gottheit oder Dämon wieder zu erscheinen und seine Geschichte nochmals in einem Tanz zu rekapitulieren) erkennt Stanca Scholz-Cionca »universale Aspekte der Begegnung mit dem Numinosen, wie sie in verschiedenen Ritualen, auch solchen schamanistischen Typs, sowie in literarischer Form in den mittelalterlichen Predigtbüchern (*setsuwa*) vielfach festgehalten sind«[315]. Das Nô sei »ein Theater der Verwandlung und somit ein Theater der Masken, in direkter Abstammung vom Ritual religiöser Feste«[316].

Ein beliebtes Objekt ethnologisch orientierter Literaturinterpretation ist schließlich auch Shakespeare geworden. Als abschließendes Beispiel für den Einfluß des Überirdischen auf das irdische Geschehen – nebst einigen Bemerkungen über ritualistische Elemente – soll das Stück *Macbeth* dienen. Als augenscheinlichste Verbindung zwischen mystischen und irdischen Kräften fungieren die drei Hexen, die die Handlung an exponierter Stelle, nämlich in der ersten Szene, einleiten. Diese Szene (»thunder and lightning« [I.1]) untermalt die gleichsam überirdische Atmosphäre. Die gesamte Szene, auch wenn sie kurz ist, ist den Hexen gewidmet. Die geschlossene Konfiguration deutet darauf hin, daß Irdisches und Überirdisches vorerst noch getrennt bleiben, jedoch vorausblickend die Einflußnahme auf das Schicksal Macbeths bereits angedeutet ist. Schon hier ist die Destabilisation einer potentiellen Ordnung erahnbar, das Übernatürliche regelt gewissermaßen das Natürliche und legt seine Entwicklungsmöglichkeiten fest bzw. schließt andere potentielle Entwicklungen aus, indem die Prophezeiungen als ausschließliche Variante der Zukunft auszulegen sind. Die Offenheit, die durch das Überirdische erzeugt wird, wird durch den Ort, an dem die Hexen Macbeth begegnen

313 Ebenda, S. 66f.

314 Ebenda, S. 68.

315 Stanca Scholz-Cionca: Nô – die klassische Bühnenkunst Japans. In: Nô. Gewänder und Masken des japanischen Nô-Theaters. Hg. v. Klaus J. Brandt. Stuttgart 1993, S. 12-22. Hier S. 16.

316 Ebenda, S. 16.

wollen, noch verstärkt: »Upon the heath« (I.1), eine Heide läßt Macbeth ungeschützt und den Kräften der Hexen, die durch die Wahl des genius loci noch dazu als der Natur entsprungen scheinen, ausgesetzt sein. Die Nähe der ›Zauberei‹ zum Natürlichen wird durch diesen locus ebenfalls verstärkt und läßt eine allzu magische Deutung eher ausschließen. Dies deutet auch bereits auf die angesprochene Naturverbundenheit tribaler Rituale hin, die unter freiem Himmel und nicht in von der Natur abgegrenzten Bereichen stattfinden und bei denen Abläufe in der Natur (Mondphasen etc.) eine integrale Rolle spielen.

Die Fähigkeiten der Hexen sind freilich nicht zu unterschätzen, wie sie in I.3 demonstrieren. Ihr Tun ist ernst zu nehmen und verstärkt die in I.1 angedeutete Einflußnahme auf das Schicksal Macbeths,[317] der schließlich mit der folgenreichen Prophezeiung konfrontiert wird, daß er König sein und sein Begleiter Banquo lediglich Könige zeugen werde (vgl. I.3). Die erste Prophezeiung erfüllt sich aufgrund der siegreichen Auseinandersetzungen Schottlands mit Norwegen: Macbeth soll das Amt des Thane of Cawdor einnehmen, der wegen Hochverrats hingerichtet wird. Noch hier sind innere und äußere Welt, die Gedanken Macbeths an das Königtum und das Erleben König Duncans, getrennt: »There's no art / To find the mind's construction in the face« (I.4) beteuert der König, und dies ist gerade bei Macbeth der Fall:

> *Macb.* [*Aside*] The Prince of Cumberland!
> that is a step
> On which I must fall down, or else o'er-leap,
> For in my way it lies. Stars, hide your fires!
> Let not light see my black and deep desires;
> The eye wink at the hand; yet let that be
> Which the eye fears, when it is done, to see.
> [*Exit.*
> *Dun.* True, worthy Banquo; he is full so
> valiant,
> And in his commendations I am fed;
> [...]
> It is a peerless kinsman. (I.4)

317 Zu den Hexen bemerkte etwa Christoph Martin Wieland in seiner Übersetzung: »Allem Ansehen nach sollen diese Hexen diejenige Art von eingebildeten höhern Wesen vorstellen, welche in der alten Theologie der Nordischen Völker die Parzen vorstellten. [...] Uebrigens ist das beste, was man von diesen Hexen-Scenen, worinn Shakespear den Glauben der ältesten Normannen mit Griechischem und Römischem Aberglauben vermischt; und, zu Vermehrung des Wunderbaren, noch eine gute Dosin von dem populaeren Aberglauben seiner Zeit, als Bärte, Kazen, Ofengabeln und dergl. hinzugethan; zum Vortheil unsers Autors sagen kann, von dem *Spectator* bereits gesagt worden; und Dr. Warburton selbst versichert, daß mit allen diesen Extravaganzien das Schauspiel vom Macbeth die Macht gehabt, das Publicum, von der Königin Elisabeth Zeiten an bis auf den heutigen Tag, zu bezaubern«. (William Shakespeare: Das Trauerspiel, vom Macbeth. Übersetzt von Christoph Martin Wieland. URL: http://gutenberg.aol.de/shakespr/macbeth/macbeth.htm [05. 01. 1999])

Der König bleibt aus dem Kreis der für Übernatürliches oder selbst für seelische Vorgänge Sensiblen ausgeschlossen, was sich für ihn als fatal herausstellen wird. Deutlich wird seine Ahnungslosigkeit über Macbeths Komplott auch noch bei der Ankunft im Schloß seines Mörders: »This castle hath a pleasant seat; the air / Nimbly and sweetly recommends itself / Unto our gentle senses« (I.6). Dennoch haben die übernatürliche Sphäre Macbeths und die naiv-natürliche des Königs eine Gemeinsamkeit, nämlich ihre konstante Naturbezüglichkeit. Tauchen die Hexen, wie erwähnt, ausschließlich auf einer Heide auf, so findet auch das Befinden des Königs seine Entsprechungen in der Natur. So bemerkt etwa Banquo anläßlich des Königsbesuches auf dem Schloß Macbeths:

> *Ban.* This guest of summer,
> *The temple haunting martlet*, does approve
> By his lov'd mansionry that the heaven's breath
> Smells wooingly here: no jutty, frieze,
> Buttress, nor coign of vantage, but *this bird*
> Hath made *his pendent bed and procreant cradle*:
> Where they most breed and haunt, I have observ'd
> The air is delicate. (I.6, Hervorhebungen von mir)

Weitere Beispiele lassen sich anführen: Der Mord an König Duncan wird vom Ruf einer Eule begleitet (»It was the owl that shriek'd, the fatal bellman, / Which gives the stern'st good-night« [II.2]); auf die Frage Macbeths, ob sie während der Tat kein Getöse gehört habe, antwortet Lady Macbeth: »I heard the owl scream and the crickets cry«. Die natürlichen Vorgänge scheinen Macbeths Denken und Tun zu wiederholen, spiegeln aber auch die Betroffenheit der Anhänger Duncans. Die Natur fungiert hier als gemeinsamer Bildspender für die Bereiche des wahrhaften und des bösartigen Königtums, jedoch wird auch eine gegensätzliche Bildlichkeit zum Einsatz gebracht. Was wider das Königtum ist, ist auch wider die Natur (»'Gainst nature still! / Thriftless ambition, that wilt ravin up / Thine own life means! The 'tis most like / The sovereignty will fall upon Macbeth.« [II.4]), und ein unrechtmäßig erworbener Königsthron soll letzten Endes von der Natur wieder gestürzt werden (»Macbeth shall never vanquish'd be until / Great Birnam wood to high Dunsinane hill / Shall come against him« [IV.1]).

Eine ritualistische Eigenschaft weist schließlich der Mord an Duncan auf. Nach einer längeren Reflexion über Sinn und Unsinn des Königsmords ertönt ein Glockenzeichen Lady Macbeths, welches das Ritual gleichsam eröffnet: Macbeths Aufmerksamkeit hat sich auf das äußerste gesteigert und hat deutlich die Grenze von den Mutmaßungen *über* die Tat zur Tat selbst überschritten. Das Zeichen beraubt ihn seines natürlichen Willens (»the bell invites me«), um ihn für einen zwar selbst ausgeheckten, aber unwürdigen Plan zu instrumentalisieren. War er noch vor wenigen Sekunden der Thane of Cawdor, so hat er nach dem Zeichen seine staatstragende Rolle bereits potenziert, indem er sich nun auf der Schwelle zum Thron Schottlands befindet und diese Schwelle auch meistert. Das Stadium der Potentialität, das in diesem Fall kurze Nicht-mehr-Sein des Thane of Cawdor (weil er diesem Titel als Mörder nicht würdig ist) und sein

Noch-nicht-Sein des Königs von Schottland (weil er erst dessen Insignien erhalten muß), tritt also auch hier in relativer Deutlichkeit hervor. Diese Loslösung von jeglichen Verbindlichkeiten während der Tat beweist etwa seine Unfähigkeit, Gottesworte in den Mund zu nehmen, was ihn von der Königsrolle weit entfernt (»One cried ›God bless us!‹ and ›Amen!‹ / the other [...] Listening their fear, I could not say ›Amen‹ [II.2]). Diese Phase der Unsicherheit, der sich Macbeth auch bewußt ist, wird wiederum durch ein Zeichen, nun ein Klopfen, beendet. Macbeth hat die Tragweite seiner Tat erkannt und sich selbst den Mord eingestanden (»To know my deed 'twere best not / know myself. / Wake Duncan with thy knocking! I would thou / couldst!« [II.2]). Im Akt der Gewalt schließlich ensteht zwischen Macbeth und seiner Frau *communitas*, also ein Gefühl der Einheit von »Werte[n], die von der ganzen Gesellschaft geteilt werden«,[318] insofern, als ihnen die Werte des Königtums bewußt sind und sich ihnen zwar als erfüllenswert darstellen, aber ab diesem Moment ihre Umkehrung erfahren, weil ein Mord eben nicht zu den Königstugenden zählt. Wie Neophyten in einem Initiations- oder Pubertätsritus sind Macbeth und Lady Macbeth in ihrer Schwellenphase durch eine »intensive Kameradschaft und Egalitarismus«[319] charakterisiert. Jeder ist auf den anderen angewiesen, soll dieser durch den Mord symbolische Schwellenzustand ein für die beiden positives Ende finden. Die Situation zwingt sie, ihre Ambitionen zu kanalisieren, soziales und ethisches Denken, das in diesem Zustand nicht existiert, für einige Momente auszuschalten. Beide sind in diesen Augenblicken keine Individuen, sondern stellen gewissermaßen reine Intention dar, um ihre Liminalität so schnell wie möglich zu einem Ende zu bringen.

Schließlich verfällt Macbeth noch einmal in einen Zustand der Liminalität, nämlich als der Geist des ermordeten Banquo nur für Macbeth sichtbar erscheint und auf einer Festtafel dessen Platz einnimmt. Zwar bleibt die Erscheinung stumm, doch das Entsetzen Macbeths ist hier nur der Ausdruck des plötzlichen Verlustes seiner selbst, als sei er für Momente seiner königlichen Insignien beraubt worden. Macbeth gerät wiederholt in den Bann der Hexen, mehr noch, in von ihnen hervorgerufenen Erscheinungen, die dem unsicheren König Voraussagen und Ratschläge erteilen (»Macbeth! Macbeth! Macbeth! beware Macduff; / Beware the Thane of Fife. Dismiss me. Enough.« oder »Be bloody, bold and resolute; / laugh to scorn / The power of man, for none of woman born / Shall harm Macbeth« [IV.1]). Diese Voraussagen versuchen offenkundig, Macbeths Unsicherheit zu beseitigen. Ihr Zweck ist die Herstellung von Anti-Liminalität und von Strukturhaftigkeit bis jedoch die letzte Erscheinung eben jene Liminalität wieder herstellt: acht vorbeimarschierende Adelige, deren letzter einen Spiegel trägt, in dem sich ihr Bild multipliziert. Wie auch im Nô-Theater fungiert der Spiegel hier als ein Medium, das die Wahrheit und Wirklichkeit deutlicher hevorkehrt, als dies menschliches Ermessen vermögen könnte.[320] Der Spiegel beseitigt Zweifel, ordnet die Verhältnisse, ersetzt Vermutetes durch Wahrhaftiges.

---

318 Richard Hardin: Ritual und Literaturwissenschaft, S. 358.

319 Victor W. Turner: Liminalität und Communitas. In: Ritualtheorien, S. 251-262. Hier S. 252.

320 Als Medium der Omniszienz etwa in *Snewittchen* der Brüder Grimm: »Spieglein, Spieglein an der Wand, wer ist die schönste im ganzen Land?« (in: Brüder Grimm: Kinder- und Hausmärchen.

Macbeth entspricht den von van Gennep geprägten und von Turner aufgegriffenen Ritualphasen: Trennung (Macbeth löst sich aus seiner Rolle als Feldherr bzw. Thane, allerdings weniger durch symbolhaftes Handeln als durch den Einfluß des Übernatürlichen), Schwellenphase (Mord an Duncan, nicht nur die symbolische, sondern die tatsächliche Vernichtung seines Vorgängers bzw. Rivalen), Angliederung, erneute Stabilisierung des Zustands mit klar definierten sozialen Rechten und Pflichten (Königstugenden, denen Macbeth allerdings von vornherein nicht gerecht werden kann, weil sein ritueller Prozeß als ein negativer Prozeß betrachtet werden muß).

Die Geschichte Macbeths ist ein soziales Drama ex negativo. Sein Konflikt bezeichnet seinen Drang nach der Königswürde, die durch den Mord an Duncan ihre Lösung erfährt, wäre da nicht das Macbeths Handeln überlagernde soziale Drama ex positivo: Der Konflikt um den schottischen Thron, der, für kurze Zeit vom Mörder Macbeth besetzt, doch noch seinen wahren König findet. Macbeth zerstört die alte Ordnung und eröffnet eine neue, deren Mittelpunkt er nur für kurze Zeit ist. In dem Moment, als er Duncan ermordet, ist er die moralische Inversion eines Herrschers geworden. Diese Inversion wird spätestens dann bewußt, als die königlichen Tugenden explizit gemacht werden, die Macbeth nicht erfüllen kann: »the king-becoming graces, / As justice, verity, temperance, stableness, / Bounty, perseverance, mercy, lowliness, / Devotion, patience, courage, fortitude« (IV.3). Er, der selbst König sein möchte, entledigt sich seines Vorgängers[321] und ist damit auch unmittelbarer Akteur negativen politischen Handelns geworden. Die Struktur des beherrschten Kollektivs (hier Schottland) bleibt von dieser Inversion zunächst unberührt, weil die Funktion des Oberhaupts nach Macbeths Tod ohne unsicheres Interregnum gleich wieder besetzt wird. Macbeths Macht bleibt freilich instabil, weil Banquo aufgrund der Voraussage, daß er Königskinder zeugen werde, Verdacht geschöpft hat. Macbeths Macht ist also gleichsam nur eine karnevalistische: Sie spiegelt vor, ohne zu sein, sie setzt seinen dunklen Ehrgeiz außer Kraft und spiegelt reines und tugendhaftes Königtum vor.

2.3 Imagologie als ethnographische Fremdheitsforschung

Eine Diskussion des Fremheitsbegriffs[322] läßt sich an das vorausgehende Kapitel nahezu nahtlos anschließen: Die Sicht des/der ›Anderen‹, des Fremden, ist mittlerweile zu einem zentralen Problem nicht nur der Ethnologie geworden. Geertz und die angedeutete Kritik an seinem Schaffen ist nur ein Symptom eines breit angelegten, gestei-

---

Ausgabe letzter Hand. Mit einem Anhang sämtlicher nicht in allen Auflagen veröffentlichter Märchen. Hg. v. Heinz Rölleke. Stuttgart: Reclam 1997, S. 269-278. Hier S. 269).

321 Vgl. etwa die Erwähnung eines Ritual-Mordes bei Marc Bloch: Pour une histoire comparée des sociétés européennes. In: Revue de synthèse historique 46 (1928), S. 15-50. Hier S. 18.

322 Einen Forschungsüberblick gibt Alois Wierlacher: Kulturwissenschaftliche Xenologie. Ausgangslage, Leitbegriff und Problemfelder. In: Kulturthema Fremdheit. Leitbegriffe und Problemfelder kulturwissenschaftlicher Fremdheitsforschung. Mit einer Forschungsbibliographie von Corinna Albrecht u. a. Hg. v. Alois Wierlacher. München: iudicium 1993 (= Kulturthemen 1), S. 19-112.

gerten Bewußtseins dem Studienobjekt gegenüber. Sie läßt sich beispielsweise an der Entwicklung des Werks Bronislaw Malinowskis ablesen. Was Wierlacher an der Forschungslage zuvorderst bemängelt, ist das Fehlen einer einheitlichen Auffassung oder Definition des ›Fremden‹. Wierlacher vermißt eine solche Auffassung in der Soziologie, der Rechtswissenschaft, der Kulturanthropologie, der Theologie, der Kulturgeschichte, der modernen Logik, der Sozialphilosophie, der Pädagogik, der sozialwissenschaftlichen Vorurteilsforschung als auch der Psychoanalyse, der Exil- und Vertreibungsliteraturforschung, der Theorie der interkulturellen Kommunikation, der Auswanderungs- und Integrationsforschung und schließlich auch der Imagologie.[323] Wie aus der Kritik Wierlachers ersichtlich, ist die Betrachtung des ›Anderen‹ ein von vornherein interdisziplinäres Projekt: Angefangen bei Freuds Psychoanalyse, in der das Fremde u. a. etymologisch erklärt wird,[324] über die Ethnologie bis mindestens zur Literaturwissenschaft (Imagologie, Deutsch als Fremdsprache, interkulturelle Germanistik) reicht der Bogen der angesprochenen Disziplinen, wobei auch dies nur eine Auswahl darstellt. Wierlacher stellt fest,

> daß es viele vorwissenschaftliche und wissenschaftliche Definitionen des Fremden gibt: das normativ und das kognitiv Fremde, die intra- und interkulturelle Fremde, die ethnische Andersheit, die Außenseiter und Ausgegrenzten, das Unbekannte als das Bedrohliche oder exotisch Reizvolle und intellektuell Attraktive, das Ausländische oder Nichtzugehörige, das zeitlich oder räumlich Entfernte, das Verdrängte, Rätselhafte und Unheimliche oder die Unbegreiflichkeit Gottes etc.[325]

Die Debatte um den Begriff ›Fremdheit‹ und auch die bisweilen eindrucksvoll angewachsenen Aufgaben der Fremdheitsforschung können hier allein schon aus Platzgründen nicht behandelt werden. Hier soll deshalb von einem kulturanthropologischen Verständnis von Fremdheit ausgegangen und die Diskussion um das ›Andere‹/Fremde in der Ethnologie nachvollzogen werden, um daraus methodologische Schlüsse für die komparatistische Imagologie ziehen zu können. Wierlacher umreißt ein derartiges kulturanthropologisches Verständnis als Zugehörigkeit zu einer anderen Kultur (nicht Nation!).[326] Der Begriff der kulturellen Fremdheit ist schließlich auch als ein Schwerpunkt zu betrachten, der, Wierlacher zufolge, von der kognitiven Anthropologie und der interpretativen Anthropologie Geertz' nur unzureichend gefaßt worden sei. Wierlachers kulturwissenschaftliche Xenologie faßt Kultur als »sich wandelndes, auf Austausch angelegtes, kohärentes, aber nicht widerspruchsfreies und insofern offenes Regel-, Hypothesen- und Geltungssystem, das sichtbare und unsichtbare Phänomene einschließt«[327] auf.

---

323 Vgl. ebenda, S. 39-44.

324 Sigmund Freud: Das Unheimliche. In: ders.: Psychologische Schriften. Frankfurt/M.: S. Fischer 1970 (= Studienausgabe 4), S. 243-274.

325 Ebenda, S. 39.

326 Vgl. ebenda, S. 40.

327 Ebenda, S. 45.

In diesem Zusammenhang sollen auch einige zentrale und bekannt gewordene Beiträge von Clifford Geertz berücksichtigt werden.[328] Geertz' Gedanken über den Anthropologen als Schriftsteller sind zu jenem Zeitpunkt entstanden, als sich das Verhältnis des Forschers zu seinem Studienobjekt durch die Diskussion um die bereits ›hermeneutisierten‹ Darstellungen des Anderen auf der Basis eines nunmehr keinesfalls direkten Verstehensprozesses wandelt. Das Beschreiben des Fremden kommt einem – wie in den Kapiteln davor schon angedeutet – verfrühten Interpretieren und einem Verstehen aus der eigenen kulturellen Tradition heraus gleich. Bleibt schließlich zu fragen, ob nun irgendeine Möglichkeit der Annäherung besteht, die möglicherweise imstande wäre, Verständnis- und Bedeutungsbarrieren zu umgehen. Vielleicht löst sich die Distanz im ›Dort-sein‹ auf, wie Geertz schreibt:

> Man begreift das Exotische nicht dadurch, daß man sich von den Unmittelbarkeiten der Begegnung in die Symmetrien des Denkens zurückzieht, wie bei Lévi-Strauss, und auch nicht dadurch, daß man sie in Malereien auf einer afrikanischen Urne verwandelt, wie bei Evans-Pritchard. Man begreift es, indem man sich selbst, seine Seele vielleicht, in diesen Unmittelbarkeiten verliert.[329]

Dies klingt nach einer allzu romantischen Vorstellung. Sollte es Malinowski mit der Vertiefung ernst gemeint haben, so sind seine Vorstellungen darüber unvollständig:

> Da ist die Landschaft. Da ist die Isolation. Da ist die ortsansässige europäische Bevölkerung. Da ist die Erinnerung an die Heimat und an das, was man verlassen hat. Da ist das Gefühl der Berufung und des Ziels, das man verfolgt. Und es sind da – und das verunsichert am meisten – die Launenhaftigkeit der eigenen Leidenschaften, die Schwäche der eigenen Konstitution und das Schweifen der eigenen Gedanken: jenes dunkle Ding, das Selbst. Es geht nicht darum, so wie die Eingeborenen zu leben [...]. Es geht darum, ein vielschichtiges Leben zu führen: auf mehreren Meeren zugleich zu segeln.[330]

Betrachtet man das Fremde, so steht man nicht zuletzt auch vor der Aufgabe, sich selbst zu betrachten. Das Schema Ich ↔ Fremder wäre sonst in seiner Deutung unvollständig. Diese Aufgabe ist der reflexiven Ethnologie nicht mehr neu und findet auch in philosophisch orientierten Ausführungen ihr Pendant.[331] Gerade das Einbeziehen und – in der Folge – Verfremden der eigenen wissenschaftlichen, kulturellen und auch persönlichen Verortung muß als eine genuin komparatistische Aufgabe betrachtet werden. Diese von Haupt und Kocka als paradigmatische Funktion des Vergleichs beschriebene Eigenschaft[332] stellt das europäische Selbstverständnis des Forschenden auf den Prüf-

328 Clifford Geertz: Augenzeuge sein. Malinowskis Kinder; Wir/Nicht-wir. Benedicts Reisen; Hier sein. Wessen Leben ist es denn? In: ders.: Die künstlichen Wilden.

329 Clifford Geertz: Augenzeuge sein. Malinowskis Kinder, S. 79.

330 Ebenda, S. 80.

331 Das Fremde auf beide Seiten des Schemas bezogen etwa bei Julia Kristeva: Fremde sind wir uns selbst. Frankfurt/M.: Suhrkamp 1990 (= es 1604). Zum Ausgangsbegriff von Fremdheit siehe Kulturthema Fremdheit, S. 62f.

332 Vgl. Heinz-Gerhard Haupt/Jürgen Kocka: Historischer Vergleich: Methoden, Aufgaben, Probleme. Eine Einführung. In: Geschichte und Vergleich. Ansätze und Ergebnisse international vergleichender Geschichtsschreibung. Frankfurt/M./New York: Campus 1996, S. 9-46. Hier S. 14.

stein. Sie läßt vor allem dann innehalten, wenn eigene Begriffe und Begriffssysteme auf andere Gesellschaften oder Kulturen übertragen werden.

Betrachtet man die Ethnologie als »eine Wissenschaft vom Fremden par excellence«,[333] so ist nun zu prüfen, wie die Interdisziplinarität zwischen Ethnologie und komparatistischer Imagologie funktionieren kann. Wie auch die mentalitätsgeschichtliche Betrachtung kann auch hier die ethnologische Herangehensweise die Imagologie aus ihrer ursprünglich textimmanenten Position befreien und sie an die sozialhistorische Diskussion anbinden. Mit Blick auf die Fremdheitsforschung definiert sich die Ethnologie als eine Wissenschaft, welche »die Wirklichkeit fremder Lebenswelten zu verstehen und sie der Wissenschaft gegenüber auszulegen«[334] intendiert. Folgende Problemstellungen der Ethnologie können als Herausforderung für die Imagologie formuliert werden: zum einen ihr Bemühen, das Fremde zu *verstehen*, zum anderen die Verfremdung des eigenen kulturellen Standortes:

> Aufgabe der Ethnologie ist es, die Wirklichkeit fremder Lebenswelten zu verstehen und sie der Wissenschaft gegenüber auszulegen. Beide Schritte, das Hinüberwechseln in eine fremde Wirklichkeit und das Zurückkehren in die vertraute, stellen die Ethnologie vor besondere erkenntnistheoretische Probleme.[335]

Dennoch habe – so Christoph Jamme – die Ethnologie bis dato keine Theorie der kulturellen Fremdheit entwickelt, was durch einen Dialog mit der Philosophie behoben werden könne, besonders mit der frühen Hermeneutik und Phänomenologie (Husserl, Dilthey), wenngleich es freilich Bemühungen in dieser Hinsicht gegeben hat.[336]
Das von Jamme so bezeichnete Hinüberwechseln in eine fremde Wirklichkeit und das Zurückkehren in die vertraute hat die performative Ethnologie in Verbindung mit der Kunstform des Theaters bereits versucht. Man denke dabei an die bereits geschilderte Inszenierung Victor Turners des Ritus der Namensvererbung bei den Ndembu. Die Schauspieler empfanden das Verlassen des eigenen Standorts und das Zurückkehren in denselben als dessen Relativierung, als ein nicht nur geistiges, sondern auch physisches Erleben der Fremde.
Auf textueller Ebene rückt hier etwa die Gattung Reisebericht einmal mehr in den Mittelpunkt. Zu untersuchen wären unter diesen Voraussetzungen die Person des Reisenden selbst, sein erzählendes und erlebendes Ich sowie die rhetorischen Mittel, die sein Verhältnis zur Fremde offenlegen. Die Kulturdarstellung in der Ethnologie verlangt vom Ethnographen »sowohl eine wissenschaftliche Beschreibung des Erkennbaren (als notative Fakten) wie auch die Aufnahme der Äußerungen der Kulturträger (als intensionale Fakten)«[337]. Jamme sieht in der Kunst das Medium schlechthin, welches

333 Christoph Jamme: Gibt es eine Wissenschaft des Fremden?, S. 54.

334 Ebenda, S. 54.

335 Ebenda, S. 54.

336 Vgl. Karl-Heinz Kohl: Ethnologie – die Wissenschaft vom kulturell Fremden. Eine Einführung. München: C. H. Beck 1993.

337 E. Fischer/N. Zanolli: Das Problem der Kulturdarstellung. Vorschläge zur Methode der Ethnographie. In: Soziologus 18 (1968), Heft 1, S. 1-20, zit. nach Karl R. Wernhart: Die Quellengattungen der Ethnohistorie, S. 144.

Fremdheit in einer Weise zu verarbeiten und darzustellen fähig ist, daß diese gleichsam unbeschadet und unbeeinflußt von eigenen Standorten erfahrbar wird:

> nur die Kunst kann das Fremde so darstellen, dass es nicht vergewaltigt wird. Kunst macht Ernst mit der Einsicht, dass Fremd- und Selbsterfahrung nicht zu trennen sind; als Absage an die Herrschaft des Ichs übers Fremde weist einzig die Kunst den Weg zur »Versöhnung« mit dem Fremden (zu erinnern ist nur an das von Adorno geliebte Eichendorff-Wort: »schöne Fremde«). Kunst hat von jeher eine hermeneutische Aufgabe wahrgenommen; Interkulturalität hat in der Kunst immer schon stattgefunden, als Intertextualität, als konkrete Interaktion zweier Kulturen.[338]

Dieser blauäugigen Auffassung von Kunst geht offenkundig die Annahme voraus, daß diese die Wirklichkeit getreu abbilde. Doch schon die ältere Imagologie spricht von den *mirages*, also den Zerrbildern, den wie auch immer motivierten Verfremdungen des Beschriebenen. Von der Kunst als gleichsam sterilen Medium kann nicht die Rede sein. In der theoretischen Diskussion innerhalb der Ethnologie liegt Jammes Standpunkt allerdings nicht abwegig. J. Iain Prattis hatte 1985 vorgeschlagen, das Schreiben über Feldforschung als Dichtung anzulegen, »als eine neue, möglicherweise angemessenere und folglich privilegierte Form der Repräsentation«[339]. Dennoch kommt Johannes Fabian zu folgendem Schluß: »Poesie als eine Form von Schreiben garantiert nicht, daß wir den transformativen, kreativen Aspekten ethnographischer Erkenntnis, wofür ich gerne den Begriff *Poetik* übernehme, gebührende Aufmerksamkeit schenken«[340]. Eine komparatistische Imagologie, die aus der ethnographischen Diskussion ihre Lehren zieht, müßte sich zum einen von dem Konzept der Nationalliteraturen lösen und und nicht mehr eben nur das Bild einer Nation in der Literatur einer anderen Nation zu suchen und zu erklären trachten. Als Vergleichseinheiten würden sich hier vielmehr anders zu fassende soziale Einheiten wie Volksgruppen, Ethnien, Regionen etc. anbieten. Hier sind wiederum die Vorstöße der amerikanischen Komparatistik in Richtung einer Kulturwissenschaft diskutierenswert. Fremdheit im Kontext der Imagologie kann hier als die literarische Verarbeitung des geographisch, kulturell und sprachlich Unbekannten, die Voraussetzungen dieser Verarbeitung (Vorurteile, Wissenshorizont, Mentalität etc.) definiert werden, womit die Erzählinstanz in den Vordergrund rückt. Zum anderen kommt das Subjekt des Autors als Ich-Instanz und seine Direktheit zu seinem Objekt zum Tragen. Das bedeutet, daß das Bild nicht im Text, sondern im Autor entsteht. Folglich ist zu fragen, aus welchem Grund und auf welche Weise sich das Bild in der Vorstellung des Autors geformt hat. Auf der Ebene der Textrezeption – dies sei der Vollständigkeit halber angeführt – muß schließlich auch klar sein, daß der ethnographische Text natürlich ein direkteres Verhältnis zu seinem Objekt hat als ein literarischer, dessen Objektbezug durch seine Fiktionalität gebrochen ist. In seiner Auseinandersetzung mit Malinowski behandelt Geertz die Beziehung zwischen dem,

338 Christoph Jamme: Gibt es eine Wissenschaft des Fremden?, S. 54.

339 Johannes Fabian: Präsenz und Repräsentation. Die Anderen und das anthropologische Schreiben. In: Kultur, soziale Praxis, Text, S. 335-364. Hier S. 353. Vgl. auch J. Iain Prattis: Dialectics and Experience in Fieldwork. The Poetic Dimension. In: Reflections. The Anthropological Muse. Hg. v. J. Iain Prattis. Washington 1985, S. 266-283.

340 Ebenda, S. 354.

was die Erzählforschung als ›erlebendes‹ und ›erzählendes Ich‹ bezeichnet hat, wenngleich das erzählende Ich in ethnographischen Texten oft im Hintergrund bleibt. Es gehe vor allem darum, dem Bericht dadurch Glaubwürdigkeit zu verleihen, daß der Forscher seiner *Person* Glaubwürdigkeit verschaffe.[341] Eine solche Intention ist schon deutlich von der starken Literarizität, die man der Ethnographie zuschrieb, getragen. Beinahe scheint es, als wäre hier der Kunstgriff einer Herausgeberfiktion imitiert,[342] freilich mit ausschließlichem Realitätsanspruch. Tatsächlich lassen sich auch Malinowskis Ich-Konstruktionen wieder analog zu erzähltheoretischen Begriffen lesen.

> Das wichtigste Verfahren zur Bewältigung der schwierigen Aufgabe, ein überzeugendes »Ich« zu werden, bestand für ihn nun darin, zwei radikal antithetische Bilder eines derartigen Forschers zu entwerfen. Auf der einen Seite steht der Absolute Kosmopolit, eine Gestalt von derart erweiterten Fähigkeiten zu Anpassung und mitmenschlichem Empfinden, dazu, sich in praktisch jede beliebige Situation hineinzufühlen, so daß er fähig wird, zu sehen, wie Wilde sehen, zu denken, wie Wilde denken, zu sprechen, wie Wilde sprechen, und gelegentlich sogar so zu fühlen, wie sie fühlen, und zu glauben, was sie glauben. Auf der anderen steht der Vollständige Forscher, eine Gestalt, die so streng objektiv, leidenschaftslos, gründlich, exakt und diszipliniert, so der frostigen Wahrheit hingegeben ist, daß Laplace dagegen zügellos aussieht. Hohe Romantik und Hohe Wissenschaft, die die Unmittelbarkeit mit dem Eifer eines Dichters ergreifen und davon mit dem Eifer eines Anatomen abstrahieren, in prekärer Verklammerung.[343]

Das erzählende Ich erfüllt also die Prämissen zweier Erzählsituationen, der auktorialen und der neutralen. Auch aus der Perspektive der Erzähltheorie ist diese Verklammerung prekär. Diskursive Modelle der Ethnographie zeigen schließlich, daß neutrale Standpunkte nicht möglich sind, da Rede stets intersubjektiv zustande kommt und dem Ethnographen somit in der dialogischen Situation einen Standort zuweist.[344]

Was die Reflexion über den Standort des Forschers selbst betrifft, hat sich neben der Ethnographie eine reflexive Ethnographie (›Auto-Ethnographie‹) entwickelt, die den Forschungsprozeß selbst untersucht, um die Erkenntnisbedingungen des Forschers und seine nicht-neutrale Beziehung zum Anderen wissenschaftskritisch zu thematisieren. Demzufolge müßte sich auch die Imagologie selbst beobachten, also eine Art ›Auto-Imagographie‹ betreiben, um sich ihrer nicht-reflektierten oder unbewußten Voraussetzungen, Fremdbilder etc. bewußt zu werden. Eine solche Perspektive schließt eben auch außerliterarische Betrachtungen mit ein. Diese klärende Reflexivität sei aber

341 Clifford Geertz: Augenzeuge sein, S. 81.

342 Vgl. etwa den Anfangssatz bei Godfrey Lienhardt: Divinity and Experience. The Religion of the Dinka. Oxford: Oxford University Press 1961, S. VII: »Dieses Buch beruht auf einer zweijährigen Feldforschung bei den Dinka, verteilt über die Jahre 1947-1950«. Zitiert nach James Clifford: Über ethnographische Autorität. In: Kultur, soziale Praxis, Text, S. 109-157. Hier S. 120.

343 Ebenda, S. 81f.

344 Vgl. James Clifford: Über ethnographische Autorität, S. 135f. Clifford dazu weiter: »Wir brauchen nicht zu fragen, woher Flaubert weiß, was Emma Bovary denkt, aber die Befähigung des Feldforschers, sich in den Köpfen der Einheimischen einzunisten, ist stets fraglich: es ist dies ein ständiges ungelöstes Problem der ethnographischen Methode«. (S. 143)

> denselben literaturtheoretischen und postmodernistischen Trends ausgesetzt – der Infragestellung oder Dekonstruktion »realistischer« Repräsentation sowie jeglicher Metaposititon, der Betonung der Polyvokalität, der Konzentration auf Fragen der Inskription und Rhetorik und dem Experimentieren mit neuen, u.a. mit dialogischen Formen des Schreibens.[345]

Sofern sich die literaturwissenschaftliche Imagologie als ein textimmanenter Forschungsbereich versteht, kann sie die gegenwärtigen Anforderungen nur bedingt erfüllen: Die elektronischen Medien etwa eröffnen oft einen viel direkteren Zugang zum Fremden.[346] Schon ein Dreißig-Sekunden-Bericht eines Nachrichtensenders versetzt den Rezipienten in die Lage, Bilder vom Anderen, vom Entfernten, zu konstruieren. Somit sind also alle Medien in Betracht zu ziehen, die Bilder vom Fremden erzeugen. Nicht umsonst haben bereits die Historiker der *nouvelle histoire* nicht die kanonisierte, sondern jene Literatur ins Auge gefaßt, die »wohlfeile Leseerwartungen bedient und gern gängige Urteile bzw. Vorurteile bestätigt«,[347] also in ausgeformter Weise Bilder transportiert, während die Höhenkammliteratur solche Stereotypisierungen aus kritischer, ironischer, vielleicht auch parodistischer Distanz umgeht. Dietrich Harth zufolge stellt sich die Belletristik auch insofern als eher zu meidende Quelle für die Image-Forschung dar, als sie »in einem komplizierten Intertextualitätsverhältnis zu anderen literarischen Werken [steht], die einer anderen Zeit oder einem anderen Kulturraum angehören können«,[348] also als Texte zu charakterisieren sind, die kraft ihrer Vernetzung mit Texten anderer Kulturen und Zeiten Stereotype kompensiert haben dürften. Zum anderen ist eine Kooperation mit der Psychologie insofern notwendig, als deren Auseinandersetzung mit Images, Vorurteilen, Stereotypen wertvolle Grundlagen für die literaturwissenschaftliche Beschäftigung mit diesem Themengebiet liefern kann.[349] Dietrich Hardt faßt das Forschungsprogramm der Imagologie folgendermaßen zusammen:

> Der Interpretationsrahmen hat sich verändert. Im Mittelpunkt der Forschung stehen nun die Wechselbeziehungen und die Projektionen, Vorurteile, Stereotypen und Imagotypen [...]. Mit einem Wort: Es geht um die Kritik der verzerrten und vereinfachten, dennoch hartnäckig weiterlebenden Typisierungen und Verallgemeinerungen, an denen sich meist durch Umkehrung ablesen läßt, wie diejenigen, die sie verwenden, sich selber sehen und aus welchen Gründen sie von ›den Anderen‹ sich abzugrenzen suchen. Forschungsleitend ist die Idee der Verständigung zwischen Gesellschaften, Nationen, Kulturen.[350]

Auch die von Harth definierte Imagologie verfolgt also humanistische Absichten. Und schließlich zusammenfassend:

---

345 Martin Fuchs/Eberhard Berg: Phänomenologie der Differenz, S. 17.

346 Vgl. Dietrich Harth: Fiktionen des Fremden. Vorbemerkungen des Herausgebers. In: Fiktionen des Fremden. Erkundung kultureller Grenzen in Literatur und Publizistik. Hg. v. Dietrich Harth. Frankfurt/M.: Fischer Taschenbuch Verlag 1994, S. 7-12. Hier S. 8.

347 Ebenda, S. 9.

348 Ebenda, S. 10.

349 Vgl. ebenda, S. 9.

350 Ebenda, S. 8.

Was noch vor wenigen Jahren die Ideologiekritik zu leisten suchte, das scheint heute in die Zuständigkeit der Imageforschung zu fallen: die Aufdeckung nicht eines falschen Bewußtseins, sondern des Imaginaire, mit dem dieses Bewußtsein arbeitet, wenn es sich eine fremde, aber selbstverständlich auch wenn es die eigene Wirklichkeit ausmalt. Die Grenzen dieses Imaginaire sind die Grenzen der eigenen Welt. Wo es diese überschreitet, begibt es sich in die Fremde. Es hat jetzt die Chance, die Selbst-Begrenzung als etwas Zufälliges zu erkennen und die Geltung der eigenen Kulturwerte zu relativieren, um auf das zu stoßen, was dem Asiaten, dem Europäer, dem Christen und Muslim gemeinsam ist: die Selbstbespiegelung in den im eigenkulturellen Milieu aufgestellten Bildern ›der Anderen‹.[351]

Was Harth hier als ›Imaginaire‹ bezeichnet, kann durchaus als Mentalität im Sinne der französischen Sozialgeschichte aufgefaßt werden, da es gleichsam vorbewußt menschliches Handeln, in diesem Fall die Konstruktion der eigenen und der fremden Wirklichkeit, steuert. Mentalitätswandel tritt demnach dann ein, wenn der Mentalitätsträger sich unvertrauter Wirklichkeit aussetzt. Zu diskutieren wäre an dieser Stelle freilich, ob sich durch dieses Aussetzen lediglich eine Erweiterung des Wissenshorizonts, des kulturellen oder sozialen Horizonts ergibt, was noch lange keinen Wandel der viel tiefer verankerten Mentalität bedeuten muß. Die Relativierung von Fremd- und Eigenbildern – das Telos von Harths Definition – kann insofern mit einer Relativierung von Mentalitäten gleichgesetzt werden, wenn lediglich die Voraussetzungen der Images (Imaginaire) in Betracht gezogen werden. Images selbst dagegen sind zum Teil dynamisch und verändern sich durch Kulturkontakt, Mentalitäten hingegen sind (beinahe) statisch und unterliegen nur schleppend Veränderungen.

Um die Nähe zur Textsorte Ethnographie zu wahren, soll hier ein (literarischer) Text des deutschen Autors Hans Christoph Buch herangezogen werden, der in seinem Buch *Tropische Früchte. Afro-amerikanische Impressionen* (1993) ein bewußt eurodezentristisches Imaginaire entwirft: »Nur in der Nacht des Vorurteils sind die Neger schwarz. Auf keiner Station meiner Reise von Senegal nach Zaire habe ich vollkommen schwarze Menschen gesehen«[352]. *Mit dem Schiff durch die Wüste. Tagebuch einer Nigerfahrt,*[353] 1989 entstanden, sind Aufzeichnungen, die zwar die bereits beschriebenen Merkmale von fiktionalen Texten aufweisen mögen, aber dennoch nicht in der Intention geschrieben sind, Fiktionen zu präsentieren. Buch bedient sich darüber hinaus der bei Ethnographen besonders beliebten Textsorte Tagebuch, die die Ich-Instanz in den Mittelpunkt rückt und damit eine intensive Betrachtung der Beziehung des Subjekts zu seinem Objekt erlaubt.[354]

Zuerst soll die Ich-Instanz ins Zentrum der Betrachtung gerückt werden. Als Abkömmling eines Landes, das den wirtschaftlichen Fortschritt genauso kennt wie politische Stabilität, wird Buch in seiner neuen Umgebung an seine Herkunft erinnert – die Frem-

351 Ebenda, S. 10.

352 Hans Christoph Buch: Kleine Regenzeit. Tagebuch einer Nigerfahrt. In: ders.: Tropische Früchte. Afro-amerikanische Impressionen. Frankfurt/M.: Suhrkamp 1993 (= st 2231), S. 19-42. Hier S. 19.

353 Hans Christoph Buch: Mit dem Schiff durch die Wüste. Tagebuch einer Nigerfahrt. In: ders.: Tropische Früchte, S. 52-70.

354 Als weitere ›ethnographische Textsorten‹ wären das Interview und der Dialog zu nennen.

de als Vexierbild des Eigenen, durch das bunte Versatzstücke des Originalen/Ursprünglichen rauschen:

> bunt bemalte Buschtaxis, überfüllte Busse, Dienstwagen von Botschaften und Ministerien, Landrover mit den Aufschriften internationaler Organisationen und baufällige Lastwagen, deren Abgase Fahrradfahrer und Fußgänger in stinkende Staubwolken einhüllen. Bamako ist eine Kolonialstadt mit zweistöckigen Regierungs- und Verwaltungsgebäuden, Banken, Geschäften und Tankstellen, beherrscht vom Hochhausklotz des *Hotel de l'Amitié*, das wie eine futuristische Fata Morgana ein Meer von Wellblechdächern überragt.[355]

Buchs Wissen über die/das ›Fremde‹ scheint schon vor seiner Ankunft vorhanden gewesen zu sein. Sein ›Dort-sein‹, um einen Ausdruck von Geertz zu verwenden, ist quasi nur mehr die leibhaftige Anschauung dessen, was im wesentlichen durch Äußerlichkeiten ohnehin schon bekannt ist. Darin unterscheidet sich Buchs Text von der Ethnographie. Seine Informanten sind nicht bekannt, man darf aber annehmen, daß sein Wissen in seiner Heimat, jedenfalls aber außerhalb Nigerias ›erzeugt‹ worden ist. Insofern war ein Vor-Urteil vorhanden, das das anschauende Urteil jedoch an keiner Stelle beeinflußte, sondern – dies darf man der Intention des Autors unterstellen – ergänzen sollte. Offenbar handelt es sich bei Buch geradezu um ein Musterbeispiel für die vorurteilslose Betrachtung des Fremden. Man darf getrost die Auffassung aus der (älteren) Ethnologie beiseite lassen, welche besagt, daß allein schon die Beschreibung der Fremde diese zerstöre, denn dies ist u. a. nur dann der Fall, wenn der Autor Interpretationen zweiter oder höherer Ordnung herstellt.
Folgende Fragen sind also an den Text zu stellen: Wer sind die Informanten des Autors? Wie kommt er zu seinen Informanten/Informationen, welche Formen der Mediation werden deutlich? Entwickelt sich einen Kontrahentenbeziehung auf der Ebene des sprachlichen Duktus und vorgefaßter Fremdbilder? Wie entwickelt sich das Verhältnis zwischen erzählendem und erlebendem Ich? Wie ist sein Standort zu beschreiben, d. h. bleibt er Außenstehender oder ›fühlt er sich ein‹? In welcher Weise kommen schließlich die ›Fremden‹ zu Wort?
Buchs Beschreibung seiner Nigerfahrt arbeitet deutlich die Kontraste zwischen Dritter und Erster Welt hervor. In erster Linie ist es die materielle und technische Rückständigkeit, die dem Zivilisationstouristen auffallen, gepaart mit Umwelteinflüssen, die diese Rückständigkeit als von der Natur mit hervorgerufen erscheinen lassen: die im rötlichen Staub »erstickende« Stadt (S. 52), der bedrohlich »angeschwollene Niger« (S. 52), das Schiff als »ein Blechkasten mit einer Badewanne als schwimmendem Untersatz« (S. 55), der Einfluß des klimatischen Wechsels.

> Das Leben im Sahel ist ein endloses Warten – nicht auf Godot, sondern auf die nächste Regenzeit, die Ankunft oder Abfahrt des nächsten Schiffes, Busses oder Buschtaxis, Warten auf die nächste Lieferung von Reis, Mehl, Öl oder Benzin, auf Zeitungen aus Bamaku oder Paris, die mit mehrwöchiger Verspätung hier eintreffen, auf die Abendnachrichten der deutschen Welle oder von Radio France Internationale: alles, von der Sicherheitsnadel bis zur Taschenlampenbatterie, muß auf dem Wasser- oder Landweg hierher geschafft werden wie das Salz aus dem Innern der Wüste,

355 Hans Christoph Buch: Mit dem Schiff durch die Wüste, S. 52.

dem die Tuaregs ihren Reichtum verdanken und das noch heute in Platten und Brocken auf den Märkten verkauft wird. (S. 67)

Die Natur, vielmehr die Nähe zu ihr, konstituiert schließlich auch das Fremdbild mit:

Nächtliche Szene: Am Ufer glimmen Holzkohlenfeuer, Glühwürmchen tanzen in der Dunkelheit, der Lichtkegel des Scheinwerfers fällt ins fette Laub eines Mangobaums, darunter eine dicht gedrängte Menschenmenge, die lachend dem Schiff entgegeneilt, Händlerinnen, gefüllte Blechschüsseln auf den Köpfen balancierend, waten bis zu den Hüften im Wasser und beleuchten mit Taschenlampen die Eßwaren, die sie zum Verkauf anbieten [...]. (S. 59f.)

Das Fremde erscheint als das Passive, das sich den Naturgewalten und den Umständen aussetzt und folglich wie gelähmt erscheint. Information dringt lediglich von außen ein (die innere Information wird nicht einmal erwähnt). Vielleicht erfüllt das von außen Kommende für die Einheimischen ebenfalls die Funktion einer zerstreuenden Exotik. Die Fremde erscheint damit schließlich als das zumindest noch (oder wieder) medial Kolonialisierte. Weltpolitik, Wohlfahrt und Wirtschaftspolitik finden woanders statt, für die Nigerianer werden damit die Grundpfeiler des westlichen politischen und internationalen Handelns lediglich zu einer Alternative zum eigenen Alltag, zur Belehrung darüber, wie die vermeintliche Norm gefaßt ist. Vom Prozeß der Globalisierung sind die »ärmsten Länder Afrikas« (S. 53) abgeschnitten. Vielmehr hat sich ein differenzierter, von der Aufmerksamkeit der Ersten Welt abgeschnittener Mikrokosmos in Form eines »informelle[n] Klein- und Kunsthandel[s], der von keiner ökonomischen Statistik erfaßt wird« (S. 53), gebildet. Auffallend ist schließlich auch, daß sich das erzählende als auch das erlebende Ich aus dieser Textpassage gleichsam ausgeklinkt haben. Sie sind hinter der Aussage vollkommen verschwunden und enthalten sich damit gänzlich der Stellungnahme, wie auch der gesamte Text kaum Stellung bezieht. Buchs Personen handeln zumeist nicht, sondern sind ihrer Umwelt ausgesetzt, von ihr auch in Mitleidenschaft gezogen. Lediglich das die Menschen Umgebende – und seien es nur die Moskitos – ist zu einer glücklichen Regung fähig (»Moskitos [...], die mit fröhlichem Gesumme über sie herfallen« [S. 52]), dennoch seien die Malier »Fremden gegenüber aufgeschlossen, freundlich und hilfsbereit« (S. 53).

Den den Europäer möglicherweise befremdenden Eindrücken widmet Buch gesonderte Aufmerksamkeit, seien es die Heuschrecken und Fledermäuse, die »hierzulande als Delikatesse [gelten]« (S. 53) oder der bunte ›exotische‹ Markt innerhalb der Stadt.

Bamako ist ein einziger Bazar, der Souk die Seele der Stadt, überall werden Waren gehandelt und zum Kauf feilgeboten: gelbe Mangos und grüne Bananen, von Fliegen umsummte Rinderkeulen und Hammelhälften, Flußfische aus dem Niger, Reis, Hirse und Maniok, getrocknete Gewürze und Hölzer, die als Zahnbürsten und Steine, die zum Garkochen verwendet werden, rote Pfefferschoten, Pili-Pili und magische Fetische, Gris-Gris genannt; mumifizierte Affen und Hyänen, Schlangen und Krokodile, die, zu Pulver zerrieben, als Heilmittel dienen, während ihre Zähne und Klauen bösen Zauber abwenden sollen; Schwerter und Dolche der Tuareg, maurische Halsketten und Armreifen aus Kupfer und Messing, Goldschmuck aus dem Grenzgebiet zu Guinea, geschnitzte Türen und Thronsessel der Bambara und Mandingo, die berühmten Masken der Dogon, Lederarbeiten und Decken mit den geometrischen Mustern der Fulbe, geflochtene Körbe und Bastmatten der Bozo-Fischer – um nur einige der ethnischen Gruppen zu nennen, aus denen sich der Vielvölkerstaat Mali zusammensetzt. (S. 53)

Im Unterschied zu Geertz läßt Buch seine ›Einheimischen‹ sehr wohl zu Wort kommen, wenn auch in eingeschränkter Form: Die erste Figur, die sich der direkten Rede bedient (oder sollte man sagen, die der direkten Rede für würdig befunden wird) ist aber kein Malier, sondern »ein bayrischer Forstmann, der im Auftrag der malischen Regierung Tropenholz exportiert« (S. 54). Zwar hat er sich seiner Umgebung angepaßt – er lebt »wie Tarzan im Busch, in einer Baumhütte mit Krokodilen und Flußpferden vor der Tür« (S. 54) –, grenzt sich aber dennoch ab: »jeden Morgen ißt er Spiegeleier mit Schinken und trinkt dazu echten Jacobskaffee« (S. 54). Durch den Einsatz der direkten Rede wird diese Figur zu einem unmittelbaren Berichterstatter, zu einem ›privilegierten Informanten‹[356]. Die Pose des Kolonisators wird in einer Andeutung, die das ›kolonialisierte‹ Land wieder mit der Natur, diesmal jedoch in diminuierender Absicht vergleicht, weiter ausgespielt.

»Bei den Affen geht es wie bei den Menschen zu. Der Chef sitzt oben im Baum und paßt auf, daß keine seiner Frauen fremdgeht. Wenn er einen Wutanfall kriegt, macht er den ganzen Wald zu Kleinholz«, sagt Bamako-Paul [...]. »Das Weibchen findet schnell wieder Anschluß an die Herde, das Männchen nicht.« (S. 54)

Der Leser erfährt also die ›Anderen‹ als Wesen, die in ihrer eigenen Umgebung orientierungslos dahinvegitieren. Hier entfällt die (auch nur partielle) Einfühlung, weil die Ordnung/das System, die das Leben der Fremden in *ihrer* Natur determiniert, nicht erkannt wird und beim ›Kolonisator‹ sofort das Bedürfnis nach ethischer Mission hervorruft. Die Fremde wird – zumindest für Bamako-Paul – nur dann erträglich, wenn sie mit Versatzstücken des Vertrauten durchsetzt ist und somit die Schnittfläche von ›Heimlichem‹ und ›Unheimlichem‹ eine Annäherung an die Fremde zuläßt. »Vor ein paar Jahren, als Ingenieure der GTZ in der Nähe einen Staudamm bauten, gab's einen Spar-Supermarkt im Busch, komplett mit Becks Bier und allem, was dazugehört. Die guten Zeiten sind jetzt vorbei.« (S. 54) Die ganze Wahrheit wird aber erst in einer Umkehrung der realen Lebenssituation möglich, nämlich in einem Bistro, »dem Treffpunkt der Europäer und Amerikaner, schräg gegenüber der US-Botschaft« (S. 54), einem Ort also, an dem Liminalität aufgrund einer übertretenen Schwelle (Austausch der ›fremden‹ gegen die ›vertraute‹ Umgebung) zustande kommen kann. Die Umkehrung wird nicht zuletzt dadurch manifestiert, daß nun die Einheimischen quasi als Ornament des Vertrauten fungieren: »Glutäugige schwarze Schönheiten blinzeln den zahlungskräftigen Gästen zu« (S. 54).

Hier wird Tacheles geredet: »Mali ist das Armenhaus Westafrikas, ein Faß ohne Boden, das Unsummen von Entwicklungsgeldern verschlingt, und gleichzeitig gibt es hier mehr Superreiche als irgendwo sonst in Afrika. Auf zirka sieben Millionen Einwohner – die genaue Zahl kennt keiner – kommen mehr als hunderttausend Millionäre, *Dollar*millionäre wohlgemerkt, Großgrundbesitzer mit riesigen Viehherden und Kaufleute, die mit den von der Welternährungssituation gespendeten

356 Zu diesem Begriff vgl. James Clifford: Über ethnographische Autorität, S. 145f.

> Lebensmitteln auf dem freien Markt spekulieren. Amerikanischer Reis und Dosen mit Corned Beef, marokkanische Ölsardinen und italienisches Olivenöl werden zu überhöhten Preisen an die Armen verkauft, denen sie eigentlich gratis zukommen sollten. Die reichste Frau im Land ist die Gattin des Präsidenten, unter anderem gehört ihr eine Fabrik zur Herstellung von Sturzhelmen, deren Tragen neuerdings gesetzlich vorgeschrieben ist. Es gibt mehr als 100 000 Moped- und Motorradfahrer in Mali, und ein Helm kostet umgerechnet 150 Mark. Wer bis Ende des Monats keinen Sturzhelm gekauft hat, verliert die Fahrerlaubnis, und sein Moped wird eingezogen.« (S. 54f.)

Buch wahrt eine strikt neutrale Erzählsituation, die ihn quasi jeder Verantwortung den/dem Fremden gegenüber enthebt. Sie läßt ihn als einen konsequenten Außenstehenden erscheinen, der an keiner Stelle zur Einfühlung verführt wird. Meinungen über das Andere stammen stets von Informanten, die der fremden Kultur entweder angehören oder in ihr zumindest leben, meist in direkter Rede. Wird die direkte Rede nicht verwendet, distanziert sich der Erzähler mittels einer zarten Ironie von einer kolonialistischen Weltsicht. Trotz der materiellen Rückständigkeit bietet der Autor kurze Reflexionen, die das Bild des Fremden für den Leser konstituieren: »Afrika in der Regenzeit hat seine eigenen Poesie: Tropenzauber mit Gratisdusche.« (S. 56) Wieder vermeidet Buch durch die gekonnt plazierte Ironie die Entstehung eines undifferenzierten oder klischierten Exotismus. Das Bild ist jedoch bedingt durch den Ablauf der Natur und nicht an Menschen gebunden oder von ihnen hervorgerufen. Während die realpolitische Tatsache des Kolonialismus in Afrika zwar der Vergangenheit angehört, hat sie als Mentalität in der Bevölkerung noch immer ihre handlungsorientierende Kraft erhalten:

> Die Klasseneinteilung an Bord entspricht der Hierarchie der postkolonialen Gesellschaft: Ganz oben die *happy few* in den Luxuskabinen der ersten Klasse, zumeist ausländische Experten und Angehörige der einheimischen Oberschicht, gefolgt von europäischen Rucksacktouristen und malischem Mittelstand in der zweiten und, mit rapide abnehmendem Komfort, in der dritten Klasse, wo es sich gerade noch aushalten läßt. Ganz unten, im Zwischendeck, sieht es aus wie vor hundert Jahren auf einem Auswandererschiff: Männer und Frauen, Kinder und Greise, Mütter, die ihre Babys stillen, Tee kochen auf offenen Feuern und Fliegen von ihren schlafenden Säuglingen fern halten, auf schmalstem Raum zusammengepfercht zwischen Reis- und Mehlsäcken, Körben mit Zwiebeln und Paprikaschoten, Limonade- und Bierkästen, Fahrrädern, Mopeds, Leitern, Zinkeimern und Wellblechplatten. (S. 56f.)

Die Bewohner werden lediglich als Bestandteil des natürlichen Wechsels dargestellt, als Beobachtete, die aufgrund ihrer ausschließlich äußeren Betrachtung auch keine Interpretation zulassen. Buch gibt nur das wieder, was er *sieht* und *hört*, nicht jedoch das, was er *versteht* oder zu verstehen glaubt. Zwischen ihm und seiner Umgebung herrscht eine Distanz, die die neutrale Erzählsituation fordert bzw. rechtfertigt. Buch begibt sich damit zwar in Widerspruch zu Malinowski und Geertz, erfüllt aber damit die Prämissen der ›partiellen Aneignung‹. Buch geht sogar einen Schritt weiter: Aufgrund seiner an den Tag gelegten Neutralität muß gefragt werden, ob Aneignung hier überhaupt stattfindet. Aneignung im Sinn von physischer Begegnung wohl kaum, Aneignung und Abbildung der Dritten durch die Erste Welt sehr wohl. Es ist die Begegnung von Wohlstand mit Armut, nicht aber die Begegnung von oder die Auseinandersetzung mit kulturellen Sinnsystemen. Diese Differenz zeigt nicht zuletzt die wirtschaftliche Ausnahmestellung Europas bzw. der westlichen Welt, die infolge dieser Tatsache von Ernst Wilhelm Müller als ungeeignetes Vergleichsobjekt klassifiziert worden ist.[357] Der augenscheinliche Kontrast entsteht eben erst durch diese klaffende Ungleichheit. Buchs tiefergehende und nicht nur mimetische Bilder des Fremden suchen ihren Ursprung nicht in der Gegenwart, sondern sind archaischer Herkunft, die die gegenwärtige Lage positiv verfremden: »Die Männer dösen im Schatten, die Frauen schöpfen Wasser in dickbauchigen Tonkrügen aus dem Fluß. Bilder von biblischer Schlichtheit und Schönheit, deren zeitlose Ruhe sich auf den Betrachter überträgt. Ich fange an zu vergessen, woher ich komme und wer ich bin.« (S. 58) Im Zusammenhang mit einer weiteren archaisch anmutenden Eigenschaft – der Gleichzeitigkeit historischer Abschnitte in der Geschichte als Allgegenwart der kulturellen, politischen, wirtschaftlichen Vielfalt – positioniert sich der Erzähler zum ersten Mal mit einer auktorialen Äußerung in seiner Anschauung dem Fremden gegenüber:

> Jede Reise ist ein Fluchtversuch aus dem Gefängnis der Identität, ein Ausbrechen nicht nur aus dem Raum, sondern auch aus der Zeit, in die jeder, ohne sein Zutun, hineingeboren ist. In Mali sind mehrere historische Epochen zugleich präsent: die Gegenwart eines jungen afrikanischen Staates; die Lehmpaläste und Moscheen von Djenné, Timbuktu und Gao, Zeugnisse mittelalterlicher Hochkulturen und Zentren einst mächtiger Reiche, die Jahrhunderte den Transsahara-Handel kontrollierten; die archaische Lebensweise der Nomaden und die aus prähistorischer Zeit überlieferten Riten der animistischen Dogon. (S. 58)

Damit rührt Buch an ein weiteres zentrales Thema der Xenologie: das Wechselspiel zwischen eigener und fremder Identität, die bereits angesprochene Intention oder Notwendigkeit, bei der Fremdbetrachtung auch sich selbst zu betrachten. Bei Buch gerät diese Intention zu einer Extremform, nämlich zu einer Ausschaltung der eigenen individuellen geographischen und historischen Verortung, eine Verneinung der eigenen und eine Bejahung der fremden Identität, des fremden Bewußtseins. Eine solche Deutung lädt sehr zu einer psychologischen oder psychoanalytischen Deutung ein: das Leugnen des Selbst und die gleichsam parallele Annahme einer fremden Identität – eine nahezu karnevalistische Persönlichkeitsspaltung bzw. Persönlichkeitstausch, eine absichtsvolle Ver- und Entfremdung.[358] Ritualistische Deutungen sollen hier nicht überstrapaziert werden, dennoch ist der Aufenthalt in der Fremde mit dem Zustand der Liminalität vergleichbar: Dem ›Heimlichen‹ ist der Betrachter gewissermaßen entkommen, dem ›Unheimlichen‹ gehört er nicht an. So entsteht eine günstige Voraussetzung für Potentialität oder, in diesem Fall, ein Austausch mit dem Anderen. Eben weil das Vertraute zwar latent vorhanden, aber derart in den Hintergrund gedrängt ist, daß es nicht zur alleinigen Handlungsnorm gerät, kann es wie ein halbleerer elektrischer Akkumulator mit alternativen kulturspezifischen Handlungsanweisungen, Erfahrungselementen oder schlicht nur Wahrnehmungen ›aufgeladen‹ werden. Wierlacher spricht

357 Vgl. Ernst Wilhelm Müller: Plädoyer für die komparativen Geisteswissenschaften. In: Paideuma 39 (1993), S. 7-23.

358 Zu diesen beiden Begriffen siehe Alois Wierlacher: Kulturwissenschaftliche Xenologie, S. 87ff.

in diesem Zusammenhang von einer »Konfrontation mit möglichen (versäumten) Alternativen zur eigenen Lebenspraxis in der gegebenen gesellschaftlichen Wirklichkeit«,[359] die einen prüfenden Rückblick auf die Welt provoziere und auf »unseren je eigenen Selbstentwurf«[360].
Die Gegenwart mehrerer historischer Epochen dient schließlich als weiterer Kontrast zu Europa, wo aufgrund des Fortschritts und der rasanten Entwicklung (v. a. auf technischem Gebiet) derartige Gleichzeitigkeiten jeweils nur von der nächstfolgenden Stufe des Fortschritts überlagert werden. Fortschritt widerspricht der Präsenz einer Entwicklungsstufe, die bereits überholter ist als die überholte. Woher Buchs Informationen über die historischen Hintergründe stammen, bleibt ungeklärt. Neben den archaisierenden Bezügen dient schließlich auch die Kunst an einer Stelle des Textes als eine Referenzmöglichkeit, die die Realität als eine Alternative, eine Fiktion des Alltags, erscheinen läßt: Eine Szenerie erscheint dem Autor als »eine wie von Breughel [sic] gemalte Szene aus dem Alltag« (S. 60). Erst die entdeckte Entsprechung in der Kunst – so scheint es – macht den Eindruck erzählenswert. Mag sein, daß die erwähnte Distanz des Autors ihn in die selbe Lage versetzt, in der sich der Betrachter von Kunst befindet: Als Anschauender und also vom Kunstwerk ausgeschlossener hat er keinerlei handlungssteuernden (oder die Fiktion steuernden) Einfluß auf sein Beobachtetes. Tatsächlich gibt der Text kaum Anhaltspunkte für ein Verstehen des Fremden, sondern lediglich für deren teilnehmende – oder teilnahmslose – Betrachtung.

Zusammenfassend läßt sich also sagen, daß Buch ein Bild eines von der Natur und von den Folgen seiner kolonialistischen Vergangenheit gefährdeten Landes zeichnet, dessen Bevölkerung in einer Art apathischen Entfremdung keinerlei Willensäußerung zur Veränderung vor allem der prekären materiellen Situation zeigt.[361] Nebenbei bemerkt entsteht ein solcher Veränderungswille erst dann, wenn Alternativen zur eigenen Situation aufgezeigt werden und für das eigene Fortkommen im persönlichen, politischen und gesellschaftlichen Sinn als vorteilhaft erkannt werden. Vielleicht ist es gerade dieser Moment – das Erkennen und das nachfolgende Erkennen eines utilitaristischen Aspekts –, der den Einheimischen Nigerias, darauf ließen die Ausführungen Buchs schließen, fehlt. Zum anderen führt Buchs Tagebuch einen auf einer anderen Ebene weiterbestehenden Kolonialismus vor Augen, den man in Zusammenhang mit dem Begriff der Globalisierung nicht unerwähnt lassen sollte. Alltags- und offizielles Leben sind geprägt von Abhängigkeit und etischen Einflüssen, sei es das landesweite Programm zur Bekämpfung der Bilharziose, einer Parasitenerkrankung, das von der

359 Ebenda, S. 64.

360 Ebenda, S. 64.

361 Dazu sind ein paar Daten über Nigeria angebracht: Nigeria, bis 1. 10. 1960 britische Kolonie, beheimatet insgesamt 434 Ethnien, von denen die Hausa-Fulani im Norden und die Yoruba im Südwesten mit je 21% die stärksten Gruppen darstellen; zwischen 1990 und 1996 lebten durchschnittlich 29% der Bevölkerung unter der Armutsgrenze; die Analphabetenrate lag 1995 bei 43%. Nigeria ist gegenwärtig infolge der jahrelangen Militärherrschaft und seiner tristen wirtschaftlichen Lage international isoliert und gilt als eines der korruptesten Länder der Welt. (Vgl. Der Fischer Weltalmanach '99. Zahlen, Daten, Fakten. Frankfurt/M.: Fischer Taschenbuch Verlag 1998, S. 538f.)

GTZ (Cooperación Técnica Alemana) unterstützt wird, oder die erwähnten Fahrzeuge mit Aufschriften internationaler Organisationen: Das Symbolsystem der westlichen Welt ist längst in das Textkorpus nigerianischer Alltagswelt und -erfahrung inskribiert. Es wird nicht nur bewußt rezipiert, wie über die ausländischen Radiostationen, sondern ist quasi auch latent als Verbildlichung und Versinnbildlichung westlicher Werte vorhanden: das Hotel de l'Amitié als Objekt einer gigantomanistischen Architektur, das im referentiellen Kontext Nigerias wie eine Fiktion wirken muß,[362] oder die genannten Hilfsprogramme, die das *image* eines überlegeneren Umgangs mit Umwelt und Gesundheit in das Bewußtsein der Fremden einbetten. Diese Überlagerung fremder und eigener Symbole findet aber nicht nur in der Auseinandersetzung zwischen eigener und fremder Kultur statt. Auch die eigene Kultur und Mentalität wird zusehends porös: »Ein Nomade kniet betend am Flußufer. Er vollführt segnende Bewegungen mit den Händen und drückt die Stirn auf den Boden, den *kein* Gebetsteppich bedeckt« (S. 61, Hervorhebung im Text). Die Profanisierung des Alltags – oder allgemeiner ausgedrückt, seine Entrückung von den inneren und äußeren Konvergenzen – trägt ihre Vorboten in den kleinen Gesten.

Als ein weiterer, heutzutage schon fast banaler Aspekt der Begegnung kann der Tourismus betrachtet werden, der für einige Einheimische – da ist Nigeria keine Ausnahme – eine willkommene und meist auch notwendige zusätzliche (vielleicht auch die einzige) Einnahmequelle darstellt. Seien es die Fremdenführer, die sich dem Erzähler in Mopti aufdrängen (S. 62) oder die Fahrten auf den Flüssen und landeinwärts mit Rovern, die über Belag mit Einheimischen und Touristen ausgelastet sind. Die überlegene Stellung der Touristen gegenüber den Einheimischen offenbart sich nicht nur in deren bevorzugter Behandlung in und auf den Transportmitteln, sondern vor allem immer dann, wenn Geld ins Spiel kommt. Geld bedeutet freilich auch hier Macht und ermöglicht Bestechung und damit leichteren Umgang mit den Behörden – eine abgewandelte, sanfte Form des Kolonialismus, die vielleicht viele der wahren Gefühle der Einheimischen den Fremden gegenüber verbirgt und Sein in Schein gewandelt hat. Die Geschichte des Kolonialismus läßt der Erzähler über seine ganzen Tagebucheintragungen hindurch immer wieder aufblitzen, meist ihrer Widersprüchlichkeit oder gar Skurilität wegen: etwa die an Heinrich Barth erinnernde Bronzetafel in Timbuktu, »der den Ruhm der Wüstenstadt über die halbe Welt verbreitete« (S. 66). Und noch etwas scheint widersprüchlich: »Das Haus, in dem der Franzose René Caillé wohnte, der dreißig Jahre vor Barth als erster Europäer nach Timbuktu gelangt war, wird gerade historisch getreu aufgebaut.« (S. 66) Die Rekonstruktion oder Rekonstitution eines Sym-

362 »Die afrikanische Architektur ist frei von der Tyrannei des rechten Winkels; Mauern und Dächer sind konvex oder konkav, prall gerundet oder sanft gewölbt. Hütten und Paläste, Moscheen und Tempel sitzen, stehen oder liegen wie Menschen in der Landschaft; sie haben Busen und Hintern, Knie und Ellenbogen, Türme, die wie erigierte Penisse in die Luft ragen, und Tore, die wie gespreizte Schenkel offenstehen. Der Mensch ist hier das Maß aller Dinge – nicht idealisiert wie bei den alten Griechen, sondern in der Fülle seiner Geschlechtlichkeit. Die Sexualisierung der Architektur ist Ausdruck eines erotischen Lebensgefühls, das dem puritanischen Einfluß von Christentum und Islam bis heute erfolgreich widersteht.« (S. 63)

bols bzw. einer Variablen der Kolonialgeschichte? Aber *selbst hier ist Europa nicht* gleich Europa:

> an der nächsten Straßenecke erinnert eine Gedenktafel an den britischen Major Laing, der 1826 in voller Uniform nach Timbuktu einritt und diese Torheit mit dem Leben bezahlte; sein auf eine Lanze gespießter Kopf wurde zur Abschreckung am Stadttor aufgestellt. So gedenkt der europäische Kolonialismus seiner Pioniere und Märtyrer; auf Ibn Battuta, den arabischen Reisenden, der 500 Jahre früher, in der Blütezeit des alten Mali-Reichs, Timbuktu besuchte, weist keine Tafel hin. (S. 66)

Der Macht Ausübende, der Fremdes und Eigenes hierarchisierende Umgang mit dem Anderen weist eben auch auf eine andere Komponente der ›Auseinandersetzung‹ hin, nämlich dem darüber Schweigen. Überspitzt formuliert: Was nicht gesagt ist, ist nicht bewußt. Das muß nicht heißen, daß es die Intention des Autors ist, Fakten zu unterschlagen. Vielmehr geht es hier um Textualisierung von Realität, sprich um die Niederschrift von Erfahrungen, die aus einer polyvalenten Realität in eine lineare und somit konstruierte Linearität eines Textes gebracht werden. Das bedeutet eine deutliche Trennung von dynamischer Forschungssituation und petrifizierter Textsituation.[363] Nicht umsonst vielleicht fügt Buch an das Ende seiner Tagebucheintragungen ein Postskriptum an, in dem er aufzählt, was er alles *nicht* erwähnt hat.[364] Doch die geschilderten hierarchischen Machtverhältnisse auf interrelationaler Ebene wiederholen sich auf der intrarelationalen Ebene auf dieselbe Weise:

> Die Bella, die hier leben, waren früher die Sklaven der Tuaregs; sie sind es, sagt man, noch heute: erst vor wenigen Wochen hat ein Tuareg einen Bella erschlagen, da dieser sich weigerte, ihm sein frisch bepflanztes Reisfeld abzutreten. Ein Richter, selbst Tuareg, der seinen Stammesgenossen freisprach mit der Begründung, er habe nur von seinem angestammten Recht Gebrauch gemacht, wurde seines Postens enthoben. (S. 67)

Strenge Objektivität wahrt Buch auch in der folgenden Beschreibung, die als abschließendes Beispiel für seine Erzählhaltung dienen soll:

---

363 Petrifiziert nur dann, wenn der Text wenig Interpretationsspielraum offenläßt. Anderenfalls vermag er auf einem Umweg die Polyvalenz außerhalb des Textes in gewisser Weise wieder herzustellen. Vgl. zu dieser Problematik auch James Clifford: Über ethnographische Autorität, S. 133f.

364 »PS.: Beim Wiederlesen dieses Berichts fällt mir auf, was in ihm alles *nicht* vorkommt: der Tafelberg von Hombori, der sich auf halbem Weg zwischen Gao und Mopti wie eine im Dunst verschwimmende Kathedrale aus der Wüste erhebt; die Dörfer der Dogon, wie Adlerhorste an senkrecht abfallende Felswände geklebt; David, der Chauffeur der malischen Toruismusbehörde SMERT, der in seiner Freizeit Rinder hütet und sich mit einem Fetisch aus Schlangenleder vor Krankheiten und Unfällen schützt; die Tatsache, daß die Fulbe-Hirten stundenlang auf einem Bein stehen und dabei mit offenen Augen zu schlafen scheinen; die Tatsache, daß die Wüste nach dem Regen vorn Vogelgesang widerhallt; und mein Denken an alle, ohne deren Rat und Hilfe ich den Niger nicht hätte bereisen können: die freundliche Besatzung der *Tombouctou*, die Mitarbeiter der *Compagnie Malienne de Navigation* Rolf Wilhelm und Bodo Brack sowie Klaus Holderbaum und Barthélémy Dakoua in Bamako.« (S. 70)

> Ein in Laken gewickelter Leichnam wird an Land getragen, der Zipfel eines lila Kopftuchs, wie es hierzulande die Frauen tragen, schaut aus der zusammengerollten Bastmatte hervor. Die Dorfbewohner treten respektvoll zur Seite, eine Gasse öffnet sich in der Menge, und die Tote wird im Innern eines Mauergevierts auf den Sand gebettet. Ihre Habseligkeiten – ein Blecheimer, ein Kochgeschirr mit geblümten Tellern und Schüsseln, ein Stoffbündel und eine Bastmatte – werden an Land gebracht. Zwei Frauen waschen das Bettlaken, in das der Leichnam gewickelt war, im Fluß und hängen es an einem Mauervorsprung zum Trocknen auf. Eine stille Geschäftigkeit, feierlich, aber ohne Sentimentalität. Die Angehörigen versammeln sich vor der Ruine des Hauses, in dem die Verstorbene zur letzten Ruhe gebettet wird, und schnüren ihr Bündel auf. Die Sonne durchsticht den Nebel und taucht das Dorf in diesiges Licht, das die Konturen verschwimmen läßt; die Szene wirkt gespenstisch, unwirklich. Nach einer halben Stunde ist alles vorüber: das Schiff legt ab und läßt die Tote und ihre trauernden Angehörigen am Ufer zurück. Später erzählt mir der Steward, daß die Frau schwer krank an Bord genommen wurde, um nach Gao ins Hospital eingeliefert zu werden. Sie verstatb im Lauf der Nacht, während das Schiff auf einer Sandbank festlag. Mehr ist nicht in Erfahrung zu bringen. (S. 68f.)

Tatsächlich handelt es sich hier um eine jener Stellen im Text, die der Ethnographie am nächsten kommt. Die Bemerkung, daß nicht mehr in Erfahrung zu bringen sei, drückt das Bestreben des Autors aus, nur unmittelbar oder mittelbar Beteiligte zu Wort kommen zu lassen, um dem Text und nicht zuletzt auch der Erzählerposition Autorität zu verleihen. Tatsächlich erhält der Erzähler damit seine Kraft von außen, das Erzähler-Ich wird erst durch die externe Information definiert, während es selbst eine aufzufüllende Leere, ein *blank*, darstellt und somit eine gleichsam behavioristische Erzählsituation heraufbeschwört.

2.4 Ansätze einer ›Auto-Imagographie‹

Stellt man die komparatistische Imagologie in einen ethnographischen bzw. ethnologischen Kontext, was hier bedeuten soll, daß sie Aufgaben und Nutzen der bereits erwähnten ›Auto-Ethnographie‹ für sich in Anspruch nehmen kann und soll, so sollen zuletzt noch einige Ansätze für eine solche reflexive Imagologie formuliert werden. Dabei ist zuerst der Begriff ›Imagographie‹ ins Auge zu fassen. Darunter sollen in Anlehnung an den Begriff ›Ethnographie‹ jene Texte verstanden werden, die einen Diskurs über das Fremde herstellen, ›Auto-Imagographie‹ ist daher als eine Kritik dieses Diskurses aus literaturtheoretischer, sozialhistorischer und ethnologischer Sicht zu betrachten. Eine Auto-Imagographie hat sich – die bisherigen Ausführungen zusammenfassend – etwa folgenden Fragen zu stellen:

1. Was sind die Voraussetzungen und Vorbedingungen für die Entstehung eines *image*, eines *auto-image* oder eines *mirage*? Wie verläuft die Genese eines wie immer definierten Bildes?

Zu klären sind hierbei die sozialhistorischen, ideologischen, biographischen usw. Bedingungen, die zur Entstehung eines Fremdbildes führen (siehe dazu auch 2.).

Von Interesse ist dabei auch eine Unterscheidung zwischen statischem und dynamischem Image. Ein statisches Image ist ein Bild/eine Vorstellung, das/die, ähnlich einer *mentalité*, über lange Zeiträume hinweg seine Präsenz bewahren kann, ein dynamisches ein solches, das sich (rasch) verändert. Besonders Literatur aus hybriden Räumen kann zu einer gewissen Dynamik eines Bildes beitragen. Auch sich rasch ändernde politische Grenzen, die dadurch entstehenden Migrationsbewegungen – sofern sie literarisch reflektiert sind oder, zeitlich rascher und eher wahrscheinlich, medial transformiert werden – dynamisieren ein Image. Darüber hinaus findet in bestimmten Gesellschaftsformationen, etwa in multikulturellen, ein verstärktes *imageing* statt: der *face-to-face*-Kontakt vermittelt ein direktes Bild des Nachbarn, sofern der Multikulturalismus »programmatisch-pädagogisch«[365] geprägt ist.

2. Wie ist die Beziehung zwischen dem *auto-image* und dem *image* zu fassen?

Hier findet oft eine Transformation aus dem psychischen bzw. literarischen in den sozialen Kontext statt. So zogen etwa vorgefaßte Meinungen und Vorstellungen deutscher Intellektueller im Zug ihrer Emigration nach Frankreich ab 1933 eine Umsetzung dieser Erwartungen »sowohl in politische Hoffnungen und Erwartungen wie in literarische Phantasien«[366] nach sich. James Clifford hat nicht zuletzt darauf hingewiesen – und auch dies ist für eine reflexive Imagologie von Bedeutung –, daß »es für die verschiedenen Völker von entscheidender Bedeutung [ist], sich sowohl voneinander als auch von den Wissens- und Machtverhältnissen, die sie miteinander verbinden, ein komplexes und konkretes Bild zu machen«[367]. Das soll den Blick auf die Tatsache werfen, daß alle Formen von (Fremd-)Bildern nicht in einem interesselosen Vakuum entstehen, sondern »in spezifischen historischen Herrschafts- und Dialogbeziehungen konstituiert«[368] werden. Hierbei ist zu beachten, daß

> die Bilder in solchen Texten nicht unbedingt in die Verantwortung des Autors fallen, sondern in der Regel an die Wahrnehmungsperspektiven der erzählten Figur gebunden sind. Die Grenzen zwischen Figuren- und Autorverantwortung mögen fließend sein. Um so mehr Aufmerksamkeit verlangt die Analyse vom Interpreten für die Struktur der Texte und die Differenz zwischen Autorabsicht (intentio auctoris), Textabsicht (intentio operis) und eigener Absicht (intentio lectoris). Denn die Gefahr, als Interpret und Angehöriger einer von Selbstbildern geprägten Lebenswelt hinterrücks von genau den Mechanismen eingeholt zu werden, die es aufzudecken gilt, ist auch hier – wie in allen tiefenhermeneutischen Analysen – nicht von der Hand zu weisen.[369]

---

365 Klaus J. Bade: Einleitung: Grenzerfahrungen – die multikulturelle Herausforderung. In: Die multikulturelle Herausforderung. Menschen über Grenzen – Grenzen über Menschen. Hg. v. Klaus J. Bade. München: C. H. Beck 1996, S. 10-26. Hier S. 17. ›Programmatisch-pädagogischer Multikulturalismus‹ bezeichnet dem Frankfurter Soziologen Frank-Olaf Radtke zufolge die gegenseitige Respektierung, Anerkennung oder Gleichwertigkeit zwischen einheimischer und zugewanderter Kultur.

366 Thomas Lange: Zwischen Gott und Teufel. Das Frankreichbild deutscher Schriftsteller im französischen Exil. In: Fiktion des Fremden. Erkundung kultureller Grenzen in Literatur und Publizistik. Hg. v. Dietrich Harth. Frankfurt/M.: Fischer Taschenbuch Verlag 1994, S. 83-112. Hier S. 84.

367 James Clifford: Über ethnographische Autorität, S. 111f.

368 Ebenda, S. 112.

369 Dietrich Harth: Fiktion des Fremden. Vorbemerkung des Herausgebers. In: Fiktion des Fremden, S. 8-12. Hier S. 10.

3. Aus welcher kulturellen, politischen, wirtschaftlichen, ideengeschichtlichen Position wird das Fremde/die Fremde interpretiert/dargestellt?
Gemeint sind hier die im Autor bereits festgelegten Interpretationsschemata, die auf eine andere Kultur übertragen werden. Als prominentes Beispiel kann Germaine de Staëls *De l'Allemagne* dienen, die in ihrer Betrachtung des europäischen Geisteslebens die zu ihrer Zeit umgängige Klimatheorie anwandte und damit zur Vorstellung einer Geisteshaltung europäischer Nationen beitrug, die vom jeweiligen Klima beeinflußt war.
4. Wie ist auf einer erzählerischen Ebene die Erzählerfigur unter Einbeziehung der Erzählsituation zu beschreiben? Wie ist der Erzähler in die fremde Kultur integriert, und wie kommt das Fremde ›zu Wort‹? Welche Art der ›Einfühlung‹ ist zu beobachten?
Zu dieser Frage sind zuerst Überlegungen über die Erzählinstanz anzustellen. Seit den 1920er Jahren konstituiert sich die Autorität des ›Erzählers‹ ethnographischer Texte durch die folgenden institutionellen und textinternen Merkmale:[370] wissenschaftliche Ausbildung, Sprachkenntnisse, Integration in die fremde Kultur im Rahmen einer Feldforschungstätigkeit, die einen gewissen Zeitraum überdauert, teilnehmende Beobachtung von Kultur, die »als eine Ensemble charakteristischer Verhaltensweisen, Zeremonien und Gesten«[371] aufgefaßt wird, durch eine theoretische Konstruktion des Kulturganzen, die die empirische Forschungsarbeit verkürzt oder teilweise ersetzt, durch Konzentration auf einzelne Aspekte eines Kulturganzen, zumal sich dieses dem Forscher aufgrund seines zeitlich begrenzten Aufenthalts im Feld eben kaum in seiner Gesamtheit offenbart (diese einzelnen Teile einer Kultur (Ritualkomplexe, individuelle Lebenszyklen usw.) dienen »als Mikrokosmen oder Analogien des Ganzen«,[372] denn »diese Ordnung – institutioneller Vordergrund vor kulturellem Hintergrund – bei der Schilderung einer kohärenten Welt eigneten sich für realistische literarische Konventionen«[373]). Schließlich bilden die so entstandenen Darstellungen fremder Kulturen synchrone Querschnitte durch eine Kultur, wodurch diachronische Prozesse kaum je Gegenstand der Feldforschung waren.
›Teilnehmende Beobachtung‹ als bis heute gültige Methode definiert sich in diesem Sinn als die »besondere Verbindung aus intensiver persönlicher Erfahrung und wissenschaftlicher Analyse«[374]. Die Autorität der Erzählinstanz entsteht also durch ihr ›Dort-

370 Vgl. ebenda, S. 120ff.

371 Ebenda, S. 122.

372 Ebenda, S. 123.

373 Ebenda, S. 123.

374 Vgl. ebenda, S. 125. Dazu Clifford (S. 126): »›Teilnehmende Beobachtung‹ dient als Kürzel für ein ständiges Hin- und Herlavieren zwischen dem ›Inneren‹ und dem ›Äußeren‹ von Ereignissen. Einerseits greift sie mit Entschiedenheit nach dem Sinn spezifischer Vorkommnisse und Gesten, andererseits tut sie einen Schritt zurück, um diese Bedeutungen in weiteren Kontexten zu situieren. Besondere Ereignisse erwerben damit tiefere oder allgemeinere Bedeutung, Strukturregeln und so fort. Wörtlich verstanden ist die teilnehmende Beobachtung eine paradoxe, irreführende Formel. Aber sie kann ernst genommen werden, wenn man sie mittels hermeneutischer Begriffe als eine Dialektik von Erfahrung und Interpretation neu formuliert. Das haben die überzeugendsten neueren Verteidiger der Methode getan, wobei sie einer Tradition folgen, die von Dilthey über Weber zu ›Symbol- und Bedeutungsanthropologen‹ wie Geertz führt. Erfahrung

Sein‹, durch die Konfrontation des Forschers mit seinen ›Objekten‹, dem ein Sozialisationsprozeß vorangeht.[375] Ethnographische Autorität kann auch durch die Wahl bestimmter diskursiver Praktiken hergestellt werden: Der Dialog bzw. das Interview neutralisieren die Erzählinstanz und lösen sie schließlich in eine bi- oder polyperspektivische Erzählinstanz auf. Die damit im Idealfall entstehende Objektivität schließt eine Interpretation durch den Ethnographen aus und liefert damit ›Bilder aus erster Hand‹. Realistischerweise wird man hierbei jedoch die methodologischen Vorgaben aus der Oral History zu berücksichtigen haben, die etwa von einem asymetrischen Verhältnis zwischen Interviewer und Interviewten spricht, welches durch unterschiedliche Sprachkompetenz und Ausdrucksfähigkeit, verschiedene Soziolekte oder unterschiedliche ›strategische‹ Ziele beider Gesprächspartner zum Ausdruck kommt.[376]
Ein anderer Gedanke James Cliffords knüpft sich an die Rolle des Ethnographen als Urheber seiner Ethnographie. Zwar hat der Ethnograph seine Erfahrungen, Interpretationen usw. als Text dargelegt, ist also so betrachtet als der Autor jenes Textes zu betrachten, doch schon die eben erwähnte Form des Dialogs besitzt in ihrer performativen, vor-textlichen Form zwei Schöpfer, nämlich die beiden Dialogpartner: »Es ist tatsächlich so, daß jede fortlaufende ethnographische Darlegung routinemäßig eine Vielfalt an Beschreibungen, Transkriptionen und Interpretationen von einer Vielzahl indigener ›Autoren‹ einflicht«[377]. Der einem Text eindeutig zuordenbare Autor verschwindet im Gewebe der Diskurse und löst sich in eine Bachtin'sche Polyphonie auf. Diese Polyphonie, die den diversen Stimmen im Text eine Verfasserrolle zukommen läßt, wird von Clifford allerdings problematisiert:

> Zum einen scheinen die wenigen neueren Experimente mit mehrfacher Autorschaft als antreibende Kraft das Forschungsinteresse eines Ethnographen zu erfordern, der letzten Endes eine leitende herausgeberische Position übernimmt. Die autoritative Haltung, den Anderen »sprechen zu lassen«, wird nicht völlig überwunden. Zum zweiten stellt die bloße Idee einer Mehrfachautorschaft eine tiefgreifende westliche Überzeugung in Frage: daß die Struktur eines jeden Textes mit den Absichten eines individuellen Autors zu identifizieren sei. Auch wenn diese Identifikation weniger ausgeprägt war, als Lafitau seine *Mœurs des sauvages amériquains* schrieb, und selbst wenn die neuere Kritik diese Übereinstimmung anzweifelt, übt sie doch noch immer einen starken Zwang auf das ethnographische Schreiben aus. Nichtsdestoweniger gibt es Anzeichen, daß in diesem Bereich etwas in Bewegung geraten ist. Die Anthropologen werden in zunehmendem Maße ihre

---

und Interpretation erfuhren jedoch eine unterschiedliche Gewichtung, sobald sie Anspruch auf wissenschaftliche Autorität erhoben. In jüngster Zeit kam es zu einer merklichen Verschiebung der Betonung von der ersteren zur letzteren.«

375 Deshalb ist vom Ethnographen oft als einem Außenseiter die Rede, »der in eine Kultur eintritt und sich dabei einer Art Initiation unterzieht, die zu ›Kontakt‹ führt« (James Clifford: Über ethnographische Autorität, S. 127). Auch für Malinowski wurde diese schwierige Situation veranschlagt, die in seinem Fall sogar zu Haßtiraden gegen die von ihm untersuchten Trobriander geführt hat (vgl. Karl-Heinz Kohl: Bronislaw Kaspar Malinowski, S. 232).

376 Vgl. Herwart Vorländer: Mündliches Erfragen von Geschichte. In: Oral History. Mündlich erfragte Geschichte. Hg. v. Herwart Vorländer. Göttingen: Vandenhoeck & Ruprecht 1990 (= Kleine Vandenhoeck-Reihe 1552), S. 7-28. Hier S. 16ff.

377 James Clifford: Über ethnographische Autorität, S. 141.

> Texte und manchmal auch ihre Titelseiten mit jenen einheimischen Mitarbeitern zu teilen haben, für die der Ausdruck »Informant« nicht mehr zutrifft, falls er es jemals getan hat.[378]

Rhetorische Techniken stellen ebenfalls bereits eine Beziehung zum Fremden insofern her, als sie dieses etwa durch Einhaltung einer bestimmten Erzählsituation bewußt oder unbewußt zu dominieren suchen oder es etwa als gleichwertig neben ein erzählendes Ich stellen. So darf eine auktoriale Erzählsituation auf eine das Fremde einnehmende Haltung schließen lassen. Allerdings ist hierbei auf die historische Entwicklung der Erzählsituationen zu achten: Wenn etwa davon auszugehen ist, daß eine auktoriale Erzählsituation typisch für epichsche Texte aus dem neunzehnten Jahrhundert ist, so sind Texte aus diesem Zeitraum demzufolge nur bedingt nach der Funktion ihrer Erzählsituation zu befragen. Erst für Texte aus dem zwanzigsten Jahrhundert, in dem keine Erzählsituation mehr vorherrschend ist, ist diese Frage zu veranschlagen.

Die Integration des Erzählers in die fremde Kultur kann schließlich freiwillig oder unfreiwillig vonstatten gegangen sein, wodurch sich bereits eine differente Einstellung des Autors ergeben kann. Der Verfasser eines Reiseberichts, der sich aus freien Stücken der Fremde ›aussetzt‹, begegnet der fremden Kultur in anderer, vielleicht objektiverer Weise als ein Autor, der, etwa zur Emigration gezwungen, als Exilant seine Existenz der Fremde ›auszusetzen‹ gezwungen ist. Die Vernetzung mit der Fremde gelingt dem Exilschriftsteller schwerer, man denke nur an Bertolt Brechts polemisches Amerikabild.[379]

5. Welche Rolle kann die Übersetzungsforschung bei einer reflexiven Auseinandersetzung mit der Imagologie spielen?

Diese Frage bezieht sich hauptsächlich auf die linguistische Ebene der Textbetrachtung. Fremderfahrungen spielen selbstverständlich auch in der Übersetzungsforschung eine Rolle. Übersetzerische Treue oder Untreue etwa kann bereits die Begegnung mit dem Anderen (hier: dem anderen Text) definieren: Untreue als das Bestreben, den Originaltext den eigenen sprachlichen Konventionen anzupassen, Treue dagegen als das Bemühen, den Zieltext dem Originaltext gleichsam unterzuordnen und ihn so nahe wie

---

378 Ebenda, S. 147f. Auf die neue Rolle des Ethnographen hat auch Doris Bachmann-Medick hingewiesen: »Die Hauptaufgabe der Ethnographie, die Beschreibung sozialer und kultureller Wirklichkeit fremder Gesellschaften, wird zum Problem, und zwar aus folgenden Gründen: Entkolonialisierung hat die moralische Repräsentationslegitimation der Ethnographie erschüttert und die ethnographische Repräsentation als Form eines imperialistischen Herrschaftsdiskurses diskreditiert. Die Einbindung der Ethnographie in das globale Netz multikultureller Beziehungen sowie die Auflösungs- und Vereinheitlichungserscheinungen traditioneller Gesellschaften lassen die Dichotomien von Selbst und Anderen, Eigenem und Fremden, Wilden und Zivilisierten auseinanderbrechen«. (Doris Bachmann-Medick: »Writing Culture«, S. 14)

379 Etwa das Gedicht *Hollywood* (1942):
Jeden Morgen, mein Brot zu verdienen
Gehe ich auf den Markt, wo Lügen gekauft werden.
Hoffnungsvoll
Reihe ich mich ein zwischen die Verkäufer.
(In: Die Gedichte von Bertolt Brecht in einem Band. Hg. v. Suhrkamp Verlag, für die Gedichte 1 bis 3 in Zusammenarbeit mit Elisabeth Hauptmann. Frankfurt/M.: Suhrkamp ^{8}1995, S. 848.)

möglich an das Original zu bringen. Weiters können nationalspezifische literarische Normen dafür sorgen, daß eine Rezeption fremder Texte in Form von Übersetzungen verhindert wird, wie dies etwa im Frankreich des achtzehnten Jahrhunderts der Fall war.[380] Darüber hinaus ist auf folgende Umgestaltungen im Zieltext zu achten: Änderung der Namen des Personals, Kürzungen und vermeintliche Verbesserungen, Streichungen von Passagen, die kulturelle Eigenheiten der ›Originalkultur‹ wiedergeben und – nach Auffassung des Übersetzers – beim Leser in der Zielsprache Befremden oder Unverständnis hervorrufen würden. Weiters gibt eine direkte oder eine indirekte Übersetzung Aufschluß über die Qualität nationaler Beziehungen, über außer- und innerliterarische Fremd- und Eigenbilder oder die kulturelle Vormachtstellung einer Nation:

> An den beiden frühen Übersetzungen von Popes Satire über »das Niedere« in der Literatur, *Peri Bathos*, zeigt sich die deutsche Hörigkeit gegenüber ausländischen Vorbildern. Georg Christian Wolf, ansonsten auch kein Verächter indirekten Übersetzens, liefert 1733 eine deutsche Fassung, die auf Popes Original basiert und auch dessen Textbeispiele aus der englischen Literatur übernimmt. Um den fortgeschrittenen Stand der einheimischen Literatur zu dokumentieren, regt Gottsched daraufhin Johann Joachim Schwabe zu einer Neuübersetzung an, in der die Belege der englischen Literatur durch solche aus der deutschen ersetzt werden. Weder Gottsched noch Schwabe fanden es bei ihrem Unternehmen zur Ehrenrettung der deutschen Literatur anrüchig, als Textvorlage eine französische Übersetzung zu benutzen und sich damit in eine neuerliche Abhängigkeit zu begeben.[381]

Schließlich rückt der Übersetzer selbst in seiner Funktion als »Bewahrer vor fremden Einflüssen«[382] oder als Vermittler in den Mittelpunkt.

6. Wie kann ein *image* im Sinn Fritz Wallners oder Victor Turners verfremdet werden, um zusätzliche Antworten auf die bereits gestellten Fragen zu erhalten?

Verfremdung meint die Einbettung eines ›Textes‹ in einen anderen Kontext, ein Spiel mit Kontexten, wie Wallner formuliert. Wesentliches Charakteristikum der Verfremdungen Wallners und Turners ist das Herauslösen des betrachtenden Subjekts aus seinem kulturellen Kontext. Turners performatives Konzept macht aus dem vormals passiven Rezipienten einen Akteur, der die kulturelle Differenz quasi am eigenen Körper verspürt. Ein solches Verfahren könnte weit mehr zur Völkerverständigung beitragen als lediglich »die Vermittlung nationaler Bilder durch die Literatur«,[383] zumal der Rezipient selbst physisch und psychisch in den Erkenntnisvorgang eingebunden ist. Interkulturalität als gleichsam methodische Entwurzelung kennzeichnet auch Wallners Erkenntnis des Eigenbildes:

---

380 Vgl. Wilhelm Graeber: Wandel der kulturellen Fremderfahrung. In: Die literarische Übersetzung als Medium der Fremderfahrung. Hg. v. Fred Lönker. Berlin: Schmidt 1992 (= Göttinger Beiträge zur Internationalen Übersetzungsforschung 6), S. 71-86. Hier S. 72.

381 Ebenda, S. 76.

382 Ebenda, S. 74.

383 Thomas Bleicher: Elemente einer komparatistischen Imagologie. In: Komparatistische Hefte 2 (1980), S. 12-24. Hier S. 12.

> Interculturality is much more important than interdisciplinarity, because interdisciplinarity is always covered, at least in Europe and in the USA, by the same conception of science, because all participants are stemming from the same cultural context. Therefore, it is important to look at and to go to other cultures, and so reach an understanding of what one does in one's own culture.[384]

Betrachtet man nun die Problematik der Selbstauslegung der Kulturen im Licht des Konstruktiven Realismus, so folgt daraus, daß diese wiederum nur einen Teilbereich dessen darbietet, was die jeweilige Kultur über sich selbst preisgibt. Ein derart gefaßter Text beschreibt eben – im Sinne Wallners – Realität und nicht Wirklichkeit. Wer sagt uns, daß wir im Zug der Beschreibung des balinesischen Hahnenkampfes *alles* über das Wesen der Männlichkeit, über Hierarchien etc. in der balinesischen Gesellschaft erfahren? Vielmehr kann es sich bei einer derartigen Beschreibung unter den Vorzeichen einer selektiven und fragmenthaften Wirklichkeitserfahrung nur um ein durch inter- bzw. transdisziplinäre Weiterführung der Fragestellung zu ergänzendes Bild einer Gesellschaft handeln. Noch dazu kann man sich nicht des Eindrucks erwehren, daß die interpretative Ethnologie davon ausgeht, daß die gesellschaftliche Wirklichkeit nur über den Umweg von Symbolen im weitesten Sinn zu erfassen sei. Nicht jedes gesellschaftliche Handeln wird in ein Symbol chiffriert, was bedeutet, daß Symbolisierungen selbst selektiv sind.

Und noch etwas kommt hinzu: Der vielbeschworene Ethno-/Eurozentrismus als eine bewußte Weigerung bzw. als unbewußte Unfähigkeit, das Fremde zu verstehen, oder allein schon die Tatsache, daß ein Europäer eine Kultur untersucht, der er nicht angehört, steht dem Verständnis der Selbstauslegung dieser Kultur im Weg. Hier muß die ethnologische Literaturwissenschaft an den Diskurs der Alterität bzw. einer Hermeneutik der Fremde anschließen, um nicht zu sich selbst in Widerspruch zu geraten. Ein möglicher Lösungsansatz findet sich bereits in der performativen Anthropologie, die versucht, eine interkulturelle Kommunikation als Gegenüberstellung symbolischer Ausdrucksformen funktionieren zu lassen. Versucht man jedoch, diese Symbole vergleichbar zu machen, so setzt dies »eine relativ stabile Beziehung zwischen Symbol und Bedeutung voraus«,[385] und zwar in allen beteiligten Kulturen.

3. *New Historicism* als Modell für die historische Kontextualisierung literarischer Texte

3.1 Methodische und theoretische Voraussetzungen und Abgrenzungen: *New Criticism* – Marx – Foucault

Der New Historicism war anfangs sowohl in seiner Benennung als auch in seinem Programm eine genuin amerikanische Erscheinung, wenngleich er wesentliche Anleihen

---

384 Fritz G. Wallner: How to Deal with Science if Your Care vor Other Cultures, S. 60.

385 Doris Bachmann-Medick: »Writing Culture«, S. 10.

beim Marxismus und der Philosophie Michel Foucaults nahm.[386] *Hinsichtlich seiner* Bezeichnung reagierten die Vertreter dieser Richtung – allen voran Stephen Greenblatt – auf eine Art der Literaturinterpretation, wie sie der New Criticism bzw. der Dekonstruktivismus der Yale-Schule[387] hervorgebracht hatten, nämlich auf eine literaturimmanente, den literarischen Text aus seinem historischen Zusammenhang herauslösende Betrachtungsweise, die in den USA bis in die 1980er Jahre dominierte. War der New Criticism für sich genommen eine beinahe esoterische Angelegenheit, gewinnt diese Methode für Eagleton im Kontext der amerikanischen Politik der 1940er und 1950er Jahre und des Universitätslebens sehr wohl gleichsam bodenständige Konturen:

> Es gab mindestens zwei gute Gründe, weshalb der New Criticism in den akademischen Institutionen gut absorbiert wurde. Erstens stellte er eine bequeme pädagogische Methode dar, um mit der wachsenden Zahl von Studenten fertig zu werden. Ein kurzes Gedicht auszuteilen, um den Studenten die Augen zu öffnen, war weniger mühsam, als ein Seminar zu den großen Romanen der Weltliteratur anzubieten. Zweitens erwies sich die Auffassung des New Criticism von einem Gedicht als einem empfindlichen Gleichgewicht zwischen einander widersprechenden Haltungen, als einer unparteiischen Versöhnung von gegensätzlichen Kräften, für die skeptischen Intellektuellen als äußerst attraktiv, die in den aufeinanderprallenden Dogmen des Kalten Krieges die Orientierung verloren hatten. Lyrik nach der Methode des New Criticism zu lesen bedeutet, nicht Stellung nehmen zu müssen: die Lyrik lehrte absolute Unvoreingenommenheit, eine heitere, spekulative, makellos unparteiische Zurückweisung von allem Speziellen im besonderen. Sie führte weniger zur Auflehnung gegen den McCarthyismus oder zum Eintreten für die Bürgerrechte als vielmehr dazu, solche Spannungen als rein parteilich und ohne Zweifel durch ihr entsprechendes Gegenteil irgendwo anders auf der Welt harmonisch ausgewogen zu erleben. Mit anderen Worten wurde er so zum Rezept für politische Trägheit und damit für die Unterwerfung unter den politischen Status quo.[388]

Eine derartige Abrechnung mit einer literaturimmanenten Methode war wohl ganz im Sinne der New Historicists. Die nach strenger Objektivität strebende Analyse des New Criticism ist nicht zuletzt auch ein Zeichen für das Bemühen, im Wettlauf mit den Naturwissenschaften nicht ins Hintertreffen zu geraten (siehe die Entwicklung der Soziologie in den Jahren davor). Nicht uninteressant ist dazu die Beobachtung, daß Lyrik kaum das Interesse der New Historicists erregte, wahrscheinlich weil sich anhand dieser Gattung die Entstehungsbedingungen ›sozialer Energie‹ (siehe unten) nur bedingt darstellen lassen.

Bemühungen um die politische und sozialhistorische Kontextualisierung literarischer Texte hatte es in den Vereinigten Staaten freilich schon vor dem New Histori-

---

386 »The odd theoretical identity of new historicism is constituted by its unlikely marriage of Marx and Foucault, with Foucault as dominant partner.« (Frank Lentricchia: Foucault's Legacy – A New Historicism? In: The New Historicism. Hg. v. H. Aram Veeser. New York/London: Routledge 1989, S. 231-242. Hier S. 235).

387 Vgl. etwa Harold Bloom: The Anxiety of Influence. London/New York 1973. Paul de Man: Allegories of Reading. Figural Language in Rousseau, Nietzsche, Rilke, and Proust. New Haven 1979. Jacques Derrida: L'écriture et la différence. Paris 1967. Bloom und de Man werden gemeinhin als die Hauptvertreter der Yale-Schule bezeichnet.

388 Terry Eagleton: Einführung in die Literaturtheorie. Stuttgart/Weimar: Metzler ^{3}1994, S. 63f.

cism gegeben. Vor allem ein (Wieder-)Aufleben von marxistischen Ansätzen der Literaturinterpretation gab diesem Bemühen Vorschub.[389] Der Terminus New Historicism sucht sein Gegenstück somit nicht im Historismus, sondern im New Criticism: »The phrase New Historicism was coined not in relation to historicism but in relation to New Criticism«[390]. Versucht wurde, literarische Texte – in erster Linie Werke der englischen Renaissance – wieder in ihrem historischen Kontext zu begreifen und zu beschreiben bzw. »die Dialektik zwischen Text und Welt zugleich zu betonen und zum Problem zu machen«,[391] oder, wie es Louis A. Montrose ausgedrückt hat, »die poststrukturalistische Ausrichtung auf Geschichte, die jetzt in der Literaturwissenschaft aufkommt, kann mit einem Chiasmus bezeichnet werden als ein reziprokes Interesse an der Geschichtlichkeit von Texten und der Textualität von Geschichte«[392]. Die Meta-

389 Vgl. Carolyn Porter: Are We Being Historical Yet? In: South Atlantic Quarterly 87 (1988), Heft 4, S. 743-786. Hier S. 745ff. Porter nennt zwei Entwicklungen: einerseits einen zu Beginn der 70er Jahre entstandenen New Historicism (in diesem Fall stammt der Begriff von Roy Harvey Pearce), dessen Grundlegung in dem Band *Towards a New Historicism*. Hg. v. Wesley Morris: Princeton 1972 zum Ausdruck kam, andererseits ist das zeitlich frühere ›American studies movement‹ zu nennen, das seit dem Ende der sechziger Jahre eine Vielfalt von Ansätzen zur Historisierung literarischer und kultureller Themen vorgeschlagen hat. (Vgl. Anm. 11 bei Porter) Porter nennt weiters die Felder der *women's studies*, der *ethnic studies* und der *Afro-American studies*, die zur Rehistorisierung der Literatur und der Literaturwissenschaft beigetragen haben. (S. 749)

390 Margaret A. Gallucci: Interview with Stephen Greenblatt. URL: http://tonno.tesre.bo.cnr.it/~mala/ Thesis/append.htm (13. Jänner 1997). Greenblatt hat in der späteren Entwicklung den Begriff *Cultural Poetics* bzw. *Poetic of Culture* geprägt, worunter er »das Studium der kollektiven Erzeugung unterschiedlicher kultureller Praktiken und die Erforschung der Beziehungen zwischen ihnen« versteht. (Vgl. Stephen Greenblatt: Einleitung. Die Zirkulation sozialer Energie. In: ders.: Verhandlungen mit Shakespeare. Innenansichten der englischen Renaissance. Frankfurt/M.: Fischer Taschenbuch Verlag 1993, S. 9-33. Hier S. 14.). Darüber hinaus versuchte Greenblatt dem Trend entgegenzuwirken, im New Historicism eine Schule oder institutionalisierte Theorie erblicken zu wollen. (Vgl. Annette Simonis: *New Historicism* und *Poetics of Culture*: *Renaissance Studies* und Shakespeare in neuem Licht. In: Literaturwissenschaftliche Theorien, Modelle und Methoden. Eine Einführung. Hg. v. Ansgar Nünning. Trier: Wissenschaftlicher Verlag Trier 1995 [= WVT-Handbücher zum literaturwissenschaftlichen Studium 1), S. 153-172. Hier S. 154]. Wenn im folgenden in erster Linie vom New Historicism in der Prägung Stephen Greenblatts die Rede sein soll, darf dies nicht über die Tatsache hinwegtäuschen, daß es innerhalb des New Historicism wiederum heterogene Zugangsweisen gibt. Vgl. Louis A. Montrose: Die Renaissance behaupten. Poetik und Politik der Kultur. In: New Historicism. Literaturgeschichte als Poetik der Kultur. Hg. v. Moritz Baßler. Frankfurt/M.: Fischer Taschenbuch Verlag 1995, S. 60-93. Hier S. 65. Carolyn Porter spricht in diesem Zusammenhang sogar von einem »set of critical practices [...] yet lacking any fully articulated statement of a theory or methodology on which those practices are supposedly based« (S. 750).

391 Louis A. Montrose: Die Renaissance behaupten, S. 75.

392 Louis A. Montrose: Die Renaissance behaupten, S. 67. Die bisherige literaturwissenschaftliche Forschung zur englischen Renaissance charakterisiert Montrose als Kombination »formalistische[r] Techniken genauer rhetorischer Analyse [...] mit der Ausarbeitung relativ separater Geschichten von ›Ideen‹ oder von literarischen Gattungen und Topoi – Geschichten, die von ihren gesellschaftlichen Koordinatensystemen abstrahiert wurden.« (S. 64) Geschichte schließlich sei in der Renaissance-Forschung lediglich in Form von Kommentaren zu politischen Gemeinplätzen

pher von der Textualität der Geschichte besagt, daß u. a. das literarische Werk als eine ›Repräsentation‹ (*signifiant*) der historischen ›Wirklichkeit‹ (*signifié*) betrachtet wird, was nicht zuletzt bedeutet, daß die authentische Vergangenheit unzugänglich bleibt bzw. sich über textuelle Spuren nur vermittelt darstellt. Daraus ergibt sich weiters, daß »diese textuellen Spuren selber weiteren textuellen Vermittlungen unterworfen werden, wenn man sie als ›Dokumente‹ liest, auf die Historiker ihre eigenen, ›Geschichten‹ genannten Texte gründen«.[393] Die Beziehung von Signifikant und Signifikat unterliegt freilich neueren Auffassungen von Textualität, die die Stabilität eines linguistischen Zeichens als auch des Textes in Zweifel ziehen.[394] Geschichte als Text aufzufassen hat zur Folge, daß diese somit lesbar, folglich auch interpretierbar wird.[395] Für ihre Beziehung zum literarischen Text – und nicht nur zu diesem, sondern zu allen ›Texten‹ im Sinne der Diskurstheorie – bedeutet dies eine Demokratisierung insofern, als ›Geschichte‹ und ›Literatur‹ in ihrer Form als Text gleichwertig nebeneinander stehen. Der literarische Text verliert seinen ›Kunstcharakter‹ und damit auch seine durch eben diesen Kunstcharakter hervorgerufene privilegierte Stellung, wenngleich es den New Historicists nicht angelegen ist, »den bezaubernden Eindruck ästhetischer Autonomie zu verabschieden«,[396] sondern vielmehr die Bedingungen für jene Verzauberung ans Licht zu bringen. Ganz im Sinne von Jan-Dirk Müller, der die Korrektur der außerliterarischen Realität durch die utopische, kritische oder bestätigende Leistung des literarischen Textes beschreibt,[397] sind die Diskurse ›Literatur‹ und ›Geschichte‹ im

---

und in Form einer Bezugsetzung »fiktionaler Charaktere und Handlungen [...] zu spezifischen historischen Personen und Begebenheiten [...], wobei sie Texte als elaborierte Chiffren behandelt« (S. 64), vorhanden.

393 Louis A. Montrose: Die Renaissance behaupten, S. 67. Zum Vokabular des New Historicism, das sowohl dem Dekonstruktivismus als auch dem New Criticism verpflichtet ist, vgl. Alan Liu: Die Macht des Formalismus: Der New Historicism. In: New Historicism, S. 94-163. Hier S. 95, Anmerkung 5.

394 Vgl. Louis A. Montrose: Die Renaissance behaupten, S. 72.

395 Für die Geschichtswissenschaft ergibt sich hieraus erneut das Problem der Beziehung zwischen Fiktion und Realität, was im Zuge des *linguistic turn* in den Vereinigten Staaten diskutiert wurde. Die Wendung von der Textualität der Geschichte hat bisweilen so weit geführt, diese als eine Fiktion zu betrachten. (Vgl. Michael Hattaway: Drama and Society. In: The Cambridge Companion to English Renaissance Drama. Hg. v. A. R. Braunmüller u. Michael Hattaway. Cambridge: Cambridge University Press 1990, S. 91-126. Hier S. 94, zit. bei Annette Simonis: *New Historicism* und *Poetics of Culture*: *Renaissance Studies* und Shakespeare in neuem Licht, S. 156).

396 Stephen Greenblatt: Einleitung. Die Zirkulation sozialer Energie, S. 14.

397 Vgl. Jan-Dirk Müller: Literaturgeschichte/Literaturgeschichtsschreibung. In: Erkenntnis der Literatur. Hg. v. Dietrich Hardt u. Peter Gebhardt. Stuttgart: Metzler 1982, S. 195-227. Hier S. 209. Ganz in diesem Sinne argumentieren auch Louis A. Montrose: »Von der gesellschaftlichen Produktion ›der Literatur‹ oder eines bestimmten Textes zu sprechen, meint also nicht nur, daß diese gesellschaftlich produziert, sondern auch, daß sie gesellschaftlich produktiv sind – daß sie im Prozeß ihres Geschrieben-, Aufgeführt- oder Gelesenwerdens das Produkt von Arbeit sind und Arbeit leisten.« (Louis A. Montrose: Die Renaissance behaupten, S. 72) und Frank Lentricchia: »So for a new historicist literature is no cool reflection on a ›background‹ of stable and unified historical fact. It is at once part of the ›fact‹ itself and what gives shape to what we know as the fact.« (Frank Lentricchia: Foucault's Legacy – A New Historicism?, S. 234).

Kosmos der Diskurse, von Jacques Derrida als *texte général* bezeichnet, miteinander verwoben.

> Einerseits können literarische Zeugnisse im Modus der Fiktion mitunter neue Wahrnehmungsdispositionen und Modellierungen von Wirklichkeit allererst hervorrufen; andererseits können die fiktiven Entwürfe auch durch historische oder naturwissenschaftliche Entdeckungen vorbereitet und bedingt sein.[398]

Ein zentrales Problem des New Historicism ist somit die Dialektik von Geschichte und Literatur, weniger im kontrastiven als im Sinn ihres Zusammenhangs. Formalistisch gewendet läßt sich diese Frage so stellen: Was ist der Beweggrund, was ist das Motiv für eine Verbindung historischer und literarischer Fakten?[399] Die diskursbedingte Ebenbürtigkeit ist u. a. Voraussetzung dafür, daß es etwa zwischen dem historiographischen und dem literarischen Diskurs zu den von Greenblatt so bezeichneten *negotiations* (›Verhandlungen‹) oder *exchanges* (›Austauschbeziehungen‹) kommen kann, also zur Entlehnung bestimmter Elemente des einen Diskurses in einen anderen (in diesem Fall literarischen) Diskurs. Wie bereits angedeutet, bedient sich der New Historicism eines Diskursbegriffs, wie er von Michel Foucault geprägt worden ist.[400] Diskurse sind als eine endliche Menge von Aussagen zu fassen, die einem Formations- oder Regelsystem gehorchen, welches über seine Begriffe, Positionen des Subjekts oder die Anordnung seiner Gegenstände entscheidet.[401] Dieser Diskursbegriff dient zur Strukturierung jenes *texte général*, indem er

> Gegenstände aus verschiedenen ›Medien‹, d. h. verschiedenen kulturellen Bereichen und Zusammenhängen, vergleichbar [macht]. Diese Medien sind die Gattungen, Sprachspiele, Grammatiken, Codes, Disziplinen oder sonstigen Arten von Darstellung innerhalb einer Kultur. Sie können im engeren Sinne literarisch, aber durchaus auch außerliterarisch und sogar außertextuell sein – sofern sie *einer* Kultur angehören, stehen sie auch miteinander in Zusammenhang und Austausch. Die Diskurse sind nun das Verbindende zwischen diesen Medien, sie werden in verschiedenen Medien geführt und stellen damit die Fäden dar, die auch den Historiker von einem Medium in das andere leiten. Aufgabe der Diskursanalyse ist es

398 Annette Simonis: *New Historicism* und *Poetics of Culture*: *Renaissance Studies* und Shakespeare in neuem Licht, S. 155f.

399 »Das heißt: Was ist das formale Verbindungsprinzip, das die Pluralität in Einheit hält? Und ferner: Was ist das Motiv, das das historische und das literarische Faktum – Könige und Theaterstücke z. B., oder Schweine und Autoren – innerhalb des vereinheitlichten, kulturellen Artefakts verbindet?« (Alan Liu: Die Macht des Formalismus: Der New Historicism, S. 107).

400 Foucault unterrichtete auch an der University of Berkeley, wo Greenblatt zu seinen Studenten zählte. Dazu Alan Liu: »Obwohl der New Historicism das formalistische Motiv in ›Macht‹ umbenannt und jeglichen Glauben an eine homogene Kultur mit seinem Gespür für Bruchstellen kompliziert hat, ist die von ihm gestellte Kernfrage augenscheinlich immer noch die: *Wer* hat die Macht?« (Alan Liu: Die Macht des Formalismus: Der New Historicism, S. 108). Die Auffassung von einer inhomogenen, von Bruchstellen, Schwellen usw. charakterisierten Kultur mag ein weiteres Indiz für den Einfluß von Michel Foucault sein. Vgl. Michel Foucault: Archäologie des Wissens. Frankfurt/M.: Suhrkamp [7]1995 (= stw 356), Kap. II.

401 Vgl. Clemens Kammler: Historische Diskursanalyse. Foucault und die Folgen. In: Literaturwissenschaft. Ein Grundkurs. Hg. v. Helmut Brackert u. Jörn Stückrath. Reinbek: Rowohlt 1995, S. 630-639. Hier S. 630f.

leiten. Aufgabe der Diskursanalyse ist es dementsprechend, die ›Repräsentationsformen‹ eines Diskurses zu beschreiben, die spezifischen Gestalten und Funktionen, die er im jeweiligen Medium innehat. Der einzelne Text, der ein Gewebe aus Diskursfäden ist, die in ihn hineinführen und ihn konstituieren, stellt stets auch eine je besondere Repräsentation dieser Diskurse dar, er formt sie mit und um als eine Diskursverarbeitungsmaschine, eine ›productivité‹ und ›permutation de textes‹.[402]

Der New Historicism kennt also kein immanentes, abgeschlossenes, im Sinne Peter Szondis unvergleichbares Werk.[403] Vielmehr geht es darum, »das Wechselspiel kulturspezifischer diskursiver Praktiken zu analysieren – ohne zu vergessen, daß sie selbst [die gesellschaftlich-historische Literaturwissenschaft] ebenfalls eine solche Praxis ist und demnach an dem Wechselspiel teilhat, das sie zu analysieren versucht«[404]. Man spricht vom literarischen Text als einem offenen System, das mit Diskursen aus anderen Medien in komplexer (Austausch-)Beziehung steht, daß sich sein Kontext als »ein subtiles, schwer faßbares Ensemble von Tauschprozessen, ein Netzwerk von Wechselgeschäften, ein Gedränge konkurrenzierender Repräsentationen, eine Verhandlung zwischen Aktiengesellschaften«[405] darstellt. Für die Textinterpretation ergibt sich damit, daß der Text zu einem gegebenen historischen Zeitpunkt aufgrund dieser Beziehungen und Prozesse mit Diskurselementen angereichert ist, die wesentlich zu seiner Konstitution und Rezeption zu jenem historischen Zeitpunkt beitragen, er ist, um mit Greenblatt zu sprechen, mit ›sozialer Energie‹ aufgeladen, die sich im Lauf der Zeit allmählich verflüchtigt und Lesern späterer Zeiten nicht mehr gegenwärtig ist. »Mich interessiert, wie kulturelle Gegenstände, Ausdrucksformen und Praktiken – hier vor allem die Dramen Shakespeares und die Bühne, auf der sie uraufgeführt wurden – sich ihre eigentümliche, bezwingende Kraft aneignen.«[406] Doch nicht nur der literarische Text wird an seinen historischen Ursprungsort verwiesen, sondern auch der Literaturwissenschaftler selbst, der konsequenterweise einsehen muß, daß sein Verständnis und seine Analyse von seinen eigenen »historisch, gesellschaftlich und institutionell geformten Standpunkten«[407] ausgehen. Genauso ist natürlich die Bedeutung eines Textes historischer Veränderung unterworfen, woraus folgt, daß es zu keiner endgültigen und universalen Deutung eines Textes kommen kann. Geschichte ist somit im Primär- und im Sekundärtext festgeschrieben.

Kurzum, heute von einer historischen Literaturwissenschaft zu sprechen, muß die Erkenntnis meinen, daß nicht nur der Dichter, sondern auch der Literaturwissenschaftler in der Geschichte existiert; daß sich Geschichte in beider Texte einschreibt; daß unser Verstehen, unsere Darstellung und Interpretation von Texten der Vergangenheit immer mit einer Mischung aus Entfremdung und Vereinnahmung vor sich geht, als eine wechselseitige Konditionierung des Renaissancetextes und

402 Moritz Baßler: Einleitung. New Historicism – Literaturgeschichte als Poetik der Kultur, S. 14.

403 Vgl. Dieter Lamping: Literatur und Theorie. Über poetologische Probleme der Moderne. Göttingen: Vandenhoeck & Ruprecht 1996, S. 9.

404 Louis A. Montrose: Die Renaissance behaupten, S. 73.

405 Stephen Greenblatt: Einleitung. Die Zirkulation sozialer Energie, S. 16.

406 Ebenda, S. 15.

407 Louis A. Montrose: Die Renaissance behaupten, S. 73.

unseres Textes der Renaissance. Eine solche wissenschaftliche Praxis konstituiert einen fortgesetzten Dialog zwischen einer *Poetik* und einer *Politik* der Kultur.[408]

Konsequenterweise stellt Alan Liu in diesem Zusammenhang die Frage nach dem Subjekt in der Literaturgeschichte. ›Subjekt‹ und ›Selbstbildung‹ stellen wesentliche Kategorien des New Historicism dar, zumal der Interpret in die Gegenüberstellung von Literatur und Geschichte gleichsam identitätsstiftend eingeplant ist: Er tritt mittels seiner Untersuchung in die Vergangenheit ein, um sich selbst zu verstehen: »aber alles, was diese Suche in ihrem unheimlichen Spiegel zeigt, ist das gleiche Subjekt, das er bereits kennt: ein Spiegelbild des seiner Identität unsicheren poststrukturalistischen Selbst«[409].

Methodisch betrachtet lehnt sich der Subjektbegriff – gemeint ist das Subjekt historischer Untersuchung – an die Kategorie der ›Differenz‹ des New Criticism an, um einerseits universalistischen Erklärungsmodellen aus dem Weg zu gehen, andererseits durch die »endlose Suche nach Definition durch Differenz«[410] zu einem möglichst klar umrissenen Subjektbegriff zu kommen, der aber – so will es zumindest die Vorstellung Alan Lius – aufgrund der ausschließlichen Evidenz der im Hier und Jetzt verhafteten Subjekte zwangsweise in eine Tautologie zurücklaufen müsse. Das bedeutet, daß sich das historische Subjekt ab einem gewissen Grad seiner Differenzierung aufgrund der Komplexität der Differenzen in eine Tautologie zurückverwandle. Dieser Rückschritt werde u. a. auch dadurch hervorgerufen, »daß es so etwas wie ›andere Menschen‹ überhaupt niemals *geben* kann«, zumal sich das vergangene Subjekt im gegenwärtigen auflöst: »Historisches Verstehen wird durch die Annahme legitimiert, der Mensch sei der Mensch, und von den beiden Begriffen, vergangener Mensch und gegenwärtiger Mensch, ist nur der letztgenannte konkret evident«[411]. Damit erklärt sich auch die erwähnte Selbstspiegelung des Interpreten im historischen Subjekt. Indem er jenes überlegt zu erhellen versucht, nimmt er doch nur seinen eigenen unförmigen Schatten wahr.

---

408 Ebenda, S. 73.

409 Alan Liu: Die Macht des Formalismus: Der New Historicism, S. 110. Das gleichsam schauspielerische Agieren des Interpreten in der Vergangenheit wird zur Metapher historischen Verstehens: »Man darf sich deshalb vielleicht nicht darüber wundern, daß der New Historicism Talent zum Theaterspiel hat: Die Vergangenheit ist ein Kostümdrama, in dem das Subjekt des Interpreten auftritt. Historisches Verstehen oder das ›Nachspielen von vergangener Erfahrung‹, wie Collingwood es einmal genannt hat, ist ein Schauspiel.« (S. 110)

410 Ebenda, S. 109.

411 Ebenda, S. 109f. Was bei Derrida die Sprache, ist bei Liu in gewisser Weise das Subjekt: Zeichen und Referent, so Derrida, decken einander nicht, die Kluft kann weder durch Gott noch durch Mensch, von dem Derrida behauptet, er könne sich seines Selbst-Bewußtseins nicht sicher sein, aufgehoben werden. Das »Ich« bleibt ein Zeichen in einem semiotischen Feld, das dem Wesen an sich nicht entspricht. Da nun die Sprache unabhängig von Referenten existiert und ein ineinandergreifendes System darstellt, kommt Derrida notwendigerweise zu dem Schluß: »Il n'y a pas de hors-texte«. (Vgl. Peter Jelavich: Poststrukturalismus und Sozialgeschichte – aus amerikanischer Perspektive. In: Geschichte und Gesellschaft 21 (1995), S. 259-289. Hier S. 264f.)

> Deshalb hat man bei den Büchern und Aufsätzen des New Historicism trotz der beeindruckenden Vielfalt ihres Materials oft ein ähnliches Gefühl: Die Suche nach der Geschichte des Subjekts trägt sich mit *derselben* Persönlichkeit der Suche, derselben distanziert / engagierten, ironisch / ehrfürchtigen, spielerisch / feierlichen Intensität, die in ihrer nervösen Kraft die Identität eines ›Intellekts‹ an sich verrät, und damit unser Basisparadigma der Klassen-, Staats-, Geschlechter-, Ideologie- (usf.) Unsicherheit.[412]

Liu bezeichnet damit nicht nur eine zentrale Einsicht des New Historicism, nämlich die nahtlose Verbindung von Gegenwart und Vergangenheit, sondern bringt auch den Literaturwissenschaftler in eine Situation, in der er um eine akurate Verortung seiner selbst verlegen ist. Weiters stellt sich die Frage nach der Handlung von Literaturgeschichte. Liu zufolge ist historisches Handeln insofern nicht rekonstruierbar, als Handlung an ein Subjekt gebunden ist und als dynamisch, das historische Subjekt jedoch als statisch beschrieben wird.[413]

Frank Lentricchia hat in seiner Bestimmung des wissenschaftlichen Kontextes des New Historicism, den er mit Foucault und Hyppolite Taine eingrenzt, vier charakteristische Merkmale herausgestrichen: Zum einen verweigere sich der neue Historismus der aufklärerischen Philosophie und Historiographie in bezug auf die menschliche Natur und das Subjekt, »in other words, there is no human nature and therefore no subject which can be its free expression«[414]. Die Geschichte stellt sich als ein Paradigma von Diskontinuitäten und Brüchen dar, und selbst der Standort des Interpreten der Historie bleibt relativ. Daran schließt sich die Frage an, wie der Historiker sein zu untersuchendes Objekt überhaupt kennen könne.[415] Die ambivalente Haltung des New

---

412 Ebenda, S. 110. An anderer Stelle (S. 126f.) heißt es: »Der New Historicism ist in Wirklichkeit eine ungemein narzißtische Methode. Er romantisiert die Renaissance, um da prominenteste Beispiel zu wählen, aber er wird sich der Erkenntnis bewußt, daß das, was er durch Linsen der Subjektivität, Dialektik oder der bloßen Vorstellung von ›Literatur‹, die aus der Zeit seit dem 19. Jahrhundert stammt, im Anderen der Vergangenheit sieht, das Bild seiner eigenen intellektuellen Verängstigung ist. Er glaubt an keine geordnete Methode, den historischen Anderen von der Domäne des Textes aus zu erreichen, und studiert sich selbst in der ängstlichen Pose dessen, der die Hand nach dem Anderen ausstreckt. ›Macht‹ ist die Chiffre des Interpreten für Machtlosigkeit.«

413 »Wir wollen wissen, was *sie taten*; aber zwischen Begriffen wie ›sie‹ und ›taten‹, zwischen Subjekt und Handlung, historischem Sein und historischem Werden, tut sich eine kleine Lücke auf. Diese Lücke ist das Geheimnis der Prädikation, das zentrale Rätsel eines jeden Historismus. Wenn Subjekt und Handlung Erklärungsrahmen sind, die sich unabhängig voneinander verstehen lassen, dann wird jedes von beiden aber auch in seiner Wechselbeziehung zum anderen verdunkelt.« (Alan Liu: Die Macht des Formalismus: Der New Historicism, S. 113)

414 Frank Lentricchia: Foucault's Legacy – A New Historicism? In: The New Historicism, S. 231-242. Hier S. 232.

415 Trotz dieses Geschichtsbegriffs hat sich eine Reihe von untersuchten Paradigmen ergeben, »z. B. den von Montrose und Fumerton untersuchten Umlauf von Geschenken zur Renaissance-Zeit, die von Greenblatt untersuchte zerstörerische Ausbeutung primitiver Kulturen, die erste detaillierte Kartographierung Englands, deren genaue Untersuchung durch Helgerson zu provokanten Ergebnissen führte, oder die Poetik des Geldes zur Zeit der Romantik (Ökonomie und Besitztum), die jetzt die Phantasie von Romantik-Forschern wie Kurt Heinzelman, Marjorie Levinson, David Simpson und Susan Eilenberg beschäftigt.« (Alan Liu: Die Macht des Formalismus: Der New Historicism, S. 123)

Historicism den Traditionen und Kategorien gegenüber, die er hinter sich zu lassen trachtet, wird spätestens dann klar, wenn dieser sich doch zur Kontinuität bekennt, die durch die Ähnlichkeit von Kulturphänomenen innerhalb eines historischen Raums zustande kommt. Dabei bedient sich Lentricchia einer strukturalistischen Argumentation:

> Though the relation of different historical spaces appears to be a disrelation of discontinuity, within any given historical space all cultural phenomena bear a relation to one another of strong resemblance because they are thought to be the ›expression‹ of a ›cause‹ or ›center‹, an ›essence‹ never itself visible but which nevertheless makes all else visible. And the degree to which a historicist commits to this theory that a social formation can be interpreted by a principle of ›expressive causality‹, to a theory that any given cultural phenomenon is a synedoche which makes it possible to produce an ›essential section‹ of the formation (a miniature, a quintessence), and that differences in expressive forms are accidental and decorative – so not to be pursued – then to that degree will a historicist be committing to determinism in its boldest sense.[416]

›Soziale Energie‹ ist in gewisser Weise eine rezeptionsästhetische und kollektive Kategorie: Kraft »gewisser sprachlicher, auditiver und visueller Spuren«[417] ruft sie beim Rezipienten »kollektive physische und mentale Empfindungen«[418] hervor, bezeichnet somit in gewisser Weise die Bedingung der Teilhabe des Zuschauers am Werk.

> Während die meisten kollektiven Äußerungen, die aus ihrer ursprünglichen Umgebung herausgelöst und an einen neuen Ort oder in eine neue Zeit transportiert werden, nur noch als Leichen ankommen, gelingt es manchen von ihnen, kraft der in ihnen codierten sozialen Energie über Jahrhunderte hinweg die Illusion der Lebendigkeit wachzurufen. Mir geht es darum, die Verhandlungen zu verstehen, kraft der die Kunstwerke eine solche wirkungsvolle Energie erhalten und verstärken.[419]

Aufgabe des Interpreten ist es demnach, den Text gleichsam in jenes »Rauschen der Diskurse« (Foucault) wiederum hinabzusenken, um seiner in dem ihm historisch adäquaten Geflecht von Diskursen gerecht werden zu können, um seine »ästhetische Macht«[420] in der Gegenwart deutlich werden zu lassen. Daraus wird schon ersehbar,

---

416 Ebenda S. 232.

417 Stephen Greenblatt: Einleitung. Die Zirkulation sozialer Energie, S. 15. Nebenbei bemerkt spricht auch Lucien Febvre von der Notwendigkeit der Rekonstruktion des Kontextes vergangener Ideen und Gefühlen mit dem Ziel, diese besser verstehen zu können.

418 Ebenda, S. 15.

419 Ebenda, S. 16.

420 Ebenda, S. 15. Greenblatt weiter: »Das Stück ebenso wie die äußeren Umstände, in die es seinerzeit eingebettet war, wurden fortwährend, manchmal tiefgreifend umgebildet. Aber diese Umbildungen heben die Geschichte nicht etwa auf, indem sie uns in eine ewige Gegenwart einsperren; im Gegenteil, sie zeigen die Unausweichlichkeit eines Geschichtsprozesses an, deuten auf einen anhaltenden, strukturierten Tauschhandel hin, wie er bereits in der ursprünglichen Ermächtigung sichtbar wird. Daß zwischen uns und Shakespeares Dramen keine direkte, unvermittelte Verbindung besteht, bedeutet nicht, daß überhaupt keine Verbindung besteht. Das ›Leben‹, das literarischen Werken noch lange nach dem Tod sowohl des Autors wie der Kultur, für die er

daß ›das Werk‹ an sich gar nicht im Mittelpunkt von Greenblatts Interesse steht, sondern daß es jene Prozesse des Austausches, der Verhandlungen und die Voraussetzungen für diese Prozesse sind, denen sich der New Historicism zuwendet, zumal sich »diese komplexen, unablässigen Leih- und Verleihgeschäfte als wichtiger, ja gar als aufschlußreicher und spannender entpuppen als alle anfänglich erhoffte Epiphanie«[421].

> Ich werde den Blick nicht auf das mutmaßliche Zentrum unseres Faches richten, sondern auf seine Peripherie und dem nachzuspüren suchen, was gleichsam nur an den Rändern des Texts erhascht werden kann. Der Preis, den wir für diese Verlagerung zahlen müssen, ist die befriedigende Illusion einer ›ganzheitlichen Lektüre‹, jene von bedeutenden Literaturwissenschaftlern immer wieder heraufbeschworene Vision, daß – wäre die Welt groß genug und die Zeit lang – noch das kleinste Detail eines Texts erhellt und mit all den anderen Einzelwahrnehmungen zu einer einheitlichen Deutung verwoben werden könnte. Meine Vision bleibt demgegenüber fragmentarisch, doch hoffe ich, meinen Lesern eine nicht weniger befriedigende Entschädigung anbieten zu können, nämlich die Einsicht in die halb verborgenen kulturellen Transaktionen, die den großen Werken der Kunst ihre Macht verleihen, sie gleichsam ermächtigen.[422]

Damit wird zweierlei klar: Zum einen negiert der New Historicism vorerst den Positivismus gewohnter Prägung, zum anderen macht Greenblatt deutlich, mit welcher Intention die Auf- oder Entdeckung »kultureller Transaktionen« verbunden ist. Ein literarischer Text ist demzufolge nicht von vorneherein gegeben, sondern wird »als Bedingung der Möglichkeit von Repräsentation an sich«[423] verstanden oder – pointierter formuliert – »wer spricht, hat die Macht zu sprechen«,[424] wer schreibt, tut dies, weil er dazu ermächtigt ist. Die beiden Fragen, um die das Denken der New Historicists bezüglich Macht kreist, sind: »Wer hat die Macht?« und »Was tut die Macht?«[425]. Soziale, persönliche und literarische Autorität werden besonders in der Renaissance-Forschung als durch Macht vermittelt gekennzeichnet.[426] Greenblatts Verständnis von Macht ist weitgehend von Foucault und Nietzsche geprägt und zentraler Bezugspunkt seiner Interpretationen.

> Theatralik stellt, und dies gilt generell für die Paradigmen des New Historicism, ›Macht‹ dar. Besonders in der Renaissance-Forschung kennzeichnet Macht die Vermittlung von sozialer, persönlicher und literarischer Autorität, durch die eine einzige kulturelle Regulierung hervorgebracht wird. Wir sollten jedoch gleich anmerken, daß dieser regulierte Zustand so weit von einer monolithischen Einheit entfernt ist, daß sein spezifisches Kennzeichen in jeder Schicht eine Binnendynamik ist – eine angespannte, *für beide Seiten verlustreiche* Machthandlung. Der New Historicism nimmt eine existentiell anfechtbare Macht an, die ihre jeweilige Sicherheit dem einsetzenden

---

es schrieb, zu eigen scheint, ist – wie verwandelt und umgestaltet auch immer – eine historische Folge der sozialen Energie, die ursprünglich in diesen Werken codiert wurde.« (S. 15)

421 Ebenda, S. 16. ›Epiphanie‹ bezeichnet in diesem Fall die Rekonstruktion des »reinen, unbeschränkten Schöpfungsakt[es]« (S. 16).

422 Ebenda, S. 12f.

423 Ebenda, S. 11.

424 Anton Kaes: New Historicism: Literaturgeschichte im Zeitalter der Postmoderne? In: New Historicism. Literaturgeschichte als Poetik der Kultur, S. 251-267. Hier S. 255.

425 Alan Liu: Die Macht des Formalismus: Der New Historicism, S. 111.

426 Vgl. ebenda, S. 97.

Bürgerkrieg zwischen der kulturellen Pluralität auf der einen und (um einen treffenderen Begriff aus dem Russischen Formalismus zu verwenden) der kulturellen Dominante, die in der Lage ist, diese Pluralität in eine Struktur zu binden, auf der anderen Seite verdankt. Insbesondere die Theatralik ist das Paradigma, das die lockere Kontrolle von Dominanz *über* Pluralität betont.[427]

›Macht‹ und ›Energie‹ korrelieren bei Greenblatt. Er geht nun davon aus, »daß sich die Interessen des Theaters nicht von den Interessen der Macht trennen lassen«[428]. Macht wird, wie wiederholt angedeutet wird, auch repräsentiert, was ihre theatralische Darstellung miteinschließt. Theatralik ist somit eine der wesentlichen Erscheinungsformen von Macht,[429] nämlich der monarchischen und hochkulturellen Macht, deren Gegenstück im Karnevalesken Bachtin'scher Prägung zu suchen ist, in einem »Paradigma des Niedrigen [...], in dem das Schwein und der Fisch [...] für eine Untersuchung genauso geeignet sind wie irgendein König oder Autor«[430]. Somit ist Theatralik für den New Historicism zum zentralen Paradigma geworden. Sie wird »in erster Linie zur Illustration der *mentalité* der herrscherzentrierten Aristokratie oder ihres Umsturzes benutzt«[431]. Derartige Machtstrukturen werden nicht nur in literarischen Texten oder aus ethnologischer Sichtweise dargestellt, sondern in jeder Art von Repräsentation, also auch in der Architektur neuzeitlicher Bauwerke etc. rekonstruiert.[432]
Die erwähnte Verschiebung der Aufmerksamkeit des Interpreten auf jenen Bereich des Textes, der die Verbindungsbereiche zu anderen Diskursen ins Blickfeld rückt, bewirkt freilich auch, daß nun jene umliegenden Quellen stärkere Beachtung finden und in gewisser Weise eine Aufwertung erfahren. Die zentrale Rolle der Quellendiskurse wird nicht zuletzt dadurch unterstrichen, daß sich Greenblatts Interpretationen zumeist von

---

427 Ebenda, S. 97. Hervorhebungen im Original.
Foucaults Analyse von Macht ist weitgehend an die Themen Diskurs, Sexualität und Körper gebunden, zumal er seine Machttheorie in Zusammenhang mit den Erfahrungen um die Ereignisse des Pariser Mai 1968, mit den Gefangenenrevolten von 1971/72, der Psychiatrie und dem Schulwesen entwickelt. Vgl. Hinrich Fink-Eitel: Michel Foucaults Analytik der Macht. In: Austreibung des Geistes aus den Geisteswissenschaften. Programme des Poststrukturalismus. Hg. v. Friedrich Kittler. Paderborn: Schöningh 1980 (= UTB 1054), S. 38-78.

428 Stephen Greenblatt: Unsichtbare Kugeln, S. 64.

429 Vgl. ebenda, S. 64.

430 Alan Liu: Die Macht des Formalismus: Der New Historicism, S. 104. Dazu Liu weiter: »Anstatt die Dominanz einer herrschenden oder zentralen Perspektive zu betonen, beobachtet es, wie die Perspektive selbst kippt und wankt, sich betrinkt und sich in der pluralen Tiefe eines Spiegelkabinetts verliert.« (S. 105)

431 Ebenda, S. 96.

432 Vgl. die Beispiele bei Alan Liu: Die Macht des Formalismus: Der New Historicism, S. 96ff. Nicht unwesentlich ist schließlich der Hinweis, daß sich Theaterbauten in der Zeit Shakespeares außerhalb der Stadtgrenzen befunden haben, somit von der städtischen Jurisdiktion ausgenommen waren, woraus sich die »relativ autonome Sphäre der Theaterkultur der Shakespearzeit« ableitet. »Dieses tiefgreifend ambivalente Verhältnis zur staatlichen Obrigkeit und ihren Institutionen erlaubte den Dramatikern jener Epoche trotz der herrschenden Zensur eine gewisse Eigenständigkeit, einen Spielraum, der zu ästhetischen oder unterschwelligen ideologischen Zwecken genutzt werden konnte.« (Annette Simonis: *New Historicism* und *Poetics of Culture*: *Renaissance Studies* und Shakespeare in neuem Licht, S. 156).

der Peripherie (den Quellen) zum Zentrum (dem literarischen Text) bewegen.[433] Daß die Quellen selbst ebenfalls über den Umweg der Textinterpretation interpretiert werden, sei hier nur erwähnt. Inwiefern der New Historicism im Sinne der *nouvelle histoire* quellenkritisch vorgeht, bleibt zu fragen. Wenn aber Alan Liu die Absicht andeutet, »mit dem Anderen über eine zeitliche Distanz hinweg ein Interview zu führen«, und die Herausbildung einer »fruchtbare[n] Andersheit oder Differenz« empfiehlt, um einen »komplexen Dialog«[434] mit der Vergangenheit zu ermöglichen, sind die Parallelen kaum zu übersehen. Das Vorgehen der New Historicists ist gewissermaßen eine »rekonstruierende Hermeneutik«,[435] welche von den Texten selbst ausgeht und die Kontexte nur dann beleuchtet, wenn die Texte selbst Gelegenheit dazu bieten.

> Das ist der Sinn einer rekonstruierenden Hermeneutik: Sie konstruiert nicht Sinn-Entwürfe als reine Konstruktion, sondern sie rekonstruiert im Ausgang von Texten Sinn-Zusammenhänge, in denen die Texte auf eine konkret benennbare Weise stehen. Ein solches Verfahren versteht sich als hermeneutisch aufgeklärte Sozialgeschichte und als sozialgeschichtlich aufgeklärte Hermeneutik. Es ist weit entfernt von den in der theoretischen Diskussion längst verabschiedeten, in der Forschungspraxis aber wieder aktuell werdenden Verfahren positivistischer Sozialgeschichtsschreibung von Literatur, die Texte durch Herausarbeitung unmittelbarer Einflüsse und Rekonstruktion ihrer sozialen Entstehungs- oder Rezeptionsbedingungen erklären will. Auch die Ergebnisse solcher Ansätze haben zweifellos ihre Bedeutung für das Verständnis von Literatur, aber sie liefern nur eine Facette zu Rekonstruktion von Sinnzusammenhängen, die weit über die unmittelbar nachweisbaren Bedingungen der Literaturentstehung hinaus ihre Wirksamkeit auf einzelne Texte entfalten.[436]

Wie lassen sich die erwähnten Austauschmodi zwischen Quelle und Text bzw. zwischen zwei Diskursen nun konkretisieren? Greenblatt hat drei häufige Formen beschrieben: 1. die Aneigung, 2. den Kauf, 3. die symbolische Aneigung. Die Aneignung bezeichnet die Übernahme eines Diskurselements in den literarischen Text, für das »wenig oder gar nichts bezahlt«[437] wird, weil es zum einen der öffentlichen Sphäre angehört und somit frei zur Verfügung steht oder ein Objekt darstellt, das »ungestraft und ungerächt angeeignet werden«[438] kann. Als Beispiel nennt Greenblatt die Alltagssprache, die keinen konkret bezeichneten Urheber aufweist und vom jeweiligen Autor gewissermaßen frei entlehnbar ist. Die ›ungestrafte‹ Aneignung von Objekten finde besonders in der Darstellung der Unterschichten ihren Ausdruck, die »in den meisten Fällen fast völlig ohne Einschränkungen erfolgen darf«[439].

---

433 Annette Simonis: *New Historicism* und *Poetics of Culture*: *Renaissance Studies* und Shakespeare in neuem Licht, S. 157.

434 Alan Liu: Die Macht des Formalismus: Der New Historicism, S. 113f.

435 Peter J. Brenner: Reisen in die Neue Welt. Die Erfahrung Nordamerikas in deutschen Reise- und Auswandererberichten des 19. Jahrhunderts. Tübingen: Niemeyer 1991 (= Studien und Texte zur Sozialgeschichte der Literatur 35), S. 21.

436 Ebenda, S. 21f.

437 Stephen Greenblatt: Einleitung. Die Zirkulation sozialer Energie, S. 18.

438 Ebenda, S. 18.

439 Ebenda, S. 19.

Der Kauf bezeichnet den Wechsel eines Objektes von einer außerhalb des Theaters liegenden Sphäre in die des Theaters. Es steht im Gegensatz zur Aneignung nicht allgemein zur Verfügung, sondern muß erst erworben werden. Die Bezahlung dieses Objekts – gemeint ist eine bestimmte Praktik oder eine Geschichte – erfolge zumeist mit Geld.

> Das einfachste Beispiel sind Requisiten und Kostüme. Aus den erhaltenen Inventaren geht hervor, daß die Theatergesellschaften für Objekte von hohem symbolischen Wert sehr hohe Preise zu zahlen bereit waren: ›Item, 1 Papstmütze‹, ›Item, 3 Kaiserkronen; 1 einfache Krone‹; ›Gekauft: ein Wams aus weißem Satin mit dicken goldenen Borten und ein paar hübscher, gewürfelter Kniehosen aus Silberstoff, die Quadrate in Gold eingefaßt ... £ 7.00‹. Manche Kostüme wurden direkt für die Schauspieler geschneidert; andere wiederum kamen über eine Kette von Transaktionen auf die Bühne, die beweisen, durch welch umständliche Kanäle soziale Energie zirkuliert werden konnte: Die Herrschaft entlohnte ihre Dienstboten statt mit Bargeld (oder zusätzlich dazu) mit einem Anzug oder Kostüm; die Diener verkauften das Gewand an die Schauspieler; die Schauspieler erschienen mit Kleidern auf der Bühne, die unter Umständen dem einen oder anderen Zuschauer gehört haben mochten.[440]

Als weiteres Beispiel wird der Erwerb von Quellenmaterial (Bücher etc.) durch den Autor erwähnt, welcher wiederum selbst für seine Stücke bezahlt wurde.
Auf dem Weg der symbolischen Aneignung wird keine materielle, sondern eine symbolische Gegenleistung erbracht. Eine »soziale Praktik oder eine andere Erscheinungsform sozialer Energie«[441] wird auf der Bühne nicht nur repräsentiert, sondern – und dies ist die Gegenleistung – auch in gewisser Weise gewertet und beurteilt, so etwa die Praktik des Exorzismus (siehe unten). Die Form der symbolischen Aneignung wird noch weiter differenziert: Die ›Aneignung durch Simulation‹ meint Praktiken, deren Eigenschaft als theatralische Repräsentation vorausgesetzt werden kann.

> Der extremste Fall sind hier die Selbstdarstellungen des Theaters – wenn also auf der Bühne Schauspieler aus einem anderen Theaterstück imitiert werden, wie es in Kyds *The Spanish Tragedy*, in *Hamlet*, in Beaumont and Fletchers *The Knight of the Burning Pestle* und Massingers *The Roman Actor* geschieht; aber in vielen besonders wirkungsvollen Fällen werden auf komplexere Weise die theatralischen Elemente öffentlicher Zeremonien und Rituale simuliert.[442]

Unter einer ›metaphorischen Aneignung‹ versteht Greenblatt die indirekte Übernahme einer Praktik oder sozialer Energien.

> Zum Beispiel wurden den Spielern im Jahre 1606 verboten, den Namen Gottes eitel im Munde zu führen, was de facto darauf hinauslief, daß jeder Gebrauch der Worte ›Gott‹, ›Jesus Christus‹, ›Heiliger Geist‹ oder ›Dreieinigkeit‹ auf der Bühne – und sei es in makellos frommem ontext – mit einer Buße von zehn Pfund geahndet wurde. Die Verordnung drohte, ganze Theatervorstellungen

440 Ebenda, S. 19. Die Angaben über die von der Schauspielgruppe der Lord Admiral's Men gekauften Utensilien entnimmt Greenblatt Henslowe's Diary. Hg. v. R. A. Foakes u. R. T. Rickert. Cambridge: Cambridge University Press 1961, App. 2, S. 320-25.

441 Stephen Greenblatt: Einleitung. Die Zirkulation sozialer Energie, S. 19.

442 Ebenda, S. 20.

nicht nur einer Reihe von Namen, sondern einer ganzen Palette von wirkungsvollen Energien, Ritualen und Erfahrungen zu berauben. Die ebenso einfache wie wirkungsvolle und traditionsreiche Antwort der Schauspieler bestand darin, die untersagten Wörter durch andere Namen wie ›Zeus‹ und ›Jupiter‹ zu ersetzen, von denen jeder als Kurzmetapher für den christlichen Gott stand. Oder um ein etwas komplexeres Beispiel metaphorischer Aneignung durch die Bühne zu geben: Wenn die Elfen in *Ein Sommernachtstraum* die Ehebetten mit Feldtau ›segnen‹, dann inszenieren sie damit ins Natürliche wie Magische übertragen den katholischen Brauch, das Ehebett mit Weihwasser zu besprenkeln.[443]

Schließlich bleibt noch die ›Aneigung durch Synekdoche oder Metonymie‹: Die Isolierung eines Charakteristikums einer kulturellen Praktik weist auf ihre eigentliche Bedeutung zurück. So dienen etwa »die verbalen Abreibungen in den Komödien Shakespeares nicht nur als Zeichen für, sondern als lebendige Realisierung einer umfassenden erotischen Hitze [...], die anders auf einer öffentlichen Bühne nicht zu inszenieren gewesen wären«[444].

Auffallend an Greenblatts Definitionen der Austauschmodi ist die stetige Bezugnahme auf »kulturelles Kapital«,[445] etwa in Form von Geld oder anderen ›Zahlungsmitteln‹. Austausch ist eine Form des Kapitalismus, und erst das Kapital ermöglicht den Austausch. Selbst die scheinbar kapitalfreie Form der ›Aneignung‹ kann als Kauf verstanden werden, zumal es sich hierbei um Überlassung eines Guts handelt, für das eben nichts verlangt und bezahlt wird.

Auch Greenblatts Gesellschaftsbegriff ist, zumindest in bezug auf den Autor, in diesem Sinn ökonomisch geprägt. Der Künstler wird als Teil »einer Art von Aktiengesellschaft«[446] betrachtet und ist dieser somit materiell wie auch ideell verpflichtet. Die Form der ›Aktiengesellschaft‹ scheint Greenblatt implizit nur auf die Renaissancegesellschaft zu beziehen, klärt aber nicht darüber auf, inwiefern diese nun als eine kapitalistische Gesellschaft zu verstehen wäre. Zwar wird der Tauschprozeß als ein kollektiver Prozeß aufgefaßt, doch spielen Individuen insofern eine Rolle, als sie über Kapital (Aktien) verfügen und dieses wiederum unter bestimmten Voraussetzungen in das Kollektiv einbringen können: »Die einzelnen Beteiligten besitzen in diesen Gesellschaften ihre je eigenen, klar definierten Identitäten und Interessen (und, natürlich, das investierte Kapital), legen jedoch im Interesse größeren Erfolgs ihre Ressourcen zusammen und besitzen wichtiges Eigentum gemeinsam«[447]. Die Metapher der Aktien garantiert wiederum, daß jedes Subjekt am Diskurs potentiell teilnehmen oder diesen mitbestimmen kann.

Für die Untersuchung des Verhältnisses von Theater und Gesellschaft in der Renaissance in Form eines dynamischen Austauschs stellen sich folgende Fragen:

Wie entscheidet sich, was auf der Bühne gezeigt werden kann? Inwiefern ist das Objekt theatralischer Darstellung selbst bereits eine Repräsentation? Wovon hängt das Ausmaß der Verschiebung

443 Ebenda, S. 20f.
444 Ebenda, S. 21.
445 Ebenda, S. 22.
446 Ebenda, S. 22f.
447 Ebenda, S. 23.

und Entstellung in der theatralischen Darstellung ab? Welchen Interessen dient die Inszenierung auf der Bühne? Wie wirkt sich die Darstellung im Theater auf das repräsentierte Objekt oder die repräsentierte Praktik selbst aus? Und vor allem: Wie wird der Austausch sozialer Energie, die in einer kulturellen Praktik enthalten ist, ausgehandelt?[448]

Auf die Bedeutung des Marxismus für den New Historicism ist bereits hingewiesen worden. Dem New Historicism ist der Marxismus ambivalent. Zum einen wendet er sich »dezidiert gegen die Vorstellung einer (immanenten) Geschichtsteleologie, wie auch sein Konzept der Zirkulation sozialer Energien jegliche Basis-Überbau-Modelle marxistischer Herkunft implizit negiert«[449]. Zum anderen war die marxistische Literaturinterpretation immerhin Ausgangspunkt für Greenblatts Ansatz der historischen Kontextualisierung des literarischen Textes.[450] Als eine ausdrücklich poststrukturalistische Methode kann sich der New Historicism schließlich nicht auf den Marxismus als zentralen Bezugspunkt versteifen, zumal dieser von einer integralen Gesellschaft ausgeht und damit, wie angedeutet, im Widerspruch zum postmodernen Denken steht.[451] Diese Ambivalenz wird besonders dann offenbar, wenn man die theoretischen Schriften den Interpretationen gegenüberstellt. In den theoretisch orientierten Arbeiten von Greenblatt und Montrose herrscht Übereinstimmung darüber, daß der Marxismus als kritische Perspektive dem New Historicism entgegengesetzt ist.[452] Andererseits ist von der Literaturkritik festgehalten worden, daß die Praxis des New Historicism sehr wohl von einem marxistischen Determinismus geprägt ist.[453] Das ist gleichzeitig als Vorteil und als Nachteil aufgefaßt worden:

---

448 Ebenda, S. 18. Diese Fragen gehen von den folgenden Voraussetzungen im Sinn von Foucaults Diskursanalyse aus:

»1. Es gibt kein Genie, das als einziger Ursprung für die Energien großer Kunst angesehen werden
könnte.
2. Es gibt keine Schöpfung ohne Motiv.
3. Es gibt keine transzendente oder zeitlose oder unveränderliche Repräsentation.
4. Es gibt keine autonomen Artefakte.
5. Es gibt keinen Ausdruck ohne Ursprung und Ziel, ohne *woher* und *wozu*.
6. Es gibt keine Kunst ohne soziale Energie.
7. Es gibt keine spontane Erzeugung sozialer Energie.« (S. 22)

449 Annette Simonis: *New Historicism und Poetics of Culture: Renaissance Studies* und Shakespeare in neuem Licht, S. 155.

450 Vgl. ebenda, S. 154. Die Hinwendung Greenblatts zur marxistischen Literaturtheorie war nicht zuletzt auch biographisch bedingt: Ein Stipendium ermöglichte ihm einen Aufenthalt an der Universität Cambridge, wo er bei Raymond Williams studierte.

451 Vgl. Daniel Bell: Kultur und Bewußtsein in der postindustriellen Gesellschaft. In: Geschichte schreiben in der Postmoderne. Beiträge zur aktuellen Diskussion. Hg. v. Christoph Konrad u. Martina Kessel. Stuttgart: Reclam 1994, S. 58-70. Hier S. 59f.

452 Vgl. Carolyn Porter: Are We Being Historical Yet?, S. 746.

453 Vgl. ebenda, S. 746; Edward Pechter: The New Historicism and Its Discontents: Politicizing Renaissance Drama. In: Publications of the Modern Language Association of America 102 (1987), S. 292-303. Dazu Porter: »it seems to me that some new historicist work, at least, relapses into formalism rather than into Marxist determinism.« (S. 747)

> In short, the problem with this strain of new historicism is not that it is Marxist but on the contrary, that it has seemed at times remarkably inattentive to the theoretical and methodological issues Marxist critical theory – especially in its more recent forms – has raised regarding the historicization of literature. For lest the new historicism seize »the ruling definition« of the historical, to borrow Raymond Williams's phrase, it is salutary to remind ourselves that there *was* a historically focused criticism before 1982, the year »the new historicism« was christened.[454]

Daneben hat Greenblatt das Bedingungsverhältnis von Literatur und Geschichte zu einem Verhältnis des Austausches weiterentwickelt.

Weiters bedarf Greenblatts Begriff von Kultur einer Klärung. Gemäß dem diskurstheoretischen Ansatz wird Kultur als ein Netzwerk von Verhandlungen begriffen, als System von Restriktionen, »in denen sich das Sozialverhalten zu bewegen hat«[455] und als Regulator von Mobilität, zu verstehen als »Austausch von materiellen Gütern, Vorstellungen und – durch Institutionen wie Sklaverei, Adoption oder Heirat – Menschen«,[456] spezifiziert. Wesentlichen Anteil an Greenblatts Begriff von Kultur hat Clifford Geertz' Definition von Kultur als eines Korpus von Regulierungen, Eingrenzungen, Plänen oder Regeln.[457] Faßt man nun den New Historicism auch als eine »stärker kulturbezogene oder anthropologische Literaturwissenschaft«[458] auf, teilt man also die Auffassung von Kultur als eines interpretativ vermittelten Systems, so muß man auch die Literatur »als Teil des Zeichensystems [...] verstehen, das eine gegebene Kultur konstituiert«[459]. Zielpunkt dieses Bemühens ist eine Poetik der Kultur (*Poetics of Culture*).[460] Louis A. Montrose sieht in den Cultural Poetics eine Variation der Intertextualität: »Der diachrone Text einer autonomen Literaturgeschichte wird ersetzt

---

454 Carolyn Porter: Are We Being Historical Yet?, S. 747.

455 Stephen Greenblatt: Kultur. In: New Historicism. Literaturgeschichte als Poetik der Kultur. Hg. v. Moritz Baßler. Frankfurt/M.: Fischer Taschenbuch Verlag 1995, S. 48-59. Hier S. 49.

456 Stephen Greenblatt: Kultur, S. 55.

457 Vgl. Stephen Greenblatt: Selbstbildung in der Renaissance, S. 38.

458 Ebenda, S. 39.

459 Ebenda, S. 39.

460 »Ein solches Konzept ist notwendigerweise ein Balanceakt [...] und notwendigerweise nicht rein: seine zentralen Vorsätze hindern es daran, beständig einen Diskurstyp vom andern abzuschotten oder Kunstwerke entschieden getrennt zu halten von Bewußtsein und Leben ihrer Schöpfer und ihres Publikums. Ich bleibe, um das klarzustellen, weiterhin mit den Implikationen künstlerischer Darstellung als einer besonderen menschlichen Aktivität befaßt [...], doch um diese Implikationen zu erforschen, muß man weder jede Art von Beziehung zwischen dem Stück und dem gesellschaftlichen Leben leugnen noch darauf beharren, daß letzteres interpretationsfrei ›die Sache selber‹ sei. Die gesellschaftlichen Handlungen sind selbst immer eingebettet in Systeme öffentlicher Bedeutung, werden stets über Interpretationsakte verstanden, sogar von denen, die sie ausführen, während die Worte, die die von uns hier diskutierten literarischen Werke konstituieren, schon von Natur aus die manifeste Versicherung einer ähnlichen Einbettung darstellen. Sprache ist, wie andere Zeichensysteme auch, eine kollektive Konstruktion; unsere Interpretation hätte die Aufgabe etwas mehr Gespür und Verständnis für die Konsequenzen dieser Tatsache zu entwickeln, indem sie sowohl die gesellschaftliche Präsenz des literarischen Textes in der Welt als auch die gesellschaftliche Präsenz der Welt im literarischen Text untersucht.« (Stephen Greenblatt: Selbstbildung in der Renaissance, S. 40)

durch den synchronen Text eines kulturellen Systems«[461]. Die Grenzen der Kultur können somit vermittels Sanktionen, etwa Lob und Tadel, gezogen werden. Derartige Grenzen und ihr Zustandekommen sind es auch, die zur Bestimmung von Kultur herangezogen werden.

> Hier können wir unseren ersten Schritt zum Gebrauch von Kultur in der Literaturwissenschaft wagen, ist doch die westliche Literatur über einen sehr langen Zeitraum eine der großen Institutionen gewesen, die den kulturellen Grenzen durch Lob und Tadel Geltung verschafft haben. Das ist bei solchen Arten von Literatur besonders offensichtlich, denen Polemik und Rühmung ausdrücklich eingeschrieben sind: Satire und Panegyrik. Werke dieser Gattungen erscheinen zum Zeitpunkt ihrer Erstpublikation oft als ungeheuer bedeutsam, doch nimmt ihre Macht rapide ab, sobald die der Individuen abnimmt, auf die sie sich beziehen, und diese Verflüchtigung literarischer Macht setzt sich fort, wenn sich die in den Werken artikulierten und geltend gemachten Modelle und Beschränkungen selbst substantiell wandeln. Die Fußnoten in modernen Editionen dieser Werke können uns die verlorenen Namen und Daten wiedergeben, aber sie setzen uns für sich genommen nicht in die Lage, einen Sinn für die entscheidenden Dinge wiederzugewinnen, die den Lesern einst Vergnügen und Schmerz bereiteten. Ein Bewußtsein von Kultur als einem komplexen Ganzen kann uns helfen, den Sinn dafür wiederzuerlangen, indem es uns eine Rekonstruktion jener Grenzen ermöglicht, deren Existenz die Werke beglaubigten.[462]

Gleichsam als Gegensatz zur Restriktion fungiert die Vorstellung von der Mobilität, die der Statik der Restriktion eine Dynamik von »Improvisation, Experiment und Austausch«[463] verleiht, also wesentlich an der Bildung von kulturellen Grenzen Anteil hat. Die innerhalb einer Kultur vorgegebenen Verhaltenscodes müssen nun nicht deckungsgleich nachvollzogen werden, sondern sie erlauben einen Spielraum, dessen Grenzen so abgesteckt sind, daß das je vollzogene Verhalten noch als Variation dieses Verhaltenscodes erkennbar sein muß. Das Verhältnis von Restriktion und Mobilität ist darüber hinaus kulturgebunden.[464] Der Kunst kommt bei der Konstitution von Restriktion und Mobilität eine besondere Rolle zu. Zum einen dient sie als Archiv für Verhaltens- oder Sittencodes, der diese generationenübergreifend speichert und weitergibt,[465] zum

461 Louis A. Montrose: Die Renaissance behaupten, S. 63.

462 Stephen Greenblatt: Kultur, S. 49f.

463 Ebenda, S. 53.

464 »Es ist klar, daß es zwischen verschiedenen Kulturen große Unterschiede im Kalkül von Mobilität und Restriktion gibt. Manchen Kulturen träumen von der Errichtung einer absoluten Ordnung, einer perfekten Stasis, doch werden sich sogar diese, wie zögerlich und unwillig auch immer, auf ein Mindestmaß von Bewegung einlassen müssen, wollen sie sich von einer Generation zur nächsten reproduzieren; andererseits träumen manche Kulturen von einer absoluten Mobilität, einer perfekten Freiheit, doch sind auch diese im Interesse des Überlebens immer dazu gezwungen gewesen, gewisse Beschränkungen zu akzeptieren.« (Stephen Greenblatt: Kultur, S. 54)

465 »Bestimmten Künstlern war diese Funktion höchst bewußt. Zweck seines ausgedehnten Liebesepos *The Faerie Queene* sei es, schreibt der Renaissance-Dichter Edmund Spenser, ›einen Gentleman oder eine Adelsperson in tugendhafter und edler Disziplin zu bilden‹. Wie gründlich wir ein derartiges Projekt verstehen, das sich über eine komplexe Handlung mit hunderten von allegorischen Figuren erstreckt, hängt davon ab, wieviel wir von Spensers gesamter Kultur begreifen, von ihrem nuancierten aristotelischen Begriff moralischer Hierarchien bis zu ihren apokalyptischen Phantasien, vom erlesenen Raffinement bei Hofe bis zur kolonialen Gewalt in Ir-

anderen vermag sie kraft »*ihrer eigenen improvisatorischen Intelligenz*«[466] *jene Konstitution* mitzuformen.[467] Dieses Vermögen der Improvisation hat nun auch weitreichende Folgen für die Wesensbestimmung von Kunst, somit auch von Literatur:

> Das bedeutet, daß trotz unseres romantischen Originalitätskultes die meisten Künstler selbst nur begabte Schöpfer von Variationen über gegebene Themen sind. Noch jene großen Autoren, die wir mit besonderer Ehrfurcht betrachten und dafür feiern, daß sie die papageienhafte Nachahmung der Klischees ihrer Kultur verweigern, sind wohl eher besonders brillante Improvisatoren als absolute Revolteure oder reine Erfinder. So fertigte Dickens kluge Adaptationen der melodramatischen Bestseller seiner Zeit an; Shakespeare entlehnte die meisten seiner Plots und viele seiner Charaktere bekannten Geschichten oder altbewährten historischen Erzählungen, und Spenser redigierte für seine eigene Kultur Geschichten, die zum ersten Mal die italienischen Dichter Ariost und Tasso erzählt, und zwar wunderbar erzählt haben.[468]

Doch gerade die Grenzüberschreitung, das Davonkommen vor jeder Sanktion sei für das Theater Shakespeares charakteristisch.[469] Das Renaissancepublikum rechnet das Theater und die auf der Bühne dargestellten Praktiken nicht ihrer Realität, ihrem Alltag zu: »Und dieser Glaube verschafft dem Theater einen ungewöhnlich großen Freiraum für seine Verhandlungen und Tauschgeschäfte mit den umliegenden Institutionen, Autoritäten, Diskursen und Praktiken«[470].

Greenblatts Bekenntnis zur Intertextualität bzw. Diskursivität bewirkt nicht nur die anfangs beschriebene Demokratisierung des einzelnen Textes im Gewebe der Diskurse, sondern stößt nun auch die ›Klassiker‹ vom Sockel der ›Weltliteratur‹. Diese Tendenz der Einebnung des Kanons literarischer Meisterwerke impliziert jedoch einen unausgesprochenen Widerspruch zur Haltung Greenblatts der Literatur gegenüber. Einerseits verlieren Texte und Autoren durch ihr Dasein als Diskurs unter Diskursen ihren originären und autonomen Anspruch, andererseits jedoch ist es Greenblatt angelegen, gerade solche Werke in den Mittelpunkt seiner Untersuchungen zu stellen, die von der Literaturgeschichte sehr wohl kanonisiert worden sind. Massen- oder ›Trivialliteratur‹ findet in seiner Betrachtung nur als Zulieferer von sozialer Energie Aufmerksamkeit. Das Überwinden des Kanons bietet aber insofern ein objektiveres Bild der Literaturgeschichte, als die im Kanon repräsentierten Texte in ihrer Quantität nicht jene Vielfalt und jene Widersprüchlichkeit der Renaissance widerspiegeln, von der Greenblatt in seinen Interpretationen ausgeht. Andererseits bleibt die Frage bestehen, ob nicht gerade

---

land. Genauer gesagt müssen wir begreifen, wie diese Kultur voller gemischter Motive und konkurrierender Vorhaben für Spenser eine Folge von ineinandergreifenden Modellen hervorzubringen schien, eine Moralordnung, eine Reihe ethischer Restriktionen gegen die Bedrohungen durch Anarchie, Rebellion und Chaos.« (Stephen Greenblatt: Kultur, S. 53)

466 Stephen Greenblatt: Kultur, S. 54.

467 »Ein besonderes Gespür für die verschiedenen Arten, wie Individuen mit den herrschenden kulturellen Mustern zurechtkommen, hat der Roman entwickelt; Werke wie Dickens' *Great Expectations* und Eliots *Middlemarch* erkunden brillant die Ironien, den Schmerz und den Erfindungsreichtum bestimmter Anpassungsstrategien.« (Stephen Greenblatt: Kultur, S. 54)

468 Stephen Greenblatt: Kultur, S. 54f.

469 Vgl. Stephen Greenblatt: Einleitung. Die Zirkulation sozialer Energie, S. 30.

470 Ebenda, S. 30.

die massenhaft verbreitete Literatur mit ihrer Eigenschaft, unmittelbare Vorstellungskomplexe von sozialer Realität zu liefern, ebenso in den Mittelpunkt der Betrachtung gerückt werden sollte.
Greenblatts Literaturbegriff gewinnt seine Konturen auch durch seine anthropologische Komponente. Literatur funktioniere innerhalb einer aus einem »Satz von Kontrollmechanismen – Pläne, Rezepte, Regeln, Instruktionen«[471] bestimmten Kultur: »als Manifestation des konkreten Verhaltens ihres jeweiligen Autors, als eigenständiger Ausdruck der verhaltensformenden Codes und als Reflexion auf diese Codes«[472].

Um schließlich der kulturellen und textuellen Komplexität in der Textanalyse gerecht werden zu können, sieht sich Greenblatt gezwungen, gegenüber dem New Criticism Eingeständnisse zu machen: Die Beschreibung des literarischen Textes, der sich kraft seiner »sozialen Werte und Kontexte« auf die Kultur, der er entstammt, bezieht, werde durch die Methode des *close reading* wesentlich befördert.[473] In diesem Zusammenhang wäre freilich auch die Überlegung anzustellen, ob Greenblatts Textbeschreibungen nicht eher der *thick description* Clifford Geertz' entspricht. Zudem wurden auch Ähnlichkeiten zwischen der dekonstruktiven und der Textinterpretation Greenblatts festgestellt. Diese Parallelen betreffen in erster Linie die Aporiestruktur der Texte, was bedeutet, daß mehrere einander ausschließende, jedoch gleichwertige Lesarten eines Textes nebeneinander gestellt werden.[474] Diese Beobachtung mag ihre Berechtigung haben, Greenblatt selbst jedoch versuchte, die rein formalistische Aporie zu überwinden, indem er sie zu einem Ausgangspunkt weiterer Fragestellungen kultureller, institutioneller oder psychischer Natur benutzte und sie somit aus den Grenzen der Immanenz entließ.[475] Darüber hinaus hat Montrose auf die historischen und

471 Stephen Greenblatt: Selbstbildung in der Renaissance. Von More bis Shakespeare (Einleitung). In: New Historicism, S. 35-47. Hier S. 38.

472 Ebenda, S. 38.

473 Vgl. Stephen Greenblatt: Kultur, S. 50: »Eine umfassende kulturelle Analyse wird schließlich die Grenzen des Textes verlassen und Verbindungen zwischen dem Text und Werten, Institutionen und Praktiken an anderen kulturellen Orten herstellen müssen. Doch können diese Verbindungen die immanente Lektüre [close reading] nicht ersetzen. Eine kulturbezogene Analyse hat von der sorgfältigen Formanalyse literarischer Texte viel zu lernen, denn diese Texte sind nicht bloß dadurch auf Kultur bezogen, daß sie auf die Welt jenseits ihrer selbst referieren; sie sind kulturbezogen vermöge der sozialen Werte und Kontexte, die sie selbst erfolgreich in sich aufgenommen haben.«

474 Annette Simonis: *New Historicism* und *Poetics of Culture*: *Renaissance Studies* und Shakespeare in neuem Licht, S. 166. Simonis ortet diese Ähnlichkeiten in der Interpretation v. a. in Greenblatts Interpretation des *King Lear*.

475 »But New Historicism was also for me an attempt to think my way out of the aporia, the undecidable. I did not want to deny the existence of aporia, but I wanted to express my conviction that in any given lived situation, there were multiple determinations, choices, structures already in place. However much these structures were always also breaking down, it wouldn't do to think that you had reached the end of an analysis when you had at last discovered a point of undecidability or indeterminacy. That discovery was only the beginning, I felt, only the enabling condition for subsequent explorations of the cultural, institutional, and psychic use of the indeterminate. Otherwise, you were back – albeit with more sophisticated terms – in the New Critical celebration of the formal, unresolvable ambiguity of high art. And it seemed pointless to attempt to

formalen Interessen der analytischen Techniken der Cultural Poetics hingewiesen und geht sogar von einer Untrennbarkeit formaler und historischer Belange aus.[476]

3.2 Stephen Greenblatts Shakespeare-Interpretationen

Nach der Erörterung der wichtigsten theoretischen Grundlagen des New Historicism sollen nun einige zentrale Interpretationen Greenblatts vorgestellt werden, um erstens zu unterstreichen, daß der New Historicism eine Methode der Textinterpretation ist, die weniger theoretischer als praktischer Natur zu sein sich bemüht und um zweitens die Kritik am New Historicism besser fassen zu können. Es handelt sich hierbei um zwei Aufsätze, die in dem Band *Shakespearean Negotiations* 1988 veröffentlicht wurden.

Eröffnet wird dieser Band mit der Untersuchung *Unsichtbare Kugeln*, die um das Problem des Atheismus im späten sechzehnten Jahrhundert kreist. Eine Analyse der Schrift *A Brief and True Report of the New Found Land of Virginia* (1588), einer »Chronik der Kolonie und eine Beschreibung ihrer Ressourcen und Bewohner«,[477] verfaßt von dem Naturwissenschaftler Thomas Harriot, soll »Spuren jenes Materials ausfindig machen [...], das zu der angeblich von Marlowe stammenden Äußerung führen konnte, daß ›Moses nichts war als ein Schwindler und daß ein gewisser Heriots [Harriot], einer von Sir W. Raleghs Männern, mehr vermag als er‹«[478]. Diese blasphemische Äußerung über Moses wollte der elisabethanische Spion Richard Baines einmal aus dem Mund Christopher Marlowes gehört haben. Und auch Harriot selbst stand unter dem Verdacht, Atheist zu sein. Atheismus, so Greenblatt, wurde nicht nur als Gottlosigkeit gedeutet, sondern war ein Sammelbegriff für jede Art von Andersartigkeit, die herrschende Normen unterlief. Anhand dieses Verhältnisses von Orthodoxie und Subversion in der genannten Schrift Harriots möchte Greenblatt eine Interpretation desselben Problems in den Historiendramen Shakespeares vornehmen und der Frage nachgehen, ob Shakespeares Historien ein konservatives Geschichtsbild wiedergeben, wie bisweilen in der Forschung behauptet wurde, oder ob der Autor herrschende Ideologien in Zweifel ziehe. Greenblatt möchte zeigen, daß das Verhältnis zwischen den beiden Polen »in den Diskursen der gesellschaftlichen Autoritäten einer eigenen, wirkungsvollen Logik«[479] folgt. Daneben gilt es zu beachten, daß die Religion aufgrund der in der Renaissance verbreiteten Meinung, daß die Grundsätze des Alten Testaments »auf einer Reihe von betrügerischen Tricks und raffinierten Illusionen, mit denen der in ägyptischer Magie geschulte Moses die ›rohen und groben‹ (und daher nicht leichtgläubigen) Hebräer beeindruckte«, basieren, mehr und mehr sozial funktio-

escape from New Criticism only to return to it under a different name.« (Margaret A. Gallucci: Interview with Stephen Greenblatt.)

476 Vgl. Louis A. Montrose: Die Renaissance behaupten, S. 63f.

477 Stephen Greenblatt: Unsichtbare Kugeln. In: ders.: Verhandlungen mit Shakespeare, S. 34-88. Hier S. 40.

478 Ebenda, S. 36.

479 Ebenda, S. 37.

nalisiert wurde, eine Auffassung, die auch Machiavelli in *Il principe* und in den *Discorsi* noch verstärkte, indem er die Handlungsweise Moses' als die eines heidnischen Fürsten bzw. die Religion als Instrument zur Durchsetzung staatlicher Interessen charakterisierte. Göttliche und menschliche Macht werden damit in gewisser Weise austauschbar insofern, als die Berufung auf göttliche Macht dazu verwendet wird, um irdische Macht zu errichten, rechtzufertigen oder zu stabilisieren. Eine derartige Funktionalisierung der Religion wurde natürlich als Atheismus schlechthin betrachtet, so daß etwa Sir Walter Ralegh aufgrund derartiger Anspielungen in einem seiner Theaterstücke des Hochverrats angeklagt wurde. Harriot jedoch hätte sich in dieser Hinsicht nie etwas zuschulden kommen lassen, dennoch tauchte sein Name oft genug in Zusammenhang mit derartigen Gedanken auf. Warum das so ist, wird bei näherer Betrachtung seiner Chronik über Virginia deutlich. Die Beschreibung der dort lebenden Indianer beschäftigt sich u. a. mit deren Religiosität: Sie glauben an die Unsterblichkeit und an die Belohnung oder Bestrafung im Jenseits für ihr diesseitiges Tun. Dieser Glaube, so Harriot, wirke so stark, daß er ihnen große Achtung vor den Regierenden einflöße, ja werde von den indianischen Priestern noch bestärkt, indem die Indianer angewiesen werden, ihre Häuptlinge über den Tod hinaus zu verehren – offenkundig die Beschreibung einer Mentalität kraft ihrer handlungssteuernden Eigenschaft. Greenblatts Resümee dieser Situation lautet:

> Wie bei Machiavelli findet sich hier eine relativ funktionale Auffassung von Religion: Raffinierte Priester manipulieren Glaubensüberzeugungen, um den Gehorsam und die Ehrfurcht vor den Autoritäten zu stützen. Die Ausdrücke, die Harriot in seiner Analyse gebraucht – ›die gemeinen und einfachen Leute‹, ›die Regierenden‹ und so weiter – entstammen ganz offensichtlich der Sprache vergleichbarer gesellschaftstheoretischer Abhandlungen über England. Wie Karen Kupperman erst kürzlich überzeugend nachgewiesen hat, werden die Indianer Amerikas mit Begriffen beschrieben, die ziemlich genau die Selbstwahrnehmung der Engländer des sechzehnten und siebzehnten Jahrhunderts widerspiegeln, und zwar vor allem was die Fragen des *Status* betrifft. Die große Masse der Indianer wird als eine Spielart des ›gemeinen Volkes‹ zu Hause betrachtet [...]. Die Analogie zwischen der Gesellschaftsstruktur in Europa und bei den Indianern liegt in jener Epoche offenbar so unwiderstehlich nahe, daß in Harriots Beschreibung der sozialen Mechanismen der Algonkin-Gesellschaft zugleich eine Beschreibung vergleichbarer Mechanismen in seiner eigenen Kultur durchscheint.[480]

Daran schließt sich die Beobachtung, daß die Indianer von den diversen Utensilien, die Harriot mit sich führte (mathematische Instrumente, Gewehre, Brenngläser usw.), derart beeindruckt waren, daß sie an der Macht und Wahrheit ihrer Götter und Religionen zu zweifeln begannen. In diesem Verhalten ortet Greenblatt den »Kern der Machiavellischen Anthropologie [...], derzufolge der Ursprung der Religion darin besteht, daß einem einfachen Volk von einem gebildeten und raffinierten Gesetzgeber eine gesellschaftliche Zwangsdoktrin oktroyiert wird«[481]. Harriots Bericht sei somit

480 Ebenda, S. 41. Gemeint ist Karen Ordahl Kupperman: Settling with the Indians. The Meeting of English and American Cultures in America, 1580-1640. Totowa, N. J.: Rowman and Littlefield 1975.

481 Ebenda, S. 42.

»eines der frühesten Beispiele eines bedeutsamen Phänomens: der Überprüfung von Hypothesen über den Ursprung der europäischen Kultur und des abendländischen Glaubens an den Körpern und Seelen nicht-europäischer oder, allgemeiner noch, nicht-zivilisierter Völker«[482].

Darüber hinaus und damit zusammenhängend wirft Harriots Bericht Licht auf das ständische Verhalten der Kolonisten, was besonders in der Art und Weise der Nahrungsmittelbeschaffung deutlich werde. Zeitgenössischen Beobachtungen zufolge waren die Kolonisten in vielen Belangen aktive und aggressive Menschen, was ihre Ernährung betraf, blieben sie jedoch ungewöhnlich passiv, ja seien sogar unfähig gewesen, selbständig Nahrung aufzutreiben, wenngleich ihnen ihre neue Umgebung eine Fülle von Nahrungsmitteln bot. Greenblatt führt dieses Verhalten auf »eine beinahe ständische Identität, ein Berufsethos, demzufolge man sich grundsätzlich nur von der Arbeit anderer, schwächerer, wehrloserer Leute ernährte«[483] zurück. Neben dem daraus resultierenden physischen Zwang, den man auf die Eingeborenen ausübte, wurde eben auch ein Glaubenszwang ausgeübt: »Die Indianer mußten davon überzeugt werden, daß der christliche Gott in seiner Allmacht sich hinter sein auserwähltes Volk stellte, daß er den Mais und das Leben eines jeden Wilden vernichten würde, der ihm durch Ungehorsam gegenüber den Engländern mißfiel«[484]. Dazu Greenblatt weiter:

> Welch merkwürdiges Paradox: Harriot überprüft und bestätigt allem Anschein nach die entschieden subersivste aller Hypothesen, die in seiner Kultur zum Ursprung und zur Funktion der Religion aufgestellt wurde, indem er diese Religion – mitsamt ihrem unteilbaren Anspruch auf Transzendenz und Wahrheit und ihrer unentrinnbaren Zwangsgewalt – den anderen erfolgreich oktroyiert.[485]

Die neue christliche Ordnung in Virginia kommt demnach durch Subversivität zustande, durch die »radikale Unterminierung der christlichen Ordnung«[486]. Eine ähnliche Konstellation von Menschlichkeit und Göttlichkeit findet Greenblatt übrigens auch in Francis Bacons *Novum organum* (1620), in dem jener feststellt, daß wissenschaftliche Entdeckungen ihren Ursprung im göttlichen Willen haben, also in gewisser Weise Repräsentationen des Göttlichen darstellen.[487] Einige Stellen aus Harriots Text geben

---

482 Ebenda, S. 42. »Nur mit einem im Urwald lebenden Volk, das vom Christentum noch nichts wußte und sich von den technischen Fähigkeiten seiner Repräsentanten gehörig beeindrucken ließ, konnte man am lebendigen Versuchsobjekt nachzustellen hoffen, wie das Verhältnis zwischen Numa und den primitiven Römern oder zwischen Moses und den Hebräern ausgesehen haben mochte.« (S. 42f.)

483 Ebenda, S. 44.

484 Ebenda, S. 45.

485 Ebenda, S. 45.

486 Ebenda, S. 45.

487 So heißt es bei Bacon: »Man braucht sich nur zu überlegen, welch ein Unterschied zwischen dem Leben der Menschen in den zivilisiertesten Provinzen Europas und in den wildesten und barbarischsten Gegenden Neu Indiens besteht; man wird den Unterschied als hinreichend groß empfinden, um den Ausspruch zu rechtfertigen, daß ›der Mensch dem Menschen ein Gott ist‹, und zwar nicht nur was Hilfe und Wohltätigkeit, sondern auch was den Vergleich ihrer Verhältnisse

Anlaß zu der Vermutung, daß sich dieser der Subversion gar nicht bewußt gewesen ist,[488] was darauf zurückzuführen ist, daß man auch nicht-christlichen Religionen christliche Wahrheiten – etwa moralische Wirkung – zugestand. Somit erscheint »in Harriots Text [...] das Verhältnis zwischen Orthodoxie und Subversion als gleichzeitig vollkommen stabil und bedrohlich unbeständig«:[489] stabil deswegen, weil die Subversion durch die beschriebenen positiven Eigenschaften der nicht-christlichen Religionen gebannt war, unbeständig, weil Harriot trotzdem noch der Häresie bezichtigt werden hätte können, wie der Fall Raleghs beweist.

Eine weitere »Form von Subversion und Eindämmung von Subversion« sei die »Dokumentierung fremder Stimmen, oder genauer, fremder Deutungen«,[490] die Harriots Text liefere. Nach Ankunft der Engländer in der Neuen Welt nämlich wurden zahlreiche Indianer durch neue unerklärliche Krankheiten dahingerafft – wohl weil sie gegen die von den Engländern eingeschleppten Krankheitserreger keine Abwehrkräfte besaßen. Dies veranlaßte Harriot zu der Annahme, daß es sich bei den Todesfällen um moralische Phänomene handeln mußte: Indianer, die den Engländern feindlich gesonnen waren, wurden, gleichsam durch göttliche Fügung, mit Krankheit und in der Folge mit dem Tod ›bestraft‹. Was Harriot nun aber zum Erstaunen Greenblatts in seinen Bericht einfügt, sind Hypothesen über jene Krankheits- und Todesfälle, die von indianischen Priestern selbst aufgestellt wurden.[491] Harriot verleiht den Beherrschten eine Stimme. Dies tut der Chronist deswegen,

---

anbelangt. Und dieser Unterschied rührt nicht vom Boden oder vom Klima oder von der Rasse her, sondern aus den Künsten.« (Zit. nach Stephen Greenblatt: Unsichtbare Kugeln, S. 47)

488 Als Hinweis darauf zitiert Greenblatt die folgende Textstelle: »Viele Male und in jeder Stadt, in die ich kam, verkündete ich, je nachdem es die Gelegenheit erlaubte, den Inhalt der Bibel; daß darin der wahre und einzige Gott und seine gewaltigen Werke vorgetragen werde; daß darin die wahre Lehre von der Erlösung durch Christus enthalten sei, nebst vielen Einzelheiten über die Wunder und die wichtigsten Punkte der Religion, so wie ich es jeweils zu äußern vermochte und für angebracht hielt. Und obschon ich ihnen sagte, daß das Buch materiell und als solches keine dieser Tugenden besitze, die sie, wie ich denke, sehr wohl begriffen, sondern lediglich die darin enthaltene Lehre, waren dennoch viele froh, es anrühren, umarmen, küssen, an ihre Brust und ihren Kopf drücken und sich damit über den ganzen Körper streichen zu dürfen, um ihre hungrige Begierde auf jenes Wissen zu zeigen, von dem gesprochen worden war.« (Stephen Greenblatt: Unsichtbare Kugeln, S. 48)

489 Ebenda, S. 51.

490 Ebenda, S. 51.

491 »Nachdem sie beobachtet hatten, daß die Engländer gesund blieben, während ihre eigenen Leute starben, wußten ›einige Leute nicht mehr zu sagen, ob sie uns für Götter oder für Menschen halten sollten‹. Anderen wiederum war aufgefallen, daß alle Kolonisten Männer waren; die Neuankömmlinge wurden allem Anschein nach nicht von Frauen geboren, weshalb es sich wohl um Ahnengeister handeln mußte, die in sterblicher Hülle zurückgekehrt waren. Einige astrologisch gebildete Medizinmänner führten die Seuche auf eine Sonnenfinsternis und einen Kometen zurück, die kürlich zu sehen gewesen waren – eine Theorie, die von Harriot sorgfältig erwogen, am Ende aber verworfen wird –, während wieder andere sich der vorherrschenden englischen Meinung anschlossen, ›daß es sich um ein besonderes Werk Gottes‹ zugunsten der Kolonisten handle. Einigen von ihnen wird man in der historischen Retrospektive eine geradezu unheimliche Voraussicht attestieren müssen, denn sie prophezeiten, ›daß vom (englischen) Geschlecht noch mehr

> weil Macht niemals, noch nicht einmal unter kolonialen Bedingungen, völlig monolithisch ist und daher in einer ihrer Funktionen auf Material stoßen und es dokumentieren kann, durch das sie in einer anderen Funktion gefährdet wird; teils, weil Macht von Wachsamkeit abhängt und Menschen gerade dann besonders wachsam sind, wenn sie Gefahr wittern; teils schließlich, weil sich Macht über Gefahren oder schlichtweg über das nicht mit ihr Identische definiert.[492]

Dies mag zwar alles zutreffen, doch ein höhrere Grad an Differenzierung scheint hier angebracht: Es spielt nämlich keine unbeträchtliche Rolle, in welcher Form der Chronist jene Hypothesen vorträgt. Als Autor seiner Chronik ist er eben auch Autor (wenn auch in abgeschwächter Form) dieser Hypothesen, ein neuer Urheber, der durch den Vorgang der Niederschrift gleichzeitig einen Selektions- und Interpretationsprozeß vornimmt. Der Leser nimmt diese Mutmaßungen über den Tod der Indianer also keineswegs unmittelbar wahr, sondern über die Gedanken Harriots – aus seinem Kopf und aus seiner Feder. Das Verhältnis von Macht und jenen Bereichen, die nicht mir ihr identisch scheinen, entrückt damit auch der von Greenblatt entworfenen eindimensionalen Dialektik: das Nicht-Identische kann kraft seiner implementierten neuen Urheberschaft sein Verhältnis zur Macht manipulieren. Wird Macht also durch das Gegenüber als Negativ seiner selbst definiert, ist Macht durch die Möglichkeit zur Konstruktion des Nicht-Identischen manipulierbar. Das Gegenbild von Macht erfordert demnach Authentizität. Harriot dokumentiert also jenes Fremde, jenes Andere, um erst recht aufgrund des so hergestellten Kontrastes zur englischen Kultur dessen »Erforschung, Disziplinierung, Verbesserung und Umwandlung«[493] zu bewirken.

> Das zeitweilige Aufscheinen eigener Unbeständigkeit in dieser fremden Hülle – die Existenz anderer Stimmen – wird durch eben jene monologische Macht hervorgebracht, die letztendlich die Möglichkeit einer solchen Fülle verbietet, ganz wie die subversive Hypothese über Ursprung und Zweck der abendländischen Religion nur durch die Oktroyierung dieser Religion überprüft und bestätigt werden kann.[494]

Die dritte Praktik des Erklärens schließlich wird dann angewendet, »wenn der moralische Wert einer bestimmten Form von Macht nicht mehr selbstverständlich vorausgesetzt werden kann«[495]. Das äußerte sich etwa in einem Besuch eines Häuptlings bei den Kolonisten, der diese bat, ihren christlichen Gott dazu zu bewegen, die gefürchteten Krankheiten auch über einen feindlichen Stamm zu bringen. Der Stammesführer be-

---

kommen würden, um die ihrigen zu töten und ihre Stelle einzunehmen‹. Die Anhänger dieser ebenso pessimistischen wie realistischen Theorie entwickelten eine Vorstellung von der um sich greifenden Seuche, die unserer heutigen Auffassung in manchen Punkten ausgesprochen gleicht: ›Diejenigen, die unmittelbar nach uns (den englischen Kolonisten) kämen, hielten sich ihrer Vorstellung nach in der Luft auf, ohne jedoch sichtbar zu sein oder einen Körper zu haben; und auf unser Ersuchen hin und aus Liebe zu uns machten sie die (einheimischen) Leute sterben ... indem sie unsichtbare Kugeln in sie hineinschössen‹. (Stephen Greenblatt: Unsichtbare Kugeln, S. 52f.)

492 Ebenda, S. 53.

493 Ebenda, S. 54.

494 Ebenda, S. 54.

495 Ebenda, S. 54f.

kam zur Antwort, daß eine solche Bitte unchristlich wäre, und man Gott keine Anweisungen geben könne. Selbst Gebete förderten meist das Gegenteil des darin geäußerten Wunsches zutage, so daß es besser sei, »um Einigkeit und gute Freundschaft im Dienste von Wahrheit und Rechtschaffenheit«[496] zu bitten, um auf diese Weise Übel über die Feinde zu bringen. Durch jene »bestürzend moralisch[e] und logisch kohärent[e]«[497] Erklärung, die die christliche Ethik absichtsvoll unterwandert, wird das Spiel der Engländer um die Macht fortgesetzt.

> In dieser Erklärung manifestiert sich der selbstrechtfertigende, totalisierende Charakter der politischen Theologie der Renaissance – ihre erstaunliche Fähigkeit, jedes, selbst (oder vor allem) das abwegigste oder widersprüchlichste Ereignis miteinzubeziehen; und zugleich wird darin die radikale Desillusionierung vorweggenommen, die sich von Machiavelli bis zu ihrer endgültigen Formulierung bei Hume und Voltaire erstreckt.[498]

Greenblatt schließt seine Betrachtung von Harriots Text mit einer Revision des Begriffs ›subversiv‹ ab, der in der Renaissance mit einer anderen Bedeutung belegt gewesen wäre, als dies in unserer Gegenwart der Fall ist. Jene Dinge nämlich, die heute als subversiv empfunden werden, wurden in der Renaissance eben nicht so gedeutet und umgekehrt.[499]

Diese Überlegungen nun sind der Ausgangspunkt für eine kunstvolle und originelle Deutung einiger Stücke Shakespeares, an denen Greenblatt die dramatischen Entsprechungen der Praktiken des Überprüfens, Dokumentierens und Erklärens aufzeigen möchte, »vor allem natürlich in den Stücken, die sich mit der Konsolidierung der Staatsmacht beschäftigen«[500]. Shakespeares Leistung bestehe vor allem darin, die in England herrschenden Machtpraktiken nicht nur durchschaut und dargestellt, sondern vielmehr die aus ihnen resultierenden Energien in sein Theater aufgenommen zu haben. Dabei geht Greenblatt von der Tatsache aus, daß Macht und Autorität subversiven Charakters insofern sind, als sie – offenbar unbewußt – ihre eigene Legitimität

---

496 Ebenda, S. 55.

497 Ebenda, S. 55.

498 Ebenda, S. 55.

499 »In Harriots *Brief and True Report* sind dies: die Bedeutung, die der Illusion für die Gründung oder Einführung einer Religion zukommt; der Verzicht auf ein an der göttlichen Vorsehung orientiertes Krankheitsverständnis zugunsten einer Deutung, die von ›unsichtbaren Kugeln‹ ausgeht; die Aufdeckung der psychologischen und materiellen Interessen, denen eine bestimmte Vorstellung von göttlicher Macht diente. Umgekehrt betrachten wir gerade jene Elemente der Renaissancetexte als Ausdruck von Ordnungs- und Autoritätsprinzipien, die wir, wenn wir sie ernst nähmen, für unsere eigenen Verhältnisse als subversiv empfinden müßten: den religiösen und politischen Absolutismus, den Geburtsadel, die Dämonologie, die Psychologie der Körpersäfte und ähnliches mehr. Daß wir diese Vorstellungen nicht als subversiv empfinden, sondern sie selbstgefällig als ästhetische oder politische Ordnungsprinzipien deklarieren, ist das Ergebnis desselben Eindämmungsprozesses, durch den umgekehrt in den Renaissancetexten die für uns subversiven Elemente unter Kontrolle gehalten werden: Die eigenen Werte sind so gefestigt, daß sie die jeweils fremden Kräfte ohne weiteres einzudämmen vermögen.« (Stephen Greenblatt: Unsichtbare Kugeln, S. 56)

500 Ebenda, S. 57.

mehr und mehr in Frage stellen, die Subversivität sich also gegen Macht selbst richtet. »Die Darstellung einer sich selbst aushöhlenden Autorität«[501] wird an der Figur des Prinzen Henry of Wales in den Stücken *The First Part of King Henry IV* und *The Second Part of King Henry IV* exemplifiziert. Des Prinzen Macht und seine moralische Integrität seien »nichts anderes als glorifizierter Diebstahl und Usurpation«[502]. Dies werde an jener Stelle besonders deutlich, als der Prinz den Plan zu seiner Läuterung erörtert: »By how much better than my word I am / By so much shall I falsify men's hopes« (I, 2, 232f.).[503] Henrys Absicht, die Erwartungen der Menschen zu widerlegen, ist zweideutig, denn dies »kann so viel heißen wie: ihre Hoffnungen übertreffen, aber ebenso: ihre Zuversicht enttäuschen, sie selbst täuschen, ihre Hoffnungen zu Illusionen machen, sie betrügen«[504]. Doch Henry unterhöhlt nicht nur seine eigene Macht, sondern auch die seiner Umgebung. Als Falstaff dem Gesetz ausgeliefert werden soll, sucht dieser Hilfe bei Henry:

> *Quick.* The sheriff and all the watch are at the door: they are come to search the house. Shall I let them in?
>
> *Fal.* Dost thou hear, Hal? never call a true piece of gold a counterfeit: thou art essentially mad without seeming so. (II, 4, 544-9)

Falstaff appelliert an die Freundschaft Henrys (»never call a true piece of gold a counterfeit«), indem er mit dieser Anspielung auf ein unentwertbares, zeitlos wertvolles Objekt hinweist. »Es ist diese Identität, die Falstaff Harry [sic] anbietet und die Harry ebenso entleert wie die Taschen Falstaffs«.[505] Doch die ganze Persönlichkeit Henrys läuft der Konstitution von Macht und Autorität zuwider. Henrys Umwelt »nimmt mehr und mehr die Züge einer Fälschung an«,[506] bedenkt man etwa die Listen Bolingbrokes, der Doppelgänger seiner selbst in die Schlacht schickt.

> Aufgrund unserer eigenen, beständig wechselnden Loyalitäten ist uns in jedem Augenblick die Instabilität der Machtstruktur bewußt, die Heinrich IV. und seinen Sohn an der Spitze hält, während sie dem Hausknecht Robin am unteren Ende der sozialen Pyramide jede Freude an der Welt vergällt, ›seit der Hafer so teuer geworden ist‹ [...]. Aber trotz dieser Instabilität der Macht ist die ›Erlösung‹ durch den Prinzen so gewiß und unvermeidlich wie das Ergebnis jener Streiche, die der übermütige Harry so gerne verübt. Denn diese Erlösung ist im Stück nicht Ziel und Endpunkt der dramatischen Handlung, sondern vielmehr etwas, das sich in jedem Augenblick der theatralischen Darstellung vollzieht.[507]

---

501 Ebenda, S. 58.

502 Ebenda, S. 58.

503 Ich zitiere nach der Ausgabe William Shakespeare: Complete Works. Edited with Glossary by W. J. Craig. London: Oxford University Press 1974.

504 Stephen Greenblatt: Unsichtbare Kugeln, S. 58.

505 Ebenda, S. 60.

506 Ebenda, S. 60.

507 Ebenda, S. 60f.

Auch die dokumentierenden Teile des Stückes geben »dieselbe Verknüpfung des Instabilen mit dem Unvermeidlichen«[508] wieder. In ihnen werden Stimmen hörbar, die zwar außerhalb des Einflußbereichs des Prinzen liegen, jedoch noch immer Teil seiner politischen Pläne sind, etwa Falstaffs Kompanie,[509] eine Schar von »Leute[n], die nicht die Macht besitzen, schriftliche Spuren ihrer Existenz zu hinterlassen«,[510] die ganz entgegen ihrer Intention nun in einer königlichen Armee zu dienen und »zur Verteidigung der herrschenden Ordnung«[511] gezwungen sind. Die Beherrschung seiner Untertanen gelingt Prinz Henry damit, daß er gewissermaßen ihre Sprache spricht, somit ein Vokabular beherrscht, das es ihm erlaubt, seine wahren Motive zu verbergen.[512] Ein Vergleich derartiger Szenen mit den dokumentierenden Elementen in Harriots Text ergibt für Greenblatt folgendes:

> Bei Harriot gipfelt das Dokumentieren in einem Glossar, das gleichsam den Prototyp eines Algonkin-Englischen Wörterbuchs darstellt und das weitere Aufzeichnungen in Zukunft erleichtern und damit die englische Oberhoheit in Virginia konsolidieren helfen soll. Die Ähnlichkeit zum Stück fällt wohl am ehesten bei Harrys eigenem Glossar zum Kneipenjargon ins Auge. [...] Der potentielle Wert dieser Lektion, der Nutzen dieser Dokumentation der Sprache eines ›Unterkellerjungen‹ und seiner Kumpel für die Macht, läßt sich in der von Harry lachend vorweggenommenen Loyalität erahnen: ›Sie schwören mir alle schon bei ihrem Seelenheil, ... wenn ich erst König von England bin, dann werde ich all die guten Jungen von Eastchip unter mir haben‹.[513]

Wie vorhin angedeutet, entsteht Macht also durch Authentizität, durch das Hinüberwechseln in die Bewußtseinssphäre des/der Anderen oder durch eine vermeintliche Eliminierung der Grenzen zwischen Selbst und Anderen, zwischen Diesseits und Jenseits, um einen ungleichen Dialog führen zu können.

---

508 Ebenda, S. 61.

509 »and now my whole charge consists of of ancients, corporals, lieutenants, gentlemen of companies, slaves as ragged as Lazarus in the painted cloth, where the glutton's dogs licked his sores; and such as indeed were never soldiers, but discarded unjust serving-men, younger sons to younger brothers, revolted tapsters and ostlers trade-fallen, the cankers of a calm world and a long peace; ten times more dishonourable ragged than an old faced ancient: and such have I, to fill up the rooms of them that have bought out their services, that you would think that I had a hundred and fifty tattered prodigals, lately come from swine-keeping, from eating draff and husks.« (IV, 2, 25-38)

510 Stephen Greenblatt: Unsichtbare Kugeln, S. 67.

511 Ebenda, S. 61.

512 »I have sounded the very base string of humility. Sirrah, I am sworn brother to a leash of drawers, and can call them all by their christen names, as Tom, Dick, and Francis. They take it already upon their salvation, that though I be but Prince of Wales, yet I am the king of courtesy; and tell me flatly I am no proud Jack, like Falstaff, but a Corinthian, a lad of mettle, a good boy, – by the Lord, so they call me, – and when I am king of England, I shall command all the good lads in Eastcheap. They call drinking deep, dyeing scarlet; and when you breathe in your watering, they cry ›hem!‹ and bid you play it off. To conclude, I am so good a proficient in one quarter of an hour, that I can drink with any tinker in his own language during my life.« (II, 4, 5-21). Vgl. auch Stephen Greenblatt: Unsichtbare Kugeln, S. 63.

513 Stephen Greenblatt: Unsichtbare Kugeln, S. 63.

Die Stücke *The Second Part of King Henry IV* und *The Life of King Henry V* erweitern und modifizieren nun die dargestellte Problematik um Prinz Henry. Zum einen habe sich im erstgenannten Stück ein Machtsystem durchgesetzt, das seine Grenzen auf bedrohliche Weise erweitert hat.

> Statt der warmen, großmäuligen Geräusche des Wirtshauses – die eine subversive Alternative zur offenen Rebellion anzudeuten schienen – vernehmen wir nun die Schläge, mit denen Hure und Zuhälter ihre Kunden zu Tode prügeln. Und Falstaff, dessen Gaunereien ehedem das Siegel angeborener Würde trugen, erwägt nun, aus Krankheit Profit zu schlagen.[514]

Zum anderen erfährt die Dokumentierung fremder Stimmen in diesem Stück eine erweiterte Bedeutung. Es wird nämlich umso mehr deutlich, daß Prinz Henry seine Sprachkompetenz zur Beherrschung der ihm Untergebenen einsetzt. Was zuvor noch als ein Streben nach Gemeinschaft gedeutet werden konnte, werde nun als Absicht zur Distanz offenkundig. Mit Verweis auf »Harriots Liste nützlicher Wörter aus *A Brief and True Report* [...], die uns unter anderem die Algonkin-Wörter für *Feuer*, *Essen* und *Schutz* lehrt«,[515] schenkt Greenblatt seine Aufmerksamkeit dem Pamphlet *A Caveat for Common Cursitors* von Thomas Harman, um ein Motiv für diese Distanz bereit zu stellen. Dieses Pamphlet ist eigentlich nichts anderes als eine Warnung vor Dieben, Vagabunden, Ganoven usw., das Harman gleichsam in Feldforschung zusammengestellt hat und seinen Studienobjekten versprechen mußte, »niemals ihre Namen oder irgend etwas anderes, das sie mir gezeigt haben, preiszugeben«,[516] woran sich der Autor freilich nicht hielt, sondern ganz im Gegenteil eine alphabetische Namensliste seiner Informanten und ein Glossar des ›Hausiererfranzösisch‹ beifügte.[517] Und eben jene Verschlagenheit kennzeichne auch das Verhalten des Prinzen Henry. Sowohl in *Heinrich IV* als auch in dem Pamphlet spielen Repräsentationen der Macht eine zentrale Rolle: Im Stück wird Macht durch Theatralik repräsentiert, in der Realität außerhalb des Theaters schütze das rein materielle Vorhandensein eben derartiger Schriftwerke vor sozialer Unordnung und kriminellem Betrug:

---

514 Ebenda, S. 66.

515 Ebenda, S. 68.

516 Zit. nach ebenda, S. 69.

517 Dazu ebenda, S. 69: »Über weite Strecken gleicht *A Caveat*, wie andere zeitgenössische Pamphlete seiner Art, einer reinen Witzsammlung: Es sind die ewig selben Geschichten über Taschenspieler und Landstreicher, die als authentische Beobachtungen verkauft werden. (Und es steigert nicht gerade unser Vertrauen in die Authentizität der Angaben, daß die Tippelbrüder den Fußblock, der ihnen als Strafe drohte, laut Harman *the harman* genannt haben sollen.) Nichtsdestoweniger ist Harman eifrig bemüht, seinen Lesern den Eindruck akkurater Beobachtung und Dokumentation zu vermitteln, die gewiß zu den wichtigsten Verkaufsempfehlungen des Büchleins gehörten. Das entscheidende rhetorische Mittel, mit dem Harman diesen Eindruck hervorruft, ist die Beichte seines Verrats: Immer wieder macht er auf seine feierlichen Versprechungen aufmerksam, niemals auch nur das Geringste der ihm anvertrauten Informationen preiszugeben, denn das Bekenntnis zum Wortbruch ist gleichzeitig der beste Garant der Wahrheitstreue und Wichtigkeit seiner Enthüllungen.«

> Das gedruckte Buch läßt sich überall verteilen und immer wieder auf den neuesten Stand bringen, so daß die Zinken und Tricks der Landstreicher dem rechtschaffenen Bürger bereits bekannt sind, ehe die Spitzbuben an seine Haustür klopfen; und als fürchte Harman, die Mobilität und Flexibilität seines Mediums damit noch nicht hinreichend deutlich gemacht zu haben, tischt er seinen Lesern noch einen besonders tückischen ›schamlosen Schwindel‹ auf, den angeblich sein Drucker entlarvt haben soll, während er Harmans Pamphlet druckte: einen simulierten Epileptiker. In Harmans Bericht wird der Drucker zum Detektiv, der den Betrüger erst durch die Straßen verfolgt, um ihn festzunehmen, ihn dann aber bei späterer Gelegenheit mit ›schönen Versprechungen‹ und durch Vorzeigen von Almosen in des Konstablers Fänge lockt. Mit Hilfe solch reißerischer Geschichten versucht Harman, die Macht seines Buchs, Landstreicher zur Strecke und vor Gericht zu bringen, auf eindrückliche Weise festzuschreiben.[518]

Ebenso wie Harman, dessen Darstellung des Verrats und der Gaunerei eben auch durch seinen eigenen Verrat und seine eigene Gaunerei zustande gekommen ist, schrecke auch Shakespeare »vor keiner Boshaftigkeit zurück«,[519] wenn es darum geht, Gutes von Bösem zu trennen.

> er nimmt das diskursive Modell, wie es sich bei Harman und in hundert anderen zeitgenössischen Texten findet, und verschärft es derart, daß uns die Gründung des modernen Staates – gleich wie die Selbstgestaltung des modernen Fürsten – auf berechnenden, bedrohenden und betrügerischen Handlungen zu beruhen scheinen. Und diese Handlungen werden sehr zum Vergnügen der Untertanen eben dieses Staats gegen Eintrittsgeld und Beifall im Theater inszeniert.[520]

Ein in der Literatur zum New Historicism oft zitierter Beitrag ist jener über *Shakespeare und die Exorzisten*.[521] Greenblatt möchte darin zeigen, wie sich der Diskurs über Exorzismus im England der frühen Neuzeit auf Shakespeares Stück *King Lear* ausgewirkt hat. Auch die in dem Beitrag *Unsichtbare Kugeln* behandelte Thematik der Subversivität findet hier ihre Fortsetzung und Differenzierung.

Shakespeare und die Exorzisten geht von der von der Shakespeare-Forschung seit dem achtzehnten Jahrhundert immer wieder aufgestellten Hypothese aus, daß Shakespeare während der Niederschrift des *King Lear* Samuel Harsnetts Buch *A Declaration of Egregiuos Popish Impostures* (1603) gelesen habe. Harsnett beschreibt darin einige Fälle von Exorzismen aus den Jahren 1585 und 1586, die sich im Haus eines Landedelmanns in Buckinghamshire zugetragen haben. Dabei stützt sich der Verfasser »auf die beeidigten Aussagen von vier Besessenen und einem Priester«[522]. Die Shakespeare-Forschung war vor allem darum bemüht, die Entlehnungen Shakespeares aus dem Text (Namen von Figuren, Beschreibung der Hölle, Adjektiva etc.) Harsnetts aufzuzählen. Greenblatt möchte sich mit diesen Feststellungen allerdings nicht zufriedenstellen, sondern die Frage nach der Bedeutung dieser Entlehnungen beantwortet wissen, denn »der alte Historismus und die neue Kritik hatten sich auf ein Modell der Quellenforschung

---

518 Ebenda, S. 70.

519 Ebenda, S. 72.

520 Ebenda, S. 72.

521 Stephen Greenblatt: Shakespeare und die Exorzisten. In: ders.: Verhandlungen mit Shakespeare, S. 124-166.

522 Ebenda, S. 124.

geeinigt, das über viele Jahre hinweg solch eine Fragestellung blockierte«[523]. Darüber hinaus erlaube das parallele Lesen von Harsnetts Text und Shakespeares Stück »einen ungewohnt klaren und genauen Blick auf den institutionellen Austausch von sozialer Energie«[524]. Daneben versucht Greenblatt auch jenen Vorsatz der Textualität der Geschichte einzulösen und entwickelt das Bild eines Netzwerkes von Einflüssen und Gegen-Einflüssen zwischen den Texten, welche von bestimmten Interessen gesteuert bzw. bedingt werden.

> Zwischen einem freischwebenden, autonomen, ungebundenen und von einem einsamen Genie erschaffenen Kunstwerk wie *König Lear* und seinen Quellen besteht diesem Modell [der ›alten‹ Shakespeare-Forschung] zufolge eine rein akzidentelle Beziehung: Die Quellen gestatten uns einen Blick auf das ›Rohmaterial‹, das der Künstler zu gestalten wußte. Insoweit dieses ›Material‹ überhaupt ernst genommen wird, betrachtet man es als Bestandteil des ›historischen Hintergrunds‹, eine Wendung, die die Geschichte zu einem dekorativen Schauplatz oder zu einer handlichen, gut ausgeleuchteten Schublade degradiert. Sobald jedoch die Unterscheidungen ins Wanken geraten, auf denen dieses Modell beruht, muß sich auch an der Quellenforschung zwangsläufig etwas ändern: Geschichte kann nicht länger als feststehende Antithese oder beständiger Hintergrund dem literarischen Text entgegengesetzt werden, und die ängstliche Isolierung dieser Texte muß einem Sinn für deren Interaktion mit anderen Texten und für die Durchlässigkeit ihrer Grenzen weichen. ›Wenn ich mit meiner Katze spiele‹, schreibt Montaigne, ›wer weiß, ob sie sich nicht eher die Zeit mit mir vertreibt?‹ Wenn Shakespeare bei Harsnett borgt, wer weiß, ob nicht Harsnett zuvor – in einem tieferen Sinn – von Shakespeares Theater entlehnt hat, was Shakespeare nun zurückübernimmt? In wessen Interesse liegen solche Entlehnungen? Und wird durch den Austausch vielleicht ein umfassenderer kultureller Text hergestellt?[525]

Greenblatt sieht Harsnetts Schrift eingebettet in die gesellschaftlichen Machtkämpfe politischer und sakraler Natur im England der frühen Neuzeit, in dem es galt, »die inzwischen gefestigte und staatlich unterstützte Kirche von England«, nämlich die anglikanische Kirche, gegen »konkurrierende religiöse Autoritäten«[526] zu behaupten. Ganz in diesem Sinn ist es Harsnetts Absicht, Exorzismus als Betrug zu entlarven und den Monarchen Englands als einzig mögliches Oberhaupt über Staat und Kirche zu legitimieren. Schließlich gelingt es aufgrund von Gesetzen, den Exorzismus in England beträchtlich einzudämmen und seine Ausübung an die Erlaubnis eines Bischofs zu binden, was freilich nicht bedeutete, daß der Exorzismus abgeschafft war: Der Exorzismus war vielmehr auch eine Möglichkeit von emotionaler Lebensäußerung: »In den Besessenen artikulierten sich die Wut, die Angst und die sexuelle Frustration, die sich in der autoritären, patriarchalen, verarmten und pestgeplagten Welt des frühneuzeitlichen England nur allzu leicht aufstauten«[527]. Harsnett, dem es wie gesagt darum geht, Exorzismus als beabsichtigte Täuschung zu entlarven, komme somit nicht von ungefähr auf die Wirkung des Exorzismus auf das jeweils vorhandene Publikum zu sprechen. »Die Bedeutung des Exorzismus liegt demnach weder in den dem Ritual

523 Ebenda, S. 125.
524 Ebenda, S. 124.
525 Ebenda, S. 125.
526 Ebenda, S. 126.
527 Ebenda, S. 131.

innewohnenden Eigenschaften, noch in der Charakteristik der Besessenheitssymptome, sondern im Eindruck, den er auf die Zuschauer macht«[528]. Dazu ist zu bemerken, daß sich derartige exorzistische Rituale in der frühen Neuzeit immer vor Publikum abgespielt haben, im Gegensatz zur Hexerei, »einer Kunst, die meistens in den dunklen Winkeln des Landes, in abgelegenen Weilern und alleinstehenden Hütten praktiziert wurde«[529]. Die Analogie zu einer Theateraufführung ist somit unschwer zu übersehen, ebenso unschwer zu übersehen ist die Analogie zu Clifford Geertz' Beschreibung des balinesischen Hahnenkampfs.

In *The Discovery of Witchcraft* (1584), einem bemerkenswerten Buch, das Harsnett stark beeinflußte, zählt Reginald Scott einige Kunstgriffe auf, um diesen Eindruck in die gewünschte Richtung zu lenken: Die listige Manipulation volkstümlichen Aberglaubens; die Ausbeutung von Kummer, Furcht und Leichtgläubigkeit; der geschickte Einsatz illusionistischer Techniken, die für das Theater entwickelt wurden; die Vermengung von Ereignis und Kommentar; die vorsätzliche Einschüchterung und Verängstigung der Teilnehmer, mit dem Versprechen einer glücklichen Auflösung. Die puritanischen Exorzisten verfallen in theatralische Betkrämpfe, die katholischen setzen statt dessen Weihwasser, kokelnden Schwefel und heilige Reliquien ein. Sie scheinen vollkommen in die Not der armen, besessenen Seele versunken, die sich in spektakulären Zuckungen windet, schäumenden Mundes Nägel erbricht, unheimliche Kräfte an den Tag legt und auf die absonderlichsten Weisen schreit und kreischt. Aber die ganze Versenkung in die übernatürliche Krisis ist nichts als Täuschung; im Bett, auf dem Stuhl, auf der Kanzel ist keinerlei Wirklichkeit zu sehen. Das einzig ernsthafte Geschehen spielt sich in den Köpfen des Publikums ab.[530]

Dieser Eindruck wird verstärkt, wenn man weiß, daß jene Exorzismen dramaturgisch geplant, durchdacht und aufgebaut waren: »Was spontan scheint, ist in Wahrheit sorgsam geplant, von der Formung der Publikumserwartungen angefangen bis hin zu den Proben der Darsteller«[531]. Harsnetts Gegenstrategie setzt auch genau bei der Wirkung auf den Zuschauer an: »Der Exorzist mußte dort geschlagen werden, wo er seine Macht ausübte: in den Köpfen seiner wirklichen und potentiellen Zuschauer«[532]. Doch die Wirkung auf die Zuschauer war wohl nicht zuletzt auch auf die Figur zurückzuführen, die in diesen Schaustücken immer auch gegenwärtig war, nämlich der Teufel selbst. Die Rolle des Satans hatte nämlich nicht unwesentliche Auswirkungen auf die Rechtssprechung gegen den Exorzismus. Harsnett vermutete, daß gerade jene Personen vom Dämonischen befallen waren, die im Namen Gottes handelten, etwa die Jesuiten. Diese Vermutung ließ sich aber auf den Heiler John Darrel nicht anwenden, zumal er Protestant war und darüber hinaus durch seinen soliden Lebenswandel aufgefallen war. Wie sollte man nun mit einem solchen Fall umgehen?

Zwei von Harsnetts Mitstreitern, John Deacon und John Walker, verfielen auf die pfiffige Antwort, daß Satan in diesen Fällen die *Illusion* dämonischer Besessenheit heraufbeschwöre. ›Der *Teufel* (immer darauf aus, unter den lieben Kindern *Gottes* größtmögliche *Verwirrung* zu stiften,

528 Ebenda, S. 131.
529 Ebenda, S. 126.
530 Ebenda, S. 132.
531 Ebenda, S. 132.
532 Ebenda, S. 134.

spürt eine zu Ausschweifungen geneigte *Person* auf, die von Natur zu allerlei *Schurkenstreichen* aufgelegt ist), er nutzt also die Gelegenheit, wenn er ein solch passendes *Subjekt* gefunden hat, und arbeitet so listig an der *Verführung* der *Natur dieser ausschweifenden Person*, daß die *Person* selbst, ebenso wie andere, leicht zu dem Glauben gebracht wird, sie sei (in Tat und in Wahrheit) *in ihrem Wesen von Satan besessen.*‹[533]

Aufgrund dieser juridischen Unangreifbarkeit des Exorzismus war Harsnett von neuem gefordert, denn

er benötigte eine Gegenstrategie, die es ermöglichte, den Exorzismus *jederzeit und überall*, in jeder Geste jedes Besessenen und in jeder Handlung jedes Beschwörers, als Schwindel zu entlarven. Um den Exorzismus ein für allemal zu entmystifizieren, mußte Harsnett nicht nur zeigen können, warum das Ritual hohl war, sondern auch warum es so wirksam schien, warum die Zuschauer so leicht und bereitwillig glaubten, sie würden zu Augenzeugen des ewigen Kampfes zwischen Gut und Böse, warum ein paar erbärmliche Taschenspielertricks ausreichten, das Publikum in Erstaunen und Schrecken zu versetzen. Harsnett mußte nicht nur die spezifischen institutionellen Interessen bloßstellen, die hinter dem Exorzismus standen – die hochverräterischen Absichten der katholischen Kirche oder das aufwieglerische Schindluder selbsternannter protestantischer Heiliger –, sondern er mußte dem Ursprung der außergewöhnlichen Macht des Exorzismus zu Leibe rücken, einer Macht, die die partikularen und durchaus widersprüchlichen Interessen ihrer Benutzer zu transzendieren schien. Harsnett benötigte ein Erklärungsmodell, das ihm gleichzeitig die rhetorische Metapher und das analytische Instrumentarium lieferte, mit deren Hilfe allen Zuschauern unmißverständlich vor Augen geführt werden konnte, daß, wo sie Gott geschaut hatten, nichts anderes zu sehen war als Betrug. Dieses Erklärungsmodell findet Harsnett im *Theater*.[534]

Was den Exorzismus freilich von einer Theateraufführung unterscheidet, ist sein Ausmaß an Authentizität: Während das Theater von vorneherein auf Authentizität aufgrund der fiktionalen Brechung verzichtet, versucht gerade der Exorzist, das Potential an Authentizität seiner ›Vorführung‹ so groß wie möglich zu halten, wenngleich sowohl der Aufbau als auch die Darstellung und die Organisation der ›Darsteller‹ den Praktiken des Theaters gleichen: Eine geprobte Szene wurde von dafür ausgebildeten ›Schauspielern‹ vorgeführt.[535] Damit hatten Staat und Kirche ein neues Argument ge-

533 Ebenda, S. 137. Hervorhebungen im Original.

534 Ebenda, S. 139.

535 »*A Declaration of Egregious Popish Impostures* präsentiert die Exorzisten, Pater Edmunds und seine Truppe, als absichtsvolle Berufsverbrecher und die Besessenen (zumeist leicht beeinflußbare, junge Dienstmädchen und unbeständige, in Not geratene junge Männer) als bloße Amateure, die geschickt ins Geschäft mit dem Dämonentheater hineinmanövriert wurden. Wer eine Besessene zu spielen hatte, lernte diese Rolle, ohne sich anfangs bewußt zu sein, daß es eine Rolle war.

Die Priester beginnen das Schauspiel, indem sie deutlich sichtbar über andernorts erfolgreich durchgeführte Exorzismen berichten und die genauen Symptome der Besessenen bis in alle Einzelheiten beschreiben. Dann warten sie auf eine Gelegenheit zur Improvisation: einen Knecht, ›der von Armut und Hunger geplagt ein oder zwei Nächte auswärts auf einem Feld verbracht hat und sich, da er ein schwermütiger Mensch ist, vor Blitz und Donner fürchtete, die sich während der Nacht einstellten, und siehe da, ein offenkundiges Anzeichen, der Mann war Besessen‹ (24); ein zügelloser junger Herr ›nahm von dem Gewürz der *Hysterica passio*‹, im Volksmund ›Mutterkraut‹ genannt (25), und auch das ist ein Anzeichen für Besessenheit. Eine entzündete Zehe, ein Schmerz in der Seite, das Erschrecken über den plötzlichen Sprung einer Katze, ein Sturz in

gen den Exorzismus in der Hand. Wenn nämlich die Vorführung von exorzistischen Symptomen tatsächlich nur Theaterspielerei war, mußten diese eigentlich beliebig oft vorführbar sein, was auf ihre Eigenschaft als Fälschung schließen ließ und ihre betrügerische Absicht hervorkehrte.[536] Daraus ergibt sich freilich wieder, daß das Theater selbst, wie der Exorzismus, gleichsam als ein Machwerk des Teufels betrachtet wurde: »Theater ist in seinen [Harsnetts] Augen nicht ein unvoreingenommener Ausdruck des Volksgeists, sondern steht als unverwüstliches Markenzeichen für Falschheit, Hokuspokus und rhetorische Manipulation. Und diese finsteren Eigenschaften werden zur reinen Diabolik, wenn [...] das Theater seine Theatralik verheimlicht«,[537] also »statt Unterhaltung nüchterne Realität zu sein«[538] vorgibt. Exorzismus und Theater – zwischen diesen beiden Formen der Darstellung finden Tauschprozesse statt, so etwa jene als ›Aneignung‹ und ›Kauf‹ bezeichnete Beziehung: Erwirbt eine Schauspieltruppe ein geistliches Kostüm, um es in einer Aufführung zu verwenden, so dient dieses Greenblatt zufolge weniger der naturalistischen Darstellung, sondern bezeichnet vielmehr eine symbolische Transaktion:

> Was spielt sich ab, wenn ein Kleidungsstück von der Kirche ins Schauspielhaus hinüberwechselt? Ein geweihter Gegenstand wird neu klassifiziert, er bekommt einen bestimmten Barwert zugeschrieben, er wird von einem sakralen an einen profanen Ort überführt und zur Bühnenrequisite deklariert. Die Theatergesellschaft kauft den Gegenstand nicht etwa deshalb an, weil ihr an einer besonders naturalistischen Darstellung gelegen wäre, sondern weil ihm trotz aller Verwässerung noch immer ein symbolischer Wert anhaftet. Auf der elisabethanischen Bühne waren Kostüme besonders wichtig, und die Theatergesellschaften zahlten besser für ein gutes Kostüm als für ein gutes Stück. In der Bedeutung des Theaterkostüms spiegelt sich die fetischistische Kleiderbesessenheit der elisabethanischen Kultur, die das Gewand als ein Rang- und Standesabzeichen erster Güte ansah. Aber wenn das Theater die kirchlichen Gewänder um ihrer symbolischen Macht willen ankaufte, warum war die Kirche überhaupt bereit, diese Macht abzugeben? Weil die anglikanische Polemik – gleich der gesamten, langen Tradition abendländischer Moralisten – das Theater für nichts anderes hielt als eine skrupellose Manipulation des Volksglaubens im Interesse

---

der Küche, eine starke Niedergeschlagenheit nach dem Verlust eines geliebten Kindes – all dies waren für den Priester Gelegenheiten, vorzutreten und die furchterregende Gegenwart eines Dämons aufzudecken, woraufhin die jungen ›Studenten‹, wie Harsnett sie trocken nennt, ›sich darauf *einstellen*, nach den Launen des Priesters zu springen und zu toben, schiefmäulig und fratzengesichtige Possen zu reißen, zu lästern, rasen, brüllen, zu loben und tadeln, und wie es die Priester von ihnen wollen, bei passender Gelegenheit (je nach Zeit, Ort und wer gerade hinzukommt) in allem angemessen den Teufel zu spielen‹ (38).« (Stephen Greenblatt: Shakespeare und die Exorzisten, S. 139f.)

536 Vgl. Stephen Greenblatt: Shakespeare und die Exorzisten, S. 140: »Nach 1590, zum Beispiel, wurde Anne Kerke bezichtigt, ein Kind durch Hexerei zu Tode gebracht und der Schwester dieses Kindes Anfälle angehext zu haben, die verdächtig nach Besessenheit aussahen: ›Ihr Mund verzerrte sich zur Seite wie ein Geldbeutel, sie knirschte mit den Zähnen, schäumte aus dem Mund und hatte starre Augen‹. Der Richter, Lord Anderson, befahl der Schwester, dem Gericht ›zu zeigen, wie sie gepeinigt wird; sie sagte, sie könne das nicht zeigen, außer wenn ein Anfall über sie gekommen sei‹ (100). Die Antwort des Mädchens bestätigte nach Auffassung des Gerichts die Anklage, und Anne Kerke wurde gehängt.«

537 Ebenda, S. 146.

538 Ebenda, S. 151.

des Profits. Für sie war das Theater der zynische Versuch, den Zurschauern mit Hilfe von Bühnenbild und Requisiten blinde Zustimmung zu entlocken; eine äußerliche und trivialisierte Zuschaustellung dessen, was besser tief im Innern verschlossen bliebe; ein ordinärer Triumph des Spektakulären über die Vernunft; die Austreibung des Göttlichen aus dem religiösen Mysterienspiel, die nur ein zwar lebendiges aber leeres Zeremoniell übrig ließ; eine Umwandlung von Rechtschaffenheit in Treulosigkeit. Der Verkauf katholischer Ornate an die Schauspieler war demnach eine Art symbolischer Aggression: eine leibhaftige, ironische Mahnung an die Theaterbesucher, daß der Katholizismus ›die Schaubühne des Papstes‹ sei. wie Harsnett meinte.[539]

In der Folge geht es Greenblatt darum, auch bei Shakespeare »die Zusammenhänge zwischen Theater, Illusion und Scheinbesessenheit«[540] aufzuzeigen, also jene Stücke zu beschreiben, in denen Exorzismus in gewisser Weise thematisiert ist und auf einen ›Einfluß‹ der Schriften Harsnetts bzw. der zeitgenössischen Diskussion über Exorzismus schließen läßt: In *The Comedy of Errors* (ca. 1591)[541] etwa wird Antipholus von Syrakus verdächtigt, vom Teufel besessen zu sein. Sein Leugnen dieser Tatsache bestätigt dem Exorzisten die Vermutung, so daß Antipholus schließlich im Gefängnis landet.

Die irrige Zuschreibung dämonischer Besessenheit geht in der *Komödie der Irrungen* nicht auf absichtsvolle Täuschung zurück, sondern auf bloßes ›Vermuten‹, wie es in Shakespeares Quelle heißt. Es handelt sich um den Versuch, irgendeinen Sinn in die bizarren Handlungen und Ereignisse zu bringen, die das Stück genüßlich aus den aberwitzigsten Zufälligkeiten entwickelt.[542]

Twelfth Night (1600) bietet in dieser Beziehung schon ein radikaleres Bild: Exorzismus wird hier bereits als Betrug charakterisiert und in Verbindung mit theatralischen Elementen und Ausdrucksformen gebracht.

Dem theatralischen Selbstbewußtsein wird jedoch der Rücken gestärkt, als wenig später ein Narr herbeigeholt wird, um einen Scheinexorzismus durchzuführen: ›Ich wollt, ich wär der erste, der in so einer Tracht die Menschen getäuscht hat‹ [...], erklärt der Narr salbungsvoll, während er sich als Hochwürden Topas verkleidet. Für das zeitgenössische Publikum kann sich sein Spott nur auf den Puritaner Darrel bezogen haben, der erst vor kurzem im Fall Sommers wegen arglistiger Täuschung verurteilt worden war. Der weitere Verlauf der Szene erweckt den Eindruck, daß sich der Spieß in der Tat ironisch gegen den selbstgerechten Fanatiker wendet. ›Bester Herr Topas‹, bettelt Malvolio, ›glaubt nicht, daß ich von Sinnen bin! Die haben mich hier in gräßliche Finsternis gelegt.‹ – ›Pfui über dich, du verlogener Satan!‹ erwidert der Narr, ›Ich nenne dich noch mit einem milden Namen, denn ich bin eine von jenen sanften Naturen, die sogar dem leibhaftigen Teufel noch höflich begegnen‹ [...].[543]

Schließlich scheint Shakespeare in *All's Well That Ends Well* (1602) seine Meinung über den Exorzismus als einer betrügerischen Praktik endgültig gefestigt zu haben. Als

539 Ebenda, S. 147.

540 Ebenda, S. 149.

541 Zur widersprüchlichen Datierung der Entstehung der Stücke vgl. u. a. Shakespeare: Complete Works, S. 1165.

542 Ebenda, S. 149.

543 Ebenda, S. 150.

die totgeglaubte Helena vor den Augen des Königs von Frankreich erscheint, ruft dieser aus: »Is there no exorcist / Beguiles the truer office of mine eyes? / Is't real that I see?« (V, III, 309-311).[544]

In *King Lear* (1605) schließlich scheint Harsnetts Schrift nun vollends Eingang gefunden zu haben, so etwa, als es darum geht, dem Teufel verschiedene Namen und Wirkungsweisen zuzuordnen:

> *Edg.* [...] Poor Tom hath been scared out oh his good wits: bless thee, good man's son, from the foul fiend! Five fiends have been in poor Tom at once; of lust, as Obidicut; Hobbididance, prince of dumbness; Mahu, of stealing; Modo, of murder; and Flibbertigibbet, of mopping and mowing; who since possesses chambermaids and waiting-women. (IV, I, 57-64)[545]

Diese Zeilen weisen über die Grenzen des Theaters hinaus, denn

> wer unter den Zuschauern Harsnetts Buch gelesen oder von den berüchtigten Exorzismen in Buckinghamshire gehört hatte, erkannte in Edgars Zeilen eine seltsam scherzhafte Anspielung auf die Zofen Sara und Friswood Williams und das Kammermädchen Ann Smith, die als Hauptakteure in Pater Edmunds ›Teufelstheater‹ mitgewirkt hatten. Der witzelnde Anachronismus erinnert an die sonderbare Äußerung des Narren im dritten Akt: ›Diesen Wahrspruch wird Merlin machen, denn ich lebe vor seiner Zeit! [...]‹. Die beiden Witzeleien zeugen von einem kecken Selbstbewußtsein, das nicht davor zurückschreckt, den immanenten Schauplatz zu verlassen, um an die deutliche Doppelbödigkeit des Stücks zu erinnern: seine Geschichtlichkeit und zugleich seine Aktualität.[546]

Weiters habe Shakespeare aus Harsnetts *A Declaration of Egregious Popish Impostures* Edgars Tarnung als Bettler entlehnt: »Shakespeare konsultiert Harsnett nicht um der *Authentizität* der Dämonologie willen (der Grund, weshalb Autoren sonst auf Fachliteratur – etwa militärische oder juristische Handbücher – zurückgreifen), sondern vielmehr um die Inauthentizität einer bestimmten theatralischen Rolle überzeugend darstellen zu können«[547]. Offenkundig überwiegt Harsnetts Schrift die zweite Quelle »für die Nebenhandlung um Gloster«[548] an Wichtigkeit, nämlich Philipp Sidneys *Arcadia* (1590). Dort nämlich entrinnt Edgar einem Mordanschlag seines Vaters und macht sich außerhalb seines Landes als Söldner verdient, während bei Shakespeare die Figur des Edgar nur Bedeutung am Rand gewinnt und von der Gesellschaft ausgestoßen bleibt. Nicht umsonst mag Shakespeare Edgar als eine Figur angelegt haben, die ihr Tollsein nur vorgibt, denn »dank der Überzeugungskraft von Harsnetts Argumenten wirkt die gespielte Besessenheit noch marginaler und verzweifelter als die echte«[549].

Auch die Szene, in der Gloster versucht, Selbstmord zu begehen, setzt Greenblatt in Bezug zu einer Passage aus Harsnetts Abhandlung. Es handelt sich dabei um die

---

544 Ebenda, S. 150.
545 Vgl. ebenda, S. 151.
546 Ebenda, S. 152.
547 Ebenda, S. 152.
548 Ebenda, S. 152.
549 Ebenda, S. 152.

Beschreibungen von Scheinexorzisten, die in dramatischer Weise davon berichten, wie sie den Teufel aus dem oder in den Körper ihrer Opfer fahren hätten sehen. Aufgrund dieser Schilderungen hätten die Exorzierten selbst an den Teufel in ihnen geglaubt. Ähnlich wie die Scheinexorzisten mit ihren Opfern gehe Edgar mit dem verwirrten Gloster um:

> Erst macht er ihn glauben, er stünde hart am Abgrund der Klippe, und dann, nachdem der leichtgläubige Vater sich vermeintlich in die Tiefe gestürzt hat, tauscht er flugs die Rollen, gibt vor, er sei zufällig zum Zeugen des Absturzes geworden und habe einen Dämon aus dem alten Mann entweichen sehen:
>
> Als ich hier unten stand, kam es mir vor
> Als hätt er tausend Nasen. Seine Augen
> Waren zwei volle Monde. Hörner wankten
> Und wogten so, wie die durchflutete See. –
> Irgendein Teufel. Drum, glücklicher Vater,
> Denk daß die guten Götter, sich zu ehren
> Durch ihre Wunder, die sie tun, die Menschen
> Unmöglich scheinen, dich gerettet haben.
> [...]
>
> Edgar versucht mit dieser Inszenierung, in seinem Vater eine so starke Ehrfurcht und Verwunderung zu wecken, daß er von seiner selbsmörderischen Verzweiflung geheilt wird und zu neuem Glauben an die Güte der Götter findet: ›Dein Leben ist ein Wunder!‹ [...], ermahnt er seinen Vater. Sowohl für Shakespeare wie für Harsnett ist solches Wunder-Schmieden das Ergebnis ganz spezieller schauspielerischer Manipulationen; die Szene in der Gegend bei Dover gibt eine gänzlich entmystifizierte Darstellung der Wirkungsweise religiöser und theatralischer Illusionen.[550]

In diesem Sinne besitzt das Theater die Fähigkeit, das Wechselspiel zwischen Wirklichkeit und Fiktion gleichsam auszukosten, indem dieses zweckhaft Edgars Kalkül dient.

> Das Theaterpublikum läßt sich freilich niemals absolut auf solche Fiktionen ein: Wir genießen es, schamlos belogen zu werden und glauben des Vergnügens halber Dinge, von deren Falschheit wir im Grunde wissen, aber wir enthalten dem Theater jene grundsätzliche Affirmation vor, mit der wir der Alltagswirklichkeit begegnen. Und dieser Vorbehalt kommt – je nach Inszenierung – entweder darin zum Ausdruck, daß wir uns von Anfang an zu glauben weigern, Gloster befinde sich auf einer Klippe bei Dover, oder indem uns nachträglich klar wird, daß, was wir (gemäß den Konventionen theatralischer Darstellung) für eine Klippe gehalten haben, ebene Erde war.[551]

Demgemäß gilt es auch, den wichtigsten Unterschied zwischen Exorzismus und Theater festzuhalten: »Das Theater macht uns zu Komplizen, nicht zu Gläubigen«,[552] hält eine wesenformende Verinnerlichung auf Distanz. Geister, Teufel, Feen und Ungeheuer holt Shakespeare nicht aus dem Jenseits auf die Bühne, sondern aus dem ganz

550 Ebenda, S. 153f.
551 Ebenda, S. 154.
552 Ebenda, S. 154.

und gar Irdischen. Somit kann Greenblatt den Einfluß von Harsnetts Schrift auf *King Lear* folgendermaßen beschreiben:

> Das Verhältnis zwischen *König Lear* und Harsnetts Buch ist demnach eines der Wiederholung, einer Wiederholung, die auf einen unterhalb der sichtbaren Oberfläche liegenden institutionellen Austauch hindeutet. Die offizielle Kirche entlarvt die wirkungsvollen Mechanismen eines unerwünschten und gefährlichen Charismas und übereignet sie den Schauspielern; die Schauspieler revanchieren sich, indem sie den Vorwurf bestätigen, der diese Mechanismen der Theatralik und damit des Betrugs bezichtigt. Die materielle Anlage des elisabethanischen und jakobischen Theaters hat dies zusätzlich erleichtert; anders als das mittelalterliche Schauspiel, das viel stärker in die Gesellschaft integriert war, spielte sich das Shakespearesche Theater in sorgsam ausgegrenzten Spielstätten ab. *König Lear* bestätigt Harsnetts Argumente zwiefach. Zum einen wird innerhalb des Stücks Edgars Besessenheit unzweifelhaft als bloße Fiktion präsentiert, zum anderen wird das Stück selbst von den institutionellen Kennzeichen der Fiktionalität eingerahmt: den hölzernen Wänden des Bühnenraums, dem Eintrittsgeld, den bekannten Gesichtern der Schauspieler, dem Applaus, den Tänzen, die auf die Vorstellung folgten.[553]

Dennoch unterliegen Harsnetts Argumente durch ihr Vorhandensein auf der Bühne einer gewissen Entfremdung. So etwa der Gebrauch des Adjektivs *korkig* (*corky*) »mit der Bedeutung von saftlos, trocken, welk«[554]. Harsnett berichtet von der Vorliebe, hauptsächlich jungen Frauen den dämonenbefreienden Dienst angedeihen zu lassen, die der Anweisung entgegenlief, nur alte Frauen zu exorzieren und schließt mit dem Kommentar: »Es würde (fürchte ich) noch die listigsten Exorzisten, die man dieser Tage findet, in Verlegenheit bringen, eine alte korkige Frau zu lehren, sich so zu winden, stürzen, hüpfen und ihre bockigen Maisprünge zu tun«[555]. Shakespeare schließlich wendet dieses Adjektiv auf den alten Gloster an:

> Aber was bei Harsnett noch ein Auswuchs des typisch forcierten, komischen Stils gewesen ist, wird bei Shakespeare zum Bestandteil einer beinahe unerträglichen Schreckensszene, einer Folterszene, die damit beginnt, daß Cornwall seine Diener ausschickt, um Gloster festzunehmen, und in deren weiteren Verlauf er anordnet: ›Bindet sie ihm nur fest, die (korkigen) Arme!‹ [...] Der forcierte Humor ist in dieser Bemerkung erhalten geblieben, aber nun auf seiten des Folterers.[556]

Der Einfluß Harsnetts läßt sich nun gewissermaßen als eine umkehrende Wiederholung beschreiben:

> Die Stimme des Skeptizismus wird Cornwall, Goneril und, vor allem, Edmund in den Mund gelegt; Edmunds ›Naturalismus‹ dient der Rechtfertigung des jüngeren und illegitimen Sohns, der seinen legitimen älteren Bruder um jeden Preis absetzen und zuletzt gar seinen Vater vernichten will. Der Schwindel einer Dämonenbesessenheit und der Exorzismus fallen dagegen dem legitimen Edgar zu, der aufgrund einer alptraumhaften Kesseltreiberei zu solch listigen Täuschungsmanövern gezwungen wird. Edgar übernimmt den Part des armen Tom nicht, weil er korrupte Absichten hegt, sondern wegen seines durchaus löblichen Überlebenswillens. Modo, Mahu und der ganze

553 Ebenda, S. 155f.
554 Ebenda, S. 156.
555 Ebenda, S. 156.
556 Ebenda, S. 156f.

Rest der bösen Geister sind in der Tat irreführende Täuschungen, genau wie Harsnett behauptet, aber Edgars Betrügereien erscheinen als die läßlichen Sünden seines Durchhaltewillens. Und selbst ›läßliche Sünden‹ ist noch zuviel gesagt: Die raffinierten Hirngespinste erlauben einem integeren und ungerecht verfolgten Mann zu ügberleben. Entsprechend ist auch der Exorzist, der neben Gloster auf den Klippen steht – die es nicht einmal wirklich gibt – kein groteskes Ungeheuer, sondern nur der arme Edgar, der, selbst wie ein Tier durch die Lande gehetzt, verzweifelt seinen Vater von dessen selbstmörderischer Hoffnungslosigkeit abzubringen versucht.[557]

In Shakespeares Theater, in jenem abgegrenzten Bereich des Fiktionalen, lebt der Exorzismus also fort, wenn auch in verfremdeter Weise. Zwar wird das Ritual des Exorzismus auf der Bühne unter Kontrolle gehalten, dennoch erzeuge Shakespeare aber auch ein Bedürfnis nach Exorzismus, was besonders an Lears Sehnsucht nach Erlösung deutlich wird, die er beim Anblick einer sich bewegenden Feder wiederholt verspürt. Schließlich verfolge die Entlarvung des Exorzismus durch den Dramatiker nicht dieselben Interessen wie Harsnett.

Harsnetts Polemik sucht die Entrüstung über die lügnerischen Agenten der katholischen Kirche anzufachen, um die Loyalität gegenüber der wahren englischen Staatskirche zu festigen. Er schreibt als Repräsentant der wahren Kirche und diese institutionelle Identität wird durch das Imprimatur bekräftigt, das die säkularen Institutionen unter die im Anhang zur *Declaration* veröffentlichten Geständnisse gesetzt haben. Der religiös-säkulare Apparat arbeitet mit vereinten Kräften an der Aufdeckung des Betrugs und der Enthüllung der dahinter stehenden Wirklichkeit: Diese Wirklichkeit ist, so Harsnett, das Theater. Shakespeares Stück wiederholt pflichtschuldigst diese Enthüllung: Als Lear wähnt, er habe im armen Tom ›das Ding an sich‹, den ›unangepaßten Menschen‹ gefunden, steht in Wahrheit ein Mann vor ihm, der eine Rolle spielt. Gesetzt also, die falsche Religion ist gleich Theater, und der Unterschied zwischen der falschen und wahren Religion liegt in der An- bzw. Abwesenheit der Theatralik, was geschieht, wenn dieser Unterschied selbst im Theater inszeniert wird?[558]

3.3 Zur Kritik am *New Historicism*

Greenblatts Entwurf des New Historicism ist nicht ohne Einwände geblieben. Die Kritik richtet sich vor allem gegen sein schwieriges Verhältnis zur Geschichte und einige in der Praxis nicht eingelöste theoretische Voraussetzungen. Gerade etwa bei der Analyse der Beziehungen zwischen dem Bericht Harsnetts und den Texten Shakespeares bleibt Greenblatt seine Erklärung der in der Einleitung differenziert beschriebenen Austauschprozesse schuldig. Was der Leser erfährt, sind lediglich diverse Einflußmechanismen. Folgende Fragen wären etwa zu klären: Wie hat sich Shakespeare diesen Text angeeignet? Hat er ihn gekauft, oder auf symbolischem Weg erworben? (Implizit kann man also den einen oder anderen ›Austauschprozeß‹ ableiten, so etwa die Übernahme der Teufelsnamen). Was aber hat Shakespeare dafür bezahlt? Damit reduziert er seine Analyse auf ein simples Wechselverhältnis von Quelle und Text, wenngleich man seinen Interpretationen Originalität nicht absprechen kann. Auch Porter hat aus

557 Ebenda, S. 157.
558 Ebenda, S. 163.

diesem Verhältnis lediglich eine analogische Beziehung ablesen können: »The same paradox by which power produces its own subversion in Harriot's text is observable in Shakespeare's because the same techniques of testing, recording, and explaininig operate to produce analogous effects«[559]. Porter löst schließlich die anfangs überzeugend präsentierten Analogien in ein strukturalistisches Modell von Homologien auf.[560] Sie kann dem von Greenblatt konstruierten Verhältnis von Literatur und Geschichte nur zwei positive Züge abgewinnen: Die Analogien zwischen den Texten Harsnetts und Shakespeares seien ein wichtiger Schritt in Richtung einer Ausweitung des literaturwissenschaftlichen Untersuchungsrahmens, dessen Grenzen auch außerliterarische Texte mit einschließe. Zum anderen lehre Greenblatts Argumentation dem Historiker, die Wichtigkeit seines kulturellen Bezugsrahmens ins Bewußtsein zu rufen.[561]

Dies führt nun vorerst zu der Frage, was denn eigentlich das Originäre und Neue am New Historicism ist. Besonders vor der Folie der europäischen Wissenschaftstradition gewinnen die Ausführungen Greenblatts und seiner Kollegen blassere Züge: Gewisse Aspekte des New Historicism ließen sich hier in eine sozialgeschichtliche Tradition einordnen, ohne nun unbedingt die (sozialgeschichtliche) Textinterpretation vollends zu revolutionieren. Auch die Bedeutung der Mentalitätsgeschichte für den New Historicism ist unübersehbar,[562] zumal es den New Historicists angelegen ist, »die Mentalität einer herrscherzentrierten Macht zu rekonstruieren«[563]. Nicht zuletzt kommt auch die Rezeptions- und Einflußforschung den Intentionen Greenblatts entgegen.

Überblickt man die kritischen Stimmen, so fällt auf, daß mit der geographischen Distanz zum New Historicism auch das kritische Potential wächst. So stand man der Textinterpretation Greenblatts etwa in Deutschland sehr kritisch gegenüber, wie einige

---

559 Carolyn Porter: Are We Being Historical Yet?, S. 761.

560 Porter beschreibt die Analogie zwischen Harriots Quelle und Shakespeares Text mit der Formel A:B::C:D, was bedeutet, daß »there is a ›resemblance‹ between A's relation to B and C's relation to D, specifically between Prince Hal's relation to Falstaff and the Englishman Harriot's relation to the Algonkians.« (S. 761) Für Porter hält diese Analogie nur so lange stand, solange ihre Elemente eine funktionale Similarität aufweisen können: »A is to B as C is to D« (S. 762). Die dieser Analogie zugeschriebene Referenz theatralischer Macht als königliche Macht bzw. als ›elisabethanische Macht‹ halte dem Analogiemodell allerdings nicht mehr stand. Werde diese Analogie in eine Homologie verhandelt, diene die funktionale Ähnlichkeit zwischen zwei Beziehungen (A:B::C:D) der Beförderung einer strukturalen Äquivalenz: »A:B=C:D, as well as A=C, B=D)« (S. 762). Dieses Modell begründet sich »by that essentialized model of power of which both textual cases are instances«. (S. 762) Die Essentialisierung des Macht-Modells hätte schließlich die Dehistorisation des Macht-Modells zur Folge: »Thus essentialized, no matter what period the model is applied to, it totalizes the discursive field and readily operates as a kind of transhistorical *episteme.*« (S. 765)

561 »a ›cultural poetics‹ of Renaissance power is useful for both literary critics and historians working on the Elizabethan period, since it can enrich the discursive field on which both depend. But a good deal – one might even say everything – depends upon how this field is defined and how one frames one's analytic object within it, if it is to support a genuinely historicized analysis.« (S. 766)

562 So etwa Annette Simonis: *New Historicism* und *Poetics of Culture*: *Renaissance Studies* und Shakespeare in neuem Licht, S. 153.

563 Vgl. Alan Liu: Die Macht des Formalismus: Der New Historicism, S. 100.

Beiträge Hannelore Schlaffers deutlich werden ließen.[564] Schlaffers Kritik, die nicht nur die grundlegenden Differenzen zwischen Foucault und Greenblatt aufzeigt, sondern dem New Historicism gleichermaßen anti-historische Züge nachzuweisen trachtet, rüttelt damit an seinen Grundfesten.[565] Diese Anti-Historik findet sie in der Hinwendung Greenblatts zu ethnologischen Themen und Methoden, wie sie von Clifford Geertz vorexerziert worden sind.[566] Eine deutlich ethnologische Orientierung ist dem New Historicism Greenblatts jedoch schon spätestens seit Beginn der 1980er Jahre nicht abzusprechen. Er habe in Anlehnung an die Arbeiten einiger Kulturwissenschafter versucht, »eine stärker kulturbezogene oder anthropologische Literaturwissenschaft zu betreiben«[567].

> Im Unterschied zu Foucault, der die verschütteten Substrukturen europäischer Institutionen freilegen wollte, beschreibt Geertz das Vorgehen des Feldforschers, der in einer fremden Kultur nur zufällige Beobachtungen an den Verhaltensweisen lebender Menschen machen kann und aus ihren Aktionen die Struktur der Gesellschaft rekonstruieren muß.[568]

---

564 Geschichte als Anekdote. Die Unübertragbarkeit des New Historicism auf europäische Verhältnisse. In: Frankfurter Rundschau, 17./18. November 1992, S. 19; Skakespeare und Schwarzenegger. Ein Gespräch mit dem Kulturforscher Stephen Greenblatt. In: Frankfurter Rundschau, 16. April 1994, S. ZB 3; Ethnographie der Literatur. Über Stephen Greenblatt und den New Historicism. In: Freibeuter (1994), Heft 62, S. 11-22.

565 Auf die ambivalenten Haltungen dem New Historicism gegenüber hat allerdings schon Louis A. Montrose hingewiesen: »Wenn Edward Pechter den New Historicism dubioserweise zum Marxismus zählt, weil er auf der Allgegenwart von Auseinandersetzungen als Antrieb der Geschichte besteht, so bezichtigen einige Literaturwissenschaftler, die sich selbst als Marxisten bezeichnen, den New Historicism aktiv einer Flucht vor politischem Engagement und diachroner Analyse – was auf sein Versagen hinausliefe, wahrhaft *historisch* zu sein; während einige Renaissanceforscherinnen und -forscher den New Historicism fruchtbar mit feministischen Belangen verbinden, stellen andere diese Projekte (und/oder ihre Betreiber) aus der Sicht der Gender-Studies als völlig unvereinbar miteinander dar; während manche den New Historicism als eine von mehreren Formen gesellschaftlich orientierter Literaturwissenschaft ansehen, die an einer theoretisch fundierten poststrukturalistischen Problematik historischer Forschung arbeiten, sehen andere ihn im Bündnis mit einer neo-pragmatischen Reaktion gegen alle Formen ›höherer Theorie‹; wenn manche das Interesse des New Historicism an Ideologie und gesellschaftlichem Zusammenhang als Bedrohung für traditionelle literaturwissenschaftliche Belange und literarische Werte empfinden, so sehen andere das neuhistorische Vergnügen an der Anekdote, am Erzählen und an dem, was Clifford Geertz ›dichte Beschreibung‹ nennt, als einen Versuch, *die Gesamtheit* der Kultur zur Domäne der Literaturwissenschaft zu machen – zu einem unedlich interpretierbaren Text, einer unerschöpflichen Geschichtensammlung, der man Kuriositäten entnehmen kann, um diese alsdann findig neu zu erzählen.« (Louis A. Montrose: Die Renaissance behaupten, S. 66).

566 Vgl. Annette Simonis: *New Historicism* und *Poetics of Culture*: *Renaissance Studies* und Shakespeare in neuem Licht, S. 161. Diese Orientierung wird von den New Historicists selbst aufgegriffen. Vgl. H. Aram Veeser: Introduction. In: The New Historicism, S. ix-xvi. Hier S. xi.

567 Stephen Greenblatt: Selbstbildung in der Renaissance. Von More bis Shakespeare (Einleitung). In: New Historicism. Hg. v. Moritz Baßler, S. 35-47. Hier S. 39.

568 Hannelore Schlaffer: Ethnographie der Literatur, S. 12.

Dies bedeutet nicht zuletzt auch eine grundlegende Änderung im Verhältnis der Historie gegenüber: Während Foucaults forschendes Interesse diachroner Natur gewesen ist, ist die Darstellungsweise der Ethnologie vor allem durch Synchronie charakterisiert. Der historische Blick sei dem New Historicism somit abhanden gekommen. Diesen Verlust führt Schlaffer unter anderem rein pragmatisch auf die geographische Entfernung zwischen dem Forscher Greenblatt und dem Schauplatz der Renaissance, Europa, zurück:

> Zwar mag es wie historisches Interesse aussehen, wenn Greenblatt sagt: »Zwischen der Kultur Shakespeares und unserer eigenen hat zumindest teilweise eine Verschiebung in der männlichen Geschlechtsauffassung stattgehabt.« Die geschichtliche Distanz jedoch, die er setzt, ist nur das zeitliche Pendant zur räumlichen Entfernung zwischen Amerika und Europa, die seine wissenschaftliche Perspektive bestimmt. Er spricht von der Renaissance, weil die Geschehnisse dort fern und exotisch sind, wie er von Berkeley aus mit Neugier auf das ferne Europa und wie er vom Mikrofiche mit Staunen in alte Quellen blickt, deren Staub seine Nase nicht mehr reizen kann. Greenblatt denkt aus großer Distanz nach Europa herüber, Raum und Zeit, die er benennt, bezeichnen mehr eine Perspektive, eine Spanne, als historische oder geographische Orte.[569]

Nicht zuletzt spricht Schlaffer auch dem wesentlichen Aspekt des New Historicism, der Kontextualisierung des literarischen Textes in die ihn umgebenden Diskurse, die diachrone Betrachtungsweise ab:

> Greenblatt [...] ordnet seine Beobachtungen horizontal an. Er entwirft das flächige Gemälde einer Epoche, über deren Rahmen er nur gelegentlich einen Seitenblick hinaus in die Gegenwart wirft. Die Texte, die er den Dramen Shakespeares an die Seite stellt, der medizinische Bericht Duvals, die Reisebeschreibung Harriots, die Predigt des geistlichen Latimer machen einen Zug am literarischen Werk sichtbar, der es enger mit seiner Zeit, nicht aber mit Geschichte und Gegenwart verbindet. [...] Die Zitate, mit denen Greenblatt das literarische Werk umgibt, haben im Grunde den Charakter eines Kommentars, auch wenn die Heiterkeit ihrer Präsentation nichts von jenem fleißigen Quellenstudium ahnen läßt, aus dem sonst wissenschaftliche Arbeiten hervorgehen. Kaum möchte man ahnen, was oft geschieht, Greenblatts Vorgehen semiologisch nennen, da die Semiologie immer nach formalen Entsprechungen hinter den offenbaren inhaltlichen Parallelen sucht. Greenblatt hingegen begnügt sich damit, die Ähnlichkeiten kultureller Erscheinungen zu beschreiben, und die Zeichen, die ›representations‹, die in einer Kultur kursieren, festzuhalten. Die geographische Distanz, die Greenblatt zur europäischen Geschichte hat, wird zur intellektuellen, die historischen und semiologischen Verfahrensweisen absorbiert eine ethnographische Methode.[570]

Schlaffer geht so weit, in Greenblatt den Initiator einer ethnologischen Literaturwissenschaft zu erblicken: »Die Wirkung von Greenblatts Büchern beruht weniger auf der Ausarbeitung der längst erprobten Theorien Foucaults, als vielmehr im Experiment mit neuen wissenschaftlichen Vorschlägen: Greenblatt begründet eine Ethnologie der Lite-

569 Ebenda, S. 13. Die räumliche Distanz »zwischen den Stätten der Beobachtung und den Orten des Schreibens« ist tatsächlich zu einem Kernproblem innerhalb der Diskussion um die Textsorte Ethnographie geworden. Vgl. dazu u. a. Johannes Fabian: Präsenz und Repräsentation. Die Anderen und das anthropologische Schreiben. In: Kultur, soziale Praxis, Text, S. 335-364. Hier besonders S. 341ff.

570 Ebenda, S. 14f.

raturwissenschaft, der New Historicism beschäftigt sich *unhistorisch mit der Historie*«[571]. Ähnlich argumentierte auch Doris Bachmann-Medick, die dem New Historicism ebenfalls weniger historische als vielmehr ethnographische Zugkraft zuschreibt und die Abwendung vom Dekonstruktivismus nicht nur auf den New Historicism beschränkt, sondern in breiterem Rahmen »durch feministisch engagierte Literaturwissenschaft, durch *ethnocriticism* und eine kulturwissenschaftliche Öffnung«[572] vollzogen sieht. In diesem Sinn stellt für sie der New Historicism »nur die Spitze eines Eisbergs anthropologisch-ethnologischer Literaturinterpretation«[573] dar. Auch sie stellt im Zusammenhang mit Greenblatts Übertragung des kulturanthropologischen Ansatzes Clifford Geertz' auf die Literaturwissenschaft fest: »Die Methode des New Historicism scheint somit weniger historisch als vielmehr anthropologisch-semiotisch begründet: Die Lebenswelt wird als textualisierte Lebenswelt vorausgesetzt«[574]. Diese Auffassung ist mittlerweile von verschiedenen Kritikern vertreten worden. Porter beschuldigt Greenblatt sogar einer zutiefst kolonialen Sichtweise insofern, als seine Diskussion der Algonkins diese gleichsam ausrotte, weil er *über* sie spricht und nicht sie selbst zu Wort kommen läßt. Mit diesem Argument versucht Porter den New Historicism als eine politische Praxis auszuweisen.[575]
Dennoch scheint Schlaffers Vorwurf des Ahistorismus nicht recht zu greifen, zumal die Haltung des New Historicism der Geschichte gegenüber eine komplexe Grundlage hat, die sich u. a. auch aus dem amerikanischen Wissenschaftskontext ergibt. Das, was Alan Liu als Verlegenheit der New Historicists der Geschichte gegenüber bezeichnet hat, also die Ortlosigkeit des Subjekts, kommt zwar dem Vorwurf Schlaffers entgegen, differenziert jedoch die Problematik beträchtlich.

Diesen Positionen, die den New Historicism als eine Spielart der Ethnographie ausweisen, soll kurz Aufmerksamkeit gewidmet werden. Tatsächlich ist es so, daß eine solche Betrachtungsweise zu einer Konkretisierung so zentraler Begriffe wie Subjekt, Erzählinstanz/Autor oder ›Fremde‹ beiträgt, und zwar dadurch, daß diese wieder in den Umkreis von Autor und Text eingegliedert werden und somit die poröse postmoderne Begrifflichkeit hinter sich lassen. Das mag zwar den eingeschworenen Postmodernisten ein Dorn im Auge sein (vor allem deswegen, weil der Diskursbegriff wieder auf den narrativen Text reduziert wird), bietet aber die Gelegenheit, die hervorstechendsten Problemfelder des New Historicism von einem differenzierteren Standpunkt aus zu beurteilen. Greenblatt schlüpft insofern in die Rolle des Ethnographen, als er sich ethnographische Autorität verschafft. Diese Autorität kommt nun nicht durch Green-

---

571 Ebenda, S. 12.

572 Doris Bachmann-Medick: Einleitung. In: Kultur als Text. Die anthropologische Wende in der Literaturwissenschaft. Hg. v. Doris Bachmann-Medick. Frankfurt/M.: Fischer Taschenbuch Verlag 1996, S. 7-64. Hier S. 44.

573 Ebenda, S. 46.

574 Ebenda, S. 45.

575 Vgl. Walter Benn Michaels: The Victims of the New Historicism. In: Modern Language Quarterly 54 (1993), S. 111-120. Michaels weist darauf hin, daß die Algonkins nicht im übertragenen Sinn, sondern tatsächlich schon fünfhundert Jahre zuvor ausgerottet worden waren (S. 112).

blatts ›Dort-Sein‹ in der Vergangenheit zustande, sondern durch die Allianz mit seinen Informanten, sprich mit den herangezogenen Quellen. Nicht Greenblatt hat die Macht, über die Vergangenheit zu sprechen, sondern seine Quellen, die als Teil eines umfassenderen Diskurses den nebenbei zu untersuchenden literarischen Text durchstreifen und die von Greenblatt als Erzähler schließlich Autorität als Autor einer Interpretation des Diskurses abverlangen. Der Ethnograph Greenblatt, der seine Feldforschung als Dialog zwischen ineinandergreifenden Diskursen betreibt, tritt nun eben nicht als Autor auf, indem er die Fäden dieses Diskurses, die durch den literarischen Text hindurchlaufen, selektiv aufdeckt, sondern als Vermittler, der den Dialog zwischen Diskurs und Text ermöglicht und in seiner Interpretation steuert. Diese Steuerung kommt dadurch zustande, daß der Interpret seine Quelle stets auswählend zu seinem Primärtext in Beziehung setzt, diese beiden Diskurse also nur an solchen Stellen vernetzt, wo sich seinem Verständnis zufolge Anknüpfungspunkte ergeben. Diese Form der Aneinanderkopplung zweier Diskurse bewirkt nicht zuletzt auch eine Einbuße an Authentizität der Quelle. Somit wird ihre und die komplexe Vieldeutigkeit des literarischen Textes zugunsten der Intentionen des Interpreten kanalisiert und in ein lineares Narrativ eingebettet, die einstigen Wucherungen des Informanten nach allen Seiten der Geschichte und der Bedeutung gebändigt. Insofern ist die Stimme Greenblatts lauter als die seiner Quellentexte. Allerdings haben auch die diversen Experimente mit ethnographischen Darstellungsmethoden, die die Polyphonie oder eine mehrfache Autorschaft zu entwickeln suchten, die Tatsache nicht bestreiten können, daß der Ethnograph doch die kontrollierende und ordnende Autorität des Narrativs bleibt.[576] Darüber hinaus erfüllt der Renaissanceforscher Greenblatt die ethnographische Prämisse der teilnehmenden Beobachtung, bloß daß er die ›intensive persönliche Erfahrung‹ durch den Dialog mit seinen Quellen ersetzt hat. Der »Kontakt mit der Welt, die es zu verstehen gilt«,[577] ist wohlgemerkt vermittelt über eine textuelle Spur, einen Signifikanten, der in Form des Quellentextes nur eine Spielart des Signifikats wiederzugeben imstande ist. Der Austausch des Signifikanten – in gewisser Weise der Foucault'schen Ausschließung und Exilierung nicht unähnlich –, der freilich dem selben Signifikat zugeordnet bleibt, ist für Shakespeare nebenbei bemerkt eine Möglichkeit, die theaterexterne Macht zu subvertieren: »Die [...] Antwort der Schauspieler [auf eine Zensurverordnung des Jahres 1606] bestand darin, die untersagten Wörter durch andere Namen wie ›Zeus‹ und ›Jupiter‹ zu ersetzen, von denen jeder als Kurzmetapher für den christlichen Gott stand«[578]. Die Reduktion des Diskurses auf Text-Narrative ähnelt einem jener Objektivierungsverfahren, die Bronislaw Malinowski in der Einleitung zu den *Argonauten des westlichen Pazifik* beschrieben hat.[579] Neben einer statistischen Dokumentation kultureller Daten und minuziöser Beschreibung des Erlebten im Feldtagebuch soll ein *corpus inscriptionum* als eine Sammlung typischer Redeweisen, Formeln, Erzählungen usw. die Mentalität der Eingeborenen objektivieren mit dem Ziel, die dargestellten Phänomene einer Interpretation zu unterziehen. Eine Analogisierung der von

576 Vgl. Martin Berg/Eberhard Fuchs: Phänomenologie der Differenz, S. 89.

577 James Clifford: Über ethnographische Autorität, S. 130.

578 Stephen Greenblatt: Einleitung. Die Zirkulation sozialer Energie, S. 20.

579 Vgl. Martin Fuchs/Eberhard Berg: Phänomenologie der Differenz, S. 30.

Greenblatt benutzten Quellen mit jenem *corpus inscriptionum* ist somit naheliegend, denn nur jene zeitgenössischen Texte können die soziale Energie wieder aufbereiten, die eine historische Rezeption literarischer Texte ermöglicht. Sie können als Speicher der Mentalität eines zur Gegenwart beziehungslos gewordenen Kosmos an Texten werden.
Auch der Vorwurf Porters, daß die Ausrottung der Algonkins durch die Rede über sie vorangetrieben werde, läßt sich aus der Sicht der interpretativen Anthropologie konkretisieren: Die metaphorische Vernichtung findet nicht nur deshalb statt, weil Greenblatt ›seinen‹ Algonkins keine Gelegenheit zur Artikulation gibt, sondern weil seine eigene Realität unreflektiert bleibt. Diese »nicht-reziproke Qualität ethnographischer Interpretation«[580] stellt also das Fremde gleichsam ins Licht, beläßt jedoch das Eigene im Dunkeln. Betrachtet man – psychologisch gewendet – Fremdes und Eigenes als untrennbar verbunden (das Fremde als die »verborgene Seite unserer Identität«[581]), so darf nun die Stimme des Ethnographen jene Stimmen nicht übertönen, die er zu konservieren sucht:

> Es wird notwendig, Ethnographie nicht als die Erfahrung und Deutung einer eingegrenzten »anderen« Realität zu konzipieren, sondern vielmehr als ein konstruktives Verhandeln, an dem mindestens zwei – und gewöhnlich mehr – bewußte, politisch bedeutsame Subjekte beteiligt sind. Paradigmen der Erfahrung und Interpretation weichen Paradigmen des Diskurses, des Dialogs und der Polyphonie.[582]

Ebenfalls konkret wird die ›Vernichtung‹ der Algonkins vor der Fragestellung der interkulturellen Übersetzung. Walter Benjamin hat darauf hingewiesen, »daß eine Übersetzung nicht das Fremde dem Eigenen anverwandeln, sondern die eigene Sprache der fremden öffnen«[583] solle. Das bedeutet, daß eine sprachliche Angleichung eines ›Textes‹, die Transformation und Integration von Bedeutung in das je eigene Bedeutungssystem das Potential der Fremdheit im ›Originaltext‹ minimiert bzw. zur Gänze eliminiert. Dieses Faktum ist auch weniger für Greenblatt als für seine Leser von Bedeutung: Jemand, der über Hexerei, Exorzismus oder dergleichen im England des siebzehnten Jahrhunderts liest, hat bei seiner Rezeption immer auch die Vorstellungen über und Einstellungen zu diesen Phänomenen seiner persönlichen und kollektiven Gegenwart parat, trotz der gelegentlichen Ausführungen über deren historische Spielart. Greenblatt stellt zwar einen Dialog zwischen verschiedenen Quellentexten und einigen Stücken Shakespeares her, doch es ist, wie gesagt, seine Stimme, die diesen Dialog bestimmt und steuert, weil er zwischen diesen beiden Diskurstypen vermittelt. Der historische Diskurs, die Vergangenheit selbst, wird nur über diese ausgewählten Dialogpartien erfahrbar, womit sich der Ethnograph Greenblatt in das Dilemma der

580 James Clifford: Über ethnographische Autorität, S. 135.
581 Julia Kristeva: Fremde sind wir uns selbst. Frankfurt/M.: Suhrkamp 1990 (= es 1604), S. 11.
582 James Clifford: Über ethnographische Autorität, S. 135.
583 Martin Fuchs/Eberhard Berg: Phänomenologie der Differenz, S. 85f. Vgl. Walter Benjamin: Die Aufgabe des Übersetzers. In: ders.: Illuminationen. Ausgewählte Schriften. Frankfurt/M.: Suhrkamp 1977, S. 50-62.

Zuschreibung von »Motive[n], Bedeutungen, Überzeugungen und Sinnstrukturen«[584] begibt, über das die zeitgenössische Ethnographie nachzudenken nicht müde geworden ist. Diese Differenz zwischen dem Subjekt Greenblatt und seinem Objekt Text läßt sich im Kontext der »Krise der Fremdrepräsentation«[585] noch aus einer anderen Perspektive diskutieren, nämlich aus der auch bei Hannelore Schlaffer erwähnten zeitlichen Distanz zwischen dem Forscher und seinen Untersuchungsobjekten. Das Problem der Rekonstruktion des Anderen betrifft eben nicht nur dessen (unhistorische) »Wiederholung, Wieder-Darstellung«,[586] sondern auch das Spannungsverhältnis zwischen erforschtem ›Damals‹ und erforschendem ›Heute‹.[587] Gerade dies würde gegen eine Bezeichnung Greenblatts als Feldforscher sprechen (diese Bezeichnung wurde oben nur im übertragenen Sinn verwendet), weil er seine Erkenntnisse nicht aus der *unmittelbaren* Anschauung gewinnen kann und weil »in dieser Bewegung vom Damals zum Jetzt [...] Erkennen aus der Erfahrung [erwächst]«[588]. Dies ist natürlich nicht nur ein Problem der Ethnographie, sondern betrifft jede historische Darstellung. Unmittelbare Erfahrung ist aber aufgrund seiner theoretischen Grundlage im New Historicism ohnehin nicht möglich, denn die Geschichte wird nicht als solche, sondern als ein Konstrukt aus Texten erfahrbar, oder, um mit Fritz Wallner zu sprechen, ist Realität und nicht Wirklichkeit. Der bei Fabian diskutierte Prozeß des *Othering*[589] wird bei Greenblatt durch das Eingeständnis der Unvermittelbarkeit zwischen Vergangenheit und Gegenwart auf der Ebene der historischen Signifikate ersetzt – erfahrbar sind lediglich ›Texte‹ als Signifikanten. Schließlich kann auch die Rekonstruktion von sozialer Energie als ein Versuch betrachtet werden, Authentizität im Sinn der Feldforschung herzustellen, indem der direkte Dialog mit der Vergangenheit gesucht wird, der erst die Glaubwürdigkeit des forschenden Subjekts herstellen kann.

Die vorhin erwähnte Kritik an der ahistorischen Wendung des New Historicism speist sich nicht zuletzt aus dem Hang zur anekdotischen Darstellungsweise: Aus postmodernem Blickwinkel ist Greenblatts Neigung für die Textgattung Anekdote eigentlich nur konsequent, während die Kritik diese Vorliebe nicht immer teilen wollte. Kleine, kurze, abgeschlossene Geschichten sind dem postmodernen Forscher vertrauter als der *grand récit*, sie führen die Geschichte nicht auf benennbare Aktionen zurück, sondern beschreiben eher die »Eigenart des Zufälligen«[590] und sind, daraus folgend, »eher mit dem Rand verbunden [...] als mit dem unbeweglichen und lähmenden Zentrum«[591].

---

584 Martin Fuchs/Eberhard Berg: Phänomenologie der Differenz, S. 73.

585 Ebenda, S. 74.

586 Johannes Fabian: Präsenz und Repräsentation, S. 339.

587 Vgl. dazu auch Johannes Fabian: Time and the Other. How Anthropology Makes Its Object. New York: Columbia University Press 1983; Time and the Work of Anthropology. Critical Essays 1971-1991. Chur: Harwood Academic Publications 1991.

588 Johannes Fabian: Präsenz und Repräsentation, S. 338.

589 »Beide Bewegungen – von hier nach dort und vom Damals zum Jetzt – konvergieren mit dem, was ich Präsenz genannt habe. So würde ich den Prozeß des *Othering* definieren« (ebenda, S. 338).

590 Stephen Greenblatt: Wunderbare Besitztümer. Die Erfindung des Fremden: Reisende und Entdecker. Berlin: Wagenbach 1994, S. 11.

591 Ebenda, S. 11.

Demzufolge ist die Geschichte eine Akkumulation von Anekdoten, die jedoch, ins Bildliche gewendet, noch lange kein Mosaik darstellen, sondern bestenfalls eine vage Vorstellung vom Ganzen vermitteln können. Dabei ist Greenblatts sekundärer Diskurs nur ein Abbild des primären: In seiner Aufsatzsammlung *Wunderbare Besitztümer* diskutiert er Reise- und Entdeckerberichte, die »auf der Ebene der großen narrativen und teleologischen Entwürfe nur wenig zu bieten [haben], sie fesseln uns auf der Ebene der Anekdote«. Vergleicht man diese Berichte nämlich

> mit den luziden Universalgeschichten des frühen Mittelalters[,] nehmen sich die Chroniken der Entdeckungen höchst orientierungslos, unsystematisch und fragmentarisch aus. Ihre Stärke liegt nicht in der Vision von der Ausbreitung des Heiligen Geistes über die gesamte Welt, sondern darin, daß sie uns mit dem Schrecken des Unbekannten konfrontieren, eine maßlose Neugierde freisetzen und die aufregendsten Wunder aufbieten. Sie präsentieren die Welt nicht in würdevoller und harmonischer Ordnung, sondern als eine Abfolge kurzer Begegnungen, zufälliger Erfahrungen und isolierter Anekdoten über das Unvorhergesehene. Die Anekdote, die – zumindest ihrer Etymologie nach – mit dem Unveröffentlichten verwandt ist, stellt das wichtigste Medium zur Aufzeichnung des Unerwarteten und daher auch zur Beschreibung der Begegnung mit der Differenz dar, die mit Kolumbus' wunderlicher Landung in jener unverhofften Hemisphäre, die seiner Fahrt zum östlichen Ende der bekannten Welt im Wege lag, begann.[592]

Greenblatt möchte die Anekdote also als den Speicher dessen verstanden wissen, was der Ethnograph bei seiner Niederschrift aufgrund von literarischen Konventionen oder seiner thematischen Orientierung ausspart, denn nicht jede Beobachtung und nicht jede Erfahrung kann in eine Ethnographie aufgenommen werden. Die Anekdote kann demnach als ein Partikel einer ›dichten Beschreibung‹ oder einer ›histoire totale‹ aufgefaßt werden, ohne daß freilich der Anspruch auf eine solche totale Geschichte erhoben wird. Zwar vermögen die Anekdoten Aufschluß über eine »umfassendere Entwicklung und Struktur, die der eigentliche Gegenstand der Geschichtsschreibung wäre«,[593] zu geben, doch die unüberschaubare Anzahl der Anekdoten von Greenblatts Reisenden lassen eine solche Überschaubarkeit nicht zu. Den Einwand der Anekdotenhaftigkeit hat auch Porter erhoben: Harriots Report sei nur eine nützliche Quelle, um einen kulturellen Aspekt von Staatsmacht im elisabethanischen England zu beschreiben, der sich ebenso in einigen Texten Shakespeares finde:

> Although other problems develop once we get to Shakespeare, the frame of reference issue would seem to be resolved. That is, the power/subversion model is to be located within Elizabethan culture, to which Harriot's report is pertinent because it illustrates that model at work. So far, so good. But when Greenblatt turns to the second form taken by this power's paradoxical production of subversion, the frame blurs once again.[594]

Historisch ist der New Historicism also bestenfalls insofern, als er erstens Diskursbeziehungen untersucht, die in der Vergangenheit stattgefunden haben und zweitens hi-

592 Ebenda, S. 10f.

593 Ebenda, S. 11.

594 Carolyn Porter: Are We Being Historical Yet?, S. 757.

storische Lesarten zu rekonstruieren versucht, somit einen Dialog zwischen Text und Kontext herstellt, um diese Lesart erfahrbar zu machen. Wie sich gezeigt hat, wird der Text seinem Kontext fast untergeordnet, so daß die Grenzen zwischen beiden nicht mehr genau bestimmbar sind und so der Eindruck entsteht, daß der New Historicism Spielarten von Diskursen (in unserem Fall ›Hexerei/Exorzismus‹ und ›Atheismus‹) im synchronen Schnitt untersucht. Schließlich werde der Begriff von Macht im Zuge von Greenblatts Argumentation bezüglich der Dokumentation fremder Stimmen abstrakt und von seiner ursprünglichen Bestimmung als Teil der elisabethanischen Kultur losgelöst. Für Porter bleibt Greenblatts Begriff von Macht indifferent:

> Are we dealing with a power that operates to produce and contain subversion within Harriot's text, throughout Elizabethan culture, or throughout history, as would the essentialized power here invoked? Of course, if power is understood in this essentialized way, these distinctions don't matter very much, since wherever and whenever such ›power‹ operates, it produces and contains subversion.[595]

Ein wesentlicher Punkt der Kritik richtet sich gegen die Wendung von der Textualität der Geschichte.[596] Walter Benn Michaels versucht, jede Lektüre eines Textes als eine historische Lektüre auszuweisen und so das Bemühen, literarische Texte historisch zu kontextualisieren, als einen methodischen Pleonasmus bloßzustellen:

> What's wrong with New Historicism, in other words, is also what's wrong with Porter's critique of it: the project of historicizing literature requires us to imagine a literature in need of historicizing. We can be urged to connect literature with history only if we can be convinced that literature has been disconnected from history, as if the publication of poems, say, were somehow less historical than the promulgation of statutes. But, of course, the act of writing a poem and the act of writing a statute both take place in history, and any attempt to understand either act is an attempt to understand a historical event. [...] Every reading of a literary text is an interpretation of a historical act or acts, even if the effects in question consist of nothing more than the critic's response to the text. [...] There are no more or less historical readings; there are only differently historical readings.[597]

Damit verkürzt Michaels die Ansprüche des New Historicism auf eine rezeptionshistorische Kritik, die jedoch mit dem Bemühen Greenblatts, sich von textimmanenten, unhistorischen Interpretationsverfahren abzusetzen, wenig gemein hat. Die Erkenntnis, daß ein Text zu verschiedenen Zeiten verschieden rezipiert wird, daß darüber hinaus ein Text als historisches Faktum betrachtet werden kann, trifft zwar zu und mag in einem gewissen methodologischen Kontext zu diskutieren sein, als Argument gegen die historische Kontextualisierung von Texten verfehlt sie aber das wesentliche Charakeristikum des New Historicism, weil sie die diskursive Umgebung, die Peripherie der Texte, außer Acht läßt. Erst durch die (möglichst umfassende) Rekonstruktion der

595 Ebenda, S. 759.

596 So etwa Carolyn Porter: Are We Being Historical Yet? In: South Atlantic Quarterly 87 (1988), S. 743-786. Kommentar zu Porter von Walter Benn Michaels: The Victims of New Historicism. In: Modern Language Quarterly 54 (1993), S. 111-120.

597 Walter Benn Michaels: The Victims of New Historicism, S. 113.

›Wechselgeschäfte‹ mit dieser Umgebung wird eine historische Lektüre möglich. Gemeint ist aber eine historische Lektüre, die nicht die Rezeptionsgeschichte eines Textes nachvollziehen möchte, sondern eine Momentaufnahme – nämlich des Entstehungsmoments – des Textes mitsamt seinen Subtexten und -diskursen einzufangen trachtet. Damit ist nicht zuletzt auch der Autor in die Betrachtung miteinzubeziehen. Die Beziehung zwischen einem (literarischen) Text zu seinem (historischen) Kontext sieht Hayden White problematischer: Da der Kontext nicht von selbst vorhanden, sondern wiederum erst aus historischen Quellen rekonstruiert werden muß, nach Whites Auffassung »selbst Produkte des fiktiven Vermögens der Historiker«,[598] ist auch der Kontext nicht direkt zugänglich. Auch Greenblatts Vorgehen ist ja gerade von der Konsultierung besonderer (und ausgewählter) Quellen geprägt: »Das eine ist nicht mehr ›gegeben‹ als das andere«[599]. Für White ergibt sich daraus freilich nicht die stufenweise Erschließung des historischen Kontextes, sondern ganz im Gegenteil dessen Hermetisierung, denn

> jedes neue Geschichtswerk erhöht nur die Zahl der möglichen Texte, die zu interpretieren sind, wenn von einem gegebenen historischen Milieu ein vollständiges und genaues Bild getreu gezeichnet werden soll. Die Beziehung zwischen der zu analysierenden Vergangenheit und den historischen Werken, die aufgrund der Untersuchung der Quellen entstehen, ist paradox; je *mehr* wir über die Vergangenheit wissen, desto schwieriger wird es, über sie allgemeine Aussagen zu machen.
>
> Doch wenn die Zunahme unseres Wissens von der Vergangenheit es schwieriger macht, allgemeine Aussagen über sie zu machen, sollte dies es uns leichter machen, über die Formen, in denen uns dieses Wissen weitergegeben wird, allgemeine Aussagen zu machen. Unser Wissen von der Vergangenheit mag immer mehr zunehmen, unser Verständnis von ihr tut dies dennoch nicht.[600]

Akkumulation des Wissens sorgt für dessen Zersetzung, faßbar bleiben für White nur mehr »die Formen, in den uns dieses Wissen weitergegeben wird«[601].

Die Vorstellung des New Historicism vom Leser bleibt ein Idealtypus, der Anteil an allen Diskursen zur Zeit der Entstehung des Textes gehabt haben muß, um vollständig der sozialen Energie in einem Text geworden zu sein. Diese Frage müßte sich konsequenterweise auch für Greenblatt als Shakespeare-Leser unserer Gegenwart stellen, zumal erst die Beschreibung *aller* Austauschprozesse mit *allen* Diskursen die soziale Energie eines Textes nachvollziehbar machen würde.

Die Verlegenheit gegenüber dem Begriff Geschichte findet ihre Fortsetzung gegenüber dem Begriff Methode. Eine Methodologie des New Historicism ist bisher nicht formuliert, wenngleich stellenweise angedeutet worden. Diese Andeutungen beziehen sich in erster Linie auf die Referenz von Literatur auf Geschichte bzw. auf die Tatsache, daß jene Referenz bisher noch kaum problematisiert worden ist.

---

598 Hayden White: Der historische Text als literarisches Kunstwerk. In: Geschichte schreiben in der Postmoderne. Beiträge zur aktuellen Diskussion. Hg. v. Christoph Konrad u. Martina Kessel. Stuttgart: Reclam 1994, S. 123-157. Hier S. 138.

599 Ebenda.

600 Ebenda.

601 Ebenda.

> Tatsächlich wird das ganze Konzept von Referenz selbst tabuisiert. Der New Historicism ignoriert den Tatbestand, daß seine Anmerkungen im großen und ganzen *wirklich* auf historische Evidenz referieren (was zur Folge hat, daß er dem dokumentarischen Material einen *a priori*-Status einräumt, den er den literarischen Werken und Anekdoten, die er liest und immer wieder liest, verweigert), und schreitet tropologisch fort, *als ob* literarische Texte und historische Kon-Texte die gleiche Priorität besäßen.[602]

Diese undifferenzierte Haltung kommt aber nicht von ungefähr, sondern ist sogar naheliegend, denn die anfangs erwähnte diskurstheoretische Ausrichtung des New Historicism erlaubt eben keine Hierarchisierung oder Privilegierung eines bestimmten Diskurses. Lediglich eine Umkehrung der in dem Zitat beschriebenen Situation wäre denkbar, nämlich die Kontextualisierung des literarischen Textes im Diskurs der Geschichte. Dies würde die Perspektive einer Textualität von Geschichte von neuem problematisieren. Nimmt man eine weitere Andeutung von Liu auf, so löst sich aber aufgrund der Eigenschaft des New Historicism als eines »endgültige[n] Formalismus, der so ›machtvoll‹ ist, daß er die ganze Welt als seinen ›Text‹ kolonialisiert«[603] die Differenz von Text und Kontext sogar auf. Die ganze Welt als Text jedoch leugnet schließlich die Existenz eines Korpus literarischer Texte bzw. – weniger pessimistisch formuliert – macht literarische Texte von anderen ›Texten‹ nicht mehr unterscheidbar. Daß nun jedoch die Praxis des New Historicism ganz im Gegenteil von einem kanonischen Literaturbegriff ausgeht, ist schon angedeutet worden. Immerhin aber werden »gebildete Leser von Literatur [...] zu Lesern von Geschichte [...]: Der New Historicism ist eine Allegorie der Geschichte«[604].

New Historicism als ein Modell der Sozialgeschichte (der Literatur) aufzufassen, mag somit nicht ohne Einwände vonstatten gehen: Zum einen sieht sich der New Historicism dem Poststrukturalismus und – damit zusammenhängend – der Diskursanalyse Foucault'scher Prägung verpflichtet, die die sozialgeschichtliche Literaturgeschichtsschreibung abgelöst hat,[605] zum anderen dynamisiert jene Textualisierung der Geschichte den in der Sozialgeschichte der Literatur als starr vorgegeben aufgefaßten historischen Hintergrund insofern, als dieser in seiner Eigenschaft als Text wiederum erst zu interpretieren ist.

602 Alan Liu: Die Macht des Formalismus: Der New Historicism, S. 124.

603 Ebenda, S. 137.

604 Ebenda, S. 138.

605 Vgl. Bernhard Jendricke: Sozialgeschichte der Literatur: Neuer Konzepte der Literaturgeschichte und Literaturtheorie. Zur Standortbestimmung des Untersuchungsmodells der Münchener Forschungsgruppe. In: Zur theoretischen Grundlegung einer Sozialgeschichte der Literatur. Ein struktural-funktionaler Entwurf. Hg. im Auftrag der Münchener Forschergruppe »Sozialgeschichte der deutschen Literatur 1770-1900« v. Renate von Heydebrand, Dieter Pfau u. Jörg Schönert. Tübingen: Niemeyer 1988 (= Studien und Texte zur Sozialgeschichte der Literatur 21), S. 27-84. Hier S. 31.

4. Weltliteratur und Globalisierung

Innerhalb der Komparatistik ist der Begriff der Weltliteratur aufgrund des übernationalen Selbstverständnisses dieser Wissenschaft seit ihrem Bestehen diskutiert worden. Die deutschsprachige Komparatistik, so Doris Bachmann-Medick, habe den Begriff Weltliteratur zusehends zu einem normativen Instrument zur Etablierung eines Literaturkanons reduziert:

> Solche Verschränkung von Weltliteratur und Kanonbildung unterstellt kulturenübergreifende, universal gültige ästhetische Normen ebenso wie anthropologische Universalien des ›allgemein Menschlichen‹, wodurch interkulturelles Verstehen und das Gelingen von Übersetzung überhaupt erst für möglich gehalten werden.[606]

Die weltumfassenden gesellschaftlichen Entwicklungen der letzten Jahre und Jahrzehnte, die mit Begriffen wie Globalisierung, Dekolonisation oder Demokratisierung grob umrissen wurden,[607] machen unter diesen Vorzeichen den Begriff Weltliteratur erneut revisionsbedürftig[608]. Diskutiert werden in diesem Zusammenhang Schlagworte wie Kultur, Text, Übersetzung, Kanon, Eurozentrismus, Fremd- und Selbstwahrnehmung etc.[609] Daß sich aus dieser Perspektive der Berührung und Überschneidung kultureller Felder, des infolgedessen transkulturellen Diskurses oder der Frage nach der sowohl metaphorischen wie wörtlichen Übertragung von (kulturellen) ›Texten‹ sowohl komparatistische als auch sozialhistorische Herausforderungen ergeben, ist naheliegend und notwendig. Deshalb soll hier versucht werden, Weltliteratur in den Kontext der in den Sozialwissenschaften geführten Debatte um die ›Globalisierung‹ zu setzen, zumal diese Diskussion genau jene Aspekte aufgreift, denen der bisherige literaturwissenschaftliche Diskurs eher unschlüssig gegenüber gestanden hat.[610]

Mary Louise Pratt hat den Prozessen der Globalisierung (»the increased integration of the planet, the increasingly rapid flows of people, information, money, commodities,

606 Doris Bachmann-Medick: Multikultur oder kulturelle Differenzen? Neue Konzepte von Weltliteratur und Übersetzung in postkolonialer Perspektive. In: Kultur als Text. Die anthropologische Wende in der Literaturwissenschaft. Hg. v. Doris Bachmann-Medick. Frankfurt/M.: Fischer Taschenbuch Verlag 1996, S. 262-290. Hier S. 264.

607 Vgl. Marie Louise Pratt: Comparative Literature and Global Citizenship. In: Comparative Literature in the Age of Multiculturalism. Hg. v. Charles Bernheimer. Baltimore/London: The Johns Hopkins University Press 1995, S. 58-65. Hier S. 59.

608 Dazu Yves Chevrel: »la notion de *Weltliteratur* est sans cesse à réviser« (Yves Chevrel: La littérature comparée. Paris: Presses Universitaires de France [3]1995, S. 27).

609 Um nur die jüngsten Publikationen aufzuzählen: Kultur als Text. Die anthropologische Wende in der Literaturwissenschaft. Hg. v. Doris Bachmann-Medick. Frankfurt/M.: Fischer Taschenbuch Verlag 1996; Übersetzung als Repräsentation fremder Kulturen. Hg. v. Doris Bachmann-Medick. Berlin: Schmidt 1996 (= Göttinger Beiträge zur Internationalen Übersetzungsforschung 12); siehe auch die Beiträge der Neuen Rundschau 107 (1996), Heft 1, unter dem Motto ›Der postkoloniale Blick. Eine neue Weltliteratur?‹.

610 Dies scheint sich mehr und mehr zu ändern: vgl. etwa Literatur im Zeitalter der Globalisierung. Hg. v. Manfred Schmeling, Monika Schmitz-Emans u. Kerst Walstra. Würzburg: Königshausen & Neumann 2000 (= Saarbrücker Beiträge zur vergleichenden Literatur- und Kulturwissenschaft 10).

and cultural productions, and the changes of consciousness which result«), der Demokratisierung (»mainly [...] the opening up of higher education and the professoriate in the United States to groups traditionally excluded [...]; the resultant diversification of both personnel and intellectual agendas; and the challenge to structures of exclusion formerly taken as natural«) und der Dekolonisation (»First, the entry of the Third World into dialogue with the First, and the latter's recognition of itself as constituted by relations of contact beyond its borders; second, the decolonization of the United States' relationship to Europe in the domain of culture, and its concomitant redefinition of itself«) eine zentrale Rolle in der gegenwärtigen politischen und sozialen Entwicklung zugeschrieben.[611] Davon ausgehend formuliert sie sechs »particularities« der Komparatistik als eine Gelegenheit, vorhandene Forschungsparadigmen dieser Disziplin zu intensivieren:[612] 1. soll die Auseinandersetzung der Komparatisten mit Fremdsprachen auch dazu führen, »*bilingual, bicultural* people« hervorzubringen, mit anderen Worten »deeply informed, culturally competent individuals in a globalizing world«; 2. möge überlegt werden, ob das Forschungsinteresse der Komparatistik über »the institution of elite literature« hinausgehen solle, um auch anderen Formen künstlerischen Ausdrucks (durchaus noch im Bereich der Literatur) gerecht werden zu können; 3. stellt sich die Frage nach der (kulturellen) Kompetenz des einzelnen Forschers, dem aufgrund seiner Biographie, seiner Erziehung oder Bildung ein umfassendes Verständnis fremder Kulturen nur bedingt möglich wird. Eine Lösung dieses Problems liegt etwa in arbeitsteiliger Forschung; 4. das Vergleichen umfasse nun neben der Kontrastierung von Fall A und Fall B auch das Aufzeigen der Beziehungen zwischen dem Globalen und dem Lokalen: »I find promising models of comparative literature degrees which require significant local expertise (and accountability) in a particular area and combine it with training in translational and global perspectives«; 5. im Interesse der Beendigung einer »lexical legacy of the Cold War« soll die Bezeichnung *foreign languages* durch *modern languages* ersetzt werden; 6. finanzielle Kürzungen, unter denen Komparatistikinstitute zu leiden haben, müssen nicht unbedingt thematische oder arbeitsmarktpolitische Zugeständnisse zur Folge haben, um diese Disziplin für die ›Außenwelt‹ zwar attraktiv zu machen, während die Forschung selbst an Innovation einbüßt.

Globalisierung, Demokratisierung und Dekolonisation gewinnen ihre besonderen Konturen im Licht der Multikulturalismus-Debatte, hauptsächlich in den Vereinigten Staaten, wo das Phänomen ›Multikulturalismus‹ das vorläufige Ende einer Reihe von Gesellschaftstheorien, die mit Blick auf die konstante Einwanderung entstanden sind, darstellt. Am Anfang dieses Theorienparadigmas steht jener zum Stereotyp erstarrte »harmonisierende Mythos«[613] der Vereinigten Staaten als *melting pot*, als Schmelztiegel diverser Nationalitäten mit dem Entwicklungsziel einer einheitlichen amerikanischen Nation. Die Annahme, daß sich die Einwanderer ihrer Sprache, ihrer kulturellen

611 Mary Louise Pratt: Comparative Literature and Global Citizenship, S. 59.

612 Vgl. ebenda, S. 62ff.

613 Hans-Jürgen Puhle: Vom Bürgerrecht zum Gruppenrecht? Multikulturelle Politik in den USA. In: Die multikulturelle Herausforderung. Menschen über Grenzen – Grenzen über Menschen. Hg. v. Klaus J. Bade. München: C. H. Beck 1996 (= Beck'sche Reihe 1184), S. 147-166. Hier S. 147.

Traditionen, ihrer Religion etc. im neuen Land entledigen würden, stellte sich allerdings als unrealistisch heraus. Der tatsächlichen Situation wurden Begriffe wie *salad bowl* (›Salatschüssel‹) oder *cultural pluralism*, die die Diversität und die kulturelle Vielfältigkeit Amerikas betonten, gerechter:

> Das entsprach der revidierten liberalen Idee von einem kulturell vielfältigen Amerika: Dessen einzelne Bürger waren auf der politischen Ebene, und wohl auch ökonomisch, durch Willensakt, durch bewußte Integration und Institutionalisierung zu gleichberechtigten Amerikanern geworden. Sie blieben aber weiterhin geprägt durch den kulturellen, religiösen und nationalen oder regionalen Hintergrund ihrer Familien und durch eine bestimmte ›ethnicity‹, die vielfach zum Organisationsprinzip eines bunten subkulturellen Gruppenlebens unterhalb der Ebene der Staatsbürgerschaft wurde, aber für die Zumessung von Rechtsansprüchen unerheblich war.[614]

Das im Zug dieser Entwicklung erstarkte Selbstbewußtsein ethnischer Gruppen und die »fortschreitende Fragmentierung der amerikanischen Gesellschaft und ihrer Institutionen«[615] rückten schließlich gerade die Differenzen und Kontraste in den Mittelpunkt, sodaß zu einer auf liberalen Grundsätzen beruhenden Multikulturalität eine radikale Variante intoleranter Gruppen hinzukam, die soziale und materielle Ungleichheit unter Betonung der Machtverhältnisse zwischen Herrschern und Beherrschten zu beseitigen und Mitsprache und Teilhabe am politischen Geschehen zu erzwingen trachtete. Dies kehrte das Bild eines liberalen und geradezu aufklärerischen Nebeneinanders ins Negative, sodaß bisweilen vom ›Pulverfaß‹ Amerika die Rede gewesen ist. Puhle unterscheidet neben dieser radikalen Form noch zwei andere Variationen des Multikulturalismus-Konzepts:

> Daneben gibt es die weniger radikale, reformistische Spielart. Sie steht für die Ausweitung staatsbürgerlicher und sozialer Integration und für einen Pluralismus gleichberechtigter Kulturen, wie wir sie seit einiger Zeit auch aus der deutschen Politik, insbesondere der Kommunalpolitik der Großstädte kennen. Dieses Konzept dominiert auch in einer dritten Variante, die man die Variante der ›kulturalistischen Reduktion‹ nennen könnte. Hier geht es zunächst weniger um politische Teilhabe als vielmehr um Symbole beziehungsweise um sektorale Reformen, insbesondere im Bildungssystem: Zweisprachigkeit, Revision der Studiengänge der Schulen und Universitäten und des ›Kanon‹, also jener Dinge, die verbindlich zu lernen sind. Abgelehnt werden die im westlichen Bildungssystem und insbesondere in den Einführungs- und Überblickskursen zur ›Western Civilization‹ in amerikanischen Hochschulen (›From Plato to NATO‹) übliche Weltgeschichte, Philosophie und Literatur aus der Sicht der Herrschenden und ›falschen‹, da einseitigen und unzulässig verallgemeinerten ›Universalismus der toten weißen Männer‹. An deren Stelle soll ein breiter ›multikultureller‹ Bildungskanon treten, der auch die Erfahrungen der Beherrschten und Unter-

614 Hans-Jürgen Puhle: Vom Bürgerrecht zum Gruppenrecht? Multikulturelle Politik in den USA, S. 147. Zu den Begriffen *melting pot* und *cultural pluralism* siehe auch Howard N. Rabinowitz: Race, Ethnicity, and Cultural Pluralism in American History. In: Ordinary People and Everyday Life. Perspectives on the New Social History. Ed. James B. Gardner, George Rollie Adams. Nashville: The American Association for State and Local History 1983, S. 23-49. Hier S. 25-27.

615 Hans-Jürgen Puhle: Vom Bürgerrecht zum Gruppenrecht? Multikulturelle Politik in den USA, S. 148. Vgl. dazu auch Arthur M. Schlesinger: The Disuniting of America. Reflections on a Multicultural Society. Knoxville 1991; Samuel P. Huntington: The Clash of Civilizations? In: Foreign Affairs 72 (1933), Heft 3, S. 22-49.

drückten – zum Beispiel der Indianer, der schwarzen Sklaven, der asiatischen und lateinamerikanischen Einwanderer oder der Frauen – gleichberechtigt berücksichtigt beziehungsweise sie sogar aufgrund ihrer langen Vernachlässigung stärker herausstellt.[616]

Auch in der Literaturwissenschaft der USA begann nach Zeiten der historisch-kontextuellen Abstinenz (New Criticism, Deconstruction) – nicht zuletzt aufgrund gesteigerter Aufmerksamkeit gesellschaftlich-politischen Entwicklungen gegenüber – Ende der 1970er Jahre die neue Ära der Kontextualisierung, also der bewußten Einbettung des literarischen Produkts in einen wie immer gearteten historischen Kontext. Der New Historicism etwa, am prominentesten vertreten durch den Renaissance-Forscher Stephen Greenblatt, setzt einen Großteil seines Eifers dahingehend ein, den literarischen Text wieder mit »sozialer Energie«[617] aufzuladen. Ebenso plädiert die anthropologisch orientierte Literaturwissenschaft für die Anbindung des literaturinterpretatorischen Diskurses an einen noch nicht vollständig ausgearbeiteten Begriff von Kultur. Und auch die amerikanische Komparatistik hat nun, so scheint es, mit dem Tabu der Kontextualisierung gebrochen.

Dennoch gilt es, den Begriff »Globalisierung« erst einmal für die Fragestellungen der Komparatistik fruchtbar zu machen, zumal, wie kürzlich festgestellt wurde, jede Disziplin in den Gesellschaftswissenschaften bereits ihren eigenen Globalisierungsbegriff entwickelt hat.[618] Somit müssen zuerst die bereits vorhandenen Vorstellungen von

---

616 Hans-Jürgen Puhle: Vom Bürgerrecht zum Gruppenrecht? Multikulturelle Politik in den USA, S. 150. Auf die Tatsache, daß gerade in der Literatur Gegenmodelle zu diesem Konfliktpotential zur Darstellung gelangten, ist hingewiesen worden (vgl. Doris Bachmann-Medick: Multikultur oder kulturelle Differenzen? Neue Konzepte von Weltliteratur und Übersetzung in postkolonialer Perspektive, S. 263).

617 Moritz Baßler: Einleitung: New Historicism – Literaturgeschichte als Poetik der Kultur. In: New Historicism. Literaturgeschichte als Poetik der Kultur. Hg. v. Moritz Baßler. Frankfurt/M.: Fischer Taschenbuch Verlag, S. 7-28. Hier S. 16. Vgl. auch Stephen Greenblatt: Verhandlungen mit Shakespeare. Innenansichten der englischen Renaissance. Frankfurt/M.: Fischer Taschenbuch Verlag 1990.

618 Vgl. Jan Nederveen Pieterse: Der Melange-Effekt. Globalisierung im Plural. In: Perspektiven der Weltgesellschaft. Hg. v. Ulrich Beck. Frankfurt/M.: Suhrkamp 1998, S. 87-124. Hier S. 87. Nederveen Pieterse meint weiter, daß »es ebenso viele Arten von Globalisierung gibt wie Handlungsträger, Dynamiken und Impulse, die sie vorantreiben. In der Vergangenheit waren das unter anderem der Handel zwischen den Kulturen, die religiösen Organisationen und der Austausch von Wissen, in der Gegenwart sind es multinationale Firmen, transnationale Banken und internationale Institutionen, der Technologietransfer und die transnationalen Netzwerke sozialer Bewegungen. Weiterhin ließe sich unterscheiden zwischen einer Globalisierung, die als Politik oder Projekt betrieben wird – etwa wenn amnesty international für die internationale Beachtung der Menschenrechte eintritt –, und einer Globalisierung, die sich ungewollt ergibt – wie die durch AIDS ausgelöste ›globale Panik‹. Der Begriff Globalismus bezeichnet die politische Durchsetzung oder Lenkung (bestimmter Formen) der Globalisierung. In der politischen Ökonomie verweist er auf eine Politik, die die Internationalisierung der Wirtschaft vorantreibt oder sich ihr anpaßt [...], und auf den Globalismus transnationaler Unternehmen [...]. In der Außenpolitik hingegen bezeichnet er jene globale Perspektive, die sich die US-amerikanische Außenpolitik sowohl nach dem Ende des Zweiten Weltkriegs [...] als auch nach dem Ende des Kalten Kriegs zu eigen gemacht hat.« (S. 88f.)

Globalisierung rekapituliert werden, da sich der Prozeß der Globalisierung gleichzeitig in vielen Lebensbereichen entfaltet.[619]

Globalisierung meint die Entgrenzung bzw. Internationalisierung von gesellschaftlichen, politischen und ökonomischen Prozessen und wird gemeinhin als ein Phänomen der Moderne bzw. der Postmoderne begriffen.[620] Dabei wird jedoch davon ausgegangen, daß eine derartige Internationalisierung nicht erst durch die Globalisierung entstanden, sondern ihr vielmehr vorauszusetzen sei.[621] Die Verbindung von Moderne und Globalisierung, so der niederländische Sozialwissenschafter Jan Nederveen Pieterse, charakterisiere die Globalisierung als ein eurozentristisches Phänomen insofern, als sie sich von Europa aus ausbreite und eine ›Verwestlichung‹ benachbarter und auch nichtbenachbarter Kulturen zur Folge habe.[622] Eine weitere – neutralere – Definition liefert der englische Soziologe Anthony Giddens:

> Definieren läßt sich der Begriff der Globalisierung demnach im Sinne einer Intensivierung weltweiter sozialer Beziehungen, durch die entfernte Orte in solcher Weise miteinander verbunden werden, daß Ereignisse am einen Ort durch Vorgänge geprägt werden, die sich an einem viele Kilometer entfernten Ort abspielen, und umgekehrt.[623]

Globalisierung bedeutet somit auch die Vernetzung der Kommunikation und ihrer Kanäle. Martin Albrow grenzt die Globalisierung von der Modernität folgendermaßen ab:

> Im Globalen Zeitalter tritt an die Stelle der Modernität die Globalität. Dies bedeutet, daß sich die Grundlagen des Handelns und der sozialen Organisation sowohl für den einzelnen als auch für Gruppen umfassend gewandelt haben. Es gibt mindestens fünf Aspekte der Globalität, die die Voraussetzungen der Moderne überschreiten. Dies sind: die globalen Umweltfolgen menschlicher Aktivitäten, der Verlust jeglicher Sicherheit angesichts von Waffen mit globaler Zerstörungskraft, die Globalität weltumspannender Kommunikationssysteme, das Aufkommen einer globalen Ökonomie sowie die Reflexivität des Globalismus, die darin besteht, daß Menschen und Gruppen aller Art Wertvorstellungen und Überzeugungen aus dem globalen Zusammenhang ableiten.[624]

Gerade diese Aspekte, so Albrow, stellen den Nationalstaat insofern in Frage, als die am Nationalstaat Teilhabenden dazu ermutigt werden, »seine geographischen und konzeptuellen Grenzen zu überschreiten«[625]. Und um schließlich noch eine letzte, allgemein gefaßte Definition hinzuzufügen:

> Das sind Bezeichnungen [»Globalisierung«, »Globalität«, »Globalismus«] für neue Perspektiven, Lebensweisen, Strategien, Mächte, Interessen und Werte, deren herausragendes Kennzeichen nicht

619 Vgl. ebenda, S. 88.

620 Vgl. ebenda, S. 89.

621 Vgl. ebenda, S. 92.

622 Vgl. ebenda, S. 90.

623 Anthony Giddens: Konsequenzen der Moderne. Frankfurt/M.: Suhrkamp 1996, S. 85. Zitiert nach Jan Nederveen Pieterse: Der Melange-Effekt, S. 92.

624 Martin Albrow: Abschied vom Nationalstaat. Staat und Gesellschaft im Globalen Zeitalter. Aus dem Englischen von Frank Jakubzik. Frankfurt/M.: Suhrkamp 1998, S. 14.

625 Ebenda, S. 14.

unbedingt ihre Neuheit ist und die in vielfältiger Weise an die Stelle von Strömungen der Moderne treten. Sie verweisen auf eine umfassende Transformation, die die Historiker als Epochenwandel bezeichnen.[626]

Übereinstimmung herrscht in der Auffassung – und dies wird von Apologeten einer ›McDonaldisierung‹ der Welt gerne behauptet –, daß Globalisierung keinesfalls eine Vereinheitlichung, Verflachung und Gleichmacherei der Kultur hervorruft. Ganz im Gegenteil ist im Zug der Beschreibung von Globalisierungstendenzen immer wieder auch von Fragmentierung, Regionalismus, Lokalität, Identität, Heimat, Gemeinschaft, Gegensätzen und Abgrenzungen die Rede, sodaß sich bald der Terminus Glokalisierung als Verschmelzung der Begriffe Globalisierung und Lokalisierung gebildet hat.[627] Die Globalisierung wird aber – vor allem was ihre wirtschaftlichen Auswirkungen anlangt – mit immer kritischeren Augen betrachtet. So wird etwa bereits das zunehmende Auseinanderklaffen von niedrigen und hohen Einkommen als Folge des Bemühens um die Finanzierung des Wohlfahrtsstaates in den USA und in Großbritannien registriert und für solche, die nicht aktiven Anteil am Weltmarkt haben, überhaupt der Ausschluß vom Arbeitsmarkt prognostiziert.[628] Zudem wird der Prozeß der Globalisierung als ein Angriff auf die Demokratie, »wie sie im Westen seit 200 Jahren verstanden wird«,[629] begriffen.

> Globalisierung vollzieht sich in Räumen, für die noch keine Strukturen der Kontrolle und Rechenschaft erfunden sind, geschweige denn solche, die den einzelnen Bürger ermächtigen. Globalisierung entzieht dem einzigen Domizil der repräsentativen Demokratie, was bisher funktioniert hat, dem Nationalstaat, die ökonomische Grundlage. Globalisierung beeinträchtigt den Zusammenhalt von Bürgergesellschaften, in denen der demokratische Diskurs gedeiht. Globalisierung ersetzt die Institution der Demokratie durch konsequenzlose Kommunikation zwischen atomisierten Individuen.[630]

Auch das oben angesprochene Verständnis von Globalisierung als einer Voraussetzung der Moderne bereitet Schwierigkeiten. Ulrich Menzel etwa sieht das »Projekt der Moderne«[631] durch die folgenden drei »Megatrends«[632] gefährdet: 1. Die Entgrenzung des Nationalstaats als einer Homogenisierungs- und Integrationsmacht in Richtung eines weltweiten Markts ohne Standort, nicht zuletzt als Folge des Wandels im Bereich

---

626 Ebenda, S. 22.

627 Vgl. Roland Robertson: Glokalisierung. Homogenität und Heterogenität in Raum und Zeit. In: Perspektiven der Weltgesellschaft, S. 192-220; Ulrich Menzel: Globalisierung versus Fragmentierung. Frankfurt/M.: Suhrkamp 1998.

628 Vgl. Ralf Dahrendorf: Anmerkungen zur Globalisierung. In: Perspektiven der Weltgesellschaft, S. 41-54. Hier S. 47f.

629 Ebenda, S. 51.

630 Ebenda, S. 51.

631 Ulrich Menzel: Globalisierung versus Fragmentierung, S. 14. Das ›Projekt der Moderne‹ bezeichnet für Menzel die Zivilisierung der Welt, den Wohlstand der Nationen, den ewigen Frieden der Vereinten Nationen, die universale Gültigkeit der Menschenrechte, die soziale Sicherung und den mündigen Bürger und dessen politische Partizipation.

632 Ebenda, S. 16.

der Informationstechnologien, die Raum und Zeit gleichsam komprimieren und sich vom Lokalen lösen; 2. die wachsende Bedeutung Ost- und Südostasiens als neue Weltwirtschaftsräume infolge ihres großen (und billigen) Arbeitspotentials; 3. der Zerfall der bestehenden Weltordnung, etwa des zaristisch-sowjetischen Imperiums, des Habsburgerreiches oder der ehemaligen europäischen Kolonialreiche in Afrika und Asien.

Wie können die angedeuteten Überlegungen zur Globalisierung zur Differenz zwischen National- und Weltliteratur beitragen? ›Nation‹ oder ›Nationalstaat‹ fungieren innerhalb der Komparatistik als Vergleichseinheiten. Sozialwissenschaftlich gewendet ist der Nationalstaat »das dominierende moderne soziale Ordnungsmodell«[633]. Wodurch grenzt sich ein Nationalstaat also vom jeweils anderen ab? Als Basiseinheiten beschreibt Albrow »die nationalen Volkswirtschaften [...] und der Vergleich ihrer Leistungsfähigkeit«,[634] um verschiedene Wirtschaftspotentiale unterscheidbar zu machen.

> Aber nicht alles fügte sich nahtlos diesem Bezugsrahmen. Die nationalen Volkswirtschaften operierten nicht in einer neutralen Umgebung, und speziell die Währungspolitik ließ sich nicht ohne internationale Abstimmung der Wechselkurse betreiben. Zweitens gehörten weder Unternehmen noch Individuen eindeutig zu einem einzigen Nationalstaat.[635]

Somit ist der Begriff der Grenze als ein wesentliches Charakteristikum der Unterscheidung und Differenzierung heranzuziehen: sprachliche, wirtschaftliche Grenzen, unterschiedliche politische Systeme, unterschiedliche Politik oder auch die Möglichkeit der *Aus*grenzung.[636] Jüngere Überlegungen zum Begriff der Nation stellen aber nun gerade das Verschwinden dieser Grenzen fest, etwa jene von Benedict Anderson.[637] Seine Definition von Nation ist anthropologischer Natur:

> Sie [die Nation] ist eine vorgestellte politische Gemeinschaft – vorgestellt als begrenzt und souverän.
>
> *Vorgestellt* ist sie deswegen, weil die Mitglieder selbst der kleinsten Nation die meisten anderen niemals kennen, ihnen begegnen oder auch nur von ihnen hören werden, aber im Kopf eines jeden die Vorstellung ihrer Gemeinschaft existiert. [...] In der Tat sind alle Gemeinschaften, die größer sind als die dörflichen mit ihren Face-to-face-Kontakten, vorgestellte Gemeinschaften. Gemeinschaften sollten nicht durch ihre Authentizität voneinander unterschieden werden, sondern durch die Art und Weise, in der sie vorgestellt werden. Javanische Dorfbewohner haben immer gewußt, daß sie mit Menschen in Verbindung stehen, die sie niemals gesehen haben, doch wurden

---

633 Martin Albrow: Auf dem Weg zu einer globalen Gesellschaft? In: Perspektiven der Weltgesellschaft, S. 411-434. Hier S. 414.

634 Ebenda, S. 414f.

635 Ebenda, S. 415.

636 Dazu Albrow: »Für die Herausbildung einer globalen Gesellschaft nach dem Modell nationalstaatlicher Gesellschaften fehlt indessen ein wichtiges Element, nämlich die klare Unterscheidung zwischen den Nationalstaaten. Die neue Ordnung kann nicht mit Ausgrenzungen operieren. Zwei Formen der Ausgrenzung – nicht wir und gegen uns: Feinde; nicht wir, aber weder für noch gegen uns, Fremde – waren für den Prozeß der Nationalstaatsbildung von grundlegender Bedeutung, aber beide sind auf den globalen Staat nicht anwendbar.« (S. 433f.)

637 Benedict Anderson: Die Erfindung der Nation. Zur Karriere eines folgenreichen Konzepts. Erweiterte Neuausgabe. Frankfurt/M./New York: Campus 1996.

diese Bindungen lange als Sonderfall angesehen – als unendlich dehnbare Netze von Verwandtschaft und Klientismus. [...]

Die Nation wird als *begrenzt* vorgestellt, weil selbst die größte von ihnen mit vielleicht einer Milliarde Menschen in genau bestimmten, wenn auch variablen Grenzen lebt, jenseits derer andere Nationen liegen. Keine Nation setzt sich mit der Menschheit gleich. Selbst die glühendsten Nationalisten träumen nicht von dem Tag, da alle Mitglieder der menschlichen Rasse ihrer Nation angehören werden – anders als es in vergangenen Zeiten den Christen möglich war, von einem ganz und gar ›christlichen‹ Planeten zu träumen.

Die Nation wird als *souverän* vorgestellt, weil ihr Begriff in einer Zeit geboren wurde, als Aufklärung und Revolution die Legitimität der als von Gottes Gnaden gedachten hierarchisch-dynastischen Reiche zerstörten. Dieser Begriff erlangte seine Reife in einem historischen Moment, als selbst die frommsten Anhänger jeglicher Universalreligion mit dem lebendigen *Pluralismus* solcher Religionen und dem Auseinandertreten von ontologischen Ansprüchen jeden Glaubens und seiner territorialen Ausdehnung konfrontiert waren. Deshalb träumen Nationen davon, frei zu sein und dies unmittelbar – wenn auch unter Gott. Maßstab und Symbol dieser Freiheit ist der souveräne Staat.

Schließlich wird die Nation als *Gemeinschaft* vorgestellt, weil sie, unabhängig von realer Ungleichheit und Ausbeutung, als ›kameradschaftlicher‹ Verbund von Gleichen verstanden wird. Es war diese Brüderlichkeit, die es in den letzten zwei Jahrhunderten möglich gemacht hat, daß Millionen von Menschen für so begrenzte Vorstellungen weniger getötet haben als vielmehr bereitwillig gestorben sind.[638]

Zwar faßt Anderson die Nation als eine begrenzte Einheit auf, definiert sie jedoch in ihrer Form als vorgestellte Gemeinschaft als ein kollektives Unbewußtes, das Zusammengehörigkeit schafft. Bedingung bzw. Voraussetzung für dieses Bewußtsein der Kollektivität ist das Druckwesen: Zeitungen etwa sorgen für eine derartige Befindlichkeit, da sie den Leser mit anderen Lesern (derselben Sprache, derselben Kultur usw.) verbindet, indem alle Mitglieder dieser Gemeinschaft dasselbe lesen. Andersons *imagined community* ist – und dies betont der Autor oft genug – in erster Linie ein Kollektiv, das durch die Sprache und mit ihr durch Medien, die die jeweilige Sprache transportieren, zusammengehalten und damit identifizierbar wird. Diese Auffassung, die Anderson historisch abzuleiten versucht, birgt allerdings einige Gefahren in sich: Ziel seiner Ausführungen ist es, das Entstehen des Nationalismus zu beschreiben. Angesichts der politischen Entwicklungen in Europa und der damit einhergehenden nationalistischen Tendenzen scheinen Andersons Gedanken aus den 1980er Jahren nicht mehr aktuell, da sein Modell auf jene Entwicklungen nur bedingt anwendbar scheint. Wesentlich ist vor allem die Bedeutung, die er der Rolle des Buchdrucks und der Druckerzeugnisse in der Entstehung eines Nationalbewußtseins zuschreibt. Nationalliteratur unter solchen Auspizien hat nur mehr historischen Wert und zwar dort, wo ›Nation‹ und ›Literatur‹ einander determinierten oder das eine zur Bildung oder Stabilisierung des anderen notwendig war.

638 Ebenda, S. 15ff. Hervorhebungen im Original.

Auch innerhalb der Diskussion um die neuen Medien, besonders das Internet, findet sich dieses von der postmodernen Theorie vorfabrizierte Bild des entgrenzten sozialen Raums oder des entgrenzten Individuums:[639]

> Deshalb bedeutet die Globalisierung eine so große Herausforderung. Sie löst den festen räumlichen Bezug einer sozialen Ordnung auf. Die sozialen Beziehungen beschränken sich nicht mehr auf den Wohnort, Gemeinschaft ist nicht länger ortsgebunden. Der gesamte Globus wird einbezogen, und es spielt keine Rolle mehr, wo man sich ansiedelt. Das Globale ist überall lokalisiert. Was damit vor allem hinfällig wird, ist die unbedingte Bindung an die höchste territoriale Einheit, den Nationalstaat.[640]

Für eine literaturwissenschaftliche Problemstellung ergibt sich nun die Frage, wie sich der Prozeß der Globalisierung in literarischen als auch außerhalb literarischer Texte niederschlägt. Als ein geeigneter begrifflicher und theoretischer Ansatz bietet sich etwa die Hybridbildung an. Hybridbildung meint, daß »Sitten und Gebräuche sich von existierenden Praktiken lösen, um sich mit neuen Sitten zu neuen Praktiken zu verbinden«[641]. Hybridität stellt sich also als eine Überlappung dar, in der Prozesse des Austausches und der Wechselwirkung stattfinden: »Hybridität besteht also im Grunde jeweils darin, das eine zu tun und das andere nicht zu lassen bzw. beides tun zu müssen, weil beide ständig aufeinander bezogen bleiben«[642]. Ein solches Modell läßt sich insbesondere auf die Literatur des Postkolonialismus übertragen. Ashcroft/Griffiths/Tiffin sprechen sogar von einer »hybridized nature of any post-colonial society«[643]. Als eine konfliktbeladene Binarität können etwa differente Zeit- und Raumauffassungen veranschlagt werden:[644] »In [Wilson] Harris's formulation, hybridity in the present is constantly struggling to free itself from a past which stressed ancestry, and which valued the ›pure‹ over its threatening opposite, the ›composite‹. It

---

639 Vgl. dazu etwa Florian Rötzer: Digitale Weltentwürfe. Streifzüge durch die Netzkultur. München/Wien: Hanser 1998; Walter Grond: Der Erzähler und der Cyberspace. Essays. Innsbruck: Haymon 1999.

640 Martin Albrow: Auf dem Weg zu einer globalen Gesellschaft?, S. 426.

641 W. Rowe/V. Schelling: Memory and Modernity. Popular Culture in Latin America. London 1991, S. 231. Zitiert nach Jan Nederveen Pieterse: Der Melange-Effekt. Globalisierung im Plural, S. 94.

642 Thomas Wägenbaur: Hybride Hybridität: Der Kulturkonflikt im Text der Kulturtheorie. In: arcadia 31 (1996), S. 27-38. Hier S. 33.

643 Bill Ashcroft/Gareth Griffiths/Helen Tiffin: The Empire Writes Back. Theory and Practice in post-colonial literatures. London/New York: Routledge 1989, S. 74.

644 Vgl. ebenda, S. 34f.: »Homi Bhabha has noted the collusion between narrative mode, history, and realist mimetic readings of texts. Taking V. S. Naipaul's *A House for Mr Biswas* as his example, Bhabha demonstrates the dangers of the way in which readings of post-colonial works as socially and historically mimetic foster their reabsorption into an English tradition, domesticating their radicalism by ignoring the important colonial disruptions to the ›English‹ surface of the text [...]. Similarly, the St Lucian poet, Derek Walcott, in his essay, ›The muse of history‹, takes issue with what he regards as the West Indian writer's obsession with the destructions of the historical past, and makes a plea for an escape from a prison of perpetual recriminations into the possibilities of a ›historyless‹ world, where a fresh but not innocent ›Academic‹ naming of place provides the writer with inexhaustible material and the potential of a new, but not naive, vision [...].«

replaces a temporal lineality with a spatial plurality«[645]. Derartige Vorgänge lassen sich in besonderer Weise in der Literatur von Migranten beobachten. Hybridbildungen manifestieren sich zum einen an hybriden Orten und Räumen, zum anderen in Form einer hybriden Zeit. Zu den hybriden Orten und Räumen sind sogenannte ›globale Städte‹ »mit ethnisch gemischten Quartieren«[646] zu zählen wie auch Rand- und Grenzgebiete, die den kulturellen Austausch geradezu begünstigen. Der Begriff der hybriden Zeit wird vor allem mit dem der gemischten Zeit in Lateinamerika in Verbindung gebracht: »Er bezieht sich auf die Koexistenz, das Nebeneinander von Prämoderne, Moderne und Postmoderne«[647].
Auch für die Weltliteraturdiskussion der ethnologischen Literaturwissenschaft spielt Hybridität als ein interkultureller Zwischenraum einen Rolle:[648] »Der Schlüsselbegriff der Hybridität kennzeichnet eine Sphäre, in der man sich innerhalb des Geflechts der Kulturen dem kulturell Anderen aussetzt, was bedingt, daß die zähen Traditionen, an denen das eigene Selbstverständnis jeweils festgemacht wird, gleichsam verflüssigt werden können«[649]. Dabei sind materielle oder ökonomische Faktoren nicht aus den Augen zu verlieren:

> Das Eindringen ausländischer Produkte in die heimischen Märkte verändert die traditionellen Gewohnheiten nicht gegenüber materiellen, sondern auch gegenüber kulturellen Gütern. Die Macht des Konsumenten beruht nicht nur darauf, daß er unter einer riesigen Vielfalt von Waren und Dienstleistungen wählen kann, sondern auch darauf, daß die Symbole nationaler Identität selbst zu Waren werden. Ist die Dominanz amerikanischer Filme ein wirtschaftliches oder ein kulturelles Phänomen? Die Franzosen betrachten sie als kulturellen Imperialismus, die Amerikaner als Ausdruck der freien Marktwirtschaft.[650]

Räumlich betrachtet bezeichnet Hybridität also eine dritte Sphäre,[651] die durch das Überschreiten kultureller oder ethnischer Grenzen entsteht und die Erfahrung fremder Repräsentationen möglich macht. Hybridität findet also in kulturellen ›Überlappungszonen‹ statt, in denen zumindest zwei Kulturen/Sprachen aufeinanderstoßen und eine Verarbeitung der jeweils anderen Kultur stattfindet. Soziale Hybridität führt nicht zuletzt auch zu einer bewußten oder unbewußten Vermischung kulturell teils gegensätzlicher Normen und Symbolisierungen. Solche durch die globale Vernetzung von Kultur hervorgerufenen ›Überblendungen‹ von eigener und fremder Verhaltenstradition schildert etwa Hans Christoph Buch in Form eines geradezu kommerzialisierten Rituals während einer Afrika-Reise:

---

645 Ebenda, S. 35f.

646 Jan Nederveen Pieterse: Der Melange-Effekt. Globalisierung im Plural, S. 98.

647 Ebenda, S. 98.

648 Vgl. Doris Bachmann-Medick: Multikultur oder kulturelle Differenzen, S. 278ff.

649 Ebenda, S. 279.

650 Martin Albrow: Auf dem Weg zu einer globalen Gesellschaft?, S. 418.

651 The Third Space. Interview with Homi Bhabha. In: Jonathan Rutherford (Hg.): Identity, Community, Cultural Difference. London 1990, S. 207-221. Hier S. 211. Zitiert nach Doris Bachmann-Medick: Multikultur oder kultureller Differenzen, S. 279.

> Besuch bei einem islamischen Marabou, der vom Volk als Heiliger verehrt wird. Er soll mit dem Geist des verstorbenen Kalifen in Verbindung stehen und über magische Kräfte verfügen. Seine Heiligkeit besteht darin, daß er das Zimmer seines Hauses in über achtzig Jahren noch nie verlassen haben soll; sein Körper braucht sich nicht von der Stelle zu bewegen, da sein Geist Raum und Zeit überbrückt. Vor dem Betreten seiner Gemächer muß ich mir die Schuhe ausziehen; in einem Vorraum, der mit Gebetsteppichen ausgelegt und mit Zeitungsausschnitten tapeziert ist, auf denen prominente Besucher verewigt sind, muß ich niederknien und die vorgeschriebenen Gebete verrichten. Anschließend werde ich durch einen labyrinthischen Gang ins Schlafzimmer des Marabous geführt, der mich im Bett liegend empfängt. [...] Er begrüßt mich mit einer längeren Ansprache, in der er Frankreich und England als seine Großeltern bezeichnet und das technische Genie der Deutschen würdigt, die das elektrische Licht nach Afrika gebracht hätten. [...] Er kramt in seiner Emailschüssel, die, anstatt mit Wasser und Seife, mit Talismanen und Amuletten gefüllt ist, und zieht nach längerem Suchen zwei schwarze Lederanhänger hervor, die mich vor Autounfällen und Flugzeugabstürzen schützen sollen und die er, bevor er sie weiterreicht, mit seinem Atem anhaucht und dabei leicht bespuckt. Anschließend erteilt der Marabou mir seinen Segen. Zum Abschied wedelt er vielsagend mit einem der Geldscheine, die er gebündelt unter seinem Kopfkissen aufbewahrt, als Zeichen dafür, daß er für seine Dienste keinerlei irdischen Lohn erwartet; das Wohlgefallen des Allmächtigen ist ihm genug, wie mir einer seiner Söhne mitteilt, der während unseres Gesprächs als Dolmetscher fungiert. Ich habe den Wink mit dem Zaunpfahl verstanden und gebe ihm einen Tausend-Franc-Schein, auf dem ein Buckelrind und eine Elenantilope abgebildet sind, zum Kurswert von fünf Mark: dafür, daß ich auf der Weiterreise gegen Flugzeug- und Autounfälle versichert bin, kein allzu hoher Preis.[652]

Die Vernetzung von westlichen Interessen etwa mit der Infrastruktur Afrikas legt eine wietere Textstelle offenbar: »Mohammed Murtala-Flughafen, Lagos. Ein glitzerndes Millionending aus Beton und Glas, von demselben Designer entworfen wie der Frankfurter Flughafen, nur mit dem Unterschied, daß hier, außer der in Nigeria besonders ineffektiven Bürokratie, nichts funktioniert«[653]. Derartige Überblendungen sind aber nicht nur Thema literarischer Texte, sondern können implizit auch deren Form bestimmen, man denke nur an afrikanische Autoren wie Wole Soyinka, Chinua Achebe oder Ngugi wa Thiong'o, die ihre Texte anstatt in ihrer Muttersprache in Englisch verfassen oder sich europäischer Gattungen und Subgattungen wie des Romans oder des absurden Theaters bedienen.[654]

Mit ihrer Sensibiliät für kulturelle Differenzen hat sich auch die ethnologische Literaturwissenschaft der Weltliteratur angenommen. Eines ihrer Ziele ist es,

> den europäischen Kanon zu differenzieren und zu erweitern, gerade mit Blick auf eine grenz- und nationenüberschreitende Verbreitung nicht-europäischer Literaturen auf dem Weltmarkt, entgegen

---

652 Hans Christoph Buch: Kleine Regenzeit. Westafrikanische Notizen. In: ders.: Tropische Früchte. Afro-amerikanische Impressionen. Frankfurt/M.: Suhrkamp 1993, S. 19-42. Hier S. 22f.

653 Ebenda, S. 31.

654 Die Übertragung solcher Gattungsbezeichnungen auf die literarischen Verhältnisse Afrikas ist, wie sich denken läßt, nicht ohne weiteres möglich. Dazu Hans Christoph Buch: »In Afrika gibt es nur eine Form der mündlich überlieferten Literatur, den großen poetischen Diskurs, der Gesang und Tanz, Roman und Gedicht, Tragödie und Komödie ebenso einschließt wie Märchen und Mythos, Geschichte und Legende, die Weisheit der Alten und den Witz des Volkes.« (ebenda, S. 40f.)

ihrer Vereinnahmung oder gar Verdrängung. Gefordert wird eine Auseinandersetzung mit Literaturen außerhalb Europas, eine kritische Neubestimmung auch der europäischen Literatur im Licht der Geschichte des Kolonialismus sowie überhaupt eine Verabschiedung vom europäischen ›Monopol für Weltliteratur‹.[655]

Ein derartiges Programm vermag das Verhältnis von Globalisierung und Weltliteratur weiter zu differenzieren. Die Umorientierung in der Diskussion um den Weltliteratur-Begriff sieht Bachmann-Medick vor die Aufgabe der Welt- und Völkerverständigung und die Berücksichtigung internationaler medialer Vernetzung gestellt.[656] Ihrer Feststellung, daß die deutsche Komparatistik dieser Neubewertung infolge ihrer »von Goethe herkommenden humanistischen Tradition«[657] nur inkonsequent nachgekommen sei, ist sicherlich zuzustimmen. Somit wird es, wie erörtert, notwendig, Weltliteratur vor der Folie der Diskussion um internationale Beziehungen auf politischer, gesellschaftlicher und wirtschaftlicher Ebene zu betrachten.

Ein wesentliches Charakteristikum einer ethnologisch orientierten Weltliteratur-Debatte ist mit dem ebenfalls schon erwähnten Schlagwort der ›Demokratisierung‹ zu fassen: Die literarische Produktion bisher von der rezipierenden und distribuierenden Öffentlichkeit kaum wahrgenommener Länder (Nationen, Kulturen) soll nun zunehmend Gegenstand der literarischen Forschung werden bzw. soll unter dem Blickwinkel einer anti-ethnozentristischen und anti-kolonialistischen Sichtweise neu aufgerollt werden. Diese Tendenz hat sich bereits durch die Aktivität bestimmter literarischer Institutionen seit Beginn der 1980er Jahre bemerkbar gemacht hat. So wurden etwa die Nobelpreise für Literatur an ägyptische (Nagib Machfus) oder afrikanische (Wole Soyinka) Schriftsteller vergeben, an Autoren also, die nicht aus den Metropolen der literarischen Produktion und Distribution stammen. Einen ebenso markanten Einschnitt in die Förderung nicht-westlicher Literatur stellte die Verleihung des Booker-Prize 1981 an Salman Rushdie für den Roman *Midnight's Children* dar, gefolgt vom Booker of Bookers 1993, der für den besten mit dem Booker-Prize ausgezeichneten Roman der vorangehenden fünfundzwanzig Jahre verliehen wurde. Die internationale Rezeption von Rushdies Texten brachte die Diskussion um die Literatur in den ehemals kolonialisierten Ländern erst so recht in Gang und förderte eine Delokalisierung ehemaliger literarischer Zentren unter dem von Rushdie geprägten Bonmot »The Empire Writes Back to the Center«. Die Literatur aus der ›Peripherie‹, den (geographischen) Randzonen des Literaturbetriebs stand und steht nun verstärkt im Interesse der Öffentlichkeit, die durch die Publikation von Rushdies Roman *The Satanic Verses* (1988) einen Höhepunkt erreichte. Nicht unwesentlich ist die Beobachtung, daß die Texte Rushdies in englischer Sprache geschrieben wurden, was eine internationale Rezeption natürlich beförderte, dadurch jedoch davon absieht, die Dominanz der ehemaligen Kolonialmacht auf sprachlicher Ebene zu subvertieren. Schließlich wird der Ersten Welt nur jene Literatur der Dritten Welt vermittelbar, welche auch übersetzbar ist bzw. übersetzt wurde: »Der Zugang zur Weltliteratur scheint ebenso für die jüngsten Versuche

655 Doris Bachmann-Medick: Multikultur oder kultureller Differenzen, S. 264.

656 Vgl. ebenda, S. 264.

657 Ebenda, S. 264.

blockiert, ausdrücklich nicht in einer Weltsprache zu schreiben, sondern die eigene Sprache – sei es Urdu, Wolof, Kukuyu u. a. –, ihre oralen Traditionen, Dialekte, performativen Äußerungsformen und spezifischen Erzählhaltungen weiter zu entwickeln«[658]. Allein schon aus diesem Grund wird der von Bachmann-Medick geforderte »entschiedene Perspektivenwechsel«,[659] welcher helfen soll, außereuropäische Gesellschaften nicht aus europäischer Perspektive, sondern aus sich selbst heraus zu betrachten, sehr schwierig, wenn nicht unmöglich gemacht, beschränkt man sich allein auf die Rezeption literarischer Texte. Schließlich läßt sich das Beharren, etwa der Autoren Afrikas, in ihrer Landes- oder Regionalsprache zu schreiben auch als ein Bestreben zur Fragmentierung, als eine Betonung regionaler kultureller Werte und Einstellungen deuten.

Mit dieser anti-kanonistischen Betrachtungsweise ist eine zunehmende Beschäftigung mit den Literaturen der sogenannten ›Dritten Welt‹[660] verbunden.

> I would go so far as to say that any study of world literature today which avoids considering this phenomenon called »Third World Literature« ist bound to be both parochial and fundamentally obsolete. I would even go further and state that studying »our« Western literatures without awareness of the responses to these literatures by Third World writers is outdated.[661]

So lautet ein selbstbewußtes Plädoyer für die Einbindung bisher wenig beachteter Literaturen in den Weltliteratur-Diskurs. Die Einbindung solle jedoch keine Kanonerweiterung nach sich ziehen, sondern soll zur Identifikation mit den Elenden der Welt und überhaupt zu einem umfassenderen Verständnis für die Probleme der Welt beitragen.[662] Es wäre allerdings falsch, ›Dritte-Welt-Literatur‹ als die Literatur aus der Dritten Welt definieren zu wollen, zumal eine geographisch-politische Definition nicht mit der literarischen Produktion dieser Länder in Einklang stünde: »There are writers in Nigeria, for example, who produce ›literature‹ and there are others who produce ›Third World Literature‹«[663]. Auch Peter Nazareth faßt ›Dritte Welt‹ lediglich als ein Identifikationspotential für jeden Schriftsteller auf, der sich mit den Elenden solidarisiert und danach strebt, Ausbeutung und Unterdrückung zu beenden.[664] In diesem Sinn kann auch ein Autor, der weder Armut noch Ausbeutung am eigenen Leib verspürt hat, zu einem ›Dritte-Welt-Autor‹ werden. Betrachtet man also Dritte-Welt-Literatur nicht als eine an einen geographischen Raum gebundene Literatur, sondern

658 Ebenda, S. 268.

659 Ebenda, S. 268.

660 Der Begriff ›Dritte Welt‹ taucht laut Georg M. Gugelberger (Decolonizing the Canon. Considerations of Third World Literature. In: New Literary History 22 (1991), S. 505-524) zum ersten Mal im *France Observateur* 1952 auf (S. 509).

661 Georg M. Gugelberger: Decolonizing the Canon. Considerations of Third World Literature, S. 508.

662 Vgl. ebenda, S. 506.

663 Ebenda, S. 507.

664 Vgl. ebenda, S. 511. Gugelberger bezieht sich auf Peter Nazareth: The Third World Writer. His Social Responsibility. Nairobi 1978.

als eine Geisteshaltung, dann trifft dies zu.[665] Aus anderem Blickwinkel ist der Gedanke vertreten worden, daß es überhaupt keine Dritte Welt gebe, sondern eben nur eine Welt.[666] Auch für Henry Schwarz entscheidet sich eine Begriffsbestimmung nach dem wissenschaftlichen Standort des Betrachters:

> In deciding exactly where the »Third World« is, for example, each cultural discipline seems to have its own geopolitical or spatial preference: »nativists« (cultural anthropologists) look primarily to the »cold« tribal societies of Africa or Indonesia; studies of literary and cinemagraphic stylistics focus on Latin and South American »magic realism«; »anti-colonialists« (political scientists) scrutinize India, Pakistan and the post-colonial literary successes of Salmon [sic] Rushdie and V. S. Naipaul. How could one hope to unify these various artifacts and locales?[667]

Eine historische Aufschlüsselung der Literatur aus der Dritten Welt könnte folgendermaßen aussehen:[668] 1. eine ›native tradition‹ kommt in Kontakt mit dem europäischen Kanon; 2. aufkommender Nationalismus insofern als der westliche Einfluß verweigert wird; 3. eine ›neue Literatur‹ der Dekolonisation mit dem ausdrücklichen Bemühen, sich von den westlichen ästhetischen Modellen loszusagen, nachdem auch die politische Unabhängigkeit erreicht wurde.

Zwar mag eine Definition von ›Dritter-Welt-Literatur‹ durchaus schwierig sein, vor allem dann, wenn sich die westliche Literaturwissenschaft um eine solche bemüht, da sie – so auch die Befürchtungen Gugelbergers – immer an den (politischen, geographischen, wirtschaftlichen) Standort des Betrachters gebunden ist. Dennoch können durch Kontrastierung mit der westlichen Literatur und ihrem Literaturbetrieb Unterschiede herausgearbeitet werden, die eine vorläufige Definition zulassen: ›Dritte-Welt-Literatur‹ – dies ist aus dem bisher Gesagten bereits ersichtlich – läßt sich auf inhaltlicher Ebene infolge ihrer Kritik an jeder Form von Kolonialismus als eine Literatur des Widerstands beschreiben. Sie fordere den westlichen Postmodernismus heraus, »both as aesthetic ideology and as the larger, more ominous sounding ›cultural dominant‹«[669]. Gerade wegen ihrer starken Bezugnahme auf die politische Realität jener Länder, in der sie entsteht, bescheinigt man der Literatur der ›Dritten Welt‹ einen gesteigerten Realismus, Allegorismus und didaktische Züge.[670] Die Auseinandersetzung mit dieser Literatur habe sich immer mehr institutionalisiert.[671] Schwarz zufolge rührt die Faszination für die Dritte Welt von einer Krise innerhalb der ästhetischen Ideologien des westlichen Modernismus. Er wertet diese Faszination darüber hinaus als eine Abkehr von postmodernen Ästhetiken und beschreibt ebenfalls die Verzahnung von künstlerischer Produktion und politischer Situation, die Abhängigkeitsverhältnisse zwischen Er-

---

665 Vgl. Henry Schwarz: Provocations Toward a Theory of Third World Literature. In: Mississippi Review 17 (1989), S. 177-201. Hier S. 197.

666 Vgl. Doris Bachmann-Medick: Multikultur oder kulturelle Differenzen? Neue Konzepte von Weltliteratur und Übersetzung in postkolonialer Perspektive, S. 267.

667 Ebenda, S. 180.

668 Vgl. ebenda, S. 189.

669 Henry Schwarz: Provocations Toward a Theory of Third World Literature, S. 180. Vgl. auch S. 188.

670 Georg M. Gugelberger: Decolonizing the Canon. Considerations of Third World Literature, S. 515.

671 Vgl. Henry Schwarz: Provocations Toward a Theory of Third World Literature, S. 178.

ster und Dritter Welt. Daneben bestehen deutliche Unterschiede in den Texten äußerlichen Charakteristika, also ihren Produktions- und Rezeptionsbedingungen.

Von Weltliteratur in der unmittelbaren Gegenwart zu sprechen bedeutet auch, von medialer Vernetzung zu sprechen, von Delokalisierung, von politischer, gesellschaftlicher und ökonomischer Entwicklung und vom Dialog zwischen den Kulturen, der sich auch als Konflikt darstellen kann. In diesem Kontext ist eine sozialgeschichtliche Fraugestellung geradezu gefordert und hat sich den folgenden Problemen zu stellen: die »Grundlagen weltweiter textueller, literarischer und kultureller Produktion und Rezeption«[672] haben dabei die kulturpolitischen Rahmenbedingungen dieser Entwicklung im Auge zu behalten, aber auch die »Rahmenbedingungen der weltweiten Literatur- und Texproduktion [...] und damit auch die historisch-politischen Standorte der jeweiligen Texte selbst, die sich in einem gemischten Spannungsfeld von kolonialer und postkolonialer Erfahrung abstecken lassen«:[673] »Prozeß- statt kanonorientierte Konzepte von Weltliteratur werden in enger Anlehnung an die konkrete Erfahrung und Interaktion von kulturellen Differenzen entwickelt, wie sie in einem veränderten Korpus von Texten selbst zur Sprache kommen«[674]. Auf den Prozeßcharakter der Weltliteratur hat bereits Gerhard R. Kaiser hingewiesen, die sich vor einer technischen Globalisierung entwickelt, nämlich der »kapitalistische[n] Industrialisierung«[675]. Eine »Welt- als Höchstleistungsliteratur«[676] spielt bei ihm also keine Rolle mehr. Auch Goethe hat bereits die Globalisierungstendenzen seiner Zeit für seine Auffassung von Weltliteratur mit bedacht: »Goethe meint, daß in einer weltliterarischen Konstellation sich orientalisieren und europäisieren zwei Seiten eines weltliterarischen Austausches sind [...]«[677].

> Bei dem Begriff Weltliteratur handelt es sich um eine der zahlreichen Wortprägungen aus Goethes späten Jahren mit dem Substantiv *Welt*, wie »Weltverkehr« und »Weltumlauf«, »Weltkultur« und »Weltbildung«, »Weltfrömmigkeit« als Gegensatz einer »Hausfrömmigkeit« im Sinne der Beschränkung des Denkens und Handelns auf die unmittelbar gegebenen lebensweltlichen Zusammenhänge. Mit diesen Wortprägungen suchte Goethe eine im Zuge der industriellen Revolution zunehmende Globalisierung von Ökonomie, Politik und Kultur zu erfassen. Der Begriff Weltliteratur und die Sache, die er bezeichnet, gehören in den Zusammenhang dieser Globalisierungsprozesse.[678]

Daneben ist den folgenden Bereichen verstärkte Aufmerksamkeit zu widmen: den Publikations- und Distributionsbedingungen nicht-westlicher Literaturen, den

---

672 Doris Bachmann-Medick: Multikultur oder kulturelle Differenzen? Neue Konzepte von Weltliteratur und Übersetzung in postkolonialer Perspektive, S. 265.

673 Ebenda, S. 266.

674 Ebenda, S. 266.

675 Leo Kreutzer: WELTLITERATUR! Weltliteratur? Zur kulturpolitischen Diskussion eines verfänglichen Begriffs. In: Welfengarten. Zeitschrift für Essayismus 6 (1995), S. 213-230. Hier S. 218.

676 Ebenda, S. 216.

677 Ram Adhar Mall: Interkulturalität, Intertextualität und Globalisierung. In: Literatur und Globalisierung, S. 49-66. Hier S. 63.

678 Leo Kreutzer: »WELTLITERATUR!« Weltliteratur?, S. 217.

Arbeitsbedingungen für Autoren, der Entwicklung kultureigener Symbole und deren Rezeption durch die internationale Literaturkritik und die akademische Auseinandersetzung, worin auch die Übersetzungproblematik aus ethnologischer Perspektive mit eingeschlossen ist, der kulturelle Standort des Autors im Licht von Transnationalität, Multikulturalität oder Globalisierung, schließlich auch der Aspekt der Migration und der Diaspora. Eine Betrachtung von Weltliteratur unter diesen Voraussetzungen muß demzufolge den lokalen bzw. nationalen Gattungstraditionen ebenso gerecht werden wie den verschiedenen Funktionen, die der Literatur in einem gesellschaftlichen Kontext zukommen, denn es wäre gerade im Hinblick auf die afrikanischen Verhältnisse verfehlt, von Literatur als einer autonomen Kunstform im Sinne der europäischen Tradition zu sprechen, zumal die textuellen Hervorbringungen Afrikas – egal, ob schriftlich fixiert oder oral tradiert – viel enger an sozialen Praktiken orientiert sind als dies etwa in Europa oder der westlichen Welt der Fall ist.[679]

Weltliteratur unter den Begriff der Globalisierung zu subsumieren bedeutet auch, die Bedeutung der Medien mitzubedenken, die die Globalisierung ebenfalls mit tragen, was letztlich zeigt, daß sich Weltliteratur in gewisser Weise über ihre Medien definieren läßt.[680] Spricht man etwa von Weltliteratur als der Summe aller Nationalliteraturen, so hat schon Marshall McLuhan Mitte der 1960er Jahre festgestellt, daß die »elektrischen Medien« kraft ihrer die Individuen über Nationengrenzen hinweg vernetzenden Funktion jeder Form von Nationalismus entgegenlaufen.[681]

Als dritter Raum im Sinne Bhabhas kann auch das globale Computernetz Internet betrachtet werden.[682] Besonders der Begriff *Cyberspace* erfüllt jene von nationaler,

---

679 Siehe dazu auch Wole Soyinka: Myth, Literature and the African World. Cambridge: Cambridge University Press 1976.

680 Dies zeigt sich bereits implizit in Walter Benjamins Aufsatz *Das Kunstwerk im Zeitalter seiner technischen Reproduzierbarkeit* aus dem Jahr 1936 (in: Das Kunstwerk im Zeitalter seiner technischen Reproduzierbarkeit. Drei Studien zur Kunstsoziologie. Frankfurt/M.: Suhrkamp 1963, S. 7-44.)

681 Vgl. Herbert Marshall McLuhan: Die magischen Kanäle. »Understanding Media«. Düsseldorf u. a.: Econ 1992 [erstmals 1964], S. 207.

682 Zur Vermeintlichkeit des Anspruchs auf globale Präsenz vgl. Zum Beispiel Internet. Redaktion: Jutta Lietsch. Göttingen: Lamuv 1997 (= Nord-Süd 217), S. 13-15: »1995 waren auf der ganzen Welt etwa 180 Millionen PCs in Gebrauch, bei einer Gesamtbevölkerung von fast sechs Milliarden Menschen. Damit hatten nur drei Prozent von ihnen überhaupt eine Zugangsmöglichkeit zum Netz. Eine kleine Zahl reicher Länder, vielleicht 15 Prozent der Weltbevölkerung, besaß etwa drei Viertel der wichtigsten Telefonleitungen, die mit einem Modem für den Zugriff auf das Internet unerläßlich sind. Dabei hat mehr als die Hälfte der Bevölkerung unseres Planeten noch nie telefoniert: In 47 Ländern kommt nicht einmal eine Leitung auf 100 Einwohner. Mit der Internationalen Union für Telekommunikation läßt sich jedoch ›von Grundversorgung eines Landes sprechen, wenn für jeden einzelnen das nächste Telefon nicht weiter als fünf Kilometer entfernt ist‹ [...] Selbst in den Vereinigten Staaten, dem auserwählten Land der Netze, variiert der Zugang je nach Schichtzugehörigkeit immer noch außerordentlich stark. 1995 besaßen ungefähr 40 Millionen US-amerikanische Haushalte PCs. Eine jüngere Untersuchung ergab, daß nur vier bis acht Prozent der Familien mit einem Jahreseinkommen von weniger als 10 000 Dollar einen Computer besitzen. In der Gehaltsklasse der US-Amerikaner, die durchschnittlich 34 000 Dollar verdienen, haben nur 20 bis 30 Prozent mit dem PC zu tun. Erst in den bessergestellten Familien mit einem Jahreseinkommen von mindestens 75 000 Dollar ist der alltägliche Umgang mit einem eigenen

sprachlicher oder kultureller Zuordnung befreite Idee eines globalen Netzwerkes an Kommunikation, Information oder auch künstlerischer Darstellung, welches die Vorstellung eines geographisch ungebundenen Multikulturalismus fortsetzt. Zwar ist in diesem Raum die englische Sprache aufgrund der dominierenden Teilhabe nordamerikanischer bzw. englischsprachiger Länder vorherrschend, dient aber in diesem Fall jedoch eher als eine *lingua franca* und ist nicht als Symptom von Anglozentrismus anzusehen. Vielleicht stammt der Begriff nicht umsonst von einem Schriftsteller, nämlich dem in Kanada lebenden Amerikaner William Gibson, der den Cyberspace in seinem Roman *Neuromancer* (1984) als eine imaginäre Welt »hinter dem Schirm« definierte:[683]

> In seiner Literatur ist Cyberspace eine computergenerierte Landschaft, in die sich seine Figuren einklinken – manchmal in dem sie Elektroden direkt an Implantate in ihrem Hirn anschließen. Was sie sehen, wenn sie dorthin gelangen, ist eine »graphische Wiedergabe von Informationen aus den Banken sämtlicher Computer im menschlichen System« – große Warenhäuser und Wolkenkratzer von Daten. An einer Schlüsselstelle von *Neuromancer* beschreibt Gibson den Cyberspace folgendermaßen: »Eine konsensuelle Halluzination, täglich erlebt von Milliarden Berechtigter in allen Ländern, von Kindern zur Veranschaulichung mathematischer Begriffe ... Unvorstellbare Komplexität. Lichtzeilen in den Nicht-Raum des Verstandes gepackt, gruppierte Datenpakete. Wie die fliehenden Lichter einer Stadt ...«[684]

Gemeinhin – und etwas vereinfachend – läßt sich Cyberspace als »die neue Form von Interaktivität und Intersubjektivität [...] bezeichnen, die entsteht, wenn der Computer mit dem Telefonnetz verbunden wird«[685]. Diese Interaktivität meint nicht nur jene die traditionellen Medien ergänzenden Möglichkeiten der Kommunikation, sondern auch die Gelegenheit, aufgrund dieser Interaktivität Texte im dritten Raum zu rezipieren und zu produzieren.

> Der Cyberspace ist in der Tat weder fertig noch geordnet. Als globale Struktur, die nicht in dieser Welt ist, obgleich auf der in ihr sich befindenden Infrastruktur errichtet, und die (noch) nicht von einer zentralen, territorial verankerten politischen oder ökonomischen Macht beherrscht wird, bietet er hinreichend Freiräume. Seine weißen Flecken, die Kontinente oder gar Welten in Welten zu sein scheinen, können noch von abenteuerlustigen Pionieren erschlossen und erobert werden.[686]

Gerät verbreitet. Auf diese Gruppe entfallen 60 bis 65 Prozent der Benutzer. An diesen Prozentsätzen ändert auch der Einsatz von Computern in der Schule nichts. [...] Zum Jahresbeginn 1996 hatten nicht mehr als acht Prozent der amerikanischen Bevölkerung Zugang zum Web.« Ebenso relativert Dieter E. Zimmer: »2,4 Prozent der Weltbevölkerung nutzen heute das Internet; aber in den Vereinigten Staaten sind es 26,3 Prozent und in Südasien nur 0,04. Für die Mehrheit der Menschen ist und bleibt der Zugang zu Computern und zum Internet unerschwinglich.« (Dieter E. Zimmer: Die Bibliothek der Zukunft. Text und Schrift in den Zeiten des Internet. Hamburg: Hoffmann und Campe 2000, S. 40)

683 Vgl. Stefan Bollmann: Einführung in den Cyberspace. In: Kursbuch Neue Medien. Trends in Wirtschaft und Politik, Wissenschaft und Kultur. Hg. v. Stefan Bollmann. Mannheim: Bollmann [2]1995, S. 163-165.

684 Ebenda, S. 163.

685 Ebenda, S. 165.

686 Florian Rötzer: Digitale Weltentwürfe. Streifzüge durch die Netzkultur, S. 25.

Vorausgeschickt muß werden, daß sich gerade im Internet die klassischen Stationen des literarischen Kommunikationsmodells (das hier aufgrund seiner Struktur und des Kommunikationswegs als lineares Modell bezeichnet und in der folgenden Grafik vereinfacht dargestellt wird) mehr oder weniger grundlegend ändern:

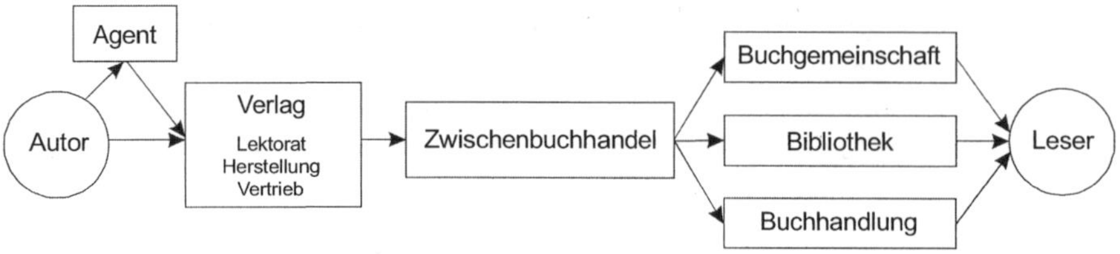

Als Beispiel für die Veränderungen des literarischen Kommunikationsmodells durch das Internet kann etwa die sogenannte *fan fiction* dienen.[687] Basis für diese Texte sind zumeist populäre Fernsehserien oder Lesestoffe, deren Handlung von den *fans* fortgeschrieben wird. Der so präsentierte Erzählstrang kann wiederum von einem anderen *fan* aufgegriffen und fortgeführt werden, oder er kann einen von den bisherigen Beiträgen unabhängigen Text präsentieren und etwa neue Figuren vorstellen. Der so entstehende Text kennt also keinen ›Autor‹ im herkömmlichen Sinn mehr, sondern wird von einer Reihe von Urhebern verfaßt. Daraus folgt allgemein:

1. Der Autor ist nicht mehr nur Autor von Texten im herkömmlichen Sinn, sondern besitzt aufgrund der technischen Voraussetzungen des Internets die Möglichkeit, etwa auch audiovisuelle oder Bildelemente in seinen ›Text‹ miteinzubeziehen.[688] Der Literat im Internet ist im romantischen Sinn ein Gesamtkunstwerker, der die Spielarten des Mediums umzusetzen weiß. Da das Internet im Gegensatz zum Buch ein offenes Medium darstellt (d. h. Texte im Medium Buch können nicht mehr verändert werden, sondern bestenfalls zerstört, während Texte im Medium Internet sehr wohl veränderbar sind), verliert der Autor seinen Besitzanspruch an den Text, zwar nicht unbedingt im Sinn des Urheberrechts, aber in seiner Rolle als originaler Schöpfer. Da eben jedermann aufgrund der technischen Voraussetzungen in den Text eingreifen, ihn ergänzen, weiterschreiben oder wie auch immer verändern kann, wird jedermann zum Autor jenes Textes, der dann an keinen Eigennamen mehr gebunden ist. Kollektive Autorschaft ersetzt den namentlich bekannten und mit seinem ›Werk‹ assoziierten Autor. Das Prinzip der Textfortschreibung durch mehrere Urheber ist freilich nicht neu, zu denken ist – in variierter Form – etwa an die Einflußnahmen des Publikums auf den

687 Siehe etwa http://www.shadowfen.simplenet.com, http://www.fkfanfic.com, http://www.fortunecity.com, http://www.xenafan.com.

688 Vgl. dazu etwa Georg Jäger: Vom Text der Wissenschaft. Überlegungen zum Wandel des Textbegriffs im Rahmen vernetzter EDV-Kommunikation. URL: http://www.klostermann.de/verlegen/jaege_10.htm (27. Juli 1999), Uwe Jochum/Gerhard Wagner: Cyberscience oder vom Nutzen und Nachteil der neuen Informationstechnologie für die Wissenschaft. URL: http://www.klostermann.de/verlegen/jochu_02.htm (27. Juli 1999).

Fortgang der Handlung von Feuilletonromanen im neunzehnten Jahrhundert oder an den kollektiven Entstehungsprozeß vieler Theaterstücke Bertolt Brechts.
2. Der Text selbst unterliegt einer formalen (und inhaltlichen) Umgestaltung. In seiner Form als Hypertext[689] etwa, also eines Textes, dessen Elemente wiederum auf andere Texte verweisen, bildet er gleichsam die Beschaffenheit seines Mediums ab: Wie das Internet stellen auch die in ihm gespeicherten Texte ein Netzwerk dar. Damit werden ihre mehr oder minder klar definierten Ränder (visuell etwa durch den Satzspiegel in einem Buch, inhaltlich durch die Gliederung der Texte, ihren Argumentationsverlauf usw.) durchlässig für Bedeutungsaufladungen, Abweichungen von der Linearität usw. durch wiederum andere Texte oder bedeutungstragende Elemente.
3. Das Internet selbst stellt kraft seiner Eigenschaften ein Medium der (Text-)Distribution dar, das die traditionellen Stationen ›Verlag‹ und ›Buchhandel‹ im linearen Kommunikationsmodell ausspart, allerdings nur dann, wenn der Autor selbst seinen Text im Internet publiziert. Das hier darzustellende Kommunikationsmodell ist synthetischer Natur, weil es Autor, Text und Leser gleichsam in ein Konglomerat aus Produktion und Rezeption integriert, wobei an die Rezeption fast unmittelbar die Produktion anschließt und umgekehrt. Dieses Modell bleibt für die klassischen Elemente Agentur, Verlag, Zwischenbuchhandel und Buchhandel freilich offen.

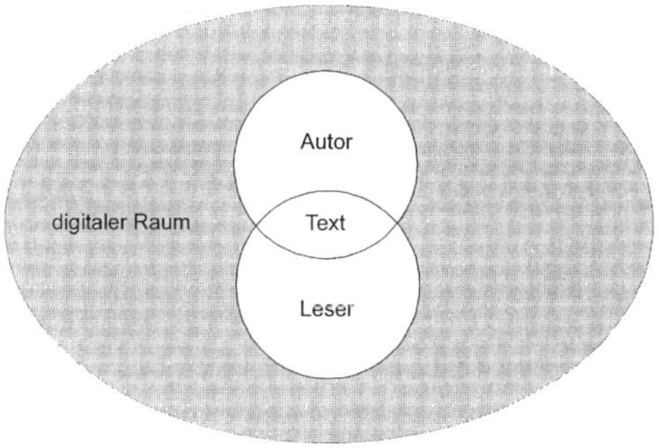

4. Schließlich fordert das Medium Internet auch dem Leser neue Fähigkeiten und Fertigkeiten ab. Neben dem Wissen, sich im digitalen Netz erst einmal zurechtzufinden und den gesuchten Text (die gesuchte Information) ausfindig zu machen, verlangt ihm

689 »*Hypér* verweist auf die metatextuelle Ebene des H[ypertext]s., d. h. auf die einem elektronisch abgespeicherten Text übergelagerte Struktur von elektronischen Vernetzungen mit weiteren Texten. – Der Begriff H[ypertext]. wurde in den 60er Jahren von Th. H. Nelson geschaffen. Nelson […] definierte H[ypertext]. als elektronische Form des ›non-sequential writing‹. Nach Nelson ist H[ypertext]. ein elektronisch verknüpftes, multilineares und multisequentielles Netzwerk von Textblöcken (Lexien), das dem Leser erlaubt, interaktiv mit dem(n) Text(en) in Kontakt zu treten, elektronischen Verbindungen zu folgen oder selbst solche in Form eigener Lexien zu schaffen. Der H[ypertext]. erzeugt durch die Möglichkeit von Verbindungen (*links*) einen Dialog zwischen Text und weiteren Kontexten/Texten; der H[ypertext]. verliert für Nelson seine Funktion als isolierter Text, wie ihn das traditionelle Buch darstellt.« (Oliver Scheiding: Hypertext/Hypertextualität. In: Metzler Lexikon Literatur- und Kulturtheorie. Ansätze – Personen – Grundbegriffe. Hg. v. Ansgar Nünning. Stuttgart/Weimar: Metzler 1998, S. 221f.)

die potentielle mediale Vielfalt eines Textes (aufgrund der Beanspruchung weiterer Sinne als nur des Sehsinns beim Lesen) höhere Aktivität ab. Diese höhere Aktivität ist freilich nicht nur eine Folge des Lesens im Internet, sondern ist nicht zuletzt auch eine Folgeerscheinung der stetig anwachsenden Flut an Information im allgemeinen, die erst einmal selektiert werden muß, bevor sie aufgenommen, sprich gelesen, gesehen, gehört werden kann. Der Leser bzw. Informationskonsument hat also mehr Verantwortung sich selbst und seiner Information gegenüber, eben weil er die Entscheidung zu treffen hat, welche Information für ihn von Belang ist und welche nicht. In diesen Zusammenhang läßt sich die marktwissenschaftliche Unterscheidung zwischen *high-involvement-* und *low-involvement-*Kunden einbringen:

> Beide Kategorien unterscheiden sich vor allem durch die Art der Informationsverarbeitung. High involvement bedeutet aktive Suche nach Informationen, während low involvement eher passives Berieseln meint. Wer im Internet nach Anbietern und Angeboten oder Informationen sucht – nebenbei auf eigene Kosten – legt einen ganz anderen Grad von Interesse an den Tag als jemand, der Unterhaltung und Berieselung wünscht. Wer das Internet aktiv nutzt, gehört wahrscheinlich zur kleinen Zahl der Info-Elite, die souverän alle sich jeweils bietenden Quellen nutzt. Wir wissen aus der Buchmarkt-Forschung, daß der Anteil der Info-Elite keine 20 Prozent der Bevölkerung ausmacht.[690]

Neben den beschriebenen Fertigkeiten ist der Leser von Hypertexten in seinem Leseverhalten anders veranlagt als der Leser von linearen Texten. Man unterscheidet zwischen linearem (Buch) und strukturellem Lesen (Hypertext). Aufgrund der Vernetztheit eines Hypertexts ist der Leser gezwungen, sich auch mit der Struktur des Textes, seinem Aufbau und seinen Verweisen auseinanderzusetzen bzw. diese Strukturen in ihrer Gesamtheit erst einmal zu erkennen.

Welche Auswirkungen auf den Begriff Weltliteratur lassen sich nun aufgrund dieser Ausführungen beschreiben? Die Literatur erhält neben dem ›Typographeum‹ eine wietere Sphäre der Öffentlichkeit im digitalen Raum.[691] Der Wegfall selektiver Instanzen

---

690 Seifenblase Internet? In: BuchMarkt 33 (1998), Heft 9, S. 60-69. Hier S. 64. Die Fähigkeit, auch digitale Medien zur Informationsgewinnung gezielt einsetzen zu können, hat Paul Gilster als *digital literacy* bezeichnet. Vgl. Paul Gilster: Digital Literacy. New York: John Wiley & Sons 1997.

691 Unter ›digitalem Raum‹ soll hier jene Sphäre außerhalb des Typographeums verstanden werden, in der Schrift (aber auch andere Darstellungs- oder Bedeutungsformen) in digitalisierter Form verarbeitet und gegebenenfalls weiterverarbeitbar ist. Die Vorstellung vom digitalen Raum knüpft sich an die Idee eines ›digitalen Universalmediums‹: »Das Internet ist nur ein Teil des neuen digitalen Univeralmediums. In ihm kommen viele Eigenarten der digitalen Kultur bislang nur schwach zur Geltung. Die zu erwartende Konvergenz der schmalbandigen interaktiven Medien und der breitbandigen Broadcastmedien wird ein integriertes Netz erzeugen, das Spielfilme ebenso transportiert wie die bibliographischen Informationen von Recherchen in Bibliothekskatalogen. Das digitale Universalmedium ist heute nur als Bildschirmmedium vorstellbar, kann aber nach dem Durchbruch neuer Spracherkennungstechniken auch eine ausschließlich akustische Variante aufweisen. In jedem Falle ist ein Rangverlust der Schriftlichkeit zu erwarten.« (Hermann Rotermund: Neues Medium – neue Kunstform? Zur Einwirkung des Internet auf die Literatur des Typographeums. In: Literatur und Globalisierung, S. 75-82. Hier S. 81)

im linearen Kommunikationsmodell (Agent, Lektorat, Programmtauglichkeit eines Titels, ökonomische Überlegungen usw.) bewirkt zwar eine Demokratisierung der literarischen Produktion insofern, als jeder als Autor gemäß des Kommunikationsmodells fungieren kann (ein Text wird geschrieben und gelangt ohne den traditionellen Umweg, sprich ohne verlegt, gedruckt usw. zu werden, zum Leser), kann aber auf der anderen Seite eine gesteigerte literarische Produktion bedeuten, wenn Selektion mit Qualitätsselektion gleichgesetzt wird. Somit erreichen auch solche Texte den Leser, die im Typographeum keinen Platz gefunden hätten.

Der Literaturbetrieb – sofern er im digitalen Raum stattfinded – wird durch die Vorstellung eines solchen Raums im Sinn des postkolonialen/postmodernen Diskurses dezentralisiert. Die Struktur eines Netzes kennt kein Zentrum. Vielmehr verhält es sich so, daß im digitalen Raum jeder Teilnehmer im Netz selbst Zentrum ist. Das Subjekt ist somit imstande, sich innerhalb dieses Raums hybrid zu bewegen. Es ist damit keiner Nation oder *imagined community* mehr zuordenbar, weil seine Bewegung daten- bzw. informationsgeleitet ist, keine Grenzen vorhanden sind, die erst mit einem gültigen Reisepaß überschritten werden können und weil schließlich die englische Sprache dominiert, derer sich die meisten *netizens* bedienen. Es befindet sich also immer gerade an jener Stelle, an der es seine Daten abholt, die von Sekunde zu Sekunde eine andere sein kann. Daß der digitale Raum schließlich auch als Analogon zum realen (nationalstaatlichen) Raum aufgefaßt wird, beweist in diesem Zusammenhang die oben verwendete Bezeichnung *netizen*, die ein Subjekt bezeichnet, welches, ausgestattet mit dem Bewußtsein und den Rechten eines außerhalb des dritten Raums existierenden *citizen*, den digitalen Raum durchwandert:

> Waren die schnell wachsenden Städte des 19. Jahrhunderts die neu entdeckten Dschungel der Moderne, waren sie der Schauplatz, auf dem sich neue Verhaltens- und Wahrnehmungsweisen vorbildhaft einschrieben und wo die Technik und die von ihr erforderte Lebensweise am deutlichsten zutage trat, so haben die miteinander vernetzten Computer am Ende des 20. Jahrhunderts einen Raum kreiert, der viele Merkmale der Urbanität besitzt und einen neuen Typus des Flaneurs hervorbringt. [...] Der Netzflaneur bewegt sich in einem Raum, der unübersichtlich ist, zu groß, um jemals erforscht zu werden [...]. Der Flaneur der wirklichen Städte war zwar anonym, aber er mußte sich doch mit seinem Körper durch den Raum bewegen, er wäre präsent und verletzlich, eine Gestalt, deren Identität sich trotz allen Spiels nicht verheimlichen ließ. Der Netzflaneur hat den Vorteil, sich in keiner Weise mehr preisgeben zu müssen und sich hinter eine nahezu unabreißbaren Maske bewegen zu können, weil er nicht nur unter einer fiktiven Identität auftreten, sich je nach Kontext einen anderen Namen oder ein anderes Erscheinungsbild seiner selbst in Form eines Avatars zulegen kann, sondern vor allem, weil der Cyberspace eine Stadt ist, die sich über die gesamte Welt erstreckt, in der alles nur einen Klick weit entfernt ist, dem in der Wirklichkeit Tausende von Kilometern entsprechen. Die Dauer der Wege, die er durchschreitet, hängt nicht von der räumlichen Entfernung, sondern nur von den jeweiligen Schnittstellen ab: der Art des Netzes und seiner Übertragungsgeschwindigkeit, des Modems und des Prozessors.[692]

Telepolis nennt Florian Rötzer eine solche Stadt ohne Grenzen:[693]

---

692 Florian Rötzer: Digitale Weltentwürfe. Streifzüge durch die Netzkultur, S. 38ff.

693 Florian Rötzer: Telepolis. Urbanität im digitalen Zeitalter. Mannheim: Bollmann 1995.

> Im Zentrum steht die Frage, ob sich die traditionelle Rolle der Stadt als Ort gesellschaftlicher und technischer Innovationen durch die Ausbreitung der digitalen Medien verändert hat und weiter verändern wird. Rötzer knüpft dabei an die viel zitierte These vom »globalen Dorf« an, die Marshall McLuhan [...] vertreten [...] hatte. Die Metapher sollte das Zusammenrücken der Menschen zu einer transnationalen Gemeinschaft durch die Ausbreitung elektronischer Medien zum Ausdruck bringen. Rötzer prognostiziert dagegen den Zerfall der Stadt als kulturelles und wirtschaftliches Zentrum infolge der Ausbreitung digitaler Medien. Die »Telepolis« trete damit an die Stelle der traditionellen Metropole.[694]

Für eine Betrachtung von Weltliteratur unter den erörterten Voraussetzungen ergibt sich eine institutionelle und eine inhaltlich/formale Ebene der Analyse. Besonders die institutionelle Ebene wird in der Diskussion gerne unter den Tisch gekehrt, was den Blick vor der Tatsache verschließt, daß die empirischen Rahmenbedingungen oft genug die Voraussetzung nicht nur für die (globale) Verbreitung von Literatur darstellen, sondern auch zur inhaltlichen Analyse beitragen können. Die institutionelle Ebene der Analyse umfaßt etwa:

1. den Lizenzmarkt als wichtige Voraussetzung für die Verbreitung von Literatur. In Deutschland hat die Verwertung von Nebenrechten nach dem Ende des Zweiten Weltkriegs eine nicht zu übersehende Bedeutung gewonnen,[695] zumal die zeitgenössische Buchkalkulation eine über den Deckungsbeitrag hinausgehende Finanzierung eines Buchprojekts oft nicht mehr garantieren kann, somit die Veräußerung von Verwertungsrechten eine zentrale Einnahmequelle für Verlage darstellt. Dieses verstärkte Bemühen der Verlage, Buchtitel medial verwertbar zu machen (»Vorabdruck, Buchclub, Taschenbuch, Sonderausgabe, Anthologie sowie Film, Fernsehen, Rundfunk, Video und Auslandslizenzierung [...] und schließlich Merchandising«[696]) sorgt für deren überregionale, übernationale oder übersprachliche Verbreitung. In diesem Zusammenhang ist auch der Rolle literarischer Vermittler, in erster Linie literarischer Agenturen und Übersetzern, Aufmerksamkeit zu zollen, welche nicht nur zwischen Autoren und Verlegern vermitteln, sondern eben auch für die Vermittlung von Rechten sorgen.
2. die regional spezifische Dichte literarischer Institutionen. Die Verbreitung von (literarischen) Texten und Druckwerken im allgemeinen hängt freilich auch vom Vorhandensein herstellender und distribuierender Institutionen ab. Als Europäer ist man aufgrund der vergleichsweise hohen Dichte an Verlagen, Buchhandlungen, Bibliotheken etc. geneigt, diese Situation auch für andere Kontinente vorauszusetzen. Die Lage etwa in den afrikanischen Ländern südlich der Sahara stellt sich ganz anders dar: Aufgrund des hohen Anteils an Analphabeten tritt das Buch zugunsten von elektronischen Medien, die keine Lesefähigkeit voraussetzen (Fernsehen, Radio, Video, Theater usw.) stark in den Hintergrund.[697] Die hohen Buchpreise (»etwa 25 Prozent eines durchschnittli-

---

694 Von der Stimme zum Internet. Texte aus der Geschichte der Medienanalyse. Hg. u. kommentiert v. Detlev Schöttker. Göttingen: Vandenhoeck & Ruprecht 1999 (= UTB 2109), S. 218f.

695 Vgl. Reinhard Wittmann: Geschichte des deutschen Buchhandels. München: C. H. Beck ^{2}1999 (= Beck'sche Reihe 1304), S. 427f.

696 Ebenda, S. 427.

697 Manfred Loimeier: Zum Beispiel Afrikanische Literatur. Göttingen: Lamuv 1997 (= Süd-Nord 213), S. 7ff.

chen Monatsgehalts«[698]) schieben einer kontinuierlichen Leseerfahrung ebenfalls einen Riegel vor.

3. die Entwicklung elektronischer Medien bzw. Informationsmedien in technischer und inhaltlicher Hinsicht. Diese Frage soll wieder die Tatsache ins Bewußtsein rufen, daß Literatur nicht nur an das Medium Buch gebunden ist, sondern, wie das Beispiel Afrika gezeigt hat, auch in ihren oralen Formen rezipiert wird. Somit ist jenen Medien Beachtung zu schenken, die jeweils regional vorherrschend sind. Zur inhaltlichen Komponente muß auch die eventuell vorhandene (politische) Einflußnahme auf das jeweilige Medium mitbedacht werden.

4. die voranschreitende Konzentration von Medienunternehmen zu übernational agierenden Konzernen. Eine solche übernationale Konzentration von Wirtschaftsunternehmen wird nicht zuletzt durch das von Rolf Dahrendorf angesprochene Agieren in einem mehr oder minder rechtsfreien Raum mangels internationalem Rechts bestärkt.[699] Auf einer inhaltlichen Ebene kann Marktdominanz als ein Resultat von Konzentration zu einer deutlichen Verminderung des Angebots führen. Produziert werden nur mehr solche Waren, deren Absatz voraussagbar gut ist. Für den Literaturbetrieb kann dies bedeuten, daß eben nur mehr solche Titel angeboten (und produziert) werden, die dem Erwartungshorizont der Leser entsprechen, wodurch etwa Avantgardeliteratur an Marktwert verliert. Als ein Regulativ für die Erhaltung eines breiten Angebots an Produkten, Produzenten und Distributoren fungiert etwa die Buchpreisbindung, die in vielen europäischen Ländern auf privatrechtlicher oder gesetzlicher Ebene verankert ist.

5. das Internet als Vertriebsmedium für Buchhandlungen und Verlage. Stationäre Buchhandlungen bieten ihren Kunden die Möglichkeit, Bestellungen über das Internet zu tätigen, virtuelle Buchhandlungen wickeln ihre Geschäfte ausschließlich über das Internet ab. Als Vorreiter (der noch immer keine Gewinne erzielt) gilt das amerikanische Unternehmen amazon.com.[700] Der Vorteil einer Internet- gegenüber einer telefonischen oder sonstwie getätigten Bestellung liegt für den Käufer freilich nur in der umfassenden Recherchemöglichkeit, die ihm etwa die Online-Version des Verzeichnisses lieferbarer Bücher bietet. Die Besorgung eines physischen Buches über das Internet bringt demnach keinen Zeitgewinn, weil das Internet in diesem Fall lediglich eine Ergänzung zum linearen Kommunikationsmodell darstellt und das Buch dazu noch auf den klassischen Übermittlungswegen transportiert wird (Post, Paketdienst etc.). Bei digitalen Texten entfallen diese Zwischenstationen, sie können entgeltlich oder unentgeltlich online bezogen werden. Erst in dieser Variante, die dem synthetischen Kommunikationsmodell entspricht, kann das Internet seine wahren Vorteile ausspielen: schnelle Informationsabfrage und die Möglichkeit, digitale Texte elektronisch weiterverarbeiten zu können. Auch für Bibliotheken sind Online-Dienste zum unverzichtbaren Service für Leser geworden: Im Jahr 2000 wurden etwa an der Österreichischen

---

698 Ebenda, S. 8.

699 Vgl. Bernhard Serexhe: Deregulation/Globalisation: The Loss of Cultural Diversity? URL: http://www.ctheory.com/ga1.10-deregulation.html (17. August 1998).

700 Vgl. Robert Spector: Amazon.com. Get Big Fast. Jeff Bezos und die Revolution im Handel. München: Deutsche Verlags-Anstalt 2000.

Nationalbibliothek genauso viele virtuelle wie physische Besucher gezählt.[701] Die Buchhandelsforschung hat sich also mit einem Vertriebsmedium von wachsender Bedeutung auseinanderzusetzen.

Diskutierenswert sind in diesem Zusammenhang daher die Ausführungen Vilém Flussers zur Frage, ob das Schreiben Zukunft habe,[702] zumal sein Essay noch genau an jenem Scheidepunkt zwischen einem traditionellen und einem der Technologie der neuen Medien verpflichteten Literaturbegriff zu positionieren ist und Flusser darüber hinaus in anderen kommunikationstheoretischen Arbeiten die Vernetzung bzw. die Kommunikation im Netz beschrieben hat.
In seiner originellen und der Etymologie verpflichteten Geschichte des Schreibens (und des Lesens) verfolgt Flusser die Entwicklung des Schreibens über die Stadien der Inschriften, der Aufschriften und schließlich des Programmierens. Man schreibe, um zu informieren und diese Information zu speichern. Das letzte Stadium dieser Entwicklung, das Vorschreiben, umfaßt die Kommunikation mit dem Computer, der vom Menschen eben nur Vorschriften empfängt, um danach bestimmte Operationen ausführen zu können. Dabei handelt es sich allerdings nicht mehr um alphabetisches Schreiben, sondern um das Verfassen von Binärcodes. Die Fähigkeit, mit Computern zu kommunizieren, also sie programmieren zu können, schaffe eine »neue Kaste von Literati«:[703] »Die neuen Schriftstücke (die Computerprogramme) sind für die meisten von uns in jenes Geheimnis gebadet, welches alphabetische Schriften vor der Erfindung des Buchdrucks umhüllte«[704]. Mit dem Ende des alphabetischen Schreibens geht aber nicht nur eine Kulturtechnik verloren, denn alphabetisches Schreiben bedeutet mehr: Es schafft kritisches Bewußtsein, fortschreitendes Begreifen, mit einem Wort Geschichte:

> Erst wenn man Zeilen schreibt, kann man logisch denken, kalkulieren, kritisieren, Wissenschaft treiben, philosophieren – und entsprechend handeln. Vorher dreht man sich in Kreisen. Und je länger man Zeilen schreibt, desto historischer kann man denken und handeln. Die Geste des Schreibens ruft das historische Bewußtsein zutage, welches sich durch immer weiteres Schreiben verstärkt und vertieft und das Schreiben seinerseits immer stärker und dichter werden läßt. Dieses Feedback zwischen dem Schreibenden und dem historischen Bewußtsein verleiht dem Bewußtsein jene sich immer steigernde Spannung, die ihm erlaubt, immer weiter voranzustoßen. Das ist die Dynamik der Geschichte.
>
> Es ist daher ein Irrtum, glauben zu wollen, es habe immer Geschichte gegeben, weil immer etwas geschehen ist; [...] denn vor der Erfindung der Schrift ist nichts geschehen, alles hat sich nur ereignet.[705]

Das Ziel der Geschichte, so Flusser, sei die Überwindung des Alphabets, die Überwindung des Schreibens zugunsten der Kommunikation mit dem Computer. Flussers Überlegung zielt darauf, daß Maschinen die besseren Schreiber sind, weil das Schreiben als

---

701 Vgl. Ernst Grabovszki: Rohstofflager der Zukunft. In: Anzeiger 135 (2000), S. 4-6. Hier S. 6.
702 Vilém Flusser: Die Schrift. Hat Schreiben Zukunft? Göttingen: European Photography ^{4}1992.
703 Ebenda, S. 58.
704 Ebenda, S. 58.
705 Ebenda, S. 12.

eine »ordnende Geste«[706] Gedanken ordne und reihe, »und Maschinen leisten dies besser als Menschen«[707]. Was liegt also näher, diesen nicht näher definierten ›Maschinen‹ das Schreiben, sprich die Geschichte, zu überlassen, damit wir, die Menschen, uns »auf anderes konzentrieren können«? Doch worin besteht dieses Andere? Es besteht darin, der Geschichte gegenüber eine passive Haltung einzunehmen, ihr zuzusehen und sich für das Erleben der Gegenwart zu öffnen[708] (sofern dies eine passive Haltung sein kann). Aber mit dem Schreiben durch die Maschinen ändert sich die existentielle Situation des Menschen grundlegend und nicht eben zum Positiven:

> Alles Verhalten wird profan, wissenschaftlich, funktionell, unpolitisch, und die Menschen sind frei, diesem Verhalten einen Sinn zu geben. [...] Eine neue, nachgeschichtliche, dem Absurden sinngebende Denkart taucht empor. Ob dieser Optimismus tatsächlich alle Betroffenen befriedigt, sei dahingestellt.[709]

Mit dieser Vorstellung einer nicht-alphabetischen, geschichts- und daher verantwortungslosen Gesellschaft kann sich Flusser offenkundig nicht identifizieren und lenkt schließlich ein:

> Die Literatur besteht doch nicht nur aus lauter Geboten, Gesetzen und Gebrauchsanweisungen. Und diese anderen Fäden im Gewebe der Literatur sind doch wohl nicht programmierbar. Also wird doch weitergeschrieben werden. Und in diesem Weiterschreiben wird sich die historische, politische, wertende Denkart bewahren.[710]

Dichtung bleibt also weiterhin auf das alphabetische Schreiben angewiesen, denn »Dichten ist das Herstellen von Erlebnismodellen, und ohne solche Modelle würden wir beinahe nichts wahrnehmen können«[711]. Doch die Herstellung von Erlebnismodellen bleibt trotzdem nicht an die Sprache gebunden, weil sich Flusser eine weit größere Zahl an Medien erwartet, die dies bewerkstelligen können:

> Einerseits wird es sprechende künstliche Intelligenzen geben, die laut Programm einen ununterbrochenen Strom von immer neuen Gedichten vortragen werden, also eine Art von künstlichen Barden. Und andererseits werden Informatoren mit Hilfe eines Permutationsspiels alphabetisch oder anders codierte Gedichte in atemloser Geschwindigkeit via Bildschirm vor uns aufleuchten lassen, also eine Art von künstlichen Elliots und Rilkes. Selbstverständlich wird es möglich sein, die Barden mit den Rilkes zu koppeln – vorausgesetzt, daß es dann noch Leute geben wird, die sich für Sprachspiele interessieren. Angesichts der ungeahnten Menge von Wahrnehmungs- und Erlebnismodellen, die dann in Form von Bild und Ton die Gesellschaft überfluten werden, ist es zweifelhaft, ob die Sprache, die ja dann nur einen Hintergrundcode darstellen wird, weiterhin verwendet wird, um unsere Wahrnehmungen und Erlebnisse zu modellieren. Die dichterische Kraft wird sich dann wahrscheinlich auf nicht-sprachliche, zum Teil noch unvorstellbare Codes konzentrie-

706 Ebenda, S. 10.
707 Ebenda, S. 10.
708 Vgl. ebenda, S. 24.
709 Ebenda, S. 62.
710 Ebenda, S. 62.
711 Ebenda, S. 73.

ren. Derartige Codes werden nicht mehr gelesen, sondern auf andere Art entziffert sein wollen. Die nicht weiter unterdrückbare Frage nach der Zukunft des Lesens stellt sich.[712]

Da Flusser in der Folge zwischen dem ›alphabetischen Dichter‹ und dem ›neuen Dichter‹ unterscheidet, ist es notwendig, seinen Literaturbegriff zu paraphrasieren. Flusser definiert Literatur zum einen im Kontext eines Kommunikationsmodells, das den Informationsfluß zwischen Sender (Autor) und Empfänger (Leser) darstellt. Die Qualität dieser Information dient der Einteilung »in die drei Hauptklassen: ›faktische‹ Information (Indikative), ›normative‹ Information (Imperative) und ›ästhetische‹ Information (Optative)«[713]. Bezüglich der Klassifizierung von Texttypen unterscheidet Flusser ›kommunikative‹ (wissenschaftliche, objektive, unmißverständliche, nur eine Deutung zulassende) und ›expressionistische‹ (mehrdeutige) Texttpyen,[714] freilich mit dem Eingeständnis, daß nur wenige Texte einem dieser Typen eindeutig zuzuordnen sind. Zum anderen ist Flussers Literaturbegriff konsequenterweise deutlich rezeptionsästhetisch orientiert: »Die Literatur richtet sich an einen Empfänger, von dem sie verlangt, daß er sie vollende. Der Schreibende webt Fäden, die vom Empfänger aufgelesen sein wollen, um durchwoben zu werden. Erst dadurch gewinnt der Text Bedeutung. Soviele Leser ein Text hat, soviele Bedeutungen besitzt er«[715]. Das Produkt des alphabetisch schreibenden Dichters erfährt seine Vollendung demnach im Leser, sein Text wird im Bewußtsein des Lesers als akkumuliertes Erlebnismodell fixiert. Der ›neue Dichter‹ hingegen richtet sich nicht an den Empfänger als letzte Instanz einer Kommunikationskette, sondern erwartet, daß sein Text fortgesetzt, verändert, weitergedichtet wird: »Er ist an einem Permutationsspiel beteiligt, das er von vorangegangenen Dichtern empfing, und er gibt es an künftige Dichter weiter«[716]. Autor und Leser sind innerhalb dieser Konstellation nicht mehr unterscheidbar. Was Flusser hier also präsentiert, ist nichts anderes als eine Beschreibung der Textsorte Hypertext, die die Rolle des Empfängers zugunsten eines an der Evolution des Textgewebes beteiligten ›Autors‹ deutlich reduziert. Autor und Leser sind in eines von sechs idealtypischen Kommunikationsmodellen,[717] nämlich in Theaterdiskurse,[718] Pyramidendiskurse,[719] Baumdiskur-

712 Ebenda, S. 77.

713 Vilém Flusser: Kommunikologie. Hg. v. Stefan Bollmann u. Edith Flusser. Frankfurt/M.: Fischer Taschenbuch Verlag 1998, S. 18f.

714 Vgl. Vilém Flusser: Die Schrift, S. 41f.

715 Ebenda, S. 40.

716 Ebenda, S. 78.

717 Flusser unterscheidet in der Folge zwischen dialogischer (Austausch von Information mit der Intention, neue Information zu synthetisieren) und diskursiver Kommunikationsform (Information wird mit der Intention verteilt, sie vor dem Verschwinden zu bewahren). Vgl. Vilém Flusser: Kommunikologie, S. 16ff.

718 »Beispiele für diese Struktur sind nicht nur das Theater selbst, sondern auch das Klassenzimmer, der Konzertsaal und vor allem ein bürgerliches Wohnzimmer. In diesen und vielen anderen Beispielen sind die oben angegebenen Strukturelemente zu erkennen (wenn auch nicht immer auf den ersten Blick): eine konkave Wand im Rücken des Senders und Kanäle, welche den Sender mit den im Halbkreis (oder mehreren Halbkreisen) verteilten Empfängern verbinden. (1) Die konkave Wand dient als Schirm gegen äußere Geräusche und als Trichter für die Sendung. (2) Der

Sender ist das Gedächtnis, in dem die zu verteilende Information gelagert ist. (3) Die Kanäle sind die materiellen Träger der Codes, in denen die Information verteilt wird (im traditionellen Theater die schalltragende Luft). (4) Die Empfänger sind die Gedächtnisse, in denen die verteilte Information gelagert wird, um später weitergegeben zu werden. Die ganze Struktur hat, schematisch betrachtet, die Form eines antiken Theaters.

Das Charakteristische an dieser Struktur ist die Tatsache, daß darin Sender und Empfänger einander gegenüberstehen. ›Treue‹ zur Information ist durch die konkave Wand gewährleistet, welche das Theater wie eine Muschel gegen die Außenwelt und deren Geräusche abschließt. ›Fortschritt‹ ist gewährleistet, weil jeder Empfänger in der Lage ist, selbst auf die Wand zuzugehen, sich umzudrehen und zu senden, ›Revolution‹ zu machen. Aber gerade diese Öffnung möglichen ›Revolutionen‹ gegenüber beeinträchtigt die Tauglichkeit der Theaterstruktur, ›Treue‹ zu bewahren. Zwar schließt sie relativ gut gegen äußere Geräusche ab, aber sie erlaubt Geräusche im Innern der Struktur, ›Kontestationen‹. Die Empfänger sind innerhalb dieser Struktur imstande, unmittelbar auf die Sendung zu antworten, sie sind in ›verantwortlicher‹ Position. Da der Theaterdiskurs offen für Dialoge ist und immer wieder in Dialoge ausgefaltet werden kann, läuft er ständig Gefahr, daß die ursprüngliche Information von Geräuschen infiziert wird, welche die Gedächtnisse der Empfänger aussenden.

Kurz: Theaterdiskurse sind ausgezeichnete Strukturen, falls die Funktion des Diskurses darin besteht, die Empfänger der verteilten Information für diese Information verantwortlich zu machen und sie zu künftigen Sendern zu formen. Falls jedoch mit dem Diskurs die Absicht verfolgt wird, die verfügbare Information treu zu erhalten, so müssen andere Strukturen gewählt werden.« (Ebenda, S. 21f.)

719 »Beispiele für diese Struktur finden sich in Armeen, Kirchen, politischen Parteien vom faschistischen und kommunistischen Typ und bei einem bestimmten Typ öffentlicher und privater Verwaltung. Die römische Republik läßt sich als Prototyp dieser Diskursstruktur verstehen. Ihre Elemente sind ein Sender, Kanäle, welche den Sender mit Relais koppeln, die Relais, Kanäle, welche diese Relais mit Empfängern verbinden, und die Empfänger. (1) Der Sender ist das Gedächtnis, in dem die zu verteilende Information gelagert ist und in dem sie ursprünglich ›entstanden‹ ist: er ist der ›Autor‹. (2) Die Kanäle 1, welchen den ›Autor‹ mit den Relais verbinden, sind die Träger der Codes, in denen die Information ausgesandt wird, und der Codes, in denen diese Information von den Relais an den ›Autor‹ zurückgestrahlt wird. (3) Die Relais sind Gedächtnisse, welche die vom ›Autor‹ gesandte Information umkodieren, um sie von Geräuschen zu befreien, und zu Kontrollzwecken an den ›Autor‹ zurücksenden, bevor sie an die Empfänger weitergegeben werden. Es sind ›Autoritäten‹. (4) Die Kanäle 2, welche die ›Autoritäten‹ mit den Empfängern verbinden, und welche, im Unterschied zu den Kanälen 1, keine Rückstrahlung gestatten, sind die Träger von Codes, in denen definitiv die Botschaft ausgesandt wird. In den meisten pyramidalen Diskursen bestehen Kanäle 1 und Kanäle 2 aus Papier. (5) Die Empfänger sind die Gedächtnisse, in denen die verteilte Information gelagert wird. Bei den meisten pyramidalen Strukturen sind zahlreiche Relaisstufen, zahlreiche Hierarchien von Autoritäten vorhanden.

Das Charakteristische an dieser Struktur ist die stufenweise Rekodifizierung der Information mit der Absicht, Geräusche zu entfernen und so die ›Treue zur Botschaft‹ zu bewahren. Dazu wird auf jeder Stufe der Hierarchie mittels der nächsthöheren Stufe die ursprüngliche Information nach Rekodifikation zu Kontrollzwecken an den Autor zurückgesandt. Man kann dies die ›religiöse‹ Funktion des pyramidalen Diskurses nennen (von *religare* = rückkoppeln). Gleichzeitig erlaubt es, die gereinigte Information mittels der ›nächsttieferen‹ Autorität an den Empfänger weiterzusenden. Man kann dies die ›traditionelle‹ Funktion des pyramidalen Diskurses nennen (von *tradire* = weitergeben).

Demnach ist der Pyramidendiskurs weit besser als der Theaterdiskurs für die Erhaltung der ursprünglich gesandten Information geeignet; weit schlechter hingegen für das Fortschreiten der

se,[720] Amphitheaterdiskurse,[721] Kreisdialoge[722] und schließlich Netzdialoge[723]

Information, für die Umwandlung der Empfänger in Sender. Die Empfänger verfügen über keinen Kanal, der ihnen erlaubte, zu senden, außer sie ›steigen‹ in der Pyramide auf und werden zu Autoritäten. Verantwortung und Revolution sind in der Pyramidenstruktur auf dem Niveau der Empfänger ausgeschlossen. Dieses Niveau ist für Dialoge geschlossen. Und selbst auf den verschiedenen Niveaus der Autoritäten läßt sich eigentlich nicht von Dialog sprechen. Die Kommunikation zwischen Autorität und Autor und zwischen den verschiedenen Stufen der Autorität beschränkt sich auf die Umkodierung der ursprünglichen Botschaft. Die ganze Struktur fußt auf dem Prinzip der Ausschaltung äußerer und innerer Geräusche, was ihren ›Informationsstrom‹ zu einem geschlossenen System macht (zumindest der Theorie nach).« (Ebenda, S. 22-24)

720 »Um die Vorteile des Pyramidendiskurses zu bewahren, aber seine Nachteile zu beheben – das heißt, um die ›Treue‹ zu erhalten, aber den ›Fortschritt‹ zu ermöglichen –, kam es zu strukturellen Veränderungen, welche zu folgender Diskursstruktur führten, nämlich zu Baumdiskursen. Die Skizze beabsichtigt zu zeigen, daß das Ersetzen der Autoritäten (Relais) durch Dialoge zu zwei fundamentalen Änderungen der Diskursstruktur führte, nämlich zur Kreuzung der Kanäle und zur Ausschaltung eines endgültigen Empfängers des Diskurses. Deshalb handelt es sich beim Baumdiskurs um eine radikal neue Diskursstruktur. Beispiele dafür sind vor allem der Diskurs der Wissenschaft und der Technik. Viele sogenannte ›fortschrittliche‹, dem Dialog offenstehende Diskurstypen wie gewisse politische Institutionen, Industrieorganisationen, Kunstrichtungen usw. bemühen sich jedoch, diese Diskursstruktur mit kleinerem oder größeren Erfolg zu imitieren.

Die Baumstruktur besteht aus folgenden Elementen: (1) angeblich aus einem Sender irgendeiner in Vergessenheit geratenen Information, einer ›Quelle‹. Diese ist nur durch Extrapolation des Diskurses ersichtlich. (2) Aus Kanälen, welche immer kompliziertere Codes tragen, in denen die Informationen von Dialog zu Dialog übertragen werden (meist sind diese Kanäle Bücher, Zeitschriften und Separata) und (3) aus Dialogen, welche aus Gedächtnissen bestehen, deren Funktion es ist, die empfangenen Informationen zu analysieren, einen Teil davon umzukodieren, mit anderen Informationsbrocken zu neuer Information zu synthetisieren und so an weitere dialogische Kreise weiterzugeben.

Charakteristisch für diese Diskursstruktur ist die fortschreitende Zersetzung und Umkodierung der ursprünglichen Information und die daraus folgende ständige Erzeugung neuer Informationen. Man kann dies die ›Tendenz zu progressiver Spezialisierung‹ nennen. Sie gewährleistet den ›Informationsstrom‹, und zwar auf explosive Weise. Die Information ›explodiert‹ in auseinanderfliegende Brocken, jeder Brocken ist in einem spezifischen Code verschlüsselt, und die Fluchtwege der Brocken kreuzen einander bei dieser zentrifugalen Informationsverteilung. Daher kann der Baumdiskurs als eine geradezu ideale Diskursstruktur angesehen werden, falls das Fortschreiten der Information das Ziel ist. Weniger überzeugend fällt hingegen sein Beitrag zur Lösung des Problems der ›Treue zur Information‹ aus. Dank der ihr eigentümlichen disziplinierten Methode der Übertragung (beispielsweise der wissenschaftlichen Methode) gewährleistet die Baumstruktur zwar die Erhaltung der angeblichen ›ursprünglichen Information‹ und aller übrigen im Diskursverlauf ausgearbeiteten Informationen. Aber das Ausarbeiten ständig neuer Informationen kann andererseits als fortschreitende Verformung der zu verteilenden Information verstanden werden.

Außer der explosionsartigen Fortschrittlichkeit ist auch das Fehlen letztlicher Empfänger für die Baumstruktur charakteristisch. Die Ursache dafür ist nicht so sehr die Zerstückelung der verteilten Information, sondern die Umkodierung der zerstückelten Information in hermetische, schwer zugängliche Codes. Kein menschlicher Empfänger kann alle Codes eines Baumdiskurses entziffern, selbst wenn er sich auf nur einen Hauptzweig dieses Diskurses beschränken wollte. Der Baumdiskurs insbesondere der Wissenschaft und der Technik kann keinen tatsächlichen Empfänger haben, weil er gegenwärtig eine Verzweigung erreicht hat, die die Lagerkapazität menschlicher Gedächtnisse weit überfordert.

Dieser hermetische Aspekt des Baumdiskurses muß zusammen mit seiner explosionsartigen Fortschrittlichkeit gesehen werden, will man sich ein Bild vom Erfolg dieser Diskursstruktur machen. Zwar ist es dieser Struktur auf geradezu wunderbare Weise gelungen, die starre Beschränktheit der Pyramidendiskurse zu durchbrechen, aber der Preis dafür ist die letztliche ›Bedeutungslosigkeit‹ dieser Diskursstruktur: sie hat keinen tatsächlichen Empfänger, und die von ihr verteilte Information kann bestenfalls in künstlichen, kybernetischen Gedächtnissen gespeichert werden. Sie ist ›unmenschlich‹ geworden.

Um der wachsenden Gefahr zu entgehen, daß die hermetische Spezialisierung der Informationsverteilung die eigentliche Absicht der menschlichen Kommunikation verfehlt, welche in der Überwindung der Einsamkeit zum Tod besteht, wird eine vierte Diskursstruktur immer wichtiger und beginnt sogar die Baumdiskurse zu überströmen. Es handelt sich um eine Struktur, die als Ausarbeitung des Theaterdiskurses angesehen werden kann und auch tatsächlich weitgehend diesen Diskurstyp ersetzt, die aber wahrscheinlich schon in der Vorgeschichte der Kommunikation diente. Gemeint sind Amphitheaterdiskurse.« (Ebenda, S. 27-29)

721 »Die Skizze ist mit der Absicht entstanden, die Grenzenlosigkeit – die ›kosmische Offenheit‹ – eines Theaterdiskurses zu illustrieren, sobald man daraus die konkave Wand entfernt. Beispiele für diese Diskursstruktur sind selbstredend die sogenannten Massenmedien wie Presse, Fernsehen und Plakate, aber ihr Prototyp ist der Zirkus, etwa das römische Kolosseum.

Im Grunde besteht diese Struktur aus nur zwei Elementen: (1) aus einem im leeren Raum schwebenden Sender, in dessen Gedächtnis die zu verteilende Information programmiert ist, und (2) aus ausstrahlenden Kanälen, welche die für diese Struktur spezifisch ausgearbeiteten Codes tragen, in denen die Information verteilt wird. Die Kanäle sind zum Beispiel Zeitungspapier, Hertzwellen oder Filmrollen. Allerdings muß noch ein drittes Element in diese Struktur einbezogen werden, obwohl es gewissermaßen nur staubartig im grenzenlosen Raum der Ausstrahlung herumschwebt, nämlich (3) Empfänger. Es handelt sich um Gedächtnisse, welche wie zufällig auf einen Kanal geeicht sind und daher dessen Information empfangen, um ihrerseits davon programmiert zu werden. Selbstredend ist dieser ›Zufall‹ der Eichung in Wirklichkeit die Absicht dieser Diskursstruktur: Die Strukturlosigkeit der empfangenden Gedächtnisse (der ›Masse‹) ist in den Ausstrahlungen der Amphitheaterdiskurse vorgesehen.

Gekennzeichnet ist diese Struktur dadurch, daß sich die Empfänger am Horizont, und beinahe schon außerhalb des Diskurses befinden. Die Kanäle verbinden im Grunde nicht Sender mit Empfängern – der eine ist für den anderen unsichtbar geworden. Sichtbar für beide sind nur die Kanäle. Infolgedessen erkennen sich innerhalb dieser Struktur die an der Kommunikation beteiligten Menschen untereinander nicht. Es handelt sich um eine für die Erhaltung von Informationen geradezu ideale Diskursform. Die Empfänger (›die Masse‹) werden zu Informationskonserven: sie können nichts als empfangen. Sie sind jeder Rücksendung unfähig: sie verfügen über keine Sendekanäle. Jede Verantwortung und ›Revolution‹ ist in dieser Struktur ausgeschlossen: die Empfänger schweben darin sozusagen im schwerelosen Raum und können sich in dieser Richtungslosigkeit nirgends ›hinwenden‹. Im Feld der amphitheatralischen Ausstrahlung fehlt jede Orientierung, da dieses Feld nur von den Kanälen strukturiert ist. Anstatt über Orientierung verfügen die Empfänger solcher Diskurse über Programme.

Die hermetische und spezialisierte Kodifizierung der Baumdiskurse ist im Amphitheaterdiskurs überwunden: er strahlt seine Information in ganz wenigen, ganz einfachen und ganz uniformen Codes aus, die an Universalität grenzen. Jeder kann diese Codes überall und immer entschlüsseln. Das Problem des ›Informationsstroms‹ hat sich hingegen im Amphitheaterdiskurs verschoben. Es ist nicht mehr nötig (aber auch nicht mehr möglich), Empfänger in künftige Sender umzuformen, denn die Sender sind ›unsterblich‹ und können ›ewig‹ senden. Es sind Komplexe aus Menschen und kybernetischen Gedächtnissen wie Diskotheken, Videotheken, Bibliotheken und Computer. Daher ist der Amphitheaterdiskurs für beide Absichten der Informationsverteilung die weitaus beste Diskursform: er erhält Information, indem er seine Empfänger in Informationskonserven verwandelt, und er garantiert den Informationsstrom, da seine Sender ›ewig‹ funktionieren. Es ist diese Perfektion der Kommunikation, welche in anderen Kontexten mit dem Begriff des ›Totalitarismus‹ versehen wird.

Es ist jedoch unmöglich, die hier vorgestellten vier Diskursstrukturen auf ihren Erfolg hin zu beurteilen und eine Prognose für die nächste Zukunft aufzustellen, ohne zuvor auch den Dialogen Aufmerksamkeit zu schenken.

Der Dialog ist eine Methode, verschiedene vorhandene Informationen zu neuen zu synthetisieren. Wie im Fall der Diskursdefinition müssen auch hier die meisten in dieser Definition enthaltenen Probleme ausgeklammert werden, weil ihre Behandlung eine vollständige Kommunikationstheorie erfordern würde. Dies betrifft bespielsweise das uralte (und hypermoderne) Problem des ›Neuen‹, das heißt der sogenannten ›schöpferischen Erzeugung‹, und auch das Problem der Synthese – also das auch etymologisch im Wort ›Dialog‹ enthaltene Problem der Dialektik. Behandelt werden nur jene Probleme, welche mit der Methode der Synthetisierung verschiedener Informationen zu neuen zusammenhängen.

Selbstredend ist die Zahl solcher Methoden groß, und einige davon befinden sich gegenwärtig im experimentellen Stadium, beispielsweise die Gruppendynamik oder das sogenannte Brainstorming. Es ist aber sonderbar, feststellen zu müssen, daß es im Grunde nur zwei Dialogstrukturen gibt, welche die menschliche Kommunikation entscheidend ordnen. Im Unterschied zu den Diskursen können hier Strukturmodelle nicht aus der Betrachtung einer komplexen Lage herausgefiltert werden. Die beiden dialogischen Modelle werden dem Betrachter sozusagen vom betrachteten Phänomen aufgezwungen, und er kann nichts tun, als sie anzunehmen.« (Ebenda, S. 27-29)

722 »Das ist die Struktur der ›runden Tische‹; Beispiele dafür bieten Komitees, Laboratorien, Kongresse und Parlamente. Das Prinzip dieser Struktur ist einfach: Man finde einen gemeinsamen Nenner aller Informationen, die in den Gedächtnissen der am Dialog Beteiligten gespeichert sind, und erhebe diesen gemeinsamen Nenner in den Rang einer neuen Information. (Rousseau nannte dies die ›raison commune‹, und in ähnlichen Kontexten läßt sich von ›Staatsraison‹ sprechen.) Hinter dieser geometrischen Einfachheit verbirgt sich jedoch eine Komplexität, die jeder Beschreibung spottet. Die am Dialog beteiligten Gedächtnisse unterscheiden sich voneinander nicht nur bezüglich der zu besprechenden Information (des zu entscheidenden Problems), sondern auch hinsichtlich ihrer Kompetenzen (der jeweils verfügbaren Menge von Information), der Codes, in denen sie die Information lagern, und des Bewußtseinsniveaus. Der gesuchte ›gemeinsame Nenner‹ ist daher in Wirklichkeit nicht eine allen Beteiligten schon vor dem Dialog gemeinsame Grundinformation, sondern eine Synthese, also tatsächlich etwas Neues. Das erklärt zugleich, warum Dialoge so schwierige Kommunikationsformen sind und warum die sogenannten ›liberalen Demokratien‹ so schlecht funktionieren: sie beruhen nicht auf Übereinstimmungen, sondern auf Konflikten. Gerade dieser scheinbare Nachteil legitimiert jedoch diese Kommunikationsform.

Aus der Skizze geht hervor, daß eines der Grundprobleme des Kreisdialogs die Anzahl der Beteiligten ist. Kreisdialoge sind geschlossene Schaltungen (*closed circuits*). Sie sind eine elitäre Kommunikationsform im Sinne einer notwendigen Begrenzung der Anzahl der an ihnen Beteiligten. (Das ist der innere Widerspruch der Wahldemokratien: sie wählen, wer dialogisieren soll, aber leugnen diesen elitären Charakter.) Allem Anschein nach ist die niedrigste mögliche Zahl der am Dialog Beteiligten zwei, und viele halten diese Situation (beispielsweise zwischen Liebenden, zwischen Mutter und Kind, zwischen Meister und bevorzugtem Apostel, ja zwischen Mensch und Gott) für die grundlegende Dialogform. Plato meinte sogar, daß die wahre Schöpfung neuer Information im ›inneren Dialog‹ stattfinde, also in der Begrenzung der Beteiligten auf einen, doch ist diese schizophrene Lage wohl als Aufteilung eines Gedächtnisses, also als Dialog zu zweit, anzusehen.

Aufgrund ihres spekulativen Charakters stellt die ›Reflexion‹ als Dialogform jedoch das Synthetisieren von Informationen in Frage und sprengt den Rahmen der hier dargelegten Sichtweise.

Die höchstmögliche Anzahl der am Kreisdialog Beteiligten ist hingegen problematisch und die Lösung dieses Problems von Fall zu Fall eine der wichtigsten politischen Fragen. Wahrscheinlich läßt sich die optimale Anzahl der Beteiligten anhand der Funktion der beabsichtigten neuen Information (der zu fällenden Entscheidung) bestimmen: Im Fall der Erforschung einer wissenschaftlichen Information wird diese Zahl anders lauten als in dem der Ausarbeitung eines neuen Gesetzes. Jedenfalls sollten diejenigen, welche ›partizipieren‹ wollen, konkret angeben können, an welchem Typ von Kreisdialog sie teilnehmen wollen und welche Kompetenz sie für die Ausarbeitung neuer Information besitzen.

Die optimale Anzahl der Beteiligten ist darüber hinaus abhängig vom Grad der Unterschiedlichkeit zwischen den programmierenden Informationen: Je stärker sich diese voneinander unterscheiden, desto kleiner ist die optimale Anzahl der Beteiligten. Die Kehrseite davon ist, daß ein Kreisdialog zu desto reicherer Information führen kann, je größer der Unterschied der Programme der Beteiligten ausfällt. Beispielsweise ist es möglich, Kongresse von Tausenden von amerikanischen Industriellen oder von Millionen von Rotgardisten in China zu veranstalten, aber da deren jeweilige Programme sehr stark koinzidieren, wird die in diesen Kreisdialogen ausgearbeitete neue Information wahrscheinlich nicht sehr reich sein (nicht ›überraschen‹). Hingegen ist es schwierig, einen Kreisdialog selbst zwischen einem amerikanischen Industriellen und einem chinesischen Rotgardisten durchzuführen. Sollte dies aber gelingen, dann kann er zu reicher neuer Information führen. Kreisdialoge stellen ihre Veranstalter vor strategische Probleme, da es sich um in starkem Maße geschlossene Strukturen handelt, welche andererseits für Geräusche offen sein müssen, um die Herstellung neuer Information zu ermöglichen. Darum sind Kreisdialoge selten erfolgreich. Wenn sie aber dennoch gelingen, dann stellen sie eine der höchsten Kommunikationsformen dar, zu welcher Menschen fähig sind.« (Ebenda, S. 29-32)

723 »Diese diffuse Kommunikationsform bildet das Grundnetz (*reseau fondamental*), welches alle übrigen menschlichen Kommunikationsformen stützt und letztlich alle von Menschen ausgearbeiteten Informationen in sich aufsaugt. Beispiele dafür sind Gerede, Geschwätz, Plauderei, Verbreitung von Gerüchten. Die Post und die Telefonsysteme stellen die ›entwickelteste‹ Form dieser Kommunikationsstruktur dar. Man kann dabei eigentlich nicht von einer Absicht sprechen, neue Information aus vorhandenen zu synthetisieren. Vielmehr entstehen die neuen Informationen spontan, und zwar als Verformung der verfügbaren Information durch das Eindringen von Geräuschen. Diese sich ständig verändernden neuen Informationen nennt man die ›öffentliche Meinung‹, und sie lassen sich neuerdings teilweise messen.

Im Unterschied zu Kreisdialogen sind Netzdialoge ›offene Schaltungen‹ (*open circuits*) und in diesem Sinne auf authentische Weise demokratisch. Während Kreisdialoge selten erfolgreich sind und zu neuer Information führen, sind es Netzdialoge immer. Unsere elitäre Tendenz, den ›gesunden Menschenverstand‹ im Vergleich zur ›allgemeingültigen menschlichen Vernunft‹ zu verachten und etwa wie Trotzki zu behaupten, daß die Mehrheit immer unrecht habe, ist daher kein guter Ausgangspunkt zur Untersuchung der Netzdialoge. Aber auch die umgekehrte, ebenso elitäre Tendenz, wie sie etwa in der Vox-populi-vox-Dei-These oder der Erhe bung der stillen Mehrheit zur entscheidenden Instanz zum Ausdruck kommt, ist kaum geeignet, die Funktion von Netzdialogen zu erfassen.

Netzdialoge sind das Reservoir, in das letzten Endes alle Informationen, wenn auch manchmal auf komplexen Umwegen, münden. Sie sind der letzte Staudamm, der Informationen vor der entropischen Tendenz der Natur bewahrt: das ›kollektive Gedächtnis‹. Allerdings kommen die Informationen im dialogischen Netz bereits etwas abgeschliffen und vergröbert an (vulgarisiert,

eingebunden. Das für unseren Zusammenhang wichtigste Kommunikationsmodell ist der Netzdialog, der den Begriff des digitalen Raumes als dritten Raum im Sinn Homi Bhabhas auf einer kommunikationstheoretischen Ebene konkretisieren soll.

Flusser zufolge habe der technische Fortschritt die Qualität des Diskurses im Netzdialog nicht verbessert, sondern bestenfalls den Amphitheaterdiskurs positiv weiterentwickelt. Netzdialog und Amphitheaterdiskurs sind es auch, die die gegenwärtigen Formen der Kommunikation prägen: »Charakteristisch für unsere Lage ist jedoch vor allem die Synchronisation von technisch hochentwickelten Amphitheaterdiskursen mit archaisch gebliebenen, aber immer besser bearbeitbaren Netzdialogen – eine totalitäre Entpolitisierung bei scheinbar allgemeiner Partizipation«,[724] worunter Flusser den wahren totalitären Staat versteht. Amphitheaterdiskurs und Netzdialog erzeugen nämlich Verantwortungslosigkeit dann, wenn sie synchronisiert werden (etwa im pharaonischen Ägypten, in der griechischen Tyrannis oder dem römischen Imperium), Informationen also ihres handlungsdeterminierenden Inhalts entledigen bzw. überhaupt vorenthalten werden.

---

popularisiert usw.) und werden im Hin und Her des Dialogs immer weiter vereinfacht und verformt. Angesichts seiner Offenheit für Geräusche ist der Netzdialog selbst weitgehend der Entropie unterworfen, obwohl seine Funktion gerade darin besteht, die Entropie einzudämmen. Dieser innere Widerspruch des Netzdialogs ist im Grunde nichts anderes als eine Manifestation des Widerspruchs der menschlichen Bedingung überhaupt: zugleich in der Welt zu sein und ihr entgegen zu stehen.

Selbstredend waren sich die Menschen seit jeher bewußt, daß die Netzdialoge die Basis aller Kommunikation und damit des menschlichen Engagements gegen den Tod bilden. Darum kann das ›politische Engagement‹, das ja eine Form des Engagements für Kommunikation ist, als ein Engagement für Netzdialoge angesehen werden. Das Ziel der Politik muß im Grunde sein, den Netzdialog zu ›informieren‹, ihn zu ›formen‹ und damit zu neuen Informationen (zum ›neuen Menschen‹) beizutragen. In diesem Sinne ist Demagogie das genaue Gegenteil von politischem Engagement, weil es ihr darauf ankommt, durch Wiederholung bestehender Information (durch Redundanz) das Eindringen neuer Informationen in den Netzdialog und daher eine Veränderung des Menschen zu verhüten.

Aber obwohl sich die Menschen seit jeher der Bedeutung der Netzdialoge bewußt waren, läßt sich doch behaupten, daß tatsächlich erst seit der technischen Ausarbeitung der Amphitheaterdiskurse zu Massenmedien ein methodisch diszipliniertes Bearbeiten der Netzdialoge (der ›öffentlichen Meinung‹) möglich wurde. Dabei ist der seltsame Umstand zu berücksichtigen, daß der technische Fortschritt (der äußere Aspekt der sogenannten ›Kommunikationsrevolution‹) sich beinahe ausschließlich auf den Amphitheaterdiskurs beschränkte und den Netzdialog kaum berührte: Während das Fernsehen ganz anders als der Zirkus funktioniert, schwätzen die Menschen durchs Telefon noch fast genauso wie in der Steinzeit.

Versucht man, die vorgeschlagene strukturelle Ordnung der menschlichen Kommunikationsformen auf die gegenwärtige Lage zu beziehen, dann kann man zu folgendem Urteil gelangen: Theaterdiskurse und Kreisdialoge scheinen nicht mehr richtig funktionieren zu können, sie befinden sich in einer ›Krise‹. Pyramidale Diskurse sind immer noch wichtige Kommunikationsformen, obwohl man vor einer Generation den Eindruck gehabt hat, sie ›überwunden‹ zu haben. Baumdiskurse (vor allem aus Wissenschaft und Technik) scheinen die Szene zu beherrschen, aber es melden sich Vorgänge an, die daran zweifeln lassen.

724 Ebenda, S. 34.

Dennoch ist das gegenwärtige Ineinandergreifen von Amphitheater und Netz, von Massenmedien und Konsensus in Geschichte und Vorgeschichte ohne Parallele. Unser Amphitheaterdiskurs ist keine Fortsetzung des Theaterdiskurses, sondern des Baumdiskurses der Wissenschaft und Technik, und unser Konsensus keine weltweite Ausbreitung des ursprünglichen Dorfgeschwätzes, sondern ein wissenschaftlich und technisch manipulierbares Zerreden und »Sensationalisieren« der verteilten Information.[725]

Den Massenmedien kommt in dieser Konstellation eine eigene Rolle zu. Sie »stellen eine radikal neue Kommunikationsstruktur her, welche mit dem Begriff ›Zirkus‹ nicht erfaßt wird«[726] und ihrem Zusammenspiel mit dem ›Konsensus‹ einen anderen Charakter gibt, als das bei Amphitheaterdiskurs und Netzdialog noch der Fall war. Die Synchronisation von Massenmedien und Konsensus beschreibt Flusser nämlich als ein globalisiertes Problem – in zeitlicher wie in geographischer Hinsicht: »Dank dieser Entwicklung gehen alle Ereignisse auf der Welt überall gleichzeitig vor sich und erzeugen überall gleichzeitig die gleiche Meinung«[727]. Hier wird also Benedict Andersons Vorstellung einer *imagined community* variiert: Die *community* entsteht hier nicht nur aufgrund den Teilnehmern gemeinsamen Inhalten, die aufgrund der Eigenschaften und Leistungsfähigkeit ihrer Medien durchaus auch gleichzeitig rezipiert werden können. Die Erzeugung einer überall gleichen Meinung ist da schon schwerer nachzuvollziehen. Sie kann nur aufgrund der Eigenschaften des Netzdialogs zustande kommen: Der Dialog vereinfacht und verformt die Information so lange, bis sie gewissermaßen auf breite Zustimmung stößt. Die global gleiche Meinung ist daher auf die Qualität der Information und ihrer Medien zurückzuführen und weniger auf die Aktivität (oder Passivität) der Rezipienten. Eine weitere Eigenschaft der globalen Meinungsgleichheit – vielmehr eine Voraussetzung – ist ihr Zustandekommen durch »eine radikal neue Form von Codes«, durch sogenannte Technobilder, »eine Welt aus Fotografien, Filmen und Fernsehbildern; und innerhalb dieser Welt geschieht die Überwindung von Raum und Zeit, um neuen Kategorien des Erkennens, Wertens und Erlebens zu weichen«[728]. Technobilder sind solche Codes, die der ›Masse‹ überall auf der Welt die gleichen Informationen zur Verfügung stellen. Ähnlich wiederum wie Anderson den Printmedien die Fähigkeit zuspricht, eine *imagined community* zu erzeugen, verhält es sich mit den Technobildern: »Die rundgefunkten Programme halten uns als Individuen und als Gesellschaft zusammen, indem sie uns ›massifizieren‹«[729]. Unter dieser Voraussetzung erfährt die oft genug hervorgekehrte Wendung von der Globalisierung als Gleichmacherei der Kulturen geradezu ihre Umkehrung:

Diese kosmische Verschweißfunktion können die Massenmedien übernehmen, weil sie nicht auf eine wohlstrukturierte, sondern eine im Zerfallen begriffene Kommunikationssituation strahlen. Die Massenkultur ist nicht die Folge einer Zermalmung von Volkskulturen, sondern ein Verschweißen von Brocken. Nicht slowakische Trachten und Kriegstänze der Sioux werden von Blue

725 Ebenda, S. 48.
726 Ebenda, S. 48.
727 Ebenda, S. 48.
728 Ebenda, S. 49.
729 Ebenda, S. 65.

jeans und Rock'n'Roll ersetzt, sondern Uniformen und Tango. Hot dogs vertreiben nicht Fondue bourgignon, sondern in Blechdosen abgefüllte Fertiggerichte. TV-Dramen und Pornofilme übersetzen nicht alphabetische Werke der Literatur in Technobilder, sondern übersetzen und ersetzen billig gedruckte Schundromane. Nicht im Gegensatz zum bunten Gewimmel mittelalterlicher Volkskultur und dem noch bunteren afrikanischer und asiatischer Kulturen der ersten Hälfte des Jahrhunderts ist die gegenwärtige Massifizierung zu sehen, sondern vor dem Hintergrund der grauen, billigen Schundliteratur und der Auflösung der Alphabetkultur in die Uniformität beispielsweise des Faschismus.[730]

Die Massenkultur ist also nicht als die Banalisierung einer als elitär definierten Kommunikation zu betrachten, sondern als eine fortgesetzte Banalisierung des schon banal Gewesenen, nur eben mit anderen Mitteln. Die Massifizierung habe sich darüber hinaus verselbständigt: »Man wird sich ihrer selten bewußt, weil wir alle für sie programmiert sind. Sie ist in hohem Grade autonom geworden [...]«[731]. Autonom ist sie aufgrund der Codes, die ihre Information übertragen: Technobilder werden nicht ›gelesen‹, stellen also keine linearen Texte dar, die bewußt und aufmerksam entziffert werden müssen und den Rezipienten insofern konzentrierte Denkarbeit abverlangen. Sie sind den Menschen beinahe unbewußt, weil er ihnen kaum Aufmerksamkeit schenkt, sie ihn aber trotzdem in seinem Handeln beeinflussen, also ›programmieren‹. Flusser zufolge wird der Mensch dadurch geradezu zu einem willenlosen Wesen, das der Einflußnahme durch die Medien fast bedingungslos ausgesetzt ist:

Ganz anders ist die Lage des Pizza essenden Kaffeepflückers oder des Cowboyhut tragenden Bankbeamten. Sie sehen Bilder von Pizza und Hut auf Plakaten, in Fernsehprogrammen, im Kino, in Auslagen und in Illustrierten; sie sehen sie isoliert und im Zusammenhang mit anderen Bildern, sie sehen sie in allen Technofarben, sie sehen sie Tag und Nacht und sie sehen sie bei anderen. Sie können gar nicht anders als »Stellung dazu nehmen«, indem sie entweder konsumieren oder verwerfen (was auch ein Konsumieren bedeutet). Sie verfallen dem Programm, ohne darüber nachgedacht zu haben – sie können nicht anders, als ihm zu verfallen. Sie kaufen, was sie nicht brauchen, denn sie müssen es kaufen, und also brauchen sie es.[732]

Was die gegenseitige Beeinflussung von Kulturen durch bestimmte Kulturelemente betrifft, mag Flusser durchaus recht haben. Die globale Kultur ist eben durchlässig aufgrund der »Zirkulation von Menschen, Dingen, Zeichen und Informationen«[733]. Die strikte Trennung jedoch in (unbewußte) Technobilder-Rezipienten und (bewußte) Leser ist in Gesellschaften, die sowohl Technobilder als auch alphabetische Texte aufnehmen, nur schwer nachvollziehbar. Der massifizierte Mensch ist nämlich beides gleichzeitig: ein Konsument von Programmen, die ihn für bestimmte Handlungen determinieren, ihm also die Programme nicht bewußt werden lassen, und ein Lesender, dem die Entzifferung von linearen alphabetischen Strukturen dazu anleitet, seinen

730 Ebenda, S. 65f.

731 Ebenda, S. 67.

732 Ebenda, S. 68.

733 Hybride Kulturen. Beiträge zur anglo-amerikanischen Multikulturalismusdebatte. Hg. v. Elisabeth Bronfen, Benjamin Marins u. Therese Steffen. Tübingen: Stauffenburg 1997, S. 18. Zit. nach Vorwort der Herausgeber. In: Literatur im Zeitalter der Globalisierung, S. 16.

Handlungen einen Denkprozeß vorangehen zu lassen.
Der Fluchtpunkt von Flussers Argumentation liegt in der These von einer neuen Daseinsform, »die von Massenmedien programmiert und durch Netzdialoge realisiert wird«:

> Mit anderen Worten: Die wissenschaftlich und technisch entworfenen und verwalteten Amphitheater sind dabei, radikal unser Programm zu verändern und dadurch nicht nur die Gesellschaft umzustrukturieren, sondern, noch bedeutsamer, eine neue und noch nie dagewesene Bewusstseinsebene in uns zu erzeugen, durch die das Leben eine neue Bedeutung gewinnt.[734]

Die Auswege aus dieser Situation sind ambivalent: Ein Weg mag aufgrund der Entpolitisierung und der »totalitären Entfremdung« in den Totalitarismus führen, der andere – im positiven Sinn – zu einer »neuen Stufe menschlicher Kommunikation«[735].

Was Flussers Diskussion des digitalen Raums in Form von Netzstrukturen für eine sozialhistorisch orientierte Reflexion über Weltliteratur hilfreich macht, ist seine Anbindung an kommunikologische Begriffe und der Versuch, sowohl Netzstrukturen als auch die Kommunikologie in ihrer historischen Entwicklung zumindest anzudeuten. Flusser weist einmal mehr darauf hin, daß die Geschichte an Überlieferung, also an das Schreiben gebunden ist. Insofern ist auch das literarische Schreiben als ein bewußter Umgang mit Geschichte aufzufassen: Aus dem unreflektierten Ereignis soll bewußtes Geschehen werden. Und dieses Geschehen ist gebunden an eine alphabetische Epoche in der Menschheitsgeschichte, woraus folgt, daß ein bewußter Umgang mit Geschichte von einer nachalphabetischen Gesellschaft nicht mehr geleistet werden kann, es sei denn, daß die von Flusser erwähnte neue Stufe der menschlichen Kommunikation eine passive Haltung nicht mehr zuläßt. Es gilt demzufolge, der totalitären Entfremdung entgegenzuwirken.

Gleichzeitig – und Flussers Gedanken fortsetzend und konkretisierend – stellt sich die Frage nach dem Verhältnis von Globalisierung und Literaturgeschichte: Die Geschichtsschreibung, so Horst Steinmetz, folgte in den letzten Jahren eher postmodernen Konzepten der Diskontinuität, der Desynthetisierung, während ein globalisierender Ansatz mit seiner Betonung von Synthese und Zusammenhängen zur gängigen historiographischen Praxis eher im Widerspruch steht:[736]

> Denn die Geschichte der Literatur zur Zeit der Globalisierung muß, wenigstens über weite Strecken, wieder mit allgemeinen Begriffen arbeiten, ist auf generelle, umfassende, weiträumige Konzepte angewiesen. Sie muß Kategorien entwickeln, in denen Differenzen, Nuancen – wenigstens bis zu einem gewissen Grade – wieder als Ausdruck und Eigenschaft größerer Einheiten fungieren.[737]

Steinmetz ortet die Kräfte, die der Globalisierung in Form von Lokalisierung, Regiona-

---

734 Ebenda, S. 49.

735 Ebenda, S. 50.

736 Horst Steinmetz: Globalisierung und Literatur(geschichte). In: Literatur und Globalisierung, S. 189-201. Hier S. 189.

737 Ebenda, S. 190.

lisierung oder Identitätsstiftung widerstehen, in der Kultur, wenngleich Globalisierung und Lokalisierung in einem Wechselverhältnis stehen: »Kulturelle Äußerungen, die sich auf Regionalität und Lokalität berufen, sind darum doch immer zugleich durch die Globalisierung mitbestimmt, empfangen ihre Inspiration zum Teil gerade auch aus der bewußten oder unbewußten Verarbeitung der Globalisierung. Solche Äußerungen sind deshalb immer zweidimensional, sie enthalten Elemente der Globalisierung neben denen des Regionalen und Lokalen«[738]. Daraus ergibt sich die Aufgabe für die Literaturwissenschaft bzw. Literaturgeschichtsschreibung, »Literatur in dieser vielgestaltigen und komplexen Spannung zwischen Globalität und Lokalität, in der Spannungskonstellation der Glokalisierung zu analysieren und ihre mögliche historische Entwicklung zu beschreiben. Das letzte könnte den Anfang ihrer gerade beginnenden Geschichte bilden«[739].

Flussers kommunikologische Vorgaben erweitern zudem die Untersuchungsebene der alphabetischen um die nachalphabetischen Codes (Bilder, Technobilder, Filme, Fotografien, Video, Fernsehen, Kino usw.), sofern dies nicht ohnehin schon in Forschungsrichtungen wie Filmphilologie, Medienkunde usw. realisiert ist.

Eine komparatistische Analyse kann kraft ihres Programms die folgenden Schwerpunkte setzen: Sie kann die regionale Verschiedenartigkeit und/oder Ungleichzeitigkeit der Entwicklung vom voralphabetischen zum alphabetischen und schließlich zum nachalphabetischen Zeitalter aufzeigen – in jeweils zu definierenden Vergleichseinheiten. Sie kann die Kontraste der jeweiligen Verwendungs- und Entstehungsarten von nicht-alphabetischen Codes darlegen: Bei Technobildern etwa handelt es sich um ein Kodifizierungssystem, deren infrastrukturelle Voraussetzungen in einer technisch weniger entwickelten Region nicht erfüllt werden. Andererseits existieren aber gerade in solchen geographischen oder kulturellen Einheiten nicht-alphabetische Symbolsysteme (Rituale usw.) bzw. Symbolisierungen, die eine kommunikative Funktion haben. Schließlich – und das sei hier nur nebenbei erwähnt – kann das Wechselspiel zwischen ›Programm‹ und Dichtung auch das maschinelle Übersetzen literarischer Texte von neuem problematisieren, wenngleich der Computer hier noch lange nicht die Rolle des ›künstlichen Barden‹ einnehmen wird.[740]

Schließlich definiert die Einbeziehung der Diskussion um die Globalisierung auch die räumlichen Strukturen neu. Dies bezieht sich nicht nur auf die Dichotomien von Peripherie und Zentrum, sondern kann auch neues Licht auf die Thematik des Exils und des (literarisch reflektierten) Lebens in der Fremde werfen:

> Exile is an important aspect of the contemporary globalization of culture.
> The globalization of literature and culture deepens the exile's condition of the writer. Not only has exile now become the only possible identity for many contemporary writers, in opposition to the excesses committed by nationalism, but exile has also been interiorized, and even writers who are

---

738 Ebenda, S. 196.

739 Ebenda, S. 197.

740 Zur Praxis des maschinellen Übersetzens vgl. etwa Elmar Tophoven: Becketts *Company* im Computer. In: Samuel Beckett. Hg. v. Hartmut Engelhardt. Frankfurt/M.: Suhrkamp 1984 (= stm 2044), S. 280-293.

> not formally in exile share the exile feeling of never being at home in any place.
> Parallel to globalization there is a sort of global uprootedness which makes writers find their homeland only in their writing, in the »space of memory and words«.[741]

Die Xenologie kann von Begriffen wie Lokalisierung, Fragmentierung usw. ebenfalls profitieren, da die globale Präsenz von Technobildern, die ja nicht inhaltsleer sind, sondern das Andere oder das Eigene jeweils kulturspezifisch repräsentieren, zur Imagination oder zur Image-Bildung beiträgt. Die Dichte dieser Bilder hinsichtlich ihrer Quantität und ihrer Qualität kann Fremdheit in ›Heimlichkeit‹ im Sinn Freuds verwandeln, sofern diese Bilder nicht manipuliert sind. Und auch auf diese Problematik zielen Flussers Ausführungen über die Synchronisation ab: Die bewußte Steuerung der Qualität, die Abwandlung des Sinns oder die Inhaltsleerung können solche Barrieren der Fremdheit und der kulturellen Mißverständnisse wieder aufbauen. Insofern ist Flussers Kommunikologie noch viel zu wenig rezipiert worden. Flusser zeigt also die Fragilität der Vorstellung vom Anderen und gleichzeitig die Notwendigkeit, den Entstehungsprozeß und den Kontext der Symbolisierungen mit zu bedenken. Eine Komparatistik, die solchen Aufgaben gerecht werden will, steht also vor einer neuen Herausforderung.

741 Maria Gabriella Ambrosioni: Global Exile. In: Literatur und Globalisierung, S. 261-270. Hier S. 261.

Zusammenfassung

Die Interdisziplinarität von Sozialgeschichte und (Vergleichender) Literaturwissenschaft ist nicht mehr neu. Die Literatur spielte in der Sozialgeschichte eine Rolle, umgekehrt haben sozialhistorische Fragestellungen in der Literaturwissenschaft je nach Stimmungslage dominiert. Dem Begegnungsfeld dieser beiden Wissenschaften ist diese Arbeit gewidmet.

Im ERSTEN KAPITEL wurde die Entwicklung der Sozialgeschichte in Deutschland, Frankreich und den Vereinigten Staaten dargestellt. Dieser Entwicklung in den genannten Ländern gemeinsam ist der Anspruch, Objekte in die Darstellung einzubeziehen, die bis an die Wende vom neunzehnten zum zwanzigsten Jahrhundert – jenem Zeitraum, in dem sich die Sozialgeschichte innerhalb der Geschichtswissenschaft zu etablieren beginnt – ausgespart blieben. Die Sozialgeschichte grenzte sich damit von der politischen Geschichtsschreibung ab, indem sie bis dahin wenig beachteten Bevölkerungsschichten ihre Aufmerksamkeit zuteil werden ließ (Bauern, Handwerkern, ethnischen Gruppen, Minderheiten usw.). Dieser Anspruch fand in der amerikanischen Sozialgeschichte durch das Bestreben, Geschichte *from the buttom up* zu betreiben, ihren Ausdruck. Sie widmete sich fortan auch den ethnischen Gruppen in den Vereinigten Staaten, Arbeitern, Familien, betrieb *Urban History* genauso wie *Women's History* oder untersuchte den *Cultural Pluralism*. Damit ist eine weitere Gemeinsamkeit zwischen der deutschen, französischen und amerikanischen Sozialgeschichte bezeichnet, nämlich die augenscheinliche Erweiterung ihres Themenspektrums, die besonders für die französische Sozialgeschichte zu Beginn des zwanzigsten Jahrhunderts bezeichnend war. In Frankreich ging man so weit, von einer *histoire totale* zu sprechen, also einer Historiographie, die alle Sphären des Sozialen zu einer Synthese zusammenführen wollte. Ein dritter übernationaler Aspekt ist das Bemühen, mit neuen Methoden diesen Ansprüchen gerecht zu werden. Eine solche Methode ist seit jeher der Vergleich gewesen (und ist es bis heute geblieben), der es erlauben sollte, Gemeinsamkeiten und Differenzen zwischen historischen Phänomenen und Prozessen des eigenen und jener anderer Nationen zu beschreiben. Die französische Sozialgeschichte suchte von Anfang an den Kontakt zu den Sozialwissenschaften, allen voran der Psychologie, um zuerst eine Geschichte der ›Sensibilitäten‹, schließlich eine Geschichte der ›Mentalitäten‹ betreiben zu können. Die genannte Erweiterung der Themen brachte auch die Berücksichtigung nicht mehr nur schriftlicher Quellen mit sich, sondern die Auswertung jeder Art von Dokument, das ›Vergangenheit‹ in irgendeiner Form widerspiegelte: Fotografien, Tonaufnahmen, Kleider usw. Eine solche »dokumentarische Revolution«, wie Jacques Le Goff formulierte, war wiederum für die französische Geschichtswissenschaft kennzeichnend, die darüber hinaus einen differenzierten Zeitbegriff entwickelte: Fernand Braudel sprach von einer *longue durée* und einer *courte durée*, einer ›langsamen‹ und einer ›schnellen‹ Zeit. Damit konnten Prozesse in der Geschichte beschrieben werden, die breite Zeiträume einnahmen (Mentalitäten etwa) und solche, die nur ›wenig‹ Zeit in Anspruch nahmen (Regierungsperioden oder kurze Ereignisse). Diese Auffassung von Zeit wurde für eine (v. a. ökonomische) Geschichtsschreibung notwendig, die es sich zur Aufgabe gestellt hatte, zyklische Verläufe nachvollziehbar zu machen. Ein Forschungsschwerpunkt, der als Produkt der »dokumentarischen Revolution« wie der Erweiterung der Themen gelten kann, ist jener der *Oral History* in den Vereinigten Staaten, die das Vergangene nicht über schriftliche, sondern über mündliche Quellen zu rekonstruieren versucht.

Die Methode des Vergleichs spielt, wie bereits angedeutet, nicht nur in der Komparatistik eine wesentliche Rolle, wie im ZWEITEN KAPITEL u. a. dargestellt wird. Ihre Wichtigkeit ist seit jeher auch in der Geschichtswissenschaft betont worden, in Deutschland etwa von Curt Breysig und Theodor Schieder, in Frankreich von Marc Bloch. Daneben hat sie sich auch für zahlreiche andere Geistes- und Kulturwissenschaften als ein Mittel erwiesen, das den Erkenntnisprozess differenzieren und vor falschen Schlußfolgerungen bewahren kann. Die Auseinandersetzung mit den theoretischen Erörterungen über die vergleichende Methode der Historiker führt dem Komparatisten vor Augen, wie vielfältig die Vergleichsmethoden sein können, zumal dem Vergleich per se in der Komparatistik nicht dieselbe Aufmerksamkeit zukommt wie dies in der Geschichtswissenschaft der Fall ist. Damit ist gemeint, daß es kaum Einführungen in die Vergleichende Literaturwissenschaft gibt, die sich ausschließlich dem Vergleichen widmen. Die in der Komparatistik häufig verwendeten Verfahren des ›typologischen‹ und des ›genetischen‹ Vergleichs sind eben nur zwei Möglichkeiten innerhalb eines breiten Spektrums. Darüber hinaus helfen die von den Historikern definierten Vergleichsmethoden nicht nur dabei, literarhistorische *Prozesse* zu vergleichen, sondern schaffen vor allem ein Bewußtsein dafür, wie unterschiedlich vermeintlich gleiche Entwicklungen sein können (man denke etwa an die Industrialisierung). Damit wird der Komparatist dazu angehalten, vor dem Vergleich seine Objekte erst einmal zu beschreiben, um deren Vergleichbarkeit überhaupt erst festzustellen.

Die beiden Historiker Heinz-Gerhard Haupt und Jürgen Kocka[1] beispielsweise haben sich den methodischen Funktionen des Vergleichs in der Geschichtswissenschaft gewidmet. Sie beschreiben eine heuristische, eine deskriptive, eine analytische und eine paradigmatische Funktion. Die heuristische Funktion kann helfen, Fragen und Probleme zu identifizieren, die ohne das Vergleichen nicht augenscheinlich würden; die deskriptive Funktion dient der Kontrastierung der verglichenen Phänomene, um deren Charakteristika noch deutlicher werden zu lassen; die paradigmatische Funktion schließlich relativiert den Standpunkt des Forschers aufgrund des Blicks über die wie immer zu fassende Grenze. Diesen Gedanken fortsetzend ergeben sich idealtypische Szenarien, die den Standort des Vergleichenden bezeichnen, die ich als ›objektiv‹, ›einseitig-subjektiv‹ und ›hybrid-subjektiv‹ beschrieben habe, je nachdem, in welchem Verhältnis der Forscher zu den von ihm untersuchten Objekten steht. Die Berücksich-

1 Heinz-Gerhard Haupt/Jürgen Kocka: Historischer Vergleich: Methoden, Aufgaben, Probleme. Eine Einleitung. In: Geschichte und Vergleich. Ansätze und Ergebnisse international vergleichender Geschichtsschreibung. Hg. v. Heinz-Gerhard Haupt u. Jürgen Kocka. Frankfurt/M./New York: Campus 1996, S. 9-46.

tigung dieser Szenarien erlaubt es nämlich, ein vorliegendes Vergleichsergebnis dahingehend zu bewerten, daß die kulturelle, sprachliche usw. Angehörigkeit des Vergleichenden seinen Forschungprozeß steuert und etwa vorgefaßte Meinungen sein Bild vom ›Eigenen‹ oder ›Fremden‹ beeinflussen.

Als Beispiel für eine Reflexion über die vergleichende Methode innerhalb der französischen Komparatistik wurden Adrian Marinos *Comparatisme et théorie de la littérature* (1988) und René Etiembles *Comparaison n'est pas raison* (1963) herangezogen. Marino ist zwar sozialgeschichtlichen Fragen kaum aufgeschlossen, doch sein methodischer Ansatz einer stufenweisen Hypothesenbildung zeigt deutliche Analogien zu Marc Blochs historischer Methode: (Zwischen-)Ergebnisse einer Untersuchung müssen so lange überprüft werden (etwa durch einen Vergleich mit ähnlichen Phänomenen in einer anderen Kultur), bis deren Stichhaltigkeit die Formulierung eines endgültigen Resultats zuläßt. Zudem findet sich bei Marino der wichtige Hinweis auf die Notwendigkeit der Reflexion des komparatistischen Begriffsinventars: Sind etwa Begriffe wie ›Klassik‹, ›Gedankenlyrik‹ oder ›Dokumentartheater‹ auch auf die Literatur des Fernen Ostens übertragbar? Durch die Formulierung einer *littérature universelle*, die jedoch kaum konkrete Formen annimmt, versucht Marino, dieses Problem zu meistern, indem er alle literarischen Phänomene auf *ein* Untersuchungssystem beziehen möchte. Auch Etiemble warnt mit Deutlichkeit vor einer zu sehr national orientierten Literaturwissenschaft.

In der amerikanischen Komparatistik der Gegenwart findet sich eine weit ausholende Vorstellung von den künftigen Aufgaben der Vergleichenden Literaturwissenschaft. In seinem 1993 der American Comparative Literature Association vorgelegten *Bernheimer Report* referiert Charles Bernheimer von einem *space of comparison*, dessen Ziel die Kontextualisierung von Literatur in Diskursen, Kulturen, Ideologien, ethnischen Feldern und Geschlechtskonstruktionen ist. Bernheimer weist schließlich darauf hin, daß ein derartiges Programm sich nicht mehr nur auf ›Texte‹ konzentrieren könne, sondern auch andere Bedeutungsträger in die Betrachtung mit einschließen müßte. Ob dieses Vorhaben nun forschungspraktisch in idealer Weise verwirklichbar ist oder nicht, sei dahingestellt. Bernheimers Entwurf zeigt aber eines sehr deutlich: Literatur wird nicht mehr nur als autonomes Gebilde aufgefaßt, sondern als Produkt verschiedener gesellschaftlicher Kräfte, die in der Auseinandersetzung mit ihr berücksichtigt werden müssen. Die Aufgeschlossenheit gegenüber sozialhistorischen Fragestellungen ist damit gegeben.

Im DRITTEN KAPITEL wurden schließlich ausgewählte Begegnungsfelder zwischen Sozialgeschichte und Komparatistik beschrieben: Mentalitätsgeschichte, Historische Anthropologie und Globalisierung als sozialer Prozeß.

Die französische Sozialgeschichte interessierte sich schon früh für die Literatur als Speicher für kollektive Empfindungen vergangener Epochen. Für die Komparatistik ergibt sich eine gewinnbringende Kooperation mit der Mentalitätsgeschichte vor allem auf dem Gebiet der Imagologie, die sich mit Vorstellungen und Bildern des Anderen in Texten auseinandersetzt. Als eine geeignete Textgattung erweist sich dabei der Reisebericht, der die Vorstellungen seines Verfassers und implizit die Mentalität seines Heimatlandes wiedergibt. Solchen Vorstellungen kann auch auf sprachlicher Ebene nachgespürt werden, wie die Diskussion von Lucien Febvres Werk *Le problème de l'incroyance au 16e siècle* zeigte. Febvre führt darin die Vorstellungsparadigmen einer historischen Epoche auf das vorhandene Vokabular zurück: Denkbar ist eben nur das, wofür es auch Begriffe gibt. Febvre konnte anhand dieser Überlegung zeigen, daß François Rabelais kein Atheist war, wovon die damalige Forschung ausgegangen war, weil Begriff wie *Fatalisme, Matérialisme* oder *Déterminisme* zu seiner Zeit nicht existierten, Atheismus also nicht *denkbar* gewesen ist. Daraus bereits wird ersichtlich, daß die Historische Diskursanalyse helfen kann, ein Element der *outillage mental*, nämlich die Sprache, zu einem gegebenen Zeitpunkt zu analysieren. Im Zug einer derartigen Analyse können somit Textkorpora untersucht werden, die die Vorstellungswelt einer Epoche mitbestimmt haben. Beim Vergleich solcher Textkorpora ist schließlich darauf zu achten, daß es sich um inhaltlich und semantisch homogene und historisch und kulturell parallele Textkorpora handelt, um deren Gegenüberstellung gemäß der im ZWEITEN KAPITEL behandelten Vergleichsprinzipien auf eine sinnvolle Basis zu stellen. Der Zusammenhang zwischen Mentalitätsgeschichte und Imagologie ist damit begründet, daß beide Disziplinen in einer Sphäre des sozialen Handelns und Denkens verankert sind, die sowohl den Alltag als auch künstlerische Ausdrucksweisen und mediale Darstellung umfassen. Die Kooperation zwischen Mentalitätsgeschichte und komparatistischer Imagologie wurde anhand eines Fragenkatalogs angedeutet, der die Strukturhaftigkeit und Kollektivität, die Handlungsdisposition, die Quantifizierbarkeit, die Beziehung zur historischen Zeit, die Serialität und die Entstehungsbedingungen eines Image problematisierte. Bei der Beantwortung dieser Fragen ist vor allem die Rezeptionsforschung gefordert, zumal sich Bilder und Vorstellungen im Autor und Leser festsetzen. Darüber hinaus zeigte sich, daß Mentalitäten und Images natürlich nicht gleichgesetzt werden dürfen, was eine Kooperation zwischen Mentalitätsgeschichte und Komparatistik freilich nicht ausschließt, ganz im Gegenteil: Eine mentalitätsgeschichtlich orientierte Imagologie kann »die literar[ischen]. Bilder von anderen Ländern um ihres semantischen Gehalts willen«[2] untersuchen, wie Michael Schwarze festgestellt hat. Sie kann aber vor allem ein Bewußtsein für die Diachronie von Bildern in Texten schaffen und Entwicklungsreihen beschreiben, die nicht nur die Voraussetzungen ihrer Entstehung und die Genese selbst, sondern eben auch die qualitative und quantitative Dynamik ihrer Produktion und Rezeption verfolgt.

Kaum eine andere Forschungsrichtung der Sozialgeschichte stellt den Menschen und sein kulturelles Handeln in den Mittelpunkt ihres Interesses wie die Historische Anthropologie, die vor allem in Frankreich gepflegt wurde. Im zweiten Abschnitt des DRITTEN KAPITELS war vor allem von der Spielart der Ethnologie die Rede, deren Kontakt die Komparatistik bereits gesucht hat: Sowohl Komparatistik als auch Ethnologie setzen sich mit Texten auseinander, beide pflegen eine vergleichende Perspektive. Um das Bewußtsein der Ethnologie Texten gegenüber deutlich werden zu lassen, wurde das Verfahren der ›dichten Beschreibung‹ (*thick description*) diskutiert, das der

2 Michael Schwarze: Komparatistische Imagologie. In: Metzler Lexikon Literatur- und Kulturtheorie. Ansätze – Personen – Grundbegriffe. Hg. v. Ansgar Nünning. Stuttgart/Weimar: Metzler 1998, S. 232-234. Hier S. 233.

Ethnologe Clifford Geertz umrissen hat und das die Offenlegung von Bedeutungsstrukturen und ihrer Kontexte verfolgt. Zum anderen gab die innerhalb der Ethnologie formulierte Metapher einer ›Kultur als Text‹ Anlaß zur Überlegung, zumal die Auffassung einer textuellen Struktur von ›Kultur‹ auch die Möglichkeit einschließt, diese gemäß literaturwissenschaftlicher Vorgaben zu interpretieren. Geertz stellte sich in mehreren Arbeiten die Frage, inwiefern die Texte eines Ethnologen die Wirklichkeit, also das, was er erlebt hat, getreu abbilden. Dieselbe Frage hatte sich der amerikanische Historiker Hayden White in Bezug auf historiographische Texte gestellt und war zu dem Schluß gekommen, daß Historiker, genauso wie Autoren literarischer Texte, rhetorische Elemente verwenden, die eher literarische Texte auszeichnen als solche, die die historische Wirklichkeit abbilden möchten. Dieses Bewußtsein herrscht auch in der Ethnologie und wurde dort bis zu einer ›reflexiven Ethnologie‹ bzw. einer ›Auto-Ethnographie‹ weiter differenziert. Eine Möglichkeit, die ›dichte Beschreibung‹ aus erkenntnistheoretischer Perspektive einer Kritik zu unterziehen, bietet der ›Konstruktive Realismus‹ des Wiener Philosophen Fritz Wallner, der interdisziplinär orientiert ist und Aussagesysteme in einen fremden Kontext stellt, um sie so neu zu beurteilen – dieses Verfahren der ›Verfremdung‹ wurde oben ja auch als eine methodische Funktion des Vergleichs beschrieben. Der Konstruktive Realismus geht weiter davon aus, daß Wissenschaft ›Wirklichkeit‹ (re)konstruiert und damit eine eigene ›Realität‹ schafft. Genau jenes Verhältnis von Seiendem und seiner (Re-)Konstruktion hat auch Geertz problematisiert. Der Ethnologe müßte demzufolge seine Erklärungssysteme in fremde Kontexte und Konstruktionen von ›Wirklichkeit‹ verpflanzen, um sich der ›Gemachtheit‹ seines Textes bewußt zu werden. Analog dazu kann auch die Komparatistik durch dieses ›Spiel mit Kontexten‹, wie Wallner formuliert, ihre Vergleichsergebnisse relativieren und die stillschweigend vorausgesetzten Auffassungen von ›Kultur‹ oder ›Literatur‹ offenlegen. Auch dieses Vorgehen ist als eine Ergänzung zu den methodischen Funktionen des Vergleichs zu betrachten und kann weiters helfen, die Kontextualisierung des Forschers selbst zu beschreiben. Eine weitere Möglichkeit der Verfremdung bietet schließlich die Ritualforschung. Victor Turner etwa hat Ethnographien in das Medium des Theaters übertragen, indem er das dem menschlichen Alltag zuzuordnende ›soziale Drama‹ mit der aristotelischen Auffassung von ›Drama‹ vergleicht und feststellt, daß ein ›soziales Drama‹ dieselbe Struktur wie ein literarisches ›Drama‹ aufweist: Im sozialen Leben führt ein Bruch mit den dieses Leben kontrollierenden Normen zu einer Krise. Dieser Bruch setzt Bewältigungsmechanismen in Gang, die ritualisierter Natur sein können (etwa die Darbringung von Opfern, ein organisierter Krieg usw.). Schließlich folgt die Auflösung dieser Situation in Form der Versöhnung oder der Anerkennung dieses Regelbruchs. Die Verbindung zum Drama (Tragödie) nach Aristoteles ist nun eben durch den Aufbau von Konflikt – Konfliktlösung – neue Situation gegeben, mehr noch durch den Anspruch, menschliche Realität nachahmen zu wollen. Die Verfremdung bei der Aufführung des Rituals der Namensvererbung der Ndembu bestand für die Schauspieler in der ›Einfühlung‹ in das Fremde, weiters in dem Zusammenprall verschiedener Auffassung des Weiblichen, die die westlichen Vorstellungen von der Rolle der Frau in der (westlichen) Gesellschaft noch offenkundiger werden ließen.

Die Aufgaben der Komparatistik in diesem Zusammenhang liegen somit klar: Sie kann die Diskussion um die Textualität ethnographischer Produkte weiter differenzieren helfen, indem sie die rhetorischen Strukturen nicht zuletzt aus einer vergleichenden Perspektive diskutiert und aus erzähltheoretischer Position die Beziehung des Ethnographen zu seinen Untersuchungsobjekten zu fassen sucht. Umgekehrt kann der Entwurf einer Auto-Ethnographie die Komparatistik dahingehend unterstützen, die Rolle des Vergleichenden zu differenzieren, wie vorhin mit den idealtypischen Szenarien bereits angedeutet wurde: Die kulturelle Verortung des Forschers und sein Verhältnis zu seinen Vergleichsobjekten kann somit auf eine verläßlichere Basis gestellt werden. Das sollte eine Analyse zweier Texte des deutschen Autors Hans Christoph Buch augenscheinlich machen. Sie konnte das Verhältnis des Ich-Erzählers zu seinen Darstellungsobjekten deutlich werden lassen: Buchs Texte erweisen sich als anti-eurozentristisch insofern, als der Autor kaum Stereotypen produziert, sondern diese sogar bewußt zu umgehen trachtet. Buchs Ich-Erzähler, der aufgrund des dokumentarischen Charakters der Texte wohl mit der Person des Autors gleichzusetzen ist, zeichnet sich also durch ein relativ neutrales Verhältnis zu seiner Umgebung – der Fremde – aus, das v. a. auch durch seine ethnographische Präsenz, sein ›Dort-Sein‹, erzeugt wird. Auch die von Doris Bachmann-Medick umrissene anthropologische Wende der Literaturwissenschaft kommt der komparatistischen Programmatik in zentralen Punkten entgegen: Ganz im Sinn von Charles Bernheimer erfordern politische und gesellschaftliche Entwicklungen wie Globalisierung, Demokratisierung und Dekolonisation mit ihren Tendenzen der globalen, medialen und wirtschaftlichen Vernetzung, um nur wenige Entwicklungen zu nennen, die Betrachtung mehrerer kultureller Praktiken, also nicht mehr nur von Texten allein, zum anderen rückt die mediale Vermittlung von Bedeutungsträgern in den Mittelpunkt. Ein solcher Ansatz ist längst supranationaler Natur und kann nur durch eine globale Sichtweise bewältigt werden. Die Übersetzungsforschung kann etwa die globale Zirkulation kultureller Produkte auf ihre institutionellen Voraussetzungen und Bedingungen prüfen. Weitere Aufgaben, denen sich die Vergleichende Literaturwissenschaft in diesem Zusammenhang zu stellen hat, umfassen etwa ein Überdenken des Modells der Nationalliteraturen aufgrund sich überlappender Kulturen oder Migrationsbewegungen, die Beobachtung des sozialen bzw. kulturellen Kontexts eines ›Textes‹, den Vergleich kultureller Symbolisierungen, die in ›Texten‹ stattfinden, um Qualität, Quantität und Grad der Symbolisierung festzustellen und den Vergleich kulturenübergreifender Formen der (Selbst-)Darstellung.

Für eine Kooperation zwischen Ethnographie und Komparatistik wurde wieder die Imagologie in den Dienst genommen, zumal die Beschreibung des Anderen/Fremden beiden Disziplinen gemeinsam ist. Hier war es vor allem die ›Auto-Ethnographie‹ – sie untersucht den Forschungsprozeß selbst und thematisiert die Erkenntnisbedingungen des Ethnologen und seine Beziehung zum Anderen –, die als Ausgangspunkt für die Skizzierung einer ›Auto-Imagographie‹, wiederum dargestellt an den Texten von Hans Christoph Buch, verwendet wurde. Sie fragt nach den Bedingungen für die Entstehung von Bildern, dem Verhältnis zwischen *auto-image* und *image*, der kulturellen Position des Betrachters des Fremden, der erzähltheoretischen Position des Berichterstatters wie dem Grad seiner Integration in die fremde Kultur, der Rolle der Übersetzungforschung bei der Übertragung von Sinnsystemen auf eine andere Kultur, schließlich nach den Möglichkeiten der Verfremdung eines Image im Sinn von Fritz Wallner und Victor Turner.

Der New Historicism soll keineswegs als Zielpunkt oder *show down* all dieser Ansätze verstanden werden, wenngleich er sowohl mentalitätshistorische, ethnologische und vor allem diskurstheoretische Methoden vereint und zudem noch die Literaturwissenschaft aus postmodernem Blickwinkel provoziert. Der New Historicism wurde hier allerdings weniger der postmodernistischen Theorie verpflichtet betrachtet, sondern in den Kontext der interpretativen Ethnographie gestellt, innerhalb der zentrale postmoderne Begriffe wie Subjekt, Autor oder die Beziehung des ›Fremden‹ zum ›Eigenen‹ konkreter faßbar werden. Der New Historicism sollte also aus seiner Praxis heraus diskutiert werden, wozu Stephen Greenblatts Interpretationen einiger Stücke William Shakespeares geeigneten Anlaß geben. Diese Diskussion zeigte zweierlei: Zum einen war es Greenblatts Anliegen, Shakespeares Texte aus der Gegenwart des Forschers herauszulösen und in die Vergangenheit einzupflanzen. Diese Rückführung ist freilich nicht Selbstzweck, sondern dient dazu, den Text an die Diskurse seiner Entstehungszeit anzubinden und ihn aufgrund dieser Art der Kontextualisierung zu deuten. Zum anderen stellt die bevorzugte Auseinandersetzung mit kanonisierten Autoren einen Widerspruch zu einem der Prinzipien des New Historicism dar: Wenn sich diese Methode dem Foucault'schen Diskursbegriff verpflichtet fühlt, der alle Texte auf eine Ebene stellt, somit keine qualitativen Hierarchien mehr zuläßt, müßten also auch solche Texte in das Blickfeld des Literaturwissenschaftlers geraten, die man gemeinhin als ›trivial‹ bezeichnen würde. Ein schwerwiegenderes Problem ist allerdings die Beziehung zwischen den Texten im Diskurs, die in den theoretischen Prämissen dieser Praxis sehr differenziert ausfällt, in der Ausführung allerdings auf ein simples Verhältnis von Quellentext – Haupttext reduziert ist. Dennoch schärft die Auseinandersetzung mit dem New Historicism den Blick des Komparatisten in mehrerlei Hinsicht: Er regt dazu an, das Vergangene nicht als ein statisches Gebilde, sondern als ein dynamisches Kaleidoskop verschiedenster gesellschaftlicher Kräfte und Wirkungen zu betrachten, das einen Text hinsichtlich seiner Entstehung und seiner Rezeption wesentlich mitbestimmt. Damit ist der Forscher gefordert, vor seiner Analyse des Textes eine Analyse dessen Umfelds zu betreiben, den Text also in seinen sozialen Kontext zu setzen und jene Ventile kenntlich zu machen, durch die gleichsam die ›soziale Energie‹ in den Text strömen konnte. Unter ›sozialer Energie‹ versteht Greenblatt ein Paradigma an kollektiven physischen und mentalen Empfindungen, die in einem Text ›gespeichert‹ sind und deren Erlebbarkeit beim Rezipienten für die ›Lebendigkeit‹ dieses Textes sorgen. Das Wesen des New Historicism besteht nun darin, die Bedingungen für diese Lebendigkeit, die Vermittlung von sozialer Energie in den Text, festzumachen.

Ein derartiger Blick in die Vergangenheit löst darüber hinaus den Komparatisten dermaßen aus seiner Gegenwart, seinem Alltag, heraus, daß sich nicht nur sein Begriff von ›Literatur‹, sondern auch von ›Vergangenheit‹ oder ›Geschichte‹ relativiert: Wie sonst kann die Beschäftigung etwa mit außereuropäischer Literatur, mit fremden Begriffs- und Vorstellungssystemen gelingen, wenn nicht ein Bewußtsein existiert, das vor einer Sichtweise, die Literatur lediglich als Produkt der lokalen kulturellen Traditionen zu definieren, warnt? Ein solches Überdenken des kulturellen Standorts – und dies ist schon mehrfach betont worden – ist nicht zuletzt Voraussetzung und Ergebnis jedes Vergleichens.

Was den New Historicism mit der Ethnographie verbindet, ist die »Dokumentierung fremder Stimmen«,[3] also die Auseinandersetzung mit dem Anderen. Während diese in der Interpretation der Texte von Hans Christoph Buch das Verhältnis des Autors zu seinem Objekt der Darstellung mitbestimmte, wird die Darstellung des Anderen in Form der Wiedergabe seiner Äußerungen als eine »Form von Subversion und Eindämmung von Subversion«[4] betrachtet: Der Bericht über das Andere subvertiert das Eigene insofern, als er Alternativen dazu aufzeigt. Der Dialog mit dem Anderen kann aber auch Macht bedeuten, nämlich dann, wenn er ungleich geführt wird, wenn also Absichten verfolgt werden, die das Andere unterminieren wollen oder wenn die Grenzen zwischen Selbst und Anderem eliminiert werden (was freilich nur in einer Phase des Dialogs gelingen kann) – etwa wenn Prinz Henry den Soziolekt seiner Untergebenen imitiert, um sie damit beherrschen zu können. Zwar ist in der Kritik am New Historicism oft die Kluft zwischen theoretischen Voraussetzungen und der literaturwissenschaftlichen Praxis hervorgehoben worden, dennoch gelingt es den New Historicists, einen Text als das Produkt einer Zeit zu verstehen und damit zu einer diachronen Auseinandersetzung mit Literatur beizutragen.

Die Diskussion des Begriffs ›Weltliteratur‹ ging schließlich von Doris Bachmann-Medicks Ansatz einer anthropologisch orientierten Literaturwissenschaft aus, die eine globale Sichtweise erfordert (siehe oben). Eine solche Diskussion wurde auch deswegen notwendig, weil die globale Vernetzung institutionelle Bedingungen schafft, die für eine modifizierte Auffassung von Weltliteratur mitbedacht werden müssen. Besonders der Begriff der Globalisierung wurde hier nochmals aufgerollt, um ihn für die Komparatistik dienstbar zu machen. Ein Aspekt der Globalisierung umfaßt eben auch die Vernetzung der Kommunikation und ihrer Kanäle, mithin und daraus folgend die Vernetzung der Medien und des Wissens. Als ein ›dritter Raum‹ im Sinn Homi Bhabhas wurde das Internet aufgefaßt, um die institutionelle Verortung von Literatur unter modernen Bedingungen ins Blickfeld zu rücken. Das Internet erweitert den landläufigen Textbegriff dermaßen, daß die Vorstellungen von seiner Struktur, von der Rolle des Lesers, modifiziert werden müssen: Dem Internet fehlt die nationale bzw. nationalsprachliche Zuordenbarkeit. Es bietet die Möglichkeit, Textelemente derart zu schichten, daß mehrere Textebenen zustande kommen. Ein solcher Hypertext ist somit kein lineares Gebilde mehr, sondern ein intertextuelles Gewebe. Aufgrund der Möglichkeit, in den Text einzugreifen – und diese Möglichkeit ist ebenfalls global gegeben –, ändert sich auch die Rolle des Autors. Am Beispiel der sogenannten *fan fiction* wurde deutlich, daß Texte nahezu beliebig fortgeschrieben werden können. Der Text weist somit nicht mehr einen Autor als originalen Schöpfer auf, sondern wird vielmehr von einem Kollektiv verfaßt. Als theoretischer Hintergrund für die weitere Diskussion der Vernetzung wurden Vilém Flussers Kommunikationsmodelle herangezogen, die

3 Stephen Greenblatt: Unsichtbare Kugeln. In: ders.: Verhandlungen mit Shakespeare. Innenansichten der englischen Renaissance. Frankfurt/M.: Fischer Taschenbuch Verlag 1990, S. 34-88. Hier S. 51.

4 Ebenda, S. 51.

dieser in seiner ›Kommunikologie‹ entworfen hat: Theater-, Pyramiden-, Baum-, Amphitheaterdiskurse, Kreis- und Netzdialoge betten Sender und Empfänger in verschiedene Strukturen von Informationsvermittlung ein. Als für diese Diskussion am geeignetsten erschien freilich der Netzdialog, der in seiner realen Umsetzung dem Telefonsystem gleicht. Wichtig dabei ist, daß es sich bei Netzdialogen um ›offene Schaltungen‹ handelt, was bedeutet, daß immer neue Information in dieses Netz eingespeist werden kann. Entwirft man nun eine Vorstellung von Weltliteratur anhand dieser Vorgaben, so läßt sie sich als ein offenes System auffassen, das nicht mehr national verortbar, sondern bestenfalls einer *imagined community* im Sinn Benedict Andersons zuordenbar ist. In der anthropologisch orientierten Literaturwissenschaft hat man ja bereits darauf hingewiesen, daß Übersetzungen von den Kultur- und Lebensstandards der wirtschaftlichen und kulturellen Metropolen abhängig sind und die Entstehung der Originaltexte mitprägen. Flussers Entwurf des Netzdialogs bietet somit die Folie für die Beschreibung der Wege und Umwege, die literarische Texte im globalen Literatursystem nehmen können. Nicht zuletzt hat Flusser angemerkt, daß aufgrund der Offenheit des Netzes die Information ›abgeschliffen und vergröbert‹ werden kann, sie also Einflüssen unterliegt, die ihre strukturelle und inhaltliche Qualität zu beeinflussen vermögen. Demgemäß ist auch auf die Veränderungen von Struktur und Gehalt literarischer Texte zu achten, denen diese aufgrund institutioneller Voraussetzungen wie Verlag und Buchhandel (samt rechtlicher Rahmenbedingungen), nationaler literarischer Normen usw. ausgesetzt sind. Flussers kommunikologischer Entwurf erweitert zudem die Untersuchungsebene der ›alphabetischen‹ um die nachalphabetischen Codes (Bilder, Technobilder, Filme, Fotografien, Video, Fernsehen, Kino usw.), was ihn wiederum in die Nähe der ethnologisch orientierten Literaturwissenschaft rückt. Eine Beschäftigung mit solchen ›nachalphabetischen‹ Bedeutungsträgern kann, wie bereits angedeutet, dann nutzbringend sein, wenn es darum geht, Vorstellungsparadigmen zu beschreiben, wie es sich die Mentalitätsgeschichte oder die komparatistische Imagologie zur Aufgabe gemacht haben, weil sich derartige Paradigmen nicht nur in (literarischen) Texten, sondern in zahlreichen anderen Medien manifestieren. Das stellt den Komparatisten vor die Aufgabe, seinen Zuständigkeitsbereich zu erweitern und auch nichttextuelle Äußerungen in sein Programm aufzunehmen. Schritte in diese Richtung sind ja bereits getan, zumal bereits Ulrich Weisstein die Begegnung der Komparatistik mit bildender oder darstellender Kunst dargelegt hat.

Angesichts der zahlreichen Etikettierungen der Literaturwissenschaft und nicht zuletzt ihrer Verortung im weiten Feld der Kulturwissenschaft stellte sich jüngst Walter Haug die Frage: »Warum – so sieht man sich gedrängt zu fragen – darf eigentlich Literaturwissenschaft nicht Literaturwissenschaft sein?«[5]. Die Gründe für die Flucht in Nachbardisziplinen sieht Haug im Widerspruch zwischen der Individualität des Werks und dem geschichtlichen Prozeß, der umso größer wird, je höher die Qualität eines literarischen Textes ist, »oder umgekehrt gesagt, seine Qualität zeigt sich

5 Walter Haug: Warum darf Literaturwissenschaft nicht Literaturwissenschaft sein? In: Lesbarkeit der Kultur. Literaturwissenschaft zwischen Kulturtechnik und Ethnographie. Hg. v. Gerhard Neumann u. Sigrid Weigel. München: Fink 2000, S. 201-220. Hier S. 201.

gerade darin, daß es historisch nicht zu vermitteln ist«[6]. Ein zweiter Grund liegt in der Betrachtung der Literatur als ein System, das die literarische Interpretation ebenfalls vom historischen Horizont ablöst. Schließlich wird auf einer hermeneutischen Ebene der Gegensatz zwischen Geschichte und Gegenwart ins Treffen geführt: Wie kann die Vergangenheit aus gegenwärtiger Sicht überhaupt verstanden und somit interpretiert werden? Haug tritt also für eine gemäßigte Form einer ›Literatur- als Kulturwissenschaft‹ ein, die dort ihre Grenzen findet, wo sie ihren Bezug zum Text zu verlieren beginnt, nämlich in einer enthistorisierten Betrachtung von Literatur, in der die Interaktion mit anderen theoretischen und künstlerischen Systemen den Text zu verdrängen droht.
Wenngleich Haugs Anmerkungen zum Widerspruch zwischen einem letztlich kanonisierten Text und seiner historischen Verortung vordergründig nicht einsehbar sind und auch nicht begründet werden, erklärt er den Rückzug der Literaturwissenschaft auf Nachbardisziplinen wie etwa die Sozialgeschichte als den Versuch, den genannten drei Dilemmata auf gesichertem methodischen Terrain zu entgehen. Sein historischer Aufriß der Kulturwissenschaft dient dazu, der Literaturwissenschaft einen sinnvollen Standort innerhalb ihrer unscharfen Grenzen zuzuweisen. Dabei rückt er die Literaturwissenschaft zum einen in die Nähe der Kulturwissenschaft von Clifford Geertz und beschreibt zum anderen – etwas vereinfachend – den New Historicism als das Ergebnis dieser Beziehung, der die genannten Dilemmata aufzuheben imstande sei: Der historische Verlauf sei ausgeblendet, somit die Beziehung zwischen literarischem Werk und Geschichte obsolet. Das System Literatur verliere seinen Sonderstatus im Kontext anderer Systeme. Schließlich löse sich auch das hermeneutische Problem auf, zumal der postmoderne Zugriff auf ein literarisches Werk »die Unsicherheit der Deutung«[7] zu einer Tugend erhoben hätte. Dennoch bleibe die Beziehung zwischen Kultur- und Literaturwissenschaft insofern prekär, als der angesprochene historische Aspekt, der Systemcharakter der Literatur und das Problem der Hermeneutik diese Beziehung gefährden. Spielen also in der Kulturwissenschaft Texte eine Rolle, was zweifellos der Fall ist, so haben auch ihre einzelnen Disziplinen nach einer Lösung für den Umgang mit Texten in diesem Sinn zu suchen.

Den eingefleischten (Literatur-)Historikern ist zudem die mittlerweile recht schnelle Produktion von theoretischen Entwürfen ein Dorn im Auge, zumal die oft umfangreiche und zeitaufwendige empirische Arbeit mit dem theoretischen Diskurs insofern nicht mehr Schritt halten kann, als sich über die Dauer eines Projekts die Anforderungen an die literaturwissenschaftliche Theorie mehr oder minder grundlegend ändern können. Das Forschungsergebnis mag dann unter Umständen nicht modisch scheinen, was zumindest auf seine Rezeption durch die Forscher, die sich mehr für die theoretischen Modelle als für die empirischen Entdeckungen interessiert zeigen, Einfluß haben kann. Angesichts des rasanten Wandels der Theorie scheinen die Auswege aus dieser Situation verschlossen. Die Gründe dafür sind nicht nur im innerliterarischen Diskurs zu suchen, sondern haben ihre Ursachen auch in der Wissenschaftspolitik und der gesellschaftlichen, wirtschaftlichen und politischen Evaluierung geisteswissenschaft-

6 Ebenda, S. 202.
7 Ebenda, S. 215.

licher Fächer. Die Auswege öffnen sich also dort, wo diesen die Rückbindung an außerwissenschaftliche Anforderungen und Rechtfertigungsstrategien gelingt. Dieses Schielen auf die (außerwissenschaftliche) Forschungspolitik und somit auf finanzielle Ressourcen spiegelt aber nicht immer die tatsächlichen Bedürfnisse der jeweiligen Wissenschaft wider. Vielmehr sieht sich der Forscher in die Lage versetzt, möglichst rasch Ergebnisse zu liefern, womit die Grundlagenforschung ins Hintertreffen gerät. Man mag diese Situation bedauern oder nicht, für die Diskussion um die Beziehung zwischen Literatur- und Kulturwissenschaft ist sie nicht unwesentlich.

Die Aufgaben, die sich für die Vergleichende Literaturwissenschaft aus einer Kooperation mit den genannten Forschungsbereichen der Sozialgeschichte ergeben, sind damit angedeutet. Die historische Kontextualisierung von Texten kann auf verschiedene Arten durchgeführt werden, je nachdem, welchem sozialhistorischen Forschungsbereich man sich zuwendet. All diesen Ansätzen ist gemeinsam, daß sie für eine Erweiterung des Textverständnisses plädieren, ohne jedoch von diesem ablenken zu wollen. Das hat etwa die reflexive Ethnographie sehr eindeutig unter Beweis gestellt. Weiters geben viele sozialhistorische Methoden Anlaß dazu, die Voraussetzungen der praktischen Forschung genauso wie ihrer theoretischen Grundlagen zu überdenken. Gemeint ist hier vor allem die Rolle des Komparatisten in seiner Begegnung mit dem Anderen. Schließlich – und daraus abzuleiten – wird der Text einmal mehr als ein Produkt einer Zeit ausgewiesen, für dessen Verständnis der methodisch fundierte Blick in die Vergangenheit und das Abstreifen gegenwärtiger Verstehens- und Bedeutungsmuster notwendig wird.

Bibliographie

Primärliteratur

Bertolt Brecht: Die Gedichte von Bertolt Brecht in einem Band. Hg. v. Suhrkamp Verlag, für die Gedichte 1 bis 3 in Zusammenarbeit mit Elisabeth Hauptmann. Frankfurt/M.: Suhrkamp ^{8}1995.

Bottroper Protokolle. Aufgezeichnet von Erika Runge. Vorwort von Martin Walser. Frankfurt/M.: Suhrkamp ^{11}1977 (= edition suhrkamp 271).

Hans Christoph Buch: Tropische Früchte. Afro-amerikanische Impressionen. Frankfurt/M.: Suhrkamp 1993 (= st 2231).

William Gibson: Neuromancer. New York: Ace Books 1984.

Brüder Grimm: Kinder- und Hausmärchen. Ausgabe letzter Hand. Mit einem Anhang sämtlicher nicht in allen Auflagen veröffentlichter Märchen. Hg. v. Heinz Rölleke. Stuttgart: Reclam 1997.

Hugo von Hofmannsthal: Jedermann. Das Spiel vom Sterben des reichen Mannes. In: ders.: Gesammelte Werke in zehn Einzelbänden. Bd. 4: Dramen III 1893-1927. Hg. v. Bernd Schoeller in Beratung mit Rudolf Hirsch. Frankfurt/M.: S. Fischer 1979, S. 9-72.

Salman Rushdie: Midnight's Children. London: Vintage 1995.

—: East, West. London: Vintage 1995.

William Shakespeare: Complete Works. Ed. with a Glossary by W. J. Craig. London/New York/ Toronto: Oxford University Press 1974.

William Shakespeare: Das Trauerspiel, vom Macbeth. Übersetzt von Christoph Martin Wieland. URL: http://gutenberg.aol.de/shakespr/macbeth/macbeth.htm (05. 01. 1999).

Anne Germaine de Staël: Über Deutschland. Vollständige und neu durchgesehene Fassung der deutschen Erstausgabe von 1814 in der Gemeinschaftsübersetzung von Friedrich Buchholz, Samuel Heinrich Catel u. Julius Eduard Hitzig. Hg. u. mit einem Nachwort versehen v. Monika Bosse. Mit einem Register, Anmerkungen und einer Bilddokumentation. Frankfurt/M.: Insel 1985 (= it 623).

Vierundzwanzig Nô-Spiele. Ausgewählt und aus dem Japanischen übertragen von Peter Weber-Schäfer. Frankfurt/M.: Insel ^{2}1986.

Sekundärliteratur

A nos lecteurs. In: Annales d'histoire économique et sociale 1 (1929), Heft 1, S. 1-2.

Abraham, Pierre: Arts et sciences, témoins de l'histoire sociale. In: Annales d'histoire économique et sociale 3 (1931), S. 161-188.

Abrams, Philipp: History, Sociology and Historical Sociology. In: Past and Present 87 (1980), S. 3-16.

Acham, Karl: Neuere angelsächsische Theorien zur Geschichte. In: Geschichte heute, S. 190-223.

Ackermann, Irmgard: Germans Viewed As Foreign: The Representation of the ›Other‹ in *Ausländerliteratur*. In: World Literature Today 69 (1995), Heft 3, S. 528-532.

Albert, Hans: Zur Logik der Sozialwissenschaften: Die These der Seinsgebundenheit und die Methode der kritischen Prüfung. In: Archives Européennes de Sociologie 5 (1964), Heft 2, S. 241-254.

Albrecht, Richard: Alltagsleben – Variationen über einen neuen Forschungsbereich. In: Neue politische Literatur 26 (1981), Heft 1, S. 1-12.

Alles Gewordene hat Geschichte. Die Schule der ANNALES in ihren Texten 1929-1992. Hg. v. Matthias Middell u. Steffen Sammler. Mit einem Essay v. Peter Schöttler. Leipzig: Reclam 1994.

Alter, Peter: »Social History« und »History Workshop«. In: Geschichte und Gesellschaft 7 (1981), Heft 1, S. 142-148.

American History and the Social Sciences. Ed. Edward N. Saveth. New York/London: Free Press of Glencoe 1964.

Anderle, Othmar: Theoretische Geschichte. Betrachtungen zur Grundlagenkrise der Geschichtwissenschaft. In: Historische Zeitschrift 185 (1958), S. 1-54.

Anderson, Benedict: Die Erfindung der Nation. Zur Karriere eines folgenreichen Konzepts. Erweiterte Neuausgabe. Frankfurt/M./New York: Campus 1996 [Imagined Communities. Reflections on the Origin and Spread of Nationalism. London: Verso 1983].

Appadurai, Arjun: Globale ethnische Räume. Bemerkungen und Fragen zur Entwicklung einer transnationalen Anthropologie. In: Perspektiven der Weltgesellschaft, S. 11-40.

Apter, Emily: Comparative Exile. Competing Margins in the History of Comparative Literature. In: Comparative Literature in the Age of Multiculturalism, S. 86-96.

Arac, Jonathan: What Is the History of Literature? In: Modern Language Quarterly 54 (1993), S. 105-110.

Ariès, Philippe: Geschichte des Todes. München: dtv [7]1995 [frz. L'homme devant la mort. Paris: Éditions du Seuil 1978].

Au berceau des Annales. Le milieu strasbourgeois. L'histoire en France au début de XXe siècle. Actes du Colloque de Strasbourg (11-13 octobre 1979). Ed. Charles-Olivier Carbonell, Georges Livet. Toulouse: Presses de l'Institut d'Études Politiques de Toulouse 1983.

Au bout d'un an. In: Annales d'histoire économique et sociale 2 (1930), Heft 1, S. 1-3.

Austreibung des Geistes aus den Geisteswissenschaften. Programme des Poststrukturalismus. Hg. v. Friedrich A. Kittler. Paderborn u.a.: Schöningh 1980 (= UTB 1054).

Aymard, Maurice: Histoire et comparaison. In: Marc Bloch aujourd'hui, S. 271-278.

Bachmann-Medick, Doris: Einleitung. In: Kultur als Text, S. 7-64.

—: Kulturelle Spielräume. Drama und Theater im Licht ethnologischer Ritualforschung. In: Kultur als Text, S. 98-121.

—: Multikultur oder kulturelle Differenzen? Neue Konzepte von Weltliteratur und Übersetzung in postkolonialer Perspektive. In: Kultur als Text, S. 262-296.

—: »Writing Culture« – ein Diskurs zwischen Ethnologie und Literaturwissenschaft. In: kea 4 (1992), S. 1-20.

Balakian, Anna: Influence and Literary Fortune: The Equivocal Junction of Two Methods. In: Yearbook of Comparative and General Literature 11 (1962), S. 24-31.

—: Theorizing Comparison: The Pyramid of Similitude and Difference. In: World Literature Today 69 (1995), Heft 2, S. 263-267.

Baldensperger, Fernand: Ist die Literatur der Ausdruck der Gesellschaft? In: Deutsche Vierteljahresschrift für Literaturwissenschaft und Geistesgeschichte 7 (1929), S. 17-28.

Bargatzky, Thomas: Die Ethnologie und der Begriff der kulturellen Fremde. In: Kulturthema Fremdheit, S. 219-234.

Barner, Wilfried: Literaturwissenschaft – eine Geschichtswissenschaft? München 1990 (= Schriften des Historischen Kollegs 18).

Baschet, Jérôme: Images ou idoles? In: Annales E.S.C. 46 (1991), S. 347-352.

Baßler, Moritz: Einleitung: New Historicism – Literaturgeschichte als Poetik der Kultur. In: New Historicism, S. 7-29.

Bastide, Roger: Sociologie et littérature comparée. In: Cahiers internationaux de sociologie 17 (1954), Heft 2, S. 93-100.

Bauer, Gerhard: Theorie der Literatur in der Allgemeinen und Vergleichenden Literaturwissenschaft. In: Zur Theorie der Vergleichenden Literaturwissenschaft, S. 15-40.

Bausinger, Hermann: Erlebte Geschichte – Wege zur Alltagshistorie. In: Saeculum 43 (1992), S. 95-107.

Beck, Ulrich: Was ist Globalisierung? Irrtümer des Globalismus – Antworten auf Globalisierung. Frankfurt/M.: Suhrkamp [5]1998.
Beer, Samuel H.: The Comparative Method and the Study of British Politics. In: Comparative Politics 1 (1968/69), Heft 1, S. 19-36.
Bell, Daniel: Kultur und Bewußtsein in der postindustriellen Gesellschaft. In: Geschichte schreiben in der Postmoderne. Beiträge zur aktuellen Diskussion. Hg. v. Christoph Konrad u. Martina Kessel. Stuttgart: Reclam 1994, S. 58-70.
Bellah, Robert N.: Durkheim and History. In: Émile Durkheim. Ed. Robert A. Nisbet. Englewood Cliffs: Prentice-Hall 1965, S. 153-176.
Benjamin, Walter: Literaturgeschichte und Literaturwissenschaft. In: ders.: Gesammelte Schriften. Bd. 3: Kritiken und Rezensionen. Hg. v. Hella Tiedemann-Bartels. Frankfurt/M.: Suhrkamp 1972, S. 283-290.
—: Charles Baudelaire. Ein Lyriker im Zeitalter des Hochkapitalismus. Hg. u. mit einem Nachwort versehen v. Rolf Tiedemann. Frankfurt/M.: Suhrkamp [6]1992 (= stw 47).
—: Das Kunstwerk im Zeitalter seiner technischen Reproduzierbarkeit. In: ders.: Das Kunstwerk im Zeitalter seiner technischen Reproduzierbarkeit. Drei Studien zur Kunstsoziologie. Frankfurt/M.: Suhrkamp 1963 (= es 28), S. 7-44.
—: Die Aufgabe des Übersetzers. In: ders.: Illuminationen. Ausgewählte Schriften. Frankfurt/M.: Suhrkamp 1977, S. 50-62.
Benzing, Brigitta: Kunstethnologie. In: Ethnologie, S. 265-279.
Bernheim, Ernst: Lehrbuch der Historischen Methode. Mit Nachweis der wichtigsten Quellen und Hülfsmittel zum Studium der Geschichte. Leipzig: Duncker & Humblot [2]1894 [erstmals 1889].
Bertram, Thomas: Fernand Braudel und die Schule der »Annales«. In: Fernand Braudel: Schriften zur Geschichte 1, S. 7-13.
Best, Heinrich: Historische Sozialforschung als Erweiterung der Soziologie. Die Konvergenz sozialwissenschaftlicher und historischer Erkenntniskonzepte. In. Kölner Zeitschrift für Soziologie und Sozialpsychologie 40 (1988), S. 1-14.
Bhatti, Anil: Comparative Literature and the Social Focus. In: Journal of the School of Languages 2 (1974/75), Heft 1, S. 14-24.
Bichler, Reinhold: Die theoretische Einschätzung des Vergleichens in der Geschichtswissenschaft. In: Vergleichende Geschichtswissenschaft, S. 1-87.
Bilgrami, Akeel: Rushdie, Islam and Postcolonial Defensiveness. In: The Yale Journal of Criticism 4 (1990), Heft 1, S. 301-311.
Birn, Raymond: *Livre et société* after Ten Years. Formation of a Discipline. In: Studies on Voltaire and the Eighteenth Century 151 (1976), S. 287-312.
Birus, Hendrik: Goethes Idee der Weltliteratur. Eine historische Vergegenwärtigung. In: Weltliteratur heute, S. 5-28.
Bischoff, Volker: Grenzen und Möglichkeiten des Vergleichs. In: Sprachkunst 5 (1974), S. 159-169.
Bjornson, Richard: Literatur und menschliche Welt-Erkenntnis. In: The Future of Literary Scholarship/Die Zukunft der Literaturwissenschaft/L'avenir des sciences littéraires, S. 81-97.
Blasius, Dirk: Psychohistorie und Sozialgeschichte. In: Archiv für Sozialgeschichte 17 (1977), S. 383-403.
Bleicher, Thomas: Elemente einer komparatistischen Imagologie. In: Komparatistische Hefte 2 (1980), S. 12-24.
—: Imagologie zwischen Kulturwissenschaft und Literaturwissenschaft. In: Germanistentreffen Bundesrepublik Deutschland – Türkei, S. 195-212.
Bloch, Marc: Apologie pour l'histoire ou Métier d'historien. Paris: Colin 1946 [dt. Apologie der Geschichte oder der Beruf des Historikers. Stuttgart: Klett-Cotta 1974].
—: Comparaison. In: Revue de synthèse historique (1930), S. 31-39.

—: Pour une histoire comparée des sociétés européennes. In: Revue de synthèse historique 46 (1928), S. 15-50 [dt. Für eine vergleichende Geschichtsbetrachtung der europäischen Gesellschaften. In: Alles Gewordene hat Geschichte, S. 121-167].
—: Un problème d'histoire comparée: la ministerialité en France et en Allemagne. In: Mélanges historique. Bd. 1, S. 503-528.
—: Mémoire collective, tradition et coutume. À propos d'un livre récent. In: Revue de synthèse historique 40 (1925), S. 73-83.
—: Mélanges historiques. 2 Bde. Paris: S. E. V. P. E. N. 1963.
—: La société féodale. Paris 1939/40.
—: Un centre d'études en développement: l'Institut pour l'Étude comparative des Civilisation, à Oslo. In: Annales d'histoire économique et sociale 2 (1930), S. 83-85.
—: Un essai d'histoire comparée: Europe occidentale et Japon. In: Annales d'histoire économique et sociale 2 (1930), S. 136-137.
—: Instruments de recherches, périodiques, publications courantes. In: Annales d'histoire économique et sociale 8 (1936), S. 51-52.
Marc Bloch. Historiker und Widerstandskämpfer. Hg. v. Peter Schöttler. Frankfurt/M./New York: Campus 1999.
Marc Bloch. Aus der Werkstatt des Historikers. Zur Theorie und Praxis der Geschichtswissenschaft. Hg. v. Peter Schöttler. Frankfurt/M./New York: Campus 2000.
Marc Bloch aujourd'hui. Histoire comparée & sciences sociales. Paris: Édition de l'École des hautes études en sciences sociales 1990.
Marc Bloch, Lucien Febvre et les *Annales d'Histoire Économique et Sociales*. Correspondance. Tome premier: 1928-1933. Édition établie, présentée et annotée par Bertrand Müller. Paris: Fayard 1994.
M. Bloch, F. Braudel, L. Febvre u. a.: Schrift und Materie der Geschichte. Vorschläge zur systematischen Aneignung historischer Prozesse. Hg. v. Claudia Honegger. Frankfurt/M.: Suhrkamp 1977 (= edition suhrkamp 814).
Bloom, Harold: The Anxiety of Influence. Oxford: Oxford University Press 1973 [dt. Einflußangst. Eine Theorie der Dichtung. Frankfurt/M.: Stroemfeld 1995].
Bock, Kenneth E.: The Comparative Method of Anthropology. In: Comparative Studies in Society and History 8 (1965/66), S. 269-280.
—: Comparison of Histories. The Contribution of Henry Maine. In: Comparative Studies in Society and History 16 (1974), S. 232-262.
Böhme, Harmut: Der Historiker als Keltertreter. Ulrich Raulffs Studie über Marc Bloch. In: Neue Zürcher Zeitung, Nr. 144, 24./25. Juni 1995, S. 53.
Boerner, Peter: National Images and Their Place in Literary Research. Germany As Seen by Eighteenth-Century French and English Reading Audiences. In: Monatshefte für deutschen Unterricht 67 (1975), Heft 4, S. 358-370.
—: Das Bild vom anderen Land als Gegenstand literarischer Forschung. In: Sprache im technischen Zeitalter (1975), S. 313-321.
Bollmann, Stefan: Einführung in den Cyberspace. In: Kursbuch Neue Medien, S. 163-165.
Born, Karl Erich: Neue Wege der Wirtschafts- und Sozialgeschichte in Frankreich: Die Historikergruppe der ›Annales‹. In: Saeculum 15 (1964), S. 298-309.
Borscheid, Peter: Alltagsgeschichte – Modetorheit oder neues Tor zur Vergangenheit? In: Sozialgeschichte in Deutschland. Bd. 3, S. 78-100.
Bourdieu, Pierre: Zur Soziologie der symbolischen Formen. Frankfurt/M.: Suhrkamp 1991 (= stw 107).
Boureau, Alain: Propositions pour une histoire restreinte des mentalités. In: Annales E.S.C. 44 (1989), S. 1491-1504.
Brackert, Helmut/Stephan Fuchs-Jolie: Neuere Tendenzen in der Altgermanistik. URL: http://www.rlb.de/~fh/Tagungsband-Germanistik/vortrag-brackert.html (7. September 1999).

van den Braembussche, A. A.: Historical Explanation and Comparative Method. Toward a Theory of the History of Society. In: History and Theory 28 (1989), S. 2-24.
Brandtner, Günther: Strukturbegriff – Konzept der »longues Durées« – Ethnohistorie. In: Ethnohistorie und Kulturgeschichte, S. 229-235.
Braudel, Fernand: Lucien Febvre et l'histoire. In: Cahiers internationaux de sociologie 4 (1957), S. 15-20.
—: Schriften zur Geschichte 1. Gesellschaften und Zeitstrukturen. Stuttgart: Klett-Cotta 1992.
—: Schriften zur Geschichte 2. Menschen und Zeitalter. Stuttgart: Klett-Cotta 1993.
—: La méditerranée et le monde méditerranéen à l'époque de Philippe II. Paris 1949.
—: Geschichte und Sozialwissenschaften. Die *longue durée*. In: M. Bloch, F. Braudel, L. Febvre u. a. Schrift und Materie der Geschichte, S. 47-85 [frz. Histoire et sciences sociales. La longue durée. In: Annales E.S.C. 13 (1958), S. 725-753].
—: Zum Begriff der Sozialgeschichte. In: Schriften zur Geschichte 1, S. 167-182.
—: Marc Bloch. In: Schriften zur Geschichte 2, S. 359-364.
Brenner, Peter J.: Der Reisebericht in der deutschen Literatur. Ein Forschungsüberblick als Vorstudie zu einer Gattungsgeschichte. Tübingen: Niemeyer 1990 (= Internationales Archiv für Sozialgeschichte der deutschen Literatur, 2. Sonderheft).
—: Reisen in die Neue Welt. Die Erfahrung Nordamerikas in deutschen Reise- und Auswandererberichten des 19. Jahrhunderts. Tübingen: Niemeyer 1991 (= Studien und Texte zur Sozialgeschichte der Literatur 35).
—: Das Problem der Interpretation. Eine Einführung in die Grundlagen der Literaturwissenschaft. Tübingen: Niemeyer 1998 (= Konzepte der Sprach- und Literaturwissenschaft 58).
Breysig, Gertrud: Kurt Breysig. Heidelberg: Stiehm 1967.
Breysig, Kurt: Kulturgeschichte der Neuzeit. Vergleichende Entwicklungsgeschichte der führenden Völker Europas und ihres sozialen und geistigen Lebens. 2 Bde. Berlin: Bondi 1900.
—: Der Stufenbau und die Gesetze der Weltgeschichte. Stuttgart/Berlin: J. G. Cotta'sche Buchhandlung und Nachfolger ^{2}1927.
—: Vom geschichtlichen Werden. Umrisse einer zukünftigen Geschichtslehre. 3 Bde. Stuttgart/Berlin: J. G. Cotta'sche Buchhandlung und Nachfolger 1925-1928.
—: Aus meinen Tagen und Träumen. Hg. v. Gertrud Breysig u. Michael Landmann. Berlin: de Gruyter 1962.
vom Brocke, Bernhard: Kurt Breysig. In: Deutsche Historiker. Bd. 5, S. 95-116.
Brodsky Lacour, Claudia: Grounds of Comparison. In: World Literature Today 69 (1995), Heft 2, S. 271-274.
Bromberger, Christian: Fussball als Weltsicht und als Ritual. In: Ritualtheorien, S. 285-301.
Bromley, Roger: Cultural Studies gestern und heute. In: Cultural Studies, S. 9-24.
Brückner, Wolfgang: Popular Culture. Konstrukt, Interpretament, Realität. Anfragen zur historischen Methodologie und Theoriebildung aus der Sicht der mitteleuropäischen Forschung. In: Ethnologia Europaea 14 (1984), S. 14-24.
Brüggemann, Fritz: Literaturgeschichte als Wissenschaft auf dem Grunde kulturgeschichtlicher Erkenntnis im Sinne Karl Lamprechts. In: Zeitschrift für deutsche Bildung 2 (1926), Heft 10, S. 469-479.
Brunel, Pierre: L'usage de la comparaison en littérature comparée. In: Europa provincia mundi, S. 3-11.
Brunel, Pierre/Claude Pichois/André-Michel Rousseau: Qu'est-ce que la littérature comparée? Paris: Colin ^{3}1983.
Brunkhorst, Martin: Fugard, Soyinka und die attische Tragödie. Über die Bedingungen der Möglichkeit eines Konzeptes von Weltliteratur. In: Weltliteratur heute, S. 29-48.
Brunner, Karl: Einführung in den Umgang mit Geschichte. Wien: Literas ^{2}1991.

Brunner, Otto: Sozialgeschichtliche Forschungsaufgaben, erörtert am Beispiel Niederösterreichs. In: Anzeiger der Österreichischen Akademie der Wissenschaften, philosophisch-historische Klasse 85 (1948), Nr. 23, S. 335-362.
—: Zum Problem der Sozial- und Wirtschaftsgeschichte. In: Zeitschrift für Nationalökonomie 7 (1936), S. 671-685.
Budagowa, L.: Die Aneignung der Erfahrungen anderer Nationen als Faktor literarischer Entwicklung. In: Kunst und Literatur (Berlin) 19 (1971), Heft 11, S. 1203-1208.
Bürger, Peter: Aktualität und Geschichtlichkeit. Studien zum gesellschaftlichen Funktionswandel der Literatur. Frankfurt/M.: Suhrkamp 1977 (= edition suhrkamp 879).
Burguière, André: Der Begriff der ›Mentalitäten‹ bei Marc Bloch und Lucien Febvre: zwei Auffassungen, zwei Wege. In: Mentalitäten-Geschichte, S. 33-49.
—: Historische Anthropologie. In: Die Rückeroberung des historischen Denkens, S. 62-102.
Burguière, André: Historische Anthropologie. In: Die Rückeroberung des historischen Denkens, S. 62-102.
Burke, Peter: Popular Culture between History and Ethnology. In: Ethnologia Europaea 14 (1984), S. 5-13.
—: The *Annales* in Global Context. In: International Review of Social History 35 (1990), S. 421-432.
Busse, Dietrich/Wolfgang Teubert: Ist Diskurs ein sprachwissenschaftliches Objekt? Zur Methodenfrage der historischen Semantik. In: Begriffsgeschichte und Diskursgeschichte. Methodenfragen und Forschungsergebnisse der historischen Semantik. Hg. v. Dietrich Busse, Fritz Hermanns u. Wolfgang Teubert. Opladen: Westdeutscher Verlag 1994, S. 10-28.
Cacciatore, Giuseppe: Karl Lamprecht und die »Kulturgeschichte«. Nachdenken über die überlieferten Paradigmen der Theorie der Geschichte. In: Comparativ 1 (1992), S. 79-91.
Carré, Jean-Marie: Les écrivains français et le mirage allemand. Paris: Boivin 1947.
Chartier, Roger: Die unvollendete Vergangenheit. Geschichte und die Macht der Weltauslegung. Aus dem Französischen v. Ulrich Raulff. Frankfurt/M.: Fischer Taschenbuch Verlag 1992.
—: Gesellschaftliche Figuration und Habitus. Nobert Elias und *Die höfische Gesellschaft*. In: ders.: Die unvollendete Vergangenheit, S. 44-69.
—: Zeit der Zweifel. Zum Verständnis gegenwärtiger Geschichtsschreibung. In: Neue Rundschau 105 (1994), Heft 1, S. 9-20.
—: Geistesgeschichte oder *histoire des mentalités*? In: Geschichte denken. Neubestimmungen und Perspektiven moderner europäischer Geistesgeschichte. Hg. v. Dominick LaCapra u. Steven L. Kaplan. Frankfurt/M.: Fischer Taschenbuch Verlag 1988, S. 11-42.
Chaunu, Pierre: La mort à Paris aux XVIe, XVIIe, XVIIIe siècles. Paris 1978.
—: Un nouveau champ pour l'histoire sérielle: le quantitatif au troisième niveau. In: Mélanges en l'honneur de Fernand Braudel. Bd. 2, S. 105-125.
—/Georges Duby/Jacques Le Goff/Michelle Perrot: Leben mit der Geschichte. Vier Selbstbeschreibungen. Hg. u. mit einem Vorwort versehen v. Pierre Nora. Frankfurt/M.: S. Fischer 1989 [erstmals Paris: Gallimard 1987].
Chevrel, Yves: Le discours de la critique sur les œuvres étrangères: littérature comparée, esthétique de la réception et histoire littéraire nationale. In: Romanistische Zeitschrift für Literaturgeschichte 1 (1973), Heft 3, S. 336-352.
—: La littérature comparée. Paris: Presses Universitaires de France ^{3}1995.
—: Littérature comparée et histoire des mentalités. Concurrence ou collaboration? In: Comparative Literature Now, S. 51-63.
Chickering, Roger: Young Lamprecht. An Essay in Biography and Historiography. In: History and Theory 28 (1989), S. 198-214.
Christiansen; Palle Ove: Interdisciplinary Studies and Conceptual Eclecticism. On Historical Anthropology, the History of Everyday Life and the Study of Life-Modes. In: Ethnologia Europaea 14 (1984), S. 32-43.
Cioranescu, Alexandre: Imitation et influence ou l'insufficance de deux notions. In: Actes AILC 4 (1966), Heft 2, S. 917-921.

Clark, Priscilla et al.: The Comparative Method. Sociology and the Study of Literature. In: Yearbook of Comparative and General Literature 23 (1974), S. 5-28.
—: Literature and Society. A Comparatist Perspective. In: Yearbook of Comparative and General Literature 32 (1983), S. 85-92.
Clemen, Wolfgang: Was ist literarischer Einfluß? In: Neusprachliche Mitteilungen aus Wissenschaft und Praxis 21 (1968), S. 139-147.
Clifford, James: Über ethnographische Autorität. In: Kultur, soziale Praxis, Text, S. 109-157.
Clough, Shepard B.: The Social Sciences in Historical Study in the United States. In: Mélanges en l'honneur de Fernand Braudel. Bd. 2, S. 128-134.
Comparative Literature in the Age of Multiculturalism. Ed. Charles Bernheimer. Baltimore/London: Johns Hopkins University Press 1995.
Comparative Literature Now. Theories and Practice / La littérature comparée à l'heure actuelle. Théories et réalisations. Selected papers / Contributions choisies du Congrès de l'Association Internationale de Littérature comparée, tenu à l'Université d'Alberta en 1994. Hg. v. Steven Tötösy de Zepetnek, Milan V. Dimic, Irene Sywenky. Paris: Champion 1999.
Conze, Werner: Social History. In: Journal of Social History 1 (1967), S. 7-16.
—: Sozialgeschichte. In: Moderne deutsche Sozialgeschichte, S. 19-26.
—: Was ist Sozialgeschichte? In: Deuxième Conférence Internationale d'Histoire Économique. Aix-en-Provence 1962; Paris 1965, S. 819-823.
—: Sozialgeschichte in der Erweiterung. In: Neue politische Literatur 19 (1974), S. 501-508.
—: Die Stellung der Sozialgeschichte in Forschung und Unterricht. In: Geschichte in Wissenschaft und Unterricht 3 (1952), S. 648-657.
Coutau-Bégarie, Hervé: Le phénomène nouvelle histoire. Grandeur et décadence de l'école des ›Annales‹. Paris: Economica ^{2}1989.
Crozier, Dorothy: History and Anthropology. In: International Social Science Journal 17 (1965), Heft 4, S. 561-570.
Culler, Jonathan: Comparibility. In: World Literature Today 69 (1995), Heft 2, S. 268-270.
Cultural Studies. Grundlagentexte zur Einführung. Hg. v. Roger Blomley, Udo Göttlich, Carsten Winter. Lüneburg: zu Klampen 1999.
Dahrendorf, Ralf: Anmerkungen zur Globalisierung. In: Perspektiven der Weltgesellschaft, S. 41-54.
Danneberg, Lutz/Hans-Harald Müller: Verwissenschaftlichung der Literaturwissenschaft. Ansprüche, Strategien, Resultate. In: Zeitschrift für allgemeine Wissenschaftstheorie 10 (1979), S. 162-191.
Darnton, Robert: Glänzende Geschäfte. Die Verbreitung von Diderots ›Encyclopedie‹ oder: Wie verkauft man Wissen mit Gewinn? Aus d. Engl. u. Frz. v. Horst Günther. Frankfurt/M.: Fischer Taschenbuch Verlag 1998 [The Business of Enlightenment. A Publishing History of the Encyclopédie 1775-1800. Cambridge, Mass./London: Harvard University Press 1979].
—: Der Kuß des Lamourette. Kulturgeschichtliche Betrachtungen. Aus dem Amerikanischen von Jörg Trobitius. München/Wien: Hanser 1998.
—: Was ist die Geschichte des Buches? In: ders.: Der Kuß des Lamourette, S. 66-97.
—: Das große Katzenmassaker. Streifzüge durch die französische Kultur vor der Revolution. München/Wien: Hanser 1989 [The Great Cat Massacre and Other Episodes in French Cultural History. New York: Basic Books 1984].
Das Bild vom Anderen. Identitäten, Mentalitäten, Mythen und Stereotypen in multiethnischen europäischen Regionen. Hg. v. Valeria Heuberger, Arnold Suppan, Elisabeth Vyslonzil. Frankfurt/M. u. a.: Lang 1998.
Dédéyan, Charles: La littérature comparée. In: Révue de l'Enseignement Supérieure (1959), Heft 1, S. 126-130.
Degler, Carl N.: Comparative History: An Essay Review. In: Journal of Southern History 34 (1968), Heft 3, S. 425-430.

Dekonstruktiver Feminismus. Literaturwissenschaft in Amerika. Hg. v. Barbara Vinken. Frankfurt/M.: Suhrkamp 1992 (= edition suhrkamp 1678).

Deligiorgis, Stavros: Systematics of Communication between Literary Comparatism and the Social Sciences. In: Actes AILC 6 (1975), S. 489-495.

Demm, Eberhard: Neue Wege der amerikanischen Geschichtswissenschaft. In: Saeculum 2 (1971), S. 342-376.

Demoulin, Robert: Henri Pirenne et la naissance des Annales. In: Au berceau des Annales, S. 271-277.

DePillis, Mario: Trends in American Social History and the Possibilities of Behavioral Approaches. In: Journal of Social History 1 (1967/68), Heft 1, S. 37-60.

Deutsch, Robert: Die Psychohistorie als Geschichte einer Innovation. In: Schweizerische Zeitschrift für Geschichte 36 (1986), Heft 2, S. 215-230.

Deutsche Historiker. Hg. v. Hans-Ulrich Wehler. Bd. 2. Göttingen: Vandenhoeck & Ruprecht 1971 (= Kleine Vandenhoeck-Reihe 334/335/336); Bd. 3. Göttingen: Vandenhoeck & Ruprecht 1972 (= Kleine Vandenhoeck-Reihe 343/344/345); Bd. 5. Göttingen: Vandenhoeck & Ruprecht 1972 (= Kleine Vandenhoeck-Reihe 349/350/351).

Dinzelbacher, Peter: Zu Theorie und Praxis der Mentalitätsgeschichte. In: Europäische Mentalitätsgeschichte, S. XV-XXXVII.

Diskurse und Entwicklungspfade. Der Gesellschaftsvergleich in den Geschichts- und Sozialwissenschaften. Hg. v. Harmut Kaelble u. Jürgen Schriewer. Frankfurt/M./New York: Campus 1999.

Dockhorn, Klaus: Deutscher Geist und angelsächsische Geistesgeschichte. Ein Versuch der Deutung ihres Verhältnisses. Göttingen: Musterschmidt 1954 (= Göttinger Bausteine zur Geschichtswissenschaft).

Dolanský, Julius: Der sogenannte literarische ›Einfluß‹ und die künstlerische Originalität als unerläßliche Voraussetzung für jede Entwicklung und Gemeinsamkeit aller Literaturen der Welt. In: Actes AILC 4 (1962), Bd. 2, S. 1283-1288.

Dollinger, Philippe: Notre maître Marc Bloch. L'historien et sa méthode. In: Revue d'histoire économique et sociale 27 (1948/49), S. 109-126.

Dressel, Gert: Historische Anthropologie. Eine Einführung. Mit einem Vorwort von Michael Mitterauer. Wien/Köln/Weimar: Böhlau 1996.

Duby, Georges: Über einige Grundtendenzen der modernen französischen Geschichtswissenschaft. In: Historische Zeitschrift 241 (1985), Heft 3, S. 543-554.

—: Saint Bernard, l'art cistercien. Paris: Flammarion 1979 [dt. Der heilige Bernhard und die Kunst der Zisterzienser. Frankfurt/M.: Fischer Taschenbuch Verlag 1993].

—: L'histoire des mentalités. In: L'Histoire et ses méthodes, S. 937-966.

—: Aux origines d'un système de classification sociale. In: Mélanges en l'honneur de Fernand Braudel. Bd. 2, S. 183-188.

—/Guy Lardeau: Geschichte und Geschichtswissenschaft. Dialoge. Frankfurt/M.: Suhrkamp 1982 (= stw 409) [frz. Dialogues. Paris: Flammarion 1980].

Duchet, Michèle/Emmanuel Le Roy Ladurie: Histoire et littérature. Questions de méthode. In: Dix-huitième siècle 5 (1973), S. 49-58.

Durkheim, Emile: Die Regeln der soziologischen Methode. Frankfurt/M.: Suhrkamp 1984 (= stw 464).

Dutu, Alexandru: La fiction littéraire et l'imaginaire: une histoire à geometrie variable. In: Europa provincia mundi, S. 143-149.

—: Modèles, images, comparaisons. In: Synthesis 3 (1976), S. 5-10.

—: L'histoire des mentalités et la comparaison des cultures. In: Revue Roumaine d'Histoire 22 (1983), Heft 4, S. 293-301.

Duvignaud, Jean: Situation dramatique et situation sociale. In: Cahiers internationaux de sociologie 11 (1964), S. 47-56.

Dyserinck, Hugo: Zum Problem der ›images‹ und ›mirages‹ und ihrer Untersuchung im Rahmen der Vergleichenden Literaturwissenschaft. In: arcadia 1 (1966), S. 107-120.

—: Komparatistische Imagologie jenseits von »Werkimmanenz« und »Werktranszendenz«. In: Synthesis 9 (1982), S. 27-40.
Ehmer, Josef/Albert Müller: Sozialgeschichte in Österreich. Traditionen, Entwicklungsstränge und Innovationspotential. In: Sozialgeschichte im internationalen Überblick, S. 109-140.
Ehrard, Jean/Guy P. Palmade: L'Histoire. Paris: Colin ^{3}1965.
von Einem, Heinrich et al.: Der Strukturbegriff in den Geisteswissenschaften. Mainz: Verlag der Akademie der Wissenschaften und der Literatur 1973.
Elbert, Janos: Comparative Literature and History. In: The New Hungarian Quarterly 28 (1977), S. 124-126.
Elliott, Alan J. A.: Cultural Relations as a Field for Study and Research. In: International Social Science Journal 17 (1965), Heft 4, S. 657-664.
Elwert, Georg: Ethnologische Artefakte und die theoretische Aufgabe der empirischen Sozialwissenschaften. In: Saeculum 40 (1989), S. 149-160.
Emerson, Rupert: The Problem of Identity, Selfhood, and Image in the New Nations. The Situation in Africa. In: Comparative Politics 1 (1968/69), Heft 3, S. 297-312.
Englische Literaturgeschichte. Hg. v. Hans Ulrich Seeber. Stuttgart: Metzler 1991.
Epochenschwellen und Epochenstrukturen im Diskurs der Literatur- und Sprachhistorie. Hg. v. Hans Ulrich Gumbrecht. Frankfurt/M.: Suhrkamp 1985 (= stw 486).
Erbe, Michael: Historisch-anthropologische Fragestellungen der Annales-Schule. In: Historische Anthropologie, S. 19-31.
—: Die Kunstgeschichte in der Sicht der ›Annales‹-Historie. In: Kunst und Alltagskultur. Hg. v. Jutta Held. Köln: Pahl-Rugenstein 1981 (= Kleine Bibliothek 238), S. 45-54.
—: Zur neueren französischen Sozialgeschichtsschreibung. Die Gruppe um die »Annales«. Darmstadt: Wissenschaftliche Buchgesellschaft 1979 (= Erträge der Forschung 110).
Erdmann, Karl Dietrich: Die Ökumene der Historiker. Geschichte der Internationalen Historikerkongresse und des Comité International des Sciences Historiques. Göttingen: Vandenhoeck & Ruprecht 1987 (= Abhandlungen der Akademie der Wissenschaften in Göttingen 158).
Eribon, Didier: Michel Foucault. Eine Biographie. Frankfurt/M.: Suhrkamp 1993 (= st 2226).
Erkenntnis der Literatur. Hg. v. Dietrich Harth u. Peter Gebhardt. Stuttgart: Metzler 1982.
Escarpit, Robert: Les methodes de la sociologie littéraire. In: Actes AILC 2 (1959), Bd. 1, S. 142-149.
—: ›Creative Treason‹ as a Key to Literature. In: Yearbook of Comparative and General Literature 10 (1961), S. 16-21.
Espagne, Michel: Sur les limites du comparatisme en histoire culturelle. In: Genèses 4 (1994), S. 112-121.
Ethnohistorie und Kulturgeschichte. Ein Studienbehelf. Hg. v. Karl R. Wernhart. Wien/Köln: Böhlau 1986 (= Böhlau-Studien-Bücher; Aspekte der Ethnologie 1).
Ethnologie. Einführung und Überblick. Hg. v. Hans Fischer. Berlin/Hamburg: Reimer ^{3}1992.
Etiemble, René: Comparaison n'est pas raison. La crise de la littérature comparée. Paris: Gallimard 1963 (= Les essais 109).
Europa provincia mundi. Essays in Comparative Literature and European Studies offered to Hugo Dyserinck on the Occasion of his sixty-fifth Birthday. Hg. v. Joep Leerssen u. Karl Ulrich Syndram. Amsterdam/Atlanta: Rodopi 1992.
Europäische Mentalitätsgeschichte. Hauptthemen in Einzeldarstellungen. Hg. v. Peter Dinzelbacher. Stuttgart: Kröner 1993 (= Kröners Taschenausgabe 469).
Evans, Richard J.: Die »History Workshop«-Bewegung in England. In: Geschichte entdecken, S. 37-45.
Evand-Pritchard, E. E.: Anthropology and History. A Lecture. Manchester: Manchester University Press 1961.
Fabian, Johannes: Präsenz und Repräsentation. Die Anderen und das anthropologische Schreiben. In: Kultur, soziale Praxis, Text, S. 335-364.
—: Time and the Other. How Anthropology Makes Its Object. New York: Columbia University Press 1983.

—: Time and the Work of Anthropology. Critical Essays 1971-1991. Chur: Harwood Academic Publications 1991.

Faire de l'histoire. Ed. Pierre Nora et Jacques Le Goff. 3 vols. Paris: Gallimard 1974.

Faßler, Manfred: Netzwerke. Einführung in die Netzstrukturen, Netzkulturen und verteilte Gesellschaftlichkeit. München: Fink 2001 (= UTB 2211).

Febvre, Lucien: A nos lecteurs, à nos amis. Face au vent. Manifeste des *Annales* nouvelles. In: Annales Économies – Sociétés – Civilisations 1 (1946), Heft 1, S. 1-8.

—: De la Revue de synthèse aux Annales. Henri Berr ou un demi-siècle de travail au service de l'Histoire. In: Annales E.S.C. 7 (1952), Heft 3, S. 289-292.

—: Combats pour l'histoire. Paris: Colin 1965.

—: De Lanson à Daniel Mornet – un renoncement? In: ders.: Combats pour l'histoire, S. 263-268.

—: Le problème de l'incroyance au XVIe siècle: la religion de Rabelais. Paris 1942.

—: Vingt ans après. In: Annales E.S.C. 4 (1949), Heft 1, S. 1-3.

—: Antoine Meillet et l'Histoire. La Grèce ancienne à travers sa langue. In: ders.: Combats pour l'histoire, S. 158-168.

—: Das Gewissen des Historikers. Hg. u. aus dem Französischen v. Ulrich Raulff. Berlin: Wagenbach 1988.

—: Marc Bloch. In: ders.: Das Gewissen des Historikers, S. 223-233.

—: Sprache, Grundstoff der Geschichte. In: ders.: Das Gewissen des Historikers, S. 207-209.

—: Geschichte und Psychologie. In: ders.: Das Gewissen des Historikers, S. 79-90.

—: Sensibilität und Geschichte. In: ders.: Das Gewissen des Historikers, S. 91-107.

Fiktion des Fremden. Erkundung kultureller Grenzen in Literatur und Publizistik. Hg. v. Dietrich Harth. Frankfurt/M.: Fischer Taschenbuch Verlag 1994.

Fink, Carole: Marc Bloch. A Life in History. Cambridge: Cambridge University Press 1989.

Fink-Eitel, Hinrich: Michel Foucaults Analytik der Macht. In: Austreibung des Geistes aus den Geisteswissenschaften, S. 38-78.

—: Foucault zur Einführung. Hamburg: Junius ^{2}1992 (= Zur Einführung 48).

Finnegan, Ruth: Oral Literatur in Africa. Nairobi: Oxford University Press 1976.

Fischer, E./N. Zanolli: Das Problem der Kulturdarstellung. Vorschläge zur Methode der Ethnographie. In: Soziologus 18 (1968), Heft 1, S. 1-20.

Fischer, Hans: Was ist Ethnologie? In: Ethnologie. Einführung und Überblick, S. 3-22.

Fischer, K.: Der historische Positivismus Kurt Breysigs (1866-1940). Rostock: phil. Diss. 1969.

Fischer, Manfred S.: Nationale Images als Gegenstand Vergleichender Literaturgeschichte. Untersuchungen zur Entstehung der komparatistischen Imagologie. Bonn: Bouvier 1981 (= Aachener Beiträge zur Komparatistik 6).

Fleischmann, Wolfgang Bernard: Das Arbeitsgebiet der Vergleichenden Literaturwissenschaft. In: arcadia 1 (1966), S. 221-230.

Fletcher, John: Comparative Literature and the Sociology of Art. In: Cahiers d'études littéraires (1980), S. 55-66.

Fluck, Winfried: Die ›Amerikanisierung‹ der Geschichte im *New Historicism*. In: New Historicism, S. 229-250.

Flusser, Vilém: Die Schrift. Hat Schreiben Zukunft? Göttingen: European Photography ^{4}1992.

—: Kommunikologie. Hg. v. Stefan Bollmann u. Edith Flusser. Frankfurt/M.: Fischer Taschenbuch Verlag 1998.

Foucault, Michel: Archäologie des Wissens. Frankfurt/M.: Suhrkamp ^{7}1995 (= stw 356).

—: Die Ordnung des Diskurses. Frankfurt/M.: Fischer Taschenbuch Verlag 1994.

—: Der Mensch ist ein Erfahrungstier. Gespräch mit Ducio Trombadori. Frankfurt/M.: Suhrkamp 1996 (= stw 1274).

—: Was ist ein Autor? In: ders.: Schriften zur Literatur. Frankfurt/M.: Fischer Taschenbuch Verlag 1993, S. 7-31.

Frank, Armin Paul: Einführung in die britische und amerikanische Literaturkritik und -theorie. Darmstadt: Wissenschaftliche Buchgesellschaft 1983.
Frederickson, George M.: Giving a Comparative Dimension to American History: Problems and Opportunities. In: Journal of Interdisciplinary History 16 (1985), Heft 1, S. 107-110.
—: From Exceptionalism to Variability. Recent Developments in Cross-National Comparative History. In: The Journal of American History 82 (1995), Heft 2, S. 587-604.
Freud, Sigmund: Das Unheimliche. In: ders.: Psychologische Schriften. Frankfurt/M.: S. Fischer 1970 (= Studienausgabe 4), S. 243-274.
Freyer, Hans: Soziologie und Geschichtswissenschaft. In: Geschichte in Wissenschaft und Unterricht 3 (1952), S. 14-20.
Frühwald, Wolfgang: Die Ehre der Geringen. Ein Versuch zur Sozialgeschichte literarischer Texte im 19. Jahrhundert. In: Geschichte und Gesellschaft 9 (1983), S. 69-86.
Fuchs, Eckhardt: Englischer Methodenstreit und Lamprechtkontroverse in vergleichender Perspektive. In: Karl Lamprecht weiterdenken, S. 242-257 [erstmals in Comparativ 1 (1992), S. 41-53].
Fuchs, Martin/Eberhard Berg: Phänomenologie der Differenz. Reflexionsstufen ethnographischer Repräsentation. In: Kultur, soziale Praxis, Text, S. 11-108.
Fügen, Hans Norbert: Die Hauptrichtungen der Literatursoziologie. Ein Beitrag zur literatursoziologischen Theorie. Bonn: Bouvier ^{2}1966 (= Abhandlungen zur Kunst-, Musik- und Literaturwissenschaft 21).
—: Wege der Literatursoziologie. Neuwied/Bern: Luchterhand 1968.
—: Max Weber mit Selbstzeugnissen und Bilddokumenten. Reinbek: Rowohlt 1991 (= rowohlts monographien 216).
Furet, François: Die quantitative Buchgeschichte und die Konstruktion der historischen Tatsache. In: M. Bloch, F. Braudel, L. Febvre u. a. Schrift und Materie der Geschichte, S. 86-107 [frz. L'histoire quantitative et la construction du fait historique. In: Annales E.S.C. 26 (1971), S. 63-75].
—: Histoire du livre dans la société moderne: recherches, méthodes, problématique. In: Revue roumaine d'histoire 9 (1970), Heft 1, S. 507-516.
—: Livre et société dans la France du XVIIIe siècle. Paris 1970.
—/Jacques Le Goff: Histoire et Ethnologie. In: Mélanges en l'honneur de Fernand Braudel. Bd. 2, S. 227-243.
Gall, Lothar: Georg Gottfried Gervinus. In: Deutsche Historiker. Bd. 5, S. 7-15.
—: Theodor Schieder 1908-1984. In: Historische Zeitschrift 241 (1985), S. 1-25.
Galluci, Margaret A.: Interview with Stephen Greenblatt. URL: http://tonno.tesre.bo.cnr./it/~mala/Thesis/append.htm (13. Jänner 1997).
Gebauer, Gunter u.a.: Historische Anthropologie. Zum Problem der Humanwissenschaften heute oder Versuche einer Neubegründung. Reinbek: Rowohlt 1989 (= rowohlts enzyklopädie 486).
Geertz, Clifford: Die künstlichen Wilden. Der Anthropologe als Schriftsteller. Aus dem Amerikanischen v. Martin Pfeiffer. Frankfurt/M.: Fischer Taschenbuch Verlag 1993.
Geiger, Theodor: Ideologie und Wahrheit. Wien 1953.
—: Die soziale Schichtung des deutschen Volkes. Stuttgart 1967.
Geist und Gesellschaft. Kurt Breysig zu seinem 60. Geburtstag. Hg. v. R. Peters u. a. Berlin 1928.
Gemelli, Giuliana: Fernand Braudel. Paris: Éditions Odile Jacob 1995.
van Gennep, Arnold: Übergangsriten (Les rites de passage). Aus dem Französischen von Klaus Schomburg u. Sylvia M. Schomburg-Scherff. Frankfurt/M./New York: Campus; Paris: Edition de la Maison des Sciences de l'Homme 1986.
Georgiev, Nikola: Die Ehe der Literatur mit der Welt. Weltliteratur zwischen Utopie und Heterotopie. In: Weltliteratur heute, S. 75-83.
Gerigk, Horst-Jürgen: Vergleichende Literaturwissenschaft – Was ist das? In: Deutsche Gesellschaft für Allgemeine und Vergleichende Literaturwissenschaft. Mitteilungen 1995, S. 19-32.

Germanistentreffen Bundesrepublik Deutschland – Türkei: 25. 9.-29. 9. 1994. Dokumentation der Tagungsbeiträge. Bonn: DAAD 1995.
Geschichte entdecken. Erfahrungen und Projekte der neuen Geschichtsbewegung. Hg. v. Hannes Heer u. Volker Ullrich. Reinbek: Rowohlt 1985.
Geschichte heute. Positionen, Tendenzen und Probleme. Hg. v. Gerhard Schulz. Göttingen: Vandenhoeck & Ruprecht 1973.
Geschichte und Psychoanalyse. Hg. v. Hans-Ulrich Wehler. Köln: Kiepenheuer & Witsch 1971.
Geschichte und Soziologie. Hg. v. Hans-Ulrich Wehler. Königstein/Ts.: Athenäum ^{2}1984 (= Athenäum-Taschenbücher 7247).
Geschichte und Vergleich. Ansätze und Ergebnisse international vergleichender Geschichtsschreibung. Hg. v. Heinz-Gerhard Haupt u. Jürgen Kocka. Frankfurt/M./New York: Campus 1996.
Geschichte zwischen Kultur und Gesellschaft. Beiträge zur Theoriedebatte. Hg. v. Thomas Mergel u. Thomas Welskopp. München: C. H. Beck 1997 (= Beck'sche Reihe 1211).
Geschichtsdiskurs. Hg. v. Wolfgang Küttler, Jörn Rüsen u. Ernst Schulin. Bd. 1: Grundlagen und Methoden der Historiographiegeschichte. Frankfurt/M.: Fischer Taschenbuch Verlag 1993; Bd. 2: Anfänge des modernen historiographischen Denkens. Frankfurt/M.: Fischer Taschenbuch Verlag 1994; Bd. 3: Strategien einer Historiographiegeschichte. Frankfurt/M.: Fischer Taschenbuch Verlag 1997; Bd. 4: Krisenbewußtsein, Katastrophenerfahrungen und Innovation 1880-1945. Frankfurt/M.: Fischer Taschenbuch Verlag 1997; Bd. 5: Globale Konflike, Erinnerungsarbeit und Neuorientierungen sei 1945. Frankfurt/M.: Fischer Taschenbuch Verlag 1999.
Was ist Gesellschaftsgeschichte? Positionen, Themen, Analysen. Hg. v. Manfred Hettling et al. München: C. H. Beck 1991.
Gillespie, Gerald: Auf den multikulturellen Irrwegen der amerikanischen Komparatistik. Kontrast und Mahnbild für ein junges Europa. In: Weltliteratur heute, S. 85-99.
—: The Example and Promise of Comparative Literature. In: ICLA Bulletin 17 (1997), Heft 1-2, S. 49-54.
Ginzburg, Carlo: Mentalität und Ereignis. Über die Methode bei Marc Bloch. In: ders.: Spurensicherungen. Über verborgene Geschichte, Kunst und soziales Gedächtnis. Berlin: Wagenbach 1983, S. 126-148.
—: Der Käse und die Würmer. Die Welt eines Müllers um 1600. Berlin: Wagenbach 1983.
—: Fiction as Historical Evidence: A Dialogue in Paris, 1646. In: The Yale Journal of Criticism 5 (1992), Heft 2, S. 165-178.
Gölter, Waltraud: »...die Formulierung muss Gesang werden«. Die Tagebücher von Michel Leiris. In: Neue Zürcher Zeitung, Nr. 123, 31. 05./01. 06. 1997, S. 53.
Goldberg, David Theo: Multiculturalism. A Critical Reader. Oxford: Blackwell 1994.
Goldmann, Lucien: Der verborgene Gott. Studie über die tragische Weltanschauung in den ›Pensées‹ Pascals und im Theater Racines. Frankfurt/M.: Suhrkamp 1985.
Gombrich, Ernst: Art and Illusion. A Study in the Psychology of Pictorial Representation. London: Phaidon Press 1972.
Goody, Jack: Local Knowledge and Knowledge of Locality: The Desirability of Frames. In: The Yale Journal of Criticism 5 (1992), Heft 2, S. 137-147.
Grabovszki, Ernst: The impact of globalization and the new media on the notion of world literature. In: CLCWeb. Comparative Literature and Culture 1.3 (1999), URL: http://clcwebjournal.lib.purdue.edu/clcweb99-3/grabovszki99.html.
—: Rohstofflager der Zukunft. In: Anzeiger 135 (2000), S. 4-6.
Graeber, Wilhelm: Wandel der kulturellen Fremderfahrung. In: Die literarische Übersetzung als Medium der Fremderfahrung. Hg. v. Fred Lönker. Berlin: Schmidt 1992 (= Göttinger Beiträge zur Internationalen Übersetzungsforschung 6), S. 71-86.
Grandel, Hartmut: Henry James in der deutschen Literaturkritik. Die zeitgenössische Rezeption von 1875-1916. Frankfurt/M.: Lang 1975 (= Studien und Texte zur Amerikanistik 3).

Green, Nancy L.: *L'histoire comparative et le champ des études migratoires. In: Annales E.S.C.* 35 (1990), S. 1335-1350.
Greene, Roland: American Comparative Literature: Reticence and Articulation. In: World Literature Today 69 (1995), Heft 2, S. 293-298.
Greenblatt, Stephen: Verhandlungen mit Shakespeare. Innenansichten der englischen Renaissance. Frankfurt/M.: Fischer Taschenbuch Verlag 1990.
—: Einleitung: Die Zirkulation sozialer Energie. In: ders.: Verhandlungen mit Shakespeare, S. 9-33.
—: Unsichtbare Kugeln. In: ders.: Verhandlungen mit Shakespeare, S. 34-88.
—: Shakespeare und die Exorzisten. In: ders.: Verhandlungen mit Shakespeare, S. 124-166.
—: Kultur. In: New Historicism, S. 48-59.
—: Selbstbildung in der Renaissance. Von More bis Shakespeare (Einleitung). In: New Historicism, S. 35-47.
—: Die Formen der Macht und die Macht der Formen in der englischen Renaissance (Einleitung). In: New Historicism, S. 29-34.
—: Wunderbare Besitztümer. Die Erfindung des Fremden: Reisende und Entdecker. Aus d. Engl. v. Robin Cackett. Berlin: Wagenbach 1994.
Grew, Raymond: On the Current State of Comparative Studies. In: Marc Bloch aujourd'hui, S. 323-336.
—: The Comparative Weakness of American History. In: Journal of Interdisciplinary History 16 (1985), Heft 1, S. 87-101.
—: The Case for Comparing Histories. In: The American Historical Review 85 (1980), S. 763-778.
Grimes, Ronald L.: Beginnings in Ritual Studies. Columbia, South Carolina 1982.
Groh, Dieter: Strukturgeschichte als totale Geschichte? In: Theorieprobleme der Geschichtswissenschaft, S. 311-351.
Grond, Walter: Der Erzähler und der Cyberspace. Essays. Innsbruck: Haymon 1999.
Grübel, Rainer/Ralf Grüttemeier/Helmuth Lethen: Orientierung Literaturwissenschaft. Was sie kann, was sie will. Reinbek: Rowohlt 2001 (= rowohlts enzyklopädie 55606).
Grundzüge der Literaturwissenschaft. Hg. v. Heinz Ludwig Arnold u. Heinrich Detering. München: dtv 1996.
Gsteiger, Manfred: Zum Begriff und über das Studium der Literatur in vergleichender Sicht. In: Zur Theorie der Vergleichenden Literaturwissenschaft, S. 65-87.
Gugelberger, Georg M.: Decolonizing the Canon: Considerations of Third World Literature. In: New Literary History 22 (1991), S. 505-524.
Guillén, Claudio: The Aesthetics of Influence Studies in Comparative Literature. In: Actes AILC 2 (1959), Bd. 1, S. 175-192.
Halbwachs, Maurice: Das kollektive Gedächtnis. Frankfurt/M.: Fischer Taschenbuch Verlag 1991.
Halik, Werner: »Der guote Gêrhart« Rudolfs von Ems als Quelle der Alltags- und Mentalitätsgeschichte. Wien: Dipl. Arbeit 1996.
Halphen, Louis: L'histoire en France depuis cent ans. Paris: Colin 1914.
Handke, Horst: Sozialgeschichte – Stand und Entwicklung in der DDR. In: Sozialgeschichte im internationalen Überblick, S. 89-108.
Handlexikon zur Wissenschaftstheorie. Hg. v. Helmut Seiffert u. Gerard Radnitzky. München: dtv [2]1994.
Hanisch, Ernst: Die linguistische Wende. Geschichtswissenschaft und Literatur. In: Kulturgeschichte Heute, S. 212-230.
Hankiss, Elemér: Literary Influence: Action or Interaction? In: Actes AILC 4 (1966), Bd. 2, S. 1221-1225.
Hankiss, Janos: Théorie de la littérature et littérature comparée. In: Actes AILC 2 (1959), Bd. 1, S. 98-112.
Hantrais, Linda: Comparative Research Methods. In: Social Research Update (1996), Nr. 13. URL: http://www.soc.surrey.ac.uk/sru/SRU13.htm (26. Juli 1996).
Harbsmeier, Michael: Reisebeschreibungen als mentalitätsgeschichtliche Quellen. Überlegungen zu einer historisch-anthropologischen Untersuchung frühneuzeitlicher deutscher Reisebeschreibun-

gen. In: Reiseberichte als Quellen europäischer Kulturgeschichte. Aufgaben und Möglichkeiten der historischen Reiseforschung. Hg. v. Antoni Maczak u. Hans Jürgen Teuteberg. Wolfenbüttel: Herzog August Bibliothek 1982 (= Wolfenbütteler Forschungen 21), S. 1-31.

Hardin, Richard F.: Ritual und Literaturwissenschaft. In: Ritualtheorien, S. 339-363.

Hardtwig, Wolfgang: Alltagsgeschichte heute. Eine kritische Bilanz. In: Sozialgeschichte, Alltagsgeschichte, Mikro-Historie, S. 19-32.

Harsgor, Michael: Total History. The *Annales* School. In: Journal of Contemporary History 13 (1978), Heft 1, S. 1-13.

Hart, Jonathan: New Historicism: Taking History into Account. In: Ariel 22 (1991), Heft 1, S. 93-107.

Harth, Dietrich: Fiktion des Fremden. Vorbemerkungen des Herausgebers. In: Fiktion des Fremden, S. 7-12.

Hartinger, Walter: Epochen der deutschen Volkskultur. In: Ethnologia Europaea 15 (1985), Heft 1, S. 53-92.

Haslinger, Josef: Hausdurchsuchung im Elfenbeinturm. Essay. Frankfurt/M.: Fischer Taschenbuch Verlag 1996 (= Collection S. Fischer 88).

Hass, Hans-Egon: Literatur und Geschichte. In: Methodenfragen der deutschen Literaturwissenschaft, S. 358-374.

Hattaway, Michael: Drama and Society. In: The Cambridge Companion to English Renaissance Drama. Hg. v. A. R. Braunmüller u. Michael Hattaway. Cambridge: Cambridge University Press 1990, S. 91-126.

Haupt, Heinz-Gerhard: Eine schwierige Öffnung nach außen. Die international vergleichende Geschichtswissenschaft in Frankreich. In: Geschichte und Vergleich, S. 77-90.

—/Jürgen Kocka: Historischer Vergleich: Methoden, Aufgaben, Probleme. Eine Einleitung. In: Geschichte und Vergleich, S. 9-45.

Hausen, Karin: Women's History in den Vereinigten Staaten. In: Geschichte und Gesellschaft 7 (1981), Heft 3/4, S. 347-363.

Hauser, Arnold: Sozialgeschichte der Kunst und Literatur. München: C. H. Beck 1990 [erstmals München 1953].

—: Soziologie der Kunst. München: C. H. Beck [3]1988.

Hayes, Carlton J. H.: The American Frontier – Frontier of What? In: The American Historical Review 51 (1946), Heft 2, S. 199-216.

Hays, Samuel P.: Dreißig Jahre ›Neue Sozialgeschichte‹ in den USA. Eine Bewertung. In: Sozialgeschichte im internationalen Überblick, S. 207-245.

Heer, Hannes/Volker Ullrich: Die »neue Geschichtsbewegung« in der Bundesrepublik. Antriebskräfte, Selbstverständnis, Perspektiven. In: Geschichte entdecken, S. 9-36.

Heins, Volker: Max Weber zur Einführung. Hamburg: Junius 1990 (= Zur Einführung 54).

Henslowe's Diary. Hg. v. R. A. Foakes u. R. T. Rickert. Cambridge: Cambridge University Press 1961.

Herbst, Jürgen: Theoretical Work in History in American University Curricula. In: History and Theory 7 (1968), S. 336-354.

Hermand, Jost: Über Nutzen und Nachteil literarischer Epochenbegriffe. In: Methodenfragen der deutschen Literaturwissenschaft, S. 402-427.

—: Geschichte der Germanistik. Reinbek: Rowohlt 1994 (= rowohlts enzyklopädie 534).

Hilger, Dietrich: Zum Begriff und Gegenstand der Sozialgeschichte. In: Buch und Bibliothek 23 (1971), Heft 1, S. 17-26.

Hill, Alette Olin/Boyd H. Hill Jr.: AHR Forum – Marc Bloch and Comparative History. In: American Historical Review 85 (1980), S. 828-857.

Hinderer, Walter: Im babylonischen Turm oder: Steine aus dem Glashaus. Amerikas Kampf mit dem Kanon und um kulturelle Einheit. In: Neue Rundschau 107 (1996), Heft 1, S. 70-81.

—: Das Phantom des Herrn Kannitverstan. Methodische Überlegungen zu einer interkulturellen Literaturwissenschaft als Fremdheitswissenschaft. In: Kulturthema Fremdheit, S. 199-217.

Hinrichs, Ernst: Zum Stand der historischen Mentalitätsforschung in Deutschland. In: Ethnologia Europaea 11 (1979/80), Heft 2, S. 226-233.
Hintze, Otto: Über individualistische und kollektivistische Geschichtsauffassung. In: Historische Zeitschrift 78 (1897), S. 60-67.
Hirsch, Arnold: Soziologie und Literaturgeschichte. In: Euphorion 21 (1928), S. 74-82.
Histoire et sciences sociales. Un tournant critique? In: Annales E. S. C. 43 (1988), Heft 2, S. 291-293.
L'Histoire et ses méthodes. Hg. v. Charles Samaran. Paris: Gallimard 1961 (= Encyclopédie de la Pléiade 11).
Historiker sind nie auf Urlaub. Eric Hobsbawm im Gespräch mit Daniel Haufler. In: Neue Rundschau 107 (1996), Heft 4, S. 83-101.
Historische Anthropologie und Literatur. Romanistische Beiträge zu einem neuen Paradigma der Literaturwissenschaft. Hg. v. Rudolf Behrens u. Roland Galle. Würzburg: Königshausen und Neumann 1995.
Historische Sozialwissenschaft. Beiträge zur Einführung in die Forschungspraxis. Hg. v. Reinhard Rürup. Göttingen: Vandenhoeck & Ruprecht 1977 (= Kleine Vandenhoeck-Reihe 1431).
Historizität in Sprach- und Literaturwissenschaft. Vorträge und Berichte der Stuttgarter Germanistentagung 1972. Hg. v. Walter Müller-Seidel. München: Fink 1974.
Historische Anthropologie. Der Mensch in der Geschichte. Hg. von Hans Süssmuth. Göttingen: Vandenhoeck & Ruprecht 1984 (= Kleine Vandenhoeck-Reihe 1499).
Historische Methode. Hg. v. Christian Meier u. Jörn Rüsen. München: dtv 1988 (= Theorie der Geschichte 5).
Hobsbawm, Eric: Von der Sozialgeschichte zur Geschichte der Gesellschaft. In: Geschichte und Soziologie, S. 331-354.
—: The Revival of Narrative. Some Comments. In: Past and Present 87 (1980), S. 3-8.
Hofmannsthal, Hugo von: Das alte Spiel von Jedermann. In: In: ders.: Gesammelte Werke in zehn Einzelbänden. Bd. 4: Dramen III 1893-1927. Hg. v. Bernd Schoeller in Beratung mit Rudolf Hirsch. Frankfurt/M.: S. Fischer 1979, S. 89-102.
Hohendahl, Peter U.: Literary Sociology in West Germany. Observations on the *Internationales Archiv für Sozialgeschichte der deutschen Literatur*. In: New German Critique 17 (1979), S. 170-175.
—: A Return to History? The New Historicism and Its Agenda. In: New German Critique 55 (1992), S. 87-104.
Hübinger, Gangolf: Literaturgeschichte als gesellschaftswissenschaftliche Disziplin. Ihre Begründung durch Georg Gottfried Gervinus. In: Geschichte und Gesellschaft 9 (1983), S. 5-25.
Husserl, Edmund: Die Krisis der europäischen Wissenschaften und die transzendentale Phänomenologie. Eine Einleitung in die phänomenologische Philosophie. Den Haag 1954.
Hutcheon, Linda: Productive Comparative *Angst*: Comparative Literature in the Age of Multiculturalism. In: World Literature Today 69 (1995), Heft 2, S. 299-303.
Iggers, Georg G.: Neue Geschichtswissenschaft. Vom Historismus zur historischen Sozialwissenschaft. Ein internationaler Vergleich. München: dtv 1978
—: Geschichtswissenschaft in Deutschland und Frankreich 1830 bis 1918 und die Rolle der Sozialgeschichte. Ein Vergleich zwischen zwei Traditionen bürgerlicher Geschichtsschreibung. In: Bürgertum im 19. Jahrhundert. Deutschland im europäischen Vergleich. Hg. v. Jürgen Kocka. Bd. 3. München: dtv 1988, S. 175-199.
—: The Image of Ranke in American and German Historical Thought. In: History and Theory 2 (1962), S. 17-40.
—: Die »Annales« und ihre Kritiker. Probleme moderner französischer Sozialgeschichte. In: Historische Zeitschrift 219 (1974), S. 578-608.
—: Geschichtswissenschaft im 20. Jahrhundert. Ein kritischer Überblick im internationalen Zusammenhang. Göttingen: Vandenhoeck & Ruprecht 1993 (= Kleine Vandenhoeck-Reihe 1565).

Isstaif, Abdul-Nabi: Beyond the Notion of Influence: Notes Toward an Alternative. In: World Literature Today 69 (1995), Heft 2, S. 281-286.
Iyer, Pico: The Empire Writes Back. Am Beginn einer neuen Weltliteratur? In: Neue Rundschau 107 (1996), Heft 1, S. 9-19.
Jaeger, Friedrich: New History: Historismuskritik und Sozialgeschichte in den USA zu Beginn des 20. Jahrhunderts. In: Historismus in den Kulturwissenschaften. Hg. v. Otto Gerhard Oexle u. Jörn Rüsen. Köln/Weimar/Wien: Böhlau 1996 (= Beiträge zur Geschichtskultur 12), S. 341-367.
—/Jörn Rüsen: Geschichte des Historismus. München: C. H. Beck 1992.
Jäger, Georg: Vom Text der Wissenschaft. Überlegungen zum Wandel des Textbegriffs im Rahmen vernetzter EDV-Kommunikation. URL: http://www.klostermann.de/verlegen/jaege_10.htm (27. Juli 1999).
Jameson, Fredric: Third-World Literature in the Era of Multinational Capitalism. In: Social Text 15 (1986), S. 65-88.
Jamme, Christoph: Gibt es eine Wissenschaft des Fremden? In: Neue Zürcher Zeitung, Nr. 123, 31. 05./01. 06. 1997, S. 54.
Janmohamed, Abdul R.: Die Ökonomie der manichäischen Allegorie. Das Selbst und das Andere bei Joseph Conrad, E. M. Forster, Rudyard Kipling und anderen. In: Neue Rundschau 107 (1996), Heft 1, S. 46-53.
Jauß, Hans Robert: Literaturgeschichte als Provokation der Literaturwissenschaft. In: Jahrbuch für internationale Germanistik 2 (1970), Heft 2, S. 25-28.
—: Der Leser als Instanz einer neuen Geschichte der Literatur. In: Poetica 7 (1975), S. 325-344.
Jelavich, Peter: Poststrukturalismus und Sozialgeschichte – aus amerikanischer Perspektive. In: Geschichte und Gesellschaft 21 (1995), S. 259-289.
Jendricke, Bernhard: Sozialgeschichte der Literatur: Neuere Konzepte der Literaturgeschichte und Literaturtheorie. Zur Standortbestimmung des Untersuchungsmodells der Münchener Forschergruppe. In: Zur theoretischen Grundlegung einer Sozialgeschichte der Literatur, S. 27-84.
Jochum, Uwe/Gerhard Wagner: Cyberscience oder vom Nutzen und Nachteil der neuen Informationstechnologie für die Wissenschaft. URL: http://www.klostermann.de/verlegen/jochu_02.htm (27. Juli 1999).
Jodl, Friedrich: Die Culturgeschichtschreibung ihre Entwickelung und ihr Problem. Halle: C. E. M. Pfeffer 1878.
Jöckel, Sabine: »Nouvelle histoire« und Literaturwissenschaft. Die Geschichte ihrer Begegnung in der französischen Forschung. 2 Bde. Rheinfelden/Berlin: Schäuble ^{3}1993 (= Romanistik 44).
Jordan, Lothar: Welche Grenzen? Reflexionen zu einem konstitutiven Element komparatistischer Forschung. In: Komparatistik. Mitteilungen 1996 (Deutsche Gesellschaft für Allgemeine und Vergleichende Literaturwissenschaft), S. 70-85.
Kadir, Djelal: Comparative Literature Hinternational. In: World Literature Today 69 (1995), Heft 2, S. 245-248.
Kadrnoska, Franz: Internationales Archiv für Sozialgeschichte der deutschen Literatur [Rezension]. In: Sprachkunst 9 (1978), S. 356-359.
Kaelble, Hartmut: Sozialgeschichte in Frankreich und der Bundesrepublik: Annales gegen historische Sozialwissenschaften? In: Geschichte und Gesellschaft 13 (1987), Heft 1, S. 77-93.
—: Journal of Social History – Ein Zeitschriftenportrait. In: Geschichte und Gesellschaft 13 (1987), Heft 1, S. 94-100.
Kaes, Anton: Einleitung. In: ders.: Expressionismus in Amerika. Rezeption und Innovation. Tübingen: Niemeyer 1975 (= Studien zur deutschen Literatur 43), S. 1-12.
—: New Historicism: Literaturgeschichte im Zeichen der Postmoderne? In: New Historicism. Literaturgeschichte als Poetik der Kultur, S. 251-267.
—: New Historicism and the Study of German Literature. In: The German Quarterly 62 (1989), Heft 2, S. 210-219.

Kammler, Clemens: *Historische Diskursanalyse. Foucault und die Folgen. In: Literaturwissenschaft.* Ein Grundkurs. Hg. v. Helmut Brackert u. Jörn Stückrath. Reinbek: Rowohlt 1995, S. 630-639.
Kamper, Dietmar: Die Auflösung der Ich-Identität. In: Austreibung des Geistes aus den Geisteswissenschaften, S. 79-86.
Kapferer, Jean-Noël: Gerüchte. Das älteste Massenmedium der Welt. Leipzig: Kiepenheuer 1996.
Kaschuba, Wolfgang: Kulturalismus: Kultur statt Gesellschaft? In: Geschichte und Gesellschaft 21 (1995), S. 80-95.
Kaufmann, Felix: Methodenlehre der Sozialwissenschaften. Wien: Springer 1936.
Kawada, Junzo: Histoire orale et imaginaire de passé. Le cas d'un discours ›historique‹ africain. In: Annales E.S.C. 48 (1993), S. 1087-1105.
Kellenbenz, Hermann: Fernand Braudel, *La Méditerranée et le monde méditerranéen à l'époque de Philippe II, Seconde éditon revue et augmentée* [Rezension]. In: Vierteljahrschrift für Sozial- und Wirtschaftsgeschichte 55 (1968), S. 547-549.
Keylor, William: Academy and Community. The Foundation of the French Historical Profession. Cambridge, Mass.: Harvard University Press 1975.
Kinser, Samuel: Annaliste Paradigma? The Geohistorical Structure of Fernand Braudel. In: American Historical Review 86 (1981), Heft 1, S. 63-105.
Klein, Johannes: Ästhetische und soziologische Literaturbetrachtung. In: Archiv für Sozialgeschichte 1 (1961), S. 19-25.
Kleinschmidt, Harald: Galtons Problem. Bemerkungen zur Theorie der transkulturell vergleichenden Geschichtsforschung. In: Zeitschrift für Geschichtswissenschaft 39 (1991), Heft 1, S. 5-22.
Kocka, Jürgen: Perspektiven für die Sozialgeschichte der neunziger Jahre. In: Sozialgeschichte, Alltagsgeschichte, Mikro-Historie. Eine Diskussion, S. 33-39.
—: Sozialgeschichte. Begriff – Entwicklung – Probleme. Göttingen: Vandenhoeck & Ruprecht [2]1989 (= Kleine Vandenhoeck-Reihe 1434).
—: Theorien der Sozial- und Gesellschaftsgeschichte. Vorschläge zur historischen Schichtungsanalyse. In: Geschichte und Gesellschaft 1 (1975), S. 9-42.
—: Zurück zur Erzählung? Plädoyer für historische Argumentation. In: Geschichte und Gesellschaft 10 (1984), S. 395-408.
—: Perspektiven für die Sozialgeschichte der neunziger Jahre. In: Sozialgeschichte, Alltagsgeschichte, Mikro-Historie, S 33-39.
—: Otto Hintze. In: Deutsche Historiker. Bd. 3, S. 41-64.
—: Einleitung. In: Sozialgeschichte im internationalen Überblick, S. 1-17.
Kögler, Hans Herbert: Michel Foucault. Stuttgart/Weimar: Metzler 1994 (= Sammlung Metzler 281).
Köllmann, Wolfgang: Zur Situation des Faches Sozial- und Wirtschaftsgeschichte in Deutschland. In: Wissenschaft, Wirtschaft und Technik. Studien zur Geschichte. Wilhelm Treue zum 60. Geburtstag. Hg. v. Karl-Heinz Manegold. München: Bruckmann 1969, S. 135-146.
Köstlin, Konrad: Die Wiederkehr der Volkskultur. Der neue Umgang mit einem alten Begriff. In: Ethnologia Europaea 14 (1984), S. 25-31.
Kohl, Karl-Heinz: Ethnologie – die Wissenschaft vom kulturell Fremden. Eine Einführung. München: C. H. Beck 1993.
—: Bronislaw Kaspar Malinowski (1884-1942). In: Klassiker der Kulturanthropologie. Von Montaigne bis Margaret Mead. Hg. v. Wolfgang Marschall. München: C. H. Beck 1990, S. 227-247.
Kohler, Alfred: Ethnohistorie und Geschichtswissenschaft – Zur neueren Theoriediskussion in der Ethnologie. In: Ethnohistorie und Kulturgeschichte, S. 89-97.
Komar, Kathleen L.: The State of Comparative Literature: Theory and Practice 1994. In: World Literature Today 69 (1995), Heft 2, S. 287-292.
Koppen, Erwin: Hat die Vergleichende Literaturwissenschaft eine eigene Theorie? In: Zur Theorie der Vergleichenden Literaturwissenschaft, S. 41-64.

Kott, Sandrine/Thierry Nadan: Pour une pratique de l'histoire sociale comparative. La France et l'Allemagne contemporains. In: Genèses 4 (1994), S. 103-111.

Krauch, Helmut: Systemanalyse. In: Handlexikon der Wissenschaftstheorie, S. 338-344.

Kreuzer, Helmut: From ›Being-Itself‹ to ›Post-Modernism‹ – Four Decades of Literature and Literary Criticism in the Federal Republic of Germany. In: New Ways in Germanistik, S. 9-33.

Kreutz, Wilhelm: Der lange Abschied von der Autonomie der Literatur. Zur ›Renaissance der Literaturgeschichte als Sozialgeschichte‹. In: Neue Politische Literatur 26 (1981), Heft 3, S. 385-396.

Kreutzer, Leo: ›WELTLITERATUR!‹ Weltliteratur? Zur kulturpolitischen Diskussion eines verfänglichen Begriffs. In: Welfengarten. Zeitschrift für Essayismus 6 (1995), S. 213-230.

Kristeva, Julia: Fremde sind wir uns selbst. Frankfurt/M.: Suhrkamp 1990 (= es 1604).

Kuhlemann, Frank-Michael: Mentalitätsgeschichte. Theoretische Überlegungen am Beispiel der Religion im 19. und 20. Jahrhundert. In: Kulturgeschichte Heute, S. 182-211.

Kuhn, Hugo: Dichtungswissenschaft und Soziologie. In: Methodenfragen der deutschen Literaturwissenschaft, s. 450-462.

Kultur als Text. Die anthropologische Wende in der Literaturwissenschaft. Hg. v. Doris Bachmann-Medick. Frankfurt/M.: Fischer Taschenbuch Verlag 1996.

Kultur, soziale Praxis, Text. Die Krise der ethnographischen Repräsentation. Hg. v. Eberhard Berg u. Martin Fuchs. Frankfurt/M.: Suhrkamp ²1995 (= stw 1051).

Kulturgeschichte Heute. Hg. v. Hans-Ulrich Wehler u. Wolfgang Hardtwig. Göttingen: Vandenhoeck & Ruprecht 1996 (= Geschichte und Gesellschaft, Sonderheft 16).

Kulturthema Fremdheit. Leitbegriffe und Problemfelder kulturwissenschaftlicher Fremdheitsforschung. Mit einer Forschungsbibliographie von Corinna Albrecht, Ulrich Bauer, Sabine Krolzig und Dunja Schiller. Hg. v. Alois Wierlacher. München: iudicium 1993 (= Kulturthemen 1).

Kupperman, Karen Ordahl: Settling with the Indians. The Meeting of English and Indian Cultures in America, 1580-1640. Totowa, N.J.: Rowman and Littlefield 1975.

Kursbuch Neue Medien. Trends in Wirtschaft und Politik, Wissenschaft und Kultur. Hg. v. Stefan Bollmann. Mannheim: Bollmann ²1995.

Kushner, Eva: La pluridisciplinarité en études littéraires. In: The Future of Literary Scholarship/Die Zukunft der Literaturwissenschaft/L'avenir des sciences littéraires, S. 29-39.

Lamping, Dieter: Literatur und Theorie. Über poetologische Probleme der Moderne. Göttingen: Vandenhoeck & Ruprecht 1996.

Lamprecht, Karl: Die kulturhistorische Methode. Berlin: R. Gaertners Verlagsbuchhandlung 1900.

Karl Lamprecht weiterdenken. Universal- und Kulturgeschichte heute. Hg. v. Gerald Diesener. Leipzig: Leipziger Universitätsverlag 1993 (= Beiträge zur Universalgeschichte und vergleichenden Gesellschaftsforschung 3).

Landwehr, Jürgen: Fiktion und Nichtfiktion. In: Literaturwissenschaft. Grundkurs 1. Hg. v. Helmut Brackert u. Jörn Stückrath. Reinbek: Rowohlt 1981, S. 380-404.

Langewiesche, Dieter: Sozialgeschichte und Politische Geschichte. In: Sozialgeschichte in Deutschland. Entwicklungen im internationalen Zusammenhang. Hg. v. Wolfgang Schieder und Volker Sellin. Bd. 1: Die Sozialgeschichte innerhalb der Geschichtswissenschaft. Göttingen: Vandenhoeck & Ruprecht 1986 (= Kleine Vandenhoeck-Reihe 1517), S. 9-32.

Laslett, Peter: The Comparative History of Household and Family. In: Journal of Social History 4 (1970), Heft 1, S. 75-87.

Lasswell, Harold D.: The Future of the Comparative Method. In: Comparative Politics 1 (1968/69), Heft 1, S. 3-18.

Lazarsfeld, Paul: Toward a History of Empirical Sociology. In: Mélanges en l'honneur de Fernand Braudel. Bd. 2, S. 289-301.

Lee, Sang-Kyong: Nô und europäisches Theater. Eine Untersuchung der Auswirkungen des Nô auf Gestaltung und Inszenierung des zeitgenössischen europäischen Dramas. Frankfurt/M./Bern/New York: Lang 1983 (= Europäische Hochschulschriften 18), S. 37.

Lefevere, André: Introduction: Comparative Literature and Translation. In: Comparative Literature 47 (1995), Heft 1, S. 1-10.

Le Goff, Jacques: Neue Geschichtswissenschaft. In: Die Rückeroberung des historischen Denkens, S. 11-61.

Lehan, Richard: The Theoretical Limits of the New Historicism. In: New Literary History 3 (1990), Heft 21, S. 533-553.

Leinwand, Theodore B.: Negotiation and New Historicism. In: Publications of the Modern Language Association of America 105 (1990), Heft 3, S. 477-490.

Lenk, Carsten: Kultur als Text. Überlegungen zu einer Interpretationsfigur. In: Literaturwissenschaft – Kulturwissenschaft. Positionen, Themen, Perspektiven. Opladen: Westdeutscher Verlag 1996 (= WV studium 171), S. 116-128.

Lentricchia, Frank: Foucault's Legacy – A New Historicism? In: The New Historicism, S. 231-242.

Léon, Pierre: Histoire économique et Histoire sociale en France. Problèmes et perspectives. In: Mélanges en l'honneur de Fernand Braudel. Bd. 2, S. 303-315.

Lequin, Yves: Sozialgeschichte à la française. Das Gewicht der Tradition und die Ungewißheit der Gegenwart. In: Sozialgeschichte im internationalen Überblick, S. 163-186.

Lesbarkeit der Kultur. Literaturwissenschaften zwischen Kulturtechnik und Ethnographie. Hg. v. Gerhard Neumann u. Sigrid Wiegel. München: Fink 2000.

Leuilliot, Paul: Aux origines des »Annales d'histoire économique et sociale« (1928). Contribution à l'historiographie française. In: Mélanges en l'honneur de Fernand Braudel. Bd. 2, S. 317-324.

Lévi-Strauss, Claude: Religion, langue et histoire: A propos d'un texte inédit de Ferdinand de Saussure. In: Mélanges en l'honneur de Fernand Braudel. Bd. 2, S. 325-333.

—: Das wilde Denken. Frankfurt/M.: Suhrkamp [9]1994 (= stw 14).

—: Traurige Tropen. Frankfurt/M.: Suhrkamp 1978 (= stw 240).

—: Mythos und Bedeutung. Fünf Radiovorträge. Gespräche mit Claude Lévi-Strauss. Hg. v. Adelbert Reif. Frankfurt/M.: Suhrkamp 1996 (= es 3323).

Lewy, Guenter: Historical Data in Comparative Political Analysis. A Note on Some Problems of Theory. In: Comparative Politics 1 (1968/69), Heft 1, S. 103-110.

Leys, Colin: Models, Theories and the Theory of Political Parties. In: Political Studies 7 (1959), S. 127-146.

Lienhardt, Godfrey: Divinity and Experience. The Religion of the Dinka. Oxford: Oxford University Press 1961.

Link, Hannelore: Rezeptions-Forschung. Eine Einführung in Methoden und Probleme. Stuttgart: Kohlhammer [2]1980 (= Urban-Taschenbücher 215).

Linke, Angelika: Sprachkultur und Bürgertum. Zur Mentalitätsgeschichte des 19. Jahrhunderts. Stuttgart/Weimar: Metzler 1996.

Link-Heer, Ursula: Literatursoziologie: Und sie bewegt sich doch? Zur »Textsoziologie« von Peter V. Zima. In: Internationales Archiv für Sozialgeschichte der deutschen Literatur 14 (1989), Heft 1, S. 203-212.

Lipp, Carola: Writing History as Political Culture. Social History versus »Alltagsgeschichte«. A German Debate. In: Storia della storiografia 17 (1990), S. 66-100.

Lipp, Wolfgang: Kulturtypen, kulturelle Symbole, Handlungswelt. Zur Plurivalenz von Kultur. In: Kölner Zeitschrift für Soziologie und Sozialpsychologie 31 (1979), S. 450-484.

Literary Theory Today. Ed. Peter Collier, Helga Geyer-Ryan. Cambridge: Policy Press 1990.

Literatur im Zeitalter der Globalisierung. Hg. v. Manfred Schmeling, Monika Schmitz-Emans u. Kerst Walstra. Würzburg: Königshausen und Neumann 2000 (= Saarbrücker Beiträge zur vergleichenden Literatur- und Kulturwissenschaft 13).

Literaturwissenschaft und Sozialwissenschaften. Grundlagen und Modellanalysen. Hg. v. Horst Albert Glaser. Stuttgart: Metzler 1971.
Literaturwissenschaftliche Theorien, Modelle und Methoden. Eine Einführung. Hg. v. Ansgar Nünning unter Mitwirkung v. Sabine Buchholz u. Manfred Jahn. Trier: Wissenschaftlicher Verlag Trier 1995 (= WVT-Handbücher zum literaturwissenschaftlichen Studium 1).
Liu, Alan: Die Macht des Formalismus: Der New Historicism. In: New Historicism, S. 94-163.
Löwenthal, Leo: Zur gesellschaftlichen Lage der Literatur. In: Zeitschrift für Sozialforschung 1 (1932), Heft 1/2, S. 85-102.
—: Literatursoziologie im Überblick. In: ders.: Judaica, Vorträge, Briefe. Frankfurt/M.: Suhrkamp 1984 (= Schriften 4), S. 88-105.
Loimeier, Manfred: Zum Beispiel Afrikanische Literatur. Göttingen: Lamuv 1997 (= Süd-Nord 213).
Long, Elizabeth: Textual Interpretation as Collective Action. In: The Ethnography of Reading. Ed. Jonathan Boyarin. Berkeley/Los Angeles/Oxford: University of California Press 1993, S. 180-211.
Loriggio, Francesco: Comparative Literature and the Genres of Interdisciplinarity. In: World Literature Today 69 (1995), Heft 2, S. 256-262.
Lorwin, Val R.: The Comparative Analysis of Historical Change: Nation-Building in the Western World. In: International Social Science Journal 17 (1965), Heft 4, S. 594-606.
Lubbers, Klaus: Aufgaben und Möglichkeiten der Rezeptionsforschung. In: Germanisch-Romanische Monatsschrift, N.F. 14 (1964), Heft 1, S. 292-302.
Lützeler, Paul Michael: Der postkoloniale Blick. Deutschsprachige Autoren berichten aus der Dritten Welt. In: Neue Rundschau 107 (1996), Heft 1, S. 54-69.
Lukes, Steven: Émile Durkheim. His Life and Work. A Historical and Critical Study. Harmondsworth: Penguin 1973.
Lyon, Bryce: Henri Pirenne. A Biographical and Intellectual Study. Ghent: E. Story-Scientia 1974.
Macek, Josef: Pour une sémantique historique. In: Mélanges en l'honneur de Fernand Braudel. Bd. 2, S. 343-352.
MacHardy, Karin J.: Crises in History, or: Hermes Unbounded. In: Storia della storiografia 17 (1990), S. 5-27.
Magris, Claudio: Wer ist auf der anderen Seite? Zur Frage der Grenze. In: Sigmund Freud House Bulletin 16 (1992), Heft 2, S. 51-68.
Mall, Ram Adhar: Interkulturalität, Intertextualität und Globalisierung. In: Literatur und Globalisierung, S. 49-66.
Mandrou, Robert: Magistrats et sorciers en France au XVIIe siècle. Une analyse de psychologie historique. Paris: Plon 1968.
Mann, Golo: Geschichtsschreibung als Literatur. In: Methodenfragen der deutschen Literaturwissenschaft, S. 428-449.
Mantoux, Paul: Histoire et sociologie. In: Revue de synthèse historique 7 (1903), S. 121-140.
Maren-Grisebach, Manon: Methoden der Literaturwissenschaft. Tübingen: Francke [10]1992.
Markow, D.: Fragen der Theorie und Methodologie der vergleichenden Untersuchung der Literaturen. In: Kunst und Literatur (Berlin) 19 (1971), Heft 11, S. 1188-1202.
Martens, Klaus: Zusammensprechende Literaturen: Wortreich in der Neuen Welt. In: Neue Rundschau 107 (1996), Heft 1, S. 26-35.
Martini, Fritz: Fragen der Literaturgeschichtsschreibung. In: Jahrbuch für internationale Germanistik 2 (1970), Heft 2, S. 47-53.
Mattenklott, Gert/Klaus R. Scherpe: Aspekte einer sozialgeschichtlich fundierten Literaturgeschichte am Beispiel von Lessings Mitleidstheorie. In: Historizität in Sprach- und Literaturwissenschaft, S. 247-258.
McLuhan, Herbert Marshall: Die magischen Kanäle. »Understanding Media«. Düsseldorf u.a.: Econ 1992.

Medick, Hans: »Missionare im Ruderboot«? Ethnologische Erkenntnisweisen als Herausforderung an die Sozialgeschichte. In: Geschichte und Gesellschaft 10 (1984), S. 294-319.
Meillet, Antoine: La méthode comparative en linguistique historique. Oslo: Aschehoug 1925.
Mélanges en l'honneur de Fernand Braudel. 2 Bde. Toulouse: Privat 1973.
Melas, Natalie: Versions of Incommensurability. In: World Literature Today 69 (1995), Heft 2, S. 275-280.
Mentalitäten-Geschichte. Zur historischen Rekonstruktion geistiger Prozesse. Hg. von Ulrich Raulff. Berlin: Wagenbach 1989.
Meregalli, Franco: Sur la réception littéraire. In: Revue de littérature comparée 54 (1980), S. 134-149.
Mergel, Thomas: Kulturgeschichte – die neue »große Erzählung«? Wissenssoziologische Bemerkungen zur Konzeptualisierung sozialer Wirklichkeit in der Geschichtswissenschaft. In: Kulturgeschichte Heute, S. 41-77. Hier S. 41.
—/Thomas Welskopp: Geschichtswissenschaft und Gesellschaftstheorie. In: Geschichte zwischen Kultur und Gesellschaft, S. 9-35.
Methodenfragen der deutschen Literaturwissenschaft. Hg. v. Reinhold Grimm u. Jost Hermand. Darmstadt: Wissenschaftliche Buchgesellschaft 1973 (= Wege der Forschung 290).
The Methodology of Comparative Research. Ed. Robert T. Holt, J. E. Turner. New York: The Free Press 1970.
Metzler Lexikon Literatur- und Kulturtheorie. Ansätze – Personen – Grundbegriffe. Hg. v. Ansgar Nünning. Stuttgart/Weimar: Metzler 1998.
Meyer, Friederike: Diskurstheorie und Literaturgeschichte. Eine systematische Reformulierung des Diskursbegriffs von Foucault. In: Vom Umgang mit Literatur und Literaturgeschichte, S. 389-408.
Michaels, Walter Benn: The Victims of New Historicism. In: Modern Language Quarterly 54 (1993), S. 111-120.
Middell, Matthias: Die unendliche Geschichte. In: Alles Gewordene hat Geschichte, S. 7-39.
Miner, Earl: Comparative Poetics. An Intercultural Essay on Theory of Literature. Princeton, NJ: Princeton University Press 1990.
Mitchell, Allan: German History in France after 1870. In: Journal of Contemporary History 2 (1967), S. 81-100.
Mitchell, W. J. T.: Postkoloniale Kultur, postimperiale Kritik. In: Neue Rundschau 107 (1996), Heft 1, S. 20-25.
Modell, John: Die ›Neue Sozialgeschichte‹ in Amerika. In: Geschichte und Gesellschaft 1 (1975), S. 155-169.
Mommsen, Wofgang J.: Max Weber. In: Deutsche Historiker. Bd. 3, S. 65-90.
—: Die Geschichtswissenschaft jenseits des Historismus. Düsseldorf: Droste 1971.
Moderne deutsche Sozialgeschichte. Hg. v. Hans-Ulrich Wehler. Köln: Kiepenheuer & Witsch 1966.
Mommsen, Wolfgang: Geschichtswissenschaft jenseits des Historismus. Düsseldorf: Droste 1971.
Montrose, Louis A.: Die Renaissance behaupten. Poetik und Politik der Kultur. In: New Historicism, S. 60-93.
Moser, Walter: Literatur- und Kulturwissenschaft: Eine neue Dynamik? In: arcadia 33 (1998), Heft 2, S. 265-284.
Moxey, Keith P. F.: Semiotics and the Social History of Art. In: New Literary History 22 (1991), S. 985-999.
Müller, Ernst Wilhelm: Plädoyer für die komparativen Geisteswissenschaften. In: Paideuma 39 (1993), S. 7-23.
Müller, Jan-Dirk: Literaturgeschichte/Literaturgeschichtsschreibung. In: Erkenntnis der Literatur, S. 195-227.
Multiculturalism: A Critical Reader. Ed. David Theo Goldberg. Oxford/Cambridge, Mass.: Blackwell 1994.
Multiculturalism in North America and Europe. Social Practices – Literary Visions. Ed. Hans Braun, Wolfgang Kloos. Trier: Wissenschaftlicher Verlag Trier 1995.

Die multikulturelle Herausforderung. Menschen über Grenzen – Grenzen über Menschen. Hg. v. Klaus J. Bade. München: C. H. Beck 1996 (= Beck'sche Reihe 1184).
Munteano, B.: Situation de la littérature comparée. Sa portée humaine et sa légitimité. In: Actes AILC 2 (1959), Bd. 1, S. 124-142.
Nach der Sozialgeschichte. Konzepte für eine Literaturwissenschaft zwischen Historischer Anthropologie, Kulturgeschichte und Medientheorie. Hg. v. Martin Huber u. Gerhard Lauer. Tübingen: Niemeyer 2000.
Nedeljkovic, Dragan: Le problème de la réception des chefs d'œuvre écrits en langues peu connues dans la littérature universelle. In: Filološki pregled 16 (1978), S. 157-162.
Nederveen Pieterse, Jan: Der Melange-Effekt. Globalisierung im Plural. In: Perspektiven der Weltgesellschaft, S. 87-124.
Neue Literaturtheorien. Eine Einführung. Hg. v. Klaus-Michael Bogdal. Opladen: Westdeutscher Verlag 1990.
New Historicism. Literaturgeschichte als Poetik der Kultur. Hg. v. Moritz Baßler. Frankfurt/M.: Fischer Taschenbuch Verlag 1995.
New Ways in Germanistik. Ed. Richard Sheppard. New York/Oxford/Munich: Berg 1990.
Nicholls, Peter: Old Problems and the New Historicism. In: Journal of American Studies 23 (1989), Heft 3, S. 423-434.
Niethammer, Lutz: Anmerkungen zur Alltagsgeschichte. In: Geschichtsdidaktik 3 (1980), S. 231-242.
Nipperdey, Thomas: Kulturgeschichte, Sozialgeschichte, historische Anthropologie. In: Vierteljahrschrift für Sozial- und Wirtschaftsgeschichte 55 (1968), S. 145-164.
—: Die anthropologische Dimension der Geschichtswissenschaft. In: Geschichte heute, S. 225-255.
Nora, Pierre: Pour une histoire contemporaine. In: Mélanges en l'honneur de Fernand Braudel. Bd. 2, S. 419-426.
Novicov, Mihai: L'étude soiologique des relations entre la circulation de la littérature et les valeurs, comme source des recherches comparatistes. In: Revista de istorie si teoríe literara 22 (1973), Heft 3, S. 351-361.
Oestreich, Gerhard: Die Fachhistorie und die Anfänge der sozialgeschichtlichen Forschung in Deutschland. In: Historische Zeitschrift 208 (1969), S. 320-363.
Oexle, Otto Gerhard: Die ›Wirklichkeit‹ und das ›Wissen‹. Ein Blick auf das sozialgeschichtliche Œuvre von Georges Duby. In: Historische Zeitschrift 232 (1981), S. 61-91.
—: Sozialgeschichte – Begriffsgeschichte – Wissenschaftsgeschichte. Anmerkungen zum Werk Otto Brunners. In: Vierteljahrschrift für Sozial- und Wirtschaftsgeschichte 71 (1984), S. 305-341.
Ordinary People and Everyday Life. Perspectives on the New Social History. Ed. James B. Gardner, George Rollie Adams. Nashville: The American Association for State and Local History 1983.
Ort, Claus-Michael: Problems of Interdisciplinary Theory-Formation in the Social History of Literature. In: Poetics 14 (1985), S. 321-344.
Pageaux, Daniel-Henri: Pour un nouveau programme d'études en littérature comparée: les relations interlittéraires et interculturelles. In: The Future of Literary Scholarship/Die Zukunft der Literaturwissenschaft/L'avenir des sciences littéraires, S. 61-74.
—: Une perspective d'études en littérature comparée: l'imagerie culturelle. In: Synthesis 8 (1981), S. 169-185.
—: De l'imagologie à la theorie en littérature comparée. Elements de reflexion. In: Europa provincia mundi, S. 297-307.
Panzacchi-Loimeier, Cornelia: Belletristik als ethnologische Quelle. Informationen über das Leben von Griots in Massa Makan Diabatés Roman *L'Assemblée des Djinns* (1985). In: kea 4 (1992), S. 78-88.
The Past Before Us. Contemporary Historical Writing in the United States. Ithaca, NY: Cornell University Press 1980.

Pedersen, Holger: The Discovery of Language. Linguistic Science in the Nineteenth Century. Bloomington: Indiana University Press 1962.

Pellens, Karl: Geschichtliche Quellen. Eine Einführung mit Arbeitsbeispielen. Stuttgart: Reclam 1979 (= Arbeitstexte für den Unterricht 9553).

Perkins, David: Discursive Form Versus the Past in Literary History. In: New Literary History 22 (1991), S. 359-376.

Perloff, Marjorie: ›Living in the Same Place‹: The Old Mononationalism and the New Comparative Literature. In: World Literature Today 69 (1995), Heft 2, S. 249-255.

Perrin, Ch.-Edmond: L'œuvre historique de Marc Bloch. In: Revue historique 199 (1948), S. 161-188.

Perspektiven der Weltgesellschaft. Hg. v. Ulrich Beck. Frankfurt/M.: Suhrkamp 1998.

Peters, Ursula: Literaturgeschichte als Mentalitätsgeschichte? Überlegungen zu einer neuen Forschungsrichtung. In: Germanistik – Forschungsstand und Perspektiven. Vorträge des Deutschen Germanistentages 1984. Hg. v. Georg Stötzel. 2. Teil: Ältere Deutsche Literatur, Neuere Deutsche Literatur. Berlin/New York: de Gruyter 1985, S. 179-198.

Pfeifer, Jochen: Der deutsche Kriegsroman 1945-1960. Ein Versuch zur Vermittlung von Literatur und Sozialgeschichte. Königstein/Ts.: Scriptor 1981 (= Monographien Literaturwissenschaft 49).

Philippi, Klaus-Michael: Methodologische Probleme der Literatursoziologie. Kritische Bemerkungen zu einer fragwürdigen Situation. In: Methodenfragen der deutschen Literaturwissenschaft, S. 508-530.

Pirenne, Henri: De la méthode comparative en histoire. In: Compte rendu du Ve congrès international des sciences historiques. Ed. G. des Marez, F.-L. Ganshof. Brüssel 1923, S. 19-32.

Plumpe, Gerhard: Systemtheorie und Literaturgeschichte. Mit Anmerkungen zum deutschen Realismus im 19. Jahrhundert. In: Epochenschwellen und Epochenstrukturen im Diskurs der Literatur- und Sprachhistorie, S. 251-264.

Pocock, J. G. A.: History and Theory [Rezension]. In: Comparative Studies in Society and History 4 (1961/62), S. 525-535.

—: The Origins of Study in the Past. A Comparative Approach. In: Comparative Studies in Society and History 4 (1961/62), S. 209-246.

—: Politics, Language, and Time. Essays on Political Thought and History. New York: Atheneum 1973.

Porter, Carolyn: Are We Being Historical Yet? In: South Atlantic Quarterly 87 (1988), Heft 4, S. 743-786.

›Postmoderne‹ oder der Kampf um die Zukunft. Die Kontroverse in Wissenschaft, Kunst und Gesellschaft. Hg. v. Peter Kemper. Frankfurt/M.: Fischer Taschenbuch Verlag 1988.

Pound, Ezra/Ernest Fenollosa: Das klassische Nô-Theater Japans. In: Ezra Pound/Ernest Fenollosa/Serge Eisenstein: Nô – Vom Genius Japans. Hg. u. kommentiert v. Eva Hesse. Zürich: Arche 1963, S. 25-44.

Pratt, Mary Louise: Comparative Literature and Global Citizenship. In: Comparative Literature in the Age of Multiculturalism, S. 58-65.

Prattis, J. Iain: Dialectics and Experience in Fieldwork. The Poetic Dimension. In: Reflections. the Anthropological Muse. Hg. v. J. Iain Prattis. Washington 1985, S. 266-283.

Puhle, Hans-Jürgen: Vom Bürgerrecht zum Gruppenrecht? Multikulturelle Politik in den USA. In: Die multikulturelle Herausforderung, S. 147-166.

Raftis, J. Ambrose: Marc Bloch's Comparative Method and The Rural History of Mediaeval England. In: Medieval Studies 24 (1962), S. 349-368.

Ragin, Charles C.: The Comparative Method. Moving Beyond Qualitative and Quantitative Strategies. Berkeley/Los Angeles/London: University of California Press 1987.

Ragin, Charles C.: Introduction to Qualitative Comparative Analysis. In: The Comparative Political Economy of the Welfare State. Hg. v. Thomas Janoski u. Alexander Hicks. Cambridge: Cambridge University Press 1994, S. 299-319.

Raphael, Lutz: Epochen der französischen Geschichtsschreibung. In: Geschichtsdiskurs. Bd. 1, S. 101-132.

—: Die Erben von Bloch und Febvre. *Annales*-Geschichtsschreibung und *nouvelle histoire* in Frankreich 1945-1980. Stuttgart: Klett-Cotta 1994.
Raulff, Ulrich: Der streitbare Prälat. Lucien Febvre (1878-1956). In: Lucien Febvre: Das Gewissen des Historikers, S. 235-253.
—: Ein Historiker im 20. Jahrhundert: Marc Bloch. Frankfurt/M.: S. Fischer 1995.
Reading in America. Literature and Social History. Hg. v. Cathy N. Davidson. Baltimore/London: Johns Hopkins University Press 1989.
Rebérioux, Madeleine: Le débat de 1903: historiens et sociologues. In: Au bercau des annales, S. 219-230.
Redlich, Fritz: Toward Comparative History. In: Kyklos 11 (1958), S. 365-376.
Reichhardt, Rolf: ›Histoire des Mentalités‹. Eine neue Dimension der Sozialgeschichte am Beispiel des französischen Ancien Régime. In: Internationales Archiv für Sozialgeschichte der deutschen Literatur 3 (1978), S. 130-66.
—: Zur einer Sozialgeschichte der französischen Aufklärung. In: Francia 5 (1977), S. 231-249.
—: Für eine Konzeptualisierung der Mentalitätsgeschichte. In: Ethnologia Europaea 11 (1979/80), Heft 2, S. 234-241.
Remak, Henry: Literature at the Crossroads. Diagnosis, Therapy and Prognosis. In: Yearbook of Comparative and General Literature 9 (1960), S. 1-28.
Repgen, Konrad: Methoden- oder Richtungskämpfe in der deutschen Geschichtswissenschaft seit 1945? In: Geschichte in Wissenschaft und Unterricht 30 (1979), S. 591-610.
Rév, Mária: Divergences et analogies dans la réception de l'œuvre littéraire au point de vue sociale. In: Studia slavica 18 (1972), S. 85-90.
Revel, Jacques: Histoire et sciences sociales: les paradigmes des Annales. In: Annales E.S.C. 34 (1979), S. 1360-1376.
—: L'histoire sociale dans les Annales: une définition empirique. In: Lendemains 24 (1981), S. 31-42.
Riecks, Annette: Französische Sozial- und Mentalitätsgeschichte. Ein Forschungsbericht. Altenberge: Telos 1989 (= Münsteraner Theologische Abhandlungen 2).
Riese, Teut Andreas: Möglichkeiten und Grenzen literaturgeschichtlicher Betrachtung. In: Jahrbuch für internationale Germanistik 2 (1976), Heft 2, S. 29-41.
Riesz, János: Zur Omnipräsenz nationaler und ethnischer Stereotype. In: Komparatistische Hefte 2 (1980), S. 3-11.
Ritter, Gerhard: Zum Begriff der »Kulturgeschichte«. Ein Diskussionsbeitrag. In: Historische Zeitschrift 171 (1951), S. 293-302.
—: Neuere Sozialgeschichte in der Bundesrepublik Deutschland. In: Sozialgeschichte im internationalen Überblick, S. 19-88.
Ritualtheorien. Ein einführendes Handbuch. Hg. v. Andréa Belliger u. David J. Krieger. Opladen: Westdeutscher Verlag 1998.
Robin, Régine: Les historiens devant le champ linguistique. Nouveau gadget ou constitution de l'objet discursif? In: Dix-huitième siècle 5 (1973), S. 111-118.
Roddier, Henri: La methodologie de littérature comparée. In: Actes AILC 2 (1959), Bd. 1, S. 238-240.
Röcke, Werner: Literaturgeschichte – Mentalitätsgeschichte. In: Literaturwissenschaft. Ein Grundkurs. Hg. v. Helmut Brackert u. Jörn Stückrath. Reinbek: Rowohlt 1995, S. 639-649.
Rölleke, Heinz: Hugo von Hofmannsthal. Jedermann. Erläuterungen und Dokumente. Stuttgart: Reclam 1996.
Röttger-Rössler, Birgitt: Die Wortlosigkeit der Ethnologen: zum Problem der Übersetzung zwischen den Kulturen am Beispiel indonesischer Gefühlstermini. In: Übersetzung als Repräsentation fremder Kulturen, S. 199-213.
Rötzer, Florian: Telepolis. Urbanität im digitalen Zeitalter. Mannheim: Bollmann 1995.
—: Digitale Weltentwürfe. Streifzüge durch die Netzkultur. München/Wien: Hanser 1998.

Romero, Lora: Vanishing Americans: Gender, Empire, and New Historicism. *In: American Literature* 63 (1991), Heft 3, S. 385-404.
Rose, Michael E.: Gute oder schlechte Zeiten? Die Lage der Sozialgeschichte in Großbritannien. In: Sozialgeschichte im internationalen Überblick, S. 187-206.
Rosenberg, Rainer: »Nationale oder vergleichende Literaturgeschichte?« Zur Geschichte des komparatistischen literaturwissenschaftlichen Denkens in Deutschland 1848-1933. In: Weimarer Beiträge 28 (1982), Heft 2, S. 5-27.
Rosenzweig, Roy: »People's History« in den Vereinigten Staaten. In: Geschichte entdecken, S. 46-57.
Rossi, Pietro: Vom Historismus zur historischen Sozialwissenschaft. Heidelberger Max Weber-Vorlesungen 1985. Frankfurt/M.: Suhrkamp 1987 (= stw 699).
Rotermund, Hermann: Neues Medium – neue Kunstform? Zur Einwirkung des Internet auf die Literatur des Typographeums. In: Literatur und Globalisierung, S. 75-82.
Rothacker, Erich: Die vergleichende Methode in den Geisteswissenschaften. In: Zeitschrift für vergleichende Rechtswissenschaft 60 (1957), S. 13-33.
Rothermund, Dietmar: Geschichte als Prozeß und Aussage. Eine Einführung in die Theorien des historischen Wandels und der Geschichtsschreibung. München: Oldenbourg ^{2}1994.
Rudolph, Jürgen: Was ist »dichte Beschreibung«? Überlegungen zu einem Begriff, einer Praxis und einem Programm. In: kea 4 (1992), S. 39-62.
Die Rückeroberung des historischen Denkens. Grundlagen der Neuen Geschichtswissenschaft. Hg. v. Jacques Le Goff, Roger Chartier, Jacques Revel. Frankfurt/M.: Fischer Taschenbuch Verlag 1990 [frz. La nouvelle histoire. Paris: Retz-C.E.P.L. 1978].
Rüdiger, Horst: Grenzen und Aufgaben der Vergleichenden Literaturwissenschaft. In: Zur Theorie der Vergleichenden Literaturwissenschaft, S. 1-14.
Rürup, Reinhard: Zur Einführung. In: Historische Sozialwissenschaft, S. 5-15.
Rüsen, Jörn: Johann Gustav Droysen. In: Deutsche Historiker. Bd. 2, S. 7-23.
Rule, John C./Ralph D. Handen: Bibliography of Works on Carl Lotus Becker and Charles Austin Beard 1945-1963. In: History and Theory 5 (1966), S. 302-314.
Sammler, Steffen: ›Histoire nouvelle‹ und deutsche Geschichtswissenschaft. Der Einfluß deutscher Historiker auf die Herausbildung der Geschichtskonzeption von Marc Bloch. In: Karl Lamprecht weiterdenken, S. 258-271 [erstmals in Comparativ 1 (1992), S. 54-63].
Sartre, Jean-Paul: Qu'est-ce que la littérature? Paris: Gallimard 1948 [dt. Was ist Literatur? Hg., neu übersetzt u. mit einem Nachwort v. Traugott König. Reinbek: Rowohlt 1990].
Schäfer, Wolf: Das 20. Jahrhundert hat gerade erst begonnen. Nach welchen Kriterien kann die Gegenwartsgeschichte periodisiert, kann eine Epoche konstruiert werden? In: Die Zeit, Nr. 44, 25. Oktober 1996, S. 56.
Schechner, Richard: Performance Theory. New York/London 1988.
—: Theater-Anthropologie. Spiel und Ritual im Kulturvergleich. Reinbek: Rowohlt 1990.
—: The Future of Ritual. London/New York 1993.
Scheiding, Oliver: Hypertext/Hypertextualität. In: Metzler Lexikon Literatur- und Kulturtheorie, S. 221f.
Scherpe, Klaus R.: Das Andere verstehen? Mimesis – ein Vermögen beim Umgang mit dem Fremden. In: Neue Rundschau 107 (1996), Heft 1, S. 36-45.
Schieder, Theodor: Zum gegenwärtigen Verhältnis von Geschichte und Soziologie. In: Geschichte in Wissenschaft und Unterricht 3 (1952), S. 27-32.
—: Strukturen und Persönlichkeiten in der Geschichte. In: Historische Zeitschrift 195 (1962), S. 265-296.
—: Möglichkeiten und Grenzen vergleichender Methoden in der Geschichtswissenschaft. In: Historische Zeitschrift 200 (1965), S. 529-551.
Schlaffer, Hannelore: Ethnographie der Literatur. Über Stephen Greenblatt und den New Historicism. In: Freibeuter (1994), Heft 62, S. 11-22.

Schlaffer, Heinz: Der Bürger als Held. Sozialgeschichtliche Auflösungen literarischer Widersprüche. Frankfurt/M.: Suhrkamp ^{3}1981 (= edition suhrkamp 624).
Schleier, Hans: Deutsche Kulturhistoriker des 19. Jahrhunderts. Über Gegenstand und Aufgaben der Kulturgeschichte. In: Geschichte und Gesellschaft 23 (1997), S. 70-98.
Schmeling, Manfred: Ist Weltliteratur wünschenswert? Fortschritt und Stillstand im modernen Kulturbewußtsein. In: Weltliteratur heute, S. 153-177.
Schmidt-Dengler, Wendelin: Prolegomena zu einer Sozialgeschichte der österreichischen Literatur der Zeit zwischen 1918 und 1938. In: Dialog der Epochen. Studien zu einer Literatur des 19. und 20. Jahrhunderts. Festschrift für Walter Weiß. Hg. v. E. Beutner u.a. Wien: Österreichischer Bundesverlag 1987, S. 23-34.
Schmied-Kowarzik, Wolfdietrich: Vergessene Impulse der Wiener Philosophie um die Jahrhundertwende. Eine philosophiehistorische Skizze wider den *main stream* verdrängten Erinnerns. In: Die Wiener Jahrhundertwende. Einflüsse – Umwelt – Wirkungen. Hg. v. Jürgen Nautz u. Richard Vahrenkamp. Wien/Köln/Graz: Böhlau ^{2}1996 (= Studien zur Politik und Verwaltung 46), S. 181-201.
Schön, Erich: Sozialgeschichtliche Literaturwissenschaft. In: Literaturwissenschaft. Ein Grundkurs. Hg. v. Heinrich Brackert u. Jörn Stückrath. Reinbek: Rowohlt 1992 (= rowohlts enzyklopädie 323), S. 606-619.
Schönert, Jörg: The Social History of German Literature. On the Present State of Distress in the Social History of German Literature. In: Poetics 14 (1985), S. 303-319.
—: The Reception of Sociological Theory by West German Literary Scholarship, 1970-85. In: New Ways in Germanistik, S. 71-94.
Schöttler, Peter: Von den »Annales« zum »Forum-Histoire«. Hinweise zur »neuen Geschichte« in Frankreich. In: Geschichte entdecken, S. 58-71.
—: Eine spezifische Neugierde. Die frühen ›Annales‹ als interdisziplinäres Projekt. In: Comparativ 4 (1992), S. 112-116.
—: Zur Geschichte der *Annales*-Rezeption in Deutschland (West). In: Alles Gewordene hat Geschichte, S. 40-60.
Scholz-Cionca, Stanca: Nô – die klassische Bühnenkunst Japans. In: Nô. Gewänder und Masken des japanischen Theaters. Hg. v. Klaus J. Brandt. Stuttgart 1993, S. 12-22. [Ausstellungskatalog]
Schorn-Schütte, Luise: Karl Lamprecht und die Internationale Geschichtswissenschaft an der Jahrhundertwende. In: Archiv für Sozialgeschichte 67 (1985), S. 417-464.
Schreiben zwischen den Kulturen. Beiträge zur deutschsprachigen Gegenwartsliteratur. Hg. v. Paul Michael Lützeler. Frankfurt/M.: Fischer Taschenbuch Verlag 1996.
Schücking, Levin L[udwig].: Soziologie und Literatur. In: Forschungen und Fortschritte 7 (1931), S. 372-373.
Schulin, Ernst: German ›Geistesgeschichte‹, American ›Intellectual History‹ and French ›Histoire des Mentalités‹ since 1900. A Comparison. In: History of European Ideas 1 (1981), Heft 3, S. 195-214.
Schultheis, Franz: Comme par raison – comparaison n'est pas toujours raison. Pour une critique sociologique de l'usage social de la comparaison interculturelle. In: Droit et Société 11-12 (1989), S. 219-243.
Schulze, Hagen: Mentalitätsgeschichte – Chancen und Grenzen eines Paradigmas der französischen Geschichtswissenschaft. In: Geschichte in Wissenschaft und Unterricht 36 (1985), S. 247-270.
Schulze, Winfried: Mikrohistorie versus Makrohistorie? Anmerkungen zu einem aktuellen Thema. In: Historische Methode, S. 319-341.
Schwanitz, Dietrich: Dichte Beschreibung. In: Systemtheorie der Literatur, S. 276-291.
Schwarz, Henry: Provocations Toward a Theory of Third World Literature. In: Mississippi Review 17 (1989), S. 177-201.
Schwarze, Michael: Komparatistische Imagologie. In: Metzler Lexikon Literatur- und Kulturtheorie. Ansätze – Personen – Grundbegriffe. Hg. v. Ansgar Nünning. Stuttgart/Weimar: Metzler 1998, S. 232-234.

Schweizer, Thomas: Interkulturelle Vergleichsverfahren. In: Ethnologie, S. 421-439.
—: Perspektivenwandel in der ethnologischen Primär- und Sekundäranalyse. Die frühere und die heutige Methodik des interkulturellen Vergleichs. In: Kölner Zeitschrift für Soziologie und Sozialpsychologie 41 (1989), S. 465-482.
Sée, Henri: Remarques sur l'application de la méthode comparative à l'histoire économique. In: Revue de synthèse historique 36 (1933), S. 37-46.
Segl, Peter: Der »Hexenhammer« – eine Quelle der Alltags- und Mentalitätengeschichte. In. Mentalität und Gesellschaft im Mittelalter. Gedenkschrift für Ernst Werner. Frankfurt/M. u. a.: Lang 1993 (= Beiträge zur Mentalitätengeschichte 2), S. 127-154.
Seier, Hellmut: Heinrich von Sybel. In: Deutsche Historiker. Bd. 2, S. 24-38.
Sellin, Volker: Mentalität und Mentalitätsgeschichte. In: Historische Zeitschrift 241 (1985), S. 555-598.
Serexhe, Bernhard: Deregulation/Globalisation: The Loss of Cultural Diversity? URL: http://www.ctheory.com/ga1.10-deregulation.html (17. August 1998).
Sewell, William H.: Marc Bloch and the Logic of Comparative History. In: History and Theory 6 (1967), S. 208-218.
Sieder, Reinhold: Sozialgeschichte auf dem Weg zu einer historischen Kulturwissenschaft? In: Geschichte und Gesellschaft 20 (1994), S. 445-468.
Siegel, Martin: Henri Berr's *Revue de Synthèse Historique*. In: History and Theory 9 (1970), S. 322-334.
Silbermann, Alphons: Literaturphilosophie, soziologische Literaturästhetik oder Literatursoziologie. In: Kölner Zeitschrift für Soziologie und Sozialpsychologie 18 (1966), S. 139-148.
—: Einführung in der Literatursoziologie. München: Oldenbourg 1981.
Simiand, François: Méthode historique et science sociale. In: Revue de synthèse historique 6 (1903), S. 1-22 [dt. Historische Methode und Sozialwissenschaft. In: Alles Gewordene hat Geschichte, S. 168-232].
Simon, Christian: Staat und Geschichtswissenschaft in Deutschland und Frankreich 1871-1914. 2 Bde. Bern/Frankfurt/M./New York: Lang 1988.
Simonis, Annette: *New Historicism* und *Poetics of Culture*: *Renaissance Studies* und Shakespeare in neuem Licht. In: Literaturwissenschaftliche Theorien, Modelle und Methoden, S. 153-172.
Smelser, Neil J.: Sociological History: The Industrial Revolution and the British Working-Class Family. In: Journal of Social History 1 (1967/68), Heft 1, S. 17-35.
—: Comparative Methods in the Social Sciences. Englewood Cliffs, NJ: Prentice-Hall 1976.
Soyinka, Wole: Myth, Literature and the African World. Cambridge: Cambridge University Press 1976.
Sozialgeschichte, Alltagsgeschichte, Mikro-Historie. Eine Diskussion. Hg. von Winfried Schulze. Göttingen: Vandenhoeck & Ruprecht 1994 (= Kleine Vandenhoeck-Reihe 1569).
Sozialgeschichte im internationalen Überblick. Ergebnisse und Tendenzen der Forschung. Hg. v. Jürgen Kocka. Darmstadt: Wissenschaftliche Buchgesellschaft 1989.
Sozialgeschichte in Deutschland. Entwicklungen und Perspektiven im internationalen Zusammenhang. Hg. v. Wolfgang Schieder u. Volker Sellin. Band 1: Die Sozialgeschichte innerhalb der Geschichtswissenschaft. Göttingen: Vandenhoeck & Ruprecht 1986 (= Kleine Vandenhoeck-Reihe 1517; Band 2: Handlungsräume des Menschen in der Geschichte. Göttingen: Vandenhoeck & Ruprecht 1986 (= Kleine Vandenhoeck-Reihe 1518); Band 3: Soziales Verhalten und soziale Aktionsformen in der Geschichte. Göttingen: Vandenhoeck & Ruprecht 1987 (= Kleine Vandenhoeck-Reihe 1523); Band 4: Soziale Gruppen in der Geschichte. Göttingen: Vandenhoeck & Ruprecht 1987 (= Kleine Vandenhoeck-Reihe 1531).
Spector, Robert: Amazon.com. Get Big Fast. Jeff Bezos und die Revolution im Handel. München: Deutsche Verlags-Anstalt 2000.
Sprachwissenschaft des 19. Jahrhunderts. Hg. v. Helmut Christmann. Darmstadt: Wissenschaftliche Buchgesellschaft 1977 (= Erträge der Forschung 474).

Sproemberg, Heinrich: Pirenne und die deutsche Geschichtswissenschaft. In: ders.: Mittelalter und demokratische Geschichtsschreibung. Ausgewählte Abhandlungen. Hg. v. Manfred Unger. Berlin: Akademie-Verlag 1971 (= Forschungen zur mittelalterlichen Geschichte 18), S. 377-439.

Srbik, Heinrich von: Geist und Geschichte vom deutschen Humanismus bis zur Gegenwart. 2 Bde. München: Brunckmann 1964.

von Stackelberg, Jürgen: Brief des Vorsitzenden der Deutschen Gesellschaft für Allgemeine und Vergleichende Literaturwissenschaft an den Präsidenten der Association Internationale de Littérature Comparée. In: The Future of Literary Scholarship/Die Zukunft der Literaturwissenschaft/L'avenir des sciences littéraires, S. 117-122.

Stadler, Peter: Geschichtsschreibung und historisches Denken in Frankreich 1789-1871. Zürich: Berichthaus 1958.

Franz K. Stanzel: Die typischen Erzählsituationen im Roman. Wien/Stuttgart: Braumüller 1955.

—: Typische Formen des Romans. Göttingen: Vandenhoeck & Ruprecht 1964.

Stearns, Peter N.: Toward a Wider Vision. Trends in Social History. In: The Past Before Us, S. 205-230.

Steiner, George: Translation as Homecoming. In: Teilnahme und Spiegelung. Festschrift für Horst Rüdiger. Hg. v. Beda Allemann u. Erwin Koppen. Berlin/New York: de Gruyter 1975, S. 664-669.

—: What is Comparative Literature? An Inaugural Lecture delivered Before the University of Oxford on 11 October 1994. Oxford: Clarendon Press 1995.

Steinmetz, Horst: Weltliteratur. Umriß eines literaturgeschichtlichen Konzepts. In: arcadia 20 (1985), S. 2-19.

—: Globalisierung und Literatur(geschichte). In: Literatur und Globalisierung, S. 189-201.

Stiehler, Heinrich: Komparatistik als »vergleichende Literatursoziologie«. In: Neue Literatur 33 (1982), Heft 4, S. 38-48.

Stone, Lawrence: The Revival of Narrative. Reflections on a New Old History. In: Past and Present 85 (1979), S. 3-24.

Strout, Cushing: The Pragmatic Revolt in American History. Carl Becker and Charles Beard. Westport, Conn.: Greenwood Press 1958 (= The Wallace Notestein Essays 3).

Suppan, Arnold: Einleitung. Identitäten und Stereotypen in multiethnischen europäischen Regionen. In: Das Bild vom Anderen, S. 9-19.

Syndram, Karl Ulrich: »Laboratorium Europa« – zur kulturwissenschaftlichen Begründung der Komparatistik. In: Europa provincia mundi, S. 83-96.

Systemtheorie und Literatur. Hg. v. Jürgen Fohrmann u. Harro Müller. München: Fink 1996 (= UTB 1929).

Szabolcsi, Miklós: Über einige Probleme der modernen Literaturgeschichtsschreibung. In: The Future of Literary Scholarship/Die Zukunft der Literaturwissenschaft/L'avenir des sciences littéraires, S. 51-60.

Szili, József: Literature and Sociography. Sociographic Trends and Forms in Literature. In: Yearbook of Comparative and General Literature 32 (1983), S. 76-84.

Tenfelde, Klaus: Schwierigkeiten mit dem Alltag. In: Geschichte und Gesellschaft 10 (1984), S. 376-394.

—: Sozialgeschichte und vergleichende Geschichte der Arbeiter. In: ders.: Arbeiter und Arbeiterbewegung im Vergleich. Berichte zur internationalen historischen Forschung. München: Oldenbourg 1986 (= Historische Zeitschrift, Sonderheft 15).

The Empire Writes Back. Theory and Practice in Post-Colonial Literatures. Hg. v. Bill Ashcroft, Gareth Griffiths, Helen Tiffin. London/New York: Routledge 1989.

The Future of Literary Scholarship/Die Zukunft der Literaturwissenschaft/L'avenir des sciences littéraires. Internationales Kolloquium an der Universität Bayreuth, 15.-16. Februar 1985. Frankfurt/M./ Bern/New York: Lang 1986 (= Bayreuther Beiträge zur Literaturwissenschaft 7).

The New Historicism. Hg. v. Harold Aram Veeser. New York/London: Routledge 1989.

Theorieprobleme der Geschichtswissenschaft. Hg. v. Theodor Schieder u. Kurt Gräubig. Darmstadt: Wissenschaftliche Buchgesellschaft 1977 (= Wege der Forschung 378).

Theory, Method, and Practice in Social and Cultural History. Ed. Peter *Karsten*, John *Modell*. New York/London: New York University Press 1992.
Thiriet, Jean-Michel: Methoden der Mentalitätsforschung in der französischen Sozialgeschichte. In: Ethnologia Europaea 11 (1980), S. 208-255.
Thompson, Edward P.: The Making of the English Working Class. New York: Pantheon 1963.
Thrupp, Sylvia L.: *Comparative Studies in Society and History*: a Working Alliance Among Specialists. In: International Social Science Journal 17 (1965), Heft 4, S. 644-654.
van Tieghem, Paul: Principaux ouvrages récents de littérature générale et comparée. In: Revue de synthèse historique 40 (1925), S. 113-152.
—: La synthèse en histoire littéraire. Littérature comparée et littérature générale. In: Revue de synthèse historique 31 (1920), S. 1-27.
Tilly, Charles: Big Structures, Large Processes, Huge Comparisons. New York: Russell Sage Foundation 1984.
Tötösy de Zepetnek, Steven: Comparative Literature. Theory, Method, Application. Amsterdam/Atlanta: Rodopi 1998 (= Textxet. Studies in comparative literature 18).
Tophoven, Elmar: Becketts *Company* im Computer. In: Samuel Beckett. Hg. v. Hartmut Engelhardt. Frankfurt/M.: Suhrkamp 1984 (= stm 2044), S. 280-293.
Trénard, Louis: L'histoire des mentalités collectives. Les livres, bilan et perspectives. In: Revue d'histoire moderne et contemporaine 15 (1968), S. 691-703.
Treue, Wilhelm: Eine Frau, drei Männer und eine Kunstfigur. Barocke Lebensläufe. München 1992.
Turk, Horst: Alienität und Alterität als Schlüsselbegriffe einer Kultursemantik. Zum Fremdheitsbegriff der Übersetzungsforschung. In: Kulturthema Fremdheit, S. 173-197.
Turner, Victor: Vom Ritual zum Theater. Der Ernst des menschlichen Spiels. Frankfurt/M.: Fischer Taschenbuch Verlag 1995.
—: Das Liminale und das Liminoide in Spiel, »Fluß« und Ritual. Ein Essay zur vergleichenden Symbologie. In: ders.: Vom Ritual zum Theater, S. 28-94.
—: Soziale Dramen und Geschichten über sie. In: ders.: Vom Ritual zum Theater, S. 95-139.
—: Dramatisches Ritual – Rituelles Drama. Performative und reflexive Ethnologie. In: ders.: Vom Ritual zum Theater, S. 140-160.
—: Theaterspielen im Alltagsleben und Alltagsleben im Theater. In: ders.: Vom Ritual zum Theater, S. 161-195.
—: Liminalität und Communitas. In: Ritualtheorien, S. 251-262.
—: Das Ritual. Struktur und Anti-Struktur. Aus dem Französischen von Sylvia M. Schomburg-Scherff. Frankfurt/M./New York: Campus 1989 (= Theorie und Gesellschaft 10).
—: The Anthropology of Performance. New York 1987
Über die Beziehungen zwischen Geschichte und Soziologie in Frankreich und Deutschland. Pierre Bourdieu im Gespräch mit Lutz Raphael. In: Geschichte und Gesellschaft 22 (1996), S. 62-89.
Übersetzung als Repräsentation fremder Kulturen. Hg. v. Doris Bachmann-Medick. Berlin: Erich Schmidt Verlag 1996 (= Göttinger Beiträge zur Internationalen Übersetzungsforschung 12).
Vajda, György M.: Points de vue pour la théorie esthétique de la réception. In: Neohelicon 8 (1981), Heft 2, S. 291-297.
Veit, Walter: History and Temporality. Some Theses Against Scepticism in the Writing of Literary History. In: Neohelicon 8 (1981), Heft 2, S. 255-267.
Vendryes, J.: Antoine Meillet (1866-1936). In: Portraits of Linguists. A Biographical Source Book for the History of Western Linguists, 1746-1963. Hg. v. Thomas A. Sebeok. Bd. 2. Bloomington/London: Indiana University Press 1966, S. 201-249.
Vergleichende Geschichtswissenschaft. Methode, Ertrag und ihr Beitrag zur Universalgeschichte. Hg. v. Franz Hampl u. Ingomar Weiler. Darmstadt: Wissenschaftliche Buchgesellschaft 1978 (= Erträge der Forschung 88).

Veyne, Paul: Foucault: Die Revolutionierung der Geschichte. Frankfurt/M.: Suhrkamp 1992 (= edition suhrkamp 1702) [frz. Foucault révolutionne l'histoire. Paris: Éditions du Seuil 1978].

Vierhaus, Rudolf: Traditionen vergleichender historischer Kulturwissenschaft in Deutschland. Bemerkungen und Fragen. In: Saeculum 40 (1989), S. 132-135.

Vilar, Pierre: Marxistische Geschichte, eine Geschichte im Entstehen. Versuche eines Dialogs mit Althusser. In: M. Bloch, F. Braudel, L. Febvre u. a. Schrift und Materie der Geschichte, S. 108-168 [frz. Histoire marxiste, histoire en construction. Essai de dialogue avec Althusser. In: Annales E.S.C. 28 (1973), S. 165-198].

Vogt, Joseph: Wege zum historischen Universum. Von Ranke bis Toynbee. Stuttgart: Kohlhammer 1961.

Volkskultur. Zur Wiederentdeckung des vergessenen Alltags (16.-20. Jahrhundert). Hg. v. Richard van Dülmen u. Norbert Schindler. Frankfurt/M.: Fischer Taschenbuch Verlag 1984.

Vom Umgang mit Literatur und Literaturgeschichte. Positionen und Perspektiven nach der ›Theoriedebatte‹. Hg. v. Lutz Danneberg u. Friedrich Vollhardt. Stuttgart: Metzler 1992.

Von der Stimme zum Internet. Texte aus der Geschichte der Medienanalyse. Hg. u. kommentiert v. Detlev Schöttker. Göttingen: Vandenhoeck & Ruprecht 1999 (= UTB 2109).

Vosskamp, Wilhelm: Literatursoziologie: Eine Alternative zur Geistesgeschichte? »Sozialliterarische Methoden« in den ersten Jahrzehnten des 20. Jahrhunderts. In: Literaturwissenschaft und Geistesgeschichte 1910 bis 1925. Hg. v. Christoph König u. Eberhard Lämmert. Frankfurt/M.: Fischer Taschenbuch Verlag 1993, S. 291-303.

—: Theorien und Probleme gegenwärtiger Literaturgeschichtsschreibung. In: Literaturgeschichtsschreibung in Italien und Deutschland. Traditionen und aktuelle Probleme. Hg. v. Frank Baasner. Tübingen: Niemeyer 1989 (= Reihe der Villa Vigoni 2), S. 166-174.

Vovelle, Michel: Serielle Geschichte oder ›case studies‹: ein wirkliches oder nur ein Schein-Dilemma? In: Mentalitäten-Geschichte, S. 114-26.

—: Piété baroque et déchristianisation en Provence au XVIIIe siècle. Les attitudes devant la mort d'après les clauses des testaments. Paris: Plon 1973.

Wägenbaur, Thomas: Hybride Hybridität: Der Kulturkonflikt im Text der Kulturtheorie. In: arcadia 31 (1996), S. 27-38.

Walker, Lawrence D.: Feudal Society [Rezension]. In: History and Theory 3 (1963), Heft 2, S. 247-255.

—: A Note on Historical Linguistics and Marc Bloch's Comparative Method. In: History and Theory 19 (1980), S. 154-164.

Wallner, Fritz: Acht Vorlesungen über den Konstruktiven Realismus. Wien: WUV – Universitätsverlag [1990] (= Cognitive Science 1).

—: Konstruktion der Realität. Von Wittgenstein zum Konstruktiven Realismus. Wien: WUV Universitätsverlag 1992 (= Cognitive Science 3).

—: Constructive Realism. Aspects of a New Epistemological Movement. Wien: Braumüller 1994 (= Philosophica 11).

—: How to Deal with Science If You Care for Other Cultures. Constructive Realism in the Intercultural World. Edited and with an Essay by Diethard Leopold. Wien: Braumüller 1997 (= Philosophica 15).

Walstra, Kerst: Eine Worthülse der Literaturdebatte? Kritische Anmerkungen zum Begriff *Weltliteratur*. In: Weltliteratur heute, S. 179-208.

Warneken, Bernd Jürgen: Die relative Autonomie der Literatur. Stichworte zur Entwicklung der Kunst in der bürgerlichen Gesellschaft. In: Historizität in Sprach- und Literaturwissenschaft, S. 599-612.

Weber, Heinz-Dieter: Literaturgeschichte als Sozialgeschichte? In: Der Deutschunterricht 33 (1981), Heft 1, S. 56-78.

Weber, Wolfgang: Priester der Klio. Historisch-sozialwissenschaftliche Studien zur Herkunft und Karriere deutscher Historiker und zur Geschichte der Geschichtswissenschaft 1800-1970. Frankfurt/M./Bern/New York: Peter Lang 1984 (= Geschichte und ihre Hilfswissenschaften 216).
Wechsel, Kirsten: Sozialgeschichtliche Zugänge. In: Grundzüge der Literatur [1996], S. 446-462.
Wegner, M.: Theoretische Grundfragen der Rezeption der russischen Literatur in Deutschland zu Beginn des 20. Jahrhunderts. In: Zeitschrift für Slawistik 13 (1968), Heft 1, S. 1-11.
Wehler, Hans-Ulrich: Vorwort. In: ders.: Bibliographie zur neueren deutschen Sozialgeschichte. München: Beck 1993, S. 9-13.
—: Von der Herrschaft zum Habitus. In: Die Zeit, Nr. 44, 25. Oktober 1996, S. 46.
Weimann, Robert: The Future of Comparative Literature Reconsidered. In: Neohelicon 8 (1981), Heft 2, S. 233-241.
Weiß, Gabriele: Zur Klärung des Begriffes »Historische Anthropologie«. In: Ethnohistorie und Kulturgeschichte, S. 69-87.
Weisstein, Ulrich: Einführung in die Vergleichende Literaturwissenschaft. Stuttgart: Kohlhammer 1968 [Reprint Milano: Università Cattolica 1988].
—: Influences and Parallels. The Place and Function of Analogy Studies in Comparative Literature. In: Teilnahme und Spiegelung. Festschrift für Horst Rüdiger. Hg. v. Beda Allemann u. Erwin Koppen. Berlin/New York: de Gruyter 1975, S. 593-609.
Wehler, Hans-Ulrich: Bibliographie zur neueren deutschen Sozialgeschichte. München: C. H. Beck 1993.
—: Die Herausforderung der Kulturgeschichte. München: C. H. Beck 1998 (= Beck'sche Reihe 1276)
Weinrich, Harald: Fremdsprachen als fremde Sprachen. In: Kulturthema Fremdheit, S. 129-149.
Wellek, René: Begriff und Idee der Vergleichenden Literaturwissenschaft. In: arcadia 2 (1967), S. 229-247.
Weltliteratur heute. Konzepte und Perspektiven. Hg. v. Manfred Schmeling. Würzburg: Königshausen & Neumann 1995 (= Saarbrücker Beiträge zur Vergleichenden Literatur- und Kulturwissenschaft 1).
Wernhart, Karl R.: Die Bedeutung des sozialwissenschaftlichen Ansatzes für Geschichtswissenschaft und Ethnohistorie. In: Ethnohistorie und Kulturgeschichte, S. 237-259.
—: Die Quellengattungen der Ethnohistorie. In: Ethnohistorie und Kulturgeschichte, S. 131-146.
—: Kulturgeschichte und Ethnohistorie als Strukturgeschichte. In: Ethnohistorie und Kulturgeschichte, S. 43-68.
White, Hayden: The Historical Text As Literary Artifact. In: ders.: Tropics of Discourse. Essays in Cultural Criticism. Baltimore/London: Johns Hopkins University Press 1978, S. 81-100. (dt. Der historische Text als literarisches Kunstwerk. In: Geschichte schreiben in der Postmoderne. Beiträge zur aktuellen Diskussion. Hg. v. Christoph Konrad u. Martina Kessel. Stuttgart: Reclam 1994, S. 123-157.)
—: Metahistory. Die historische Einbildungskraft im 19. Jahrhundert in Europa. Frankfurt/M.: Fischer Taschenbuch Verlag 1991.
Wierlacher, Alois: Kulturwissenschaftliche Xenologie. Ausgangslage, Leitbegriffe und Problemfelder. In: Kulturthema Fremdheit, S. 19-112.
Winter, Jürgen Christoph: Leo Frobenius' Image of Africa. An Ethnologist's Work and Ethnology's View of It. In: Komparatistische Hefte 2 (1980), S. 72-91.
Wilss, Wolfram: Kontext, Kultur, Kompensation. Drei Grundorientierungen des Übersetzerverhaltens. In: Germanistentreffen Bundesrepublik Deutschland – Türkei, S. 75-92.
Winko, Simone: Diskursanalyse, Diskursgeschichte. In: Grundzüge der Literaturwissenschaft [1996], S. 463-478.
Wölfel, Kurt: Zur Geschichtlichkeit des Autonomiebegriffs. In: Historizität in Sprach- und Literaturwissenschaft, S. 563-577.
Wüstemeyer, Manfred: Die ›Annales‹. Grundsätze und Methoden ihrer neuen Geschichtswissenschaft. In: Vierteljahrschrift für Sozial- und Wirtschaftsgeschichte 54 (1967), S. 1-45.

Zambrano, Pablo: Comparative Literature in Spain Today. A Review Article. In: CLCWeb. Comparative Literature and Culture 1.2 (1999), URL: http://www.arts.ualberta.ca/clcwebjournal/ clcweb99-2/zambrano99.html (19. Juni 1999).
Zarnowska, Anna/Janusz Zarnowski: Sozialgeschichte in Polen. In: Sozialgeschichte im internationalen Überblick, S. 141-162.
Zemon Davis, Natalie: Die wahrhaftige Geschichte von der Wiederkehr des Martin Guerre. Mit einem Nachwort von Carlo Ginzburg. Frankfurt/M.: Fischer Taschenbuch Verlag 1989 [frz. Le retour de Martin Guerre. Paris: Éditions Robert Laffront 1982].
—: The Shapes of Social History. In: Storia della storiografia 17 (1990), S. 28-34.
Zhang, Benzi: From Hypertext to Textual Heterarchy. Postmodern Textuality in the Age of the Computer. In: Comparative Literature Now, S. 847-859.
Zima, Peter V.: Textsoziologie. Eine kritische Einführung. Stuttgart: Metzler 1980 (= Sammlung Metzler 190).
—: Die Komparatistik zwischen Ästhetik und Textsoziologie. In: Sprachkunst 16 (1985), S. 113-140.
—: Komparatistik. Einführung in die Vergleichende Literaturwissenschaft. Unter Mitarbeit von Johann Strutz. Tübingen: Francke 1992 (= UTB für Wissenschaft 1705).
Zimmer, Dieter E.: Die Bibliothek der Zukunft. Text und Schrift in den Zeiten des Internet. Hamburg: Hoffmann und Campe 2000.
Zum Beispiel Internet. Redaktion Jutta Lietsch. Göttingen: Lamuv 1997 (= Süd-Nord 217).
Zur theoretischen Grundlegung einer Sozialgeschichte der Literatur. Ein struktural-funktionaler Entwurf. Hg. im Auftrag der Münchener Forschergruppe »Sozialgeschichte der deutschen Literatur 1770-1900« v. Renate von Heydebrand, Dieter Pfau u. Jörg Schönert. Tübingen: Niemeyer 1988 (= Studien und Texte zur Sozialgeschichte der Literatur 21).
Zur Theorie der Vergleichenden Literaturwissenschaft. Mit Beiträgen von Gerhard Bauer, Erwin Koppen, Manfred Gsteiger. Mit einer Einleitung versehen u. hg. v. Horst Rüdiger. Berlin/New York: de Gruyter 1971 (= Komparatistische Studien 1).